CAMÕES

COM DENDÊ

YEDA PESSOA DE CASTRO

CAMÕES COM DENDÊ

O PORTUGUÊS DO BRASIL E OS FALARES AFRO-BRASILEIROS

TOPBOOKS

Copyright © Yeda Pessoa de Castro, 2022

EDITOR
José Mario Pereira

EDITORA ASSISTENTE
Christine Ajuz

REVISÃO
Cristina Pereira
Luciana Messeder

PRODUÇÃO
Mariângela Felix

COLABORADORES
Ana Pessoa de Souza Castro
Hildete Costa Pita
Samuel Antonio
Eneida Virgínia de Oliveira Santos

CAPA
Miriam Lerner | Equatorium Design

DIAGRAMAÇÃO
Arte das Letras

CIP-BRASIL CATALOGAÇÃO NA FONTE.
SINDICATO NACIONAL DOS EDITORES DE LIVROS, RJ.

Castro, Yeda Pessoa de
    Camões com dendê: o português do Brasil e os falares afro-brasileiros /
Yeda Pessoa de Castro. – Rio de Janeiro, RJ: Topbooks Editora, 2022.

    ISBN: 978-65-5897-012-5

    1. Língua portuguesa – Africanismos 2. Língua portuguesa – Brasil –
Influências africanas 3. Línguas africanas 4. Línguas e linguagem 5. Negros
– Brasil I. Título.

22-105992   CDD-469.798

TODOS OS DIREITOS RESERVADOS POR
Topbooks Editora e Distribuidora de Livros Ltda.
Rua Visconde de Inhaúma, 58 / gr. 203 – Centro
Rio de Janeiro – CEP: 20091-007
Tels: (21) 2233-8718 e 2283-1039
topbooks@topbooks.com.br

SUMÁRIO

AOS LEITORES 11

PREFÁCIO 19

APRESENTAÇÃO...25

I. AS LÍNGUAS FALADAS NA ÁFRICA 31

II. LÍNGUAS E POVOS AFRICANOS NO BRASIL............................63

III. FALARES AFRO-BRASILEIROS NOS TEMPOS COLONIAIS......127

IV. CATEGORIA DOS APORTES...155

V. LÍNGUA E RELIGIOSIDADE, BINÔMIO DE RESISTÊNCIA.........177

VI. DOS PRECURSORES AOS CONTEMPORÂNEOS........................207

VII. O PORTUGUÊS DO BRASIL: ANCIANIDADE
    COM AFRICANIA 234

VOCABULÁRIO AFRO-BRASILEIRO...277

REFERÊNCIAS BIBLIOGRÁFICAS 543

Ao embaixador Alberto da Costa e Silva.
historiador da África no Brasil,
que sempre incentivou este meu trabalho
por acreditar nele, a quem
também devo o título deste estudo.
A minha gratidão.

In Memoriam
Amélia Arlete Mingas,
linguista angolana,
minha mestra professora,
"Kamba dyami dya muxima",
amiga-irmã do coração.
A saudade.

AOS LEITORES

O termo *africanias* para designar o legado linguístico-cultural negro-africano nas Américas foi construído no mundo acadêmico pelos pesquisadores da Cátedra UNESCO de Estudos Afro-ibero-americanos da Universidade Alcalá de Henares, na Espanha, em 1994, liderado, então, pelo cientista político Luis Beltrán.

Inspirado na definição da antropóloga colombiana Nina Friedmann em "Cabildos negros, refugios de africanias en Colombia" (Revista *Montalbán*, Universidade Católica Andrés Bello,1988), podemos, então, entender *africanias* como a bagagem cultural submergida nas *africanidades* contidas no inconsciente iconográfico dos negros africanos entrados no Brasil em escravidão que se mostram na língua, na música, na dança, na religiosidade, no modo de ser e de ver o mundo, e, ao decorrer dos séculos, como forma de resistência e de continuidade na opressão, transformaram-se e converteram-se em matrizes partícipes da construção de um novo sistema cultural e linguístico que nos identifica como brasileiros.

O objetivo deste estudo é colocar sob análise os aspectos sóciohistóricos e etnolinguísticos mais relevantes da interferência dessas *africanias* na formação e desenvolvimento do português brasileiro, a partir do pressuposto aceito de que a consequência direta do tráfico de mais de quatro milhões de indivíduos escravizados, falantes negro-africanos, que foram trazidos da África Subsaariana para a antiga colônia portuguesa das Américas, foi a alteração da língua portuguesa seiscentista e hegemônica que lhes foi imposta ao longo de quatro séculos consecutivos. Essa alteração se fez sentir em todos os seus constituintes, léxico, semântico, prosódico, sintático e, de maneira rápida e profunda, na língua falada, o que deu ao português do Brasil um caráter próprio, diferenciado do português de Portugal, notado sobretudo pelo vocalismo, pela riqueza das vogais em sua pronúncia, diante do consonantismo da atual pronúncia lusitana, com o apagamento dessas vogais.

A análise apresentada aborda o produto da longa convivência entre duas forças dinamicamente opostas e complementares de línguas não aparentadas em termos genealógicos, o português e o grupo de línguas negro-africanas que foram faladas no Brasil Colônia, através do processo histórico de interação linguístico-cultural de povos que coexistiram, durante séculos, num mesmo território conflituoso, no qual foi efetiva a interferência do protagonismo sociolinguístico do escravizado ladino, do crioulo e da mulher negra no seio da família colonial brasileira, a começar pela criança. Aqui, ao longo dos séculos, prevaleceram os falantes de línguas de substrato banto provenientes da região Congo-Angola, pela sua anterioridade no tempo, maior densidade demográfica e larga distribuição humana em todas as regiões brasileiras sob regime colonial e escravocrata.

Neste cenário, subjacente aos fatores favoráveis de ordem extralinguística, a interferência daquelas *africanias* se passou em direção à língua portuguesa falada nos tempos coloniais, propulsionada pela similitude casual, mas notável, da estrutura do substrato linguístico banto com o português seiscentista e arcaizante. Por essa razão, seus constituintes, quando postos em contato, ao invés de provocarem mudanças na norma tradicional da língua portuguesa como seria esperado em situações como tais, surpreendentemente acomodaram-se e proporcionaram a formação do português brasileiro com a manutenção de uma norma unificada e de uma mesma língua em todo o país, não dando lugar ao estabelecimento de falares crioulos, nem ao uso de línguas africanas como línguas plenas no Brasil, apesar das variantes regionais e de falares afro-brasileiros como linguagens especiais de possíveis antigos quilombos ao longo da sua grande extensão territorial.

No entanto, a discussão em torno das diferenças que afastaram o português do Brasil do português de Portugal ainda continua aberta. A controvérsia diz respeito à avaliação da parte de arcaísmos e de regionalismos portugueses face à parte de interferência das línguas africanas e ameríndias nesse processo, sustentada, no âmbito acadêmico, de uma parte, pela afirmação, tradicionalmente mantida por muitos, de que o português brasileiro preservou as características do português arcaico motivado por causas externas, extralinguísticas (isolamento, superioridade cultural, monopólio comercial com Lisboa etc.), excluindo o desempenho dos seus interlocutores dentro desse processo, e, de outra parte, pela tese defendida, por outros, de que seria uma variedade linguística póscrioula, mas, sem que ninguém jamais comprovasse a existência de um falar crioulo no Brasil.

Tais considerações, portanto, nunca chegaram a uma conclusão irrefutável quanto à gênese e ao processo constitutivo do português brasileiro. As pesquisas empreendidas, até agora, seguiram uma orientação metodológica voltada mais para especular como essa história terminou, rastreada no modelo das línguas crioulas do Caribe e da África, como se o contato linguístico afro-europeu dos escravizados tivesse desenvolvido sempre línguas do mesmo tipo, quando poderiam pressupor que essa história – já que não há como isolar uma língua de origem – começou pela reestruturação do português coloquial seiscentista, efeito do contato linguístico com um conjunto de línguas negro-africanas que foram faladas no Brasil, entre elas, uma maioria de substrato linguístico banto.

Eis o motivo que nos levou a intitular o presente estudo de *Camões com dendê, o português do Brasil e os falares afro-brasileiros*, epígrafe ideográfica, projetada com o objetivo de mudar o foco dessa controvérsia, a fim de ressaltar, na língua portuguesa das caravelas, a intromissão das *africanidades* – o único bem, contido no inconsciente iconográfico, que o escravizado portava consigo na travessia – que se transformaram em *africanias* nas Américas. Essas *africanias* estão, aqui, pontuadas pela ressignificação do termo angolano *dendê* como simplificador do legado linguístico-cultural negro-africano no Brasil, em alusão ao óleo extraído da palmeira *Elaeis guineensis*, da cor vermelha do sangue derramado no cadinho da construção de um país de língua oficial portuguesa que concentra a segunda maior população de descendência melano-africana do mundo.

Deixando de lado as convicções científicas absurdas vigentes à época, hoje ultrapassadas, valeu-me, de início, como polo norteador da pesquisa, aquela advertência precursora de Nina Rodrigues, no controvertido clássico *Os africanos no Brasil* (1933, p. 25), ao afirmar "indispensável o conhecimento das línguas africanas para a determinação dos povos que as falavam", seguida da recomendação pertinente de Uriel Weinreich em *Languages in Contact* (1953, p. 77) para quem "outro requisito para uma análise de interferência linguística é ainda a verificação das diferenças e semelhanças das línguas postas em contato".

Visando a suprir a dificuldade de se chegar a identificar a procedência étnica dos falantes negro-africanos nessa história, uma vez mais dificultada pela falta dos documentos oficiais relativos ao tráfico, queimados por ordem governamental em 1889, usamos, como recurso metodológico, as evidências projetadas pelo estudo diacrônico da apropriação dos aportes léxicos de matriz africana no português do Brasil, tendo em vista a teoria vigente de que o léxico substancia o espaço de identidade do seu povo falante, e o nível fonético é a face exposta da língua, sobretudo quando se trata de povos afetos à oralidade, à transmissão do conhecimento e dos saberes pelo falar espontâneo, sem a tradição engessada das letras.

Mudando o foco de estudo para esse campo de conhecimento, optamos por retomar a discussão à luz da análise etnolinguística, que permite a transversalidade dos saberes entre as ciências humanas, confrontando as informações disponíveis na bibliografia existente com os dados históricos e linguísticos levantados pelas pesquisas sistemáticas que há quatro décadas fazemos nas regiões por eles apontadas nos dois lados do Atlântico, por um lado, no Brasil, e, por outro, no golfo do Benin e no domínio banto. A pesquisa de campo foi feita através da aplicação de um questionário etnográfico, previamente elaborado e dividido em áreas semânticas (casa e família, órgãos e funções sexuais, alimentação e vestuário, ludicidade e crenças etc.), com o objetivo de precisar as origens e verificar a vitalidade dos lexemas africanos no português do Brasil.

O primeiro momento foi voltado para o reconhecimento e a análise das línguas africanas que foram faladas no Brasil, a partir do testemunho revelado pelo estudo etimológico daqueles lexemas que são correntes no universo simbólico do português brasileiro e da língua portuguesa como um todo, em particular, daqueles encontrados nos dialetos rurais afro-brasileiros e na linguagem religiosa afrobrasileira, mais resistentes à interferência do contato com o português. Diante dos resultados obtidos, verificamos quais as diferenças e semelhanças estruturais notadas entre as línguas identificadas que entraram em contato com a língua portuguesa da fase colonial, para averiguar como e onde ocorreram as interferências que deram um caráter próprio ao português brasileiro, sem implicar a necessidade de uma língua crioula como antecessora.

Sob esta orientação metodológica, no livro *Falares africanos na Bahia*, de 2001, publicado pela Academia Brasileira de Letras/ Topbooks Editora, aprofundamos e ampliamos os postulados da nossa tese de doutoramento, defendida em 1976, na Universidade Nacional do Zaire, atual República Democrática do Congo, e redescobrimos a prevalência histórica do legado linguístico-cultural do povo banto no Brasil, seu desempenho como principal agente

15

transformador do português do Brasil e difusor da sua modalidade em território brasileiro, até então ocultado ou minimizado face à preponderância do yorubacentrismo nos estudos brasileiros.

Esta é a tese que defendemos, até agora, sem grande acolhimento por parte de nossa academia na área voltada para as línguas africanas, atitude que preferimos atribuir mais ao fato de implicar ter de se reescrever a história da língua portuguesa no Brasil do que ao prejuízo recorrente de tratar as línguas negro-africanas na categoria de dialetos, no sentido depreciativo do termo, provavelmente em razão de não gozarem do prestígio atribuído à literatura face à oralidade, enquanto sua "influência" fica reduzida a "empréstimos" de palavras que foram "aceitas" pelo português, diante da impossibilidade, como se imagina, de interferirem numa língua de reconhecido prestígio literário como a língua portuguesa de Luís de Camões.

Assim sendo, é preciso e urgente que as universidades brasileiras ofereçam, além de literaturas africanas, geralmente em língua portuguesa, que já gozam de grande prestígio, as línguas negro-africanas ou subsaarianas, não apenas em cursos de extensão, mas também como disciplina curricular nos cursos de letras entre as línguas estrangeiras que ali são ministradas. O objetivo implícito nesta decisão busca, de um lado, alargar e aprofundar, com a colaboração de pesquisadores africanos, o nosso conhecimento quanto à participação das vozes do povo negro, ainda emudecidas, na história do português brasileiro e, doutro lado, fornecer também subsídios para o estudo das línguas africanas em seu próprio continente.

Como entendo que é continuamente necessário reescrever a história, não somente por meio de conceitos vigentes à época, mas também com a preocupação de levar conhecimentos novos, numa linguagem de caráter geral e não voltada apenas para o mundo acadêmico, a história do negro no Brasil não começou nem se limitou ao processo da escravidão transatlântica. Eles não eram "os escravos africanos que vieram ou chegaram ao Brasil", como ainda ensinam nossos manuais e livros didáticos, insinuando o falso pressuposto de que a escravização para o negro-africano era uma condição natural, de nascença. Eles tornaram-se *negros escravizados*, indivíduos trazidos à força para o Brasil, e não nasceram desumanizados por ter a cor da pele preta, fruto do ventre do porão de um navio negreiro, estampado na extraordinária e dramática imagem poética de Capinan, na canção "Yáyá Massemba", na voz de Maria Bethânia. Nasceram humanizados, sim, do ventre de uma mulher africana, mãe negra que os pariu, amamentou, e lhes ensinou a falar palavras que não foram perdidas ao vento, no vazio, fossem elas de origem banto, ewe-fon ou nagô-yorubá. No Brasil, quando essas vozes começaram a falar a língua de Luís de Camões, o poeta maior da língua portuguesa seiscentista, transformaram-na no "berço esplêndido" do português brasileiro como território de pertencimento e de identidade nacional do seu povo.

Na tentativa de vencer barreiras do preconceito linguístico que avançaram até os umbrais das nossas academias, iniciamos este estudo mostrando a diversidade e a classificação das línguas faladas no continente africano, com destaque para a classificação atual das línguas subsaarianas e como se enfrenta o dilema do multilinguismo, seguido do Capítulo II, em que procuramos identificar entre elas quais foram seus respectivos povos falantes que, no Brasil colônia, participaram da construção do português brasileiro.

O capítulo III aborda a necessidade de comunicação entre falantes de línguas tipologicamente diferenciadas que provocou, a princípio, a emergência de dialetos afro-brasileiros nas senzalas, que se estenderam em dialetos rurais, das minas, dos quilombos, como territórios de identidade e continuidade linguístico-cultural na opressão, até à linguagem cultual das cerimônias de religiosidade afro-brasileira como veículo de competência simbólica e transmissão de seus valores tradicionais. Essa linguagem, conhecida como *língua de santo*, de aspecto sagrado, é a fonte atual das diferentes categorias de aportes léxicos (capítulo IV) que foram incorporados pela língua portuguesa em todas as suas áreas culturais. Os capítulos seguintes tratam especificamente da interferência das línguas negro-africanas e de suas africanias no português brasileiro, a começar pelos primeiros estudos até a redescoberta do banto no Brasil, com a finalidade precípua de renovar a história da modalidade brasileira da língua portuguesa com a revelação das vozes negro-africanas, ainda encobertas, entre as três tradicionais vertentes etnolinguísticas que formataram o português brasileiro. Finalmente o vocabulário encerra o livro.

Há um ditado angolano em língua quimbundo que diz:

Kifua o dimi, mwenyu u fua we!
Morre a língua, a alma morre também.

Yeda Pessoa de Castro
Cidade de Salvador da Bahia, ano de 2019.

PREFÁCIO

Henrique Freitas[1]

Yeda e o devir muntu: a etnolinguística com dendê

Em uma de muitas conversas com a professora Yeda Pessoa de Castro, ela revelou-me que recebeu a carinhosa *dijina* (nome) de *Yeda Muntu,* décadas atrás, de algumas comunidades bantu em que realizou suas pesquisas em África. Esse gesto é significativo do tipo de interlocução singular estabelecida com ela, bem como também de *mulongexi* (professora) *Muntu* (Pessoa) com essas comunidades africanas, uma vez que, mais do que a tradução literal de seu nome próprio, demarca quase uma iniciação (etno)linguística bantu neste espaço *desde dentro,* já que ela não foi nomeada como o radicalmente outro colonial que atua e é visto de forma lesiva nas relações comunitárias estabelecidas com os africanos (em kimbundu, a identificação como *mindele – brancos –*, por exemplo). Basta lembrar que historicamente é o europeu que nomeia os povos ambundu, bakongo, ovimbundu de bantu (plural de muntu), então, ao trazê-la para o mesmo eixo de significação em que são categorizados, produziram uma relação empírica e empática que abriu margem para o trabalho singular que Yeda Pessoa realizou por todos esses anos, registrado

---

[1] Professor Associado do Instituto de Letras da Universidade Federal da Bahia, é docente do quadro permanente dos programas de Pós-Graduação em Literatura e Cultura e PROFLETRAS da UFBA. Realizou Pós-Doutorado sobre a *epistemologia Ifá* na Obafemi Awolowo University (antiga universidade de Ile-Ife), na Nigéria, em 2017.

desde a defesa de sua tese de doutorado em 1976 no antigo Zaire (República Democrática do Congo) e atualizado sistematicamente a partir daí.

Como o ato de nomear em muitas sociedades africanas só pode acontecer após o nascimento e deve *situar* e *estabelecer* a criança na genealogia de sua família sanguínea e/ou comunitária, usando de recursos literários, históricos, religiosos e linguísticos que caracterizam de forma incontornável o sujeito nas relações com o outro, já que o nome não pertence apenas a quem ele se refere, mas, antes, é um bem simbólico coletivo, quero pensar essa trajetória de mais de 40 anos de pesquisas de Yeda Pessoa de Castro até chegar a este livro *Camões com dendê: o português do Brasil e os falares afro-brasileiros* como um movimento ontológico-acadêmico de *tornar-se sendo o seu nome Muntu* nessa busca sem fim, sem teleologia, como preconiza Bunseki Fukiau a partir da filosofia bakongo:

> "Diadi nza-Kongo kandongila: Mono i kadi kia dingo-dingo (kwenda-vutukisa) kinzungidila ye didi dia ngolo zanzingila. Ngiena, kadi yateka kala ye kalulula ye ngina vutuka kala ye kalulula."
> "Eis o que a cosmologia Kongo me ensinou: Eu-estou-indo-e-voltando-sendo em torno do centro das forças vitais. Eu sou porque fui e re-fui antes, de tal modo que eu serei e re-serei novamente".[2]

Nesse sentido, Yeda Muntu, em seu percurso, primeiro traz as africanidades, a produção negro-africana e negro-brasilera (das ruas, dos terreiros, das manifestações populares – em especial neste livro), ou melhor, no caso específico em pauta, as *africanias* para o centro da linguística e da etnolinguística, confrontando as teses hegemônicas de crioulização e pós-crioulização no surgimento do português brasileiro, bem como de centralidade do português de Portugal nos estudos linguísticos históricos no Brasil, como faz no

---

[2] Tradução de Tiganá Santana na tese.

último capítulo desta obra, para pensar o português brasileiro afri-canizado no dendê desde as caravelas, lambuzando tanto Camões quanto os *Lusíadas* nos devaneios eurocêntricos de conquistas e do-mínios territoriais e linguísticos da alteridade africana no Brasil des-de o século XVI. O gesto de Yeda, em certa medida, junta-se a outras ações de algumas/alguns intelectuais que tornaram eixo de suas áre-as epistemologias africanas e negro-brasileiras interditas ou tratadas até então como apêndices, construindo platôs para possíveis viradas gnosiológicas em seus respectivos campos: na tradução, Denise Car-rascosa, com a defesa da tradução negra, bem como Tiganá Santana seguindo essa vertente no exercício da tradução de Fu-kiau no dou-torado defendido recentemente na USP; na música, Leitieres Leite com a afirmação de que a música brasileira é literalmente música negra de substrato africano; na filosofia, Renato Noguera e Eduardo Oliveira apontando a ancestralidade como alicerce para a história das ideias (negras) no Brasil; na teoria e crítica literária, a tese de Henrique Freitas da literatura-terreiro como vetor epistêmico para a construção efetiva de uma literatura brasileira e dos estudos literá-rios brasileiros, mas também os trabalhos de Leda Martins, Edimil-son Pereira e Florentina Souza, neste campo, que apontam devires produtivos; na educação, Kabengele Munanga e Nilma Lino Gomes apontando as relações etnicorraciais como traço necessário para a construção de uma pedagogia (afro-)brasileira; na antropologia, os trabalhos sobre o pretoguês de Lélia Gonzales, mas também de Alex Ratts sobre Beatriz Nascimento; nos estudos culturais, a abordagem conceitual da yorubaianidade de Felix Ayoh'Omidire; na geografia e na história, respectivamente, de Milton Santos e Beatriz Nascimento que aquilombaram suas áreas desde a perspectiva de tempo e espaço flagrantemente bantu que mobilizaram em seus textos...

Camões com dendê é o momento da festa do nome como produ-ção de saber: eis o momento do oruko, da dijina, da saída da Iyawo, da apresentação da Muzenza que passa a ser (re-)conhecida na co-munidade por Muntu, o novo que já nasce sob o signo da ancianidade que reposiciona a Pessoa na relação com seus pares. Neste livro, há a (re-)afirmação de que as línguas africanas no contexto da formação do Brasil desde o tráfico negreiro colonial figuram, antes de tudo, como espécie de plataforma linguística, literária e cultural sobre a qual o "português brasileiro" foi forjado para além de uma ideia redutora, porque muito pontual e localizada quase que prioritariamente nos empréstimos lexicais, de influência linguística dos povos da África. Estes, aliás, ao revés, de acordo com Ildásio Tavares, foram quem "colonizaram o Brasil" tamanha sua relevância sócio-histórica para nosso país. Essa alteração do português de Portugal no sentido potente da alteridade mesmo de torná-lo alter, o outro, no Brasil "se fez sentir em todos os seus constituintes, léxico, semântico, prosódico, sintático e, de maneira rápida e profunda, na língua falada, o que deu ao português do Brasil um caráter próprio, diferenciado do português de Portugal, notado sobretudo pelo vocalismo, pela riqueza das vogais em sua pronúncia, diante do consonantismo da atual pronúncia lusitana, com o apagamento dessas vogais", como revela a própria Yeda Muntu na sua carta aos leitores presente no início da obra.

Se os quatro primeiros capítulos de *Camões com dendê* retomam, atualizam e ampliam didaticamente os temas dos livros e trabalhos anteriores da autora sobre as línguas africanas, os falares africanos na Bahia, os aportes linguísticos como categorias analíticas usadas em sua pesquisa e o trânsito das línguas bantu em território brasileiro, apontando uma breve história das línguas e dos povos africanos em África e no Brasil do período colonial à contemporaneidade, os capítulos V, "Língua e religiosidade, binômio de resistência" e VI, "Dos precursores aos contemporâneos" constituem-se como mais uma contribuição decisiva ao campo estabelecendo uma espécie de (etno)linguística dos terreiros e das produções negras do Brasil, encarando temas na área que merecem já um outro livro de tão instigantes: as línguas de santo; os falares dos erês, pretos-velhos e caboclos; a linguagem cerimonial; os embates entre língua e nação de uma perspectiva africana; além da crítica ao yorubacentrismo acadêmico estabelecido por certa corrente que se hegemonizou desde Nina Rodrigues priorizando essa matriz em detrimento de outras como a bantu, que teve uma pregnância e uma relevância central na formação da cultura brasileira.

É preciso dizer que, como um Freud ao revés, entre *toba* e *tabus*, Yeda Pessoa de Castro faz ainda nesta obra um estudo minucioso dos palavrões de base banto, analisando à luz da etimologia e da etnolinguística um acervo lexical chulo consolidado nos falares brasileiros, mas em especial nos falares baianos (xibungo, toba, binga, dentre outros), fazendo-nos desconfiar de uma psiquê banto do brasileiro que emerge do inconsciente na desrazão das paixões que fazem aflorar na língua as palavras-tabus que são, na verdade, o totem de uma identidade linguística inequívoca quando o corpo fala através do *páthos*.

Por fim, é preciso demarcar a generosidade de Yeda Pessoa de Castro no diálogo com as gerações mais jovens num "diz-a-fiar-se" contínuo, bem como seu inegociável engajamento com uma política linguística através da qual neste livro e em outras obras:

• Discute de forma sistemática o confronto das fronteiras separatistas, fruto das geopolíticas coloniais que atrelam de forma indissociável língua europeia à forma-nação moderna imputada aos territórios africanos pós-Conferência de Berlim, inclusive sob o argumento de uma gestão neutra do multilinguismo africano nos contatos linguísticos internos e externos através da promoção da integração por uma língua franca europeia alçada a língua oficial, com as margens fluidas linguísticas das línguas africanas no período pré-colonial, transcendendo as bordas do Estado-nação moderno, apontando inclusive algumas línguas africanas que já cumpriam o papel dos contatos interlinguísticos entre povos africanos como a língua kiswahili.
• Coloca-se contra o glotocídio das línguas nacionais africanas, defendendo uma política linguística em África que viabilize o uso das mesmas ao lado das línguas oficiais europeias vigentes em cada re-

gião, mas também reivindica aqui no Brasil, para regiões como a Bahia, cursos regulares e sistemáticos de línguas africanas (sobretudo nas universidades baianas UFBA e UNEB, em que atuou), a fim de compreendermos melhor em todos os âmbitos este legado e mobilizarmos este saber linguístico-cultural que nos constitui. (Através da articulação de um conjunto de professores e pesquisadores das línguas e literaturas africanas vinculados ao Instituto de Letras da UFBA, foi retomada essa política linguística implementada de forma pioneira pelo CEAO/UFBA décadas atrás, e o Núcleo Permanente de Extensão em Letras oferecerá, a partir do primeiro semestre de 2020, de forma inédita na extensão regular de línguas estrangeiras do ILUFBA, cursos de Kimbundu e Yorubá com duração total de três anos.)

Dos vissungos à congada; dos sambas ao tambor de Mina; dos candomblés à capoeira; das cantigas populares como "Escravos de Jó" à toponímia baiana, Yeda segue os passos de Legba, "o linguista de Maú", porque agora, no seu devir, ela e sua etnolinguística perfazem-se já... Muntu.

Junto-me aos leitores para seguir gingando por entre as letras que se seguem deste livro indispensável não só para os universitários e pesquisadores acadêmicos, mas também para os estudantes do ensino médio que carecem desse conhecimento disposto de forma tão didática e tão precisa para (in-)formar-se... Mas, antes, deixo aqui o meu agradecimento à mulongexi ou oluko Muntu:

Ngasakidila kamba dyami!
Adupe, ore mi!

APRESENTAÇÃO

*Sônia Queiroz**

Nossa língua afro-brasileira, um português bem temperado

Conheci Yeda Pessoa de Castro na defesa do meu trabalho de mestrado, na Faculdade de Letras da Universidade Federal de Minas Gerais, sobre *A língua do negro da Costa: um remanescente africano em Bom Despacho (MG)*. Essa que é, sem dúvida, a maior pesquisadora brasileira sobre línguas africanas em contato com a língua portuguesa no Brasil se revelou para mim, naquela situação tensa da arguição, uma presença bem-humorada e generosa, aportando informações que preencheram lacunas e complementaram conclusões daquele trabalho da jovem pesquisadora iniciante. Eu já a conhecia da leitura dos artigos publicados em periódicos acadêmicos, que li com todo o interesse durante a pesquisa bibliográfica e que foram a grande sustentação para a interpretação dos dados linguísticos registrados em gravações com integrantes da comunidade da Tabatinga, falantes de uma "língua africana" funcionando como código secreto, marcador da identidade daquele grupo predominantemente negro. Eu sabia que ela era a primeira pesquisadora brasileira a se doutorar na África e já tinha lido também sobre seu trabalho pioneiro na equipe fundadora do Centro de Estudos Afro-Asiáticos

* Faculdade de Letras/UFMG.

na Universidade Federal da Bahia, que, dentre inúmeros feitos de grande relevância, implantou pela primeira vez no Brasil cursos de língua iorubá. Mas a partir daquele encontro presencial, Yeda Pessoa de Castro passou a ocupar na minha vida um lugar muito especial de mestra e parceira.

Já naquele primeiro momento, abracei a teoria desenvolvida pela etnolinguista sobre o processo de formação do português do Brasil, passando pelo dialeto das senzalas – mescla de línguas africanas de diferentes grupos linguísticos, com predominância das línguas do grupo banto; pelo dialeto das minas – resultado do contato do dialeto das senzalas com o português falado pelos senhores da casa-grande, no período da formação das vilas do ouro; e chegando ao dialeto rural, essa fala vocálica em que se encontram as vozes da África com as vozes ibéricas em terras brasileiras.

Em 2001 Yeda lança, em coedição Topbooks e Academia Brasileira de Letras, o livro *Falares africanos na Bahia*, um glossário elaborado por ela a partir de levantamento feito em terreiros de candomblé na Bahia e que, penso, poderia ser intitulado *Falares africanos no Brasil*, tal a sua abrangência. É que a pesquisadora, partindo do vocabulário registrado nos terreiros baianos, investigou outros usos de cada palavra, do ponto de vista dos níveis de variação linguística, no intuito de verificar, sobretudo, a entrada dessas vozes africanas na fala brasileira. A esse fenômeno da entrada de palavras de línguas africanas no português falado no Brasil Yeda Pessoa chamou *aporte*, contrapondo-se fortemente à ideia de "influência" ou de "africanismo", que predominava nos estudos considerados clássicos sobre o assunto no Brasil. *Africania* é outro termo que, a partir do espanhol, com o sentido dos traços culturais africanos persistentes nas Américas, a etnolinguista introduz no discurso acadêmico sobre o tema dos contatos linguísticos África-Brasil, para distinguir da "africanidade", qualidade do que é africano.

Em 2002, de um encontro com o intelectual e político mineiro Angelo Oswaldo de Araújo Santos, então secretário de estado da

Cultura de Minas Gerais, resultou a publicação, pela Coleção Mineiriana, do belíssimo livro *A língua mina-jeje no Brasil: um falar africano em Ouro Preto do século XVIII*, coeditado pela SEC-MG e o Centro de Estudos Históricos e Culturais da Fundação João Pinheiro. Trata-se de uma edição cuidadosa de estudo sobre o vocabulário mina-jeje registrado em manuscrito por Antônio da Costa Peixoto em Vila Rica, 1731-1741, que se inicia por uma consistente e atualizada exposição sobre "As línguas da África", ilustrada por mapas desenhados por Marcos E. D. Castro e por quadros e tabelas de síntese, e ainda enriquecida por imagens a cores de peças culturais africanas e de cenas do Brasil no período escravista e outras, como mapas antigos, páginas do manuscrito e cenas de rituais ainda preservados pelos negros em Minas.

Não posso deixar de mencionar uma publicação anterior, ainda dos anos 1970, uma separata da *Revista do Instituto Geográfico e Histórico da Bahia*, que merece reedição em livro: um estudo comparado de contos da tradição oral banto publicados por João da Silva Campos, intelectual negro integrante do IHG-BA que, no início do século XX, coletou e publicou oitenta contos orais registrados no Recôncavo. O texto é fartamente ilustrado com imagens de esculturas rituais e mapas linguísticos e, ainda, reproduz as transcrições dos catorze contos analisados, registrados por João da Silva Campos, Basílio de Magalhães, Nina Rodrigues e Souza Carneiro, na Bahia, e Lindolfo Gomes, em Minas Gerais. Trata-se de um conto de origem iorubá e treze contos do ciclo do Quibungo, de origem banto. Nesse estudo, a pesquisadora afirma a presença de cantos breves, com refrões onomatopaicos, funcionando como recurso performático em grande parte das narrativas de tradição oral africana e preservados no Brasil até o século XX, com palavras de origem africana cujos significados já não são conhecidos pelos contadores. Yeda reafirma então o conceito de *competência simbólica*, para identificar esse modo de preservar que guarda o sentido e a função do canto, embora já desconhecendo o significado das palavras e o funcionamento da língua de origem. Esse conceito foi formulado em sua tese de doutorado, *De l'integration des apports africains dans les parlers de Bahia au Brésil*, aplicado por ela também à chamada "língua de santo", usada nos terreiros de candomblé. A inclusão de contos, cantos e língua ritual no âmbito dos seus estudos é uma evidência da visão ampla e transdisciplinar que dirige os trabalhos de Yeda Pessoa de Castro e que ela mesma define com a seguinte frase: "Me critiquem mas não me confundam: eu não sou linguista, sou etnolinguista."

Depois de se aposentar na UFBA, em 2006, Yeda Pessoa de Castro criou o Seminário Internacional Acolhendo as Línguas Africanas (SIALA), e realizou, com grande sucesso, cinco edições bienais em Salvador, no *campus* da UNEB, uma na UFMG, em 2016, e a sétima na UFES, em 2018. Nesse grande evento, a coordenação firme e determinada da pesquisadora, assim como sua ampla gama de relações no universo acadêmico, artístico e religioso garantiram sempre a diversidade de abordagens e atividades. Assim, tivemos a oportunidade de ouvir exposições sobre aspectos estruturais e funcionais de línguas africanas e variantes resultantes do contato, assim como sobre as literaturas africana e afro-brasileira e as diferentes linguagens da indumentária e da gastronomia dos orixás. Pudemos seguir minicursos ministrados por capitães de reinados do Rosário e por mães de santo, assim como por musicólogos e etnólogos. Assistimos a apresentações musicais e quantas vezes o público entrou na dança ao ritmo dos tambores. Nos intervalos, a alegria da feira promovia sempre o convívio de livros, discos, instrumentos musicais, artesanato e pessoas, vindas do lado de cá e de lá do Atlântico.

Ao longo de tantos anos de uma infatigável militância pelo reconhecimento da importância da contribuição dos africanos para a formação da cultura brasileira e do português falado no Brasil, uma militância feita de trabalho de pesquisa, cooperação internacional com países da África, das Américas e da Europa, e divulgação de resultados em conferências, palestras, debates, cursos, bancas acadêmicas, artigos e livros, Yeda Pessoa de Castro, com a sabedoria e o bom humor que me impressionaram desde o momento em que a conheci, conquistou um público de estudantes, docentes, povo de santo, artistas, reunindo forças para abrir frentes e firmar as ideias inovadoras, fundamentadas na melhor tradição da linguística africanista, os novos conceitos (isentos de preconceitos) desenvolvidos por ela para explicar o fenômeno do contato linguístico e cultural entre os milhares de africanos escravizados e os indígenas e portugueses em terras brasileiras.

Esse público, que segue com ela numa *jira*, há mais de dez anos esperava o seu terceiro livro, uma obra que reúna e articule todos esses novos conceitos e a terminologia inovadora, que nos apresente a síntese de todas as análises etnolinguísticas desenvolvidas por ela ao longo de quase meio século de trabalho. Ao final de 2019, a pesquisadora nos anuncia este livro terceiro, e com tempero: *Camões com dendê*. A metáfora para a mesclagem agora Yeda vai buscar na comida, no gosto: nascida da *ancianidade* ibérica, temperada com azeite de dendê trazido da África, nossa língua é afro-brasileira, assim, sem a barreira do hífen, como reivindica nossa grande mestra.

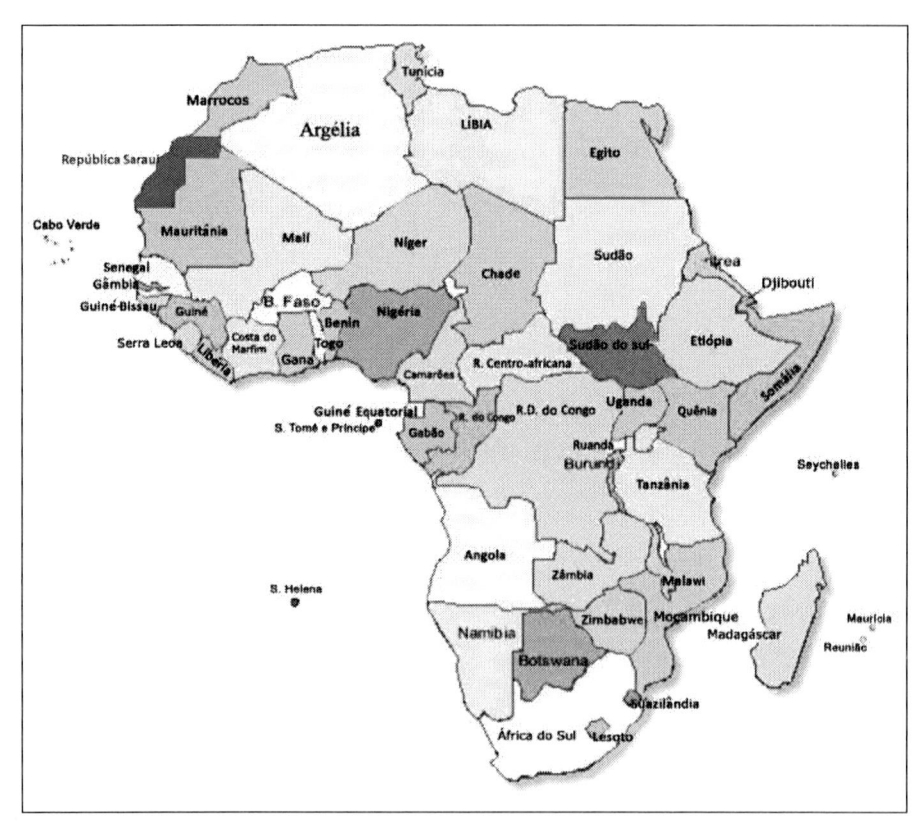

MAPA DA ÁFRICA, UM CONTINENTE

I

AS LÍNGUAS FALADAS NA ÁFRICA

África não é um país. É um continente, o segundo maior do mundo, com mais de trinta milhões de quilômetros quadrados de terras que se localizam, parte no hemisfério Norte, e parte, no hemisfério Sul, representando cerca de um quarto de terras emersas do nosso planeta e tem sido habitado por seres humanos há milhões de anos. Ao norte, é banhado pelo mar Mediterrâneo, a leste, pelas águas do oceano Índico, a oeste pelo oceano Atlântico e ao sul pelo encontro das águas desses dois oceanos.

Compreende 54 países independentes, entre eles, a ilha de Madagascar e os arquipélagos de Cabo Verde e o de São Tomé e Príncipe, e é povoado por mais de 1.200.000.000 (um bilhão e duzentos milhões) de indivíduos de diferentes origens étnicas, culturas com cerca de 2.035 línguas próprias (GRIMES, 1996). Logo, a África é um continente pluriétnico, multicultural e plurilíngue e, não, simplesmente, como se pensa, um "continente negro", sem diversidade étnica, cultural e linguística num imenso e exótico território coberto apenas por densas florestas com animais selvagens ou com desertos, onde transitam nômades com camelos e tendas, sem grandes cidades, universidades e vida moderna.

Pela sua extensão territorial, riquezas naturais e diversidade humana de culturas e línguas, duas palavras caracterizam o continente africano: imensidade e pluralidade.

Tomemos alguns exemplos:

a) nas distâncias:
– 8.800 quilômetros do cabo Bom na Tunísia, ao norte, ao cabo das Agulhas na África do Sul; 7.500 quilômetros do cabo Verde (Senegal) no oceano Atlântico ao cabo Guardafui (Somália) no oceano Índico.

b) no contraste dos climas:
– mediterrâneo, na faixa marítima do Norte do continente, na região costeira do Magrebe, e, no extremo oposto, a sul e sudeste do deserto de Kalahari, em territórios da África Austral;
– desértico, como no Saara, no Centro-Norte, e no Kalahari, no Sudoeste;
– tropical na Costa Oeste e em parte da região Centro-Oeste banhada pelo oceano Atlântico.

c) na variedade das paisagens:
– extensas regiões desérticas, entre elas, o Saara, ao norte, um dos maiores desertos do mundo, e o Kalahari, a sudoeste do continente;
– planaltos e planícies com savanas (campos cobertos de gramíneas e subarbustos), sujeitos a longos períodos de seca, e estepes (regiões planas e áridas), com vegetação rasteira e gramíneas em tufos, na orla de regiões desérticas;
– altas montanhas, com picos onde cai neve, como no monte Quênia (5.200 metros de altitude), e o sempre nevado Kilimanjaro (5.895 metros de altitude) na Tanzânia, país situado na região dos grandes lagos (Vitória, Albert, Eduardo, Kivu, Tanganica e Malaui). Nessa mesma região, em Ruanda, há sete vulcões. Já no Chade, no coração da África, fica o lago Chade, na vizinhança do deserto do Saara, com um vulcão em plena atividade no Tipesti;
– no curso dos grandes rios, o Nilo, com seus 6.670 km de extensão, cuja bacia banha nove países, entre eles o Egito e sua capital,

a cidade do Cairo, com um curso maior do que o do rio Amazonas; o Níger, que atravessa Guiné Conacri, Mali, Níger e Nigéria e também deságua no oceano Atlântico, como o rio Congo (Zaire), cujo curso separa o Congo-Brazzaville (República do Congo) do Congo-Kinshasa e deságua no oceano Índico, em Moçambique, depois de banhar também Zâmbia e Zimbábue.

d) na habitação:

– populações que vivem em aldeias espalhadas pela selva, como os pigmeus, ou no deserto do Saara, como os tuaregues, e os bosquímanos, no Kalahari, enquanto outras vivem em grandes cidades, metrópoles superpovoadas como o Cairo, capital do Egito (África do Norte), com 12 milhões de habitantes, famosa por suas pirâmides, ou em Lagos, na Nigéria (África Ocidental), com 21 milhões de habitantes, a cidade mais populosa da África, superando São Paulo, ou em Johannesburgo, na África do Sul, com mais de três milhões de habitantes.

e) na multiplicidade de etnias e de línguas locais.

ÁFRICA NO MUNDO

Pangeia ao centro:
Terra de Gondwana 175 milhões de anos atrás (MCEVEDY, 1980).

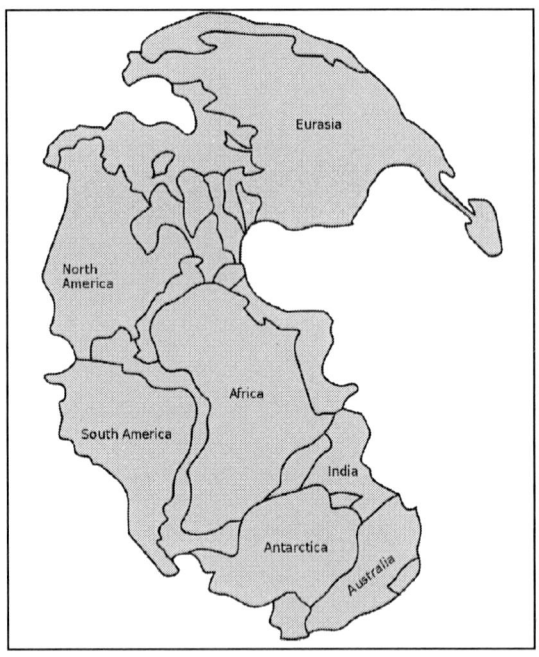

A ÁFRICA ANTES DOS PORTUGUESES

Calcula-se em 50 milhões de anos o surgimento desse imenso continente, e a partir do momento em que os continentes formavam o globo terrestre e estavam todos juntos em um hipotético super-continente – *Pangeia* –, começaram a se desprender. Entre eles, no centro das terras de *Gondwana* o continente africano, que em documentos dos séculos XV e XVI costumava ser chamado de Etiópia e seus habitantes de etíopes, o africano de que vamos aqui falar, de genótipo negro ou negroide que foi trazido da África Subsaariana para o Brasil, de 1535 a 1850, em levas numerosas e sucessivas, num total de mais de quatro milhões de indivíduos em escravidão.

No ano primeiro século da nossa era (A.D.I), ocorreu um dos mais importantes fatos da História da África: a dispersão de dois grandes contingentes humanos, *azandes* e *bantos*, povos negros, oriundos de

34

territórios das montanhas dos Camarões que descobriram a África Subequatorial, trilhando caminhos paralelos nas fímbrias do deserto do Saara. Os primeiros estabeleceram-se na bacia do rio Zaire até as cabeceiras do Nilo Azul em direção à África Oriental, na parte norte. Os *bantos*, que já dominavam a técnica de trabalhar com ferro, alcançaram as terras férteis da região do lago Vitória, onde reuniram forças para estender sua expansão até o oceano Índico e daí, voltando-se para o sul do continente, foram ocupando vastos territórios até então habitados pelos *pigmeus* e *khoisans* (coissãs) na África Central, Setentrional e Austral (SILVA, 2002).

Quanto aos inúmeros grupos da África Ocidental, mande, gur, gbe, kwa, yorubá, igbo, ashanti, entre outros, permaneceram confinados em seus domínios, cada qual mantendo-se em seus territórios originais, do Senegal ao golfo do Benin. Os pigmeus, povos caçadores e coletores, vivendo em aldeias esparsas no meio da floresta tropical úmida onde foram buscar refúgio, como os que se encontram no Congo-Kinshasa, em Ruanda e Burundi, passaram a conviver na região com o povo banto, mestiçando-se biologicamente e adotando as suas línguas. Os khoisans, aqueles que conheciam o pastoreio, ficaram confinados no deserto de Kalahari, a sudoeste do continente, conservando sua língua particular de cliques e sua identidade étnica (cf. SILVA, 1992).

Essas eram as populações e as línguas subsaarianas com que os navegadores portugueses se depararam quando suas caravelas percorreram a costa atlântica africana em direção ao sul do continente, a partir do século XV, trazendo do mundo árabe, ao norte, para as ilhas de São Tomé e Príncipe plantações de cana-de-açúcar (do árabe *al-sukkra*), e construindo feitorias à beira-mar, agências comerciais nos portos das colônias, onde se armazenavam e negociavam mercadorias, servindo também como fortificação primitiva.

Em 1482, construíram a primeira fortaleza europeia em terras africanas, o forte de São Jorge da Mina ou Elmina, próximo às regiões auríferas do território por eles denominado de Costa do Ouro, atual Gana. Nesse mesmo ano, Diogo Cão chegou ao estuário do rio Congo (1482) e Bartolomeu Dias (1488) alcançou o cabo da Boa Esperança, o ponto mais distante ao sul do continente que Vasco da Gama (1497), em busca do caminho das Índias, contornou em direção à África Oriental. Essa, então, passou a ser chamada de Contracosta, região onde os árabes haviam se estabelecido como mercadores desde o século XI.

A costa atlântica, à época, designada de Costa da Guiné, estendia-se do cabo Verde, no Senegal, ao golfo do Benin, na atual região da África Ocidental. Aí, no vale do rio Níger encontraram-se, entre os sítios mais propagados, os impérios de Songai, do Mali, de Oyó, os reinos de Gana, do Benin, do Daomé, e os estados hauçás, na Nigéria (cf. SILVA, 2002; SILVÉRIO, 2013). Em termos geográficos, trata-se da África Subsaariana, designada por muitos de África negra por abrigar, em seu meio, uma população majoritariamente negra, concentrada em duas grandes sub-regiões de vegetação, clima, culturas e línguas próprias:

– A África Ocidental, do Senegal à Nigéria, na faixa terrestre situada entre o Saara e o oceano Atlântico com uma variedade de línguas tipologicamente diferenciadas, sobre o que voltaremos a falar,

– A África Subequatorial, compreendendo a África Central, Oriental e Austral, região do domínio dos povos da grande família linguística banto, e dos khoisans, nas áreas desérticas do Kalahari. Atualmente, neste continente, ao lado das diversas línguas locais, autóctones, ainda são faladas as seguintes línguas:

✓ As línguas europeias da era colonial, inglês, francês, espanhol, português, como línguas oficiais, e o árabe difundido pelo islamismo.

✓ A língua cabo-verdiana que evoluiu de um falar crioulo no arquipélago.

✓ O africâner ou *africaans* de base indo-europeia na África do Sul.

✓ Vários falares crioulos, entre eles, os que são correntes na Guiné-Bissau e na Guiné Conacry.

✓ *Pidgins*, a exemplo do inglês falado na Nigéria e em Gana.

✓ Línguas sagradas e secretas.

AS LÍNGUAS AFRICANAS LOCAIS, AUTÓCTONES

Dentre todos os grupos etnolinguísticos da África Subsaariana, o banto foi o primeiro a despertar a curiosidade dos pesquisadores e a ser estudado relativamente cedo. O que motivou esse interesse foi o caráter homogêneo de um grupo amplo, que compreende cerca de 500 línguas muito semelhantes por serem geneticamente relacionadas, cuja principal característica é o sistema de classes que funciona por meio de prefixos que se ordenam em pares para exprimir a oposição singular e plural dos nomes, o aumentativo, o diminutivo, o infinitivo dos verbos, o locativo, permitindo ainda delimitar o sentido desse mesmo nome.

Por exemplo, os prefixos *mu-* (singular)/*ba-* (plural) da classe 1/2 são usados especificamente para designar seres humanos e se encontram no termo BANTU, escrito BANTO em português, plural de MUNTU, do radical *-ntu*, que quer dizer pessoa humana, intelecto, racionalidade. O termo foi proposto, em 1862, pelo linguista alemão Wilhelm Bleek, para nomear uma família linguística composta de várias línguas oriundas de um tronco linguístico comum denominado de *protobanto*, segundo os bantuistas, falado há quatro milênios (MEEUSSEN, 1980). Só mais tarde, o termo *banto* passou a ser usado por estudiosos de outras áreas para designar também os seus falantes, cerca de 400.000.000 de indivíduos que habitam territórios compreendidos ao longo da extensão sul, abaixo da linha do Equador, correspondente a uma área de 9.000.000 km² que engloba 21 países situados na África Central, Oriental e Austral ou Meridional.

A importância e a homogeneidade deste grupo explicam, em grande parte, as razões por que durante muito tempo foi considerado como constituindo uma família autônoma, sem relação com outros grupos, apesar do fato de se terem revelado fortes semelhanças com as línguas da África Ocidental, chamadas então de sudanesas, e, devido a certas semelhanças com as línguas do grupo banto, um grupo dessas línguas tivesse sido chamado de semibanto. Alguns autores continuaram a sustentar essa posição, explicando as semelhanças com as línguas da África Ocidental como provenientes da interferência exercida sobre elas pelas línguas do grupo banto.

A TESE DE JOSEPH GREENBERG

Em 1955, Greenberg publica *Studies in African Linguistic Classification,* que veio a modificar essa teoria. Custaram-lhe quase quinze anos para estabelecer uma classificação realmente válida das mais de duas mil línguas locais africanas, o que representa aproximadamente um terço das línguas faladas no mundo. Baseada em modelos que refletem o processo histórico de línguas derivadas da fragmentação de uma protolíngua em famílias, subfamílias, grupo de línguas, línguas e dialetos, sua classificação genealógica foi feita sobre o conjunto das línguas locais faladas no continente africano. A partir dos resultados obtidos, ele afirmou que as línguas do grupo banto e as línguas oeste-africanas ou "sudanesas ocidentais" não são apenas tipologicamente aparentadas. Elas formam uma única e grande família à qual deu o nome de Níger-Congo, constituída por quatro troncos linguísticos, cada um subdividido em famílias, grupos e subgrupos. Dentre eles, o *banto* se coloca no subgrupo *bantuídeo,* do ramo Benue-Congo, pertencente à família Níger-Congo ou Nigero-Congolesa.

No entanto, a língua malgaxe, falada na ilha de Madagascar, não pertence a nenhuma dessas famílias linguísticas africanas e nem é falada no continente. Faz parte da família Malaio-Polinésia, um subgrupo das línguas austronésias ou malaio-polinésias no oceano Índico

(WEBB & KEMBO-SURE, 2001, p. 37). É classificada entre as línguas da África, pela sua proximidade geográfica com esse continente.

Do trabalho de Greenberg decorre uma conclusão importante concernente ao movimento migratório do povo banto por volta do século I d.C., conhecido como a Idade do Ferro na história da África. Antes dele, a tese corrente era a de que o povo banto tinha partido diretamente da região dos grandes lagos africanos, principalmente de Uganda, para se espalhar pelo Sul. No entanto, se a afirmação de Greenberg é correta, ou seja, se as línguas do grupo banto não passam de um subgrupo, o bantuídeo, ao qual também pertencem todas as línguas faladas no vale central do rio Benue, na Nigéria e nos Camarões, devemos admitir que o povo banto teria partido dessa região para se deslocar na direção leste, nas fímbrias do deserto do Saara até o oceano Índico, e numa terceira fase, em direção ao Sul, através de um movimento migratório de três séculos, contrário ao da tese anterior de Malcolm Güthrie, de 1948, que discorda de Greenberg e nega o parentesco linguístico entre o banto e as línguas oeste-africanas (cf. WEBB e KEMBO-SURE, 2001, p. 34).

Para Güthrie, as semelhanças são bantuismos, provenientes da incorporação de traços tomados de uma ou de várias línguas do tipo banto, cujo aparecimento na África Ocidental data do período pré-banto, quando uma comunidade falando pré-banto devia viver nas regiões das savanas ao norte da floresta equatorial, entre o rio Ubangui, afluente do rio Congo, e o lago Chade. Em seguida, alguns membros dessa comunidade emigraram para o oeste, onde foram absorvidos por outras comunidades e perderam sua língua própria, deixando dela apenas alguns traços, os bantuismos. Já um outro grupo, provavelmente ribeirinho, escapou seguindo o curso dos rios na floresta equatorial, chegando, enfim, ao Sul desta floresta, onde se instalou num centro que corresponde provavelmente ao atual Norte da região de Shaba (Katanga), no Congo-Kinshasa. É este núcleo que constitui, segundo Güthrie, o centro do *protobanto*. A partir daí, o povo banto iria se dispersar para o Norte e para o Sul.

Podemos dizer que a tese de Güthrie aproxima-se da de Greenberg quando os dois situam a origem do banto no Oeste, na proximidade, ao norte, dos atuais territórios dos Camarões. Quanto à relação existente entre as línguas do grupo banto e as oeste-africanas, a teoria de Greenberg é a mais verossímil (NGUNGA, 2004, p. 30-35).

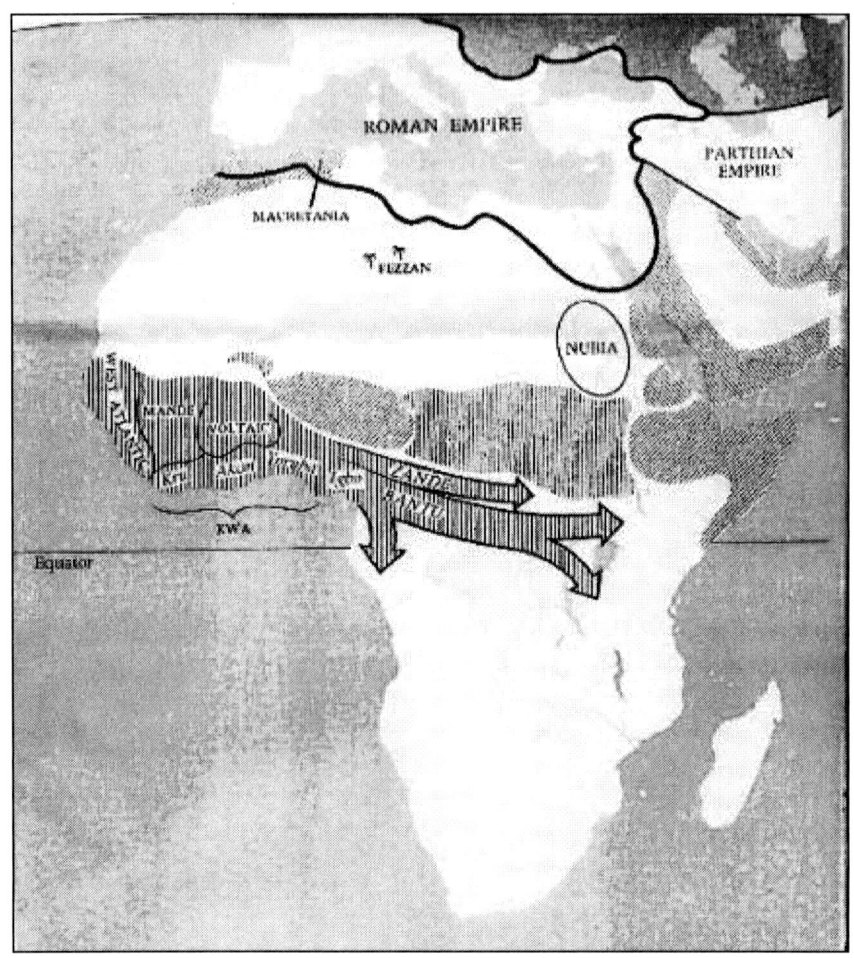

MCEVEDY, 1980.

Classificação genealógica

Segundo a teoria de Greenberg, consagrada pelos linguistas contemporâneos, elas estão distribuídas em quatro grandes troncos etnolinguísticos, concentrados em três grandes regiões territoriais:

I. NÍGER-CONGO

II. NILO-SAARIANO

III. AFRO-ASIÁTICO

IV. KHOISAN (COISSÃ)

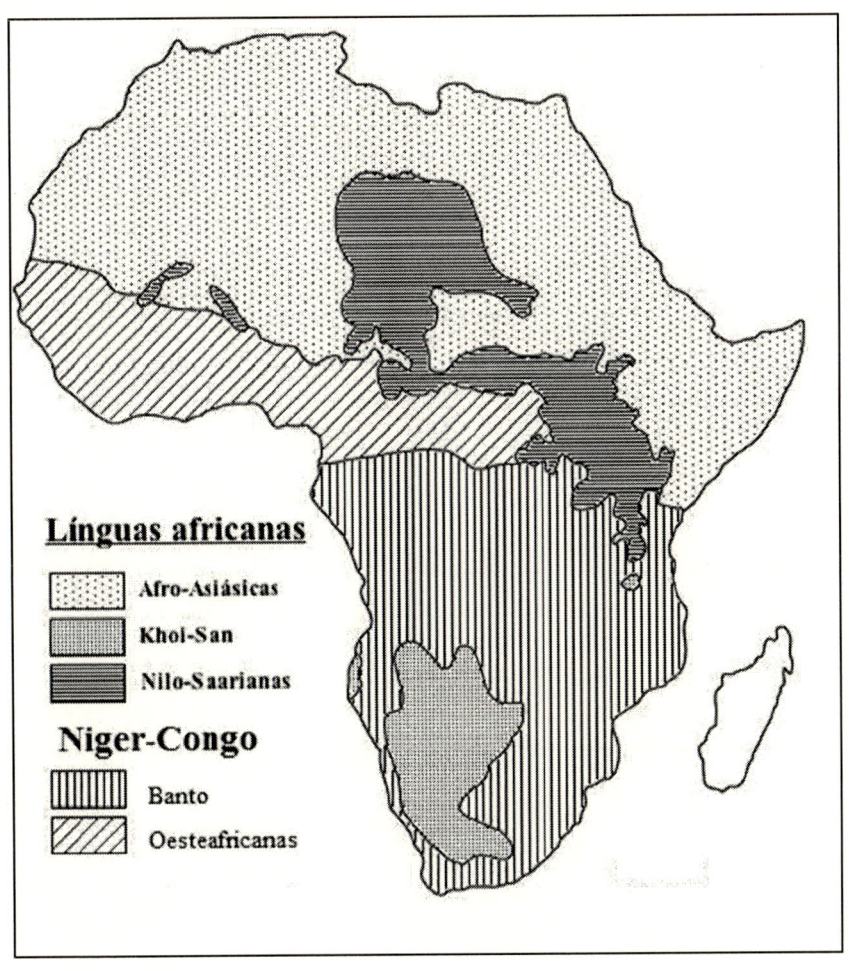

Regiões territoriais	Troncos linguísticos
África do Norte	**AFRO-ASIÁTICO**
África Saariana	**NILO-SAARIANO**
África Subsaariana 1 – África do Oeste (Do Senegal à Nigéria) 2 – África Subequatorial	**NÍGER–CONGO** 1– *Oeste-africano* 2 – *Banto*
3 – *Khoisan*	**KHOISAN**

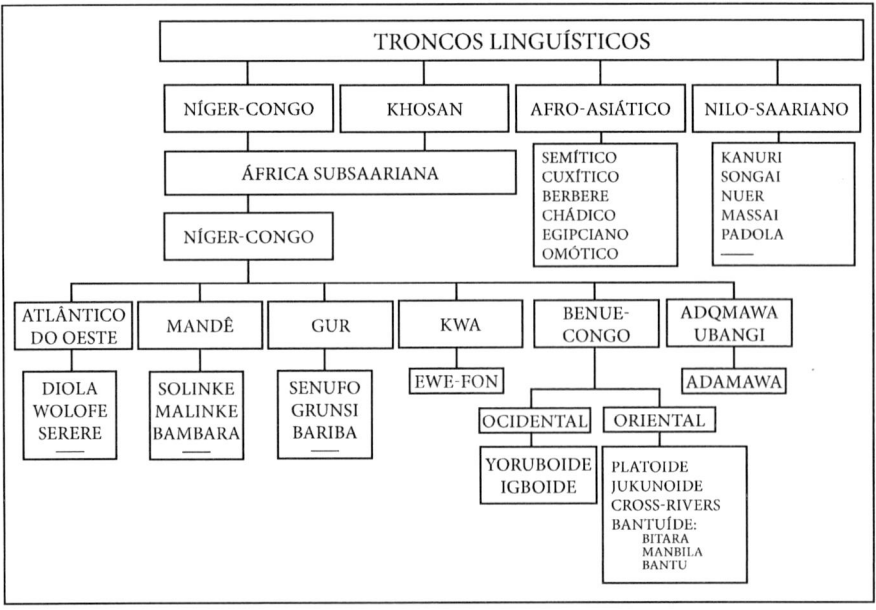

I. NÍGER-CONGO

Tronco de línguas subsaarianas, faladas por centenas de povos praticantes das mais diversas formas de religião, das nativas tradicionais àquelas de imposição colonialista cristã ou islâmica, ocupando um vasto território que se estende da direção sul do Saara ao cone sul-africano e vai do Atlântico ao Pacífico. São cerca de 1.436 línguas que formam a maior família linguística do mundo, com mais de 450 milhões de falantes, concentrados em quase toda a extensão territorial da África Subsaariana (GRIMES, 1996).

Compreendem sete grupos:

I.1. *Atlântico do Oeste*
I.2. *Mande*
I.3. *Voltaico ou Gur*
I.4. *Kwa*
I.5. *Benue-Congo*
I.6. *Adamawa Ubangui*
I.7. *Kordofaniano*

I.1. *Atlântico do Oeste*

Línguas faladas na costa ocidental da África, do Senegal à Libéria. Entre elas, as majoritárias são *fulfude*, com milhões de falantes espalhados por todo o Centro-Oeste africano; *wolofe*, principalmente no Senegal e em Gâmbia, com cerca de dois milhões; *diola*, mais de 400.000 na província senegalesa de Casamansa; *serere*, 600.000 no Senegal; *teme*, mais de 600.000 em Serra Leoa.

I.2. *Mande*

Entre 18 a 20 milhões de falantes que se encontram na metade ocidental da África do Oeste, Mali, Costa do Marfim, Guiné, Serra Leoa e Libéria. São cerca de quarenta línguas, entre elas, *solinke, malinke, bambara*.

I.3.*Voltaico ou Gur*

Línguas com mais de 5.500.000 falantes no Mali, Costa do Marfim, Gana, Togo, Benin, Burkina Fasso até a Nigéria, entre elas, *senufo, grunsi, bariba, gurma*. O nome *gur* foi proposto por Krause (1895), e a denominação Voltaico deve-se ao nome do rio Volta, que corta a região.

I.4. *Kwa*

Grupo de línguas faladas na Costa do Marfim, Gana, Togo, Benin, entre elas, *fon, mina, mahi, gun, ewe*, também conhecidas como línguas *gbe*. O nome *kwa* foi dado por A.G. Krause (1895), que, em algumas dessas línguas, significa gente, pessoa, assim como a denominação *gbe,* em *ewe-fon,* quer dizer língua (cf. WESTER-MANN e BRYAN, 1952).

Este grupo passou a ser conhecido como Novo Kwa, em razão do *yorubá* e do *igbo*, línguas faladas na Nigéria, que foram aqui in-cluídas por Greenberg, por estarem, hoje, classificadas no ramo do Benue-Congo Ocidental (HEINE e NURSE, 2000)**.**

I.5. *Benue-Congo*

Cerca de 900 línguas e mais de 500 milhões de falantes, contendo dois grandes grupos linguísticos (HEINE e NURSE, 2000, p. 31):

I.5.1. *Benue-Congo Ocidental*
– Yoruboide, na região da Nigéria ocidental.
– Igboide, na região da Nigéria oriental.

I.5.2. *Benue-Congo Oriental*
– Platoide, as línguas do platô nigeriano *(kambari, biron...)*.
– Jukunoide, na Nigéria e nos Camarões *(mambe...)*.
– Cross-Rivers, na confluência dos rios Níger e Benue, na Nigé-ria, com destaque para o *efik-ibibio*.
– Bantuídeo: *bitara, mambila,* BANTO.

I.6. *Adamawa Ubangui*

Antes chamadas de ADAMAWA LESTE, mais de 12.000.000 falantes na Nigéria, Congo, Camarões, Chade e República Centro-Africana.

I.7. *Kordofaniano*

Um pequeno grupo formado por 20 línguas, pouco conhecidas, faladas em uma das regiões do Kordofan, no Sudão.

II. NILO-SAARIANO

Compreende cerca de 196 línguas, com mais de 50.000.000 de falantes distribuídos em territórios banhados pelo rio Nilo, no sul do Saara (*kanuri, songai ...*), no Sudão (*nuer*), na Etiópia, Quênia e Tanzânia (*massai...*) e Uganda (*padola...*), com cinco pequenos ramos:

II.1. *Saariano*
II.2. *Maba* (Chade, República Centro-Africana, Sudão)
II.3. *Fur* (Darfur e Chade)
II.4. *Chari* (Sudão, Uganda)
II.5. *Koman* (entre Sudão e Etiópia)

III. AFRO-ASIÁTICO

Antes chamado hamito-semítico, compreende 371 línguas, com mais de 200 milhões de falantes. Também denominado Afrosan, inclui as línguas da África do Norte, da Etiópia, Somália, lago Chade e Sudoeste da Ásia, distribuídas em seis grupos linguísticos:

III.1. *Semítico,* usado em toda a África do Norte e no Sudão, com destaque para o árabe, introduzido na região a partir do século VII e estudado em todo o mundo islâmico por ser a língua sagrada do Corão. Neste grupo se incluem o *amárico* ou *etíope,* língua oficial da Etiópia, falada em territórios da antiga Síria e Mesopotâmia, e o *aramaico,* tida como a língua que Cristo falava.

III.2. *Cuxítico,* cuja zona de extensão cobre quase a totalidade do corno oriental do continente africano ao sul do Assuão, entre o

Nilo e o mar Vermelho, com destaque para o *somali* na Somália, também falado na Etiópia e Quênia, *gala* e *oromo* no Djibuti.

III.3. *Chádico*, com o *hauçá*, a língua mais conhecida do grupo, falada no Noroeste da Nigéria onde se concentra a maioria dos seus falantes, sendo uma das três línguas nacionais do país, e, na África Ocidental, como língua franca de comércio. Conhecida também na historiografia brasileira devido às insurreições que escravizados malês, muçulmanos, promoveram nas primeiras décadas do século XIX, na cidade da Bahia e adjacências (cf. REIS, 2003).

III.4. *Berbere,* línguas com mais de oito milhões de falantes na África do Norte, desde a Costa atlântica até o Egito e o Saara. Faladas por nômades em grandes regiões do deserto, como os tuaregues de origem camita.

III.5. *Egipiciano* ou *Egípcio antigo,* em territórios do rio Nilo.

III.6. *Omótico,* línguas com cerca de 3.800.000 falantes que se encontram no Sudão e no Sudeste da Etiópia, às margens do rio Omo.

IV. KHOISAN (COISSÃ)

Línguas pré-banto dos povos khoi e vakankala ou san, que por muito tempo foram denominados de hotentotes e bosquímanos, muitas já entraram em extinção e atualmente representam a menor família de línguas africanas. No passado, supõe-se que elas passavam de 10.000, hoje reduzidas a 35, cada uma possivelmente com 1.000 falantes que se encontram no Sudoeste da África, principalmente em Botsuana, Namíbia, África do Sul, principalmente no deserto de Kalahari, ao longo dos seus 900.000 km², e os demais vivem em Angola, Tanzânia, Zâmbia e Zimbábue, em pequenas populações (HEINE e NURSE, 2000, p. 42).

Consideradas uma das primeiras línguas humanas, faladas há oito mil anos, caracterizam-se pela presença dos "cliques", fonemas consonantais, representados na escrita pelo sinal gráfico (!), produzidos por certos estalidos da língua, em que a corrente de ar, em vez de vir dos pulmões, vai do exterior para a boca. Não se encontram registrados em qualquer outra língua do mundo.[1]

Dois grupos principais:

IV.1. *Sandawe*, 40.000 falantes na Tanzânia.
IV.2. *Hatsa* ou *Hadja*, na Tanzânia, menos de 10.000 falantes.

O termo khoisan, proposto por Isaac Shapera (1930) e adotado em inúmeros trabalhos, é uma combinação de duas palavras: *khoi,* que significa "homem", e *san,* cuja raiz significa "acumular, colher frutos, arrancar raízes da terra, capturar pequenos animais". Trata-se da qualificação de um grupo humano em função de seu gênero de vida e modo de produção. Possuem o mais elevado grau de diversidade do ADN mitocondrial de todas as populações humanas, o que indica que eles são uma das mais antigas comunidades humanas. O seu cromossomo Y também sugere que, do ponto de vista evolucionário, os khoisans se encontram muito perto da "raiz" da espécie humana (cf. BARNARD, 1992).

Vistos, portanto, como os grupos humanos mais antigos do mundo, se não são povos negros, como afirmam muitos africanistas (cf. FERNANDES e NTONDO, 2002, p. 24) e comprovam os estudos genéticos recentes, a África, consequentemente, não é um continente negro, mas que abriga uma população majoritariamente negra. Se assim for verdadeiro, aqui fica a suposição: a humanidade, por ter nascido na África, não nasceu necessariamente negra, tornou-se negra depois.[2]

---

[1] Cf. o filme *Os deuses devem estar malucos* (1990), em que o personagem principal é um khoisan de língua !kung.
[2] Nessa hora, não posso deixar de citar a resposta de Vovô Dumbo à pergunta do seu neto, "Qual é a cor da África?", ao narrar a história das tradições africanas no livro infantojuvenil do mesmo nome: "A África, meu pequeno Chaka, tem todas as cores da vida" (cf. SELLIER, 2011).

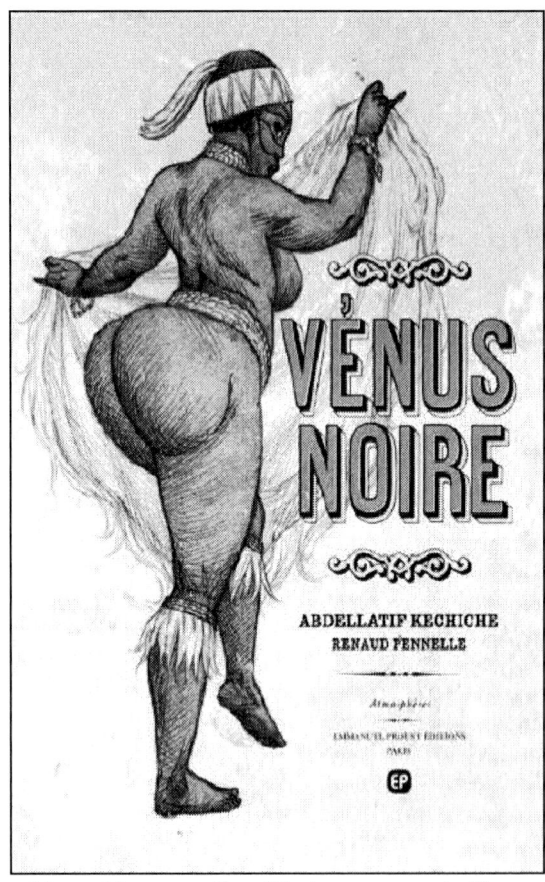

Venus Negra, mulher Khoisan, cartaz do filme

De fato, san e khoi têm características em comum, a cor amarelada ou parda da pele,[3] e a presença de cliques em ambas as línguas. Fisicamente, são em média mais baixos e esguios do que os demais povos africanos, além de uma coloração de pele clara e prega epicântica nos olhos, como os chineses. Uma outra característica física é a esteatopigia das mulheres, ou seja, grande desenvolvimento *posterior* das nádegas, o que levou uma mulher (Saraha Baartman, 1789-

---

[3] O termo pardo vem de pálido e não da cor do pardal ou do leopardo, como registrado erradamente em nossos dicionários. Observe a denominação "cara pálida", para pessoas brancas, entre os indígenas estadunidenses.

1815) a ser levada para a Europa no século XIX para ser exibida em feiras circences como a famosa "Vénus Hotentote".

Na mesma época, virou moda na corte francesa, tornando-se então muito popular, as mulheres utilizarem anquinhas, um enchimento colocado à altura da cintura, sempre por baixo da saia, para aumentar o volume das ancas ou quadris à semelhança das mulheres hotentotes.

Apesar de esforços da classe acadêmica de universidades sul-africanas, muitas dessas línguas já foram extintas ou estão em vias de extinção. Entre os descendentes ilustres desse povo, encontram-se duas grandes figuras emblemáticas sul-africanas, o grande líder pacifista Nelson Mandela (1938-2013) e a cantora Miriam Makeba (1932-2010), que chegou a gravar canções em *xhosa* com cliques em *khoisan* e propugnava pela preservação desse grupo etnolinguístico subsaariano. Denominada "Mama África", também foi grande ativista pelos direitos humanos e contra o *apartheid* na sua terra natal. Sua canção "Pata Pata", de 1967, obteve sucesso como primeiro hit internacional africano, e, no Brasil, foi alvo de paródias hilárias exploradas e popularizadas pela mídia, em diversos programas cômicos.[4]

Classificação tipológica de Güthrie

A classificação mais usada para as línguas do grupo banto é a de Malcolm Güthrie, que teve sua primeira versão em 1948. Sua "classificação prática", como ele a denominou, repousa em base tipológico-geográfica, no sentido de que as unidades são constituídas por traços linguísticos comuns e pela proximidade geográfica. Assim ele reúne:

---

[4] Uma das mais conhecidas paródias, e corrente até hoje, no Brasil, é a que diz "tem pulga na cueca".

1) *línguas* diferentes em *grupos*, ou seja, conjunto de línguas com falares regionais que têm um dado número de traços linguísticos comuns e que estão geograficamente próximas, representadas por *números* (1, 2, 3...);

2) *grupos*, em 16 *zonas*, ou seja, conjunto de línguas que têm um dado número de traços linguísticos comuns e que estão próximas geograficamente, designadas por uma letra maiúscula (A, B, C...)

3) em cada *zona* (A, B, C...), um número variado de *grupos* (1, 2, 3) conhecidos pelo nome de uma ou de duas línguas locais.

Ex.: as línguas angolanas que mais foram faladas no Brasil Colônia.

ZONA	GRUPO	LÍNGUAS	PAÍSES
H	16	KIKONGO	Congo, Angola
H	20	KIMBUNDO	Angola
R	11	UMBUNDO	Angola

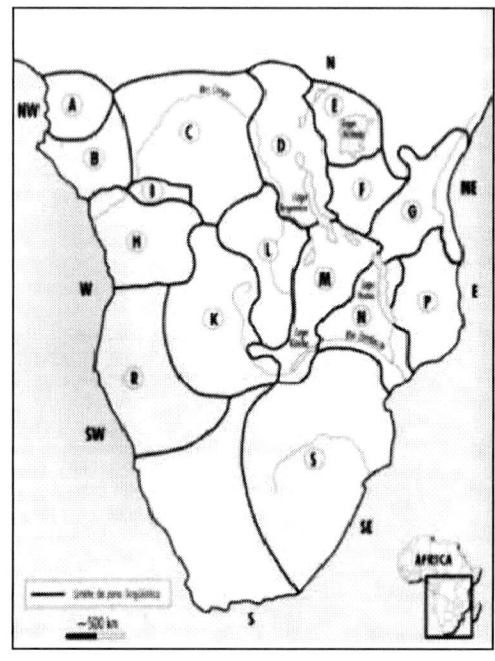

Zonas linguísticas (CASTRO, 2001).

A partir daí, foram identificadas 15 zonas, 78 grupos e 550 línguas:

Zona	Grupo	Países onde são faladas	Línguas
A	9	Camerum, Guiné Equatorial, parte do Gabão, Congo-Brazzaville	DUALA, FANGUE...
B	8	Gabão, Congo-Kinshasa, até o Congo-Brazzaville	NJIKO, BETÊ, TEKE...
C	9	Noroeste do Congo-Kinshasa até ao Congo-Brazzaville	GOMBÊ, TETELA...
D	6	Nordeste do Congo-Kinshasa	BEMBÉ, KONJO...
E	7	Quênia e Norte da Tanzânia	KAMBA, KURIA...
F	3	Sul do lago Vitória, na Tanzânia, Somália, Comoros	TONGUE, SUKUNA
G	6	Centro da Tanzânia e na Costa Oriental	SWAHILI, SHAMBALA...
H	4	Sul do Congo-Brazzaville, Sudoeste do Congo-Kinshasa, Noroeste de Angola	KIKONGO, KIMBUNDO, JAGA...
K	5	Nordeste de Angola até o Congo-Kinshasa, Zâmbia e Namíbia	CHOKWE, PENDE...
L	6	Grupo Luba, Centro-Sul do Congo-Kinshasa até Zâmbia	SONGA, LUBA, LUNDA...
M	6	Zâmbia, Malaui, Congo-Kinshasa, Tanzânia, Zimbábue	BEMBA, TONGA...
N	4	Malawi, Zâmbia, Tanzânia, Botswana, Moçambique	NYANZA, MANDE...
P	3	Moçambique, Tanzânia e Malaui	MAKONDE MAKWA...
R	5	Centro-Sul de Angola e de Namíbia a Botsuana	UMBUNDO, HERERO, KWANYAMA...
S	6	Moçambique, Zimbábue, Lesoto, Botsuana, África do Sul, Suazilândia	SHONA, RONGA, ZULU...
15 zonas	78 grupos	TOTAIS	550 línguas, além dos dialetos

O DILEMA DO MULTILINGUISMO

O dilema que se impõe à maioria dos países pós-coloniais africanos é gerir esse multilinguismo, ou seja, sua heterogeneidade linguístico-cultural e a coexistência de várias línguas na construção da interação nacional, quando é frequentemente alegado que as línguas autóctones ou locais não podem desempenhar papel importante nesse processo devido, ao que se pensa, ao seu potencial divisionista para fomentar conflitos. São línguas étnicas diferenciadas que, por imposição da partilha do continente africano feita pelos colonialistas na Conferência de Berlim de 1884/89, ficaram intencionalmente circunscritas dentro das fronteiras de um mesmo país contemporâneo.

Em muitos casos, as fronteiras políticas cortaram as fronteiras linguísticas, a exemplo do kikongo, que é falado como primeira língua em Angola, no Congo-Kinshasa e no Congo-Brazzaville. Algumas outras vão além de suas fronteiras como primeira língua e se tornam línguas francas ou de comércio, como a expansão do kiswahili, com 30 milhões de falantes na África Central e Oriental, (WEBB e KEMBO-SURE, 2001, p. 28) que, segundo observação que devemos à linguista angolana Amélia Mingas, "constituiu uma resposta ao dilema multilinguístico, pois joga o mesmo papel que as ex-línguas coloniais, porquanto permitiu congregar locutores de várias línguas distintas em torno de uma língua regional". É o que, aliás, a Unesco recomenda para o surgimento de línguas regionais.

Diante desse impasse, decide-se, então, promover, através do predomínio de políticas exoglóssicas, a língua colonial da era pré-independência (português, francês, inglês) como língua franca de integração nacional, alegando que essas línguas são socioculturalmente neutras, sem potencial para fomentar conflitos interétnicos, desde quando não são línguas autóctones de ninguém. Essa política linguística, de alguma forma, retoma e fortalece os laços de identidade com os ex-colonizadores, correndo-se o risco de favorecer a crença incutida a muitos africanos da inferioridade de suas línguas, resultante do tráfico transatlântico, do impacto culturalmente destrutivo dos missionários cristãos, do apartheid na África do Sul, além do fato de que muitas delas, só em tempos mais recentes, ultrapassaram o campo da oralidade para contar com uma escrita literária e gozar do prestígio que lhes é atribuído pelo mundo ocidental. Sob o ponto de vista linguístico, essa concepção não se justifica. Todas as línguas, com ou sem escrita literária, têm o mesmo valor, são instrumentos perfeitamente adequados para expressar o que quer que seja que seus falantes desejem comunicar e, do ponto de vista estrutural, todas são igualmente complexas.

Em relação ao tratamento dispensado às línguas locais, a preocupação maior é desenvolver uma política visando à sua sua revalorização tornando-se, portanto, premente, harmonizar a oficialização das línguas ditas ex-coloniais com a necessidade do uso e da promoção das línguas ditas nacionais,[5] a fim de evitar um glotocídio, no caso, o desaparecimento das línguas locais e, consequentemente, o apagamento da expressão da cultura e da identidade nacionais do seu povo falante, uma vez que a língua substancia o seu espaço de identidade.

Surge, aqui, outro dilema no discurso oficial: a oficialização sem nacionalização da língua europeia da era colonial e a nacionalização sem oficialização das línguas locais. Resolve-se, então, eleger a língua da era colonial como língua oficial e as línguas locais majoritárias em número de falantes ou de maior prestígio sociopolítico como línguas nacionais.

Tomemos o exemplo do perfil sociolinguístico da Nigéria e de Angola. Em Angola, como em Moçambique, o regime colonial português implantou uma política linguística de "assimilação" que visava à adoção, pelos angolanos, de hábitos e valores portugueses, considerados "civilizados", tornando o português língua de ensino e

---

[5] Denominação que sofre críticas, pois quase nunca ultrapassam o âmbito regional e muitas vezes se estendem para além das fronteiras nacionais, a exemplo do kikongo, classificado como língua nacional em três países diferentes onde é falado: Angola, no Congo-Kinshasa e no Congo-Brazzaville.

aprendizagem obrigatórios em todos os níveis de educação formal, não permitindo a introdução e o uso de línguas locais. Na Nigéria, ao contrário, o governo colonial britânico adotou uma abordagem "indireta", ou seja, o ensino das línguas locais, então chamadas de vernáculas, nos três primeiros anos da escola primária, com uma gradual transição para o inglês nos demais níveis (WEBB e KEMBO-SURE, 2000, p. 31).

NIGÉRIA

- População: mais de 125 milhões de habitantes. Número de línguas: 400. Línguas numericamente majoritárias: *hauçá,* falada como língua franca regional por mais de 20 milhões, *yorubá, igbo, efik-ibibio, fulani, nupe, twi* e o *pidgin english* do oeste africano.
- Língua oficial: *inglês.*
- Línguas nacionais: *yorubá, igbo, hauçá.*
- Línguas de ensino e aprendizagem:
  – línguas maternas, no primário inicial.
  – introdução do *inglês* como segunda língua, ou seja, como língua estrangeira no primário avançado e nos demais níveis.
- Estudo obrigatório do *inglês,* de uma língua nacional (*yorubá, hauçá* ou *igbo*) e de uma língua da comunidade local.
- Nível de alfabetização: 57%.
- A literatura tem sido em *inglês* e em línguas nacionais, em programas de rádio e de televisão, principalmente em *inglês.*

ANGOLA

- População: 24.000.000 (Censo de 2014).
- Línguas nacionais (REDINHA, 1975):
  – *umbundu* (1.5 milhões de falantes), *kimbundu* (1 milhão);
  – *kikongo* (meio milhão), também falada no Congo-Kinshasa;

- *chokwe*, também falada no Congo-Kinshasa e na Zâmbia;
- *ngangwela* (400 mil), *nyaneka* e *oshiwambo*, também faladas na Namíbia.
* Língua oficial e única da administração: *português*.
* Língua de ensino e aprendizagem: *português* em todos os níveis. O *português* é a língua de prestígio no país e é usada como língua franca nas áreas urbanas, onde se torna a primeira língua da população mais jovem. Não goza, porém, da mesma proficiência em áreas rurais ou por pessoas com pouca escolaridade.
* Alfabetização: em línguas locais, 10%, em *português*, 58% (1990).
* A maioria dos livros é publicada em *português*.
* O resultado deste poliglotismo a que se submetem as populações africanas em geral é a fragmentação do saber que fica assim configurado em termos da competência linguística dos seus falantes:
    – para a elite socioeconômica: *português, espanhol, inglês, francês, alemão*;
    – para a elite sócio-religiosa: *árabe* e *latim*;
    – para a população em geral: *as línguas africanas locais*.

Línguas oficiais importadas ou línguas dominantes não africanas

Há muitas línguas faladas na África que pertencem a famílias de línguas não africanas, como é o caso, já visto, do *malgaxe*, uma língua austronésia, e o do *africâner*, que pertence à família das línguas indo-europeias. Além disso, a maior parte dos países africanos tornou oficial uma língua europeia – português, nas ex-colônias portuguesas, francês, nas francesas, e inglês, nas inglesas. Essas línguas, porém, são correntes entre a população urbana desses países e, em geral, entre as pessoas com uma escolaridade significativa.

As línguas alemã e italiana ainda são faladas por minorias, respectivamente em na Namíbia e, Camarões, que foram colônias alemãs, e na Somália, na qual uma parte foi colônia italiana. Já o árabe tornou-se língua oficial em muitos países da África do Norte em razão de o islamismo ser ali também religião oficial, enquanto o *afri-caans*, de base indo-europeia, também é língua oficial entre muitas outras faladas na África do Sul.

As línguas francas

Não são línguas étnicas, mas de intercurso, de comunicação inte-rétnica, usadas como segunda ou terceira língua por grande parte da população que fala suas próprias línguas locais. Destacam-se, entre elas, *kiswahili*, na África Oriental; árabe, no Norte da África; *hauçá*, na África Ocidental e *lingala*, no Congo-Kinshasa.

Pidgins e crioulos

Pidgins são tipos específicos de línguas francas resultantes de uma situação particular de contato num ambiente multilíngue onde não ocorre o compartilhamento de qualquer língua preexistente. Não é língua materna de ninguém, com reduzidos vocabulário e gramática. Emergem sob certas condições socioeconômicas ao longo de rotas comerciais costeiras, especialmente quando diversos grupos, com línguas tipologicamente diferentes e sem uma língua franca comum, são forçados a se comunicarem diante de uma recém-chegada língua dominante, como a de comerciantes marítimos e colonialistas.

Uma vez, que um *pidgin* desponte como primeira língua de uma geração de falantes, com vocabulário e gramática mais elaborados, torna-se, assim, uma língua crioula e, como variedade autônoma da fala, alcança o *status* de língua padrão nacional socialmente igual a qualquer outro idioma. Portanto, a distinção mais comum entre *pidgins* e crioulos é a existência, nos crioulos, de falantes com uma língua local ou materna (HEINE e NURSE, 2000, p. 326).

O termo "crioulo" não tem nada a ver com cor; quer dizer "cria-do". Dá-se o nome de "língua crioula" à língua que nasce do contato entre, normalmente, um povo colonialista, como foram os portugueses, e dezenas de outros povos confinados em um determinado ambiente. Ou seja, "crioulo", em linguística, nada tem a ver com etnias, mas sim com a *criação* de um idioma a partir da aglutinação, em um determinado local, de línguas de estruturas diferenciadas, provocando um conflito por falta de inteligibilidade da parte dos seus falantes e a necessidade de comunicação faz emergir um outro falar – o *crioulo*.

Por exemplo, em Angola e Moçambique onde as línguas que entraram em contato foram português e as línguas primárias do grupo banto, as notáveis semelhanças linguísticas entre elas, por um lado, e, por outro, com a língua portuguesa, não deram margem ao estabelecimento de falares crioulos, mas de um português com marcas angolanas e moçambicanas, como, de fato, também sucedeu no Brasil, com a emergência de um português diferenciado do de Portugal por marcas indígenas e negro-africanas (CASTRO, 2001/ 2005).

No entanto, é preciso notar que o processo favorável à emergência de uma língua crioula também pode advir de uma confluência de motivos favoráveis de ordem linguística. Se não houver, por acaso, uma proximidade relativa entre a estrutura linguística e fonológica das diferentes línguas em contato, certamente surgirá entre elas um conflito por falta de inteligibilidade da parte dos seus falantes, e a necessidade de comunicação faz emergir um outro falar – o crioulo. Quando tal conflito não existe, sucede-se a imantação, por um lado, dos sistemas linguísticos das línguas locais em direção ao sistema das línguas dominantes recém-chegadas e, em direção oposta, um movimento dessas línguas em direção ao sistema linguístico das línguas locais em situação de contato, sobre o que voltaremos a falar na conclusão deste livro.

Por exemplo, em Angola e Moçambique, onde as línguas que entraram em contato direto e prolongado foram o português colonial e línguas do grupo banto, as semelhanças tipológicas entre elas, por um lado, e, por outro, delas com as eventuais, mas notáveis, semelhanças morfossintáticas e fonológicas com a língua portuguesa seiscentista, não deram lugar ao estabelecimento de falares crioulos como língua franca, mas de um português diferenciado do português lusitano pela interferência linguística das línguas negro-africanas, como, de fato, também ocorreu no Brasil, onde foram as mesmas línguas que entraram em contato, africanizando a língua do colonizador europeu, dando-lhe um caráter próprio. No entanto, onde o português entrou em contato com línguas oeste-africanas, de estruturas tipologicamente diferenciadas entre si e do próprio português, favoreceu a emergência e o consequente estabelecimento de crioulos locais, como mais uma expressão de resistência e preservação da sua memória cultural na opressão (CASTRO, 2005). Entre eles, o crioulo do arquipélago de Cabo Verde, da Guiné-Bissau, de Casamansa, na região do Senegal, e das ilhas de São Tomé, Príncipe e Annobón (BAL, 1979, p. 28-29).

Línguas sagradas e secretas

São línguas rituais, usadas em cerimônias religiosas, que só os seus iniciados conhecem e praticam. É o caso, por exemplo, do *hungbe* e do *zangbeto*, no Benin, um assunto que discutiremos adiante no capítulo sobre língua e religião como binômio de resistência.

Aqui, convém chamar a atenção para a chamada "língua de santo", que é usada como linguagem ritual nos contextos religiosos afro-brasileiros, o cântico dos vissungos em Minas Gerais, documentos vivos das línguas subsaarianas que foram faladas no Brasil na época colonial e que estão a merecer não só o interesse maior de filólogos e linguistas brasileiros, mas também de pesquisadores nesse vasto campo de estudos do continente africano (cf. CASTRO, 1998).

A língua como fator de identidade

Em conclusão, todo africano é necessariamente poliglota: fala a língua materna ou paterna que nem sempre é a língua local, aprende a falar a língua dos seus vizinhos, em razão, entre outras, de casamentos exogâmicos, e a língua franca do comércio mantido entre eles, a língua da era colonial, quando escolarizado. Angélique Kidjo, cantora e embaixadora da Boa Vontade na Unicef, nascida na República Popular do Benin, em entrevista ao *The New York Times International Weekly* (27/1/2014), confessa em francês, língua oficial no Benin, que fala *fon*, língua paterna (nacional no país), *yorubá*, língua materna, e mais duas línguas locais, *mina* e *gur*, por gravar canções nessas línguas. Este testemunho corrobora o ensinamento da conceituada linguista angolana Amélia Mingas, "a língua substancia o espaço de identidade", e reafirma a sabedoria contida no ditado popular kimbundo *"kifua o dimi, mwyenu u fua we"*, morre a língua, a alma morre também.

Sistema tonal x não tonal

Ao contrário das línguas europeias, as línguas subsaarianas são línguas tonais. No discurso seguido de sons, certos fragmentos da cadeia falada são colocados em destaque, em confronto com outros fragmentos. Tais particularidades – os acentos – podem afetar o fonema ou um grupo de fonemas, isto é, a sílaba, por uma intensidade maior ou por uma altura maior. No primeiro caso, temos o acento de intensidade ou dinâmico, como se observa nas línguas europeias; no segundo, o acento de altura ou tons, como nas línguas negro-africanas, basicamente, três (alto, baixo e médio) representados, na escrita, pelos respectivos acentos agudo (á), grave (à), incidindo sobre a vogal, enquanto o tom médio não traz marca formal (a).

As línguas não tonais, como o português, se apoiam na *intensidade* determinada pela força expiratória que dá ao movimento ondulatório maior ou menor número de vibrações por segundo. Numa série fônica, a intensidade permite estabelecer o contraste entre sílabas acentuadas e não acentuadas. A sílaba acentuada é pronunciada com uma energia articulatória maior que as torna mais sonoras ou audíveis em relação às não acentuadas. Nesse caso, o acento será tônico e a vogal da sílaba acentuada será aguda em relação às outras não acentuadas ou átonas. A posição do acento de intensidade, em algumas línguas, é predominante numa sílaba determinada (em francês, geralmente na última). Em outras, ele é inteiramente imprevisível, como costuma acontecer nos homônimos em português, nos quais o acento de intensidade dá aos vocábulos valores significativos e diferenciais. Exs. *sábia* / *sabia* / *sabiá* ou **mares** / **marés** (CÂMARA JR., 1953, p. 59).

Já nas línguas negro-africanas, a exemplo do vietnamita e do chinês, essa função distintiva se apoia nas variações da altura da voz, na frequência dos tons melódicos que incidem sobre as vogais para estabelecer valores distintivos e diferenciais entre elas. Essas vogais passam a ser pronunciadas na variação da altura da voz como se fossem cantadas, à semelhança de notas musicais (dó, ré, mi). Neste caso, em vez do acento tônico ou de intensidade, ou seja, o contraste entre sílabas acentuadas e não acentuadas, temos o acento de altura ou tons, isto é, a oposição entre o abaixamento e a elevação da vogal como traço fônico distintivo e significativo que na escrita é marcado por sinais diacríticos, tom alto (´) e baixo (`) (cf. MARTINET, 1965, p. 85-86).

> (Yor.) **dú** *(tom alto), negro*
> **dù** *(tom baixo), recusar*
> **du** *(tom médio), procurar, correr*
> (Fon) **dín**, *muito, excessivo*
> **dìn**, *passar num exame*
> **din**, *agora*

Esses tons podem se combinar em crescentes (^) e decrescentes (v), os chamados tons complexos que, em banto, em que prevalece o sistema bitonal, tons altos e baixos ocorrem, segundo os bantuistas, nas línguas em que predominam as vogais longas (NTONDO, 2002, p. 87).

As línguas tonais ainda se valem da duração, ou seja, da oposição entre vogais longas e breves para fins distintivos, porque, neste caso, a duração não depende de outro traço fônico, a intensidade, que, nas línguas não tonais, determinam automaticamente o alongamento da vogal em sílaba acentuada. Na maioria das línguas subsaarianas, as vogais longas são representadas por um traço sobre elas ou pela duplicação da vogal, a exemplo de *kikoongo*, nome da língua congo (cf. PIKE, 1966).

(Kimb.) *longa / lóónga* – ensinar/ prato

báka / bááka – tomar/ rasgar

dílu / díílu – choro/ gula

Como os tons não anulam a entonação, ou seja, a variação na altura da fala que incide sobre uma palavra ou oração e não em fonemas ou sílabas, é muito importante que eles não sejam confundidos. Nas línguas tonais, as variações de altura da voz afetam cada sílaba da palavra e são tão significativas quanto os fonemas que as compõem, enquanto nas línguas não tonais essa altura afeta um ponto da curva melódica descrita no curso de um enunciado, o que cria distinções entre tipos de frases (interrogativa, imperativa, negativa etc.). Nas línguas tonais, certos pares de palavras, os homônimos, como vimos, só se distinguem pelos tons, mas em todas as línguas a melodia de entonação é significativa e também tem função distintiva.

Logo, as línguas tonais diferem das línguas acentuadas em que cada sílaba é afetada por uma certa altura melódica, enquanto nas línguas não tonais essa altura é pertinente apenas na sílaba acentuada. Por essa razão, os desníveis da altura melódica entre os tons na palavra, sejam eles altos, baixos ou médios, assumem função distintiva, fazendo com que formas aparentemente iguais, mas diferentes em tons, sejam diferentes em significado, dentro ou fora do contexto, a exemplo do caso acima citado em yorubá.

Portanto, nas línguas tonais não há uma sílaba que seja pronunciada com mais "força" do que outra, ou seja, com uma energia articulatória maior que as torna mais sonoras e audíveis em relação às não acentuadas ou átonas. Ao contrário, há vogais que, por serem mais agudas (pronunciadas em tom mais alto) ou por serem mais longas (pronunciadas com maior duração), impressionam acusticamente mais do que as outras ao falante de língua não tonal, que, por essa razão vai buscar na vogal mais alta ou mais longa a ideia fônica diferencial, passando para tônica a sílaba onde essa vogal se encontrar (cf. capítulo IV).

Visto que se passou em latim vulgar quando da mudança do ritmo tonal ao intensivo, que motivou o desaparecimento da quantidade da vogal com traço fônico distintivo, os vocábulos africanos importados pelo português ou que constituem o *corpus* linguístico das religiões afro-brasileiras, a chamada língua de santo, e de falares isolados de antigos quilombos, a exemplo do Cafundó, no estado de São Paulo (VOGT e FRY, 1996), esses não só perderam aquela oposição entre vogais longas e breves, como substituíram as vogais de tons médio, alto e baixo das línguas africanas por vogais em sílabas tônicas e átonas em obediência ao sistema rítmico de uma língua não tonal, no caso, o português, assunto que será abordado adiante.

II
LÍNGUAS E POVOS
AFRICANOS NO BRASIL

As fontes históricas existentes, acrescidas das evidências encontradas até agora no estudo dos aportes linguísticos de base africana no português brasileiro, confirmam que a maioria dos quatro milhões de escravizados, trazidos pelo tráfico para o Brasil ao longo dos séculos XVI a XIX, era procedente da África Subsaariana, região localizada abaixo do deserto do Saara, em territórios da família linguística Níger-Congo, onde se encontram cerca de 1.436 línguas e mais de 400 milhões de falantes (GRIMES, 1996). Esses territórios são denominados por alguns historiadores, de África negra (M'BOKOLO, 2009) por concentrarem a população negra do continente, cujas línguas estão assim distribuídas:

- REGIÃO BANTO
  Situada ao longo da extensão sul da linha do Equador onde são faladas mais de 500 línguas tipologicamente aparentadas (CRYSTAL, 1997, p. 316), provenientes de um tronco linguístico comum no passado, denominado de protobanto, que pode ter sido falado há quatro milênios e reconstruído hipoteticamente com base nos dados fonéticos recolhidos de algumas línguas atuais (MEEUSSEN, 1967).

- REGIÃO OESTE-AFRICANA
  Tradicionalmente sudanesa, abrange territórios situados geograficamente na África Ocidental, que vão do Senegal à Nigéria, in-

cluindo Burkina Fasso, ao longo dos quais são faladas mais de 800 línguas tipologicamente diferenciadas, pertencentes a três grandes famílias linguísticas: Níger-Congo, Afro-Asiática e Nilo-Saariana. Não derivam, portanto, de uma língua ancestral única, a exemplo do protobanto em relação às línguas do grupo banto, razão por que não estão denominadas por um termo linguístico que contemple todas elas, mas pela localização geográfica continental onde são faladas, ou seja, a África do Oeste (WILLIAM-SON e BLENCH, 2000, p. 11-12).

Distribuição geográfica e regiões de concentração do tráfico

A partir da documentação histórica disponível, o tráfico transatlântico para o Brasil concentrou-se em territórios hoje compreendidos nos seguintes países subsaarianos:

ÁFRICA OCIDENTAL	ÁFRICA BANTO
1 – Gana	5 – Gabão
2 – Togo	6 – Congo-Brazzaville
3 – Benin	7 – Congo-Kinshasa
4 – Nigéria	8 – Angola
	9 – Moçambique

(CASTRO, 2001, p. 46).

A travessia

Na região banto, os traficantes utilizavam os serviços dos *pombeiros*, homens negros e mestiços, que percorriam trilhas, adentrando territórios até alcançar as aldeias, por mais longínquas que fossem, a fim de negociar a troca com os sobas locais por quinquilharias, panos, armas, sal e açúcar, de indivíduos que estivessem ali mantidos na condição de escravos (homens, mulheres e crianças), por se tratar de prisioneiros de guerra ou acusados de crime ou ofensa ou pagos por dívidas. Escolhiam mulheres jovens, vigorosas, vistas como boas parideiras entre as "servidoras" do soba, alguns moleques e, de preferência, homens fortes, robustos, trabalhadores do campo e de habilidades manuais, como os ferreiros. Feita a "negociação", eram levados, acorrentados por *libambos* (kimb. correntes de ferro) e marcados por *carimbos* de ferro em brasa (kimb. sinetes), para depósitos ou barracões localizados nos portos de Luanda e outros ao longo da costa de Angola, onde permaneciam à espera dos navios *tumbeiros* para o embarque transatlântico ou, então, para a ilha de São Tomé, que servia de entreposto na rota para as Américas (cf. ALENCASTRO, 2000, cap. 2).

Na África Ocidental, o sistema de *pombeiros* e de barracões não existia. O comércio era feito com os soberanos locais, que exigiam o seu monopólio e se encarregavam de selecionar os indivíduos escravizados que eram levados diretamente para os *tumbeiros* fundeados em portos ao longo da Costa Atlântica no golfo da Guiné, enquanto aguardavam completar uma carga suficiente para efetuarem a travessia marítima.

Nesses lotes vinham velhos, crianças, doentes, deficientes físicos, mais mulheres do que homens por serem os homens os preferidos para as guerras interétnicas destinadas, inclusive, a fazer prisioneiros para suprir o mercado escravagista europeu, como foi o caso praticado pelo rei daomeano Agadja, no século XVIII, um fato comprovado não só pela historiografia africana, como também pelas evidências linguísticas encontradas no texto da obra *A língua geral de Mina*, documento linguístico de um falar de base ewe-fon que era usado pela escravaria em Ouro Preto, na primeira metade daquele século (cf. CASTRO, 2002, p. 157).

ÁFRICA BANTO, SUAS LÍNGUAS

Na sua escrita original, o termo BANTU, significando povos, pessoas, foi proposto pelo linguista alemão Wilhelm Bleek em sua obra *Comparative Grammar of South African Languages*, publicada em Londres, em dois volumes, 1862 e 1896, para denominar um grande grupo de línguas que encontrara ao estudar as línguas sul-africanas e avançou a hipótese de que esse enorme número de línguas, com características comuns, teria origem no PROTO-BANTO, numa língua única e antiga, falada há quatro milênios. Só mais tarde, o termo banto, que originalmente é um termo linguístico, passou a ser usado pelos estudiosos de outras áreas para denominar um território com mais de 300.000.000 indivíduos e um número estimado em torno de 500 línguas tipologicamente aparentadas, faladas em 21 países localizados ao longo de 9.000.000 km² na extensão sul do continente africano, abaixo da linha do Equador: África do Sul, Botsuana, Burundi, Camarões, Gabão, Guiné Equatorial, Lesoto, Malaui, Moçambique, Namíbia, Republica Centro-Africana, República do Congo, República Democrática do Congo, Quênia, Ruanda, Suazilândia, Uganda, São Tomé e Príncipe, Tanzânia, Zâmbia, Zimbábue.

No Brasil, o termo banto começou a ser popularizado com esse sentido a partir dos anos 1970, quando o antigo CEAO, Centro de Estudos Afro-Orientais da Universidade Federal da Bahia, sob a direção do professor Guilherme de Souza Castro, começou a oferecer um curso de kikongo, o primeiro de uma língua do grupo banto no Brasil, que foi ministrado pelo linguista congolês Nlandu Ntotila, com grande procura por parte de membros da comunidade afro-religiosa baiana e de associações de diversos grupos de capoeira angola e regional.

Convém observar que a denominação BANTO só passou a ser conhecida e utilizada na própria História da África a partir do século XIX, após a denominação proposta por Bleek. Logo, é um termo relativamente recente que não faz parte da nossa história colonial, tanto que nunca foi usado para identificar qualquer uma "nação cultual" de matriz africana no Brasil, o que sempre se fez pela denominação *congo-angola*.

Principais características

1) A principal característica é o seu sistema de classes que funciona por meio de prefixos, sendo o mais elaborado de toda a família Níger-Congo. A maioria das classes apresenta-se em pares de prefixos que se ordenam (*1/2; 3/4...*) para exprimir a oposição singular e plural dos nomes, o aumentativo, o diminutivo, o infinitivo dos verbos, o locativo, permitindo ainda delimitar o sentido desse mesmo nome, como na classe *1/2* com prefixos *mu- / ba-, a-*, referentes a seres humanos.
No entanto, há prefixos comuns a duas ou mais classes com o mesmo radical, ou seja, a parte lexemática que leva o sentido da palavra e pode receber prefixos ou sufixos diferentes que lhe mudam o sentido.

Ex.: *mu-kongo* e *ba-kongo* falam *kikongo*, ou seja, *mukongo* e *bakongo* falam a língua do reino do Kongo e são originários do Congo, onde o prefixo *ki-* é indicativo de língua (cf. ki-mbundo, ki-swahili, etc.).

Cf. (Kik.) "**ki**.nzo", casebre (prefixo *cl.7/8* **ki**-, depreciativo)
   "**ka**.nzo", casinha (prefixo *cl.13/12* **ka**-, diminutivo)
   "**ma**.nzo", conjunto de casas (prefixo *cl. 5/6* **ma**-, coletivo)
   "**mu**.nzo", em casa (prefixo *cl. 18* **mu**-, locativo)
   "**pi**.nzo", casa pequeníssima (prefixo *cl. 19* **fi**– ou **pi**-, diminutivo)

2) Em uma língua do grupo banto, todo substantivo entra numa classe, ou seja, num grupo de substantivos que têm o mesmo prefixo (ou variante dele) e que impõem a concordância das palavras dependentes (adjetivos, pronomes e verbos) por meio dos mesmos prefixos. Assim, uma classe é determinada por três ou quatro tipos de prefixo: nominal, verbal e pronominal. A classe banto, portanto, antes de tudo, é uma classe de concordância.
   Em kikongo, por exemplo, para dizer "meu filho", *mwana ame,* no plural, o possessivo *ame* toma o prefixo *ba-* do plural dos substantivos da primeira classe *mu-*, ficando **bana bame**, "meus filhos". Em kimbundo, *uta ua mukongo*, "a arma do caçador", fica **mauta ma** *mukongo* "as armas do caçador".

3) O infinitivo dos verbos sempre vem marcado pelo prefixo *ku*– ("**ku**-samba", "**ku**-shinga"), equivalente ao marcador / to / do infinitivo verbal em inglês (*to love*, amar), e a vogal final /-**a**/, a mesma que se observa na primeira conjugação do sistema linguístico do português (cf. cant**a**r, fal**a**r). Já nas línguas oeste-africanas, essa vogal pode ser qualquer uma do seu sistema vocálico (cf. Yor. "jeun", comer; "gbaní", possuir; "tàro", estimar).

(Kimb)	"k**u**-samb**a**"	"ku-lomb**a**"	"ku.end**a**"	"ku-zuel**a**"
(Kik)	"ku-samba"	"ku-lomba"	"ku.enda"	"ku-moka"
(Umb)	"oku-imba"	"oku-lomba"	"oku.enda"	"oku-popia"
(PO)	orar	orar	andar	falar

4) Já o sufixo verbal / -i/ pode indicar o agente da ação do verbo, correspondente em português aos sufixos -or ou -eiro.

(Kimb./ Kik)	"ku.samb.a", rezar	→	"mu.samb.i", rezador
(Kik./ Umb)	"ku.kond.a", caçar	→	"nkond.i", caçador

CLASSES NOMINAIS DE PREFIXOS

No protobanto, os bantuistas atestaram 19 classes de prefixos, com seus respectivos conteúdos semânticos que ainda se refletem muito bem nas línguas atuais. Não obstante, hoje, seus pares de prefixos nominais variam de 8 a 10, em razão da aglutinação de algumas classes, da ausência ou transferência de conteúdo entre elas, o que não cabe discutir aqui (MEEUSSEN, 1967; DE WOLF, 1971).

Trazendo as classes nominais previstas no protobanto (PrB) e as classes nominais do kikongo (Kik.) e do kimbundo (Kimb.), línguas da zona H de Güthrie (1945), tipologicamente muito próximas e, historicamente, duas das mais representativas no Brasil, teremos o seguinte quadro comparativo.

69

CLASSES NOMINAIS DE PREFIXOS

(Kik.) (sing./ pl.)	(Kimb.) (sing./ pl.)			(PrB) (sing./ pl.)
cl. 1/2 mu-, ba-	mu-, a-	Seres humanos		*MU- *BA-
Nomes de parentesco têm prefixos só no plural		tatá, batata, pai, pais		
cl. 3/4 mu-, mi-	mu-, mi-	Vegetais Partes do corpo humano	muntí, mintí, árvore(s) mutue, mitue, cabeça(s)	*MO- *MI-
cl. 5/6 (di)ri-, ma-	ri-, ma-	Líquidos Sólidos	dite, mate saliva(s) ditadi, matadi, pedra(s)	*(D)I- *MA-
ma-	ma-	Coletivo	manzo, mansu, conjunto de casas	
cl. 7/8 ki-, bi-, shi-	ki-, i-(shi)	Aumentativo Depreciativo (diminutivo ou aumentativo)	kimbungo, lobão kilombo, grande aldeamento kimzo, casebre binti, kintu, coisa sem valor	*KE- *BI-
cl. 9/10 n-, m- (ji)	n-, m-	Animais Diversos	ngombe vaca(s) mbungu lobo(s) nzo casa	*N- *M-
cl. 11/12 lu-, tu-	lu-, tu-	Singulativo	lunkambo um único cabelo	* Do

cl. 13/14 ka-, tu-	ka-, tu-	Diminutivo	kanzo, tunzo, casinha(s) kabungo, recipiente(s) pequeno(s)	*KA-
cl. 15 /16 bu-, ma	u-, ma	Abstratos	bujana, infância(s) ukamba, amizade	*BO-

Sem emparelhamento

cl. 15 ku-	ku-	Infinitivo verbal	kufa, morrer kusamba, rezar	*KO
cl. 16 va (ba)-	pa-	Locativo: sobre	panzo, sobre a casa	*PA-
cl. 17 ku-	ku-	Locativo: para, em	kunzo para casa, em casa	*KO-
cl. 18 mu-	mu-	Locativo: dentro de	kunzo. dentro de casa	*MO-
cl. 19 fi (pi)-	fi-	Diminutivo excessivo	pinzo, casa pequeníssima fimwana, fiote criança pequeníssima	*PI-

OS PREFIXOS NOMINAIS EM KIKONGO, KIMBUNDO E UMBUNDO

KIKONGO

Classe	Prefixos	Exemplos	Português
1/2	mu-/ ba-	mwana/ bana	criança, crianças
3/4	mu- / mi-	mwanza/ myanza	raiz, raízes
5/6	di-/ ma-	dibitu/ mabitu	porta, portas
7/8	ki-/ i-	kingana/ ingana	provérbio, provérbios
9/10	n-/ (zi)n-	nzo/ zinzo, nzo	casa, casas
11/12	lu-/ tu–	kuketo	anca
13/14	tu-/ u-	kmuntu	humanidade
15	ku-	kudya	comida
Classes locativas			
16	va-	vanzo	em cima da casa
17	ku-	kunzo	para a casa
18	mu-	munzo	dentro de casa

KIMBUNDO

Classes	Prefixos	Exemplos	Português
1/2	mu-/ a-	muntu/ antu	pessoa, pessoas
3/4	mu- / mi-	mutue/ mitue	cabeça, cabeças
5/6	di-/ ma-	dibitu/ mabitu	porta, portas
7/8	ki-/ i-	kimbi/ imbi	cadáver, cadáveres
9/10	n-/ (ji)n-	njo/ jinjo	casa, casas
11/12	lu-/ mau	lusende/ masende	calcanhar, calcanhares
13/14	u-/ matu-	umuntu	humanidade
15	ku-	kuryia	comida

Classes locativas			
16	pa-	panzo	em cima da casa
17	ku-	kunzo	para a / na casa
18	mu-	munzo	dentro de casa

UMBUNDO

Classe	Prefixos	Exemplos	Português
1/2	omu-,u-, o- / oma-, ova-, a-	ukongo akongo	caçador, caçadores
3/4	u– / ovi-	uti, oviti	árvore, árvores
5/6	e-/ a-, ova-	ekamba/akamba	amigo, amigos
7/8	oci-/ ovi-	ocivenji/ ovivenji	ancião, anciões
9/10	o-/ olu-	ohombo/oluhombo	cabra, cabras
11/12	oka- otu-	okalenge/ otulenge	gato, gatos
13/14	u-, ova-, a-	utu-, atu-	arma, armas
15	oku-	okulya	comida
Classes locativas			
16	ko-, ki-	konjo	em cima da casa
17	po-	ponjo	para a / na casa
18	vo-	vonjo	dentro de casa

Em umbundo, a vogal / o- / do prefixo que aparece em todas as classes nominais, exceto na classe 5, com a vogal / e- /, trata-se, segundo os bantuistas, de um antigo demonstrativo que denominaram de aumento (cf. MEEUSSEN, 1967).

(Kik./Kimb.) (Umb.)
"ngombe" "**o**gombe", boi
"kamba" "**e**kamba", amigo

Na fonologia (cf. MINGAS, 2000; DEREAU, 1955).

1) O sistema vocálico é muito simples, com 5 ou 7 vogais orais que soam como em português / i e ɛ a c o u / (cf. vivi, vêvê, vévé, vava, vôvô, vóvó, vuvu). Em algumas línguas atuais, o sistema das 7 vogais orais do protobanto só se mantém a nível fonético, ou seja, a mudança do timbre da vogal, seja aberto ou fechado, não faz diferença no significado do termo (MEEUSSEN, 1967; BATIBO, 2000, p. 140), diferentemente do que se observa em português nos pares mínimos, a exemplo de *avô/ avó, sede/ sɛde*.

2) Cada vogal dita breve corresponde à vogal de timbre idêntico dita longa, não contrastiva, ou seja, não faz diferença no significado, como no substantivo *kikòóngo* ou *kikongo*, a língua kongo.

		Anterior	Central	Posterior
Altas	1º grau	i		u
Médias	2º grau	ɔ		o
Médias	3º grau	ɛ		e
Baixas	4º grau		a	

Kimbundo (MINGAS, 2000, p. 36).

3) Não possuem vogais nasais como em português (ro**mã**, s**im**, b**om**, ta**m**bém), muito embora não desconheçam a nasalização, que é observada em umbundo e nas obstruintes nasais ou consoantes seminasais (MINGAS, 2000), sempre precedidas, na escrita, de / m / n- /, com a qual formam uma sílaba, não nasalizando a vogal antecedente, como ocorre com os aportes em português.

(Kimb.) "ki.mbu.**ndo**" "sa.**nza**.la" "sa.**mba**" "ji.**ngu**.ba"
(PO) "**kim.bun**.do" "**san**.za.la" "**sam**.ba" "**jin**.gu.ba"

4) Os ditongos são raros e os hiatos são abundantes, a maior parte formada por uma vogal e as semivogais (y, w). Nas línguas atuais,

teriam surgido, provavelmente, da contração vocálica posterior ao protobanto, em que ditongos não foram atestados (MEEUS-SEN, 1980; BATIBO, 2000, p. 140).

5) Em alguns casos, pode ocorrer a passagem das seminasais /nd, mb/ para uma homorgânica soante /n, m/, reconstruída no protobanto e atestado em um bom número de suas línguas atuais (cf. capítulo IV).

> (Kimb.) "ki.ba.**ndu**" → ki.ba.**nu**, abano
> "ma.**mbu**" → ma.**mo**, o mambo

6) Palatização das dentais /t, d/ seguidas de / i, u / reconstruída no protobanto e atestada em muitas línguas atuais, como também ocorre na pronúncia regional do português brasileiro (cf. * tchio, tio, ˣ noitche, noite).

> (Kimb.) "tipoke" ou "tchipoke", feijão
> (Umb.) "otchisungo", canto

7) Alternância da lateral / l / com / r, n, t / recorrentes nos dialetos do kimbundo e do kikongo (cf. capítulo IV).

> (Kimb.) "malafu"   "marafu"
> "kalunga"   "kanunga"
> "kalombo"   "katombo"

8) O sistema tonal é formado por dois tons simples, alto (A') e baixo (B'), ou seja, grave e agudo, atestados no protobanto. Os tons complexos ascendentes e descendentes, existentes hoje, originam-se da contração de tons simples consecutivos, resultantes, por sua vez, de uma contração vocálica (MEEUSSEN, 1967) (cf. capítulo IV).

(Kik.) *ka.ká.**da**", pequeno carvão   (Kimb.) "**ngá**.ndu," jacaré
(B' A' B')   (A' B')
"ka,ká.**dá**", pequeno caranguejo   "**nga**.ndu", esteira
(B' A' A')   (B' B')

9) A sílaba é do tipo aberta, termina sempre em vogal (V), e em umbundo também começa por vogal. Não existem grupos consonantais (CC) como em português, *cravo, tecla*. Entre as consoantes (C), apenas a seminasal (N) pode ser silábica. Assim, a fórmula ideal da sílaba é (N)(C)(V), seminasal consoante vogal, que, em umbundo começa por uma vogal (V)(N)(C)(V), mas prevalecendo para os nomes a sílaba básica (CV.CV), consoante vogal.

Ex.: (Kimb./ Kik) "ki.ji.la"/ "ki.zi.la", tabu   "**nji**.la"/ "**nzi**.la", caminho
                CV.CV.CV   NCV.CV
(Umb.)   "o.vi.bu.**ndo**", povo umbundo
                V.CV.CV.NCV

Em relação a morfossintaxe (cf. MINGAS, 2000; DEREAU, 1955):

1) Não existem artigos como em português (o/a, um/uma), nem sílabas fechadas por consoante.
2) Todos os nomes de entes animados são epicenos ou comuns de dois, não possuem diferenciação de gênero, como em português /o, a/ artista. Nos casos necessários de precisar o sexo, forma-se o gênero pospondo-se ao substantivo a palavra correspondente macho e fêmea, em kimbundo "muhatu" e "diala ou riala", em kikongo "bakala" e "nkento", por meio de relação genitiva, ou seja, sempre regido da partícula determinativa.

(Kimb.) "mubika **wa** muhatu", escravo (que é) macho

"mubika **wa** diala", escravo (que é) fêmea, a escrava

(Kik.) "mwana **wa** bakala", menino (que é) macho

"mwana **wa** nkento", menino (que é) fêmea, a menina

3) Os pronomes pessoais, complemento direto ou indireto:

a– são sempre proclíticos, precedem o verbo:

(Kik.) "mwene wa **mu** bana zimbo"   (PO) ele **me** deu dinheiro

(Kimb.) "mwene **ngi** zola"   (PO) ele **me** ama

b– apresentam a mesma estrutura formal, não havendo diferença no emprego de acusativo e dativo, como ocorre no vernáculo brasileiro (BR), ao contrário do que se observa nas construções do português padrão europeu (PO) (cf. capítulo VII).

(Kimb.) "nga **mu** bane jimbo"   (PO) eu **lhe** dei dinheiro

"nga m**u** mono"   (BR) eu **lhe** vi, em lugar de (PO) eu **o** vi

4) A relação genitiva que, em português, é representada pela partícula / de / (o livro **de** Maria) forma-se com o prefixo concordante da classe mais a partícula / a /.

(Kimb.) "**kinama kia** muhatu", a perna da mulher

"**ia**ma **ia** muhatu", as pernas da mulher

"**uta ua** mukongo", a arma do caçador

"**ma**uta **ma**kongo", as armas do caçador

5) Não há flexão de gênero no determinante possessivo que sempre segue o substantivo.

(Kik.) (Kimb.) "mama **ame**", minha mãe   "mam**eto**", nossa mãe

"tata **ame**", meu pai   "tat**eto**", nosso pai

6) Os prefixos concordantes antepõem-se aos adjetivos qualificativos, em classe e número com os substantivos que qualificam.

(Kimb.) "**ki**-mba **ki**-onene", cesta grande
(Kik.) "nzo **zeto zina** mbote", casa nossa é bonita

7) A negação em kimbundo é marcada pelo morfema / **ki–** / precedendo o verbo ou fazendo seguir o / **ki** /, ao final da frase, pelos sufixos possessivos **ami, é, é, etu, enu**, principalmente em Luanda (BAIÃO, 1946, p. 45). Já em kikongo e umbundo, existe a dupla negação marcada pelos morfemas **ka**... **ko** ou **ke**... **ko** antes do verbo e ao final da frase, próximo ao "ne....pas" em francês (*je ne sais pas, eu não sei não*) (DEREAU,1955, p. 42; TAVARES, 1934, p. 50).

(Kimb.) "emi **ki** ngi mukongo"   ou   "emi **ki** ngi mukongo **ami**"
        eu **não** sou caçador   eu   **não** sou caçador, **eu** não
        "mwene **ke** muhetu"   ou   "mwene **ke** muhetu ê"
        ele **não** é mulher **não**   ele **não** é mulher, **ele** não
(Kik.) "nzo zeto **ka** zina mbote **ko**", casas nossas **não** são bonitas
        não.
        "Nzau **ke** na beta ko", Nzau **não** está doente **não**
(Umb.) "**há/ka** kumona **ko**", **não** ver **não**
        "**ka** chi nenê **ko**", ele **não** é grande **não**

8) A expressão do sujeito é determinada pelo pronome pessoal (em **negrito**), como prefixo concordante do sujeito, sem as desinências verbais como se observa no português europeu padrão.

(Kimb.) "kuzuela", fala(r)   (Kik.) "kwenda", ir
    "**ene** ngizwela",   eu falo   "**mono** ngyele", eu vou
    "**eye** uzwela"   tu   "**ngeye** wele"
    "**mwene** uzwela"   ele   "**yandi** wele"
    "**etu** tuzwela"   nós   "**betu** yele"
    "**enu** nuzwela"   vós   "**benu** iwele"
    "**ene** azwela"   eles   "**bau** bele"

9) A ordem básica mais comum das palavras na frase em banto é SVO (sujeito, verbo e objeto), uma construção canônica própria do português (WATTERS, 2000, p. 17). Quando uma palavra não é o sujeito da oração, mas representa a ideia dominante, a ordem pode ser SOV (sujeito objeto e verbo), construções que são contestadas por Ngunga (2004, p. 210), a partir da sua análise nas línguas moçambicanas, o que não cabe discutir aqui e agora.

(Kimb.) "makamba ma makamba metu, makamba metu ué"
    os amigos de nossos amigos são nossos amigos também.
(Kik.) "e mono awutikila va moko ma Nzambi", eu sou nascido nas mãos de Deus
    "e moo va moko ma Nzambi awutikila", eu nas mãos de Deus fui nascido

Ao contrário do português, os verbos nascer e morrer sempre estão na forma passiva, pois o agente da ação nunca é o sujeito que fala, mas uma força externa que provoca a ação. Ex.: eu nasci – fui nascido – de minha mãe (cf. inglês "*I was born*"), eu morri – fui morto, provocado por uma causa externa (cf. MINGAS, 2000).

O POVO BANTO NO BRASIL

As evidências linguísticas obtidas através do estudo dos aportes léxico-negro-africanos que foram incorporados ao patrimônio linguístico do português, apoiadas pelas informações históricas existentes, apontam kikongo, kimbundo e umbundo como as línguas que foram mais faladas no Brasil Colônia. No entanto, convém notar que essa relativa predominância também pode ser decorrente da limitação das informações bibliográficas disponíveis até agora entre nós, o que motivou a concentração das pesquisas nas principais línguas faladas na Costa Atlântica do Congo e de Angola.

Por sua vez, essas línguas podem ter sido as mais impressivas durante o regime escravocrata no Brasil em consequência do número majoritário e/ou do relativo prestígio sociológico, nas senzalas e plantações, de um certo grupo de seus falantes ante vários outros, muitos trazidos do sertão pelos pombeiros (chokwes, libolos ou rebolos, jagas, anjicos, ganguelas etc.) ou negociados no outro lado do Atlântico, na antiga Contracosta, em Moçambique (zulus, makwas, rongas, shonas, makondes etc.).

O fato é que o povo banto ficou conhecido no Brasil por denominações muito amplas, tradicionalmente por *congo-angola*, simplificado, hoje, por *angola*, da maneira como são identificados pelos candomblés da Bahia que cultuam o panteão de entidades *inkisis* e utilizam uma linguagem litúrgica marcada por um sistema lexical de base notadamente kimbundo e kikongo. Note-se que na tradicional denominação *congo-angola* estão implícitas a consciência da anterioridade e prevalência do reino do Kongo ante o reino de Ndongo, e a estrita interpenetração de suas culturas.

Marcas linguísticas de igual natureza também se encontram nos cantares cultuais das irmandades religiosas de Nossa Senhora do Rosário em Minas Gerais e nos cânticos dos *vissungos* em que é notável a herança umbundo (CASTRO, 2005).

ORIGENS GEOGRÁFICAS

Esta é uma entre tantas outras dificuldades para precisar a procedência étnica dos escravizados, sobretudo quando a documentação histórica, nem sempre confiável, menciona apenas o nome do porto, da região de embarque ou do lugar de extração, que relacionamos, entre outros.

- São Tomé, ilha do arquipélago situado abaixo do golfo da Guiné, na Costa Atlântica dos Camarões e Gabão, foi um dos mais importantes entrepostos do tráfico para a América portuguesa e o mercado de escravizados para o Brasil.
- Molembo, porto de Angola, em Cabinda, da região do mesmo nome.
- Loango, reino costeiro do povo vili ou fiote, situado ao norte do atual Congo-Brazzaville, era tributário do reino do Kongo.
- Ambriz e Ambrizete, no Norte de Luanda, população de maioria bakongo.
- Benguela e Moçâmedes (atual Namibe), Costa Sul de Angola.
- Amboim e Caçanje, em Angola, região ovimbundo.
- Quelimane, em Moçambique.
- Anjico e Bateke, povos que ocupam uma vasta região à margem direita do rio Congo, acima de Brazzaville, aos quais a historiografia brasileira costuma atribuir, erradamente, uma origem moçambicana.
- Onjolo ou Munzolo, povos de língua kwaynama do Sudoeste de Angola.
- Libolo ou Rebolo, Noroeste de Angola.
- Jaga, em Angola, região central.
- Chokwe (quioco), região oriental, nas províncias de Lunda norte e Sul, em territórios onde se encontrava o reino de Matamba, da rainha Jinga.
- Bailundo, povo da região central de Angola, na região umbundo.
- Ganguela, Angola, região umbundo.
- Ambuila, em Angola, região bakongo.

Quanto aos denominados moçambiques e quelimanes, entre eles, makondes, makwas, rongas, zulus, transladados da então chamada Contracosta, no cone sul-africano, seu número é menos expressivo no Nordeste do Brasil do que no Rio de Janeiro, em razão provável de a distância maior do percurso marítimo para os portos de desembarque tornar o tráfico menos rentável para aquela região (cf. GOULART, 1949, p. 51).

No Nordeste, a interação sociolinguística de falantes negro-africanos, principalmente dos procedentes de Luanda, com o português antigo e coloquial, foi preponderante nas plantações e nos engenhos de cana-de-açúcar que ali se estabeleceram desde os primórdios do colonialismo em terras brasileiras (ANTONIL,1982), muito bem destacada nas narrativas da obra *Casa-grande e Senzala* do sociólogo Gilberto Freyre e nos romances do escritor, também pernambucano, José Lins do Rego, entre eles, *Banguê, Menino de engenho, Fogo Morto* (cf. HENCKEL, 2005).

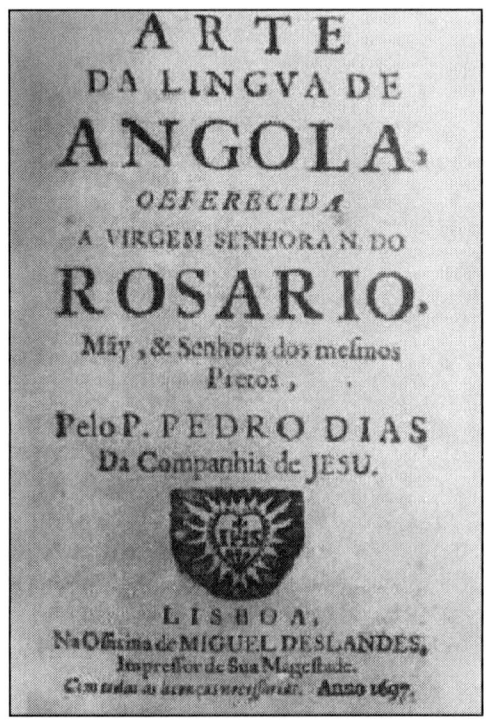

Um importante testemunho documental da Antiguidade e da presença majoritária de falantes do grupo banto no Brasil colonial é a obra *A arte da língua de Angola*, publicada, em Lisboa, em 1697, uma gramática do kimbundo, escrita na Bahia, pelo padre Pedro Dias para uso dos missionários jesuítas, cujo objetivo era facilitar a doutrinação dos "25.000 etíopes", segundo o padre Antônio Vieira, que se encontravam naquela cidade sem falar português (*apud* SILVA NETO, 1963, p. 82). No entanto, é possível que nem todos necessariamente falassem apenas kimbundo – que parece ter sido a língua franca entre a escravaria local naquela ocasião – já que muitos poderiam ter sido embarcados no porto de Luanda, mas trazidos para seus barracões pelos pombeiros, oriundos de outras regiões etnolinguísticas situadas além dos limites dos reinos do Kongo, do Ndongo e de Matamba.

OS REINOS

Entre eles, destacaram-se pela sua organização social e política, extensão territorial, densidade demográfica e relação histórica com o Brasil, o reino do Kongo, regido pelo *Manikongo*, o de Ndongo, do soberano *Ngola* (donde o nome Angola), o de Matamba da rainha *Jinga*, e o de Loango.

ANGOLA

Nome do antigo reino do Ndongo, que foi chamado pelos portugueses de Angola, do título honorífico "Ngola" (o divino), atribuído aos seus soberanos, está situado em territórios do povo ambundo, falantes de kimbundo, concentrados na região central do país entre a ilha de Luanda, capital do país, Malanje, Bengo, Kwanza norte até Ambriz.

Para essa região o tráfico voltou-se no século XVII, após a queda do reino do Kongo, e o porto de Luanda foi tão importante para alimentar o tráfico com o Brasil que seu nome é invocado como Aru-anda, no sentido de África mítica, morada de todos os deuses e ancestrais em diversas manifestações populares por todo o país.

Além de ser a maior região de extração de "nzimbo / njimbo", búzio que circulava como dinheiro e, com esse sentido, foi incorporado ao vocabulário do português como dialeto de marginais (cf. TACLA, s/d) e, entre os terreiros, é usado como objeto ritual no jogo divinatório, Luanda também foi um centro de extração de cal e de atividade pesqueira. Entre as espécies, o "kangulu", (Kimb. "ngulu", porco), dicionarizado no Brasil com a mesma denominação, *cangulo* (*Manatus senegalensis*), e, como em Angola, muito apreciado pelo sabor de carne de porco, por essa razão também apelidado de peixe-porco.

KONGO

Bakongo, falantes de kikongo, uma das linguas étnicas nacionais de três países limítrofes: República Popular do Congo (Congo-Brazzaville), República Democrática do Congo (RDC, Congo-Kinshasa) e Angola.

Engloba territórios correspondentes, *grosso modo*, aos limites do antigo reino do Kongo, hoje compreendidos no sul do Congo-Brazzaville até o cabo Lopes no Gabão, e nas províncias de Cabinda, Uige e Zaire em Angola, com vários falares regionais. Entre eles, kitandu, na região Norte, e kilari, no Nordeste, são numericamente majoritários. O tráfico para o Brasil ainda registrou kakongo, muxikongo ou fiote, esses últimos provenientes do enclave de Cabinda.

Do reino do Kongo, capital Mbanza Kongo, situada, hoje, na província do Zaire, em Angola, que já havia sido alcançada ao final do século XV (1548) pela expedição de Diogo Cão, foram levados para Lisboa os primeiros negros escravizados, em lotes que chegaram a 40.000, ao final do século VII, e se multiplicaram em cerca de 150.000 até o século XVIII. Em consequência, Portugal chegou a se tornar o primeiro país europeu a explorar a força do trabalho negro escravizado para substituir a escassez da mão de obra local em serviços domésticos, agrícolas e nas explorações marítimas (TINHORÃO, 1988).

Essa presença foi tão significativa a ponto de surgirem na literatura portuguesa da época, em Autos de Gil Vicente (cf. OBRAS, 1965, p. 764), imitações do falar português "crioulizante" do negro em Portugal, e de se acreditar ter sido o fado, a canção nacional portuguesa, originário do *lundum*, dança e canto de matriz angolana conhecido desde o século XVI em Portugal, onde foi proibido sob a acusação de indecência por exibir meneios acentuados dos quadris e umbigadas, movimentos corporais vistos como indecorosos por parte da população europeia, acostumada a apreciar o balé clássico de postura rígida, quase militarizada (TINHORÃO,1988, p. 65).

Aqui, também, está a razão por que o *samba*, que, originalmente, é uma manifestação religiosa, uma forma de oração, foi visto e permitido pelos europeus, colonialistas e missionários, como uma dança lúdica, sem nenhum traço de religiosidade, da maneira como Karl Laman, como francês que era, registrou a palavra *samba* no verbete do seu *Dicionário Kikongo-Francês*, de 1936, associada à umbigada. Eis o motivo da confusão dos pesquisadores de equivocadamente atribuírem ao *semba*, o étimo da palavra *samba*, mais facilitada ainda pela proximidade fonética entre as duas, sem atentar para o fato de que *semba*, a umbigada, é uma variedade dos movimentos corporais durante o *samba*, o que não significa tratar-se do ritual como um todo.

Aliás, a consciência deste fato foi despertada, há muito, na lírica da música popular brasileira, pelos compositores Noel Rosa, nos anos 1930, com um samba intitulado "Feitio de oração", e, trinta anos mais tarde, pelo poeta Vinicius de Moraes ao declarar em "Samba da bênção" que "um bom samba é uma forma de oração", enquanto o compositor Assis Valente (1911-1938), no samba exaltação "Brasil Pandeiro", conclamava "Brasil, esquentai vossos pandeiros, iluminai os terreiros que nós queremos sambar" (cf. CASTRO, 2007, p. 32).

Do outro lado, a sambista brasileira, radicada na Alemanha, Genilda Gomes de Souza, em entrevista à *Brazine*, de janeiro de 2005, revista bilíngue alemão-português, publicada em Berlim, declarou: "o samba é a minha religião" (cf. CASTRO, 2007, p. 320).

No Kongo, desde o século I, a tecnologia da fundição de metais já era conhecida. Ferreiros e forjadores eram considerados gente nobre, gozavam do mais elevado estrato social na categoria dos sacerdotes e mandatários, quando não eram, eles próprios, chefes e autoridades religiosas mais importantes. O trabalho de forja constituía em si mesmo um ritual que reclamava a invocação dos espíritos e o uso de muitas mezinhas (SETAS, 2011, p. 45). Para o Brasil, entre outras evidências, a importância histórica do reino do Kongo reflete-se nos autos populares denominados de congos e congadas, com larga distribuição geográfica no interior do país, nos quais se guarda a lembrança do Manikongo, título honorífico dos reis do Kongo. A grandiosidade, o poderio e a riqueza desse reino eram de tal ordem que, em meados do século XVI, a ele assim se referiu Luís de Camões no Canto V, 13, d'*Os Lusíadas*:

> "Aqui o mui grande reino está do Kongo
> Convertido por nós a fé de Cristo,
> Por onde o Zaire passa claro e longo,
> Rio pelos antigos nunca visto."

MATAMBA

O reino de Matamba, de Nzinga Mbandi, também conhecida por Jinga, Zinga, rainha dona Ana ou rainha Jinga, é personagem das manifestações populares dos congos ou congadas em várias partes do Brasil. Nasceu no reino do Ndongo durante a década de 1580 e morreu em 1663, em Matamba, e foi um reino poderoso que resistiu muito às tentativas de colonização portuguesa e se tornou o mais importante centro exportador de escravizados do mundo nos anos

1940. Nele predominava o *kilombo,* uma estrutura social supratribal, com uma forma de organização militar severa. Situado, hoje, na região de Malanje, foi integrado em Angola apenas no final do século XIX (cf. ALENCASTRO, 2000; SILVA, 2012).

LOANGO

O reino de Loango foi um estado pré-colonial africano, subsidiário do reino do Kongo, e, quando logrou sua autonomia, no século XVII, converteu-se na estrutura organizacional mais importante na área geográfica em Angola, que vai de Mayombe, no norte, até Cabinda, quase à foz do rio Congo (cf. SILVA, 2012).

Situado, hoje, na região de Kuilu, na Costa Atlântica da República do Congo, foi um reino grandioso cujo declínio se verifica com a chegada dos portugueses nos anos de 1760, a partir de quando passaram a ser chamados pelos missionários *bafiote* e sua língua de *fiote*. Atualmente, eles são conhecidos por *vili* ou *bavili* e se encontram concentrados em Cabinda, em território de país angolano (cf. I.LA. LOK, 2008, p. 13).

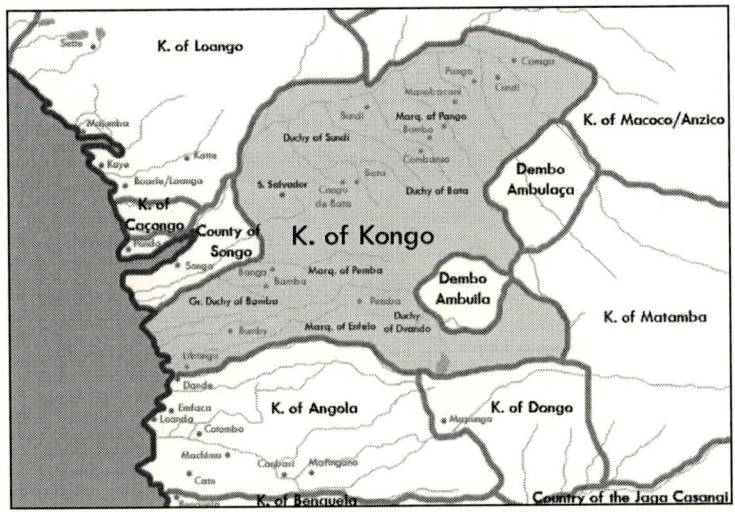

Reinos do Kongo, Ndongo, Loango e Matamba (BALANDIER, 1968).

BENGUELA

Área central ovimbundo, dos povos falantes de umbundo, localizados ao longo de uma região bastante vasta e povoada, abrangendo as províncias de Bié, Huambo e Benguela, ao sul de Angola. É a língua com o maior número de falantes no país. Sua característica mais evidente, como vimos, é a presença do "aumento" / o- / diante dos prefixos classificatórios, como no próprio etnônimo **o**vimbundo, exceto na classe 5.

Ao contrário do que verificamos nos falares da Bahia, em que se ouve mais dizer "ingoma, injira" em lugar de "ongoma, onjira", essa última marca está muito presente nos vocabulários recolhidos em Minas Gerais (cf. MACHADO FILHO, 1944; GONÇALVES, 1995; QUEIROZ, 1998, 2004), no Rio de Janeiro (VIOTTI, 1957) e em São Paulo (VOGT e GNEERE, 1974), o que deixa entrever a importante presença do grupo ovimbundo nessas respectivas regiões.

Sua introdução em contingentes mais significativos deu-se a partir do porto de Benguela e adjacências, no século XVIII, e foi dirigida, sobretudo, para os garimpos de Minas Gerais (GOULART, 1949), onde ainda hoje os cânticos rituais de trabalho, os *vissungos,* preservam um vocabulário de base umbundo, o que explica a razão de serem chamados pelos seus falantes de *língua de banguela* (CASTRO, 2006, p. 4-6).

A própria denominação *vissungo* corresponde ao substantivo umbundo "ovisungo", plural de "ochisungo", que significa louvores e ocorre geralmente na expressão "imba ovisungo", cantar, louvar, exaltar (DANIEL, 2000, s/v).

VISSUNGO XXXIII

"Oenda, auê, auê,   Vá (embora) (Imperativo)
"okuenda"

Ukumbi oenda auê, a a   O sol vai (embora)/
Oenda auê, a, a   Vá (embora)/
Ukumbi oenda, auê na *calunga*"   O sol vai para o *mar*, a *morte*
(anoitece)

(MACHADO FILHO, 1964, p. 136).

MUNDIVIVÊNCIA

Em banto, encontraremos diversas designações de Deus, como: *Kalunga*: aquele-que-por-excelência-junta; *Leza*: o todo-poderoso; *Molimo*: o Espírito; *Ruhanga*: O Criador etc. Mas é *Nzambi* (ou *Zambi*), da nona classe, a forma mais frequente e também a mais sugestiva de nomear a Deus. *Nzambi* é um derivado do verbo *amba*, que, como vimos, significa falar. E chamar a Deus de *Nzambi* é chamá-lo literalmente de "aquele que, por excelência, fala", logo é o Verbo. Outra forma de invocação, que também é encontrada na liturgia afro-brasileira, é *Nzambi-Mpungu*.

Segundo Altuna (2006), tal significado é derivado por analogia de *mpungu*, originalmente uma espécie de águia que voa tão alto, a ponto de tornar-se invisível a olho nu. Daí também os significados derivados de *mpungu* como adjetivo: o maior, o mais elevado, o supremo, o excelente. Donde *Nzambi-Mpungu*: aquele que eminentemente, por excelência, fala. Se o mundo foi criado por Deus, isto é, projetado, concebido, falado, pensado pelo Verbo-*Nzambi*, então cada ente é mistério, e a realidade criada transcende a capacidade de compreensão de uma criatura como o homem.

A essa transcendência, referem-se alguns provérbios em kikongo:

Ntima Nzambi lunda mamonso
Coração de Deus guarda todas as coisas.

89

Esta sentença aplica-se como convite à paciência ("Deus é quem sabe"). Note-se o conceito de *ntima* (ou *muxima*), coração, o íntimo de cada um, consciência, o interior. Trata-se de um conceito importante na visão de mundo banto. Ao se afirmar que o *ntima Nzambi* (coração de Deus) guarda todas as coisas, afirma-se também o ato criador: só Deus conhece o *ntima* de cada criatura.

Murima wári ephulá.
Comemos juntos e rimos juntos...
O que está no coração, porém, não o sabemos, ou seja,
quem vê cara não vê coração.
Make mu ntima ngana: ka mazábi ko.
O que está no coração de outro, ninguém o sabe.
Murima ohinamwéla ni ekhani, ni etókwenetho.
O coração humano não se contenta com pouco... nem com muito.
Ntima viakene: ike muntu mbote ike muntu mbi.
E, assim, cada um é como é, como Deus o fez
(o que, do ponto de vista da ética da convivência, é um chamado à
compreensão).
Nkusu kibuta longo bangana ko: naveka Nzambi uvanga buau.
O papagaio não pode pôr ovos em outra parte: foi Deus
quem o fez assim..., ou seja,

o que a inteligência de Deus cria, nem sempre a
mente humana alcança.
Kifunda kikanga Nzambi: Uala lukútula Nzambi to.
Embrulho que Deus amarrou, só Deus pode desamarrar.
Likova likanga Nzambi; muntu limonho podi kútula ko.
Nó que Deus amarra, o homem não pode desamarrar.
Mambu manata ntima: Ntu muntu limonho kapódi ku manata ko.
Questões do coração, a cabeça do homem não comporta.

Ainda em banto, existe o radical *lunga,* que significa sempre alguma coisa relacionada com a inteligência, donde o substantivo *ono-n-dunge,* a inteligência, formado do mesmo radical em virtude da lei fonética pela qual o *l* se transforma em *d* depois de um nasal, a exemplo do que ocorreu, no Brasil, com o termo *candomblé* de *lomba,* rezar, orar, daí *ndomba, ndombe.* Por exemplo, em muitas línguas, como em umbundo, o verbo *kulunga* e seus derivados, como *oku-lunguka,* em cuanhama, significa ser experimentado, esperto, audacioso, enquanto em outras, o mesmo vocábulo significa ser atento, vigilante. Assim, *Calunga* significaria o grande Ser inteligente ou grande esperto.

Entre os chokwes e os hereros, a equivalência entre os dois nomes divinos mais usuais em Angola é afirmada de uma maneira expressiva juntando os dois termos em aposição, ou seja, *Kalunga-Zambi* e *Kalunga-Ndiambi,* o primeiro também usado na linguagem litúrgica dos terreiros de tradição congo-angola no Brasil. Segundo os bantuistas, não há a menor dúvida de que a ideia subjacente aos termos Kalunga, Nzambi e Huku ou Suku é a de um Ente Supremo, pessoal e espiritual, criador do Céu e da Terra, bom, mas não se importando com o bem ou mal-estar dos mortais, que não recebe oferendas.

Confira estes provérbios dos nhanecas, um povo que tem resguardado suas tradições orais do impacto da modernidade e da cristianização.

Huku! Nahupa na Huku.

Deus! Escapei pelo auxílio de Deus, ou seja, graças a Deus, nada me aconteceu.

Huku kapulwa, Kalunga kaminikilwa.

Não se pergunta a respeito de Deus, não se discute a existência de Deus.

Huku utumbulias, oku ekahi kakuiwe.

Nomeia-se a Deus, mas não se sabe onde está, marcando a onipresença de Deus.

91

No entanto, ainda seguindo a explicação de Altuna (2006), possuindo uma concepção tão sublime da divindade, não há um só povo banto que ofereça sacrifício a Deus. Algumas manifestações de caráter cultural que se possam encontrar em alguns grupos, mas não em muitos, são preces geralmente estereotipadas de elementos antigos, tal como, em geral, todas as tradições orais que se referem ao Ente Supremo da crença monoteísta dos bantos. Enfim, podemos dizer que todos têm uma ideia mais ou menos inequívoca e perfeita de um Ente Supremo, que não se confunde com nenhum dos espíritos dos antepassados. Este Ser, porém, e tudo o que se refere a ele, ocupa o segundo plano nas ideias religiosas, intervindo pouco ou nada no governo do mundo, e, por isso, não merece que os mortais muito se importem com ele, que nunca morreu e de que nada necessita, nem templos, nem oferendas, nem sacrifícios, o que fica reservado para o culto aos antepassados, aos ancestrais.

Usos e costumes

O sistema de parentesco consiste em fazer depender, apenas por consanguinidade, unicamente do lado materno, uterino. Por este fato, os filhos não pertencem em primeiro lugar ao pai, mas sim à família uterina, à mãe e, sobretudo, ao seu irmão mais velho, que é a cabeça do agregado familiar. Predominam, portanto, a família matrilinear e a prática da poligamia. Entre os homens, a virilidade é um atributo essencial. Entre as mulheres, a fertilidade é um tema recorrente na arte (cf. as esculturas). Ter filhos era fundamental para o *status* social dos pais. Filhos garantiam o sustento na sua velhice, asseguravam sua sobrevivência como ancestrais e determinavam a existência de grupos familiares em sociedades, por vezes, violentas.

A terra era um bem coletivo. Cada chefe local passava ao pai de família um terreno para cultivo. Que passava a ser devedor ou a pagar tributo em espécie ou trabalho ao chefe. Daí a necessidade de ter muitas mulheres e filhos que cultivassem o solo. O grande número de esposas permitia aos maridos respeitar o tabu da abstinência quando de um nascimento ou enquanto a mulher amamentava a criança, o que podia durar até seis anos. A crença é de que o esperma, pela cor e pela consistência, pode interferir no leite materno e fazer mal à criança, ao contrário, portanto, do princípio homeopático de cura, *similia similubus curantur.* Na verdade, se a mulher engravida e fica sem leite, como, então, amamentar o recém-nascido, sobretudo em regiões onde predomina a mosca tsé-tsé, responsável pela doença do sono que mata o gado leiteiro? (cf. ALTUNA, 2006).

A seguir, as denominações brasileiras mais frequentes, segundo a zona linguística de origem.
Note se a predominância de denominações da zona H de Gúthrie, abrangendo a região geográfica dos reinos do Kongo e do Ndongo.

Zona H	Zona R	Zona A/ L	ZonaK/R/H	Zona P/S	Zona B/H
Angola Congo Cacongo Cabinda Muxicongo Ambriz Ambrizete Molembo Libolo Jaga Ganguela Monjolo Loango	Benguela Moçâmedes	Gabão Bailundo	Chokwe Amboim	Moçambique Quelimane	Anjico

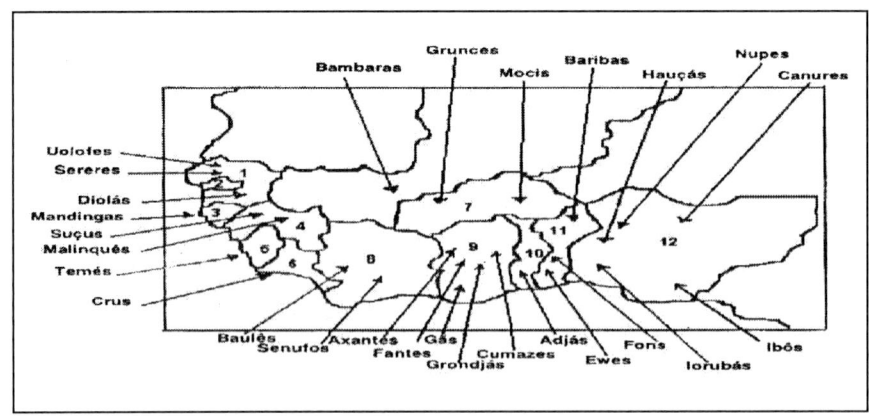

África Ocidental (CASTRO, 2001, p. 38).

1. Senegal	4. Guiné Conacri	7. Burkina Fasso	10. Togo
2. Gâmbia	5. Serra Leoa	8. Costa do Marfim	11. Benin
3. Guiné-Bissau	6. Libéria	9. Gana	12. Nigéria

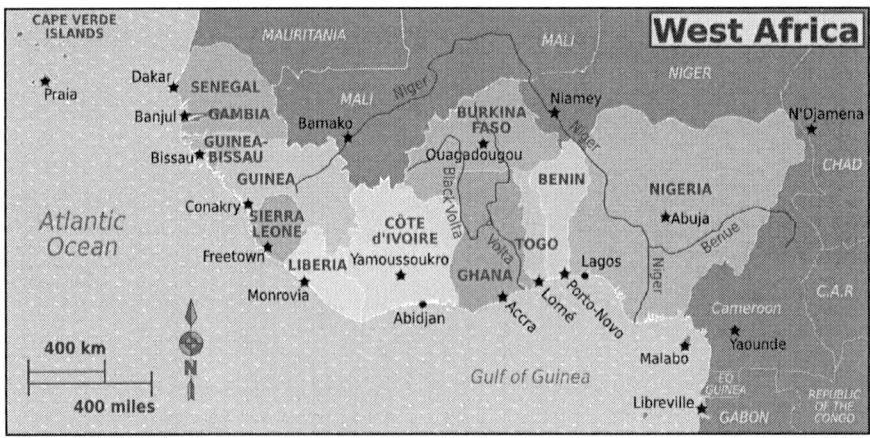

Wikemedia commons

Ao contrário da *África Banto*, a África Ocidental concentra um grande número de línguas tipologicamente diferenciadas, ou seja, pertencentes a diversas famílias linguísticas e que faladas em uma região geográfica menor, porém mais densamente povoada do que aquela onde o tráfico se estabeleceu no domínio banto. Seus territórios compreendem

94

doze países localizados ao longo da costa ocidental da região subsaariana que vai do Senegal ao golfo do Benin, na Nigéria, onde são faladas cerca de 1.435 línguas que não são oriundas de um tronco linguístico comum, como se observa entre as línguas do grupo banto, muito embora todas façam parte da macro-família nígero-congolesa, em razão de possuírem certos traços linguísticos comuns (cf. capítulo I).

No Brasil, dentre os povos trazidos desta região, destacaram-se, pela relativa preponderância numérica ante outros de igual procedência, os falantes de ewe-fon ou gbe do ramo das línguas kwa e os falantes de yorubá do grupo de línguas benue-congo. Eis algumas características comuns ao yorubá, fon e ewe.

Principais características:

1) Não existem artigos, como em português (o/a, um/uma).
2) Os nomes são epicenos ou comuns de dois, não possuem diferenciação de gênero como em português, o/a artista, a não ser quando necessário diferenciar o sexo.
3) Não existem flexões verbais, como em português (amas, amamos, amam). A flexão verbal é marcada tão somente pelos pronomes pessoais (cf. inglês I, you, we, they love, verbo *to love*, amar.)

(Fon)

"n **di**", eu creio

"a **di**", você, ele, a gente crê

"ye **di**", vocês, eles creem

(Yor.)

"mo **ri**", eu vejo

"o **ri**", você, ele, a gente vê,

"wón **ri**", vocês, eles, veem

4) São línguas tritonais, do tipo analítico ou isolante, como o chinês. Possuem tons alto (´), médio, baixo (`) e as combinações ascendente e descendente, marcadas na escrita pelos sinais (^) e (v) respectivamente, resultantes, em geral, de contrações vocálicas, em que a distinção fonêmica de comprimento não é relevante e os morfemas são geralmente monossilábicos.

(Yor.) "dú", preto   "du", correr   "dù", negar
       "bá" encontrar   "ba", esconder   "bà", dobrado
(Fon) "tá", iluminar   "ta", testa   "tà", misturar
       "sú", tabu   "su", gesso   "sù", fechar
(Ewe) "sé", lei   "sè", compreender
       "bá", lama   "bà", chibata

5) O sistema vocálico tem sete vogais orais, / i e ɛ a o c u / (vi, vê, vé, va, vô, vó, vu), mais as cinco nasais correspondentes / ï ɛ ã õ ũ / (sim, sem, sã, som, sum) em que a distinção de timbre entre as vogais abertas / ɛ, c / e fechadas /e, o / é diferencial nos pares mínimos como em português (avô e avó).

        (Yor.) "ɛba", pirão   "èba", recipiente
             "bc", adorar   "bo", cobrir
       (Fon) "bc", argila   "bo", amuleto
             "gc", encher   "gò", garrafa
       (Ewe) "dc`", encher   "do", enviar
             "fiɛ", noite   "fiè", ferver

(IDOWU, 1990; ALAPINI, 1955)

		Anterior	Central	Posterior
	1º grau	i		u
Altas	2º grau	ɔ		o
Médias	3º grau	ɛ		e
Baixas	4º grau		a	
		Anterior	Central	Posterior
Altas	1º grau	î		ű
Médias	3º grau			õ
Baixas	4º grau		ã	

6) Entre seus fonemas são comuns as labiovelares /kp / e /gb/, só encontradas nesse grupo de línguas.

(Yor.) "àgba", pessoa idosa   "ègbo", milho
        "ekpo", dendê   "akpò", saco
(Fon) "gbɛ", vida   "gbò", porco
        "kpá", paliçada   "nùkpén", espelho
(Ewe) "gbé, recusar   "gbà", demolir
        "kpe", convidar   "kpuì", pequeno

7) A reduplicação é um processo muito comum nas línguas negro-africanas. Corresponde à repetição do radical de um vocábulo para lhe dar uma nuance superlativa de sentido que normalmente não teria, como ocorre com a maioria dos adjetivos.

(Yor.) "fúnfún", muito branco   "dáradára", muito bonito
(Fon) "gbógbó", em demasia   "bìbí", muito ágil
(Ewe) "tsótsó", nuito rápido   "fùfù", muito branco

8) Na sintaxe, os esquemas são simples. Se colocarmos S (sujeito), V(verbo), O (objeto), Circ (complemento circunstancial), o esquema canônico da frase é:

        (SVO) ou Circ + S + V + O + Circ

(Yor.)   "Emi / fɔ′ / ɔnikan / nibi"
        Eu / quero / uma pessoa / aqui
(Fon)   "Fi / wa / àkué / go"
        Aqui/ mostre / dinheiro / no saco
(Ewe) "Gbèsiágbè lá / Kòfi / wɔ`à / dɔ` / lè agblè mè"
        Cada dia / Kofi / faz / trabalho / no campo

Nas frases imperativas, fora o verbo, cada um desses elementos pode estar ausente.

(Yor.) "fun mi ni", dê-me   "wa nibi", venha cá
(Fon) "súhõ", feche a porta   "kplõ´ mi", ensine-me
(Ewe) "vá!", venha   "wɔ`dɔ´", trabalhe

9) Predomina a ênclise no emprego dos pronomes objetos direto e indireto cujas formas são as mesmas e sempre seguem o verbo.

(Yor.) "bàbá e´npè é", o pai dele está chamando-**lhe**
      "o ri **e**", *ele vê o
(Fon) "d`alɔ **mi**", ajude-me
      "n kple **ye**", *eu reuni **os**
(Ewe) "a sɔ jo **na** á?", você deu isso **lhe**?
      "é dó nú **mi**", ele veio ver-me

10) Também há ênclise na relação genitiva das formas possessivas.

(Yor.) "ɔ`rɔ´ **mi**", amigo meu
(Fon) "xɔn`tɔn´ če", amigo meu
(Ewe) "xɔ´lɔ` **mi**", amigo meu

EWE-FON ou GBE

Ewe-fon ou gbe, termo que significa língua, denomina um conjunto de línguas muito assemelhadas devido ao seu parentesco histórico-genético, com mais de 10.000.000 de falantes distribuídos por territórios de Gana, Togo e Benin, que ficaram conhecidos pelo tráfico transatlântico no Brasil como minas, jejes, ardras ou aladás, uidás, mundubis, savalus, anexôs, pedás, maquim ou marris, marruim.

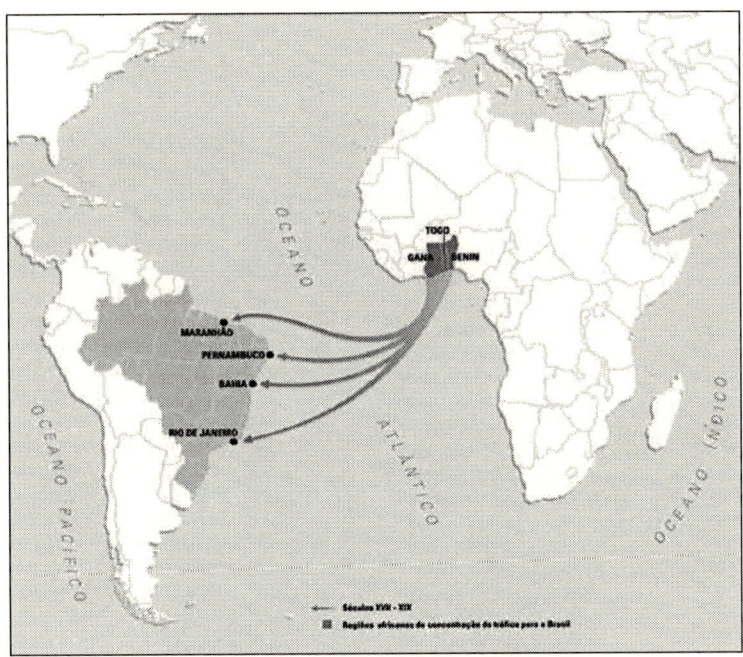

Principais rotas do tráfico de escravos de
origem Mina e Jeje para o Brasil

Deles, tem-se notícia, ao final do século XVII, a partir de quando
começaram a ser trazidos em grandes contingentes para os garimpos
– minas de ouro e diamantes então descobertas em Minas Gerais,
Goiás, Mato Grosso e Bahia –, simultaneamente, com a produção de
tabaco na região do Recôncavo Baiano (CASTRO, 2002, p. 64).

Sua concentração, no século XVIII, foi de tal ordem em Vila Rica
que chegou a ser corrente entre a escravaria local um falar de base
ewe-fon, registrado em 1731/41 por Antônio da Costa Peixoto em *A
obra nova da língua geral de mina*, só publicada em 1945, em Lisboa.
Esse documento linguístico, o mais importante do tempo da escravidão no Brasil, era para ser utilizado também como um instrumento de dominação, como o próprio autor confessa. Seu objetivo, era
fazer chegar ao conhecimento dos garimpeiros o vocabulário, frases
e expressões correntes entre a população escrava local, a fim de que
rebeliões, fugas, furtos e contrabandos pudessem ser a tempo repri-

midos e abortados, um estudo feito em detalhes por Castro em *A língua mina-jeje no Brasil, um falar africano em Ouro Preto do século XVIII* (cf. CASTRO, 2002).

Cf. Diálogo:

– "Fi tɛ a è ulialɔ?"	– Onde casou?
– "È ulialɔ Togbomɔ."	– No Reino.
– "È tî i vi?"	– Tem filhos?
– "Mà tî vi hà."	– Não tem filhos não.

Sob outro ponto de vista, os aportes culturais do ewe-fon foram responsáveis pela configuração das religiões denominadas tambor de mina, no Maranhão, e pela estrutura conventual do modelo urbano jeje-nagô dos candomblés da Bahia (LIMA, 2003). Neste grupo linguístico, as línguas principais, por majoritárias em número de falantes, são ewe, mina, gun e mahi, faladas na região do golfo do Benin, tipológica e geograficamente muito próximas entre si.

• EWE, majoritária no Togo e uma das suas línguas nacionais – a outra é *cabré*, ao norte, do grupo gur ou *voltaico* –, conta, aproximadamente, com 1.200.000 falantes, concentrados na capital Lomé e no Sul do país até às circunvizinhanças de Atakpame, estendendo-se pelos territórios limítrofes do Sudoeste de Gana, por um lado, e Sudeste de Benin, por outro, em direção ao lago Volta.

• FON ou FONGBE (lit. língua fon), língua nacional e majoritária do Benin, estimada em 1.200.000 falantes concentrados em Abomé, capital do antigo reino do Daomé, fundado no século XVII, para onde *adjás-aizôs* emigraram no século XVI e se misturaram aos *guedevis*, nativos do platô de Abomé, expandindo-se, através de conquistas, pelos territórios circunvizinhos ao Norte, Savalu, e, ao sul, Porto Novo, Cotonu e Uidá, então habitado pelo povo *pedá*, um agrupamento de pescadores que vive hoje às margens do lago Aheme e cujo centro principal é Guezim (cf. ARGYLE, 1966).

• GUN, em territórios correspondentes ao reino de Xogbonu ou Hogbono, atual Porto Novo, capital administrativa do Benin, situada no Cone Sudeste do país.

• MAHI, nas regiões montanhosas ao norte dos fons, tendo Savalu como centro, um antigo reino nagô onde seu povo se instalou, vindo do lago Aheme, ao leste de Abomé, ao fugirem dos guerreiros daomeanos, em meados do século XVIII, e cujo falar é muito próximo do fon. Entre seus vários agrupamentos está o da região de Agonli-Cové, em território cortado pelo rio Zu.

• MINA, GUEN ou ANEXÔ, faladas na região de Anexô, entre Lomé, capital do Togo, e Uidá, no Benin.

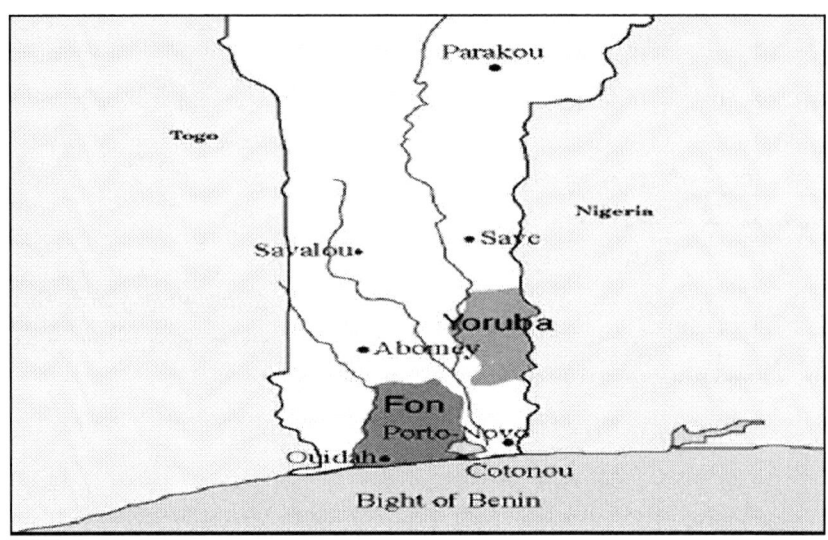

Características próprias do ewe-fon (cf. IDOWU, 1990; ALAPINI, 1955).

1) Ao contrário do banto, nesse grupo as línguas não possuem derivados verbais e na sua estrutura silábica encontram-se dígrafos ou encontros consonantais (CCV).

> (Fon) "a.kla", acará   "zró", terra
>   V.CCV   CCV
> (Ewe) "à.gblè", campo "tì.trí", espada
>   V.CCCV   CV.CCV

2) No léxico, as palavras são unidades inanalisáveis, em que não se podem sequer distinguir um radical e elementos gramaticais, e sua compreensão depende da relação entre elas e de sua ordem na frase.

> (Fon) "nù.sá.xo.mɛ́", venda, loja (coisa.vender.casa)
>   "agbanhún", caminhão (carga.veículo)
> (Ewe) "yà.mè.vú", avião (ar.dentro.veículo)
>   "kcˋtà. gbè", dialeto (região. língua)

3) A composição por justaposição é um fenômeno muito frequente. No sintagma nominal (SN), os seus membros (núcleo e modificador) são ambos os nomes que se justapõem sem que, para isso, seja necessário um elemento (morfema) de ligação ou separação, ou seja, o possuidor vem em seguida ao objeto possuído (cf. em inglês *John's book*, o livro de João), ao contrário da construção em português em que estão ligados por uma preposição, geralmente /de/.

(Fon) "vodun.si", entidade. filha	→ filha **de** santo
"vodu.non", vodun.mãe	→ mãe **de** santo
(Ewe) "là.kɔ´", carne.pedaço	→ um pedaço **de** carne
(modificador. núcleo)	→ (núcleo. **de**. modificador)

4) Não há distinção de gênero nos nomes, são epicenos ("nɛvi", irmão ou irmã). Se necessário, para os seres humanos, o nome no masculino é seguido de "sunu" e o feminino de "nyonu". Para os animais, "asu" ou "asi", em fon, e "tsu" ou "nɛ", em ewe.

(Fon) "vi.sunu", menino	"vi. nyonu", menina
"koklo.asu", galo	"koklo.asi", galinha
(Ewe) "vi. nutsú", menino	"vi.nyonu", menina
"kòkló.tsú", galo	"kôkló.nɛ", galinha

5) O plural dos nomes é marcado pelo sufixo /-le / em fon e /- wɛ / em ewe.

(Fon) "xonton.le", amigos
"lã.le", animais
(Ewe) "xɔlɔ.le", os amigos
"là.le", animais

6) A forma negativa é feita com a marca / a / ao final da frase ou /ma/ entre o pronome pessoal e o verbo. O imperativo é marcado por "ma... ô", em fon (ALAPINI,1955, p. 1), e por "mé...ò", em ewe.

(Fon) "gã tin a" ou "gã ma tin", não tenho a chave
"ma wa sicola ô", não vá à escola
(Ewe) "Kofi méná gàm ò", Kofi não me deu o dinheiro

Esse tipo de construção parece ser um traço arcaizante, preservado na linguagem religiosa da Casa das Minas, no Maranhão, onde é corrente na expressão: "E **ma** njorô **a**", pouco me importa, não quero saber não (FERRETTI, 1996), enquanto na língua mina, registrada no século XVII, em Ouro Preto, ocorre, como evidência, essa mesma negativa nas frases "**Ma** jìrò e **a**", não quero não, "**Ma** ti vi **a**", ele não tem filhos não (CASTRO, 2002, p. 162).

7) A forma interrogativa é marcada por / **à**/ ao final da frase:

(Fon) "Hui ma tin nukun' **à**?, você não tem olhos?
(Ewe) "A se à?", entendeu?

8) Quanto ao substantivo, ele pode ser determinado por um antigo prefixo de classe nominal, frequente nos vocábulos da linguagem religiosa afro-brasileira, como outro traço arcaizante, a exemplo do que se observa na Casa das Minas, no Maranhão, com nomes de divindades, tais como Ahoso, Avrekete (FERRETTI, 1996 p. 183; CASTRO, 2002, p. 190).

REINO DO DAOMÉ

Fon ou daomeano, língua majoritária até hoje no país que se tornou um dos maiores fornecedores de escravizados para as Américas, valendo-se de Whydah como entreposto, onde, em 1721, os portugueses construíram o forte militar de São João Batista de Ajudá. O apogeu econômico do reino ocorreu no início do século XIX com a exportação de grandes contingentes para o Brasil e para Cuba dos denominados pelo tráfico, genericamente, de minas e jejes, passando o litoral, então, a ser conhecido como Costa dos Escravos e o porto de Whydah, como o mais importante para o tráfico transatlântico.

Em 1730, no entanto, transformou-se em vassalo de Oyó, principal rival do Daomé no comércio de cativos, mas continuou a expandir e florescer através do comércio escravista. O mais famoso traficante nesta época foi o brasileiro Francisco Félix de Souza, o Chachá, protegido do rei Guezô (1818-1858), filho da rainha Na-Agontimé, que foi vendida aos negreiros e trazida para São Luís, no Maranhão, onde fundou a Casa das Minas e divulgou o culto dos voduns daomeanos no Brasil (cf. FERRETTI, 1996; CASTRO, 2002).

Foto: Yeda Pessoa e a professora Isabel Aguiar, da Universidade de Benin.
(Arquivo pessoal)

Por fim, foi conquistado pela França em 1892-1894. Em 1960, a região alcançou a independência como República de Daomé, capital Porto Novo. Mais tarde, o país mudou o nome para Benin. Os palácios reais de Abomé foram considerados, em 1985, pela Unesnco, como Patrimônio Mundial e construído um monumento denominado Porta do Não Retorno no local de embarque dos escravizados para a viagem transatlântica que eles sabiam ser sem volta.

105

No dia 10 de janeiro, dia declarado feriado no Benin, corre a grande festa do culto vodun, reabilitado como a religião majoritária dos beninenses (cf. SILVÉRIO, 2013; SILVA, 2000; AKINJOGBIN, 1967; ARGYLE, 1966).

O reino Fon do Daomé foi governado pelos reis da dinastia de Aladá ("Ardres"), por duzentos anos. As lendas todas apontam para Adja-Tado ou Sado, localidade sob a margem esquerda do rio Mono, no Togo, como o lugar de origem da família real, de onde seus ancestrais partiram para conquistar Aladá, depois Abomé, capital do antigo reino do Daomé.

Segundo a tradição oral, Daomé significa no ventre de Dã, a serpente, o gênio que habita o espaço e se mostra sob a forma de um arco-íris. Representa o movimento, a vida, assegura a perpetuação da espécie e é a fonte de toda a prosperidade. Seu culto vem do país Mahi, seu vizinho, e seus adeptos se chamam de mahinu ou dansi. O panteão daomeano acolheu divindades de outras procedências, como Xapatá, de Savalu, associado à varíola, graças ao acaso dos casamentos reais, das conquistas territoriais, das inovações sugeridas pelas necessidades do momento.

Por fim, foi conquistado pela França em 1892-1894. Em 1960, a região alcançou a independência como a República de Daomé que mudou, mais tarde, seu nome para Benin.

Como os demais povos subsaarianos, a religião tradicional do povo ewe-fon está centrada no culto aos ancestrais, cuja proteção e benevolência são invocadas em oferendas, frequentemente feitas em estatuetas de madeira por famílias individuais, que a elas oferecem sua comida habitual ou algum prato especial durante um dia festivo, como ocorre com o povo banto e, no Brasil, nos festejos aos santos considerados gêmeos, São Cosme e São Damião (cf. CASTRO, 1978). Essas figuras – botchio – são objetos mágicos que, às vezes, são destinados a enganar a morte em lhe presenteando uma efígie da pessoa que se quer proteger. Além dessas figuras em madeira, entre os fons havia uma indústria de confecção de flâmulas coloridas com motivos reais que enfeitavam as cerimônias da corte. Os de desenhos geométricos, assim como panos trabalhado em batique, eram usados em cerimônias festivas e chamados de "alacá" (cf. pano de alacá na Bahia).

Tapeçaria ideográfica de autoria de Michellemondje, inspirada no reinado de Agadja (1708-1732), Abomé, República Popular do Benin, simbolizando o contato com os europeus portugueses e o início da expansão do reino de Daomé em direção ao porto de Whydah.

Catálogo Museu Afro-brasileiro Ceao/UFBA.

REINO HOGBONU, PORTO NOVO

Outro reino do atual Benin que se destacou em nossa história foi o de Porto Novo ou Hogbonu, do povo de fala GUN, que foi provavelmente fundado ao final do século XVI. O nome atual foi dado pelos portugueses que ali estabeleceram uma feitoria no século XVII com o propósito de traficar negros escravizados para as Américas. Em 1863, entrou em guerra com o poderoso vizinho reino do

Daomé e, em 1883, a região foi incorporada como colônia francesa do Daomé, da qual se tornou capital em 1900.

Sob a denominação "mondubi", de "hogbonuvi", os filhos de Hogbonu, sua presença está marcada como uma das "nações" dos candomblés da Bahia e na organização e na denominação dos grupos ou "barcos" de iniciação religiosa entre as religiões afro-brasileiras, entre eles, adofona, adofonitinha, fomo, fomitinha etc., de acordo com a sequência hierárquica dos iniciados (cf. Castro 2001/2002).

Mundivivência

O povo ewe-fon acredita que toda manifestação de uma força que não se possa definir, toda monstruosidade, todo fenômeno que vai além da sua imaginação ou inteligência é *vodun*, ou seja, uma coisa misteriosa que merece um culto. Todos esses *voduns* são considerados como criaturas e ministros de *Maú* (*Mawu*), um deus supremo e criador, que representa a Lua, traz a noite e a temperatura fresca do mundo. Reside no Oeste e é descrita como uma velha fria e indiferente, o que é tido como sinônimo de sabedoria.

Segundo a crença corrente entre os fons, *Maú* tem um irmão gêmeo chamado *Lisa*, a sua parte masculina, tido como feroz e áspero, residente no Leste e que representa o Sol. *Maú* e *Lisa* são considerados como uma unidade inseparável na base do universo, do uno e da ordem, o casal criador do mundo. Quando há um eclipse do Sol ou da Lua, o povo fon acredita que *Maú* e *Lisa* estão fazendo amor. E conceberam...

As primeiras crianças a nascerem, gêmeos, foram um menino chamado *Da Zodji* e uma menina chamada *Nyohwe Ananu*. O segundo a nascer teve a mesma característica de seus pais, andrógeno, era *Sobô* (*Sogbo*). O terceiro nascimento, também gêmeos, foi um menino, *Agbe,* e uma menina, *Naete*. O quarto a nascer era velho e experiente, *Age*. O quinto também era um homem, *Gu*, que no lugar da cabeça tinha uma enorme espada saindo de sua garganta e seu tronco era uma pedra.

O sexto nascimento não foi de um ser. Era *Djo*, o ar, a atmosfera, o necessário para criar os homens. O sétimo a nascer era *Legba*, o preferido de *Maú*, por ser o caçula.

Um dia, Maú-Lisa reuniu todas as crianças a fim de dividir seu reino.

Aos primeiros gêmeos deu todas as riquezas e disse-lhes para irem habitar a Terra. Disse-lhes que a terra era para eles. A *Sogbo*, *Maú* disse que devia permanecer no Céu porque era homem e mulher como seus pais. Aos gêmeos *Abge* e *Naete* disse-lhes para irem habitar o mar e como andar nas águas. Para o quarto filho, velho e experiente, deu o comando de todos os animais e pássaros e disse-lhe para viver no arbusto como um caçador. A *Gu*, *Maú* disse-lhe que era sua força, e era assim porque não lhe foi dada uma cabeça como aos outros. Por isso, a terra não permaneceria para sempre só com arbustos selvagens. Era ele quem ensinaria os homens a serem felizes. A *Djo*, *Maú* disse-lhe para viver no espaço, entre a terra e o céu. A ele confiaria o livre-arbítrio do homem. Seus irmãos seriam invisíveis e a ele cabia vesti-los.

Depois que *Maú* disse isso às crianças, ela deu aos gêmeos de *Sagbata* a língua que devia ser usada na Tterra, e removeu de sua memória a linguagem do Céu. Deu a *Hevioso* a língua que ele falaria e tirou de sua memória a língua falada pelo pai. O mesmo foi feito para *Agbe* e *Naete*, para o mais velho e para *Gu*.

Agora, disse a *Legba*, você é a minha criança mais nova e como você é levado da breca e nunca soube o que é punição, não posso transformá-lo como a seus irmãos. Você ficará sempre comigo. Seu trabalho será visitar todos os reinos governados por seus irmãos e dar-me ciência do que acontece. Assim, *Legba* sabe todas as línguas faladas por seus irmãos e a língua de *Maú*. *Legba* é linguista de *Maú*. Se um dos irmãos desejar falar com *Maú-Lisa*, deve dar a mensagem a *Legba*, porque nenhum deles sabe mais dirigir-se a *Maú-Lisa*.

Por isso é que *Legba* está em toda parte. E é também por isso que encontramos *Legba* na porta de todas as casas de *vodum*, porque todos os seres humanos e deuses devem dirigir-se a ele antes que possam se aproximar dos deuses. *Legba* também é a entidade da libido, da procriação e da fertilidade, e sua representação simbólica é um falo de tamanho desproporcional, sempre em riste, nas suas estatuetas e figuras em madeira ou ferro.

Ainda conta a lenda que ele foi "huntó" (Fon, tocador de rum, atabaque) em um trio de que fazia parte com dois irmãos; e eles tocavam em ritos funerários, ou (Fon) *tchorun*, o que explica o fato, na Casa das Minas no Maranhão, de ele também ser chamado de Legua Boji da *Trindade*, e por aproximação fonossemântica com o português, esse tipo de cerimônia ser entendido e assim denominado de *tambor de choro* (cf. CASTRO, v.1, nº 2, p. 119, 2004).

PROVÉRBIOS
(Alapini, 1950, p. 267)

Kpo edo mesi we e non do hu dã na.
Cada um mata a serpente com o pau que possui
Cada um se vira como pode.
Kpekpede we avokã non gni avó.
Pouco a pouco o fio de algodão se torna um pano.
Com paciência se chega longe.
Wamonon-non akwe fo-o.
Um miserável encontrou cem cauris e se julga rico.
Subiu no tijolo e pensa que alcançou o céu.
Kpede kpede atan nu ku gogo.
De gota em gota, o vinho de palma enche a garrafa.
De grão em grão, a galinha enche o papo.

YORUBÁ

Dos atuais territórios da Nigéria foram trazidos, na última fase do tráfico, ao final do século XVIII até a primeira metade do século XIX, representantes de diversas línguas da família Benue-Congo, Afro-Asiática e Nilo-Saariana.

Do Benue-Congo, destacaram-se em número majoritário os yorubás, falantes de uma língua distinta, constituída de vários dialetos locais, pouco diferenciados, concentrados na região limítrofe entre a Nigéria Ocidental e o reino vizinho de Ketu, no Benin Oriental, onde são chamados de "àngó", termo por que ficaram genericamente conhecidos no Brasil sob a forma nagô.

O termo YORUBÁ, segundo o renomado historiador nigeriano Shaburi Biobaku (1957, p. 37), vem do árabe *yariba*, através dos hauçás, que assim apelidavam seus vizinhos do antigo Império de Oyó. Atualmente aplica-se a um grupo etnolinguístico constituído por vários milhões de indivíduos concentrados em territórios que se estendem dos pântanos e lagoas da orla marítima do Atlântico à distante curva do rio Níger, usando yorubá como língua comum e unidos por uma mesma cultura e tradição ancestrais. Entre suas cidades, no Extremo Norte está Oyó, onde floresceu o grandioso Império, enquanto Ile-Ifé, a 170 km de Lagos, primeira capital da Nigéria, é o centro espiritual dos yorubás e considerada por eles como o berço da humanidade.

Yorubá, com essa significação, foi divulgado pelo reverendo Samuel Ajayi Crowther no seu *Vocabulary of the Yoruba Language*, publicado em Londres, em 1852, a partir de quando yorubá deixou de ser uma língua ágrafa, passando a ter uma escrita literária, ou seja, em caracteres romanos, mas utilizando certas convenções ortográficas que não se encontram em nosso parque tipográfico. Como se trata de uma língua que possui sete vogais orais, as vogais de timbre aberto, na escrita, são diferenciadas das de timbre fechado com um ponto sob elas (*ọ*, *ẹ* – *o*, *e*) [cf. (PO) *dó*, *ré* x coco, bebê], o mesmo recurso com um ponto ou um sinal sendo utilizado para distinguir a fricativa palatoalveolar da fricativa alveolar (še, fazer/ se, cozinhar) [cf. (PO) chá / sá].

Até então, eles se identificavam e eram conhecidos pela denominação dos seus antigos reinos, constituídos por grupos regionais concentrados ao longo dos territórios localizados na parte ocidental da Nigéria, entre eles, ifés, oyós, ilexás, ijebus, ondôs, edôs, egbás, e pelos nagôs do antigo reino de Ketu, em territórios circunvizinhos ao Benin atual. Convém, portanto, observar que o uso do termo YORUBÁ é relativamente recente, não faz parte da nossa tradição nem da nossa história colonial, e só passou a ser conhecido e utilizado na própria História da África a partir do século XIX (cf. o termo BANTO). Como testemunho, as "nações" afrorreligiosas de matriz yorubá no Brasil nunca foram identificadas como tal. Sempre foram denominadas de nagô, ketu ou ijexá.

Entre nós, a denominação YORUBÁ, em lugar de NAGÔ, passou a ser popularizada a partir de 1961, quando foi ensinado, pelo professor nigeriano Ebenezer Lashebikan, o primeiro curso dessa língua no antigo CEAO – Centro de Estudos Afro-Orientais da Universidade Federal da Bahia, à época sob a direção do seu idealizador e primeiro diretor, o humanista português George Agostinho da Silva. O curso teve grande afluência de integrantes das comunidades religiosas afro-brasileiras locais, entre eles, a yalorixá Stella de Oxóssi do Axé Opô Afonjá, mestre Didi Deoscóredes dos Santos, e contou também com a presença de alguns acadêmicos como o filólogo Nelson Rossi e a etnolinguista Yeda Pessoa de Castro, ambos professores da Universidade Federal da Bahia (cf. CASTRO, 2006).
Características próprias:

1) Yorubá e uma língua de radicais monossilábicos e estrutura silábica consoante vogal (C)V, não possuindo dígrafos, ou seja, consoante seguida de consoante (CCV), nem sílabas fechadas por consoante (VC). Muitos nomes são deverbais, formados de verbos com o prefixo / olù- / aquele que.

(Yor.) "gbàlá", salvar   "olù.gbàlá", o salvador
        "kó", ensinar   "olù.kó", professor

2) Muitos nomes começam por vogal e alguns são formados de outro nome por meio de prefixos (*à-*, *a-*, *è-*, *ì–*, *àti-*, *oní-*) ou reduplicação.

(Yor.) "ilé", casa   "onílé", dono da casa
        "owó", dinheiro   "olówó", pessoa rica
        "gbé", perder   "ègbé", perdição
        "pin", terminar   "òpin", o fim
        "pana", apagar o fogo   "panápaná", bombeiro
        "àlá", sonho   "àlalá", sonhador

3) O plural é marcado pela palavra "àwon" precedendo os nomes no singular.

(Yor.) "àwon ilê wa", casas nossas
        "àwon ojú kékeré", olhos pequenos

4) A forma negativa mais usual é assinalada pelos prefixos "kò" e "ma", quando no imperativo, precedendo o verbo.

(Yor.) "owó kò si"   dinheiro não há
        "kò ra iwé"   não comprou o livro
        "má wàa"   não venha

5) O gênero masculino é indicado por "obinrin" e o feminino por "okônrin" para pessoas; "ako", macho, e "abo", fêmea, para animais.

(Yor.) "omokorin", filho   "omobirin", filha
        "arakonrin", irmão   "arabinrin", irmã
        "ako malu", boi   "abo malu", vaca
        "ako aja", cachorro   "abo aja", cadela

6) A flexão verbal é tão somente marcada pelos pronomes pessoais e o tempo futuro toma como auxiliar o morfema / à / anteposto ao verbo:

(Yor.) "mo ri", eu vejo   "mo **a** ri", eu verei
    "o ri", você, ele vê,   "o **a** ri", você, ele verá
    "wón ri", vocês, eles veem   "won a ri", eles verão

7) A forma interrogativa traz a partícula "bi" no final da frase:

    (Yor.) "mo ri bi?"   eu vejo?
        "o ri e bi?"   ele (o) vê ele?

8) Os complementos direto ou indireto, vem sempre depois do verbo, por ênclise.

    (Yor.) "fun mi ni", dê-me
        "o ri e", * ele vê-o

O POVO YORUBÁ

Os yorubás, concentrados na região ocidental da Nigéria, formam o terceiro maior grupo étnico do mais populoso país da África, com muitos reis, entre os quais mais de vinte governam estados independentes e distintos. Os outros, cerca de 1.000, são regentes de um grupo de vilas ou de uma simples cidade. Tradicionalmente agricultores, cultivam as terras da família em glebas individuais, ao mesmo tempo em que possuem cidades muito antigas, parecendo ter sido o povo mais urbanizado da África Ocidental. Seus territórios estendem-se dos pântanos e lagoas da orla marítima do Atlântico à distante curva do rio Níger. Entre suas cidades, no Extremo Norte está Oyó, onde floresceu o grandioso Império, enquanto Ile-Ifé, a

170 km de Lagos, primeira capital da Nigéria, é o centro espiritual dos yorubás e considerada por eles como o berço da humanidade.

Os yorubás provavelmente nunca constituíram uma só entidade política e esse nome, até um século atrás, era empregado em referência aos grupos do Norte, entre eles os oyós, enquanto os demais eram conhecidos, assim como os seus respectivos dialetos, pelos diferentes nomes dos reinos onde se encontravam (egbás, ijexás, ijebus, ondos, ibadans, oshobôs etc.).

Chamados de "ànàgó" pelos seus vizinhos, termo por que ficaram genericamente conhecidos no Brasil sob a forma *nagô*, foram trazidos em grandes contingentes na última fase do tráfico transatlântico e empregados, na sua maioria, em trabalhos urbanos e domésticos na cidade de Salvador, onde, junto com os *jejes*, com quem já tinham uma longa tradição de aportes culturais mútuos, sobretudo na religião, fundaram o modelo urbano de candomblé de estrutura *jeje-nagô*, o mais prestigioso do Brasil, com ramificações na Argentina (Buenos Aires) e em Portugal (Sintra) (Cf. Lima, 2004).

Quanto às evidências no vocabulário religioso, entre outras, são de origem ewe-fon a estratificação e a terminologia dos grupos de iniciação ou *barcos* (*adofona, adofonitinha, fomo, fomitinha* etc.), assim como os termos *peji* e *pejigã* (o santuário e seu encarregado), *runcó* (quarto de iniciação), *rum, rumpi, lé* e *aguidavi* (os tambores sagrados e a baqueta de percussão), *ajuntó* (o espírito guardião), *assento* (o altar) (cf. CASTRO, 2001/ 2002).

Sua arte e sua cultura têm sido objeto de inúmeros estudos publicados em várias línguas, a exemplo dos bronzes de Ifé, interpretados como testemunhas da grandeza do passado dos yorubás e de sua continuidade. Sua literatura oral é rica em mitos e lendas, narrando as origens do mundo, do seu povo, da história dos seus ancestrais, reis e rainhas, venerados como *orixás*, divindades que enriquecem o panteão yorubá. Entre eles, o rei de Oyó, o Alafin Xangô, muito popular entre as religiões afro-brasileiras.

Cântico para Airá, uma qualidade de Xangô (BIANCARDI, 2000, p. 345)

IMPÉRIO DE OYÓ

Fundado por yorubás no século XV, foi um dos mais poderosos e maiores estados da África Ocidental de meados do século XVII ao final do século XVIII, dominando, inclusive, outras monarquias negro-africanas, sendo a mais notável o reino fon do Daomé. Situado onde é hoje o Sudoeste da Nigéria e o Sudeste do Benin, seu poder se encontrava nas mãos do Alafin e sua riqueza foi construída através do comércio de escravizados e de uma poderosa cavalaria que, no apogeu do reino, dedicava-se principalmente à caça de cativos.

Com a decadência do reino, no início do século XIX, e sua destruição, em 1895, em consequência das guerras interétnicas na região, sobretudo com a ofensiva de povos islamizados dos estados hauçás do Norte da Nigéria, essa época registra uma grande entrada de yorubás no Brasil, transladados para a cidade da Bahia e destinados a trabalhos domésticos e urbanos, ao contrário dos demais escravizados, cuja maioria foi dirigida para as zonas rurais.

Reunidos num centro urbano, à beira-mar, gozavam de uma relativa liberdade como vendedores ambulantes, comerciantes, inclusive de cativos, artesãos, negros de ganho, pescadores, atividades que lhes permitiam acumular riqueza, em condições favoráveis para a fundação dos prestigiosos candomblés de base conventual jeje-nagô na cidade da Bahia, entre eles, a Casa Branca, o Axé Opô Afonjá, o Gantois, e o mais antigo de todos, o Alaketu, que foram tombados como Patrimônio Artístico Nacional, em razão da sua importância cultural e sociorreligiosa (CASTRO, 1980; LIMA, 2003).

REINO DE KETU

O reino nagô de Ketu localiza-se na região da República do Benin, cujos regentes recebem o título de Alaketu. Segundo a tradição oral, foi fundado por uma das filhas do orixá Odudwa, visto como o criador do universo, e seus habitantes, que originalmente pertenciam ao Império de Oyó, foram pressionados para o oeste por uma série de guerras entre os séculos X e XIII.

Ketu foi um dos principais inimigos do vizinho reino de língua fon do Daomé, lutando frequentemente contra os daomeanos como parte das forças imperiais de Oyó, mas foi devastado pelos fons na década de 1880, quando centenas de prisioneiros foram escravizados e trazidos para o Brasil, onde foram denominados de nagôs. Entre eles, membros da família real Aro, que fundaram o candomblé do Alaketu na cidade do Salvador, um dos mais antigos de tradição jeje-nagô do Brasil, que foi dirigido pela famosa e saudosa yalorixá Olga Francisca Regis (1922-2005), comprovadamente princesa de Ketu (cf. LIMA, 2003).

Em 1893, Ketu foi restaurado pelos franceses sob a forma de um protetorado.

MUNDIVIVÊNCIA

A religião tradicional dos yorubás é devotada à adoração e ao respeito a Olorum, o dono do Orum, do céu, ou Olòdùmarè, o criador dos orixás e sua relação com a terra, o Aiye. Entre as suas calculadas 401 entidades, a maior parte desses orixás tem representações antropomorfas, associadas com características naturais de reis, rainhas, pessoas que viveram neste mundo. Cada divindade tem as suas regras, ritos e sacrifícios próprios quando são feitas cerimônias específicas, com sacríficos, cânticos e danças consagradas.

Segundo a lenda recorrente, fala-se que o aparecimento das divindades deve-se a Oxalá ou Obatalá, deus da criação, no reino que ele instalou na cidade de Ifé, lugar sagrado dos yorubás, considerado por eles como o "berço da humanidade". Oduduwa era o irmão mais jovem de Obatalá, que ambicionava tomar o lugar que Olòdùmarè, confiara a Obatalá, que se sentia muito cansado da viagem e, junto com Exu, preparou um "ebó" que provocaria muita sede em Obatalá. Esse, para matar a sede, usando seu cajado, furou uma palmeira de onde pudesse extrair a seiva da palma, e bebeu o "emu" (vinho de palma). Ali mesmo, exausto e embriagado, deitou-se e adormeceu. Oduduwa, que o seguia, adiantou-se e tomou o seu lugar de fundador dos povos yorubás (cf. VERGER, 1987).

Do ramo linguístico KWA, em número relativamente menor:

– Gã, língua falada em Gana, na capital Acra e Sudeste do país, na fronteira atual com o Togo, onde os portugueses edificaram o forte de São Jorge da Mina, centro receptor e controlador do tráfico de escravizados no golfo do Benin nos séculos XVI e XVII.

– Akan, grupo de línguas, de que fazem parte twi-fante, na Costa Sudoeste de Gana, falado por fantes, axantes, gronjas e baulês, na Costa do Marfim.

Povos do Benue-Congo, trazidos da Nigéria, na última fase do tráfico:

– Nupe, grupo de línguas (nupe, bari, ibira...) faladas por povos dos estados de Ilórin e Níger, ao norte dos yorubás, por quem são chamados de tapas, cuja presença foi registrada, na cidade de Salvador, por Nina Rodrigues, na segunda metade do século XIX.

– Bini, também conhecido por edô, nome antigo desse grupo etnolinguístico que se encontra no estado do Benin, nos limites entre yorubás e igbos.

– Igbo, no Sudeste da Nigéria, uma das três línguas nacionais do país (yorubá, hauçá e igbo).

– Calabari, falar regional da língua ijó, tendo como centro a cidade de Port-Harcourt, também no Sudeste da Nigéria.

Afro-Asiático

Hauçá, língua com mais de 20.000.000 de falantes, cuja maioria se encontra nos estados da região Nordeste da Nigéria, também islamizados, sem incluir nessa estatística as inúmeras colônias espalhadas por outras partes da própria Nigéria e da África Ocidental, especialmente no Benin, Togo e Gana, até a África do Norte.

Transladados em grande número, nas primeiras décadas do século XIX para a cidade de Salvador, na Bahia, foram dirigidos para trabalhos domésticos e serviços urbanos, numa condição que lhes permitiu criar oportunidades para que pudessem promover sucessivas revoltas com o objetivo de implantar um califado muçulmano na Bahia. A última e mais importante foi a de 1835, que ficou conhecida como *Revolta dos Malês*, cujos líderes derrotados foram punidos com a morte ou deportados para a Nigéria (cf. REIS, 2003). Nina Rodrigues chegou a registrar a presença desse povo naquela cidade, ao final do século XIX (cf. RODRIGUES, 1945).

Atlântico Ocidental

– Teme, da Serra Leoa.

– Balante, Manjaco, Pepel e Biafada da Guiné-Bissau e Senegal.

– Wolofe, Diola, Serere, do Senegal e Gâmbia.

– Fulani ou Fulbe (sing. Peul), espalhados por uma vasta área do Senegal e Mauritânia à Serra Leoa, de falantes de língua antes considerada hamito-semítica, ou seja, afro-asiática. Foi registrada, na cidade de Salvador, por Nina Rodrigues.

Mande

Grupo de línguas faladas em uma vasta área que vai do Norte do Senegal ao Sul da Costa do Marfim, entre elas: mandingo, soninkê, bambara.

Voltaico ou Gur

– Grunsi, língua distinta, falada no Norte de Gana e Burkina Fasso, atestada por Nina Rodrigues na cidade de Salvador ao final do século XIX. Segundo depoimento da yalorixá Aninha, fundadora do Ilê Axé Opô Afonjá, terreiro de tradição ketu em Salvador, seu avô pertencia a esse povo (LIMA, 2003, p. 76).
– Mossi, línguas faladas em Burkina Fasso (antigo Alto Volta) e no Norte de Gana.

Nilo-Saariano

– Kanuri, falada por povos islamizados no Norte da Nigéria, nas vizinhanças de hauçás e de nupes ou tapas entre os yorubás.
– Bariba, Norte do Togo e Nigéria.
– Kru, um grupo isolado, falado na Libéria pelos krumen.

Procedência temporal

A partir dessas informações, podemos configurar o seguinte quadro das línguas subsaarianas documentadas no Brasil durante o período da escravidão e as áreas de maior concentração de seus falantes.

FAMÍLIA	GRUPO LINGUÍSTICO		LÍNGUA	SÉCULO DE REGISTRO	CONCENTRAÇÃO E LOCALIZAÇÃO
NÍGER-CONGO		BANTO	Congo-Angola	XVI a XIX	Alagoas Bahia Goiás Minas Gerais Maranhão Mato Grosso Pernambuco Rio de Janeiro
	OESTE-AFRICANAS	Kwa	Ewe-fon ou mina-jeje	XVIII a XIX	– Zona de mineração Minas Gerais Goiás Mato Grosso – Zona fumageira Bahia Centro urbano Maranhão Pernambuco
		Benue-Congo	Nagô-Yorubá	XIX	– Centro urbano Salvador (BA)
			Tapa ou nupe	XIX	– Centro urbano Salvador (BA) (minoritária)
		Atlântico Ocidental	Fulani	XIX	– Centro urbano Salvador (BA) (minoritária)
		Gur ou Voltaico	Grunsi	XIX	– Centro urbano Salvador (BA) (minoritária)
AFRO-ASIÁTICO	AFRO-ASIÁTICO		Hauçá	XIX	– Centro urbano Salvador (BA) (minoritária)

ESBOÇO DA DISTRIBUIÇÃO TERRITORIAL E FASES DE CONCENTRAÇÃO DA POPULAÇÃO NEGRO-AFRICANA NO BRASIL

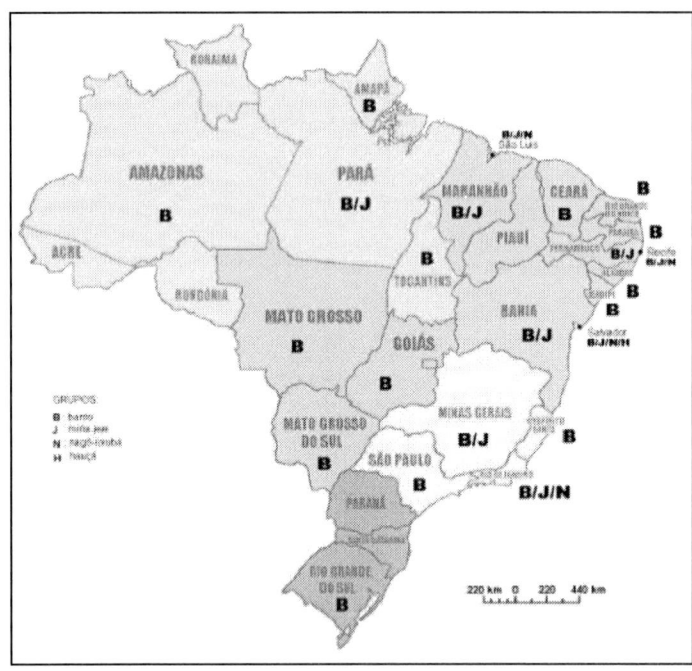

SÉCULO	XVI	XVII	XVIII	XIX
Desbravamento Ocupação da terra Extrativismo Agricultura	B	B	B	
Mineração Agricultura	B	B/J	B/J	
Atividades urbanas e domésticas	B	B	B/J/N	B/J/N/H

ACONTECIMENTOS HISTÓRICOS, DISTRIBUIÇÃO E FASES DE CONCENTRAÇÃO GEOGRÁFICA NO BRASIL

Principais acontecimentos históricos e econômicos que orientaram os ciclos do tráfico e sua direção entre determinadas regiões da África e do Brasil, e os números aproximados de importação para cada ciclo, avaliados em estatísticas aduaneiras subsistentes (GOULART, 1949).

CICLOS	ACONTECIMENTOS		DENOMINAÇÕES
	INTERNOS	EXTERNOS	
Séc. XVI Guiné/ (toda Costa Atlântica) ± 30.000	Posse e desbravamento da terra. Introdução da cana-de-açúcar, do gado e engenhos. Escravidão indígena. Fundação da cidade de Salvador, primeira capital da América portuguesa.	1482, construído o forte da Mina, na costa de Gana. Tráfico já existente para Portugal, desde o final do séc. XV. Desastrosa tentativa de evangelização no reino do Kongo.	Negro da Guiné Negro da Costa Negro do Congo Gentio da Guiné Gentio da Costa
Séc. XVII Congo-Angola ± 800.000	Economia açucareira no nordeste. Invasões de franceses e holandeses. Destruição de Palmares. Plantio de tabaco no recôncavo baiano e fabricação do fumo de corda. Descoberta das minas na Bahia, em Minas Gerais e Goiás.	Comércio de escravizados feito através de pombeiros. Decadência do Kongo e concentração do tráfico em Luanda, depois Benguela. Enviada da Bahia esquadra para desocupação de Luanda pelos holandeses, em 1637. Início do tráfico no golfo do Benin.	Congos Angolas Cabindas Benguelas Mandingas Minas

CICLOS	ACONTECIMENTOS	DENOMINAÇÕES
	INTERNOS EXTERNOS	
Séc. XVIII Costa da Mina (ao longo da costa de Gana, Togo, Benin	Companhia do Grão-Pará e Maranhão e o comércio do algodão. Aumento na produção e exportação do fumo de corda da Bahia para o Daomé. A corrida para as minas. Introdução maciça de jejes e minas. Transferência da capital para o Rio de Janeiro. Importação maior de mulheres, tráfico com Moçambique.	Dependência comercial com o forte da Mina. Concorrência com França, Holanda, Espanha e Inglaterra. Em 1721, é construído o forte de Whydah com aumento do tráfico no Golfo do Benin. Comércio de tabaco e de escravizados feito com os régulos locais por crioulos da Bahia, ali estabelecidos.	Angolas Congos Cabindas Benguelas Jejes Minas Ardras Savalus Nagôs Moçambiques Quelimanes Monjolos
Séc. XIX Baía de Benin, Angola e Contra-costa. Tráfico interno (1.500.000 até 1830)	Família Real no Rio de Janeiro, agora capital. Abertura dos portos, desenvolvimento urbano e introdução maciça de oeste-africanos nas cidades. Revolta de negros islamizados ou malês na Bahia. Fim do tráfico transatlântico, 1833. Tráfico interno entre províncias até a abolição da escravatura em 1888. Comércio de produtos da Costa e retorno de africanos libertos e descendentes para a África Ocidental, via Lagos.	Avanço do islamismo com guerras interétnicas na Nigéria – destruição de Oyó, em 1830. Lagos como centro do protetorado inglês e do comércio de produtos da Costa com a Bahia. Os agudás e as comunidades brasileiras fundadas na Nigéria, Benin e Togo, pelos retornados. Suspensa, em 1903, a linha de barcos Brasil-Lagos.	Angolas Congos Jejes Mahis Nagôs Hauçás Grunces Canures Tapas Bornus

DENOMINAÇÕES BRASILEIRAS E FORMAS OCORRENTES

ETNONÍMIA AFRICANA	FORMAS OCORRENTES
ALADÁ	arda, ardra, ladá
ANEXÔ	anecho, anejó
ANJICO	angica, angico, anzique, anzico, adziku
AXANTE	achanti, ashanti, asanti, santé
BALUNDO	lundu, lunda
BARIBA	barba
CAÇANJE	cassanje, cassange
CHOKWE	tchokwe, quioco
DIOLA	dyola, yola
EGBÁ	eubá, ebá
EWE	eve, ehwê, éoué, efé
FANTE	fanti
FULANI	fula, fulanin, ful, fulbé, fulata, peul, pulo
GRUNSI	grunce, grunxe, gurunsi, gurunxi
HAUÇÁ	haussa, ussá, ucá, auçá,
IJEBU	iebu, jebu
IJEXÁ	jexá
JAGA	iaga
JEJE	gege
KETU	queto
KIKONGO	quicongo
KIMBUNDO	quimbundo
KONGO, o reino	Congo
LIBOLO	rebolo
MAHI	marri, mahuin, maí
MANDINGO	mandinga
MONDUBI	mundubi, hogbonuvi
TWI	tuí
UMBUNDO	umbundu
WHYDAH	uidá
WOLOF	uolofe, volofe

III

FALARES AFRO-BRASILEIROS
NOS TEMPOS COLONIAIS

D iante da multiplicidade de línguas negro-africanas que outrora foram faladas no Brasil, como se processaram as comunicações interétnicas nos primeiros séculos, como se comunicavam aqueles africanos entre si c com o grande número de colonialistas portugueses entre outros estrangeiros, traficantes, comerciantes, militares etc., com os quais, por essa ou por aquela razão, entravam em contato direto e permanente nas fainas diárias e domésticas?

Esta é outra questão lógica cuja resposta vai depender da teorização de possibilidades extralinguísticas que interagiram em diferentes situações e graus variados de contatos linguísticos e culturais, no intercurso de mais de três séculos consecutivos. Essas possibilidades facilitaram a emergência dos falares negro-africanos sob certas formas presumíveis, mais ou menos permanentes, que chamaremos de **dialeto**, aqui entendido *como* uma linguagem própria de determinadas comunidades e que existe simultaneamente com outras *línguas*:

- *Dialeto das senzalas* (séc. XVI a XIX)
- *Dialeto rural* (séc. XVI a XIX)
    - dos incipientes núcleos rurais
    - dos quilombos
    - das plantações
- *Dialeto das minas* (séc. XVIII)
- *Dialetos urbanos* (séc. XIX)

Ao longo desse processo, em linhas gerais, temos de considerar:

– as condições em que se estabeleceu o tráfico ao sul e ao norte da linha do Equador;
– os acontecimentos políticos e econômicos que orientaram o tráfico entre uma determinada região subsaariana e da colônia;
– a condição social do escravizado do eito face ao escravizado doméstico, urbano e das minas;
– o protagonismo linguístico do ladino e do crioulo no seio da sociedade colonial;
– o alcance da interferência sociolinguística da mulher negra no ambiente doméstico e da família colonial, a começar pela criança;
– a constituição das religiões afro-brasileiras como centros de resistência e de continuidade etnocultural e religiosa.

NO BRASIL

Iniciado o tráfico entre Brasil e África, já na primeira metade do século XVI, observou-se a confluência do português europeu antigo e de línguas negro-africanas ao encontro de línguas indígenas brasileiras.

Aqueles primeiros contingentes, inicialmente em número reduzido de "duas dezenas de negros da Guiné, machos e fêmeas, para servir no Colégio dos Jesuítas", segundo a solicitação do padre Manoel da Nóbrega em carta datada de 1568, dirigida da Bahia à coroa portuguesa (SILVA NETO, 1962, p. 83), alcançaram, ao longo dos três séculos seguintes, a cifra estimada em mais de quatro milhões de indivíduos transplantados da África Subsaariana e distribuídos por todo o território do Brasil colonial e imperial (o tráfico externo foi declarado extinto em 1856) como mão de obra escravizada nas plantações, na mineração, nas charqueadas, no pastoreio, na pesca, nas entradas e bandeiras, enfim, em todas as atividades braçais exigidas pela colonização (cf. SILVA, 2002).

A Costa da Guiné, na época, podia significar toda a extensão da Costa Atlântica do continente africano que vai do cabo Branco, no oeste-africano (Senegal), até a embocadura do rio Congo, no domínio banto, ao longo da qual os portugueses haviam se instalado em busca de ouro e de cativos desde o final do século XV, período do tráfico que Luis Vianna (1946, p. 88) denominou de "Ciclo da Guiné".

Em 1483, Diogo Cão alcançou a foz do rio Zaire e chegou ao reino do Kongo, um antigo governo monárquico, fortemente estruturado (cf. SETAS, 2011). Daí foram extraídas para Lisboa levas de escravizados que se multiplicaram a ponto de surgirem, na literatura portuguesa do século XVI, imitações do falar português "crioulizante" do negro em Portugal (cf. VICENTE, 1961, p. 68), enquanto, do outro lado, o português seiscentista e popular das caravelas, dos séculos XV e XVI tinha se desenvolvido como língua veicular nos estabelecimentos da Costa Africana e na Corte do reino do Kongo, onde os portugueses fizeram uma desastrosa tentativa de evangelização (DUFFY, 1961).

No Brasil, recém-colonizado, a inadaptabilidade do indígena ao trabalho escravo, agrícola e sedentário, mais a proteção que logo cedo começaram a gozar dos jesuítas contra a sua escravização – a cristianização daria legitimidade ao tráfico e à escravidão – resultaram no aumento do volume do tráfico com a África Subsaariana ao final do século XVI, a fim de atender à demanda crescente de mão de obra para a implementação das plantações de cana-de-açúcar, dos trabalhos dos engenhos e latifúndios, estabelecidos sob o modelo socioeconômico da casa-grande e da senzala, denominação consagrada por Gilberto Freyre, na obra clássica do mesmo nome. Em consequência, a partir do século XVII, as línguas indígenas perderam a sua razão de ser como língua veicular nos estabelecimentos da Costa e começaram, sem dúvida nenhuma, a serem substituídas pelas línguas negro-fricanas nas senzalas.

Nelas, misturavam-se negro-africanos de diferentes procedências étnicas e geográficas a um contingente de indígenas, numa tentativa de dificultar o entendimento entre eles e evitar rebeliões que pusessem em perigo a vida de seus proprietários numericamente inferiorizados e localizados em áreas interioranas, isoladas e de difícil acesso, sem grandes comunicações umas com as outras, uma política seguida pela coroa portuguesa que provou ser ineficaz.[1] Para o escravizado, o único recurso de liberdade era a fuga para os quilombos, que nunca deixaram de eclodir em diferentes lugares e épocas, como a que deu origem, no Nordeste brasileiro, ao mais famoso e duradouro de todos, o Quilombo dos Palmares, em Alagoas do século XVI (cf. MOURA, 1987; PÉRET, 2002).

Dialeto das senzalas

Nas senzalas, dentro desse contexto multicultural e plurilíngue, a necessidade de comunicação entre falantes linguisticamente diferenciados deve ter provocado a emergência de uma língua franca, que chamaremos de *dialeto das senzalas*, como meio de interlocução, que pode ter sido, em parte, facilitada pelas tendências internas de desenvolvimento das próprias línguas subsaarianas de substrato linguístico comum, o que levou Greenberg (1966) a classificá-las em uma só família por ele denominada Níger-Congo.

Também é compreensível que o processo de nivelamento, consequência do isolamento tanto quanto do contato direto e permanente de diferentes e numerosos grupos etnolinguísticos nas senzalas, houvesse sido induzido pela língua étnica majoritária ou de maior prestígio sociológico no seu meio. Considere-se, ainda, como fator favorável nessa direção, o fato de o negro-africano ser necessariamente poliglota, falar mais de uma língua além da sua língua materna, devido a uniões exogâmicas e ao comércio entre povos vizinhos.

---

[1] "Em 1720, o coronel Miguel Pereira da Costa encontrou alguns moradores nas cabeceiras do rio de Contas, na Bahia, a largas distâncias uns dos outros, já de anos ali estabelecidos com suas famílias e fazendas de pouco gado e menos mantimentos (*apud* SILVA NETO, 1963, p. 63).

Pelas cifras existentes para o tráfico com o domínio banto nos primeiros séculos, em território dos reinos do Kongo e do Ndongo, na zona linguística H, na classificação de Güthrie, em que kikongo e kimbundo são línguas tipologicamente muito assemelhadas, a exemplo da proximidade que se observa entre o espanhol e o português nas línguas românicas, é provável que os *dialetos das senzalas* de base banto fossem os mais numerosos e extensos. Da mesma maneira, Serafim da Silva Neto (1963, p. 161) pensa sobre o *dialeto* que necessariamente se desenvolveu nos quilombos, sobretudo no de Palmares nos séculos XVI e XVII (cf. MOURA, 1981).

Para o desbravamento do sertão, durante as entradas e bandeiras, enquanto os indígenas seguiam na caravana com os bandeirantes, pois eram necessários por conhecerem a mata, os negros, em maioria, restavam em parte estacionados nos sítios escolhidos onde antes haviam pousado, a fim de assegurar para a coroa portuguesa a ocupação e a posse da terra com a bênção dos sempre presentes missionários católicos. Podemos supor que a necessidade de comunicação entre falantes diferenciados naquelas jornadas deve ter provocado a emergência de uma língua franca, que alcançou as zonas de plantações, garimpos e quilombos, um linguajar do português arcaico e do português popular reestruturado por *africanias*, provavelmente de base banto, enriquecidos por aportes de línguas indígenas, voltados para a flora e a fauna brasileiras.

Surgiram, assim, **núcleos** rurais interioranos, hoje cidades históricas em Minas Gerais, também aldeias e povoados que dariam lugar aos mais de 3.000 quilombos atuais mapeados pela Fundação Cultural Palmares, esses espalhados por todo o país e propugnando, junto ao Estado brasileiro, pelo direito àqueles territórios por eles ocupados desde os tempos coloniais, cuja toponímia, a exemplo de Quilombo, Kalunga, Macaco, Catumbi, denuncia um antecedente histórico da presença banto (cf. MARTINS, 2008).

As evidências linguísticas parecem atestar estes fatos. Como vimos, no século XVII, foi normatizada, na Bahia, pelo padre Pedro

Dias, *A arte da língua de Angola*, uma gramática do kimbundo para uso dos jesuítas no trabalho de evangelização dos "25.000 etíopes", segundo Vieira, que ali se encontravam (cf. SILVA NETO, 1963, p. 82), enquanto Gregório de Matos Guerra parece atestar essa presença humana na sua obra poética, escrita na mesma época e cidade, quando utiliza bantuismos léxicos cuja vitalidade é comprovada pelo fato de ainda serem de uso corrente em diferentes contextos socioculturais dos falares brasileiros (cf. capítulo IV).

Por sua vez, no português do Brasil, os aportes léxico-africanos associados ao regime da escravatura são, em geral, de base kimbundo/kikongo (*quilombo, senzala, mucama, mocambo, libambo, carimbo*), assim como os antropônimos *Zumbi, Ganga Zumba, Dandara,* e a toponímia de Palmares, *Osengo, Andalaquituxe.* Os folguedos tradicionais brasileiros portam nomes denunciando essa presença banto, tais como *quilombos, congos, moçambiques,* e são atestados em diferentes zonas rurais do Brasil. Em geral, os cantares das congadas, algumas realizadas desde o século XVII em Pernambuco, aludem ao Manikongo, título do rei do Kongo, e à rainha Jinga do reino de Matamba, esse em território de Angola atual (cf. LIMA, 1968; SOUZA, 2001). De igual maneira, é de base banto o sistema lexical dos dialetos afro-brasileiros de antigos quilombos que ainda se encontram em localidades no interior de alguns estados do Brasil, como *língua banguela* (CASTRO, 2008) e *língua da costa* (QUEIROZ, 1998), em Minas Gerais, *língua kalunga,* em Goiás (FERREIRA, 2011), *língua do cafundó* (VOGT, 1996) ou *cupópia* (ANDRADE FILHO, 1999), em São Paulo, assim como as denominações das mais conhecidas manifestações de religiosidade afro-brasileira, *candomblé, quimbanda, macumba, umbanda,* para não falar do *samba,* o ritmo mais representativo da musicalidade brasileira, e da *capoeira,* nossa arte marcial, que se diz *capoeira de Angola.*

No entanto, nessa extensão de três séculos, houve vários graus de interferências mútuas, de acordo com a mudança do tráfico na zona banto, do aumento do seu volume com o oeste-africano, a partir do século XVIII, e da direção que esse tráfico tomou no Brasil.

Ao findar o século XVII, com o declínio das minas no interior do Brasil, por um lado, e, por outro, com a destruição do reino do Kongo em território bakongo, os traficantes se concentraram no porto de Luanda, na Costa Norte de Angola, na região de língua kimbundo, durante o "Ciclo de Angola", segundo Luis Vianna (1946).

Luanda transformou-se no mais importante porto para o tráfico com as Américas em geral, e, particularmente para o Brasil, onde sua importância histórica se reflete em diferentes manifestações tradicionais brasileiras. Canta-se para Aruanda, em "vir de Aruanda", isto é, Luanda, mas no sentido de África mítica, distante, do outro lado do mar, da Kalunga, morada de todos os deuses e dos ancestrais no imaginário brasileiro, expressa, por exemplo, nos cantos do *maculelê*, dança-luta de bate-pau na região do Recôncavo Baiano (BIANCARDI, 2000, p. 100), muito popular em Trinidad-Tobago, no Caribe, onde é chamada de *calinda* (cf. CORDALLO, 1983), testemunho da extensão do alcance territorial da marcante presença banto nas Américas.

> *Agradecemos, sejam bem-vindos*
> *Companheiros, somos de sangue real*
> *Eu sou filho, eu sou neto de Aruanda,*
> *Agradecemos, sejam bem-vindos*
> (BIANCARDI, 2000, p. 100)

Como Luanda não podia mais suportar o volume do contingente humano exigido pelo tráfico transatlântico, pois também fornecia escravizados para outras colônias das Américas e do Caribe, o porto de Benguela, na região ovimbundo, passou a ser o segundo porto mais importante do tráfico para o Brasil a partir do século XVIII, após a descoberta das minas em Minas Gerais, no século do "Ciclo das Minas", segundo Luis Vianna (op. cit.). Dessa época até 1856, mesmo depois de decretada a sua proibição para o Brasil, em 1830, o tráfico transatlântico também se dirigiu para o porto de Quelimane, no Extremo Norte de Moçambique, na Contracosta, de onde, segundo a documentação histórica existente, entre 1813 e 1820, saíram anualmente para o Brasil cerca de dez mil escravizados (UEM, 1982, p. 102). Essa região banto está localizada na zona linguística P de Güthrie (1948), onde se destacam as línguas makwa, makonde e yao, mais próximas entre si do que com as linguas faladas em Angola, geograficamente mais distantes (cf. NGUNGA, 2004; KRÖGER, 2006).

O tráfico de Benguela para o Nordeste brasileiro, principalmente para Pernambuco e Bahia, nunca chegou a ter a mesma importância que teve em relação ao Rio de Janeiro, onde alcançou seu auge no século XVIII – a ponto de o local de desembarque dos milhares de escravizados trazidos para a então capital da Colônia, daí distribuídos por regiões do Sul e Sudeste do país, ficar conhecido por Cais do Valongo, termo umbundo que significa desembarcadouros (cf *ovilonga* de *okulonga uekalu,* embarcar, MAIA, 1954, s. v; DANIEL, 2003, s.v.).

Hoje, o Valongo surge como sítio arqueológico na zona portuária do Rio de Janeiro e recebeu o título de Patrimônio Histórico da Humanidade pela Unesco, em 9 de julho de 2017, o único vestígio material, encontrado, até agora, do desembarque de africanos escravizados nas Américas. Dos 5.700 indivíduos que entravam anualmente pelo Valongo, mais da metade era enviada para os garimpos de Minas Gerais ao encontro de numerosos falantes de línguas ewe-fon ou mina-jeje, já instalados na região.

De sua parte, Moçambique também nunca chegou a alcançar cifras por demais proveitosas com o tráfico para o Nordeste devido aos custos das viagens transatlânticas com percurso mais longo, em comparação ao volume do contingente estimado em 255.000 escravizados importados naquele período de Benguela para o Rio de Janeiro e destinados, em sua maioria, para a zona de mineração (BOXER, 1963, p. 87; UEM, 1982, p. 105).

Nessa ocasião, Minas Gerais era a região mais rica da Colônia e a que contava com o maior número de negros escravizados moçambicanos e minas-jejes. A evidência linguística é a relativamente menor ocorrência de aportes léxicos de base umbundo e de folguedos tradicionais denominados de *moçambiques* no Nordeste, em comparação com o que se observa em São Paulo e, principalmente, em Minas Gerais, onde são inúmeras as *guardas* (irmandades) denominadas de *Moçambique* (cf. CASCUDO, 1962). Entre elas, a *Guarda de Moçambique e Congo do Reinado 13 de Maio de Nossa Senhora do Rosário,* Belo Horizonte, sob a liderança de dona Isabel Casimiro das Dores Gasparino, a Rainha conga de Minas Gerais, falecida em 2015, aos 76 anos. Foi sucedida por sua filha biológica, dona Isabel Casimira, atual rainha Belinha.[2]

Quanto ao tráfico para a Bahia, um dos grandes portos receptores de escravizados da Colônia, devido ao comércio de exportação de tabaco feito em *fumo de rolo* para a chamada Costa da Mina que se estabeleceu no século XVIII, não se mostra com a mesma importância com Benguela, como se passou com o Rio de Janeiro, Minas Gerais e São Paulo. A análise linguística assinala, nos falares baianos, um número relativamente maior de aportes léxicos atestados como de origem kimbundo e kikongo em comparação com aqueles que poderiam ser identificados como umbundo, como se observa no cântico dos *vissungos* (Umb. *ovisungo*) recolhido por Aires da Mata Machado Filho (1944) e no vocabulário de Zagari (1978), em Minas Gerais, e por Viotti (1957), no Rio de Janeiro.

Para Pernambuco, segundo relatório de Henrique Dias (cf. CARNEIRO, 1958, p. 75), no batalhão sob seu comando durante as guerras holandesas, além de negros denominados de "angolas", estavam "minas e ardas", povos de línguas ewe-fon, o que nega qualquer afir-

---

[2] Durante a festa de 12 de maio de 2012, fui coroada rainha de Nossa Senhora das Mercês dessa conceituada guarda, cuja sede fica à rua Jataí, nº 1309, Concórdia, Belo Horizonte, Minas Gerais.

mação quanto à exclusividade da presença banto já naquele período, século XVII, ou de qualquer povo africano em qualquer outro momento que seja no Brasil colonial e imperial.

Ladinos e crioulos

Possivelmente, nos dois primeiros séculos, kikongo e kimbundo, seguidos mais tarde pelo umbundo, geograficamente mais localizado, foram as línguas numericamente predominantes na maioria das senzalas ou as de maior prestígio sociológico entre elas. Primeiro, devido ao volume do tráfico na foz do rio Congo durante o século XVI, em territórios de línguas muito assemelhadas, na zona H de Güthrie. Segundo, porque kikongo e kimbundo são mais próximos entre si do que com o umbundo, de introdução mais tardia, falado na zona R., também na classificação de Güthrie (1971). Terceiro, por ter sido, presumivelmente, uma ou outra, a língua materna dos primeiros escravizados ladinos, aqueles que, logo cedo, começaram a falar rudimentos do português seiscentista colonial, e aos quais era entregue a disciplina nas senzalas e nos trabalhos domésticos na casa senhorial, como o acolhimento e o aprendizado dos escravizados novos que ainda não falavam português[3].

Entre esses ladinos, precisamos distinguir os que já vinham da África falando uma modalidade de português arcaizante, rudimentar, adquirido como segunda língua provavelmente na Costa Angolana, e os que aprenderam esse tipo de português no Brasil colonial.

Acreditamos que os primeiros nunca chegaram a desempenhar o papel de importância, que, em geral, se lhes tem atribuído quanto à aquisição do português por parte dos falantes negro-africanos nos primeiros séculos. Embora a língua portuguesa seiscentista tivesse

---

[3] Em 1823, segundo Rugendas (1982, p. 97), o escravizado recém-chegado ficava sob a responsabilidade de um outro mais velho e batizado que lhe ensinava também algumas palavras em português.

sido língua veicular na Costa Atlântica africana, ela era falada em nível de contatos comerciais e não atingia as populações isoladas do interior de onde os pombeiros traziam levas de negros escravizados para os barracões situados nos portos de embarque na Costa de Angola. Depois, porque, certamente, nem todos eles aprendiam esse português antes do batismo obrigatório ou enquanto trabalhavam nas plantações circunvizinhas aos barracões, onde ficavam à espera da viagem transatlântica[4].

Durante muitos séculos, o porto de Luanda, na zona kimbundo, foi o lugar de concentração de escravizados para o Brasil (cf. ALENCASTRO, 2000, p. 77). Com a crescente demanda dessa mão de obra para o Novo Mundo, podemos supor que muitas levas permaneciam por pouco tempo nos barracões. Finalmente, como veio a acontecer no Brasil, os ladinos eram os preferidos para os trabalhos domésticos e da colonização. De tudo isso, conclui-se que o número de ladinos embarcados era relativamente menor do que o número total dos que não falavam português e, também, em relação ao número de ladinos que aprenderam a falar rudimentos do português adquirido no Brasil.

No caso do ladino, a sua introdução tem de ser considerada juntamente com o processo de socialização linguística dos denominados de "boçais" e dos "africanos novos", recém-chegados, que não falavam português, e dos chamados crioulos, filhos de escravizados ou de mãe escravizada, nascidos no Brasil também na condição de escravos.

Entre eles, crioulos, negros, mestiços, cafuzos, por terem nascido na Colônia como resultado de vários graus de diferentes mestiça-

---

[4] Em 1603, o padre Fernando Guerreiro observou que "os negros de Angola e da Guiné, muitos tão boçais... estavam espalhados pelos engenhos e fazendas de seus senhores, não sendo possível virem às vilas e cidades. Em 1840, "em fazendas às margens do Paraíba, chegados do Rio, em recente importação cerca de vinte moleques, de dez a quinze anos, ainda não falavam português"(SILVA NETO, 1963, p. 39, 41).

gens biológicas que cedo se desenvolveram no Brasil, já se achavam mais desligados de sentimentos nativistas em relação à África e mais suscetíveis à adoção e à aquisição da língua de dominação econômica, com a qual entravam em contato ainda em criança.

Ladinos e crioulos passavam a gozar de certo prestígio individual na sua situação de "bilíngues", numa condição que lhes permitia participar de duas comunidades sociolinguisticamente diferenciadas, a casa-grande, senhorial, e a senzala, morada da escravaria, no modelo do binômio socioeconômico consagrado pela obra do mesmo nome de Gilberto Freyre. Entre elas atuavam como uma espécie de "leva e traz", de intriguistas, o que deu motivo ao ditado popular brasileiro *diante de ladino, melhor ficar calado*, ao tempo em que adaptando uma língua a outra, estimulavam a difusão de certos fenômenos linguísticos entre os não bilíngues (JAKOBSON, 1965, p. 25).

Enquanto na casa senhorial eram os preferidos para os trabalhos domésticos, privando de sua intimidade, nas senzalas lhes era confiado o poder da disciplina e do comando que se estendia às plantações e aos engenhos, na qualidade de capitães-do-mato e de (kimb.) *capangas*, guarda-costas dos seus senhores, com os interesses dos quais eles eventualmente se identificavam.

A mulher negra

No ambiente da família colonial, a criadagem da casa, *os escravos de jó* (kimb. *njo*, casa), que são cantados em uma conhecida brincadeira infantil brasileira (cf. CASTRO, 2005), aprendiam a linguagem falada daquele português corrente, usual, nas relações interpessoais de trabalho e na convivência diária com seus senhores, imprimindo nesse falar, que lhes era estranho, hábitos linguísticos articulatórios das suas línguas nativas, ao mesmo tempo em que o colonizador português terminava se apropriando de termos africanos para designar objetos novos tangíveis, ao adquirir modos daquele outro falar no trato direto dos seus afazeres diários com a criadagem.

Sobre os ladinos, devido à masculinização dos nomes na língua portuguesa que invisibilizou a força de trabalho da mulher negra escravizada na historiografia brasileira, merece destaque a importância do seu protagonismo entre "os escravos de jó" naquele ambiente doméstico e conservador, onde ela aproveitava as oportunidades propícias para interagir e exercer uma influência socializadora em família, incorporando-se à vida diária do colonizador, fazendo parte de situações realmente vividas, interferindo no cotidiano da casa, a começar do comportamento da criança através de seu processo de socialização linguística e de determinados mecanismos de natureza psicossocial e dinâmica. Por meio da contação de histórias do seu universo fantástico afrorreligioso, com seu modo próprio de ver e de ser no mundo sem o maniqueísmo da filosofa europeia, ela atuou como partícipe na formação da mentalidade do brasileiro (cf. cap. VI).

Nesse contexto, valendo-se do seu conhecimento nato de folhas e ervas medicinais, sustentado por uma sabedoria inviolável de códigos e símbolos africanos ancestrais e sagrados, atuando como curandeiras e raizeiras, preparavam mezinhas e garrafadas curativas, enquanto as rezadeiras tinham o poder de afastar maus-olhados e mandingas (cf. CASTRO, 1994, p. 85-89).

Na função da *mãe preta* e de *babá* (kimb. *baba*, cuidadora), ela amamentou e criou os filhos brasileiros ou não do colonizador europeu e, à maneira de pedagoga, os ensinou a balbuciar as primeiras palavras, também na sua língua nativa, no embalo do seu canto de acalanto, que os fazia, de pronto, dormir, temerosos dos apavorantes (Kimb.) *tutus, cururus* espreita nos telhados.[5]

---

[5] Em 7/5/1823, no jornal paulistano *O Constitucional*: "O infante alimentado com leite mercenário de uma africana vai, no desenvolvimento de sua primeira vida, aprendendo e imitando os seus costumes e hábitos, e ei-lo já quase na puberdade qual outros habitantes da África Central, sua linguagem toda viciada e uma terminologia a mais esquisita, servindo de linguagem" (cf. 1997, p. 654; ALKMIM, 2001, p. 319).

Na função de (kimb.) *mucama*, foi ama de companhia, conselheira e confidente das sinhazinhas, jovens senhoras casadouras a quem narrava histórias fantasiosas com componentes simbólicos de seu universo cultural e emocional. Como cozinheira, introduzia na comida diária do colonizador elementos de sua dieta nativa, com produtos trazidos do seu mundo banto, *maxixe, jiló, andu, moranga, quiabo* e o *óleo de dendê*, esse que se tornou marca identitária da cozinha brasileira na Bahia, indispensável no preparo das diversas *moquecas baianas*, até mesmo de bacalhau, prato tradicional da culinária portuguesa.

No campo afetivo, a mãe negra nos deixou o *xodó*, o *cafuné*, o *cochilo*, o *dengo*, e nos falou que "o caçula é o dengo da família", o irmão mais jovem, sempre tratado com muito mimo por todos da casa, em que *dengo* também quer dizer *caçula*, ambas as palavras do kimbundo, língua angolana banto. Não há, no Brasil, outra palavra mais conhecida para dizer *caçula*. A palavra portuguesa é *benjamim*, que, para o falante brasileiro, além de nome próprio, significa algo de sentido completamente diferente, ou seja, um interruptor de corrente elétrica (cf. CASTRO, 2005). Ainda no campo do vocabulário, muitos lexemas negro-africanos puseram fora de uso, na linguagem brasileira corrente, diversos dos seus "sinônimos" em português, entre eles, *moringa* em lugar de bilha, *capenga* por coxo, *cachaça* por aguardente, *cochilar* por dormitar, *dendê* por óleo de palma, *marimbondo* por vespa, *dengo* por mimo, *caxumba* por trasorelho, *xingar* por insultar, *lenga-lenga* por enganação, *bunda* por rabo, *carimbo* por sinete (cf. cap. III).

Neste momento, revendo a origem do vocabulário em questão, não resta dúvida quanto à prevalência da mulher angolana entre os *escravos de jó* que constituíam com o *jambelê*, servente de um único senhor, uma classe social doméstica dos chamados *kijiku* no antigo reino do Ndongo, atual Angola, uma população feita escrava por motivos de guerra e crimes graves, enquanto seus descendentes, ao longo do tempo, eram integrados à família do seu senhor (COELHO, 2010, p. 179).

Diante de tantas evidências apontadas pelo vocabulário, entre muitas outras ainda encobertas por falta de pesquisas mais detalhadas nesse domínio, a mulher angolana, entre tantas outras mulheres negras de igual valor, é projetada historicamente como a figura emblemática da grande mãe ancestral dos brasileiros. Não é em vão que Nossa Semhora. Aparecida, Padroeira do Brasil, é apresentada como uma santa negra!

> Escravos de jó (da casa)
> jogavam *caxangá* (jogo de tabuleiro).
> Tira, bota, deixe o Zé Pereira (*jambelê*) ficar
> Guerreiro com guerreiro fazem o zigue-zigue-zá.
>
> ("Escravos de Jó" – Wikipédia, a enciclopédia livre, pt.wikipedia.org)

ACALANTO

> Su, su, su, menino *mandu*
> Cara de gato, nariz de peru,
> Su, su, su, menino *mandu** (kimb. estorvo, na Bahia)
> Quem te pariu, que te dê *caruru*.
>
> (CASTRO, 2015, v. 53, p. 53)

DIALETO RURAL

Nesse contexto sociolinguístico, falando línguas negro-africanas, tipologicamente assemelhadas entre si mesmas e com o português seiscentista colonial, adquirido no Brasil como segunda língua, ladinos e crioulos – esses que já eram a maioria da população escravizada nos fins do século XVIII na colônia – terminaram por adaptar uma língua a outra e estimular a difusão de certos fenômenos linguísticos entre os não bilíngues, definitivamente impondo, com mais intensidade, o "aportuguesamento" dos falares africanos do que a "africanização" do português, com a emergência de um novo falar que chamaremos de *dialeto rural*.

Esse novo falar foi uma consequência necessária do desenvolvimento do *dialeto das senzalas*, presumivelmente a língua franca disponível para servir a uma escala maior de necessidade de comunicação no contato direto e mais prolongado ao mesmo tempo com o colono português e com a gente escravizada, no convívio diário e nos trabalhos das plantações nos engenhos, nas entradas e bandeiras, e, mais tarde, nas áreas de mineração.

Aqueles primeiros contingentes, inicialmente em número reduzido de "duas dezenas de escravos da Guiné, machos e fêmeas, para servir no Colégio dos Jesuítas" como vimos, na solicitação em carta de 1568, do padre Manoel da Nóbrega, dirigida à coroa portuguesa (SILVA NETO, 1962, p. 83), alcançaram ao longo dos três séculos seguintes a cifra estimada em mais de quatro milhões de indivíduos escravizados. Entre eles, cerca de 75% transplantados da África banto, que foram distribuídos por todo o território do Brasil colonial e imperial, e depois da extinção do tráfico transatlântico pelo tráfico interno, a partir de 1856 até 1888, com a abolição oficial da escravatura no país, a fim de servir de mão de obra escravizada nas plantações, na mineração, nas charqueadas, no pastoreio, na pesca, enfim, em todas as atividades braçais exigidas pela colonização.

Nesses dois primeiros séculos (XVI e XVII) de interação social, as senzalas não cessavam de receber novas ondas linguísticas da África Subsaariana, na sua maioria do domínio banto, o que necessariamente facilitava um nivelamento maior do *dialeto das senzalas,* provavelmente também dos *quilombos,* com a expansão dos falares negro-africanos em uma só direção, a do português colonial, influenciados em graus variáveis pelo padrão da língua economicamente dominante, menos abertos a mudanças na sintaxe do que na pronúncia e com o vocabulário aumentado por diferentes tipos de aportes léxicos do português (cf. cap. IV). Este, por sua vez, sujeito a um ambiente restrito, de tendência conservadora e arcaizante, cujo isolamento facilitava a difusão de aportes culturais mútuos de interesse comum e aumentava também o seu universo simbólico, recebia a contribuição vocabular das línguas negro-africanas como meio de expressar objetos novos tangíveis, certos aspectos da vida familiar, de trabalho, do seu sistema de crenças e tradições.

Se a profundeza sincrônica revela uma antiguidade diacrônica, datam desse período os aportes léxicos negro-africanos que estão de tal maneira integrados ao sistema linguístico do português que formam diferentes derivados portugueses a partir de uma mesma raiz, geralmente de base banto. Visto por outro plano, sincronicamente, a constatação desse fato já denuncia a maior antiguidade e a integração dos aportes linguísticos de substrato banto no português do Brasil. Esses aportes, no processo de integração morfológica e fonológica em contato com o português, sofreram a perda da tonalidade – as línguas subsaarianas são tonais – e viram os seus limites morfológicos (.) desaparecerem, como, por excmplo, no caso dos lexemas do banto, todos compostos de um conjunto prefixal (*pf*), de um radical (*rad*) e eventualmente de um sufixo (*sf*), reinterpretados como se fossem formados de um radical único, enlarguecido (cf. capítulo IV). Entre outros exemplos:

(Kimb.) "ka. NDOMB. ele", ação de rezar → (PO) can.dom.blé
    (pf.) (rad) (sf. verbal)   (substantivo comum, trissílabo)

"ki. LOMB. o"   → qui.lom.bo
    (pf) (rad) (suf. nominal)   grande aldeamento

Por sua vez, os grupos consonantais, que ocorrem no sistema silábico do português, (C)C)V(C), passam a (C)V (consoante vogal) por acomodação com o sistema (C)V (consoante vogal) das línguas do grupo banto, restabelecendo, assim, na pronúncia do português brasileiro, o vocalismo do português arcaico.

Ex.: sal. var   →   sa .ra. vá
    CVC.CVC → CV.CV.CV
      rit.mo   →   ri.ti.mo
    CVC.CV   → CV.CV. CV

Este fato é mais saliente nos falares das camadas socioeconomicamente menos privilegiadas dos centros urbanos e do meio rural (cf. *fulô* por flor), em zonas onde se concentra uma grande densidade de população negra e apresentam um elevado índice de analfabetismo, e já fora atestado em Autos de Gil Vicente, no século XVI (cf. *Furunando* por Fernando), na imitação do falar em português de negros africanos da zona banto levados para Portugal, um assunto que abordaremos no último capítulo deste estudo.

A emergência do *dialeto rural* como uma forma permanente foi mais do que o simples resultado de línguas que entraram em contato e se influenciaram reciprocamente. Foi o nascimento de outro novo falar, mais influenciado pelos padrões do português colonial do Brasil na fonologia, no léxico, na sintaxe, tendendo a se desenvolver e se expandir na medida em que o escravizado conseguisse a liberdade e pudesse ter oportunidade de ascender socialmente, até que se encontrou, da maneira como se encontra, com os falares rurais brasileiros, em certas zonas de população predominantemente negra, unificada em torno de uma atividade de trabalho, como nas zonas de plantações e dos garimpos.

Tais falares, de aspecto arcaizante e conservador, consequência do relativo isolamento em que viviam os seus falantes, apresentam uma característica comum, ou seja, a redução das distinções relativas ao número, ao grau e à concordância, e um variado vocabulário de procedência negro-africana, em geral para expressar atividades específicas locais, sistemas de crenças e tradições, sobre aquela forma que o conceituado linguista Nelson Rossi, na X Reunião da Associação Brasileira de Antropologia, em 1976, chamou de "um mal disfarçado traço de continuidade linguístico-cultural", a partir de um estudo de caso de sua autoria (ROSSI, 1980, p. 485), fundamentado na palavra "biatá", ouvida em versos cantados na colheita de feijão, no interior da Bahia, em 1958, durante os inquéritos iniciais para o *Atlas prévio dos falares baianos*, de que fizemos parte como membro da equipe de pesquisadores de campo. Em registro bem mais recente, a etnomusicóloga baiana Emília Biancardi (2000, p. 254) classificou essa cantiga, recolhida na mesma área, como "adjutório, mutirão, prestação de serviços conjuntos".

À época, pensou-se que o termo viria de um suposto verbo *beatar, em português, relacionado ao ajoelhar das beatas numa posição idêntica à das mulheres quando estão a joeirar o feijão. No entanto, mais tarde, já estudiosa das línguas subsaarianas, vi que se tratava do verbo kimbundo *ku-biata* que quer dizer joeirar, uma informação que aparece mencionada numa das notas ao final daquele texto escrito por Nelson Rossi, que confessa o seu desconhecimento das línguas negro-africanas (cf. 1980, p. 492).

Convém observar que, ainda hoje, esse desconhecimento leva a maioria dos pesquisadores, não só brasileiros, a cometer enganos diversos nessa área de estudo. Para suprir essa lacuna, buscam atribuir a um lexema africano uma etimologia qualquer no português ou nos idiomas indígenas, etimologias improváveis que se fazem repetir à exaustão pelos dicionaristas, pela internet, e legitimadas pela historiografia brasileira. Entre os exemplos mais frequentes, o de atribuir um étimo tupi ao bantuismo *mocotó*, a iguaria e a mão de vaca de que é feita, quando se sabe que os indígenas brasileiros desconheciam o gado bovino, ou, então, não reconhecer que o termo *moranga* vem do kik. *manyangwa*, uma variedade de abóbora, também conhecida em Lisboa, que foi transplantada de Angola para o Brasil, juntamente com tantas outras espécies extraídas da flora do mundo banto, como vimos, *maxixe, jiló, quiabo, dendê, andu*, entre outras.

Por outro lado, esse mesmo tipo de engano, mas em direção contrária, ocorre entre os pesquisadores angolanos quando atribuem uma origem africana a algumas palavras do português que foram apropriadas pelas línguas angolanas. A mais difundida, entre todas, é a palavra *farofa*, incluída por Oscar Ribas no seu *Dicionário de regionalismos angolanos* (s.v.), como palavra do kimbundo "falofa, resultado do verbo *kuvala uafa*, gerar mofo, em alusão ao modo de preparo", quando mais nos parece derivar do radical latino "far, fa-

145

ris", cereal, o mesmo de farelo, farinha, que ele relaciona e reconhece, corretamente, como palavra do português. Esse fato, leva-nos a presumir que o lexema *farofa* vem do étimo *far.fofa, pela sua consistência esfarelada, a exemplo do substantivo "cafofa", um tipo dessa farofa branca, de água, na linguagem regional do Ceará (cf. GADELHA, 2007).

O DIALETO CAIPIRA E A INTERFERÊNCIA INDÍGENA

A essa altura, de passagem, temos de considerar com os falares africanos de substrato banto a confluência com a denominada "língua geral" ou "língua brasílica" que, segundo Mattoso Câmara (1953, p. 293), "não deve ser confundida com uma suposta persistência dos falares tupis na sociedade europeia do meio americano". Foi codificada pelos jesuítas com base nos falares tupis-guaranis, a fim de ser usada pelas entradas e bandeiras nos aldeamentos do interior, onde essa presença é notável pelas toponímia e antroponímia nacionais. Já no século XVIII, de acordo com Aryon Rodrigues (1990) "não passava de um tupi-guarani simplificado, devido à convivência com diversos povos e respectivas línguas", entre elas, embora não mencionadas, as línguas negro-africanas que eram, então, as faladas no Brasil. Aqui, temos o testemunho do *dialeto caipira*, do interior de São Paulo, estudado por Amadeu Amaral (1920) e considerado de base tupi-kimbundo por Gladstone Chaves de Melo (1946, p. 62), com um vocabulário rico em bantuismos léxicos de base kikongo e kimbundo (cf. CARENO, 1997).

A partir de 1755, com a proibição do seu uso e com o ensino obrigatório do português padrão europeu por decreto do Marquês de Pombal (Sebastião José de Carvalho, 1699-1782), visando a restringir a influência jesuítica na colônia, pouco a pouco a "língua geral" foi perdendo o emprego até limitar-se a certas zonas florestais do norte brasileiro, conseguindo sobreviver, em localidades na Amazônia, como *nheengatu* (cf. RODRIGUES, 1996), junto a antigos quilombos na região. Na segunda metade do século passado, o lexema banto *milonga,* remédio, talismã, foi registrado numa história contada em "língua geral" por uma índia na região do Alto Amazonas (cf. RODRIGUES, 1996).

Sob outro ponto de vista, a linguagem religiosa dos candomblés da Bahia de tradição congo-angola está apoiada em um sistema lexical de larga procedência banto e em alguns aportes léxicos de línguas indígenas brasileiras. De sua parte, o *caboclo,* cultuado como entidade indígena, é muito popular entre as religiões afro-brasileiras, qualquer que seja a sua ascendência, porque, num gesto ancestral de respeito, eles são reconhecidos como "os donos da terra brasileira" e representam o sentimento nativista dos seus seguidores, mais um testemunho da antiguidade do íntimo contato entre negros e indígenas nas senzalas e a respeitosa aceitação de crenças indígenas brasileiras com orientações de religiosidade negro-africana. Os chamados *candomblés de caboclos* podem ter sido as primeiras manifestações religiosas surgidas em solo brasileiro, num processo de sincretismo não entendido como uma mistura de elementos distintos, integrados em um todo uniforme, com perda de suas próprias características, mas como produto de uma harmoniosa combinação de contrários, em que cada qual mantém a sua própria identidade, louvando, lado a lado, os *báculos, preto velhos* angolanos, e os *caboclos* que portam nomes de etnias indígenas brasileiras (Tupi, Tupinambá, Tupiniquim) ou associados a elementos da natureza (Pena Branca, Cobra Coral) (cf. cap. IV).

DIALETO DAS MINAS

Ao final do século XVIII, o comércio de fumo no Recôncavo Baiano e a descoberta das minas pelo interior da Bahia, Minas Gerais, Mato Grosso e Goiás provocaram o aumento do volume do tráfico com a então denominada Costa da Mina, na região de línguas kwa do golfo do Benin.

Convém assinalar o caso da Bahia que, na época, não só tinha necessidade de um grande número de trabalhadores para as plantações de tabaco e para as minas recém-descobertas na chapada Diamantina, mas também devia criar um mercado maior de consumo interno para colocar o excesso da produção de uma espécie de folha de tabaco, classificado de terceira qualidade, cuja exportação era proibida pela coroa portuguesa (cf. VERGER, 1962).

Esse tipo de folha, embebida em melaço de cana e feita em rolos, foi introduzido na Costa da Mina com tal aceitação, a ponto de se tornar a mercadoria mais valorizada para a troca de escravizados, cuja negociação, ao contrário do que ocorria na zona banto, era feita diretamente pelos régulos locais, sem a mediação de pombeiros. Em consequência, durante todo o século XVIII, a Bahia não só teve mão de obra escravizada em abundância para as plantações de fumo na região do Recôncavo e para a mineração na Chapada Diamantina, como manteve o monopólio do tráfico externo com aquela região africana e do tráfico interno dos denominados "negros minas" para o Nordeste, mais do que para os garimpos de Minas Gerais, que parece ter absorvido a maioria deles, então desembarcada no porto do Valongo, no Rio de Janeiro (cf. GOULART, 1949, p. 153-217; BOXER, 1963, p. 160). Era crença generalizada que se tratava de mão de obra especializada, desde quando os escravizados "minas" provinham de certas regiões auríferas na África Ocidental (cf. VIANNA, 1946, p. 47), na região do domínio das línguas kwa ou ewe-fon, ao longo do golfo do Benin.

A concentração de povos negro-africanos de uma mesma procedência étnica e falando línguas pouco diferenciadas, nos núcleos urbanos das zonas de mineração e nos garimpos, deve ter necessariamente facilitado o desenvolvimento de uma língua veicular de base ewe-fon entre a escravaria local, que foi atestada, na primeira metade do século XVIII em Vila Rica, atual Ouro Preto, em *Obra nova de língua geral de mina*, e traduzida ao nosso idioma por Antonio da Costa Peixoto, o documento linguístico mais importante que temos do tempo da escravidão no Brasil.

Redigido na intenção de tornar acessível às autoridades e senhores coloniais o conhecimento daquela "língua de preto" como instrumento eficaz de repressão e combate a revoltas, roubos, assassinatos, em seu nascedouro, segundo Costa Peixoto mesmo esclarece no prólogo ao leitor, datado de 15 de julho de 1741, só foi publicado em 1945, duzentos anos depois, pela Agência Geral das Colônias, em Lisboa, acompanhado de comentários filológicos de Edmundo Correia Lopes. Em 2002, foi analisado em detalhes, em nosso livro *A língua mina-jeje no Brasil, um falar africano em Ouro Preto do século XVIII* (cf. Bibliografia).

No cômputo geral, o manuscrito contém um glossário de 920 entradas lexicais que precisam de substrato linguístico gbe ou ewefon, com vocábulos nominativos isolados, pequenos diálogos, um sistema numérico, formas de contar usuais no comércio de ouro da época colonial no Brasil, expressões ofensivas e obscenas, cuja maioria de 80% pode ser de língua fon ou gun, enquanto 20% são mahi, mina e ewe, embora observando que, nesse grupo de línguas, denominado genericamente de mina-jeje no Brasil, mahi, gun e fon são muito próximas entre si, o que dificulta destacar melhor cada um dos seus étimos.

Diálogo em língua mina-jeje (CASTRO, 2002, p. 116):

– *Guisi*? Tu andas fugido?
– *Masihã*. Não ando fugido, não.
– *Mem cru hauhé*. Quem é teu senhor?
– *Methomereu ame. Hihàbouce de cruàme*. Eu sou forro.
  Sou escravo de uma mulher.

A este dialeto, juntamente com outros que podem ter surgido no mesmo século, em diferentes localidades e pelos mesmos motivos, chamaremos de *dialeto das minas*. Emergiu como língua veicular de uma comunidade economicamente diferenciada daquela sob o regime de casa-grande e senzala, que oferecia mais possibilidade ao escravizado de ser alforriado, adquirir sua liberdade e ascender socialmente através de um processo semelhante ao que deu lugar à emergência, durante o século XIX, de alguns dialetos urbanos bem localizados, como parece ter ocorrido na cidade de Salvador e em Pernambuco, onde um pequeno vocabulário de base nagô foi atestado por um desconhecido, na primeira metade do século, de que trataremos adiante.

O *dialeto das minas* veio ao encontro de falares de substrato linguístico banto já estabelecidos na zona dos garimpos, como a *língua banguela,* de base umbundo, em Minas Gerais (cf. CASTRO, 2019), e do padrão do português europeu colonial falado, então, no Brasil, que, por sua vez, recebia novas ondas linguísticas de Portugal com a chegada de mais garimpeiros de fala popular lusitana, ao mesmo tempo em que via seu vocabulário aumentado por aportes banto e mina-jeje.

Hipótese que nos parece razoável porque, se, por um lado, a descoberta das minas logo cedo provocou o aumento do volume do tráfico que já existia com o domínio banto há quase dois séculos, por outro lado, intensificou o tráfico interno de escravizados, ladinos e crioulos, da zona rural, com seu consequente deslocamento para a região dos garimpos. Entre eles, alguns por conta própria, e outros, acompanhando seus antigos proprietários ou o grande número de colonos recém-chegados de diversas regiões de Portugal, atraídos pela perspectiva de fortuna imediata. Além disso, o fato desses aventureiros migrarem sozinhos deu lugar a uma ampla margem de mestiçagem biológica, ainda mais porque havia se popularizado a crença de que o minerador, para ser bem-sucedido, devia ter uma "escrava mina" para si.

Do ponto de vista da interação social, a condição do escravizado na mineração não se mostrava a mesma dos que eram submetidos aos trabalhos do eito. Enquanto nas plantações, o trabalho da massa escravizada era anônimo e coletivo, sua situação social parecia mais definida por serem mais rígidas as relações casa-grande e senzala; já na região das minas, como nos serviços urbanos e domésticos, o trabalho do escravizado se destacava por ser fruto do seu esforço individual, o que lhe dava mais possibilidades de comprar a alforria e adquirir a liberdade, tornando-se ele próprio comerciante, traficante, minerador, negro de ofício, a bem dizer, estabelecido em um trabalho autônomo.

Também pela natureza do seu trabalho na prospecção do minério, era-lhe relativamente fácil conseguir ouro em pó ou em pequenas pepitas, sem contar que certos proprietários autorizavam o escravizado a trabalhar para si mesmo depois de haver trabalhado um determinado número de horas para seus patrões. Da mesma maneira, agiriam alguns proprietários em relação aos escravizados em serviços urbanos.

Convém observar, na tradição oral da zona das plantações de cana e de fumo do Recôncavo Baiano, região que circunda a baía de Todos os Santos e a cidade de Salvador, que sempre estiveram interligadas por uma linha histórica contínua, que a figura do negro velho é frequentemente metamorfoseada em "bichos-papões" (cf. kimb. *tutu*) ou feiticeiros sanguinários (cf. kimb. *caçarangongo*), enquanto, em Minas Gerais correm lendas sobre escravizados que viveram em Vila Rica, no século XVIII, e conseguiram angariar fortuna, a exemplo de Chico Rei, de quem se diz "negro congo", e de Xica da Silva, "negra mina", mulher negra vista com notável poder de sedução, personagem interpretada no cinema por Zezé Mota no filme do mesmo nome, de Cacá Diegues, produzido nos anos 1980, com grande sucesso de bilheteria (cf. CASTRO, 1995, p. 85*)*.

Dialetos urbanos

Ao final do século XVIII, começava a decadência das minas. Com a transferência da capital da colônia para o Rio de Janeiro nesta mesma época, o eixo econômico desviou-se para as plantações de café no Sudeste, sobretudo para São Paulo, onde, ainda hoje, a região do Vale do Ribeira concentra um grande número de populações negras quilombolas (cf. CARENO, 1997) que conservam traços linguísticos comuns aos demais dialetos rurais afro-brasileiros, marcados por um substrato banto que foi alimentado pelo tráfico do Valongo com Angola.

Na Bahia, a cidade passa a receber levas numerosas e sucessivas de povos procedentes da Nigéria atual, em consequência das guerras interétnicas que ocorriam na região. Entre eles, a presença nagô-yorubá foi tão significativa que o termo *nagô,* na Bahia, começou a ser usado indiscriminadamente para designar qualquer indivíduo ou língua de origem africana no Brasil. Nina Rodrigues mesmo (1945) dá notícia de um "dialeto nagô", que era falado pela população negra e mestiça da cidade de Salvador naquele momento, que ele não documentou, mas definiu como "uma espécie de patuá, um linguajar abastardado do português e de várias línguas africanas". Logo, não se tratava da língua yorubá, mas do português vernáculo brasileiro lexicalizado por aportes de maioria do yorubá falado à época, em razão também do comércio de "produtos da costa" com a Bahia, que eram trazidos, através da linha de barcos Brasil-Lagos, por comerciantes nagôs, naquele momento (cf. AMOS, 2007).

Nina Rodrigues também documentou uma dezena de vocábulos das línguas hauçá, tapa (nupe), fulani e grunce, recolhidos entre alguns dos seus falantes, povos islamizados, que ainda viviam na cidade de Salvador[6]. Embora numericamente minoritários, encontravam-se num centro urbano que lhes permitia uma relativa liberdade e facilitava suas relações interpessoais, numa condição favorável à promoção de revoltas que se sucederam nas primeiras décadas do século XIX, lideradas, a princípio, por hauçás, povos do grupo linguístico afro-asiático do Norte da Nigéria. A mais importante de to-

---

[6] Em 1851, no Parlamento, um deputado baiano declarou que "na Bahia (leia-se cidade de Salvador) entre a população preta não se fala a língua do país" (*apud* ALENCASTRO, 1977, p. 34).

das ocorreu em 1835 e ficou conhecida na historiografia brasileira como Revolta dos Malês, palavra fon-yorubá para dizer muçulmano (REIS, 2003).

Por outro lado, os acontecimentos políticos na Europa terminaram por fazer migrar a corte real portuguesa para o Rio de Janeiro em 1808, quando desembarcaram 15.000 pessoas entre artistas, músicos, escritores, militares, e os portos do Brasil foram abertos para o comércio mundial.

Iniciaram-se, assim, na Colônia transformada em Império português de além-mar, a estruturação administrativa do país e um processo de desenvolvimento de vida e cultura urbanas, com a criação de centros de cultura e divulgação maior de uma educação formal, visando à relusitanização do português e à modernização do Rio de Janeiro, numa tentativa de reforçar o crescimento da base social do português padrão europeu colonial nas camadas médias urbanas, e o surgimento da linguagem corrente falada, marcada por africanias.[7]

Todo esse processo de desenvolvimento urbano exigiu a fixação nas cidades de homens e mulheres escravizados, recém-trazidos da África Subsaariana, numa época em que a população brasileira era constituída por uma maioria de mestiços e crioulos nascidos no Brasil, falando português vernáculo brasileiro como primeira língua, mais suscetíveis à adoção e à aceitação de padrões europeus vigentes à época (cf. LIMA, 2014, p. 229-247).

Estes fatores de várias ordens interagiram, durante o século XIX, para o nivelamento e a expansão daquelas formas presumíveis de dialetos afro-brasileiros em uma só direção, a do padrão do português europeu colonial como língua hegemônica, consequentemente, provocando o crescimento da habilidade para marcar as distinções

---

[7] O *Jornal do Commércio* de 23/7/1851 publicava o seguinte comentário: "De tradicional família pernambucana, o bacharel e deputado Manuel Carneiro da Cunha, exprimia-se num português carregado de africanismos e recebeu o apodo de 'deputado caçanje'. Isto é, alguém que falava como os negros do reino de Caçanje, em Angola"(cf. ALENCASTRO, 1997, p. 35).

gramaticais, as diferenças sintáticas e semânticas na língua adquirida, com o vocabulário aumentado por um número maior de casos
de aportes híbridos e por tradução em português, esses últimos denunciando um impacto total do íntimo contato linguístico e cultural
em um estágio mais avançado.

Imitar o sotaque dos portugueses recém-chegados demonstrava
prestígio e elegância ao falar, uma escolha que já sinalizava a diferenciação entre as duas modalidades do português vernáculo lusitano
e brasileiro, numa cidade que concentrava, então, o maior número de indivíduos escravizados nas Américas, e onde a quase totalidade da população era analfabeta. Aí, o ensino do português não
alcançava a maioria dos homens livres, nem das mulheres, proibi-
das de aprender a ler, e, muito menos, da grande massa escravizada
(cf. KARASH, 2000, p. 20).

Em 1856, foi definitivamente extinto o tráfico escravocrata com a
África, dando lugar ao aumento do tráfico interno até 1888, quando
da decretação oficial da abolição da escravatura no Brasil. De acordo
com estimativas da época, a população negra e afrodescendente era a
maioria, 2/3 dos habitantes do país, e o impacto de suas interferências
na língua e na cultura do país se fazia sentir, de maneira mais ou menos
profunda, por todas as regiões do Brasil. Homens e mulheres escravizados nas plantações do Nordeste foram levados para outras regiões do
Sul e Sudeste (depois também ocupadas por europeus e asiáticos) e, em
direção oposta, do Centro-Oeste para explorar a floresta amazônica,
onde os povos indígenas são preponderantes (cf. SALLES, 1971).

Em consequência, portanto, da amplitude geográfica alcançada por
essa distribuição humana, o negro-africano foi uma presença cons-
tante em todas as regiões do território brasileiro sob regime colonial
escravista e responsável pela difusão do atual português vernáculo falado no Brasil. Em tempos mais modernos, essa atribuição deve-se
à população negra brasileira, afrodescendente, ainda hoje vítima da
falta de políticas públicas do Estado, e do preconceito sociorracial por
parte da elite, não só de pele branca, do povo brasileiro.

IV

CATEGORIA DOS APORTES

Embora de tradição já firmada na linguística moderna, preferimos não falar de "empréstimos" devido ao seu cunho eufemístico, ou melhor, por sua "extraordinária polidcz" como o qualificou Said Ali (1957, p. 183). Não se trata tão somente de "empréstimos ao vocabulário" resultantes de "troca bilateral de línguas em presença", como quer Bonvini (2002, p. 148). Trata-se da apropriação de termos novos pela necessidade de preencher os vazios lexicais para denominar objetos recém-adquiridos, estender sentidos, expandir o léxico para descrever e cobrir um fato social que era a presença do negro-africano escravizado em terras brasileiras (cf. SIMON, 1996, p. 39). Enfim, era tornar em africanias as africanidades contidas nos hábitos articulatórios e em marcas morfossintáticas reveladas pelo estudo do vocabulário negro-africano importado.

O alcance, portanto, do significado do termo *aporte* vai além do que é atribuído ao termo "empréstimo" por também considerar, na configuração da modalidade do português brasileiro, a interferência das africanias que se acham mais ou menos inscritas no âmbito de todas as suas áreas socioculturais e linguísticas. Essa variedade de contextos ainda concorrre para o aparecimento de diferentes tipos de aportes vocabulares que agrupamos em três categorias:

I. APORTES LÉXICOS
II. APORTES SEMÂNTICOS e DECALQUES
III. APORTES HÍBRIDOS

I. APORTES LÉXICOS

Ocorrem quando um falar A (aqui, o português) utiliza e termina por integrar uma unidade ou um traço linguístico que existia antes num falar B (aqui, cada língua negro-africana em questão) e que A não possuía. São palavras, portanto, portadoras de elementos culturais que foram apropriados pela língua portuguesa para designar noções novas e objetos novos tangíveis em diversas áreas culturais, pela transferência direta, sem substituição morfêmica, das sequências fonêmicas de uma língua para outra e, em geral, são compartilhadas pela sociedade brasileira como um todo (cf. HAUGEN, 1950, p. 48, *loan-words*; WEINREICH, 1953, p. 47).

Os aportes léxicos, a depender das suas constituição, ocorrência e formação, podem ser:

– *SIMPLES e COMPOSTOS*
– *ANTIGOS e CONTEMPORÂNEOS*
– *CONVERGENTES e DIVERGENTES*

– SIMPLES

No caso dos elementos lexicais *simples*, o decalque se manifesta pela transferência direta das sequências fonêmicas de uma língua para outra, sem substituição morfêmica (cf. HAUGEN, 1950, p. 48, *loan-words*). Nesta conexão, **simples** deve ser definido a partir de quem desempenha a transferência mais do que da linguística descritiva (cf. WEINREICH, 1953, p. 47). Assim, esta categoria também inclui aportes deverbais que são transferidos para o português numa forma inanalisável, a exemplo do substantivo *candomblé*, do étimo banto "ka.ndómb.ele", composto do prefixo (ka-), radical do verbo (-ndómb-) e do sufixo verbal (-ele), derivado nominal do verbo "ku. domb.a", a ação ou o lugar de rezar, de pedir pela intercessão dos deuses (cf. CASTRO, 1981, p. 60).

– COMPOSTOS

Nesta categoria, em geral, os itens lexicais importados são transferidos sem modificação na ordem dos seus componentes.

(Yor.) "Ilé Aiye"	(BR) Ilê Aiê, África, terra feliz
(Kik.) "Nganga Nzumba"	Ganga Zumba, Grande Chefe, título
(Fon) "Nõnõ Gburuku"	Nanã Buruku, Senhora Velha, entidade

– ANTIGOS E CONTEMPORÂNEOS

À luz de uma análise sincrônica, os aportes léxicos atestados no português do Brasil podem ser classificados em *antigos* e *contemporâneos*.

– *Antigos* são aqueles que entraram para o domínio da língua portuguesa no período colonial e se encontram completamente integrados ao sistema linguístico do português, formando diferentes derivados a partir de uma mesma raiz, na sua grande maioria de base banto, principalmente kikongo, kimbundo e umbundo.

Nesta categoria, temos os seguintes casos:

a) Aportes associados ao regime da escravidão, alguns, também correntes no português lusitano (*carimbo, moleque*), outros, já de aspecto arcaizante (*banzo, banguê, mucama, ainhum, tunga, libambo*).

b) Aportes que foram introduzidos por elementos novos em todas as áreas culturais:

- Bebidas: *aluá, marafo, cachaça*.
- Comércio: *quitanda, muamba, maracutaia, bufunfa, jabaculê*.
- Crenças e superstições: *quizila, zumbi, tutu, mandu*.

- Culinária: *mocotó, moqueca, abará, acarajé, acaçá, caruru, canjica.*
- Defeitos e partes do corpo humano: *bunda, corcunda, banguela, capenga.*
- Doenças: *caxumba, tunga (bicho de pé).*
- Família: *caçula, babá, mucama.*
- Fauna: *camundongo, minhoca, cangulo, mingongo.*
- Flora: *dendê, maxixe, jiló, moranga, andu. milome, quioiô.*
- Habitação: *cafofo, muquiço, canzuá, cafua.*
- Instrumentos musicais: *berimbau, cuíca, marimba, mulungu, zingoma, ganzá, agogô, xequerê.*
- Mando: *bamba, capanga, jagunço.*
- Objetos fabricados: *moringa, munzuá, carimbo, tipoia.*
- Ofensas e mofas: *xibungo, sacana, xingamento.*
- Ornamentos: *miçanga, balangandã.*
- Poéticas orais e esconjuro: *o tindolelê* das cantigas de roda, os *escravos de jó,* o *Macaco Simão,* o *mangalô três vezes.*
- Recreação e danças: *samba, maxixe, maculelê, maracatu, capoeira, lundu, jongo.*
- Relações pessoais de carinho: *xodó, dindin, dengo, cafuné.*
- Religiosidade: *candomblé, umbanda, macumba, catimbó, moçambique, congadas, candombe, vissungos* e as inúmeras entidades negro-africanas (*orixás, voduns, inkisis, pombajiras, exus...*)
- Usos e costumes: *cochilo, muamba, jabaculê, catimba, maracutaia.*
- Vestes: *tanga, sunga, canga, abadá, filá, alacá.*

c) Aportes referentes a *órgãos* do corpo humano, a funções e comportamentos sexuais que sobrevivem na condição de "chulos", assim vistos como **palavras de senzala**, no sentido depreciativo do termo, marginalizadas como obscenas e tidas como ofensivas aos ouvidos alheios, "bem-educados", não conseguindo ultrapassar as barreiras do preconceito sociolinguístico em sua comunidade de fala, diante da possibilidade de um avanço em direção ao uso geral da língua. No momento em que, na linguagem coloquial, são postas em confronto com vocábulos de sentido equivalente em português, esses últimos tomam o seu lugar e passam a ser de uso corrente, mas, em compensação, para tanto, seu conteúdo é esvaziado daquela suposta conotação "imoral", a exemplo do termo (kimb.) *binga,* em lugar de (PO) *pênis,* na linguagem infantil.

De outra parte, se, por acaso, tais palavras começam a ser divulgadas pela mídia fonográfica e televisiva (novelas regionais, programas cômicos), algumas chegam a ganhar um *status* de prestígio sociolinguístico legitimado, sem restrição de uso. O exemplo mais recente é o bantuismo *bunda,* que ocupou, definitivamente, no português brasileiro, o lugar da palavra "rabo" de uso corrente em Portugal, colocando-a, num processo inverso, ou seja, no patamar das palavras consideradas de cunho grosseiro, de "baixo calão", equivalente ao que denominamos de **palavras de senzala**.

Português x Palavras de senzala	Hímen x cabaço	Pênis x binga	Vulva x tabaco	Clitóris x languenza	Ânus x toba	Meretriz x quenga	Copular x mengá

d) Sob o rótulo de *xingamento,* deverbal de *xingar* (kimb. "ku. koshinga"), praguejar, amaldiçoar, bantuismo que, apesar de advir do dialeto das senzalas, rompeu a barreira do preconceito sociolinguístico, talvez por se mostrar de sentido mais agressivo do que aquele atribuído ao seu sinônimo em português, o verbo insultar. Também se encontram os lexemas chamados popularmente de "palavrões", contendo agressões verbais, que mereceram um dicionário específico da autoria do estudioso pernambucano Mario Souto Maior (1988) e se acham na fala de personagens "marginalizadas" em romances regionais da literatura brasileira, a exemplo dos bantuismos *cabaço, xibungo, quenga,* na obra do escritor baiano Jorge Amado (cf. CASTRO, 2013, p. 65).

e) Aportes que deixaram fora de uso corrente os seus equivalentes em português, a maioria de termos de base banto, provavelmente do dialeto das senzalas, que foram divulgados devido ao protagonismo sociolinguístico dos escravizados ladinos na vida colonial e da sua permitida participação nas atividades diárias da casa senhorial. Entre eles:

(BR)	(PO)
Caxumba	Trasorelho
Corcunda	Giba
Moringa	Bilha
Xingar	Insultar
Cochilar	Dormitar
Marimbondo	Vespa
Carimbo	Sinete
Cachaça	Aguardente
Molambo	Trapo
Caçula	Benjamim
Bunda	Rabo
Dendê	Óleo de palma
Capenga	Coxo
Babatar	Tatear
Corcunda	Giba
Mangar	Motejar
Catimba	Manha (esporte)
Dica	Informação, deixa
Auê	Gritaria
Muvuca	Confusão

– **Contemporâneos,** os aportes que se acham em processo de trânsito contínuo para o português do Brasil, a maioria proveniente da linguagem religiosa afro-brasileira em razão da maior frequência e participação do público em cerimônias de candomblé e umbanda, e do acesso a cursos práticos de línguas negro-africanas que são frequentemente oferecidos por vários meios *à comunidade como*

160

um todo. Aqui, devemos destacar as importações em yorubá, língua que, desde 1962, numa iniciativa do antigo Centro de Estudos Afro-Orientais da UFBA, começou a ser ensinada em cursos de extensão, e que tem visto sucessivas publicações em português, a ponto de se popularizar no Brasil a concepção equivocada, de visão etnocêntrica, de que a África seria "um país de língua e cultura yorubá".

Também, e não tão recente, a entrada sucessiva, no mercado fonográfico, de compositores pertencentes a prestigiados terreiros urbanos de tradição ketu, contribui para popularizar os orixás yorubanos (Ogum, Oxum, Xangô, Yemanjá, Yansã...) e termos tirados da sua linguagem cultual apelidada de nagô. Exemplo notável é a palavra *axé* que, de fundamentos sagrados dos cultos, atravessou os limites dos terreiros para ser usada como saudação votiva, equivalente a *shalon*, "amém", "boa sorte", e, por fim, passou a denominar um estilo de música recriado no Carnaval da Bahia nos anos 1980, a axé-music, hoje internacionalmente reconhecida e com uma legião de *axezeiros* (cf. PEREIRA, 2010; RISÉRIO, 2004, p. 561).

– CONVERGENTES

Quando o termo importado se mostra com diferentes significados em português, num processo de polissemia decorrente 1) do desaparecimento dos tons melódicos distintivos em seus étimos originais (cf. adiante), que podem ser advindos de uma mesma língua, ou 2) do resultado da simplificação em aportes simples, com radicais enlarguecidos, inanalisáveis, de frases ou lexemas compostos.

(BR)	Significados	(Banto)	(Yor.)
TUTU	– bicho-papão – dinheiro – iguaria	"bitutu" "ntutu" "kitutu'	
DUNDUM	– tipo de tambor – doce, açucarado		"dùndùn" "dùndún"
OGUM	– divindade – remédio		"Ogún" "oògùn"
ABÔ	– carneiro – infusão de ervas		"àgbò" "àgbo"
BABÁ	– ama-seca, cuidadora – pai, chefe	"baba"	"bábá"
AGOGÔ	– instrumento musical – licença para ir "no mato" (latrina)	1) 2)	"agogo" "àgò lɔ" "igbo"

– DIVERGENTES

Quando o termo importado de um mesmo lexema negro-africano sofre extensão gradual do sentido por contaminação fonossemântica com um termo em português, o que pode eventualmente ocorrer:

1) quando da mudança de um nível sociolinguístico de fala para outro:
(Yor.) s "Shàngólɛyn", título de Xangô, dono do fogo, o orixá dos raios e da justiça.
(BR) s. **Xangô de Lei**, na linguagem ritual.

2) em casos de polissemia ou homonímia.
(Fon) exp. "awòbóbó", linguagem ritual, saudação para a divindade do arco-íris.
(BR) exp. "**arroboboi**" ou "**aôboboi**", saudação ritual para bessein, o arco-íris.
(BR) loc. subs. **arco do boi**, o arco-íris, na linguagem regional da Bahia.

(Na crença popular, o arco-íris engole o gado que bebe na sua fonte e homem que ultrapassa o arco-íris vira mulher, "fica de boi" (kimb. "mboji"), menstruação, daí a denominação arco do boi para o arco-íris).

II. APORTES SEMÂNTICOS E DECALQUES

Há decalque linguístico quando uma língua A (aqui, o português), para denominar uma noção ou um objeto novo, traduz, com substituição morfêmica, uma palavra simples ou composta de uma outra língua, uma língua B, aqui, as línguas negro-africanas, que A não possuía, casos que Haugen (1950, p. 48) classifica como *loan translations* e *semantic loans*, ou seja, empréstimos por tradução ou empréstimos semânticos. Quando se trata de uma palavra simples, o decalque se manifesta pela adição, ao sentido matriz da língua A, de um "sentido" tomado da língua B, com o conteúdo do qual ele termina se identificando.

Assim, a palavra portuguesa *barracão* tomou o sentido, no contexto sagrado, de "lugar destinado a abrigar as celebrações religiosas afro-brasileiras", por decalque aos itens (banto) "nzó/ njó", (Yor.) "ilé", (Fon) "hùnxó", abrigo, casa, moradia.

Quando se trata de uma palavra composta, a língua A frequentemente conserva a ordem dos elementos da língua B, o que acontece voluntariamente nos aportes em português de línguas do grupo banto e em yorubá. Nessas línguas, suas estruturas morfossintáticas, em geral, obedecem à mesma ordem do português, a exemplo dos decalques com sintagmas locucionais em que o possuidor precede o que foi possuído por meio de relação genitiva, em geral com a preposição /de/ (cf. casa de João), ao contrário do que ocorre em ewe-fon em que o que foi possuído antecede o seu possuidor, à semelhança da construção em inglês *John's house* (*João casa).

(Yor.)	"ìyá l`òrìšá"	(BR)	mãe de santo
(Kimb)	"nengwa dya nkisi"		mãe de santo
(Fon)	"vodunon"		*santo mãe.

Através dessa perspectiva, na categoria de decalque, ainda podemos considerar os casos resultantes de

– *Aproximação fonossemântica*
– *Reduplicação do significado*
– *Aproximação morfossintática*

Aproximação fonossemântica

O *decalque* acontece pela aproximação fonêmica entre itens lexicais da língua B com itens lexicais do português, provocando o surgimento de variantes do termo importado com substituição morfêmica total ou parcial, geralmente sob a forma de aportes *híbridos compostos* (cf. o arco do boi), nos seguintes casos:

a) a partir da reinterpretação em português do significado dos nomes de entidades:

(Banto) "Yaadyalonda" → **Yadalunda, Mãe Dalunda, Mãe da Lua**
(senhora protetora do parto)
(Yor.) "Ògúndélé" → **Ogundelê, Ogundilê, Ogum de Lei**
(senhor da justiça)
(Fon) "Gbogbó nu Kpò" → **Bonupò**, grande adivinho do Deus Kpó.
(nome religioso do sacerdote baiano Valdemar Monteiro de Carvalho Filho)

b) nas ressignificações em português, a exemplo dos lexemas em yorubá:
• "igbóšalá", **boi d'Oxalá**
(grande caracol,"igbin", dedicado a Oxalá, assim visto pela semelhança a chifres de suas duas antenas)

- "akirijɛbɔ", carregador de ebó, oferenda → **coruja de ebó**
  (a coruja é um animal noctívago, considerado agourento, e o
  ebó é sempre levado para as encuzilhadas na madrugada)

c) nas traduções literais, a exemplo dos lexemas em fon:
  - "hùngbe", *vodun língua   → **língua de santo**, ritual
  "tchohun", *funerário tambor   → **tambor de choro**,
  (cerimônia fúnebre na Casa das Minas do Maranhão)

Reduplificação do significado

No caso de ocorrer extensão de sentido do termo importado, a
iteração serve para intensificar ou qualificar, pondo em destaque o
significado da base, com ou sem preposição (de) na relação genitiva.

(Fon.) "afɔ", pata de boi → **afó de boi**, pata de boi, mocotó
(Kimb.) "fulo", raivoso, colérico → **fulo de raiva**, exasperado
  "simangu", tipo de macaco → **Macaco Simão**, na história infantil

Trata-se de uma narrativa em versos cantados, que tem um macaco azul congo-angolano (*Cercopithecus mitis*), grande comedor de
frutas, que roubava todas as bananas plantadas pela velha Firinfinfé-
lia (CASCUDO, 1962). Como Simão, em português, é antropônimo,
fica aqui subentendido como se fosse o nome próprio do macaco,
assim mencionado em suas várias versões: "Macaco Simão, Macaco
ladrão, / Macaco Simão, não vale um tostão." Também, encontra-se
no livro de contos *Macaco azul e outros contos*, do escritor brasileiro
Aluísio de Azevedo (cf. BORDINI, 1991).

Aproximação morfossintática

A categorização do gênero dos nomes, em geral, é feita através
dos artigos definidos em português (masc. o / fem. a), independen-

temente da concordância que possa haver com a vogal temática final do item africano. Como essa categoria gramatical não existe nas línguas negro-africanas e, em português, é de certa forma arbitrária, o grau de instabilidade é muito grande, com exemplos como *minha pai* na linguagem dos glossolalistas, equivalente ao "mia senhor" do cancioneiro galaico-português do século XIII a XV (FONSECA, 1971, p. 21).[1]

1) Os casos mais frequentes de adição dos morfemas de gênero e de sufixos do português a uma mesma raiz africana são observados em aportes híbridos derivados da estrutura silábica do modelo padrão (CV.CV), em banto, que não é comum em yorubá, nem em ewe-fon (cf. Kimb. "sa.mba", samb.a → samb.ista, samb.adeira).

Há muitos casos onde o gênero gramatical do nome importado é determinado por ideia subjacente ao seu sentido original, a exemplo de *o orixá*, em referência a um deus, de acordo com a tendência à masculinização dos substantivos em português, bem como a denominação de alguns alimentos, *o vatapá, o abará, o mungunzá, o aluá*, querendo dizer *o prato, o bolo, o caldo*, no gênero masculino, embora terminem com a vogal temática /-a/ que, em português, é própria do gênero feminino.

2) A retenção da vogal do aumento, atestada em muitas línguas do grupo banto, reduzida, em geral, a uma vogal diante do prefixo classificatório dos nomes – Aruanda e Luanda – muitas vezes é confundida com os artigos definidos em português, que terminam por determinar o gênero gramatical dos lexemas importados. Por exemplo, a palavra *samba*, que em espanhol é do gênero

---

[1] Cf. "Cantiga da Ribeirinha":
  "No mundo non me sei parella
    mentre me for' como me vai,
    ca ja moiro por vós – e ai!
    mia senhor branca e vermelha."
(Carolina Michaëlis de Vasconcelos, *Cancioneiro da Ajuda*, vol. II, Lisboa, Imprensa Nacional,1990, p. 317.)

feminino "la samba", como poderia ter sido em português, no entanto foi lexicalizada no gênero masculino – *o samba* – provavelmente pela retenção da vogal de aumento em sua origem –"osamba" – que, em umbundo, costuma preceder os substantivos ("ovimbundo", "onzo") (cf. capítulo III).

3) Casos de retenção dos antigos prefixos /zi-/ e /ji-/, opcionalmente em kikongo e kimbundo, em que subsistem diante do prefixo nominal /n-, m-/dos nomes da classe 10, entre as religiões afrobrasileiras é marca característica da fala dos *pretos velhos* em substantivos tais como "zifiu", "ziminino", "ziterrero", mais um testemunho da antiguidade do povo banto no Brasil. Entre eles, já registrados nos dicionários de português, *zimbo* ou *jimbo* (dinheiro), *jinguba* (amendoim), *zingoma* (tambor), *ziquizila* (má sorte) (cf. capítulo V).

4) Casos de retenção de prefixos classificatórios em termos importados:

(Kimb.) - cl. *1/2* **mu**-kama, **mu**-leke (seres animados)

        - cl. *7/8* **ki**-lombo, **ki**-zomba, **ki**-tanda (aumentativo)

        - cl. *5/6* **ma**-kotó (coletivo, as patas de boi)

        - cl. *13/12* **ka**-lombo (diminutivo)

O prefixo coletivo /**ma**-/ encontra-se em nomes próprios de terreiros de tradição congo-angola na Bahia sob a forma "*ma-nsu*" de "*ma.nzo*", conjunto de casas, aldeia, como *Mansu Banda Lemba Furama*, "*compound*" da geração devotada a Lemba, divindade da paz, e *Mansu Bandukenkê*, aldeia dedicada à Dandalunda, senhora das águas doces.

Segundo Quintão (1934, p. 18), o prefixo /**ka**-/ é correntemente usado em substantivos deverbais no sertão e raramente em Luanda, indicando o agente da ação, a exemplo de "**ka**.bila", pastor de gado, derivado de "ku-bila", pastar gado. Também, nessa categoria, é muito comum na lexicalização dos bantuismos em português, entre eles, "**ca**.penga", o coxo, do verbo "ku-penga", coxear.

5) Casos de retenção de sufixos classificatórios, como em kimbundo:
   – **i** designa o agente da ação verbal, equivalente ao sufixo português /- or/, ou seja, cantar → cantor, o que canta. Cf: "(n) Za.mbi", o agente da ação, deverbal de "**ku**-amba", falar, aquele que, por excelência, fala, logo, é o VERBO como o Deus do catolicismo.
   – **ela** indica finalidade, motivação, no bantuismo "*eng.amb.elar*", também derivado de "ku.amba", falatório para se obter algo, corrente no Brasil.
6) Formas inanalisáveis de lexemas, geralmente do mesmo radical (CV.CV) de base banto, que perderam limite (.) de morfema ou de palavra e são reinterpretadas como se fossem um radical único, enlarguecido, indecomponível, formando aportes híbridos simples com prefixos e sufixos do português, a exemplo do já mencionado substantivo *candomblé*, derivado da forma verbal "ka.ndomb.ele".

III. APORTES HÍBRIDOS

Nesta categoria, encontra-se todo tipo de derivação, seja nominal, adjetival, verbal ou adverbial, simples ou composta, a que se submetem os itens negro-africanos, cujos radicais podem ser enlarguecidos por morfemas de número /-s /, de gênero /-a, -o/, ou ainda, com sufixos e prefixos existentes em português (HAUGEN, 1950, p. 54, *loan blends or hybrids*; WEINREICH, 1953, p. 47).

Presentemente, importações de lexemas do inglês pelo português brasileiro começam a formar casos de aportes híbridos compostos com um elemento negro-africano, geralmente tomado da linguagem cultural, a exemplo da chamada "axé-music", como vimos, ritmo criado na Bahia nos anos 1980, que, por decalque, copia o modelo padrão do sintagma nominal da língua inglesa.

Identificamos os seguintes tipos de aportes híbridos:

1. Simples
a) derivação nominal

constituinte africano	+ sufixo português
andu, dendê, jiló	-zeiro
sunga, sessa	-dor, -dora
muxiba, catinga	-ento, -enta
samba, umbanda	-ista
bunda, moleque	-ão, -ona
molambo, cafanga	-(a)gem
fuxico, mandinga	-aria
jagunço, maxixe	-ada
mulambo, cabaço	-uda, -udo
maconha, muamba	-eiro, -eira
caçamba, corcunda	-inha,
fubá, quiabo	-ento, - enta
dengo, muxiba	-oso, -osa
quiabo, maxixe	-ada

b) derivação verbal

prefixo português	+ constituinte africano
des-	pongar, bundar, cabaçar
en-	cafuar, quizilar, cabular
es-	molambar
a-	quilombar

2. Compostos

a – *constituinte africano* + *constituinte português*	
Xangô / Oxum	+ menino / menina
pemba	+ branca, vermelha
marimbondo	+ chapéu
bunda	+ mole
limo	+ da costa
ogã	+ de faca
muqueca	+ de peixe
acacá	+ de leite
moleque	+ de gravata
samba	+ de roda
berimbau	+ de boca
angu	+ de caroço
b – *constituinte português* + *constituinte africano*	
azeite de	+ dendê
espada de	+ Ogum
trança de	+ nagô
barco das	+ iaô
casa de	+ Oxumarê
rua do	+ Ogunjá
largo do	+ Bogum
pé de	+ moleque

- nome banto + yorubá
  quitanda (das) yaô
- nome banto + nome inglês
  samba de breque (*brake*)
- nome yorubá + nome inglês
  axé - *music*	

POLISSEMIA e HOMONÍMIA

As transformações semânticas nos itens negro-africanos importados pelo português são geralmente produzidas pelo contexto sociocultural. Os casos de *polissemia*, mais frequentes do que os de
homonímia (cf. WEINREICH, 1953, p. 52; HAUGEN, 1950, p. 45,
loan-synonyms), ocorrem quando se produz uma extensão lógica e gradual no sentido do termo importado, como nos exemplos
seguintes.

1) Em substituição a uma palavra considerada tabu pela comunidade afrorreligiosa, a exemplo de usar o termo *o velho* em lugar dos nomes das entidades negro-africanas tidas como anciãs
e protetoras contra varíola, lepra e doenças de pele, Imbalanganzi
(Banto), Omolu (Yor.) ou Xapanã (Fon), a fim de não atrair para
si, segundo a crença popular, algumas dessas doenças que eram,
então, incuráveis.

   Daí, por extensão, as pipocas que lhes são consagradas como
oferendas, pelo seu aspecto mágico-simpático, são denominadas,
eufemisticamente, como *flor do velho*. O caroço do milho espoca à
semelhança de uma flor que lembra o rompimento de uma ferida variólica e, assim, elas se transformam em uma espécie de anticorpos
de acordo com o princípio homeopático e imunológico da vacina,
segundo o qual *similia similibus curantur*, os semelhantes são cura-
dos pelos semelhantes.

2) Seja *ebó* (yorubá) e *bozó* (fon/banto), oferenda propiciatória enviada aos deuses, e *despacho* (português), o envio, substantivos
com sentidos equivalentes, todos correntes na linguagem cultual.
Visto que essas oferendas, pipocas, farofa de dendê, garrafa de
cachaça, um galo, e outros elementos, são geralmente enviadas ou
despachadas em encruzilhadas de ruas ou logradouros públicos
à noite, gradativamente, *ebó*, *bozó* e *despacho* começam a tomar,

no entendimento alheio, o sentido de "feitiçaria". Neste momento, como se trata de manter mais de uma variedade linguística servindo às mesmas funções sociais de comunicação usual, uma delas (aqui, *ebó*, de introdução mais recente) termina necessariamente por ser deslocada e apropriada, com o traço religioso, para uso na linguagem cultual (LR), enquanto uma nova distinção funcional se estabelece para *bozó* e *despacho* (cf. FISHMAN, 1974, p. 31). As duas passam a ser usadas no português vernáculo brasileiro (BR), mas perdem o traço religioso e as oferendas passam a ser vistas, tão somente, como "feitiçaria", na medida em que se começa a atribuir para os termos *bozó* e *despacho* uma conotação pejorativa e antirreligiosa por força do parâmetro sociologicamente postulado pelo cristianismo.

	(Banto)	(Fon)	(Yor)	(BR)
	"mboozo"	"ɛbɔ"	"ɛbɔ"	Oferenda
LR	bozó	ebó	ebó	Despacho, oferenda
BR	bozó			Feitiçaria

3) Outro caso curioso é o que destaca o significado e a função atribuídos a Exu, entre os yorubás, e a Legbá, entre os ewe-fons, entidades concebidas como guardiães das encruzilhadas, mensageiras entre os mortais e os deuses, simbolizadas por um grande falo de madeira, uma vez que sua representação está associada à libido como a energia motriz dos instintos da vida, de toda a conduta ativa e criadora do indivíduo.

Essa configuração material, associada ao seu caráter tido como turbulento e astucioso terminou, por imposição do cristianismo, popularmente confundida com a imagem maléfica do Demônio, vestido de capa preta e vermelha, portando um tridente em riste, como costuma ser projetada pela visão do mundo europeu, cartesiana e maniqueísta, dominada por princípios absolutos e opostos do bem e do mal, do bonito e do feio, que se encontra na expressão brasileira "é oito ou oitenta" e na poesia de Cecília Meireles "Ou isto ou aquilo" (cf. Ed. Nova Fronteira, Rio, 1990). Eram as únicas entidades negras para as quais se podia transpor a contraface de Deus, ou seja, a do Diabo, a tentação dos pecados da carne em oposição à pureza do espírito cristão, quando da tradução da Bíblia católica para diversas línguas negro-africanas.

No Brasil, transfigurados em seu lado feminino na figura da Pombajira, chamada de Exu-Fêmea na tradição religiosa afro-brasileira, é a entidade mais popular nas umbandas, que reparte o controle das encruzilhadas com Bambojira ou Bombojira de "Mpámbúnjila", a poderosa entidade guardiã do caminho bifurcado do mundo banto, sem a representação imagética do Demônio do mundo cristão.

Através de um processo de aproximação fonossemântica com a palavra portuguesa "pomba", a ave mensageira, que é do gênero feminino e visualizada de cor branca, a Pombajira passou a ser, nessa representação brasileira, simbolizada na figura de uma mulher com artes do diabo, também branca, sedutora e sensual, de comportamento assanhado, extravagante, passando-se por dona das ruas e de suas esquinas, por isso tida como protetora das prostitutas.

Assim entendemos a razão por que frequentemente o nome dessa entidade é escrito como se fosse um substantivo composto de duas palavras "pomba e gira", gira que, diferentemente do significado corrente em Portugal, de algo belo e de bom gosto, é usado no Brasil para qualificar uma pessoa desatinada, desvairada e volúvel. Tal confusão ortográfica provém desse mal-entendido de que não fogem nossos pesquisadores, a exemplo de Monique Augras, no artigo "De iyá mi a Pomba Gira: transformações e símbolos da libido" em *Escritos sobre religião dos orixás* (EDUSP, 1989), e, recentemente, Vandro Mendonça em *Pomba-Gira e seus assentamentos* (Anubis, 2012).

(Banto)	(Fon)	(Yor.)	(BR)
Mpambonjila	Lɛgbà	Ɛshú	
A Encruzilhada	O Mensageiro		Mensageiro, dono das encruzilhadas.
Pombajira	Leba/ Légua	Exu	Mensageiro das encruzilhadas. Demônio, diabo, trapaceiro, representado por um enorme falo em madeira. Dona das esquinas, das ruas, mensageira das encruzilhadas. Mulher sedutora, endiabrada.

RODRIGUES, 1936.

Já os casos de *homonímia* (WEINREICH, 1953; HAUGEN, 1950, *loan-homonyms*), quando se produz um "salto" no sentido do item importado, parecem ocorrer com menor frequência. Podemos talvez citar, como exemplo, o caso do substantivo *xibungo*, que, no Brasil, passou a significar pederasta, a propósito da figura idealizada para o Quibungo, personagem fantástica de um antigo ciclo de contos populares do Recôncavo Baiano, região histórica, com população de maioria negra. Trata-se de um lobo ou de cão fantástico, amedrontador, com um enorme buraco nas costas por onde costuma comer criança rebelde que encontre acordada durante suas incursões noturnas pelas redondezas, uma espécie do lobo mau europeu ou de bicho-papão dos contos e acalantos infantis. Em outras regiões do país é chamado de "homem do saco" e, em Minas Gerais, de "bicho ponguê" (cf. CASTRO, 1978).

Xibungo e quibungo provêm do étimo banto "mbungu", com prefixo nominal classe 7, dialetalmente (shi- ou ki-). Os dois termos têm o mesmo significado de *lobo, cão selvagem*, e denominam um animal conhecido do mundo negro-africano, com as mesmas características e intenções do quibungo baiano, ou seja, 'ávidos por comida e, impelidos pela fome, invadem choupanas, matando e devorando quantos imersos no sono não se podem defender" na descrição feita por Cavazzi, em 1687, sobre os reinos do Kongo, Matamba e Angola (cf. CAVAZZI, 1937, p. 61).

No entanto, deve-se observar que o prefixo banto /shi- /, além de ser um aumentativo ("shimbungu", um lobo muito grande), pode acrescentar uma conotação depreciativa ao substantivo. Essa, reforçada pela famosa imagem do pedófilo projetada para o "lobo mau", o comedor de crianças das histórias infantis do mundo europeu, provavelmente favoreceu o "salto" dado pelo termo *xibungo* para tomar, no Brasil, o significado genérico de "pederasta", empregado, em determinadas situações, de maneira ostensivamente insultuosa, ou ainda sarcástica, sob a forma de "xibunguinho". Enquanto isso, porém, persiste a crença, na região do Recôncavo Baiano, de que negro velho vira lobisomem ou quibungo, uma tradição também do imaginário fantástico negro-africano (cf. CASTRO, 1978).

Na direção contrária, ou seja, de vocábulos do português que sofreram processo semelhante de homonímia provocado por importações negro-africanas, está o caso do termo português *benjamim*, que denomina "o mais jovem dos filhos". No Brasil, como vimos, perdeu esse sentido ao ser deslocado pelo uso corrente da palavra banto *caçula*, consequência provável da ação socializadora da mulher negra no desempenho de "mãe preta" na família colonial brasileira. Quanto ao termo *benjamim*, ele passou a significar tão somente, no Brasil, uma pequena peça usada como "interceptor de corrente elétrica", também conhecido como "tê", da maneira como se encontra no seguinte verso do "Soneto para Frankfurt", do poeta, dramaturgo, compositor e tradutor Ildásio Tavares:

"Vou descendo a Avenida do Contorno
ao comércio comprar um **benjamim**
para mais luz, mais luz no meu jardim"

(In: *50 poemas escolhidos pelo autor*.
Rio de Janeiro: Ed. Galo Branco, 2006, p. 59).

V

LÍNGUA E RELIGIOSIDADE, BINÔMIO DE RESISTÊNCIA

O maior centro de resistência e defesa cultural do negro-africano trazido para as Américas em escravidão foi plantado, solidamente, em suas raízes religiosas que deram lugar à emergência das manifestações conhecidas no Brasil por afro-brasileiras, à semelhança das que se encontram, de igual caráter, na santeria de Cuba e no vodu do Haiti.

A explicação corrente para este fato é a alegação de que a religião, por sua própria natureza, é menos suscetível a mudanças, sobretudo quando se reconhece que a essência, o âmago das culturas negro-africanas estão na religião, a qual, psicologicamente, representa seus mais significativos e importantes valores de vida (cf. MALINOWISK, 1946, p. 296). Levem-se, ainda, em consideração a capacidade de organização do elemento negro, a coragem e competência para assegurar, na inevitabilidade do regime escravocrata de que era vítima, as oportunidades que, eventualmente lhe foram favoráveis, para fomentar uma forma de resistência pacífica, mas atuante, não passiva, sob a égide de sua religiosidade, o conjunto de suas práticas ancestrais, culturalmente postuladas por cada um dos sistemas religiosos no mundo.

Ao longo desse processo, e em apoio muito provável a ele, encontra-se um repertório linguístico de base africana como meio de expressão e transmissão simbólica de seus saberes religiosos, éticos e estéticos tradicionais. Esse repertório, memorizado e apreendido por experiência pessoal – as 'afrografias' de Leda Martins (1977) –, embora tenha sofrido interferência da língua portuguesa, tende a se cristalizar em razão de o seu domínio ser de uso restrito dos seus participantes, o que ainda lhe confere o aspecto de "secreto" por estar fundamentado em certas formulações simbólicas, em cujo contexto cada palavra proferida – "a palavra-força" de Zumthor (2005, p. 75) – torna-se mais valorizada do que as palavras do falar cotidiano, comum. Consequentemente, durante seu desempenho, elas oferecem resistência maior a mudanças que possam prejudicar a interlocução da mensagem com o sagrado.

Assim sendo, dificilmente cada uma delas vai encontrar seu equivalente ou uma tradução plena numa situação de contato com um outro sistema de organização sociorreligiosa e linguística, mesmo quando ela lhe seja imposta como ocorreu nas Américas. Quando tal equivalência chega a acontecer, lembrando uma observação de Haugen (1950, p. 273), nada mais é do que o impacto total do íntimo contato linguístico e cultural em um estágio mais avançado, resultante de um processo mais prolongado, portanto, mais antigo, de contatos interétnicos e de interferências de natureza linguística e cultural.

Denominações e regiões de origem

No Brasil, as mais conhecidas manifestações de matrizes afrorreligiosas nascidas na escravidão que têm o *dendê*, o azeite extraído da palmeira *Elaeis guineensis* como marca identitária da sua cozinha patrimonial, são genericamente chamadas de candomblé na Bahia, tambor no Maranhão e xangô em Pernambuco, todas elas concentradas na região Nordeste do país, onde, por razões históricas, a herança cultural negro-africana está profundamente arraigada.[1]

---

[1] Aqui, não incluímos as 'guardas' de Minas Gerais pelo seu alinhamento com a Igreja católica, o que é um traço recorrente, nesse tipo de manifestação do meio

Cada qual representa um tipo de organização sociorreligiosa fundamentada em padrões comuns de tradições negro-africanas, em um sistema de crenças, modo de adoração e língua. Neste contexto, *língua* deve ser entendida mais como um veículo de competência e transmissão simbólica do que propriamente de competência linguística ou, traduzindo Malinowiski (1923, p. 297), "mais como um modo de ação do que um meio de reflexão", diante do fato de seus interlocutores não dominarem produtivamente a língua. Seu uso é circunscrito a um sistema lexical de base africana, relacionado ao universo religioso dos recintos sagrados onde se desenrolam as cerimônias do culto, e já modificado, em sua origem, pelo contato com a língua portuguesa no Brasil.

Esses elementos do sistema – crença, modo de adoração e língua – estão de tal maneira estruturalmente associados que o critério de categorização, marcante na classificação entre as comunidades sociorreligiosas que se identificam como "nações" e se dizem mina-jeje, congo-angola ou nagô-ketu, tem como principal componente as diferenças de procedência meramente formais do repertório linguístico de matriz negro-africana, específico das suas cerimônias ritualísticas em geral e de cada comunidade afrorreligiosa em particular (cf. CASTRO, 1980/2002), a saber:

– BANTO ou CONGO-ANGOLA
– EWE-FON ou MINA-JEJE
– YORUBÁ ou NAGÔ-KETU-IJEXÁ

Neste repertório, conhecido por seus participantes como *língua de santo* (cf. *língua de santeros* em Cuba, *lengua dos serviços loa* do Haiti),[2] de acordo com a denominação que toma em cada

---

rural brasileiro, como meio de resistência cultural e continuidade na opressão, por terem sido mais sujeitas à imposição e aceitação dos ditames do cristianismo.
[2] Em estudo denominado "Camões com Iemanjá" (2004), Laura López, baseada em depoimentos de lideranças afrorreligiosas da cidade de Salvador, toma como

"nação", há predominância de termos originários das seguintes línguas subsaarianas:

- BANTO, da extensa família linguística da África Subequatorial, destacando-se as línguas do Congo-Brazzaville, Congo-Kinshasa e de Angola entre as "nações" denominadas de *congo* e *angola*, e suas ramificações *congo-angola, congo-munjolo, congo-cabinda, muxicongo, banguela, moçambique*, e mais outras.
- EWE-FON ou GBE, do grupo de línguas kwa faladas em Gana, Togo e Benin, com destaque para as línguas FON e GUN dos antigos reinos do Daomé e de Porto Novo, respectivamente, entre as que se intitulam de *jeje, mina, jeje-mahi, jeje-mundubi, mina-savalu*, e mais outras.
- YORUBÁ, língua do ramo Benue-Congo, que reúne um conjunto de dialetos (variantes regionais) pouco diferenciados, falados na região ocidental da Nigéria, entre eles, *egbá, ondô, oyó, ilexá, ibadan, ifé, edô* etc., e o *nagô* do reino de Ketu no Benin, entre as comunidades afrorreligosas que se identificam como *nagô, ketu, ijexá, nagô-tadô, nagô-vodunsi, nagô-muçurumim*, entre outras denominações.

Como as palavras de origem ewe-fon e yorubá provêm principalmente desses dois grupos distintos de línguas oeste-africanas, faladas no golfo do Benin, em área geográfica relativamente menor e de introdução mais recente no Brasil, principalmente o yorubá, na última fase do tráfico, ao final do século XVIII, elas são mais fáceis de identificar por meio da análise linguística do que as do grupo banto.

---

modelo, para analisar "forma e funções da linguagem do candomblé", o falar cotidiano do português regional da Bahia e a língua de santo, marcadamente de matriz yorubana, representada por Yemanjá, divindade cujo culto é muito popularizado no Brasil, uma abordagem importante, mas limitada a esse contexto etnolinguístico, sem o alcance do que abordamos e chamamos de Camões com dendê.

Essas, além do fato de estarem mais integradas ao sistema linguístico do português, o que demonstra uma antiguidade maior, podem ter sua origem numa área geográfica e linguística mais ampla, teoricamente em toda a região ao sul da linha do Equador.

Por essa, razão preferimos indicar as denominações brasileiras *congo, angola* e suas variantes como *banto* em geral, em que pese a importância relativamente maior de três línguas litorâneas, kikongo e kimbundo, na Bahia e Rio de Janeiro, e umbundo em Minas Gerais. Da mesma maneira, entre as "nações" reconhecidas, preferencialmente, por *jejes* na Bahia e *minas* no Maranhão, as línguas fon e gun do Benin se mostram mais impressivas, embora, convém lembrar, neste grupo determinado, essas línguas são mais próximas entre si do que com a língua ewe falada no Togo. Por esse motivo, as denominações brasileiras *jeje* e *mina* serão identificadas como *ewe-fon* de acordo com os nomes das línguas com maior número de falantes em seus respectivos territórios.

Denominação brasileira da "nação"	jeje-mina jeje-mundubi jeje-mahi mina-savalu	nagô-ketu nagô-tadô nagô-muçurumim nagô-vodunsi	angola congo-angola congo-munjolo congo-cabinda muxicongo
Línguas principais	ewe, fon gun, mahi	yorubá (nagô)	kikongo kimbundo umbundo
Países	Togo Benin	Nigéria Benin	Angola Congo-Kinshasa Congo-Brazzaville

Candomblé, origem e significados

O termo candomblé, averbado nos dicionários da língua portuguesa para designar religiões de matrizes negro-africanas no Brasil, particularmente na Bahia, como umbanda no Rio de Janeiro, xangô em Recife e tambor no Maranhão, vem do étimo banto "kandómbélé", derivado nominal do verbo "kùlómbà / kù-dómbá", louvar, rezar, analisável a partir do protobanto "kòndómbédá". Logo, candomblé significa culto, louvor, reza, invocação aos deuses, sendo o grupo consonantal -bl- uma formação brasileira, de vez que não existem grupos consonantais no sistema silábico banto. Ao final do século XIX, o termo candomblé já aparece registrado por Nina Rodrigues, em *Africanos no Brasil* (1933, p. 76) como "uma casa fetiche," na localidade do quilombo do Urubu, em Pirajá, subúrbio da cidade do Salvador, e em jornais baianos da época, alusivo "a cultos ruidosos e fetichistas" que eram praticados na mesma cidade, conhecida, então, pelo seu antigo nome de Bahia (*PELOURINHO INFORMA*, 1980).

Desse mesmo étimo, explicam-se o termo o significado do *candombe* para nomear o ritmo que incorpora a congada em Minas Gerais (BRASILEIRO, 2001; PEREIRA, 2010) e uma manifestação de origem negro-africana no Uruguai, elevada à categoria de Patrimônio Oral e Imaterial da Humanidade pela Unesco (FERREIRA, 1997).

O termo *candomblé*, aqui, é empregado com o sentido corrente que toma entre seus participantes para designar 1) *grupos sociorreligiosos* de matrizes negro-africanas no Brasil, 2) suas *cerimônias rituais* públicas, festivas, e 3) o *local* onde se realizam.

1) *Esses grupos sociorreligiosos* são dirigidos por uma classe sacerdotal cuja autoridade suprema é popularmente chamada em português de *mãe de santo / pai de santo,* mas que recebe o título tradicional de *humbono* ou *doné / doté* do ewe-fon, entre as "nações" *mina-jeje*; de *yalorixá* ou *babalorixá*, do yorubá, entre as "nações" *nagô-ketu*; e de *mameto-nêngua* ou *tateto-tata*, do banto, entre as "nações" *congo-angola*.

Caracterizam-se por um sistema de crenças associadas ao fenômeno de possessão ou de transe místico provocado por entidades popularmente chamadas, em português, de *santos,* mas que recebem o nome genérico de *vodun* (ewe-fon) entre as "nações" *mina-jeje*; *orixá* (yorubá) entre as "nações" *nagô-ketu-ijexá*; *inkisi* (banto) entre as "nações" *congo-angola*. São constituídos por famílias extensas,

ligadas por parentesco religioso mais do que biológico, cujos iniciados – filhas e filhos de santo – recebem o título de *vodunsi, iyaô* ou
muzenza, respectivamente.

2) *As cerimônias púbicas rituais* são também chamadas de *festas* e
   obedecem a um calendário litúrgico determinado por cada terreiro, mas geralmente coincidindo com o calendário dos santos
   festejados pela Igreja católica, durante as quais canta-se para
   os *voduns* em ewe-*fon*, para os *orixás* em *nagô-yorubá*, para os
   inkisis em *congo-angola/banto*. Nas cerimônias rituais fúnebres,
   axexê (yorubá), *sirrum* (ewe-fon), *intambi* (banto), os cânticos do
   mina-jeje são dirigidos às almas ou kutuntó (ewe-fon), os do *nagô-yorubá* aos *eguns* (yorubá), os dos *congo-angola* aos *invumbis
   / vumbis* (banto).

3) *O local das práticas religiosas*, conhecidos por terreiros, roças e
   casas de santo, são chamados de *humpame* ou *rondemo* (ewe-fon)
   em *mina-jeje*, de *ilê* (yorubá) em *nagô-ketu*, de "*onzó/ injó* (banto) em *congo-angola*. Neles, os iniciados, filhas/filhos de santo,
   recebem o nome de *vodunsi* (ewe-fon) em *mina-jeje*, de *iyaô* (yorubá) em *nagô-ketu* e de *muzenza* (banto) em *congo-angola*. Sete
   anos após completado seu período de iniciação, que varia de três
   dias a três anos segundo cada "nação" e a situação socioeconômica do noviço, aquele *já feito/feita no santo*, recebe o título de
   ebome (ewe-fon e yorubá) nos terreiros *mina-jeje* e *nagô-ketu*, e
   de *makota* (banto) nos terreiros *congo-angola*.

Quanto às entidades negro-africanas, em que pesem seus traços
míticos comuns que as tornam semelhantes, mas não idênticas entre
si nas suas várias mitologias, quanto à equivalência de seus atributos
com aqueles dos santos católicos, têm uma aproximação que os pesquisadores entenderam como "sincretismo religioso com o catolicismo", no sentido equivocado de se tratar de "uma mistura", sem que
atentassem para o fato de que, na verdade, cada qual mantém sua
identidade original de VODUN, ORIXÁ ou INKISI assinalada pelas
apelações específicas, formalmente diferenciadas sob as quais elas

são invocadas entre as "nações" e facilmente reconhecidas por cada um dos seus seguidores, de acordo com a extraordinária sentença da yalorixá Olga de Alaketu: "Não se pode rezar uma ave-maria para Santo Antônio e ao mesmo tempo partir um obi para Ogum. Cada favor tem seu merecimento." Esta realidade permite que, em cerimônias religiosas estruturalmente análogas, cante-se naturalmente para os *orixás* em *nagô-ketu*, para os *voduns* em *mina-jeje* e para os *inkisis* em *congo-angola*.

"nação"	mina-jeje	nagô-ketu-ijexá	congo-angola
mãe de santo	humbono /doné	yalorixá	mameto/nêngua
pai de santo	doté	babalorixá	tateto/tata
santo, entidade	vodun	orixá	inkisi
iniciado/a	vodunsi	iyaô	muzenza
o/a mais velho/a	ebome/evame	ebome	makota
leigo/a	betó	kosi	abantó
terreiro	rondemo	ilê	unzó/injó
santuário	peji	peji	bakisi
atabaque	rum	rum	(z)ingoma
ritual fúnebre	sirrum	axexê	intambi
alma do morto	cutuntó	egum	(in)vumbi
origem	ewe-fon	yorubá	banto

A linguagem ritual

A característica fundamental no aprendizado das práticas rituais entre as religiões afro-brasileiras é seu processo iniciático e participante, exercido em um ambiente fechado, de estrutura de natureza conventual. Durante o período de reclusão em *terreiros* ou *roças*, o iniciado passa por uma série de ritos esotéricos (banhos rituais, raspagem da cabeça etc.), ao mesmo tempo em que começa a adquirir um complexo código de símbolos materiais (substâncias, folhas, frutos, raízes, etc.) e de gestos associados a um repertório linguístico específico das cerimônias que se desenrolam na intimidade dos contextos sagrados de cada terreiro.

Esse repertório linguístico, chamado de *língua de santo* pelos seus seguidores, compreende sistemas lexicais de antigos falares negro-africanos no Brasil, vindo a constituir uma língua ritualística, de aspecto sagrado, mas não declaradamente de natureza sobrenatural. Acredita-se tratar-se do idioma nativo da entidade que, eventualmente, pode ser identificado como uma das línguas locais de uma nação política africana atual, como se tem observado recentemente em razão do estreitamento das relações culturais e políticas do Brasil com os países subsaarianos e das sucessivas visitas de lideranças do mundo afrorreligioso brasileiro, principalmente à Nigéria, provocando ainda o enriquecimento do seu vocabulário religioso com novos aportes linguísticos de matrizes africanas.

São palavras que descrevem a organização sociorreligiosa do grupo, os objetos sagrados, a cozinha ritualística, cânticos, saudações e expressões referentes a crenças, costumes específicos, cerimônias e ritos litúrgicos, todos apoiados em um tipo consuetudinário de comportamento bem conhecido dos seus praticantes por experiência pessoal, em que não há metáforas, sinonímia precisa, pois cada "palavra de santo" é mantida dentro da fidelidade ritual do apelo, da denominação dos referentes.

Tal repertório, memorizado e apreendido por experiência pessoal nas cerimônias rituais do terreiro, torna-se, lenta e inconscientemente, diferenciado pelos seus praticantes pelo fato de ser habitualmente usado por essa ou por aquela determinada "nação" de culto e dirigido para uma determinada entidade. Embora tenha sofrido interferência da língua portuguesa, tende a se cristalizar em razão de o seu domínio ser de uso restrito aos seus participantes, o que ainda lhe confere o aspecto de "secreto" por estar fundamentado em certas formulações simbólicas, as "afrografias" de Leda Martins (1977), em cujo contexto cada palavra proferida , "a palavra-força" de Zumthor, torna-se mais valorizada do que as palavras do falar cotidiano, comum, pela energia divinatória de poder sacralizar os objetos que nomeia, a exemplo de um bastão de giz quando passa a ser chamado de (kimb.) *pemba* ou de *efun* (yor.), nas cerimônias do culto.

Durante tal desempenho, para os fiéis o que mais importa é demonstrar sua competência simbólica, ou seja, saber, por exemplo, em que momento deve ser entoada uma cantiga ou feita uma saudação para uma determinada entidade e não o significado literal de cada qual (cf. *Orerê ô,* para Oxum), coisa que geralmente poucos fiéis são capazes de fazer, à semelhança de cantar a ladainha ou louvar certos santos católicos em "latim" na abertura das cerimônias litúrgicas na Casa das Minas no Maranhão ou durante cultos populares e domiciliares nas trezenas para Santo Antônio, em junho ou no "mês de Maria", em maio, sem que, em geral, seus participantes, sequer tenham noção da existência de uma língua chamada latim. Entende-se, assim, a alegação de mãe Andresa, sacerdotisa da Casa das Minas no Maranhão, que, quando indagada sobre qual o significado dos seus cânticos em língua ritual, simplesmente respondeu que "os velhos não lhe deixaram e que sabia apenas para que voduns são cantados" (CORREIA LOPES,1945, p. 53).

Entre os terreiros, seus seguidores podem compreender o sentido denotativo de certos termos, expressões, trechos de cânticos e saudações, mas ignoram as conotações e implicações mais profundas que eles contêm. Este conhecimento, que faz parte dos fundamentos litúrgicos, é fator determinante de ascensão sociorreligiosa na hierarquia do grupo por guardar os segredos do culto, e do domínio dos mais velhos, como sentencia a yalorixá Stella de Oxóssi, no livro de provérbios *ÓWE* (2007), escrito em yorubá, com tradução em português: "Ògbèrinko mo màrìwò, o não iniciado não pode conhecer os mistérios de uma religião." (Provérbio 11).[3]

---

[3] O substantivo yorubano "màrìwò", franjas de palha da costa, passa a representar, no sentido conotativo, figurativo, o sagrado nelas contido.

Neste plano de entendimento, em ambos os casos achamos a ideia jakobsoniana de aspecto conativo e não referencial da mensagem, a partir do momento em que a orientação dessa mensagem encontra seu destinatário na sua forma mais pura do apelo, de invocação do vocativo (ex.: Que Deus me ajude!) e das fórmulas imperativas de mando (ex.: vá, diga, faça) que diferem, fundamentalmente, das sentenças afirmativas (ex.: eu vou, eu digo, eu faço), porque, do ponto de vista lógico, essas últimas podem, mas aqueloutras não podem ser submetidas à prova de verdade, de questionamento ou de dúvida (JAKOBSON, 1946, p. 127).

Sendo assim, mesmo considerando essas manifestações como realidades brasileiras, na medida em que foram recriadas e reestruturadas no Brasil, o repertório específico das práticas rituais entre os candomblés se conservou estranho ao domínio da língua portuguesa, enquanto seu vocabulário necessariamente se cristalizou mais, tendendo a se modificar menos, no momento em que foi aceito pela comunidade sociorreligiosa como meio primordial de contatar as suas divindades, e o acesso ao seu conhecimento como fator preponderante de integração e identidade etnorreligiosa do grupo.

Diante dessa percepção, a tendência é manter a sua continuidade, colaborando todos, de maneira mais ou menos consciente, no sentido de evitar que esse repertório sofra variações prejudiciais à sua compreensão, mesmo na eventualidade de criações individuais, porque, se a língua não relata a realidade, mas a cria subjetivamente, qualquer mudança que se opere no seu sistema linguístico refletirá consequentemente uma mudança na imagem dessa realidade. Vale lembrar, de passagem, que a substituição do latim pelas várias línguas nacionais nas cerimônias da Igreja Católica Romana fez-se acompanhar da mudança de partes do cerimonial litúrgico. No caso da celebração da missa, o aspecto conativo para o mais referencial, que chegou a ser reinterpretada popularmente como dessacralização da Igreja.[4]

---

[4] A função conativa ou apelativa é um recurso que tem como intenção convencer o destinatário da mensagem (JAKOBSON, 1946, p. 146).

Talvez nesse caráter hermético e sagrado do antigo ritual cristão esteja para ser também encontrada uma explicação subjacente aos fatores de ordem diversa que favoreceram a aceitação de orientações do cristianismo que foi imposto ao contingente de negro-africanos trazidos para o Novo Mundo, um processo de contatos e adequações interculturais que foi chamado pelos pesquisadores de "sincretismo religioso com o catolicismo", um fato que já não era mais desconhecido no reino do Kongo desde o século XVII.

Aí, a profetisa Beatriz Kimpa Vita criou um movimento afror-religioso banto com a mesma transcendência metafísica (deuses, santos, espíritos) que revitalizava as raízes culturais tradicionais do Kongo e utilizava os símbolos cristãos, como a cruz. Foi sacrificada viva em fogueira, como o foi Joana D'Arc, na França, depois de ser acusada de profanar, com princípios nativos, ditames da religião católica, quando da desumana e calamitosa tentativa de cristianização daquele reino (SETAS, 2007).

No entanto, apesar do alinhamento que se produziu no Brasil entre traços das divindades negro-africanas com o catolicismo, cada qual mantém sua identidade original formalmente diferenciada e identificada pelas palavras vodun, orixá ou inkisi com que são invocadas e facilmente reconhecidas pelos seus seguidores. Observa-se, por exemplo, que devido ao prestígio sociológico de que começaram a gozar certos candomblés de tradição nagô-ketu da cidade de Salvador, objetos da investigação científica frequente e de atração cada vez maior da classe intelectual e artística não só do Brasil, os *orixás* do panteão yorubá, com seus mitos e suas representações antropomórficas, tornaram-se mais conhecidos do que outros e passaram a ser cultuados pelos mais diversos tipos de terreiro em todo o país, mas conscientes, por parte dos seus integrantes, de que se trata de divindades da "nação nagô-ketu".

Exemplos de equivalências e atributos:

	Equivalências			Atributos
Catolicismo	Mina-jeje	Nagô-Ketu	Congo-Angola	
Deus	Hunsó	Olorum	Zambi(apungo)	
Divindade	Vodun	Orixá	Inkisi	
Demônio (?)	Lebá	Exu	Bambojira	Dono das ruas
Senhor do Bonfim	Lisa	Oxalá	Lembá	Divindade Suprema
S. Gerônimo	Hevioso	Xangô	Zazi	Trovão, fogo
S. Benedito	Agué	Ossaim	Catendê	Medicina
S. Roque S. Lázaro	Xapatá	Xapanã	Kingongo Kavungo	Doenças da pele
Santo Antônio	Gun	Ogum	Roxomucumbi	Guerra
S. Jorge	Aguê	Oxóssi	Kongombira	Caça
Sra. Candeias	Aziri	Oxum	Dandalunda	Água doce
Sra. Conceição	Aziritobosi	Yemanjá	Kianda	Água salgada
Santa Bárbara		Yansã	Bamburucema	Tempestade
S. Bartolomeu	Besseim	Oxumaré	Angorô	Arco-Íris
S. Francisco	Lokô	Iroko	Tempo	Árvores
Cosme e Damião	Hoho	Ibêji	Vunji	Gêmeos

Sociedades secretas na África Subsaariana

Do outro lado, na África Subsaariana, as sociedades secretas tradicionais possuem, cada qual, uma "língua especial" que só seus iniciados conhecem e praticam. Essa língua, segundo os que a estudaram, é um falar esotérico que integra formas de outros falares da região onde cada uma dessas sociedades exerce sua influência, parecendo, no entanto, prevalecer o falar de onde se atribui a origem da entidade cultuada, ou, como no candomblé da Bahia, da "língua de nação".

Entre o povo bakongo (Sul do Congo, região do Baixo Zaire e Norte de Angola), Laman (1963, s.v.) e Galland (1914, s.v.) falam do "ndembo" como "escola de *inkisi,* sua língua secreta". Nela, o "nganga" (iniciado) não só aprende essa língua como adota um novo nome. Já os não iniciados são denominados "vanga", a exemplo do que se observa nos candomblés de tradição congo-angola na Bahia, entre os quais os videntes são *gangas*, e o leigo é considerado *palanga*, aquele sem autoridade. Quanto ao assunto, Galland afirma que a maioria dessas associações ensina uma língua secreta e esclarece que, ao contrário da "nkimba", em que as mulheres são rigorosamente excluídas, "a escola ndembo" admite iniciados de ambos os sexos, que podem chegar, indistintamente, a ocupar os postos hierárquicos de "makuala" e "matundu", o primeiro equivalente ao título de *makota*, atribuído às mulheres inciadas mais antigas no candomblé de tradição congo-angola.

Entre o povo fon do Benin, Segurola (1968, s.v.) registra e define o "hungbe" (lit. língua da divindade, ou seja, língua de santo) como língua sagrada que resulta da mistura convencional de dialetos de várias línguas negro-africanas circunvizinhas, com predominância daquela em que se acredita ser da competência nativa do "vodun", ou, como no candomblé, da "nação do santo". Os iniciados são "vodunsi", enquanto os leigos são "àìgbeto" (ignorantes) e "kosi" (o que ainda não existe, não foi nascido) correspondente a *vodunsi, betó* e *kosi* nos terreiros de tradição mina-jeje.

Herskovits (1938, p. 363) também conta que, durante o período de reclusão no "hunko" (cf. *runcó*, na Bahia, quarto de reclusão nos terreiros), os candidatos aprendem uma língua cultual e fingem não mais compreender fon, porque, até o momento da sua consagração pública final como iniciado nos segredos do culto, cada qual fala a língua de competência da presumível nação de origem da divindade africana pela qual está possuído. Para exemplificar, traz o caso dos devotos de Maú-Lisá (criadores do mundo) que falam um nagô antigo, e os de Hevioso (do panteão dos raios e trovão) que falam o dialeto pedá do ewe-fon proveniente de Whydah (Uidá), na região costeira do Benin (ARGYLE, 1966, p. 188).

Görer (1959, p. 154), referindo-se às sociedades secretas do reino fon do Daomé, comenta o fato de que, depois dos oito anos de idade, a criança deixa o convívio dos pais para viver em um convento "fetiche" por dois ou três anos, período em que aprende as danças, o ritual e a língua que é incompreensível para quem não é iniciado, provavelmente, segundo ele, "um jargão pré-fabricado [ing. *made up jargon*], ou seja, uma versão distorcida de uma língua negra arcaica e, se for o caso, obviamente de grande importância filológica".

Falando das religiões locais da África Ocidental, Parrinder (1936, p. 86) confirma o fato, assinalando que, no convento daomeano, noviços e sacerdotes falam entre si uma língua que não é a sua própria. Essa língua compreende dialetos de diferentes partes do país, habitualmente aqueles da região de origem da divindade, constituindo-se, assim, uma língua ritual e própria dos cultos. De qualquer maneira, conclui o mesmo autor, "na maioria das tribos, os cantos de culto são em um dialeto antigo, indicando o lugar da sua origem".

Partindo do fato de que esses falares esotéricos são frequentemente denominados de "poro", língua velha, ou "ukulu", palavras escondidas, Butt-Thompson (1929, p. 150) chama a atenção para a importância de que seu estudo sistemático pode revelar formas figurativas e simbólicas antigas de línguas do oeste-africano. O mesmo pode-se dizer da linguagem dos Zangbetos, guardiães da noite, patrulhando ruas e prendendo malfeitores no Benin e no Togo (cf. vídeos na internet).

Aqui, convém chamar a atenção para a importância da "língua de santo" dos contextos religiosos afro-brasileiros, para o cântico dos vissungos e os cantares das irmandades de Nossa Senhora do Rosário em Minas Gerais, como documentos vivos das línguas sub-saarianas que foram faladas no Brasil na época colonial e que estão a merecer não só o interesse maior de filólogos e linguistas brasileiros, mas também de pesquisadores nesse vasto campo de estudos do continente africano (cf. CASTRO, 1998).

Os casos de glossolalia e xenoglossia

Segundo Carlyle May (1958, p. 75-96), os casos especiais desse fenômeno conhecido por xenoglossia são muito frequentes e com larga distribuição geográfica nas religiões subsaarianas e no mundo. Trata-se de uma forma de verbalização durante o transe de possessão, em estado de êxtase, que se mostra estranha àquela do conhecimento geral da comunidade onde acontece, por se tratar de língua ou línguas nunca anteriormente aprendidas. Alguns estudiosos sugerem que a ocorrência dos casos de xenoglossia na África é um fenômeno parcialmente facilitado pelo fato de os xenoglossistas falarem também dialetos de outras línguas próximas ou vizinhas, resultado do poliglotismo, que é uma característica comum entre as populações africanas. Na Bahia, observa-se que, em casos de xenoglossia, diz-se que os iniciados "falam a língua de outra nação" (de candomblé).

Com exceção dos *eguns*, manifestações redivivas de antepassados do grupo, em um culto de tradição yorubá-nagô celebrado na Bahia em cerimônias especiais e em terreiro próprio na localidade de Amoreiras, na ilha de Itaparica (BRAGA, 1995), os casos mais frequentes de glossolalia encontram-se nas manifestações de possessão ou de transe místico dos chamados *erês*, *pretos-velhos*, *santos* e *caboclos*.

– ERÊS

Entidades idealizadas como infantis que o iniciado costuma incorporar ao sair do transe de possessão dos *santos*. Sua fala é quase um tatibitate, por isso considerada de qualidade inferior, primária, associada ao uso de crianças em fase de socialização. Não obstante, costuma ser acompanhada de gestos chulos, com emprego abusivo de "benditos palavrões", palavras em português carregadas de conotações obscenas, embora ditas e aceitas em tom jocoso e caricato, sob a forma de humor cerimonial. Geralmente, são termos referentes a modos de comportamento, como "gará", ladrão, caloteiro, e a órgãos sexuais, entre eles, uma maioria de base banto já integrada ao português do Brasil e dicionarizada na categoria de gíria ou de "calão", a exemplo de *xibungo* (o homossexual), *quenga* (prostituta), *binga* (pênis), *cabaço* (hímen, virgindade), *boi* ou *bode* (menstruação) (cf. capítulo IV).

– PRETOS VELHOS

Cultuados como ascendentes negro-africanos, são tratados cerimoniosamente como velhos, anciões e recebem certos títulos em português, entre eles, Pai João de Aruanda, Pai Joaquim de Angola, que não deixam dúvida quanto a sua origem banto. Seu meio de falar é um português rudimentar que, supostamente, teria sido o mesmo usado, a princípio, pela escravaria, no *dialeto das senzalas*, não se lhe atribuindo, portanto, origem sobrenatural.

Nesse falar, destacam-se certas particularidades linguísticas, como a redução relativa a distinções de número (os menino), de gênero (mia minino), e a concordância verbal geralmente feita na terceira pessoa do singular, mesmo quando usam o pronome "eu" (eu vai falá), menos frequente do que o uso do apelido por que costumam ser conhecidos (Preto Véiu vai falá). O interlocutor é tratado por "Vansucê", de Vossa Mercê, forma cerimoniosa de tratamento pessoal em português transformada no antigo e ainda usual *Vosmicê* na linguagem do povo de santo e no dialeto rural brasileiro, e, por fim, reduzida ao atual *você*, cujo uso se generalizou em lugar do pronome pessoal da segunda pessoa do singular "tu", e que, quando empregado, concorda com a desinência da 3ª pessoa do verbo. Exemplos: Você já vai embora? Tu já vai(s) embora?

Característica marcante do vocabulário dos glossolalistas, e só observada nesse tipo de verbalização, é a frequência de termos de base banto com o morfema inicial /zi-/ e de palavras em português enlarguecidas pelo mesmo morfema. Trata-se de casos que os bantuistas chamam de *aumento* (MEEUSSEN, 1967), vestígio da retenção de um morfema preso, antigo demonstrativo reconstruído a partir do protobanto que, hoje, subsiste, opcionalmente na classe 10, em kikongo e kimbundo central, a exemplo de *ziquizila* (treita), *zingoma* (tambor), *zingombe* (boi), *zimbombo* (dinheiro). No caso da sua ocorrência em posição também inicial em palavras isoladas do português, como em *zirimão* (irmão), *zimbreve* (breviário), *ziterero* (terreiro), *zifiu* (filho), não se trata desse prefixo, mas de uma adaptação morfossintática do vocábulo português ao sistema linguístico banto. Por sua vez, esse fenômeno denuncia seu traço arcaizante e está de tal maneira identificado com a figura emblemática do chamado Preto Velho que sua fala terminou popularizada como "língua de preto" nas frequentes imitações feitas em qualquer uma das suas representações teatrais ou caricaturais no Brasil (ALKIMIM, 2008, p. 247-264).

Outra curiosidade do vocabulário, que denuncia a memória histórica da escravidão doméstica exercida no meio rural das plantações e engenhos, e vem ao encontro da crença generalizada em que "preto velho fala como os africanos de antigamente", é ainda a ocorrência de bantuismos lexicais associados ao regime da escravidão, *quilombo*, *mocambo*, *mucama*, ou, então, *moleque e carimbo*, também correntes no português europeu. Ademais, o fato de que os bantuismos se acham tão integrados ao sistema linguístico do português, outra evidência da sua precedência histórica no Brasil, que alguns até mesmo já se mostram de tendência arcaizante, *banzo* (tristeza), *sungar* (levantar), *banguê* (engenho de açúcar), *cafua* (quarto escuro), *cacunda* (corcunda), enquanto outros já caíram completamente em desuso, como *ainhum* (doença nos dedos do pé), *viramundo* (grilhão), *maculo* (diarreia).

Também é muito frequente o emprego de metáforas em português, como *imbuchado* por travesseiro, e termos do banto já dicio-

194

narizados na categoria de gíria, a exemplo de *marafo* (cachaça) e *macaia* (tabaco), produtos muito apreciados e consumidos por essas entidades, que também não dispensam um *cachimbo*, jogando cinzas e dando baforada de fumo por todos os lados, entre saudações tais como: "Saravá, zifiu! qui Zambi ti abençoi!", durante as suas incorporações.

CANTIGAS DE PRETO VELHO (ZESPO, 1951)

"Abri ziterero,   "Pai Catiano,
abri zigongá,   qui veiu de Angola,
chegô Maria Conga, trazi fulori ni sacola
qui veiu trabaiá."   prá zifiu zinfetá."

"Dá-me licença, Calunga (divindade suprema banto)
Dá-me licença, Tata (pai)
Dá-me licença, Baculo (os velhos)
Quimbanda qué cuendá (andar)."

– CABOCLOS

Considerados "brasileiros", os donos das terras do Brasil, representam o sentimento nativista do segmento afrorreligioso e são festejados, com desfile cívico, no dia 2 de julho, na Bahia, de onde, em 1823, foram expulsas as tropas portuguesas que ainda restavam na cidade de Salvador e na Região do Recôncavo Baiano, episódio, com lutas sangrentas, que consolidou a Independência do Brasil, quase um ano depois de ter sido decretada, oficialmente, no dia 7 de setembro de 1822. Esse episódio, narrado por Castro Alves no poema dramático "Ode ao Dois de Julho", ainda não mereceu o reconhecimento, que lhe é devido, em nossa história (cf. TAVARES, 1977).

Sem relação com entidades africanas, são muito populares entre as religiões afro-brasileiras, idealizados como habitantes nativos das suas florestas, associados a elementos da natureza na categoria de nobres soberanos, indígenas bravios, impetuosos e guerreiros, mas sem *status* divinatório. Por esse motivo, os caboclos costumam ser tratados com títulos de nobreza, tais como Rei da Hungria, Sultão das Matas, ou, então, com nomes referentes a elementos da flora, da fauna e de atividades locais, a exemplo de Pena Branca, Cobra Coral, Boiadero e Cabocla Jurema, personagem importante da mitologia indo-afro-brasileira (SANTOS, 1995). Nos terreiros, são festejados em cerimônias públicas denominadas *candomblé de caboclo* ou *samba de caboclo*, em que o bantuismo "samba" tem seu sentido original de "reza, oração", assinalando uma tradição como fruto de religiosidade afro-indígena, provavelmente a mais autenticamente brasileira pela sua anterioridade no tempo em relação às demais manifestações brasileiras de igual valor.

Seus manifestantes não precisam se submeter aos costumeiros processos rituais iniciáticos e obrigatórios, por serem idealizados na categoria de "entidades nobres" e não de "santos". Segundo se afirma, "caboclo já nasce feito" (de berço), conhece os segredos e sabe utilizar ervas, folhas e outras substâncias da natureza, porque vive no mato, é o proprietário da terra, dos rios, das florestas do Brasil, onde nunca antes foi cativo (FERRETTI, 1994; SANTOS, 1995).

Quanto aos glossolalistas, empregam uma forma rudimentar de português que se diferencia do falar dos pretos velhos no tocante ao uso dos verbos na primeira pessoa do singular e à emissão dos enunciados com mais vigor articulatório e acústico, constantemente intercalados por sons desprovidos de significado, próximo ao que Carlyle May (1964, p. 75-96) chamou de *"phonation frustres, mutterings that vary from gurgling to meaningless syllables"*, ou seja, frustros de fonação que podem ser definidos como murmurinhos que variam de gorgolejos a sílabas sem sentido, muitas vezes misturados a outros sons, à semelhança de gritos de animais e assovios. Sempre acompanhados de tremores do corpo, um fenômeno característico do transe de possessão dos *santos,* as entidades negro-africanas, e, à semelhança dessas, os caboclos dançam e possuem trajes cerimoniais festivos especiais, o que não se observa em relaçnao aos *erês* e aos *pretos velhos*.

A diferença notada na linguagem religiosa, que é lexicalizada pelo português vernacular brasileiro, está no uso de termos de línguas indígenas brasileiras já conhecidos do grupo, a exemplo de *jurema*, nome da entidade, tomado de uma planta nativa da qual se faz uma beberagem de poder alucinógeno que é consagrada aos caboclos, mas, também, seguida de invocações ao Deus Zambi do mundo banto e a santos católicos (cf. Lody, 1977).

Esse tipo de dado denuncia, mais uma vez, a antiguidade dos candomblés e dos sambas de caboclo no Brasil e sua emergência no meio rural como uma manifestação de religiosidade brasileira afroíndígena, originária do íntimo contato, nos primórdios da colonização, de mitos e crenças indígenas com orientações da religiosidade banto e do cristianismo, e, ao mesmo tempo, projeta o sentimento libertário do povo de santo na imagem emblemática do caboclo, no ufanismo de ser brasileiro. Provavelmente, só mais tarde, a partir do século XIX, quando desponta o modelo urbano prestigioso do candomblé de estrutura conventual jeje-nagô na Bahia, terminou incorporando os orixás yorubanos nos seus cânticos e ritos, destacando-se, entre eles, Ogum e Oxóssi, patronos da caça, mas sem perder Aruanda da memória, a África ancestral do além-mar.

CANTIGAS DE CABOCLO (ZESPO, 1951)

"Sô brasilero,
Brasilero, imperadô!
Sô brasileiro,
O qué qu'eu sô!"

"Vim de Aruanda,
de lá veim vino
uma força maió,
Meu Jesus, Sô Bento"

"Ogum, meu pai, ê!
Foi o siô memo que disse,
Fio de pemba num cai."

"Oh! Viva Oxóssi, ê
Oh! Viva Oxóssi, á!
Ele é caboco do mato, mia pai."

– *SANTOS*

Denominação genérica por que são chamados em português os voduns, orixás e inkisis, entidades idealizadas como regentes dos fenômenos da natureza e das forças divinas. Seus manifestantes são os únicos necessariamente obrigados a passar pelo processo iniciático de reclusão no terreiro para "feitura do santo", o aprendizado da língua sagrada e de conhecimentos culturalmente postulados pela sua "nação de santo", para submissão ao transe de possessão. Entre os glossolalistas, são os que se mostram com uma verbalização mais rudimentar, entrecortada, seguidamente, por ideofones, simbolismos sonoros, representações vívidas de ideias em sons, e por frustros de fonação, esses últimos, em tom áspero e desagradável, um tanto amedrontadores aos ouvidos alheios, e que se fazem acompanhar de movimentos corporais bruscos e nervosos (cf. capítulo VII).

São as únicas entidades, quando incorporadas, que não se relacionam diretamente com o público presente de forma verbal, mas através de uma personalidade do terreiro no papel de intérprete. Essa atribuição geralmente é da competência de uma ekedi, que, no terreiro, exerce a função de "cuidadora dos santos". Naquele exato momento, os glossolalistas se manifestam através da "língua da nação do seu santo", logo, estranha e ininteligível para os noviços e não iniciados, mas acessível para a sua classe sacerdotal.

Em tal fenômeno de xenoglossia, que é característico desse tipo de transe, ainda é possível observar, que, nos casos em que seus manifestantes, quando incorporados por entidades com apelações pretensamente desconhecidas pela comunidade do terreiro, passam a se expressar em uma "língua estrangeira", ou seja, na língua de outra "nação", faz-se necessário também contar com a ajuda de uma personalidade dessa outra "nação", para fazer as vezes de "língua", ou seja, desempenhar o papel de tradutor.

Os terreiros

A vida religiosa dos candomblés está centralizada em *terreiros* ou *roças*, a maioria localizada, estrategicamente, em sítios altos e afastados do centro urbano, prováveis remanescentes de antigos mocambos ou quilombos. Nascidos na escravidão, sujeitos à implacável perseguição policial até 1976, a partir de quando foram desobrigados de pedir autorização para realizar suas celebrações graças ao decreto do então governador da Bahia, dr. Roberto Filgueira Santos, esses candomblés se tornaram o maior centro de resistência e defesa dos valores culturais negro-africanos no Brasil.

A dimensão da importância histórica desses templos afrorreligiosos é de tal ordem que alguns deles já foram tombados (T) pelo Instituto do Patrimônio Histórico e Artístico Nacional – Iphan, como Patrimônio Histórico Nacional.

Tradição ketu:
Na Bahia (Salvador):
– *Ilê Axé Iyá Nassô Oká* – Casa Branca, T. 1986
– *Ilê Axé Opô Afonjá*, T. 1999
– *Ilê Axé Omim Iyá Yamassê* – Gantois, T. 2002
– *Ilê Mariolaje* – Olga de Alaketu, T. 2005
– *Ilê Axé Oxumarê*, T. 2014

No Rio de Janeiro:
– *Ilê Axé Opô Afonjá*, T. 2016

Tradição congo-angola"
Na Bahia:
– *Inzo Manzo Bandukenké* – Bate Folha, Salvador, T. 2003

Tradição mina-jeje:
Na Bahia:
– *Seja Hundé, Roça do Ventura* – Cachoeira, T. 2012
– *Savalu Vodun Zo Kwe*, Salvador, T. 2016

No Maranhão:
– *Querebetã de Zonadônu, Casa das Minas*, São Luis, T. 2002

Alguns deles chegam a denominar o bairro onde se encontram. Na cidade de Salvador na Bahia, temos os seguintes exemplos:

– *Bogum*, de tradição jeje-mahi, na Federação.
– *Ogunjá*, de raiz nagô-yorubá, no Rio Vermelho.
– *Engomadera*, de "nação" congo-angola, no Cabula.

A família de santo

Cada terreiro congrega uma comunidade sociorreligiosa de maioria negra e mestiça. É dirigido por uma classe sacerdotal, submetida apenas à autoridade suprema dos *santos*, e pertence a uma determinada "nação", isto é, obedece a uma norma de comportamento religioso idealizado para si mesmo a partir de arquétipos negro-africanos comuns e de suas recriações individuais (LIMA, 1978). Sendo assim, certas práticas cerimoniais se tornam diferenciadas entre "nações" com a mesma titulação em razão de cada terreiro ter adotado para si mesmo um tipo de padrão religioso tradicionalmente atribuído à liturgia de origem da sua divindade padroeira, quer seja a de seus principais sacerdotes ou de ambos, e nem sempre são as mesmas. Por esse motivo, há terreiros que se dizem jeje-nagô, ketu-angola, onde denominações distintas se combinam, mas cada qual pretendendo ressaltar que se trata de práticas religiosas de origem diversa, culturalmente postuladas e assinaladas pelo uso de um repertório linguístico de base negro-africana, também diferenciado, como marca identitária do grupo.

A estrutura sociorreligiosa do terreiro comporta diferentes graus de hierarquia, cada grupo constituindo *uma família de santo*, isto é, um tipo de comunidade ligada por laços de parentesco religioso, assentados na obediênda aos preceitos ditados por sua "nação" (LIMA, 1978). Os mais graduados são chamados genericamente de "pai" ou de "mãe" e seus iniciados, "filhos" ou "filhas" que se consideram "irmãos" ou "irmãs" dos que cultuam a mesma entidade ou que participaram do mesmo grupo de iniciação ou *barco*. Todos eles estão sujeitos às mesmas proibições de incesto postuladas para uma família com parentesco consanguíneo, que foi destruída pelo regime perverso da escravidão e reconstruída por laços "nacionais" de parentesco religioso nos terreiros.

Quanto ao tratamento pessoal dos seus integrantes, além do decalque da terminologia classificatória do parentesco consanguíneo em português com o parentesco religioso nos terreiros (pai, mãe, filho, filha de santo), é geralmente feito através do prenome civil ou apelido habitual que pode ser:

a) precedido do título religioso hierárquico: Ebome Nicinha, Baba Sérgio, Nêngua Rose, Makota Valdina, Tata Anselmo, Ogã Gilberto, Ebome Carmem;

b) seguido do nome
– de "batismo ritual", Amélia Jijau, Manoel Aguesi, Vavá Bonupó;
– da sua principal entidade: Vavá de Nanasi, Moacir de Oxóssi;
– do seu terreiro: Olga de Alaketu, Menininha do Gantois.

Em tal contexto, é notória, entre seus integrantes, o que Einar Haugen (1950) classifica de *bilingualidade*, a capacidade de saber utilizar, quando necessário, o português vernácular brasileiro nas suas atividades corriqueiras, e a linguagem religiosa de base africana adquirida por experiência pessoal no grupo de culto, afeta às interlocuções de cunho religioso tanto em situação a nível intragrupal, dentro do próprio terreiro, quanto intergrupal, em contato com representantes de outros terreiros.

201

A linguagem no terreiro

A linguagem de comunicação usual do povo no terreiro é o falar cotidiano de um grupo inclusivo que estabelece larga e sistematicamente a diferenciação das variedades linguísticas do seu repertório religioso em diversas situações. Em nível intragrupal, dentro do próprio grupo, cada qual está comprometido por fidelidade religiosa a uma "nação" determinada, que emprega um vocabulário religioso específico. Em nível intergrupal, como membro da comunidade mais ampla, ele participa de um repertório linguístico do domínio religioso comum.

Tal consciência linguística reflete-se na atitude habitualmente tomada por qualquer um deles diante de uma palavra, uma expressão ou de cântico que, ao lhe ser dirigido, pretende não entender, respondendo, como alegação, "Minha nação não pega". Em outros termos, o fato mesmo de saber que se trata do repertório de um outro grupo afrorreligioso que não é o seu, referente a outras entidades, representando uma variedade do culto, implica exatamente a conscientização da realidade linguística e cultural de que ele faz parte como membro da sociedade envolvente, global, equivalente a dizer, com Fernando Pessoa, "Minha pátria é a minha língua".

Essa relação identitária com a língua ritual é tão presente que, entre os "pontos cantados e riscados da umbanda", um deles é cantado para "obrigar um espírito a falar direito", ou seja, quando, em estado de transe, falar corretamente na mesma língua da entidade invocada, a fim de ser por ela entendida, como no exemplo a seguir, em que a língua é a de Zambi, Deus Supremo do mundo banto ou "calunga":

"O dia amanheceu na *calunga*.
Tu fala direito na língua di *Zambi*!
O dia amanheceu na calunga.
Tu tem que falá na língua de Zambi!"
(ZESPO, 1951, p. 68)

No contexto intra- e intergrupal, os itens mais frequentes, na interlocução dentro do terreiro e em contato com membros de outros terreiros destacam-se pelas seguintes particularidades:

1) Especialização do sentido de termos e expressões do falar corrente em português nos seguintes casos:

a) Quando relacionados com situações de cunho ritualístico, como *feitura de santo*, passar pelo processo de iniciação religiosa, ou *barco*, para o grupo de iniciação.

b) No uso de metáforas para substituir certos itens da linguagem religiosa considerados como tabus linguísticos, a exemplo do apelativo *O Velho* em lugar dos nomes de Omolu, Xapanã, Cavungo, entidades protetoras das doenças de pele, a fim de evitar, como se acredita, atrair para si essas enfermidades, e o emprego do sintagma nominal *flor do velho* para denominar as pipocas que lhe são consagradas como ofererenda, o que se deve ao seu aspecto mágico-simpático. O caroço do milho espoca à semelhança de uma flor que lembra o rompimento de uma ferida variólica e, assim, elas se transformam em uma espécie de anticorpos de acordo com o princípio homeopático e imunológico da vacina, segundo o qual *"similia similibus curantur"*, os semelhantes se curam pelos semelhantes.

c) Na ocorrência eventual de características próprias dos sistemas linguísticos negro-africanos, a exemplo das labiovelares /kp / e /gb/ do yorubá e do ewe-fon.

d) Tons melódicos distintivos observados em cânticos litúrgicos por força do ritmo e da entonação.

Convém notar que nos casos (b) e (c), como são ocorrências isoladas que acontecem em itens do yorubá, alguns já dicionarizados (cf. "igbin", lesma), devemos considerar a possibilidade de uma reestruturação recente, devido ao acesso fácil a cursos dessa língua, oferecidos não só em Salvador, desde 1961, além de viagens, cada vez mais frequentes, de membros praticantes do candomblé à zona yorubana da Nigéria, a fim de estabelecer contatos e adquirir conhecimentos novos com suas lideranças religiosas locais. Por outro lado, não se pode deixar de considerar com Einar Haugen (1950) que "uma palavra tomada por empréstimo terá sua forma original reforçada se ela for aprendida na mesma fonte, por um certo número de indivíduos que falam o mesmo dialeto e tenham o mesmo grau de bilinguismo, a capacidade de operar, em um mesmo nível sociolinguístico de fala, em mais de uma determinada língua", aqui, concernente à habilidade de saber usar apropriadamente a linguagem religiosa dentro e fora do terreiro.

Vocabulário

Os itens de maior ocorrência:
– Nomes de entidades: Oxum, Xangô, Nanã, Angorô, Dandalunda.
– Nomes iniciáticos, *nomes de santo*: Nanansi, Oyafumin, Sambadiamongo.
– Nomes da hierarquia sociorreligiosa: *ogã, alabê, muzenza.*
– Nomes de parentesco religioso: *Dofona, Yalorixá, Tateto.*
– nomes de objetos, lugares, flora, fauna, cozinha: *pemba cafua, alumã.*
– Nomes e expressões referentes à sexualidade, a funções fisiológicas, à gravidez, à doença e à morte: *menga, furunfá, bilongo.*
– Expressões de exorcismo, de saudação, de bendição, de pedido, de permissão, de interdição, de negação, de reverência: *shetruá, mokoiú, ago, colunfé, motumbá.*

Neste contexto, o vocabulário ainda apresenta as seguintes particularidades:

1) Troca rápida e não recíproca de itens da sua própria "nação":
a) Por eufemismo, quando se referem a órgãos sexuais, a funções fisiológicas, à gravidez, ao homossexualismo, prevale-

cendo termos de base banto, tais como *fazê nena*, defecar; *mengá*, copular.

b) Por ênfase ou para marcar o contraste de filiação religiosa em contexto dessacralizado, como no caso de uso generalizado de *orukó*, do yorubá, em lugar do banto *dijina,* alusivo ao "nome de santo", e do lexema banto *pemba* (caolin) por *efun* do yorubá.

c) Para facilitar o entendimento a partir do instante em que, por antiguidade ou prestígio social, esses itens já foram adotados pelo domínio público, muitos já integrados ao vocabulário do português do Brasil, entre eles, *pemba, axé, orixá*.

Morfossintaxe

1) Diferenciação de gênero masculino e feminino manifestada pelo artigo definido em português, a exemplo dos substantivos originalmente no gênero feminino, (Yor.) "iyawo" e (Fon) "vodunsi", que terminaram por designar os noviços de ambos os sexos: *a iyaô / o iyaô, a vodunsi / o vodunsi.*

2) Tendência à categorização de número assinalado apenas pelos mesmos modificadores no plural (*masc. -os*, fem. *-as*): *os / as iyawo.*

3) Tendência à categorização dos tempos verbais de acordo com a oposição presente x passado do sistema linguístico do português, observada tão somente na formação de substantivos deverbais em banto, a exemplo de "kufá", morrer > "kufô", morreu ou morto.

Fonologia

Os casos observados são os mesmos analisados no estudo da categoria dos aportes (capítulo IV). Entre eles, os mais frequentes são casos isolados como a reestruturação de tons melódicos distintivos nos lexemas negro-africanos, algumas vezes mantidos em cânticos litúrgicos por força do ritmo e da entonação, e a ocorrência de particularidades de sistemas linguísticos africanos, a exemplo das labiovelares /kp / e / gb / próprias do yorubá e do ewe-fon e da africada sonora /-dj-/, como em yorubá "adjà" (campânula de ferro usada em rituais), já dicionarizado com essa mesma ortografia.

Em resumo

Se é verdadeiro que a língua substancia o espaço identitário de um povo e compõe o seu patrimônio imaterial, nesse repertório cada *palavra de santo* deixa de ser apenas um significante para tornar-se ela mesma um dos elementos construtivos do tecido de uma nova realidade. Realidade essa elaborada como meio de valorizar e atualizar a herança cultural dos seus falantes, e afirmar o seu território de identidade etnorreligiosa no bojo da constituição de uma etnicidade envolvente de natureza brasileira mestiça. Por sua vez, a música alimentou a religiosidade, base da resistência, e o tambor é o elo com o passado, a memória, a recordação que fala no ritmo melódico dos seus toques.

VI

DOS PRECURSORES AOS CONTEMPORÂNEOS

A fase inicial

Em 1888, quando Sílvio Romero, no capítulo introdutório de *Estudos sobre a poesia popular no Brasil* (1977, p. 34), tachava de vergonha o fato de cientistas brasileiros nada terem feito de estudos sobre línguas e religiões africanas no Brasil, João Ribeiro publica, também no Rio de Janeiro, seu *Dicionário Gramatical*. Sob a entrada "negro, elemento", inaugurava-se timidamente o capítulo da história da língua portuguesa no Brasil voltada para suas matrizes negro-africanas.

Das páginas 216 a 222, Ribeiro define e analisa o que ele chama de "elemento negro" como "toda a espécie de alterações produzidas na linguagem brasileira por influência das línguas africanas faladas pelos escravos introduzidos no Brasil", afirmando que essas alterações, ao contrário do que se pensava – referia-se ao trabalho pioneiro de Macedo Soares (1880) –, eram bem mais profundas tanto no léxico quanto no sistema gramatical da língua portuguesa. Entre elas, mencionava a redução das formas verbais e a simplificação das flexões de plural na fala popular, o que, segundo ele, poderia ter sido reforçado pela interferência das línguas indígenas brasileiras, ou seja, pelo uso, até o século XVIII, no Brasil, de uma língua franca de base tupi-guarani, um falar nascido da urgência de comunicação imediata dos portugueses com a população nativa e negro-africana nos primeiros séculos da colonização.

Na terceira edição, em 1906, "inteiramente refundida e aumentada", depois de esclarecer que por falta de outros documentos especializados iria tratar apenas da "influência extensíssima do ambundo, língua de Angola e do Congo", "segundo os esclarecimentos de "Cannecatin (Vocab.), Ivens, Padre Dias (Gram.), Bentley e poucos outros", Ribeiro faz um inventário de 57 "africanismos, alguns locais, e, na maioria, gerais, conhecidos em todo o Brasil no elemento popular", entre os quais, precisamos, hoje, que *abadá, abará, acaçá* e *malê* são lexemas de línguas oeste-africanas. Dos bantuismos, destacamos *jimbo, mandinga, miçanga* e *senzala,* por terem merecido verbetes como "termos do vulgo no Brasil" no *Vocabulário português latino* de Raphael Bluteau, publicado na primeira metade do séc. XVIII, em Lisboa, mas já registrados, na Bahia, no século anterior, pela obra satírica do poeta baiano Gregório de Matos Guerra (1633-1696). Entre os exemplos, as palavras *jimbo* (dinheiro), ainda de uso corrente em determinados contextos socioculturais de linguagem no Brasil, e o arcaísmo português *gaudere* (gaudério, folgança) nos seguintes versos da "Epístola ao Conde do Prado" (PEIXOTO, 1930, vol. IV, p. 258):

> "Ambicioso, avarento,
> das próprias negras amigo,
> só por levar gaudere
> o que aos outros custa jimbo".

Nina Rodrigues, o yorubacentrismo

Em 1933, a publicação da obra póstuma *Os africanos no Brasil*, de Nina Rodrigues (1862-1906), revelou a numerosa presença de povos oeste-africanos na Bahia de sua época, um fato que desmentia a concepção, então vigente em vários meios, de que seriam de origem banto os africanos transplantados para o Brasil, em razão de as observações sobre o assunto terem sido feitas, até aquele momento, no

Rio de Janeiro, uma região onde se encontrava um numeroso contingente de negros africanos importados de diversos portos situados ao longo da costa atual de Angola. A obra do médico maranhense Raimundo Nina Rodrigues, publicada em Paris, vinte e sete anos após a sua morte, foi organizada por Homero Pires e reúne estudos baseados, ao findar do século XIX, em dados de sua pesquisa entre a população negra da cidade da Bahia, antigo nome da cidade de Salvador onde ele vivia, baseados em teorias rácico-biológicas vigentes à época, e, hoje, completamente superadas.

Naquele momento, a cidade estava povoada de africanos oriundos do golfo do Benin. Em seu meio, uma maioria de yorubás que se mantinha em contato direto com suas regiões de origem através de comerciantes que chegavam da cidade-porto de Lagos, na Nigéria, duas a três vezes ao ano, em barco à vela, trazendo para venda os chamados *produtos da costa*, entre eles, *alacás* ou panos da Costa, *miçangas* ou colares de pedras coloridas, búzios ou cauris, *obis* ou noz-de-cola, orobôs ou noz-amarga (RODRIGUES, 1945, p. 160).

Era um tipo de comércio que atendia à demanda da população negra local, porque se tratava também de produtos de uso religioso, necessários, portanto, à manutenção dos candomblés que ali já se haviam instalado ao final do século XIX como "casa de candomblé" (cf. RODRIGUES, 1946, p. 48) e denunciados com esse mesmo nome por jornais da época publicados na cidade da Bahia, que os definia como "cultos ruidosos, frequentados por pessoas de todas as classes", de acordo com *O Alabama* de 15 de novembro de 1894 (*PELOURINHO INFORMA*, Bahia, 1980, p. 35-37) ou "cultos fetichistas que perturbavam a ordem pública até altas horas da noite", segundo o *Diário de Notícias* de 6 de outubro e *O Estado da Bahia* de 12 de dezembro de 1896.

Desse comércio internacional participou a yalorixá Eugênia Anna dos Santos, Obá Biyi (1869-1938), que explorou a venda de tais produtos no Mercado Modelo, na Cidade Baixa, e em uma loja na Ladeira do Pelourinho, no Centro Histórico de Salvador (cf. AMOS,

2007, p. 108). Conhecida como Mãe Aninha, foi a fundadora, em 1910, na capital baiana, de um dos mais famosos terreiros de candomblé de tradição ketu do Brasil, o Ilê Axé Opô Afonjá, tombado, em 2000, pelo Instituto do Patrimônio Histórico e Artístico Nacional – Iphan. Até dezembro de 2017, esteve sob a liderança sociorreligiosa da yalorixá Stella de Oxóssi, Maria Stella de Azevedo Santos (Salvador-1925), escritora-cronista do seu terreiro, precursora do que Henrique Freitas (2016, p. 37) chama de "literatura-terreiro", aquela produzida por lideranças da própria comunidade, e não mais objeto do olhar externo de pesquisadores acadêmicos, não só brasileiros. Enfermeira de profissão, recebeu o título de doutora *honoris causa* das Universidades Federal de Bahia, em 2010, e do Estado da Bahia, em 2013, sendo eleita para a Academia de Letras da Bahia em 2016 (cf. CASTRO, 2008).

Por sua vez, aquela linha de barcos transatlântica, partindo do porto da Bahia, proporcionou o retorno para o golfo de Benin de negros libertos e seus descendentes crioulos, já nascidos no Brasil, onde se organizaram em sociedades fechadas denominadas de "Comunidades Brasileiras", principalmente nas cidades de Lagos (Nigéria), Uidá (Whydah) e Porto Novo (Benin). Levaram consigo, e ali implantaram, a tecnologia da arquitetura colonial portuguesa, o trato do comércio, usos e costumes dos tempos coloniais no Brasil e a língua portuguesa na sua modalidade vernacular brasileira, adquirida pela maioria deles como primeira língua, e que chegou a ser usada como língua franca e ensinada nas escolas locais por se tornar a língua de prestígio socioeconômico na região. Portavam sobrenomes portugueses (Rocha, Pereira, Souza etc.), frequentemente tomados dos seus antigos "proprietários" no Brasil (GURAN,1999; AMOS, 2007), e ficaram apelidados de *agudás*, denominação que é registrada, em 1731, por Costa Peixoto, com o significado de Bahia, em seu vocabulário da "língua mina", que foi falada pela escravaria de origem ewe-fon nos garimpos de Ouro Preto, no século XVIII (CASTRO, 2002, p. 71).

Entre essas viagens de "retorno" ao golfo do Benin, em direção ao porto de Lagos, a última feita pelo patacho *Aliança* em 1899, cujo embarque, na Bahia, foi presenciado e narrado por Nina Rodrigues (1945, p. 158), estavam Mariana Ojelabi, baiana, nascida na cidade de Nazaré das Farinhas, na região do Recôncavo Baiano, e Romana da Conceição, "ricifiana", como ela se dizia, por ter nascido na cidade de Recife, capital do estado de Pernambuco, também no Nordeste brasileiro. Acompanhavam a avó yorubana numa viagem programada para visitar a sonhada terra natal, mas que terminou, tragicamente, sem volta para o Brasil.

Durante a travessia marítima, ocorreu uma epidemia de cólera a bordo, com registro de muitas mortes, fato que apavorou as autoridades do protetorado inglês em Lagos, então capital da Nigéria, determinando, em 1903, a extinção das operações da linha de barcos denominada "Brazils-Lagos" (leia-se Bahia), conforme era anunciada no *Iwe Irohin Eko*, jornal em língua yorubá que circulava na cidade de Lagos, ao final do século XIX (SOUZA CASTRO, 1963). Acompanhada do etnógrafo Pierre Verger, em 1963, conhecemos as duas "brasileiras" em Lagos, onde moravam, falando correntemente o português vernacular brasileiro e o yorubá, a língua local, segundo elas, aprendida como "língua de gringo", ou seja, como segunda língua, ao relembrar seus tempos vividos no Brasil (CASTRO, 2002, p. 62).

Essa marcante presença de povos oeste-africanos, notadamente de yorubás entre aqueloutros de diferentes etnias ainda vivos na cidade da Bahia, motivou Nina Rodrigues a concentrar sua pesquisa nessa população – segundo ele, 2.000 em 1890, mas reduzidos a 500 em 1903 – e a minimizar a presença do contingente banto a ponto de confessar seu desinteresse em estendê-la a alguns congos e angolas que viviam nos arredores da cidade (RODRIGUES, 1945, p. 193).

O dialeto nagô

No entanto, preocupado em documentar uma centena de palavras de cinco línguas da África Ocidental – grunsi, jeje (mahi), kanuri, hauçá e tapa – de que ainda se lembravam alguns de seus representantes naquela cidade, não chegou a fazer o mesmo com a maioria ali falante de yorubá, nem para o que denominou de "dialeto nagô", como ele mesmo o definiu, "uma espécie de *patois* abastardado do português e de outras línguas africanas" que era, então, o meio de comunicação usual entre a população negra e parda na cidade da Bahia (RODRIGUES, 1945, p. 261), hoje calculada em torno de 85% do seu total de mais de 3.000.000 de habitantes (IBGE, 2013).

Não se tratava, portanto, de competência linguística em yorubá como muitos estudiosos equivocadamente se deixaram confundir. Primeiro, em razão muito provável de essa língua, no Brasil, ser tradicionalmente chamada de *nagô*, de acordo com a denominação que recebe no antigo reino de Ketu, na República do Benin e, na Bahia, passou a ser usada para designar, indistintamente, que língua africana fosse. Depois, pelo fato de o yorubá, àquela época, dispor de uma escrita literária e chegar a ser ensinada a negros baianos por outros negros que aprenderam a ler e a escrever essa língua na cidade de Lagos (Nigéria), em escolas de missionários, como parece ter sido o caso do babalaô Martiniano Elizeu do Bonfim, falecido em 1943, com mais de oitenta anos (CARNEIRO, 1948, p. 102).

Presumivelmente, para atender à necessidade de comunicação em um meio urbano, onde prevalecia o multilinguismo africano atestado por Nina Rodrigues no vocabulário que levantara entre a população negra local, aquele "dialeto nagô" era mais um falar afro-brasileiro que emergiu como língua franca lexicalizada pela língua yorubá, cujos falantes, além de majoritários, gozavam de prestígio socioeconômico como negociantes ante outros na cidade da Bahia naquele momento, segunda metade do século XIX. Os homens predominavam nos denominados "cantos", locais de reunião de grupos formados por "escravos de ganho", negros livres ou que trabalhavam para seus donos como prestadores de serviço ou carregadores de bens. Encontravam-se em esquinas de ruas e praças da cidade da Bahia, em roda de bate-papo, à espera de uma demanda, enquanto as mulheres, em condições semelhantes, eram preferidas para vendedoras ambulantes de seus quitutes africanos, mercadejando, em geral, à noite, pelas ruas da cidade (RODRIGUES, 1946, p. 264), como descreve o compositor baiano Dorival Caymmi na canção "A preta do acarajé", de 1939:

"Dez horas da noite,
Na rua deserta,
A preta mercando
Parece um lamento.
É o abará...
É o acarajé..."

No capítulo voltado para "as línguas e belas-artes dos colonos pretos", pela primeira vez é invocado o princípio metodológico que afirma como "indispensável o conhecimento dessas línguas para a determinação dos povos que as falavam e para a compreensão melhor de suas influências no Brasil" (p. 183). Com esse objetivo, Rodrigues compara os dados de sua pesquisa com os resultados dos trabalhos do coronel Alfred Burton Ellis (Londres, 1890) sobre os povos de língua ewe e yorubá da antiga Costa dos Escravos, e com a gramática e vocabulário do yorubá do reverendo Samuel Ajayi Crowrher (Londres, 1852). Ao final, chega à conclusão de que "os nagôs eram os africanos mais numerosos e influentes do estado", embora suas pesquisas nunca tivessem passado do âmbito da capital por ele simplesmente chamada pelo antigo nome de Bahia, no falso pressuposto de que, "após a abolição, em 1888, os africanos afluíram todos para essa cidade e nela se concentraram" (p. 172).

Além disso, como a língua yorubá já possuía "uma feição literária" (p. 168), um tipo de privilégio que lhe conferia, através de uma visão ocidental, um certo prestígio comparável às línguas europeias face à tradição da oralidade negro-africana, Rodrigues, seguindo esse mesmo critério, terminou por exaltar e atribuir, de maneira equivocada, a proeminência do povo yorubá no Brasil em termos de superioridade de sua cultura em detrimento de outras culturas negro-africanas igualmente importantes no processo de construção da etnicidade brasileira.

Descontadas as teorias rácico-biológicas vigentes à época e o axioma da hierarquização entre as raças há muito completamente superados, *Os africanos no Brasil* é uma obra que não deve ser de todo desprezada pela impotância dos elementos etnográficos que contém e como precursora das pesquisas de campo feitas entre negros africanos, sobreviventes da escravidão, o que lhe tornou possível a revelação dos terreiros que fundaram na cidade da Bahia. Nessa cidade, Nina Rodrigues era docente de medicina legal, no mesmo prédio da mais antiga Faculdade de Medicina do Brasil, situada no Terreiro de Jesus, que integra a Universidade Federal da Bahia e também abriga o primeiro Museu Afro-Brasileiro do Brasil.

Continuísmo metodológico

Na década de 1930, com a publicação de *Os africanos no Brasil*, a revelação deste fato novo para a época, ou seja, a presença de povos oeste-africanos no Brasil e seus bem estruturados candomblés de tradição nagô-ketu instalados na cidade do Salvador, despertou o interesse maior pelos estudos afro-brasileiros. À exceção dos trabalhos pioneiros de Renato Mendonça e de Jacques Raimundo sobre a "influência" africana no português do Brasil, as atenções se voltaram para o campo da religião, atraindo para a Bahia estudiosos de renome internacional, entre os quais, os franceses Roger Bastide e Pierre Verger.

Embora cientificamente mais bem orientadas, as pesquisas se concentraram na observação dos mesmos terreiros estudados por Nina Rodrigues, entre os quais, ritos e mitos do panteão yorubá são de fácil observação empírica. Esse continuísmo metodológico, agora mais divulgado em obras escritas não só em português, terminou por desenvolver a tendência equivocada de resumir a história do negro no Brasil à história do povo "sudanês", através de uma ótica yorubá, enquanto provocava, no meio acadêmico, a polêmica de uma propalada primazia em torno da "pureza" do candomblé de tradição nagô-ketu da Bahia (cf. DANTAS, 1988; BASTIDE, 1971). Não se levou em consideração a advertência oportuna, feita por Nina Rodrigues, de que "antes se devia falar de uma mitologia jeje-nagô do que puramente nagô prevalecendo no Brasil" (p. 363), como o fez Costa Lima, de maneira consistente, em sua importante obra *A família de santo nos candomblés jejes-nagôs da Bahia: um estudo de relações intergrupais* (1977/2003).

Na verdade, tal polêmica não teria razão de ser se os dados linguísticos fossem devidamente observados. Eles poderiam testemunhar o fato de que o modelo de estrutura conventual desses candomblés está mais próximo do *hunkpame* entre o povo ewe-fon do que de qualquer organização dessa natureza no mundo yorubá, sobretudo na Nigéria, e foi consolidado na Bahia durante o século XIX. À época, jejes e nagôs, que já traziam da África uma longa tradição na troca de aportes culturais mútuos, sobretudo no campo da religião, encontravam-se concentrados na cidade de Salvador e arredores, em serviços urbanos e domésticos. Ao contrário do que ocorria na zona rural, para onde foi dirigida a maioria do povo banto e onde o único recurso de liberdade era aquilombar-se, como de fato aconteceu, a condição do escravizado urbano e doméstico lhes permitia gozar de uma relativa liberdade para adquirir meios, a fim de fundar e manter os seus cultos, destacando-se, nesse contexto, a liderança sociorreligiosa e o protagonismo das mulheres negras (cf. CASTRO, 1981, 2001; LIMA, 2003).

Quanto às evidências no vocabulário religioso, são de origem ewe-fon a estratificação e a terminologia dos grupos de iniciação ou *barcos* (*adofona, adofonitinha, fomo, fomitinha* etc.), assim como os termos *peji/pejigã* (o santuário e seu encarregado), *runcó* (quarto de iniciação), *rum, rumpi, lé, aguidavi* (os tambores sagrados, a baqueta de percussão), *ajuntó* (o espírito guardião), *assentó* (o altar) (CASTRO, 1981, 2001).

Mais grave foi essa metodologia inadequada ter contribuído para reforçar os estereótipos existentes na historiografia brasileira quanto à pretensa inferioridade do povo de cultura banto, em sua própria origem. Mesmo Edison Carneiro que, na década de 1930, em razão daquele desinteresse demonstrado por Nina Rodrigues dedicou um livro aos "Negros bantus na Bahia", terminou por concluir erroneamente "pela pobreza dos seus ritos e mitos", além de confundir os candomblés de tradição congo-angola com os sambas de caboclo. Esses últimos, provavelmente o modelo mais antigo de religiosidade brasileira, emergiram, nos primórdios da colonização, da coalizão de orientações de crenças indígenas e de origem banto em confluência com o catolicismo que lhes era imposto, tanto que seus cânticos sagrados são em português, entremeados, em alguns casos, de termos indígenas e de base banto conhecidos da comunidade (cf. FERRETTI, 1994; SANTOS, 1995).

Por sua vez, como a cidade de Salvador também é tratada pelo seu antigo nome de Bahia, não foi difícil estender a "influência" yorubá a todo o estado, da mesma maneira que o termo nagô passou a ser genericamente usado como sinônimo de africano ou de qualquer língua africana na Bahia. Exemplo disso é o fato de filólogo Arthur Neiva (1940, p. 69) considerar como nagô os versos de evidente origem banto – "que mengui colo moambundo mazanha, malunga e má" –, registrados no século XVII, nessa cidade, quando não se tinha notícia da presença de povos de fala yorubá no Brasil.

Aqui, convém assinalar a existência de um manuscrito inacabado, *Pequeno vocabulário de língua nagô*, colhido na Bahia (Salvador), em

1900, por Oscar de Carvalho, contemporâneo de Nina Rodrigues. Consta de um inventário de 117 nomes de animais e objetos, que bem poderia ilustrar o que Rodrigues chamou "dialeto nagô" que presumimos tratar-se de uma variante do português urbano do vernáculo brasileiro, lexicalizado, possivelmente, por um vocabulário corrente de base yorubá devido ao grande número de seus falantes, naquele momento, na cidade de Salvador, onde, repetindo o testemunho de Rodrigues, "os nagôs possuíam os mais numerosos cantos ou locais especiais de trabalho"(p. 156).

Em outros termos, isso significava dizer que, naquela cidade, embora em número relativamente menor, africanos de outras etnias também se organizavam em "cantos", consequentemente, também falando suas línguas nativas, a exemplo daquelas que foram registradas pelo próprio Rodrigues. Visto por esse ângulo, parece historicamente mais correto considerar o fato de que o yorubá era a língua africana majoritária entre os negros da cidade de Salvador na segunda metade do século XIX, do que aceitar como verdadeira a suposição vigente de que tenha sido a "língua geral" dos negros africanos na Bahia durante todo o século, em contraposição ao papel que se procura atribuir, com argumentos mais prováveis, ao desempenho do kimbundo, no século XVII, na mesma cidade. Aí, foi escrita a primeira gramática dessa língua para uso dos jesuítas, a fim de facilitar a evangelização na língua de entendimento da numerosa escravaria local, sobre o que já falamos.

Esse tipo de estratégia também foi usada pelo missionário José de Anchieta na doutrinação dos indígenas brasileiros, escrevendo, até mesmo, uma gramática da língua tupi, logo após a chegada dos portugueses ao Brasil, em 1500 (cf. NAVARRO, 2005). Quatro séculos depois, a mesma prática, embora usada como meio de dominação colonial, foi importante por documentar línguas de tradição oral, e ainda se encontra, declaradamente com esse fim, em publicações recentes sobre línguas africanas, muitas das quais já gramaticalizadas, a exemplo do *Practical Fon Language,* de Justice-Amour Mawuton

(Benin: Spei Ave Maria, 2008), em que se diz na introdução: "*This work... will enable some foreigners to Evangelize...*" (Este trabalho habilitará alguns estrangeiros a evangelizar.)

Outros estudos

Em 1933, no mesmo ano da primeira edição de *Os africanos no Brasil*, são publicadas duas obras também pioneiras, *O elemento afronegro na língua portuguesa* e *A influência africana no português do Brasil*, nas quais já são levantadas questões pertinentes sobre a participação de falantes negro-africanos na constituição da modalidade da língua portuguesa no Brasil.

Em *O elemento afro-negro na língua portuguesa*, Jacques Raimundo faz uma tentativa (p.75) de sistematizar os fatos que, segundo ele, constituíram "a língua dos escravos no Brasil, uma linguagem própria, mesclada do idioma natal e do português, a que se juntou a contribuição vocabular do indígena, e que determinou as alterações ainda hoje notadas no fonetismo, no ritmo e na sintaxe de nossa fala popular."

Quanto ao léxico, pela primeira vez é feita uma tentativa de classificação e análise linguística dos aportes lexicais africanos no português do Brasil, ou, na sua definição, "palavras africanas que entraram para a língua portuguesa". Essas, ele as classifica em "primárias e secundárias". As "secundárias", os derivados portugueses a partir de uma mesma raiz africana (cf. *dendezeiro* de *dendê*), incluindo, entre elas, os compostos de um segundo elemento em português, a que chamaremos de *aportes híbridos*, a exemplo do substantivo *azeite de dendê*.

Ao final do trabalho, Raimundo traz um inventário de 309 palavras por ele consideradas como de origem africana no falar brasileiro, e mais 132 topônimos. Em 1936, em *O negro brasileiro e outros estudos*, o mesmo autor transcreve mais uma relação de termos tidos como africanos. Como no trabalho anterior, há limitação em buscar etimologias nas línguas yorubá e kimbundo.

De consulta também obrigatória é o estudo de Renato Mendonça, *A influência africana no português do Brasil*, que tem uma segunda edição, aumentada e ilustrada em 1935. Entre as páginas 112 e 124, o autor procura sistematizar os fatos de nossa linguagem popular que lhe parecem resultado direto do contato de línguas africanas com o português europeu antigo. Com ligeiras alterações, em *O português do Brasil* (1936), ele reproduz o mesmo estudo, entre as páginas 183 e 194.

A obra de Mendonça teve uma quarta edição em 1975, ainda com o "Mapa da distribuição do elemento negro no Brasil colonial e imperial" baseado no equívoco metodológico instalado por Nina Rodrigues no âmbito dos estudos afro-brasileiros, ou seja, sudaneses (leia-se yorubás) concentrados na Bahia, e banto em outros estados, como se essas duas áreas de influência estivessem em compartimentos limítrofes e estanques entre si. O glossário encerra 375 termos, com alguns poucos étimos improváveis ora do yorubá, ora do kimbundo.

Fato positivo e inovador do glossário é a indicação das áreas geográficas de ocorrência de cada termo e daqueles que se encontram entre os candomblés, o que já deixa entrever o seu uso associado a diferentes contextos socioculturais de linguagem, uma metodologia que nos serviu de paradigma para analisarmos os falares baianos através de seus diferentes níveis socioculturais de linguagem em *Falares africanos na Bahia*, de 2001, uma publicação da Academia Brasileira de Letras e Topbooks Editora do Rio de Janeiro.

No ano seguinte àquela edição de 1935, João da Silva Campos publica, no volume IV da *Revista da Academia de Letras da Bahia*, um artigo intitulado "Notas à margem de um bom livro", no qual ele corrige várias definições e insere 61 entradas ao glossário de Renato Mendonça.

Em 2012, em Brasília, a Fundação Alexandre de Gusmão, órgão vinculado ao Ministério das Relações Exteriores, publicou *A influência africana no português do Brasil* numa edição comemorativa dos cem anos do seu autor, pesquisador e diplomata alagoano Renato Mendonça (1912-1990). Com importante introdução do historiador-embaixador Alberto da Costa e Silva e prefácio da etnolinguista Yeda Pessoa de Castro, que faz uma minunciosa revisão crítica da obra (cf. p. 15-27) e ressalta o fato, de certa forma ainda inusitado em nossa historiografia, de que esse estudo introduziu e legitimou a participação dos falantes negro-africanos no processo de constutuição da modalidade do português brasileiro.

Em 1936, em *Os africanismos no dialeto gaúcho,* Dante de Laytano, seguindo o pressuposto formulado por Nina Rodrigues, admite, na apresentação (p. 19), que "a geografia linguística dos falares negros no Brasil, vista pelas suas origens no continente africano, serve para informar da procedência de nossos povos pretos". Trata-se de um estudo de 173 vocábulos, a maioria de base banto, em uso no Rio Grande do Sul, e outros em regiões circunvizinhas no Uruguai e na Argentina. Entre eles, o bantuismo *candombe,* corrente também em Minas Gerais para designar certas manifestações populares de origem negro-africana e de caráter religioso, cujo étimo é o deverbal "kandombe", reza, louvação, o mesmo da palavra *candomblé,* muito embora seja corrente a versão de que a palavra signifique "coisa de negro", por lhe atribuírem tão somente sua origem ao substantivo "ndombe", negro (CASTRO, 2005, s.v.). Estudo semelhante é o de Tenório de Albuquerque, *Gauchismos, a linguagem do Rio Grande do Sul* (Porto Alegre, 1945), e sobre a influência do negro na geografia linguística do Brasil há um capítulo em, *Ensaios de geografia linguística* de Eugênio de Castro (1941).

Em 1938, *Africanos no Brasil,* de Nelson de Senna, é um pequeno estudo sobre a influência "na linguagem e nos costumes do povo brasileiro", com alguns termos de evidente origem banto associados a algumas das nossas manifestações populares. Já em *O negro e o garimpo em Minas Gerais* de 1944, segunda edição 1964, Aires da Mata Machado Filho nos dá notícia de um "falar africano" na localidade de São João da Chapada, ao norte do estado de Minas Gerais, com um repertório de 219 importações lexicais do banto, a maioria de étimos do umbundo (CASTRO, 2009, p. 4-7).

No entanto, em 1934, durante o I Congresso Afro-Brasileiro que teve lugar em Recife, cujas atas foram publicadas no Rio de Janeiro em 1939 (Ed. Ariel, 2 tomos), Rodolfo Garcia apresentou um "Vocabulário nagô", segundo ele, recolhido em Pernambuco por um desconhecido, na primeira metade do século XIX (Tomo I, p. 29) cujo conteúdo e época coincidem com aquele vocabulário coletado por Oscar de Carvalho na cidade de Salvador, em 1900. A existência desses documentos confirma a presença mais tardia de falantes de yorubá nas duas cidades do Nordeste brasileiro que mais se destacaram, na região, em volume humano escravizado durante o tráfico transatlântico (cf. ANDRADE, 1988, Tabs. 1-4).

Além dessas obras pioneiras, de valor metodológico relativo e que não tratam das línguas africanas que foram faladas no Brasil sob o ponto de vista linguístico, mas de seus "empréstimos" ao léxico do português, foram publicados vários glossários ilustrativos em estudos sobre religiões e falares negro-africanos localizados. Entre eles, uma lista de 97 vocábulos recolhidos em Minas Gerais e considerados do kimbundo pelo seu autor, João Dornas Filho, em *A influência social do negro brasileiro* (1943), e outra feita por Édison Carneiro em *A linguagem popular da Bahia* (1951), na sua maioria de base yorubá, utilizada pelos terreiros de tradição ketu, Casa Branca e Axé Opô Afonjá, que ele frequentava em Salvador. Ainda temos o de base ewe-fon registrado por Ferretti (1996) na Casa das Minas em São Luís do Maranhão, o de base nagô-yorubá do terreiro de Póvoas (1989), em Itabuna, na região cacaueira da Bahia, os de base kimbundo/umbundo recolhidos em Minas Gerais por Gonçalves (1995), por Queiroz (1998), e, em São Paulo, por Andrade Filho (2000). Entre os mais recentes, temos Castro (2001/2005), Oliveira (2006), Alkmim & Petter (2008) e Marques (2012)[1].

---

[1] Recentemente, trabalhamos com as pesquisadoras Leda Martins e Sônia Queiroz, da UFMG, no projeto de levantamento e identificação das origens do vocabulário dos cantares africanos em línguas rituais das "guardas" (irmandades) de Nossa Senhora. do Rosário de Minas Gerais (cf. QUEIROZ, 2014).

Em 1959, é fundado o Centro de Estudos Afro-Orientais (CEAO), na Universidade Federal da Bahia, responsável pela publicação da *Revista Afro-Ásia* (1964), também pioneira em seu gênero no Brasil, e pelo oferecimento, em 1961, do primeiro curso de uma língua africana no Brasil, o yorubá, com grande afluência de lideranças e membros das religiões afro-brasileiras. Em 1965, é criado o Centro de Estudos Africanos (CEA), da Universidade de São Paulo, que edita a *Revista África,* e, em 1967, o Centro de Estudos Afro-Asiáticos da Universidade Cândido Mendes, no Rio de Janeiro, com a *Revista de Estudos Afro-Asiáticos.*

A partir, então, da divulgação da língua yorubá através de cursos e de gramáticas que começaram a ser publicadas em português, no Brasil, a primeira delas em 1945, pela Universidade da Bahia, da autoria do professor baiano Edison Nunes, popularizou-se a ideia recorrente no Brasil de que yorubá é a única lingua falada no continente africano, como se a África fosse um país de língua e cultura yorubá, sem diversidade étnica e linguística. Entre os vários exemplos equivocados dessa natureza, basta-nos lembrar do famoso filme *Quilombo,* do cineasta brasileiro Cacá Diegues, nos anos 1980, em que os palmarinos falam yorubá numa época, século XVII, em que não há qualquer registro da presença de yorubás no Brasil e, recentemente, a reprovação de uma yalorixá baiana contra o projeto municipal de se ensinar inglês aos guias mirins do Centro Histórico de Salvador, sob a legação de que "os portugueses, quando chegaram aqui, as crianças falavam yorubá e não inglês" (Jornal *A tarde*, Salvador, 12.09.2008, p. 4).

Entre os dicionários etimológicos do português, no volumoso *Grande dicionário etimológico prosódico da língua portuguesa,* em oito volumes, na segunda tiragem pela Editora Saraiva (São Paulo, 1968), Silveira Bueno, depois de aventar uma origem africana para o verbete *vatapá* (cf. s.v.), termina por fazer um comentário, no mínimo inusitado: "verdadeiro explosivo culinário, ótimo para provocar gastrites, úlceras abdominais etc."! No mais recente *Dicionário etimológico da língua portuguesa*, em 4ª edição (Rio de Janeiro, Saraiva, 2010), organizado por Antônio Geraldo da Cunha e equipe, no verbete *calumbá*, caldo de cana ou cocho por onde ele escorre, lê-se: do kimbundo 'ka'luma', corcovado, giboso, com deslocamento da tônica. O kimbundo desconhece sílabas tônicas. Ao contrário do português, é uma língua de acento tonal como as demais línguas negro-africanas. O termo no português do Brasil é resultado do lexema kimbundo "kaluma", que significa cocho.

Quanto aos dois grandes dicionários brasileiros da língua portuguesa, Aurélio e Houaiss, eles insistem em cometer os mesmos equívocos na identificação dos chamados africanismos no Brasil. Entre eles, atribuindo ao bantuismo léxico *mocotó* (kimb. *mukooto*) patas de boi ou mão de vaca, a etimologia proposta por Teodoro Sampaio da origem tupi "mbo-coto, as mãos desarticuladas" (1901, p. 184), o que não se justifica pelo simples fato de que os indígenas brasileiros desconheciam o gado bovino.

Crioulismo x deriva

No que se refere especificamente ao campo dos estudos do português do Brasil, em 1946, Gladstone Chaves de Melo em *A língua do Brasil* começa o Capítulo III, "A influência africana," chamando a atenção dos homens da ciência brasileira para o fato da bibliografia sobre a questão ser bastante pobre e que, geralmente, a paixão tem obscurecido o senso crítico dos pesquisadores. Esse tipo de comentário, diga-se de passagem, válido ainda hoje, com raríssimas exceções, deve-se ao conhecimento meramente livresco das línguas africanas por parte dos investigadores que tratam do assunto e, por isso, terminam incorrendo em erros tais, como vimos, de atribuir um étimo banto, por um lado, a lexemas do tupi como no caso de *mocotó*, e por outro lado, aos substantivos "bode" e que "farofa" (LOPES, 1966, s.v.) correntes no português brasileiro, e não são bantuismos. Acrescente-se a esse rol de equívocos, a tendência de se explicar em yorubá termos do fongbe, como *peji*, altar, *abará,* acarajé, entre muitos outros (CACCIATORE, 1977)[2].

Depois de fazer uma avaliação crítica às obras pioneiras de Jacques Raimundo e de Renato Mendonça, salientando alguns fatos linguísticos que, segundo eles, encontrariam explicação na própria deriva da língua portuguesa, uma ilação retomada, atualmente, pelos sociolinguistas Naro e Scherer (cf. 2007, p. 48) e Gladstone Chaves de Melo (1946. p. 61-62) admite que "a influência mais profunda das línguas africanas no português brasileiro se processou na morfologia, na simplificação e redução das flexões de plural e das formas verbais na fala popular". Além desse tipo de interferência que ele chama de "vertical", considerando-a "mais profunda que a do tupi", reconhece ainda "uma influência horizontal", a da contribuição ao léxico, nas suas palavras "menos extensa que a do tupi, mas igualmente significativa para o enriquecimento da língua portuguesa". Ao final, termina por admitir ter havido duas "línguas gerais de negros no Brasil", de acordo com a procedência desses: nagô ou yorubá na Bahia, talvez querendo dizer Salvador, e kimbundo em outras regiões, sem considerar kikongo e umbundo, inclusive na Bahia.

Em 1963, na segunda edição, revista e aumentada pelo autor, é publicado o livro *Introdução ao estudo da língua portuguesa no Brasil*, de Serafim da Silva Neto. Trata-se de um estudo apoiado na etnografia e na história social do povo brasileiro.

Pondo em evidência que o português do Brasil não é um todo, um bloco uniforme que se pode desdobrar em vários níveis de acordo com as ocasiões, as regiões e as classes sociais, Silva Neto declara (p. 107) que "no português brasileiro não houve, positivamente, influência de línguas africanas ou ameríndias", considerando a simplificação e a redução das formas verbais e das flexões de plural,

---

[2] **Bode**, provável de *bock*, de origem pré-romana do franco-germano (NASCENTES, 1955). **Farofa**, palavra do português brasileiro, provavelmente do latim vulgar far.fofa, com a memsa raiz de far.elo e far.inha (cf. capítulo IV), que foi introduzida nessa região pelos agudás, os retornados brasileiros.

recursivas na fala popular, como "cicatrizes da tosca aprendizagem da língua portuguesa, por causa de sua mísera condição social, que fizeram os negros e os índios". Resta-nos a dúvida se, ao dizer "positivamente", ele estaria reafirmando como participativa aquela "influência" ou vendo, de maneira negativa e danosa, aquelas marcas de africania, consideradas por ele como "cicatrizes".

A respeito da interferência de línguas negro-africanas, ele admite que essa se fez sentir "por ação urbana e por ação rural" naquelas áreas onde outrora houve grande concentração de mão de obra servil. E esclarece: "a primeira foi executada nas cidades do litoral pelas mucamas e negros de serviços domésticos, enquanto a segunda operou-se nos campos do interior em face da numerosa escravaria carreada para as fainas agrícolas" (p. 111). Mais adiante (p. 118), acrescenta que "no tocante aos índios, que cedo saíram da cidade, só podemos falar em influência rural".

Introdução ao estudo da língua portuguesa no Brasil está voltado para salientar que o fundo dialetal dos falares brasileiros, no que a língua do Brasil se afastou da de Portugal, é de caráter arcaizante e conservador, sobre o qual a ação de aloglotas, neste caso, indígenas e africanos, ocorreu sobretudo no vocabulário, desde quando o português nunca deixou de ser modelo linguístico ideal no Brasil. No entanto, Serafim da Silva Neto termina por admitir, textualmente, à página 187:

Não somos daqueles que veem interferências linguísticas a todo preço e a todo risco, mas em ambientes linguísticos e sociais como no Brasil dos séculos XVI, XVII e XVIII é preciso não perder de vista essa possibilidade, ao menos para exame, como hipótese de trabalho.

Em 1979, em *A unidade linguística do Brasil*, Silvio Elia (p.142-147) dá continuidade ao pensamento de Silva Neto, atribuindo essa alegada vitória à superioridade sociocultural e literária da língua portuguesa diante das línguas africanas e ameríndias, e retoma o de-

225

bate em torno do "português popular" do Brasil que, segundo ele, teria se originado, na época colonial, de um semicrioulo que emergiu necessariamente de um crioulo, ou seja, de uma língua tipologicamente autônoma.

Aqui, devemos destacar os estudos de dialetologia rural brasileira, entre os quais, *O dialeto caipira,* de Amadeu Amaral (1920), falado na região de Piracicaba, que Melo (1946, p. 62) considera de base tupi-kimbundo, e *Vale da Ribeira: a voz e a vez das comunidades negras,* de Careno (1997), também em São Paulo.

Em 1994, Carlota Ferreira, orientada por Nelson Rossi, seu professor na Universidade Federal da Bahia, ao identificar como "remanescente de língua crioula" um dialeto afro-brasileiro que ela registrou em Helvécia (Bahia), reabriu a discussão sobre a crioulização prévia da língua portuguesa no Brasil, tese sustentada por Dante Lucchesi e Alan Baxter no importante compêndio *O português afro-brasileiro,* segundo os quais aquele falar evoluiu de "crioulo português para o português afro-brasileiro de Helvécia, como resultado da descrioulização do primeiro" (cf. 2009, capítulo 2, p. 94). Em outras palavras, isso significa dizer que se trata de uma variedade pós-crioula, resultante de um português crioulo extinto, uma vertente metodológica de que os mesmos autores se valem como parâmetro para incluir, no mesmo estudo, das páginas 95 a 100, na categoria de "português afro-brasileiro", os falares registrados nas comunidades de Cinzento, Rio de Contas e Sapé, no interior da Bahia.

Como parte dessa discussão, Hildo do Couto (2002) introduziu a nova categoria do que chama de anticrioulo, em suas palavras, "surgido de um processo de regramaticalização da língua original do povo dominado pela língua do povo dominante envolvente" (p. 49). Ou seja, ao contrário das línguas crioulas, em que ocorre uma reestruturação profunda e independente da gramática, o anticrioulo se caracteriza por uma gramática emprestada da língua dominante, no caso, o português, com um léxico da língua dominada, no caso, as línguas africanas, relevando, portanto, a interferência negro-africana ao vocabulário.

Contrariando esses argumentos, Fernando Tarallo não aceita a hipótese do pós-crioulismo do português brasileiro, sob a alegação de não haver, como pré-requisito indispensável para que tal acontecesse, a comprovação da existência de uma língua crioula no Brasil, ignorando, assim, o suposto caso de crioulização sustentado para Helvécia por Lucchesi e Baxter. Quanto à hipótese de descriulização, não se justifica porque implicaria, na avaliação dos mesmos, numa volta "intencional" ao português europeu (1988, p. 140).

Nessas teorias, fica evidente a tendência de analisar as mudanças que provocaram a emergência do que chamam de "português afro-brasileiro" através de uma análise crioulística, tomando como parâmetro os estudos já publicados nessa área, sem discutir, nem como hipótese de trabalho, como sugeriu Silva Neto (1963, p. 187), o impacto daquelas mudanças, que certamente ocorreram por efeito do contato direto e continuado, durante séculos, dos falantes negro-africanos, ladinos e crioulos, com o português europeu dos tempos coloniais, adquirido por eles como segunda língua. Não se traz à tona essa questão, para melhor entender-se as razões por que "não se constituiu de forma estável e representativa uma língua crioula no Brasil, apesar da forte presença africana em sua história", como admitem textualmente Lucchesi e Baxter, para depois, pondo de lado tal assertiva, procurar uma explicação, para tanto, no que reconhecem como "transmissão linguística irregular do tipo leve na base das atuais variedades do português brasileiro" (2009, p. 70), excluindo dessa base a probabilidade de reconhecimento das línguas subsaarianas.

Esse alegado fator de "transmissão linguística irregular" é a tese norteadora dos estudos reunidos no mencionado compêndio *O português afro-brasileiro*. A ilustração da capa com a fotografia de um casal de negros idosos e de evidente "mísera condição social" sugestiona tratar-se de uma abordagem sob um ponto de vista etnorracial, voltada para a população negra, de instrução rudimentar, da zona rural, parecendo, mais uma vez, seguir a linha de pensamento de Silva Neto, já citado (cf. p. 181), no que se refere àquelas "cicatrizes da tosca aprendizagem" na constituição do português popular brasileiro.

Também, neste contexto, o termo "afro", que definimos como um simplificador das africanias no Brasil, ou seja, do legado linguístico-cultural negro-africano no Brasil, quando, na escrita, é separado por um hífen do que seja "brasileiro", induz a noção de que "**afro**", nesse contexto, trata-se de "um aparte agregado" e não de uma parte inscrita em nossa identidade cultural e linguística, aproximando-se do conceito do que pesquisadores nos Estados Unidos chamam de "*Black English* ou *African American Vernacular English*" (inglês de preto ou inglês vernacular africano americano), uma variedade do inglês falado exclusivamente por negros estadunidenses, na sua maioria de baixa condição social (GREEN, 2002), o que não é o caso do Brasil, onde o que é "afro" permeia, em diferentes graus de intensidade, todas as camadas da sociedade brasileira.

Na literatura sobre o tema, a vertente da crioulização do português brasileiro é debatida por dois linguistas estadunidenses: Gegory Guy (1981, 1989), para quem se trata de uma variedade do português produto de "descrioulização", e por John Holm (2000, 2002, 2004), que a define como "semicrioulo", retomando a denominação proposta por Silva Neto para o tipo de falar que poderia ter-se desenvolvido nos quilombos brasileiros (cf. 1963, p. 108).

Segundo Guy, a "descrioulização" é um processo que ocorre quando, no convívio com falantes da língua considerada padrão, os falantes de crioulo passam a substituir as formas correntes não padrão do seu falar, por formas normativas da língua base, no caso o português de padrão europeu. Para Holm, o "semicrioulo" é uma língua parcialmente estruturada, que combina características de línguas crioulas e não crioulas que podem decorrer da língua base e não de um crioulo prévio, a nosso ver, num processo análogo à chamada "transmissão linguística irregular do tipo leve", aventada por Lucchesi e Baxter (2009, p. 70).

Assim sendo, Holm prefere chamar essa vertente do português brasileiro de "*Popular Brazilian Portuguese*" (português popular brasileiro), noção incutida na denominação "português afro-brasileiro", em que não se compreende que, na realidade, as camadas mais cultas da população também fazem parte do povo de uma nação, no caso os brasileiros, e, como tal, num discurso mais relaxado e intimo usam variedades não padrão europeu do português, com marcas evidentes da interferência "afro".

Todas essas teorias contrastam com a hipótese internalista e a tese de ancianidade do português brasileiro defendida por Anthony Naro e Marta Scherre (2001, 2007), que rejeitam a tese crioulística, contrapondo à teoria da "transmissão linguística irregular" a hipótese da nativização, para explicar como uma comunidade adquire uma nova língua. Segundo esses autores (2007, p. 48), o desenvolvimento do nosso idioma já veio embutido no português arcaico, na deriva secular da língua de Portugal, hipótese já levantada por Chaves de Melo (cf. 1946, p. 61), encontrando, aqui, uma confluência de motivos propícia para se estabelecer como resutado do contato com línguas indígenas e africanas no período colonial. Concluem, no entanto, que esse contato não chegou a promover qualquer modificação na estrutura da língua portuguesa; e apenas aprofundaram tendências transplantadas de Portugal para o Brasil sob o argumento de que não houve condições favoráveis – sem mencionar quais – para o surgimento de *pidgins*, o primeiro passo para dar lugar à emergência de um falar crioulo, mas não avançam em direção às línguas negro-africanas, na possibilidade de se considerarem os contatos externos interlinguísticos e os seus protagonistas, para se chegar a uma conclusão de maneira mais consequente.

A redescoberta do banto

Deixando de lado as convicções científicas absurdas de uma época, valeu-me aquela advertência precursora de Nina Rodrigues em *Os africanos no Brasil* (1945, p. 126), ao afirmar "indispensável o conhecimento das línguas africanas para a determinação dos povos que as falavam", acrescida da consideração de Uriel Weinreich (1953, p. 77), para quem "outro requisito para uma análise de interferência linguística é ainda a verificação das diferenças e semelhanças das línguas postas em contato", e, por isso, retomamos para discussão à parte da interferência linguística dos falares negro-africanos na constituição do português brasileiro, iniciada nos anos 1930 por Jaques Raimundo e Renato Mendonça, ao mesmo tempo em que chamamos a atenção para a necessidade de se fazerem pesquisas sistemáticas no Brasil e confrontar seus resultados na África, nas regiões por eles apontadas.

Adotando essa nova metodologia, a partir da tese de doutoramento *De l'intégration des apports africains dans les parlers de Bahia au Brésil*, defendida, em 1976, na Universidade Nacional do Zaire, passei a analisar a integração dos aportes negro-africanos no processo de constituição da modalidade da língua portuguesa no Brasil sob o ponto de vista sócio-histórico e etnolinguístico, a começar pelo estudo do léxico matricial dos candomblés da Bahia, cujos resultados já apresentamos em inúmeras reuniões acadêmicas e científicas, não só no Brasil. Logo cedo, em 1978, essa tese mereceu duas longas reportagens, uma no *Jornal da Bahia* com o título "É a influência banto que a gente nem percebe" (Salvador, 30/06/1978) e outra de Symona Gropper, no *Jornal do Brasil* (Rio de Janeiro, 13/05/78), um dos mais importantes periódicos em circulação no país, com o título "A redescoberta do banto no Brasil". Em 1981, foi objeto do comentário do saudoso mestre Celso Cunha, no primoroso estudo *Língua, nação, alienação*:

"Menção particular merecem os trabalhos da professora Yeda Pessoa de Castro que estão renovando de forma realmente científica o tumultuado amadorístico estudo das influências africanas no português do Brasil (p. 6).

Comentário semelhante é a do renomado linguista Emilio Bonvini, em "Afrique au Brésil", às páginas 50-55, da Revista *Recherche, Pedagogie et Culture* (nº 52, mar.-abril, 1981, p. 50-55):

Ses positions renouvellent l'approche tradicionelle de l'apport africaine au Brésil. ("Suas posições renovam o enfoque tradicional do
aporte africano no Brasil").

Em 2001, é publicado, no Rio de Janeiro, pela Academia Brasileira de Letras do Brasil e Topbooks Editora, *Falares africanos na
Bahia: um vocabulário afro-brasileiro,* livro que mereceu a seguinte
apresentação do historiador Alberto da Costa e Silva:

> Esta é a obra mais completa já escrita sobre as influências das línguas
> africanas no português do Brasil... é um livro de leitura e consulta.
> Um livro cuja importância é tamanha que não pode estar ausente
> da estante não só daqueles que se dedicam ao estudo do português
> do Brasil, mas também dos que se debruçam sobre a história da es-
> cravidão e formação do povo brasileiro. Não sem motivo, o escritor
> Millôr Fernandes (cf. *JB*, 14/11/2001) tem propagado que 'Falares
> africanos na Bahia' é sua nova Bíblia."

De grande repercussão na imprensa, não só nacional, a colunista
Elyene Azevedo, do *Jornal do Brasil* publica uma longa entrevista
sobre o conteúdo do livro com título "Com a África na ponta da língua" (*JB*, 20/10/2001). Em Portugal, crítica positiva também é feita
pelo escritor Adelton Gonçalves em *Artes e Letras*, no artigo de página inteira intitulado "Um vocabulário afro-brasileiro" (Porto, dez.,
2001) e, na Alemanha, o professor dr. Bernhard Jankowisk, na revista anglo-brasileira *Tópicos*, também traz um comentário elogioso
no artigo "Falares africanos im Brasilianischen Portugugiesisch: ein
andere Rezension" (Berlim, abr. 2002, p. 48-49).

No livro, com a segunda edição em 2005, alargamos e aprofundamos as premissas da tese de doutoramento com dados novos, cri-
ticamos o descaso com que são tratadas as línguas negro-africanas
no meio acadêmico brasileiro, ainda ausentes dos seus programas
curriculares, e insistimos na importância do seu estudo para pon-

tuar a relevância da participação de falantes negro-africanos na formação do português brasileiro. Discordamos da hipótese de crioulização do português brasileiro, por este diferir das características dos crioulos falados no Caribe como segunda língua ou língua nacional. Além disso, comprovamos a extensão do legado linguístico e cultural do povo banto no Brasil, até então ocultada ou minimizado face à preponderância do yorubacentrismo nos estudos brasileiros.

O DESAFIO

Explicar o avanço do componente negro-africano nesse processo, antes de tudo, é expor os motivos de natureza etnolinguística envotos na confluência do conjunto de acontecimentos históricos e de ordem socioeconômica que, ao longo de três séculos consecutivos, favoreceram a participação de seus atores na construção da modalidade do português brasileiro. Conceituados pesquisadores contemporâneos, entre eles, Naro e Scherre, Lucchesi e Baxter, Bonvini, Peter, Tarallo, Mattos e Silva, Careno, Couto, entre outros, aventam a questão, mas não avançam no campo das línguas negro-africanas, introduzindo e identificando os seus falantes como partícipes mais atuantes nesse processo.

Diante dessas questões, na busca de se poder encontrar respostas cabíveis para perguntas intrigantes, ainda em aberto, sobre qual seria a dimensão daquela interferência na constituição da modalidade brasileira da língua portuguesa e quais foram seus protagonistas, duas questões se impõem concernentes aos dois lados do Atlântico:

– Por que essas línguas não são mais faladas como línguas plenas no Brasil, se por três séculos consecutivos seus falantes foram numericamente superiores ao contingente de falantes portugueses na antiga Colônia sul-americana e o Brasil é hoje a segunda maior potência de população melanoafricana do mundo, depois da Nigéria?

– Como explicar o fato de não haver sucedido no Brasil, como também em Angola e em Moçambique, onde foram as mesmas línguas que entraram em contato, um falar crioulo adquirido como segunda língua ou como língua nacional à semelhança dos que emergiram e se estabeleceram em outras ex-Colônias portuguesas na África Subsaariana, nas Américas e no Caribe?

Este é o desafio que enfrentamos durante mais de 40 anos de pesquisa nos dois lados do Atlântico, em busca de uma resposta cabível para essas questões, através de uma abordagem da sócio-história e da geografia linguística do português do Brasil, a fim de visibilizar os falantes negro-africanos que atuaram como agentes e difusores desse processo, desde o momento em que começaram a adquirir o português colonial seiscentista como segunda língua. Entre eles, destaque para o protagonismo sociolinguístico dos ladinos e da mulher negra angolana na casa senhorial. Por testemunho, as evidências projetadas pelo estudo diacrônico da inserção dos aportes de matriz africana no universo simbólico da língua portuguesa, o recurso metodológico disponível para se identificar as origens dos seus falantes e entender em que medida "africanizaram" o português de Camões.

VII
O PORTUGUÊS DO BRASIL: ANCIANIDADE COM AFRICANIA

Se as vozes dos quatro milhões ou mais de indivíduos escraviza-dos, falantes negro-africanos, que foram trazidos para o Brasil, ao longo de quatro séculos consecutivos, não fossem abafadas em nossa História por descaso e preconceito acadêmico, não haveria dúvida de que a consequência mais direta daquele tráfico foi a al-teração da língua portuguesa seiscentista e das caravelas, na antiga Colônia sul-americana. Essa alteração se fez sentir em todos os seus componentes, léxico, semântico, prosódico, sintático e, de manei-ra rápida e profunda, na língua falada, o que deu ao português do Brasil um caráter próprio, diferenciado do português de Portugal, principalmente pelo vocalismo face ao consonantismo da atual pronúncia lusitana.

Explicar o avanço do componente africano nesse processo é reco-nhecer o protagonismo do negro-africano como personagem atuan-te no desenrolar dos acontecimentos e considerar a confluência dos fatos relevantes de ordem socioeconômica e linguística que, no de-correr de quatrocentos anos de história, favoreceram a participação de seus atores na constituição da modalidade brasileira da língua de Camões. Esses atores eram negros escravizados para servir ao trá-fico transatlântico, mas, inadequadamente, ainda continuam sendo tratados, em nossos manuais e livros didáticos, como "escravos afri-canos, que vieram para o Brasil", numa condição que implica a ideia de que a escravização do negro africano era um estado adquirido ao natural, de nascença, sem que fosse fruto das relações de dominação sócioeconomicamente construídas.

Para começar, como pano de fundo dessa história, a superioridade numérica de falantes negro-africanos, transplantados da África Subsaariana para substituir o trabalho escravizado ameríndio no Brasil, ante uma minoria de portugueses mantidos em um ambiente, cujo isolamento social e territorial condicionava um aspecto de vida conservador e de tendência niveladora, por ser mais aberto à interação e aceitação de aportes culturais mútuos e de interesse comum. Segundo as estimativas demográficas da época, a exemplo do primeiro censo oficial de 1872, dos mais de nove milhões de habitantes, a população brasileira era composta por 58% de negros e pardos, 38% de brancos e 3,9% de indígenas. Nas estimativas atuais, do censo de 2010, do IBGE, esse percentual é de 51% dos mais de 200 milhões de brasileiros que se autoidentificam como pretos e pardos.

Dentro de tal contexto sócio-histórico e multicultural, podemos supor que os falantes negro-africanos, com vantagem numérica nas relações de trabalho e na convivência diária, teriam dado a sua parte de contribuição para a constituição daquela "língua geral" que foi usada no Brasil, até meados do século XVIII, por bandeirantes e catequistas, ao tempo em que falares afro-brasileiros já se formavam como línguas francas nas senzalas, nas plantações, nos quilombos, nas minas.[1]

De acordo com as informações históricas existentes e os dados linguísticos levantados até agora, calcula-se que 75% dos mais de quatro milhões de indivíduos transplantados da África Subsaariana para o trabalho escravizado no Brasil, durante quatro séculos consecutivos, foram trazidos do mundo banto-falante (GOULART, 1949),

---

[1] Na definição de Calvet (2002), língua franca é aquela utilizada como meio de comunicação entre pessoas que falam línguas maternas diferentes. Quanto à língua veicular, esta é amplamente utilizada pelo falante em contextos educacionais e no contato com instituições oficiais, e não é a língua materna do falante.

entre eles, uma maioria procedente de territórios localizados nas atuais Repúblicas do Congo-Kinshasa, Congo-Brazzaville e Angola, da região que ficou tradicionalmente chamada no Brasil de **congo-angola**. Desses territórios, três línguas locais litorâneas, kikongo, kimbundo e umbundo, destacaram-se como as mais representativas entre as que foram faladas no Brasil. As duas primeiras, kikongo e kimbundo, nos domínios dos antigos reinos do Kongo e do Ndongo, línguas muito assemelhadas, pertencentes à mesma zona linguística H de Güthrie (1948), e umbundo, um pouco mais diferenciada, na região de Benguela da zona R de Güthrie.

Todas pertencem ao grupo linguístico BANTO, do ramo linguístico Benue-Congo, o grande conjunto de línguas subsaarianas da família Níger-Congo, segundo a classificação consagrada por Greenberg desde 1966. Seus falantes foram numericamente majoritários e distribuídos em todo o território brasileiro pelo tráfico escravagista, externo e interno, desde o século XVI até a abolição oficial da escravatura no país, em 1888.

BANTO, portanto, voltando a afirmar, é um termo linguístico aplicado a um conjunto de cerca de 500 línguas aparentadas por um substrato linguístico comum denominado pelos bantuistas de PROTOBANTO, supostamente falado há quatro milênios atrás (MEEUSSEN, 1967). Este fato, é bom lembrar, desmente a afirmação corrente de que, no Brasil, "é um mito insustentável falar-se de um substrato linguístico comum africano" (cf. TARALLO e ALKMIM, 1987), o que seria equivalente a também negar, no conjunto das línguas indo-europeias, a existência da família de línguas românicas ou neolatinas, originárias da evolução do latim vulgar, entre elas, a língua portuguesa no século XI, onde seria Portugal (cf. TESSIER, 1980).

Equívocos históricos e epistemológicos

Sem reconhecer essa realidade linguística, o que não mais se justifica diante do volume de informações, já disponíveis, sobre línguas africanas, a política colonial adotada pela metrópole portuguesa foi ineficaz. Acreditava-se que a reunião, numa mesma senzala, de negros escravizados com diferentes denominações étnicas e oriundos de várias regiões geográficas subsaarianas poderia dificultar a comunicação entre eles e coibir a consequente facilitação dos levantes e fugas para os quilombos, que nunca deixaram de eclodir em todos os tempos e em diferentes sítios.

Esses quilombos testemunham o resultado desse fracasso, cujas causas são geralmente atribuídas à bravura e à capacitada de organização do negro escravizado, o que é inegável. No entanto, convém lembrar que eles não eram mudos, foram emudecidos na historiografia brasileira, e, engenhosamente, se serviram de fatores subjacentes externos, de natureza etnolinguística, como meio de comunicação interétnica, a fim de articular as revoltas que provavelmente foram facilitadas, nas senzalas, pelo fato de a maioria falar línguas tipologicamente semelhantes e, de certa forma, mutuamente inteligíveis; uma observação que, presumimos, merece a atenção dos pesquisadores.

Apesar de aquela estratégia adotada pela Colônia haver sido comprovadamente enganosa, ainda é creditada como válida e mencionada por estudiosos contemporâneos de várias áreas, entre eles, a historiadora Kátia Mattoso (cf. 1990, p. 22), o erudito brasileiro Antônio Houaiss (1988, p. 77) e a linguista Mattos e Silva (2014, p. 128). Essa última, ao alegar "que teria sido impossível praticar-se uma língua africana no geral do Brasil", no que estava absolutamente certa, em seguida tenta justificar essa afirmativa "na razão muito bem formulada por Houaiss", que é repetida à exaustão em nossa historiografia, segundo a qual, "os negros foram selecionados negativamente, a fim de que não se adensassem em um ponto qualquer, étnica, cultural e linguisticamente", o que de fato não ocorreu, como acabamos de ver, por um equívoco epistemológico da parte dos colonizadores.

Lembrando mais uma vez que um alto grau de similaridades tipológicas entre a estrutura da língua-alvo e a das línguas de substrato quando postas em contato, "embora não seja um pré-requisito necessário de mudança linguística a ponto de provocar uma comunicação melhor entre diferentes falantes, não deixa de ser relevante como fator convergente de desenvolvimento nessa direção" (cf. WOLFF, 1959, p. 36; MELLO, 1999, p. 537), principalmente quando acontecia, concluímos nós, em "um ponto qualquer", na mencionada citação de Houaiss, que seria, então, a senzala.

Nela, encontravam-se confinados falantes de diversas línguas subsaarianas, numa situação de contato multilinguístico, direto e continuado, dentro de um ambiente restrito, cuja necessidade de comunicação deve ter provocado a emergência de uma língua franca que denominamos de *dialeto das senzalas*,[2] atribuindo-lhe um substrato linguístico banto proporcionado pela predominância numérica e pela maior interatividade dos seus falantes entre todos na senzala.

É possível que esse *dialeto*, sob a forma de *dialetos rurais*, estendera-se em campos circunvizinhos ao encontro da "língua geral", por efeito da interferência linguística banto num contexto multilíngue, consequência do largo alcance territorial da distribuição humana do povo banto durante o povoamento do Brasil colonial, bem demostrado pelo lexema banto *quilombo* para denominar as inúmeras revoltas que foram por eles promovidas. Ao longo do tempo, o conjunto desses fatores de natureza histórica e etnolinguística, provavelmente, favoreceu a ampla ocorrência dos traços comuns que se mostram na variedade não padrão do português europeu dos falares rurais e da linguagem coloquial urbana em todo o território brasileiro, sobretudo entre a população menos escolarizada, sem implicar a necessidade de uma língua crioula como antecessora.

A partir desse plano de entendimento, retomamos a hipótese que levantamos em 1976, na tese de doutoramento defendida na então

---

[2] Aqui, *dialeto* é entendido como uma linguagem própria de determinadas comunidades, e que existe, simultaneamente, com outra língua.

Universidade Nacional do Zaire, no Congo-Kinshasa (cf. Bibliografia). Um número considerável de similitudes sintáticas e morfofonológicas casuais, mas notáveis, observadas entre as línguas africanas do grupo banto e o português colonial, também de feição arcaizante, possivelmente inibiu, no curso de séculos de interação permanente e direta, a evolução de um falar crioulo como língua local ou nacional no Brasil, para proporcionar, ao longo do tempo, a continuidade de traços da fonologia e da morfossintaxe do português arcaico na constituição do português brasileiro. Esse *continuum* terminou por afastar a variedade brasileira do português lusitano atual sem, no entanto, abalar a norma tradicional da língua portuguesa, o que, de fato, não aconteceu.

É preciso compreender que as línguas negro-africanas, por si mesmas, não provocaram a mudança, mas participaram dela, quando impulsionaram a tendência de mudança que já existia no português, no momento em que seus falantes, no processo de aprendizado do português colonial, adquirido por transmissão oral como segunda língua, transferiram para esse novo falar, sem conflito, por assemelhados, traços léxico-fonológicos e sintáticos de substrato das línguas do grupo banto. Dessa maneira, contribuíram para restaurar o tipo prosódico de base vocálica do português arcaico no português brasileiro, que, desde então, "guarda, com maior fidelidade, a ortoépia de Camões", na descrição de Gonçalves Viana sobre o sistema fonético da língua portuguesa, feita pela primeira vez, em 1883 (cf. PEREIRA, 1933, p. 192). Ao mesmo tempo, podemos também supor que essa interferência, há muito vista como "influência africana" por muitos filólogos e linguistas não só brasileiros, também restabeleceu os desvios sintáticos que ocorrem na linguagem descontraída dos brasileiros, e, com maior frequência, no falar das camadas menos escolarizadas. Configurava-se, assim, a modalidade da língua portuguesa no Brasil, diferenciada do português europeu moderno pela sua *ancianidade com marcas de africania*, a se mostrar, plenamente, na variedade do português vernacular brasileiro, reescrevendo uma história que se resume na ressignificação da denominação *Camões com dendê*[3].

Do outro lado, em Angola e Moçambique, onde, a exemplo do Brasil, foram as mesmas línguas que entraram em contato, não emergiram falares crioulos, um fato, segundo Gärtner (1996, p. 49), que "tem a ver com a semelhança comprovada com fenômenos no português dos dois lados do Atlântico". E adianta que, "por razões históricas, não havendo uma ligação social com o português antigo nas variedades continentais, em alguns casos, a semelhança dessas estruturas no português angolano e moçambicano com o português vernacular brasileiro é uma evolução recente e deve ser encontrada nas simplificações criadas por pessoas que aprendem o português falado europeu como segunda língua". A nosso ver, esses fenômenos foram favorecidos por acontecerem em contextos coloniais multilíngues, num cenário etno-histórico de fala arcaizante afro-portuguesa de maioria banto, como se passou no Brasil, e não, simplesmente, pelo pressuposto aventado por Gärtner. Para Zimmermann (1999, p. 454), outro renomado linguista alemão, esse argumento serve para negar a origem crioula do português brasileiro, com a qual ele também concorda.

Diante dessas constatações, não haveria como estranhar se a maioria da população escravizada no Brasil colonial fosse falante de línguas oeste-africanas, e a interação com o português provocasse a emergência de uma língua veicular, um falar intermediário, nascido pela necessidade imediata de dirimir o conflito, e em resposta a ele, causado pela falta de entendimento entre falantes de línguas tipologicamente diferenciadas entre si mesmas e com o português, acomodando essas diferenças em um novo falar, num crioulo, que

---

[3] Vernáculo, na definição de Bortone e Duarte (2010, p. 125), é a língua falada, a expressão e enunciação de fatos, proposições e ideias, sem a preocupação de como transmiti-las, acontecendo de forma natural, ao contrário, portanto, podemos inferir, da linguagem culta, literária, que, em nosso caso, segue a norma estabelecida para o padrão europeu da língua portuguesa.

fosse inteligível para todos. Esse crioulo poderia se tornar a língua materna de uma comunidade de fala, como aconteceu em Cabo Verde e na Guiné-Bissau, mas não aconteceu em Angola e Moçambique, territórios de línguas do grupo banto, tanto quanto no Brasil, onde a maioria dos negro-africanos importados pelo tráfico era de origem banto (cf. capítulo I).

Sob este ponto de vista, não se justifica a tese da crioulização prévia do português brasileiro, nem da existência de um crioulo ou semicrioulo, defendida por muitos linguistas, para tentar explicar a gênese e o desenvolvimento histórico do português brasileiro. O equívoco metodológico dessa tese começa por se seguir uma orientação voltada mais para especular, do ponto de vista linguístico, como essa história terminou, do que procurar entender como ela se iniciou, sem projetar a África como um continente, ignorando as suas línguas e aquelas que comprovadamente foram faladas no Brasil, invisibilizando, portanto, a participação de seus falantes como agentes do processo sócio-histórico que promoveu a reestruturação do português brasileiro, por efeito de contatos linguísticos, sem *status* de uma língua crioula.

Para preencher essa lacuna, o recurso da pesquisa foi encontrar soluções por meio da análise sincrônica de dados quantitativos, no campo metodológico da sociolinguística e da teoria variacionista laboviana (cf. LUCCHESI, 2009, p. 80; NARO e SHERRE, 2007, p. 36-42). Ou, então, confrontar os desvios morfossintáticos, recorrentes nos dialetos rurais brasileiros e no português não padrão europeu, falado pelas camadas menos escolarizadas, com o resultado dos estudos publicados sobre os crioulos da esfera anglo-francesa do Caribe insular. Entre eles, o kriol da Jamaica e do Haiti, ou daqueles de base portuguesa em Cabo Verde e Guiné-Bissau, tratando esses falares como se tivessem emergido em contextos multilíngues e geográficos do mesmo tipo, sem qualquer diferenciação tipológica, o que, de nossa parte, parece de todo impossível. Basta ter em mente o exemplo, já comentado, do que se passou com o conjunto das línguas nigero-congolesas, que, embora faladas em território da África Subsaariana, dividiu-se em dois blocos diferenciados entre línguas do grupo banto e línguas oeste-africanas.

A partir do século XIX, a instalação da coroa portuguesa no Rio de Janeiro, em 1808, provocou a imigração, em maior escala, de portugueses para o Brasil e o desenvolvimento de uma vida urbana, com a criação da imprensa e de centros de cultura, seguida da reestruturação do país sob a hegemonia da língua portuguesa de feição colonial, então imposta a uma população majoritária de crioulos e mestiços, nascidos no Brasil, falando a variedade do português brasileiro adquirido como língua materna, por conseguinte, mais abertos à aceitação de modelos linguísticos e padrões europeus coloniais de prestígio socioeconômico então vigentes.

Neste momento, podemos falar daquela "confluência de motivos", sugerida por Naro e Scherre (2007, p. 46), a forçar um processo de "relusitanização" que entendemos com o propósito de restabelecer o português brasileiro de acordo com o padrão do português europeu colonial, diante de um provável movimento de "africanização" em progresso. Esse processo, que os mesmos sociolinguistas chamam de "nativização", daria lugar ao surgimento da linguagem corrente falada que seria "a passagem de uma língua não nativa à língua nativa de uma comunidade de fala", em outros termos, a consciência da perda das línguas e das identidades negro-africanas, numa apropriação e recriação endógena da língua do colonizador.

A participação do falante negro-africano

A constatação das semelhanças tipológicas notadas entre esses dois grupos de línguas, banto e neolatinas, genealogicamente não relacionadas, introduz, no cenário teórico atual desse conturbado campo das origens do português brasileiro, um povo falante, que embora atuante nesse processo, não costuma ser considerado no desenrolar dos acontecimentos sócio-históricos pela maioria dos seus pesquisadores.

Veja-se, por exemplo, a conclusão a que chegaram as linguistas Yonne Leite e Dinah Callou ao tentarem explicar a fala dos brasileiros como "variações linguísticas através da dialetação horizontal por influxo indígena e a diferenciação vertical entre a fala do luso e a fala do nascido na terra" no livro autoral *Como falam os brasileiros* (2002, p. 9). Esse tipo de ilação, sem considerar "na fala do nascido na terra" o que Gladstone Chaves de Melo chama de "influência africana vertical" e admite ter sido mais profunda no sistema da língua do que "a influência horizontal do tupi" (1946, p. 61), implica uma omissão que emudece a população negro-africana, como se ela nunca tivesse falado uma língua articuladamente humana antes de adquirir uma das línguas europeias de colonização, em nosso caso, o português.

É mais um prejuízo linguístico que se acha popularizado no senso comum entre nós e continua, de certa forma velada, a circular em nosso meio acadêmico, em que as línguas "africanas", quando, por acaso percebidas, são vistas na categoria de "dialetos" no sentido depreciativo do termo, ou seja, sob a condição de "falares", cuja oralidade não goza do prestígio atribuído pelo mundo europeu à "escrita em letras", que legitima o que está escrito, mesmo não sendo verdadeiro. Faltou considerar que os povos ditos ágrafos, como os negro-africanos, desenvolveram um tipo de comunicação escrita através de desenhos, da pintura, da música, das tatuagens, muito antes de as línguas românicas serem alfabetizadas ao adotarem a ortografia do alfabeto latino de origem grega (cf. ANDREW, 1995).

Por essa razão infundada, as línguas negro-africanas, supostamente, jamais poderiam ter provocado evoluções na estrutura interna da prestigiosa língua de Camões que, por esse falso pressuposto, "aceitou" tão somente, no seu léxico, "empréstimos" de palavras ditas para nomear objetos novos, introduzidos na Colônia pelo tráfico transatlântico, limitando essa possível "influência" ao campo do vocabulário ou da crioulística, como inadequadamente ainda admitem muitos de nossos acadêmicos e pesquisadores contemporâneos, não só brasileiros, entre eles, o conhecido linguista alemão Volker Noll quando afirma: "Na verdade, é muito difícil provar influências fora do vocabulário mesmo que a crioulística seja de outra opinião" (2004, p. 11).

Assim, portanto, a teoria da crioulização prévia do português brasileiro, levantada por Adolfo Coelho no século XIX, com base no fato de as variedades populares brasileiras, aquelas praticadas correntemente pelas camadas menos escolarizadas, aproximarem-se dos crioulos atlânticos de base portuguesa, como vimos, ganhou muito espaço entre os pesquisadores, inclusive estrangeiros, mas sem nunca ter sido possível comprovarem que elas existiram no Brasil. Caso exemplar foi a tentativa frustrada, sustentada, até recentemente, por muitos conceituados linguistas (cf. BAXTER/ LUCCHESI, 1999, p.119) de rotular a fala da comunidade de Helvécia, uma Colônia suíça-alemã no extremo sul da Bahia, fundada em 1818, como língua crioula, para depois ratificar que se tratava de um dialeto rural afro-brasileiro (cf. GÄRTNER, 1976, p. 27-58; ZIMMERMANN, 1999, p. 454; MELLO, 1999, p. 503-536). Mais uma vez, faltou ao estudo mudar o foco da pesquisa para a sua origem e analisar, sem preconceito, como hipótese de trabalho, a possibilidade de a constituição desse novo falar, que não chegou a ser língua materna de ninguém e circulava nas fazendas ao redor da cidade, ter sido favorecida pelo contato entre línguas negro-africanas que foram faladas na região com a variedade do português rural brasileiro.

Por sua vez, linguistas da chamada "linha-dura", no anseio justo de aproximar a linguística da área das ciências exatas, com vistas a entender a natureza da superestrutura morfossintática das línguas humanas no âmbito universal, procuram explicar as chamadas "mudanças internas do sistema" vinculadas, tão somente, às evoluções do próprio sistema. A partir daí, desprezam o efeito do contato linguístico entre seus agentes externos e a teoria laboviana de que a história de uma língua é a história dos seus falantes (cf. LABOV, 1975), não atentando, por isso, para dados relevantes no falar corrente que poderiam contribuir para alargar suas induções ao objetivo final da pesquisa.

No livro *O falar candango, análise sociolinguística dos processos de difusão e focalização dialetais* (2010), suas organizadoras, Bortoni-Ricardo, Sarmento Vellasco, Lucas Freitas, reúnem textos, fruto de pesquisas realizadas em Brasília, uma cidade moderna e cosmopolita, sem ponderar que o termo *candango*, no sentido de alcunha dada para seus habitantes, como elas mesmas o definem (p. 13), é um aporte lexical, entre muitos outros de base kimbundo, que significa pioneiro, iniciante, em alusão aos primeiros desbravadores e construtores da capital federal. Eram operários chegados, em maioria, da região Nordeste do país, que historicamente concentra grande contingente de população negro-africana iletrada e empobrecida, mantendo consigo seus costumes e seu modo de falar marcados por africanias (cf. MARROQUM, 1934).

Recentemente, em 2008, Cecile de Cat e Kathrine Delmut, linguistas das Universidades de Leeds e de Brown, da mesma linha teórica de Chomsky, publicaram, na Inglaterra, o estudo *Bantu and Romance Connection*, que foi considerado pela crítica local como o primeiro trabalho especificamente destinado a explorar a extensão das extraordinárias similaridades entre essas duas famílias de línguas de origens diversas sobre as quais, segundo elas, "most scholars are unware of these striking similarites and we believe the time is tight to initiate dialogue between these two sets or researchers in an effort to better understand the nature of morfosyntatic structure and ultimately syntatic universality" (p. 25). Traduzindo, "a maioria dos especialistas não se deu conta dessas similaridades e acreditamos que o tempo urge, para se iniciar um diálogo entre esses dois grupos de pesquisadores, num esforço para melhor entender-se a natureza da estrutura morfossintática e, por fim, a universalidade sintática das línguas faladas no mundo".

Tendo em mente essa observação, a seguir vamos procurar traçar o panorama atual do português do Brasil e a natureza do contato entre as línguas faladas na antiga colônia, com o objetivo de alargar e aprofundar as informações contidas nas teorias vigentes sobre sua formação. Para tanto, partimos de novos dados de pesquisa realizada nos dois lados do Atlântico, através do estudo sistemático das línguas negro-africanas, buscando, ao mesmo tempo, estudar a integração dos lexemas apropriados pela língua portuguesa, em sua origem, e esclarecer os casos de desvios sintáticos no português vernacular brasileiro. Os resultados obtidos revelaram-nos duas situações distintas, mas complementares, esteadas na confluência das similaridades tipológicas entre o substrato linguístico banto e o português arcaico das caravelas:

De uma parte, a relativa facilidade com que o segmento e a estrutura da sílaba, bem como a estrutura morfofonológica do sistema padrão das línguas do grupo banto, adaptaram-se às características do português arcaico, de tal maneira que seus lexemas, para o locutor brasileiro, não parecem aportes de uma língua estrangeira, muito menos africana, mas palavras já existentes em português. Do outro lado, o mesmo fenômeno ocorre nos dicionários publicados, recentemente, pela editora Mayamba, em Angola, quando, por exemplo, no *Novo dicionário português kikongo*, seu autor, Narciso Cobe, registra como "brasileirismo" o verbo *cochilar,* sem reconhecer que se trata de um lexema do kimbundo importado pelo português do Brasil (cf. COBE, 2010, s.v.).

De outra parte, os desvios morfossintáticos da norma padrão do português europeu, correntes na linguagem usual das camadas menos escolarizadas dos centros urbanos e dos meios rurais, e, eventualmente, na fala coloquial e descontraída dos brasileiros, os quais já se tornaram em um fenômeno "pambrasileiro", há muito são atribuídos, aleatoriamente, por vários pesquisadores, à "influência africana", mas, acrescentamos nós, sem jamais terem chegado a provocar a emergência de uma comunidade de fala crioula no Brasil, presumivelmente, por tratar-se de decalques tomados de construções formais das línguas do grupo banto então reestruturados no português vernáculo brasileiro.

Para melhor discutirmos essa questão, vejamos o conceito de "transmissão linguística irregular do tipo leve" de Lucchesi e Baxter, quando dizem que "havendo uma maior interação entre dominantes e dominados, o acesso aos modelos da língua-alvo é maior e o nível de erosão gramatical é menor" (2009, p. 518). Essa definição, para ser completa, poderia acrescentar que esse processo, como tal, será bem-sucedido caso haja similitudes estruturais entre seus constituintes que possibilitem restabelecer tendências internas da língua-alvo na fonologia e na morfossintaxe, não dando lugar a qualquer modificação na tipologia estrutural da língua que provocasse o surgimento de um crioulo, como, de fato, aconteceu no Brasil por efeito de séculos de contato direto e continuado da língua portuguesa colonial com um grande contingente de falantes de maioria banto, de um grupo de línguas, é bom lembrar, tipologicamente assemelhadas pela sua origem comum.

Essa presunção confronta a afirmação de Naro e Scherre (2007, p. 143) quando criticam a teoria da "transmissão linguística irregular" pela incompletude da conclusão, no que estão certos, mas se enganam ao negar "que ela não seria admissível no Brasil, porque, aqui, parece que não houve a formação de um pequeno número de grandes blocos etnolinguísticos com línguas mutuamente inteligíveis dentro de cada bloco, o que teria favorecido a sobrevivência de interferências estruturais". Curioso é que poderiam usar, apropriadamente, o mesmo argumento, tão bem formulado, para afirmar esse acontecimento, e, assim, não cometeriam um equívoco que se explica pela falta do conhecimento das línguas negro-africanas que foram faladas no Brasil, um fato ainda corriqueiro em nossa academia.

Similitudes tipológicas

A partir dessas reflexões, passamos a analisar algumas tendências específicas que foram identificadas no Português Brasileiro em contraste, ou não, com o Português de Portugal, na fonologia e na morfossintaxe, e pontuar certas similitudes tipológicas, que são evidentes nesse domínio, entre as modalidades do português falado nos dois lados do Atlântico. Teremos, então, por um lado, a transplantação para o Brasil de fenômenos resultantes de desvios da norma padrão do português europeu coloquial, seiscentista e arcaizante, já trazidos na fala dos colonizadores, uma grande massa da classe humilde, iletrada, de origem camponesa, naturalmente conservadora, que provinha de todas as partes de Portugal (cf. MELO, 1946, p. 86; NARO e SHERRE, 2007). Por outro lado, fenômenos exclusivamente brasileiros, resultantes, em grande parte, do contato linguístico desse português com línguas negro-africanas, principalmente do grupo banto também em seu aspecto arcaizante (cf. GÄRTNER, 1998, p. 435).

FONOLOGIA

Nesta área de pesquisa, o sistema padrão das sete vogais orais /a e ɛ i ɔ o u/ e da estrutura silábica consoante vogal (CV), próprias das línguas do grupo banto, que embora possam ser vistas como uma estrutura ideal universal, provavelmente restabeleceu, como modelo, o tipo prosódico de base vocálica do português arcaico no português brasileiro, a provocar o seu afastamento da variante europeia atual. Nessa, prevalecem as consoantes, com a eliminação das vogais átonas pré-tônicas, formando grupos impronunciáveis na fonotática brasileira, dificultando sua compreensão por parte dos seus ouvintes (cf. pessoa x *p´ssoa, diferente x *di`frêt). A favor dessa afirmação, o testemunho da telenovela *Ouro Verde*, produzida em Portugal, em 2016, que, para ser exibida, agora, no Brasil, e entendida pelos seus telespectadores, a fala do elenco de atores portugueses precisou ser "dublada" em português brasileiro, pela "diferença do sotaque", segundo a alegação da emissora responsável pela exibição, o que nos induz a uma conclusão, no mínimo, singular: o falante brasileiro precisa ser bilíngue em português! No entanto, para o elenco parti-

248

cipante dos atores brasileiros foi desnecessário fazer "dublagem no português lusitano", porque o "sotaque brasileiro" fica mais fácil de ser compreendido, não só pelo falante português, com a emissão de todas as vogais, até mesmo das vogais átonas finais das palavras (cf. me.ni.**no** ou *mi.ni.**nu**, ca.de.**te**. ou *ca.de.**ti**).

Por sua vez, o desmanche dos grupos consonantais na pronúncia do português vernáculo brasileiro propiciou a preferência pela estrutura dissilábica (CV.CV), que reduziu o padrão acentual dos vocábulos proparoxítonos para oxítonos, provocando, quase por completo, seu desaparecimento na linguagem coloquial e informal dos brasileiros, efeito do apagamento das vogais pós-tônicas, como no caso de *chacra por chácara, *chícra por chícara, algumas, de uso tão generalizado, que já foram dicionarizadas em português, a exemplo de *abobra por abóbora e a forma diminutiva *abobrinha (cf. CÂMARA JR., 1973, p. 31).

Quanto às sete vogais orais, com três graus de abertura /a ɛ ɔ/, que se manifestam plenamente em posição tônica no português do Brasil (o português lusitano possui ainda a vogal central /ɑ/ de 2º grau, ausente no português falado no Brasil, em Angola e Moçambique; o espanhol possui cinco vogais de base e o francês mais de sete) (cf. MINGAS, 2000, p. 60; BISOL, 2010, vol. 5, p. 41), elas coincidem praticamente, ou "com reflexos", como quer a sociolinguista Célia Marques Telles (2008, nº 32-38, p. 11), com as sete vogais reconstruídas no português arcaico (cf. MATTOS E SILVA, 1991), assim também no protobanto (cf. MEEUSSEN, 1980), e ainda ocorrem em muitas línguas atuais do grupo banto (cf. NGUNGA, 2004).

Entretanto, no sistema moderno das três línguas angolanas kimbundo, kikongo, umbundo e de algumas moçambicanas (cf. NGUNGA, 2004), em decorrência de simplificações históricas, incidem apenas no plano fônico (marcado pelos colchetes [ ] no gráfico), porque reconhecem cinco vogais de base /a e i o u/, como em espanhol, sem a distinção de timbre diferencial nos pares mínimos entre vogais abertas e fechadas, como em português, avô; avó; sede, sɛde.

	Anterior	Central	Recuada
Superfechadas/Superaltas	/ i / / į /		/ u / / ų /
Fechadas/Altas	/ i / / i /		/ u / / u /
Semiabertas/ Médias	/ ɛ / / e /		/ ɔ / / o /
Aberta/Baixa		/ a /	

Banto (Ngunga, 2004, p. 65).

Anterior	Central	Posterior		Anterior	Central	Posterior
/ i /		/ u /	1º grau	/ i /		/ u /
/ e /		/ o /	2º grau	/ ɔ /		/ o /
/ ɛ /		/ ɔ /	3º grau	[ɔ]		[e]
	/ a /		4º grau		/ a /	

Português brasileiro (CÂMARA JR., 1973), *Kimbundo* (MINGAS, 2000)

Apesar de as vogais nasais /ï ẽ ã õ ũ/ serem percebidas em umbundo, não acontece o mesmo nas demais línguas do grupo banto, em que a nasalidade se mostra nas consoantes nasais /m, n/ e nas seminasais grafadas ng, nz, mp, mb etc., próprias do grupo. As seminasais, segundo Mingas (2000, p. 60), no português falado em Angola (PA), por interferência do português europeu, aprendido como segunda língua, são oralizadas e, por sua vez, nasalizam e alongam a vogal oral que as antecede. Na pronúncia brasileira dos bantuismos léxicos apropriados pelo português, essas seminasais prolongam de uma soante nasal, suprassegmental, a consoante seguinte, o que talvez seja um indicativo de haver consoantes nasalizadas no português brasileiro, resultado do longo contato, direto e prolongado, com as línguas do grupo banto de substrato, um fenômeno ainda pouco notado pelos linguistas brasileiros.

Embora Câmara Jr. esclareça (1973, p. 30) que "a observação objetiva do foneticista depreende uma consoante nasal reduzida depois da vogal e homorgânica com a consoante que se lhe segue, já na outra sílaba", concluindo que "assim *campo* ou *lenda* não são enunciadas exatamente (kãpu), (lĕda), mas sim (kã^mpu), (lẽ^ŋda"), e recentemente, Raposo de Medeiros (2007, nº 72, p. 166) analisa o mesmo fenômeno como "murmúrio nasal vocálico, que ocorre em vogais nasais antecedendo oclusivas", ambos, portanto, não reconhecem a possibilidade de tratar-se de uma consoante nasalizada no português brasileiro.

Cf. (Kimb.)	(PA)		(PB)
"ki.lo.**mbo**"	"ki.**loom.m**bo"	→	"ki.loom.**ᵐbo**"
"sa.**mba**"	"**saam.m**ba"	→	"saam.**ᵐba**"

Na pronúncia descontraída do brasileiro, ainda é importante observar a tendência generalizada à redução do dígrafo /nd → n/ nas formas gerundiais (* falano, *dizeno por falando, dizendo) em que a oclusiva dental é nasalizada /d → n/, provocando a fusão das consoantes contíguas idênticas /n → n/, *fa.lã.no, *di.zẽ.no, também observada na simplificação do /mb → m/, em *tãméim por também. Esses dois casos, que foram registrados no português dialetal europeu (NARO e SCHERRE, 2007, p. 122), coincidem com a passagem das seminasais /nd, mb/ em banto para uma homorgânica soante /n, m/, um processo reconstruído no protobanto e atestado em um bom número de línguas atuais (cf. MEEUSSEN, 1967). Tal fenômeno, pode ser resultante de uma mera coincidência, mas, em um ambiente multilíngue, de fala afro-portuguesa de maioria banto, também pode valer como argumento de ser mais um impulso motor nessa direção, provocado por contato com esse grupo de línguas no processo de constituição do português vernáculo brasileiro.

(Kimb) "ki.ba.**ndu**" → "ki.ban.**nu**", cesto (PB) "fa.lan.**do**" → "*fa.lan.**no**" "ma.**mbu**" → "mam.**mo**", tipo de dança "di.zen.**do**" → "*di.zen.**no**"

Sobre as línguas ewe-fon e yorubá, elas possuem sete vogais orais distintivas, fechadas e abertas nos pares mínimos (Yor. *ló*, usar ≠ *lɔ´*, ir/*ajò*, grupo ≠ *ajɔ'*, oferenda) e as cinco nasais correspondentes

251

/ĩ ẽ ã õ ũ/. São línguas oeste-africanas, de introdução relativamente tardia na Colônia, e em menor escala, cujos falantes foram dirigidos ao encontro de falantes do grupo banto, para certos meios gozando de alguma urbanização, o que eles já conheciam por tradição, e nem por isso foram menos importantes como partícipes da constituição da modalidade do português brasileiro.

		Anterior	Central	Posterior
Orais	1º grau	i		u
Altas	2º grau		o	
Médias	3º grau	ε		ɔ
Baixas	4º grau		a	
Nasais		Anterior	Central	Posterior
Altas	1º grau	ï		ű
Médias	3º grau	ẽ		õ
Baixas	4º grau		ã	

Ewe-Fon (ALAPINI, 1954) / Yorubá (IDOWU, 1990).

O vocalismo e os ideofones

Ao longo desse percurso histórico, através de fronteiras regionais definidas e níveis socioculturais de linguagem estabelecidos, transitam as variedades faladas da linguagem corrente, mais próximas ou mais distantes da norma considerada padrão europeu do português. Em todas elas, destaca-se, diferentemente do português de Portugal, a conservação do centro vocálico de cada sílaba, mesmo átona (pessoa e *p´soa), com a manutenção, em geral, seja das cinco vogais pre-tônicas /a/, /ê/, /i/, /ô/, /u/ (em Portugal são oito) ou na sílaba átona final (*noi.ti), que confirmam a predominância do vocalismo e da estrutura silábica (CV) como traço fônico distintivo da pronúncia brasileira (cf. BISOL, 2010).

Apesar da sua diversidade regional, o /s/ chiante do carioca, as vogais pré-tônicas abertas do baiano (*prɛciso), as dentais (titio) do alagoano, o vocalismo do português brasileiro, sinalizado pela frequência da simetria no seu sistema vocálico, com sete vogais orais /a e ɛ i ɔ o u/ que se manifestam, plenamente, em posição tônica e se reduzem a três vogais átonas (a, i, u) em sílaba final ou medial, *mininu por menino, *bunitu por bonito (cf. BISOL, 2010), é uma marca "pambrasileira" de unidade e identidade nacionais no seu imenso território, característica da pronúncia de todos os seus diversos falares e níveis socioculturais de linguagem, sem exceção.

Se considerarmos que a vogal é o registro sonoro da palavra, podemos afirmar que os brasileiros falam "cantando" em diversos tons e diapasões, "num ritmo pendular, binário (CV.CV), sem a pressa atual da enunciação portuguesa" (MELO, 1946, p. 96), numa cadência sonora que se reflete em sua música popular, rica em ideofones, com refrãos articulados, que não são onomatopeias, a simples imitação de ruídos (buum!, explosão), mas sons sensoriais, carregados de sentido (psiu!, chamamento).

Os ideofones constituem uma classe de palavras que Doke (1935, p. 118-9) define como "uma representação vívida do som", muito usada na narrativa oral e na contação de histórias, que não se mostram tão significativas nas línguas europeias, quanto nas línguas negro-africanas, principalmente em banto, em que são recorrentes, contendo sílabas reduplicadas pelo alongamento, preferencialmente, de uma das suas vogais (cf. kimb."tataaa", bater à porta) (SAMARIN, 1971; NGUNGA, 2004, p. 195; WATTERS, 2000, p. 196).

No Brasil, encontra-se, entre vários outros exemplos, desde a mais antiga e, ainda hoje, muito popular marchinha carnavalesca de Haroldo Lobo, de 1940, "Allah-lá ô, ôôô /Mas que calor, ôôô,ôôô!", à mais recente, "Tempo de alegria", de 2014, cantada por Ivete Sangalo, com o refrão "Alegria, alegria, ôôô!", em que o conteúdo semântico desse "ô" é usado para intensificar, positivamente, na primeira, o calor que faz no deserto, projetado na figura de Alá, e, na outra, a alegria que traz felicidade ao cantar.

Um dos mais significativos exemplos de ideofone na MPB, que expressa uma negação, mas sem marca formal de negação, está no intervalo de um dos versos da canção "Aquele abraço" da autoria de Gilberto Gil, composta em 1969. Ao cantar, o compositor exprime a mágoa de quem o esqueceu – referente ao tempo em que passou no exílio como refugiado político –, através de uma mensagem com certo tom irônico e de protesto, sutilmente contida ao murmurar "Huum...", antes de repetir o refrão-título da música, sem que o faça nos versos do abraço que ele envia, entre outros, para o "povo brasileiro" e para "a torcida do Flamengo", um dos mais populares clubes de futebol do Brasil, com sede no Rio de Janeiro.

> Cf. "Alô, Rio de Janeiro, aquele abraço!
> A todo o povo brasileiro, aquele abraço!
> Alô, Realengo, aquele abraço!
> Alô, torcida do Flamengo, aquele abraço!
> Pra você que me esqueceu,
> **Huum**! aquele abraço!"

Aqui, ainda vale a pena falar da casualidade de as línguas subsaarianas serem línguas de acento tonal, o que significa dizer que cada vogal, de uma palavra proferida, recebe, em seu registro sonoro, um acento melódico, diferenciado em tons, cuja altura pode ser baixa ('), média ou alta ('), levando o seu falante a "cantá", apoiado, também, por muitos ideofones articulados por vogais, como na expressão de agradecimento em yorubá "adúpé ô!", em que, a extensão da vogal /ó/, à semelhança dos exemplos já mencionados na MPB, parece tornar a mensagem mais calorosa.

Muito provável que essa tendência, para a manutenção do vocalismo do português seiscentista, marcado por africanias, correntes no português vernáculo brasileiro, tenha-se expandido, geograficamente, a partir do século XIX, em consequência da migração, para as cidades dos estados industrializados do Sudeste, principalmente para São Paulo, de levas sucessivas de afrodescendentes, oriundos do campo e das regiões do Nordeste, tradicionalmente conservadoras e onde, historicamente, são maioria. Essas cidades, por sua vez, em época mais recente, vêm atraindo levas sucessivas desses brasileiros para os estados industrializados do eixo Centro-Sul, de grande imigração europeia e asiática, oficialmente consentida e incentivada pelo governo. A partir de então, começa a fase moderna de expansão desse português vernáculo brasileiro, agora, com a participação do protagonismo sociolinguístico dos afro-brasileiros e de falantes europeus e asiáticos, o que é objeto de nova pesquisa.

Entretanto, convém lembrar que isso ocorreu, ao final do século XIX, após decretada a abolição da escravatura no país, entre os imigrantes "convidados", para substituírem o trabalho negro escravizado, sobretudo no campo, enquanto os alemães formaram grupos linguísticos isolados, mantendo "a língua pomerana" (cf. TRESSMANN, 2007), os grandes contingentes de japoneses e italianos, por serem falantes de línguas muito vocalizadas, ao contrário dos falantes de línguas germânicas, provavelmente, tiveram um grau menor de conflito linguístico ao adquirirem o português vernáculo brasileiro como segunda língua. O japonês é uma língua de estrutura silábica (C)V, o que determina o desmanche dos encontros consonantais nos lexemas importados do português, a exemplo, entre outros, de "bidoro" e "iguresu" por vidro e inglês (cf. MICHAELIS, 2016), enquanto o italiano, que também é uma língua latina, tipologicamente assemelhada ao português, deu lugar à emergência do "talian", dialeto ítalo-brasileiro falado no Sul do Brasil e reconhecido pelo Iphan como Patrimônio Brasileiro (cf. LUZZATO, 1997).

Reestruturação do sistema vocálico

Dos casos mais salientes desse ajustamento ao padrão silábico consoante vogal (CV) entre o português arcaico e as línguas do grupo banto, e que ainda se mostram em franco desenvolvimento no português falado no Brasil, encontram-se:

a) O desmanche, como vimos, dos encontros consonantais pela intercalação de vogais epentéticas (CC → CV.CV), registrado também nos lexemas apropriados pelo português falado em Angola (PA), o que as linguistas angolanas Marques (1985, p. 22) e Mingas (2000, p. 65) atribuem à interferência do kimbundo, em que, como nas demais línguas do grupo banto, não há dígrafos nem sílabas fechadas por consoante.

(PO)	vi.dro	→	(PA) *vi.du.lu
	CV.CCV		CV.CV.CV
	es.co.la	→	*sicola
	VC.CC.CV		CV.CV.CV
(PO)	ad.vo.ga.do	→	(PB) *a.di.vo.ga.do
	VC.CV. CV.CV		V.CV.CV.CV
	rit.mo	→	*ri. ti. mo
	CVC.CV		CV. CV.CV

b) Do mesmo modo, podemos também avaliar uma interferência do padrão silábico (CV) das línguas do grupo banto no apagamento ou no enfraquecimento do /-r/ final nos infinitivos verbais, nos nomes e adjetivos, coincidindo, para Melo (1946, p. 96), com "uma tendência românica desenvolvida no Brasil", e a constatação de Lemle (1978) de "que se verifica numa extensão geográfica ampla e passa desapercebido no registro coloquial".

Cf.	(PO)		(PB)
	fa.lar	→	*fala®
	CV.CVC		CV.CV
	pi.or	→	*pio®
	CV.VC		CVV
	Ar.tur	→	*Ar.tu®
	VC.CVC		VC.CV

c) O /l/ velar pós-vocálico que se neutraliza no interior da palavra (colchão → * coxão), ou é vocalizado em /-u/, quer seja na sílaba medial (alto → * auto), ou final (casal →* casau), Brasil →* Brasiu.), uma tendência também corrente nos falares urbanos, própria da língua, e reestruturada pela "influência africana" como Melo admite (1946, p. 65) e, nós complementamos, a fim de se ajustar ao padrão silábico banto (CV).

d) A monotongação ou redução dos ditongos decrescentes /ow, ey, ay/ a uma vogal simples /o, e, a/ na pronúncia brasileira trata-se de uma tendência registrada desde o latim vulgar e se encontra nos textos antigos do padre Antônio Vieira (séc. XVII), além de ser observada ainda em falares regionais de Portugal, segundo Melo (1946, p. 103), mencionando Gonçalves Viana (1892) e Leite de Vasconcelos (1970).

Para linguistas como Lemle (1978), citando Révah (1958), essa monotongação no português brasileiro é registrada a partir do século XVIII (observe, na época do aumento do contingente negro escravizado exigido para os garimpos então descobertos) e está condicionada pelo ambiente fonético em que as consoantes que seguem o ditongo favorecem a redução. Tal argumento recai na teoria internalista defendida pelos sociolinguistas Naro e Scherre (2007, p. 132), que vinculam esse fato à evolução natural do sistema, à deriva secular que já veio embutida na língua portuguesa.

No entanto, se ultrapassarmos esse limite de considerações restrito à língua portuguesa, chegamos à conclusão de que, provavelmente, a redução desses ditongos foi restaurada no português brasileiro também por tendências externas, provocadas pelo contato linguístico entre o português seiscentista e as línguas do grupo banto, nas quais são raros os ditongos. A veracidade dessa hipótese pode ser confirmada se tomarmos, como testemunho, a tendência à ditongação observada na pronúncia atual do português europeu adquirido como segunda língua pelos locutores angolanos e moçambicanos, que tratam os ditongos como vogais pertencendo a duas sílabas separadas, a exemplo do advérbio *mais*, pronunciado *ma.zi, evitando, também, fechar a palavra por consoante (cf. MINGAS, 2000, p. 65; KEMBO-SURE, 2001, p. 144).

Tratando, agora, das camadas sociais de pouca escolaridade, nos centros urbanos e na zona rural, podemos observar que essas tendências, com provável interferência do substrato linguístico banto, são tão recorrentes que já se tornaram normas no sistema desses falares, em que o índice de analfabetismo é muito alto e concentra uma numerosa população negra quilombola.

MORFOSSINTAXE

Submergidas no inconsciente iconográfico daquele contingente humano de mais de quatro milhões de falantes negro-africanos escravizados, entre os quais 75% do grupo banto, suas vozes, no processo de interferência por aprendizado incompleto de uma segunda língua, ao se mostrarem perceptíveis na fonologia, também deixaram traços notáveis das suas línguas de substrato na estrutura morfossintática do português vernáculo brasileiro, fazendo com que, na maioria dos casos, os desvios que caracterizam os falares rurais e das camadas urbanas pouco escolarizadas tenham âmbito "pambrasileiro" (cf. SILVA NETO, 1963, p. 151, destacando-se, entre eles, a remodelação dos sistemas nominal e pronominal do padrão europeu do português. Segundo Mello (1999, p. 535), esse processo de interferência não é incomum e, conclui, citando Thomson e Kau-

258

fman (1988, p. 60), que "se há interferências fonológicas no processo de aprendizado incompleto de segunda língua, então, certamente, haverá interferências sintáticas e vice-versa".

No entanto, de outra parte, semelhanças notáveis na morfossintaxe do substrato linguístico banto com o português seiscentista também podem ter contribuído para inibir tanto a permanência de uma língua negro-africana como língua plena no Brasil, quanto à emergência de falares crioulos, esses também inexistentes em Angola e Moçambique, onde, convém de novo observar, foram as mesmas línguas que entraram em contato, apesar da relativa introdução, mais tardia, do português como língua veicular em seus territórios.

Remodelação do sistema verbal

O português padrão europeu é uma língua de sujeito zero, o sujeito é designado pelos morfemas flexionais do verbo, e os pronomes pessoais, quando mencionados, são sujeitos marcados enfaticamente. Na variedade do português rural brasileiro e de falantes sem ou com pouca escolaridade, a flexão verbal é reduzida às formas da 1ª pessoa do singular e a uma forma generalizada nas demais pessoas que corresponde à 3ª pessoa do singular. Como nas línguas negro-africanas não existem morfemas nas flexões verbais (semelhantemente ao inglês), a designação do sujeito é reduzida aos pronomes pessoais de uso obrigatório que, em banto, se ligam ao verbo como prefixos concordantes do sujeito.

(Kik)	(PO)	(BR)
mono ngyele	eu vou	eu vou
ngeye wele	tu vais	tu, você vai
yandi wele	ele, ela vai	ele, ela vai
betu wele	nós vamos	a gente vamo, vai
benu iwele	vós ides	-------------
bau bele	eles, elas vão	a gente vamo, vai

259

(Kimb.)	(PO)	(BR)
eme ngibanga	eu faço	eu faço
eye ubanga	tu fazes	tu, você faz
mwene ubanga	ele, ela faz	ele, ela, faz
etu tubanga	nós fazemos	a gente faz
enu nubanga	vós fazeis	-------------
ene ubanga	eles, elas fazem	a gente faz

(Umb.)	(PO)	(BR)
ame ndipopia	eu falo	eu falo
ove opopia	tu falas	você fala
eye opopia	ele, ela fala	ele, ela fala
etu tupopia	nós falamos	a gente fala
ene upopia	vós falais	--------------
ovo vapopia	eles, elas falam	a gente fala

A redução, ao extremo, do paradigma verbal do português padrão europeu com a simplificação das flexões verbais, que "parece implementada por fatores fonéticos de articulação e percepção" (BORTONI-RICARDO, 1981), foi observada, desde o início, por muitos pesquisadores, entre eles, Melo (1946, p. 63), Silva Neto (1963, p. 152) e Azevedo (1964), que admitiram "a influência de sintaxe africana", mas advertindo para a tendência histórica do português, e das demais línguas românicas, em direção à redução morfológica. Do outro lado, como esse mesmo fenômeno foi registrado como interferência banto no português falado em Moçambique (GONÇALVES, 1985) e, especificamente, pelo kimbundo no português falado em Angola (MARQUES, 1987; MINGAS, 2000), podemos presumir que se trata do resultado da convergência desses dois fatores: o contato com as línguas do grupo banto, que não são flexivas, e a deriva para a redução dessas flexões verbais que já veio embutida na língua portuguesa.

Gärtner (1978, p. 156) ainda observa que essa redução aumentou a polissemia, por extensão, aos pronomes *tu, nós, eles*, e, naturalmente, ao substantivo *a gente*. No entanto, mantiveram-se nas segundas pessoas do singular, *você, tu*, e primeira do plural, *a gente* em lugar de *nós*, mas sem o morfema final /-s/ (*tu fala, *a gente comemo), em função, segundo Lemle (1977, p. 251) "de as sílabas finais serem pouco perceptíveis em português", tendendo ainda a se acomodar, a nosso ver, ao padrão silábico banto (CV), que não permite sílabas fechadas por consoante.

Note-se que o pronome *nós* é substituído pelo substantivo *a gente*, levando também o verbo ao singular (cf. *a gente come), enquanto, nas terceiras pessoas do plural, *vocês, eles, elas*, os morfemas flexionais são, em geral, desnasalizados (cf. *falaro por falaram), um traço arcaico do português, que, também, pode ter sido reestruturado pelo acaso de as vogais nasais não serem percebidas em banto. Por sua vez, a 2ª pessoa do plural, *vós*, que não ocorre na língua falada, é encontrada em textos clássicos.

Remodelação do sintagma nominal

Quanto à estrutura do sintagma nominal, a tendência de marcar o plural apenas nos determinantes que antecedem o nome, sempre no singular (*os menino, *três casa, *muitos livro), é um traço sintático muito comum na fala descontraída dos brasileiros de todas as classes sociais, não só em situação de informalidade, e foi atribuído, há muito, à "influência africana" por Melo (1945) e Silva Neto (1963). Coincidentemente, esse fenômeno também ocorre no português falado em Angola e em Moçambique e, de acordo com Marques (1985, p. 22), Mingas (2000, p. 73), Gonçalves (1985, p. 249) e Zau (2013, p. 171), resulta da interferência das línguas do grupo banto na variedade africana do português, nas quais a flexão do plural dos nomes é expressa por prefixos de classe e não, com o morfema final /s/, como no português europeu padrão. Em outras palavras, em banto, é pelo prefixo que sabemos se o nome está no singular ou no plural, a exemplo das palavras (Sing.) **mu.ntu**, a pessoal (Pl.) **ba.ntu**, as pessoas.

No entanto, Melo (1946, p. 82) também lembra que o fenômeno em causa foi observado por Leite de Vasconcelos (1970) no Norte de Portugal, logo seria um arcaísmo, enquanto Sherre afirma que já existia no latim (1993, p. 442- 443), pressupondo que ele decorre das mudanças internas próprias do sistema do português, ao que Bortone, sob o ponto de vista fonético, acrescenta, "por efeito dos desvios na saliência fônica entre o singular e o plural dos seus constituintes" (2010, p. 248-249). Nesse conjunto de argumentos, cabe considerar, a nosso ver, o entendimento de que o sintagma nominal no português brasileiro, feito com o plural (Pl.) marcado tão somente pelos modificadores | mod.| que antecedem o nome no singular (Sing.), parece ser o resultado de um decalque do modelo morfossintático da formação do plural dos nomes em banto, remodelado pela variedade do português falado nos dois lados do Atlântico, quando, desde cedo, os determinantes, do sintagma nominal em português, foram entendidos, e passaram a ser usados pelos seus novos falantes, como se fossem prefixos classificatórios em banto, deixando o nome permanecer no singular.

	(Sing.)	(Pl.)
(Banto)	"**MU**.ntu"	"**BA**.ntu"
(PO)	**A**. pessoa	**AS**. pessoas
(BR)	**A**. pessoa	***AS**. pessoa

Em outras palavras:

➢ de um lado, o plural dos nomes em português, marcado pelo morfema /-s / final.	(Pl.) **AS** pessoas / (Sing.) **A** pessoa (Pl.) **s** | / N –
➢ do outro lado, o plural dos nomes em banto, marcado por prefixos classificatórios, antes dos nomes.	(Pl.) **BA**.ntu / (Sing.) MU.ntu (Pl.) **pref** / – N
Daí o decalque no português brasileiro.	(Pl.) ***AS**.pessoa (Pl.) |**mod.**| / - + Ns

Esta construção sintática pode ter sido acentuada, mais tarde, pelos falantes de yorubá, língua em que o plural é indicado por um pronome enfático ("àwon") que também precede o nome, sempre no singular (BAMBOSHE, 1967):

(Yor)	(Sing.)	(Pl.)
	"ajá", o cachorro	"àwon ajá", os cachorros.
	"orè mi", meu amigo	"àwon ɔ`rè mi", meus amigos

Junte-se a estes argumentos o princípio da chamada "economia linguística" defendida por muitos, sob a alegação de que uma marca formal ou semântica de plural é suficiente para transmitir a informação desejada, assim o falante não sente a necessidade de fazer a concordância. Logo, marcando-se o primeiro elemento do sintagma, seguindo o modelo da marcação dos prefixos em banto, desaparece a necessidade de se marcar os seus demais elementos, eliminando-se a redundância, que é permitida pelo sistema do português.

Remodelação do sintagma pronominal

O uso generalizado do pronome oblíquo complemento indireto *lhe* (pronunciado *li, não existe palatal dental /-lh-/ em banto), servindo nas mesmas funções, ora de acusativo *o/a* (*eu **li** vi, em lugar de eu *o/a* vi) e de dativo (eu *lhe/ li* dei), ora de pronomes retos (ele, nós, eles) em função de pronome oblíquo (*eu vi *eles* em lugar de eu *os* vi) são construções que mais caracterizam a sintaxe da língua falada brasileira, atingindo todas as nossas classes sociais (BORTONE, 2010, p. 243), e aceitas na língua falada culta (cf. SHEI, 2000, p. 116; LUFT, 1991, p. 19). Esse fenômeno, que contraria o ensinamento tradicional da gramática normativa da língua portuguesa, resulta, no entendimento dos linguistas, tão somente do fato de os pronomes átonos serem semitônicos no sistema fonológico brasileiro, em que têm independência fonética; portanto, podem ser colocados livremente na oração (ALI, 1966; BECHARA, 1992; CUNHA, 1976). Tal argumento justifica a preferência do português brasileiro pelo emprego da próclise, ou seja, pronomes pessoais oblíquos colocados antes do verbo (cf. Quem **me** avisa, amigo é), até mesmo quando ocupam posição inicial da frase (cf. **Me** diga, te amo), reservando, assim, o uso da mesóclise (cf. Dir-**te**-ei) para a linguagem literária, culta, ao contrário do uso corrente da ênclise e da mesóclise no português europeu (cf. Quem avisa-**me**, amigo é)[4].

No entanto, é preciso também admitir que essa construção brasileira provavelmente resultou da interferência externa, por contato com línguas do grupo banto na era colonial, tendo em vista que o mesmo fenômeno pode ser observado no português de Angola (PA), e, de acordo com Marques (1985, p. 22) e Mingas (2000, p. 71), decorre do fato de o kimbundo e do kikongo usarem a mesma forma estrutural /*mu*/, sempre em posição proclítica, nas mesmas funções de pronome direto (o, a) e indireto (lhe) no português padrão europeu (cf. DEREAU, 1955, p. 35).

(Kimb) "Nga **mu** bane"   (PO) eu **lhe** dei
        "Nga **mu** mono"   (PA, BR) eu **lhe** vi em lugar de eu **o** vi

A concordância de gênero

Em relação à falta de concordância na flexão de gênero recorrente em possessivos na linguagem rural e na linguagem ritual afro-brasileira (*mia pai, *meu mãe), fenômeno já embutido no português arcaico (*mia senhor, em "Cantiga da Ribeirinha", 1198) e, atualmente, observado na fala do português de locutores angolanos não escolarizados, é um desvio atribuído por Marques (1985, p. 219-220)

---

[4] Cf. os estudos de Ane Shei (2000) sobre a colocação pronominal na língua literária contemporânea e de Gärtner (2005) sobre a origem dessa construção no português brasileiro.

e Mingas (2000, p. 70) à inexistência da diferença entre as noções gramaticais de masculino e feminino dos substantivos em banto.

Cf. (Kimb.) tata **ami** = mama **ami**
(PO) **meu** pai ≠ **minha** mãe

O verbo ter

Além de designar a relação de posse (Esta sala não tem janelas), a substituição do verbo **ter**, também empregado como impessoal para designar existência em lugar do verbo **haver** (Tem gente aí?), iniciada no latim vulgar e atestada na língua literária desde o século XIX (cf. ALI, 1966), generalizou-se em todas as suas funções, com grande ocorrência no português brasileiro (cf. GÄRTNER, 1998, p. 442). Por sua vez, na linguagem corrente falada, o verbo **haver** como impessoal (Há muitas pessoas na sala) também se encontra flexionado, sobretudo nas formas polissilábicas (Ontem, *houveram muitos casos de desabamento no Rio de Janeiro), por analogia com o verbo sinônimo **ter**, configurando-se com mais um traço sintático arcaico do português, que pode ter sido reestruturado em confluência com as línguas do grupo banto.

Em Angola e Moçambique, citando Gärtner, "é mais razoável considerar esse caso como resultado do contato linguístico com línguas do grupo banto, do que atribuí-lo, propriamente, ao traço do português arcaico". Em kimbundo, por exemplo, o lexema "**sai**" é uma forma invariável que corresponde ao verbo **haver**, não flexionado, no sentido de existir, mas também é empregado como sinônimo de **ter**, com os pronomes pessoais respectivos (CHATELAIN, 1888, p. 13; BATALHA, 1981, p. 44; QUINTÃO, 1934, p. 215).

Cf. (Kimb.) "**Sai** aloji", **há** ou **tem** feiticeiros
ou "Eme **sai** jinzo", eu **tenho** casa

No Brasil, também é muito comum substituir o verbo **ter**, designando posse (Eu tenho a faca), pelo paradigma **estar com** (Eu estou com a faca), uma construção que pode ser um decalque do verbo "ku kala", estar, seguido da preposição "ye ou ni", na acepção de **ter**, em kikongo e kimbundo (BATALHA, 1981, p. 48; TAVARES, 1934, p. 30).

   Cf. (Kik/Kimb) "ku kala ye mebele" ou " ku kala ni mbele"
        (BR) estou com a faca
        (PO) eu tenho a faca

A DUPLA NEGAÇÃO E O SUJEITO FOCALIZADOR

A repetição pleonástica da negativa **não** depois do verbo e de suas variantes populares brasileiras **nem** e **num** (**Não** quero **não**, **Num** sei não) "é um fato comuníssimo que sobreviveu como fato normal e corriqueiro na linguagem corrente de quase todo o Brasil" (LESSA, 1966, p. 101). Embora seja vagamente atribuído por pesquisadores à "influência de línguas africanas" (ARAGÃO 1996, p. 94; CARENO, 1997, p. 92), melhor seria dizer que as línguas do grupo banto, em que a dupla negação ocorre, podem ter contribuído para reestruturar essa construção sintática no português do Brasil, que "está enraizada na língua portuguesa" e reconhecida na *Gramática histórica da língua portuguesa*, de Said Ali, desde 1921.

Em banto, como já foi dito, encontra-se em kikongo com as negativas **ke...ko**, em umbundo com **ha/ka... ka** ou **ke...ko** e **há...ko**, colocadas antes do verbo, ao final da frase (DEREAU,1955, p.42; BATIBO, 2000, p. 133-144).

(Kik.) "Nzo zeto ka zina mbote ko" (BR) Nossas casas não são bonitas, não
     "Nzau ke na wa bela ko"   Nzau não está doente, não
(Umb.) "Há/ ka kumona ko"   Não ver, não
     "Ka chi nene ko"   Ele não é grande, não

Quanto ao kimbundo, a negação é marcada pelo morfema /ki/ precedendo o verbo ou fazendo seguir este morfema, ao final da frase, pelo pronome pessoal, **ami, é, etu/eto, enu**, realçando o sujeito da oração, principalmente em Luanda (BAIÃO, 1946, p. 45). Em kikongo, esse mesmo "pronome de insistência ou de ênfase", na classificação de Dereau (1955, p. 214), ocorre com o morfema /**ku**/ que se junta, como prefixo, aos pronomes pessoais, "kuamo, kuaku", postos, também, no fim da frase.

Esse tipo de sujeito pleonástico, chamado pelos linguistas de "focalizador" (CASTILHO, 2010, p. 675) ou "partícula expletiva ou de realce", que não exerce nenhuma função sintática, podendo ser suprimida da oração sem comprometer a clareza nem a construção (ALMEIDA, 1983, 32ª ed., p. 479), faz-nos lembrar do emprego, nas mesmas funções, da locução "é que", colocada logo após o sujeito da frase [Eu é que (não) fiz, ou, simplesmente, Eu (não) fiz], vista como mais uma característica do português brasileiro.

Na linguagem regional da Bahia ainda aparece, sempre no fim da frase, sob uma locução construída, geralmente na terceira pessoa do singular ou do plural, **lá ele/lá eles, lá ela/ lá elas**, concordando com o sujeito da oração, a fim de reafirmar que se trata, explicitamente, de **ele/ela** e não, de você ou de outra pessoa, ocorrendo também com a locução é **que** (Ele é que se feriu, lá ele).

(Kimb.) "ene **ki** ngi mukongo **enu**" (BR) eles é que não são caçadores.

(BA) eles (é que) **não** são caçadores, **lá eles**.

"mwene **ke** mukongo ê" (BR) ele é que não é mukongo.

(BA) ele (é que) **não** é mukongo, **lá ele**.

(Kik.) "fwidi kwandi" (BR) ele é que já está morto

(BA) ele (é que) já está morto, **lá ele**

"wele hwandi" (BR) ele é que partiu

(BA) ele (é que) partiu, **lá ele**

A preposição em *com verbos de movimento*

Embora Lessa (1976, p. 101) esclareça que "o fenômeno é, hoje, sintaxe caracteristicamente brasileira", o uso da preposição **em**, com verbos de movimento ocorre também no português de Angola e de Moçambique, segundo Marques (1985, p. 221), Mingas (2000, p. 75) e Gonçalves (1985, p. 248), por interferência banto, cujas línguas dispõem de um só prefixo locativo **ku** para indicar o lugar **onde**, e o lugar **para onde** ou **aonde**. Quanto ao fato da preferência pelo emprego da preposição *em*, na explicação de Gärtner (1998, p. 446), "pode ser devido à sua sonoridade mais forte, que a torna mais facilmente perceptível para o falante na sua realização fonética do português moderno".

(Kimb.) "mwene wamuya **ku** bata"	(BR) ele vai para casa
"mwene wala **ku** bata"	ele está em casa
(Kik.) "ngiele **ku** nzo"	vou para casa
"ngina **ku** nzo"	estou em casa
(Umb.) "eye wenda **ko**njo"	eles vão para casa
"eye okasi **ko**njo"	eles estão em casa
	(MARQUES, 1985, p. 221)

Em busca de uma resposta plausível

Admite-se que muitas outras proximidades ainda se encontram encobertas por falta de pesquisas mais avançadas nos demais campos de estudos linguísticos sobre a interferência de línguas negro-africanas na constituição do português brasileiro, sobretudo na morfossintaxe, a essa nossa análise sucinta, de enfoque etnolinguístico, que venham somar-se as alegações extralinguísticas de vária ordem vigentes até agora (isolamento territorial, hegemonia da língua portuguesa etc.), para justificar a razão de não haver sucedido no Brasil um falar crioulo adquirido como segunda língua ou como língua nacional, semelhante aos que emergiram em outras ex-Colônias portuguesas pelo mundo, assim como a razão de nenhuma língua negro-africana ser falada como língua plena em território brasileiro.

Levando em consideração o fato de que falantes de qualquer língua são resistentes a mudar os hábitos articulatórios de sua língua materna e procuram acomodá-los ao sistema morfofonológico da língua adquirida, não podemos nos esquecer de que o português foi imposto como segunda língua por um aprendizado incompleto, a chamada "transmissão linguística irregular", ou seja, pela oralidade e sem letramento, a uma população majoritária de falantes negro-africanos ao longo de três séculos consecutivos, e o Brasil, hoje, possui a maior população negra e afrodescendente, concentrada fora do continente africano.

Do outro lado, em Angola e Moçambique onde, a exemplo do Brasil, foram as mesmas línguas que entraram em contato, apesar da distância no tempo entre o Brasil Colônia (Século XVI a XVIII) e a colonização, propriamente dita, de Angola e Moçambique (Século XIX), não se registram falares crioulos do português, ao contrário do que se observa em Cabo Verde e na Guiné-Bissau, onde o português entrou em contato com línguas oeste-africanas, tipologicamente diferenciadas das línguas do grupo banto e das estruturas do português padrão europeu, dando lugar à emergência e ao estabelecimento de falares crioulos.

Diante dessas circunstâncias, as línguas negro-africanas no Brasil, como uma forma de resistência na reconstrução de uma pertença etnocultural dos seus falantes, ficaram resguardadas por diferentes sistemas lexicais que se encontram nas manifestações de religiosidade afro-brasileira como meio de expressão e transmissão simbólica de seus valores ancestrais, e, dispondo de um vocabulário menos extenso, foram preservadas por falares afro-brasileiros de base banto, em comunidades negras rurais. Entre elas, as que se encontram no Kupopiá do Cafundó, em São Paulo (VOGT e GNERRE, 1996), na língua Kalunga de Goiás (FERREIRA, 2011), na jira da Tabatinga

269

(QUEIROZ, 1998), e na língua banguela na região de mineração, também em Minas Gerais (cf. CASTRO, 2019).

Neste momento, temos de avaliar também a participação de línguas indígenas brasileiras nesse processo e das línguas negro-africanas na constituição daquela "língua geral" que foi usada no Brasil por bandeirantes e catequistas, a qual, segundo Mattoso Câmara (1954, p. 23), "não deve ser confundida com uma suposta persistência dos falares tupis na sociedade europeia do meio americano". No estudo mais recente, em 1966, outro linguista brasileiro de renome, o indianista Aryon Dall´Igna Rodrigues, é categórico ao dizer "já no século XVIII, essa língua não era nada mais do que um tupi-guarani simplificado devido à convivência com diversos povos e respectivas línguas", mas sem mencionar quais eram esses povos, eximindo-se, assim, de ressaltar a participação das línguas negro-africanas na constituição da denominada "língua geral". Na segunda metade do século XX, o lexema banto milonga (remédio, talismã), foi registrado numa história contada em língua geral por uma índia na região do Alto Amazonas, enquanto o dialeto caipira, no interior de São Paulo, é de base tupi-kimbundo, segundo Melo (1946, p. 62).

Enfim, tendo em vista que o português brasileiro é um conceito coletivo que se pode desdobrar em diferentes níveis de ocorrência, a depender das ocasiões, das regiões e das classes sociais, os aportes linguísticos negro-africanos estão mais ou menos completamente integrados ao seu sistema formal de acordo com os níveis socioculturais e usuais de linguagem, enquanto o português de Portugal (antigo e regional) foi ele próprio "africanizado" de certa forma pelo fato de uma longa convivência. A complacência ou resistência face a essas interferências mútuas é uma questão de ordem sócio-histórica e cultural, e os graus de mestiçagem linguística coincidem, geralmente, mas não de maneira absoluta, com os graus de mestiçagem biológica que ocorrem no Brasil.

Por extraordinária coincidência, no confronto continuado do português com falantes de línguas angolanas, majoritários à época, em lugar de provocar um conflito por falta de inteligibilidade entre seus utentes, donde a necessidade de comunicação faria emergir um outro falar, um crioulo, como se verifica no Caribe, ocorreu um movimento de africanização do português, por um lado, e, por outro, a imantação pelo português das línguas negro-africanas em razão de semelhanças fonológicas e morfossintáticas casuais, mas notáveis, entre o português arcaico e as línguas do grupo banto, também em seu aspecto arcaizante.

O português brasileiro, portanto, naquilo em que se afastou do português de Portugal é, historicamente, o resultado de um movimento implícito e contido do padrão linguístico do português europeu arcaico e coloquial das caravelas em direção às línguas negro-africanas, com as quais entrou em contato no Brasil colonial, e, em sentido inverso, pelo "aportuguesamento" dos falares negro-africanos, construído, no começo, sobre uma base indígena linguística e cultural preexistente e, geograficamente, mais localizada no Brasil.

Em outros termos, consiste, em grande parte, no ajustamento de estruturas morfofonológicas e sintáticas transplantadas, de um lado, do padrão europeu do português arcaico para as línguas negro-africanas com que entrou em contato na época colonial, no Brasil, e, do outro lado, pela acomodação de traços de substrato linguístico negro-africanos na estrutura fonológica, mais do que sintática, no português de Camões, em razão das semelhanças fonológicas e morfossintáticas casuais, mas notáveis, entre o português arcaico e as línguas do grupo banto, também em seu aspecto arcaizante. Ao longo dos séculos, a confluência dessas estruturas reconstituiu, em diferentes graus de intensidade e níveis socioculturais de linguagem, a modalidade atual do português vernáculo brasileiro, com reflexos na fala considerada culta, evidente na sua pronúncia vocalizada e, ocasionalmente, em construções morfossintáticas nas situações informais (cf. SHEI, 2000, p. 116; LUFT, 1991, p. 19; CASTILHO, 1989).

Se, a princípio, esse processo foi motivado pela necessidade de comunicação, por um lado, entre falantes de línguas africanas diversas, e, por outro, de colonizadores portugueses de fala regional e popular, hoje, ao contrário, seu uso pretende distinguir falantes de uma mesma língua, o português do Brasil. Mesmo diante da complexa variedade de seus falares regionais ao longo de sua grande extensão territorial, o português brasileiro é uma unidade linguístico-cultural que agrega e identifica os brasileiros de todas as camadas sociais e níveis socioculturais de linguagem, sobretudo pela riqueza do vocalismo da sua pronúncia, que o diferencia do consonantismo prevalente na fala do português lusitano quando promove o apagamento das vogais átonas para dar lugar à emissão dos encontros consonantais nas palavras.

A partir desta reorientação metodológica, que dá visibilidade e voz aos falantes negro-africanos, foi possível visibilizar quais foram "os africanos", aqueles que, ao contrário dos falantes indígenas e portugueses, nunca foram mostrados nessa história, dentre as três vertentes etnolinguísticas já consagradas que participaram do processo de configuração da modalidade da língua portuguesa nas Américas. São elas:

➤ A vertente INDO-EUROPEIA de que faz parte o grupo das línguas românicas, entre elas a LÍNGUA PORTUGUESA, tomando como princípio a sua feição arcaizante, e o contato com as civilizações do mundo árabe que enriqueceu seu universo simbólico-cultural pela importação de inúmeros aportes léxicos.

➤ A vertente INDÍGENA BRASILEIRA de línguas autóctones, notadamente o TUPI-GUARANI, que se espalha pela América do Sul e é falado como língua nacional no Paraguai.

➤ A vertente AFRICANA das línguas do grupo NÍGER-CONGO, que se originou na África Subsaariana e se expandiu por seus territórios, da qual fazem parte as línguas do subgrupo BANTO, com destaque para as que são faladas nas zonas linguísticas H (kimbundo, kikongo) e R (umbundo), na classificação de Güthrie (1948), em razão da anterioridade no tempo, da maior densidade populacional e da amplitude geográfica da sua distribuição humana em território colonial brasileiro, favorecidas pelas similitudes notadas entre seu substrato linguístico com o português arcaico.

Ao encontro dessa matriz já estabelecida, assentaram-se os aportes de línguas oeste-africanas, sobretudo do EWE-FON e do YORUBÁ, de introdução mais tardia, geograficamente menos extensos, mais localizados e em número relativamente menor no Brasil Colônia, embora igualmente significativos para o processo de síntese plurichultural brasileira, sobretudo no domínio da religião (cf. CASTRO, 1980, 2001, 2002).

Uma história ainda não acabada

Em resumo, esta história recontada das línguas negro-africanas ao português brasileiro não pretende, aqui, estar acabada, uma vez que esse campo de estudos ainda se encontra em aberto, para debate. Visa a contribuir para alargar e aprofundar a discussão com elementos novos, resultado de 40 anos de pesquisa de campo, de caráter etnográfico e linguístico, abrangendo os dois lados do Atlântico, o que nunca foi feito, até agora, no Brasil, nesse domínio e nessa extensão. A análise dos dados obtidos possibilitou reescrever a mesma história, desta vez, com a participação das línguas negro-africanas nas vozes dos seus falantes, que foram emudecidos pela historiografia brasileira. Esta perspectiva desafiadora trouxe à tona, para o debate, os seguintes fatos no campo conceitual e fonossintático:

- a redescoberta do povo banto como difusor do português vernáculo brasileiro e os falantes angolanos como seus principais agentes nos tempos coloniais;
- o protagonismo sociolinguístico do ladino e da mulher negra angolana na sociedade colonial;

- o conceito de *africanias* como o legado linguístico-cultural negro-africano nas Américas;
- o uso do termo *aporte* em lugar de empréstimo e o estudo da sua categorização;
- a classificação atual das línguas faladas no continente africano e o dilema do mutilinguismo;
- a linguagem cultural afro-brasileira como espaço de resistência e de continuidade etnorreligiosa na opressão;
- o conceito de competência simbólica *versus* competência linguística;
- as similitudes tipológicas e estruturais entre o português arcaico e as línguas do grupo banto, que impediram um falar crioulo e a continuidade de línguas africanas como línguas plenas no Brasil, destacando-se, entre elas:

a) na fonologia:
– o vocalismo como marca de identidade na pronúncia brasileira;
– as consoantes nasalizadas, os ideofones e sujeito focalizador.
b) na morfossintaxe:
– a remodelação do sintagma nominal, pronominal e verbal;
– o uso do verbo ter em lugar de haver, a dupla negação e a concordância de gênero.

Falamos a mesma língua portuguesa, mas nos afastamos do português lusitano por usarmos uma variedade que resultou do contato continuado e direto de mais de trezentos anos de interrelação do português arcaico, a princípio, com línguas indígenas brasileiras, principalmente do grupo tupi-guarani, e, em seguida, continuadamente, com línguas nígero-congolesas faladas na África Subsaariana. As similaridades, notadas na fonologia e na morfossintaxe entre as estruturas dos seus constituintes com o português colonial não deram espaço para o estabelecimento de uma possível língua crioula no Brasil, como também ocorreu em Angola e Moçambique. Em nosso caso, porém, mais especificamente, sem se afastar de traços de ancianidade do português das caravelas, reestruturado por africanias, num processo que, ao final, resumimos em *Camões com dendê*.

Sabemos que esta hipótese de trabalho está sujeita a uma análise mais acurada do português europeu colonial e das línguas subsaarianas em questão. Envolve, para tanto, a decisão política de admitir a necessidade de trabalhar uma linguística brasileira que contemple as línguas africanas e de se buscar mecanismos para implantar, em programas de iniciação científica e de pesquisa, cursos de capacitação docente nas áreas de competência em questão, a fim de normatizar uma língua vernacular que venha a ser reconhecida como sua por todos os brasileiros, desde cedo. Só assim, poderemos legitimar as línguas negro-africanas, dando visibilidade aos seus falantes, e ultrapassar as barreiras vigentes do preconceito sociolinguístico, reconhecendo que o negro-africano foi, historicamente, o principal transformador e difusor da modalidade brasileira da língua portuguesa no Brasil, em tempos coloniais.

Antes de especularmos como essa história terminou, é preciso saber como ela começou. E, se ainda não temos uma resposta para todas as questões, buscamos mostrar, ao menos, um novo caminho para encontrá-las.

Certa feita, Eça de Queirós disse que o Brasil açucarou a língua portuguesa, e nós podemos acrescentar que os negro-africanos a temperaram com o azeite de dendê trazido de Angola, vermelho da cor do sangue, que derramaram para construir a segunda maior nação de população melanoafricana do mundo.

VOCABULÁRIO AFRO-BRASILEIRO

1. *Notas introdutórias*

a) Este vocabulário inclui certas palavras e expressões que não são de origem africana, mas são correntes nos falares afro-brasileiros, em linguagens regionais ou no cotidiano dos terreiros, a exemplo de *abrir caminho, descarrego, despacho, califom,* entre outras.

b) No caso de uma palavra se apresentar com variantes de pronúncia (**cachaça** ~ *quixaça*) ou de significado (*Omolu = Xapanã*) a mais usual será o verbete principal.

c) Os significados atribuídos aos termos da linguagem religiosa são de responsabilidade dos nossos informantes, enquanto o significado dos verbetes dicionarizados pelo Aurélio e pelo Houaiss, assinalados pela convenção (°), nem sempre coincidem com os que registramos.

2. *Ortografia dos nomes*

Usamos as letras K, Y, W uma vez restauradas pelo mais recente Acordo Ortográfico da Língua Portuguesa, e de acordo com a orientação da escrita original dos linguistas africanos para nomes próprios, alguns já adotados e correntes também nos estudos africanos no Brasil.

- K – Ketu, Khoisan, Kimbundo, Kikongo, Kongo (o reino), Kilimanjaro.
- Y – Oyó, Yemanjá, Yansã, Yao, Yalorixá.
- W – Chokwe, Zimbabwe.
- BANTO, sem flexionar no feminino (banta) de acordo com a orientação de linguistas angolanos e moçambicanos, que criticam esse uso como impróprio. Assim, melhor dizer, *língua/línguas do grupo banto* em lugar de "língua/línguas bantas".

3. *Abreviaturas*

adj.   – adjetivo
adv.   – advérbio
BR.   – português do Brasil
C   – consoante
cf.   – conferir, comparar
exp.   – expressão incui frases feitas, locuções verbais, adjetivais, etc.
Kik.   – kikongo
Kimb.   – kimbundo
Org.   – organizador
p.ext.   – por extensão de sentido
pl.   – plural
PO   – língua portuguesa em geral
sing.   – singular
s.d.   – sem data
s.f.   – substantivo feminino
s.m.   – substantivo masculino
Umb.   – umbundo
V   – vogal
v.   – verbo
var.   – variante
Ver   – ver, verificar
Yor.   – yorubá

4. Convenções

(°)   – termo dicionarizado
(*)   – não padronizado
(x > y) – x origina y
(x < y) – x deriva de y
(x → y) – x muda para y
(x ~ y) – x alterna com y
(x = y) – x igual a y
(x ≠ y) – x é diferente de y
(x /y) – x e y

5. Símbolos fonéticos

[ε]   – timbre aberto (café, galera, matéria)
[e]   – timbre fechado (dedo, abelha)
[ɔ]   – timbre aberto (avó, moda, loja)
[o]   – timbre fechado (avô, moça, doce)
[w]   – semivogal (mau, couve)
[y]   – semivogal (foice, lavadeira)

6. Dados finais

Estão relacionados 3.517 vocábulos, sendo 1.322 de base banto (B), 1.299 do oeste-africano, yorubá e ewe-fon (O), 34 de origem imprecisa (B) e/ou (O), 853 de formação brasileira, entre eles, decalques, híbridos e regionalismos provenientes de línguas não africanas.

TABELA TOTAL

B	O	FB	B ou/e O	Total
1.322	1.299	853	34	3.474

A

ABÁ – s. ou *ababá, bá,* os mais velhos, os idosos, na linguagem religiosa. Cf. *baculo.* Do Yor. *àgà.*

ABÃ – s.m. prato, abano, bandeja de madeira usada no jogo-de-Ifá, na linguagem religiosa. Do Fon *àgban.*

ABABÁ – s.m.pl. Ver *abá.* Do Yor. àgbàbà.

ABAÇÁ – s.m. ou *abacé,* sala de entrada, geralmente o maior cômodo da casa, onde se realizam as cerimônias públicas festivas; varanda, espaço aberto de chão batido ou acimentado, reservado para determinadas cerimônias; (p. ext.) o terreiro, na linguagem religiosa. Cf. *ogã de abaçá.* Do *Fon àgbasà.*

ABADÁ 1) – s.m. túnica, casaco folgado e comprido, na linguagem religiosa.Ver *abadô.* Do Fon *a gbárá* /Yor. agbádá, veste masculina de origem árabe, parte do traje nacional yorubano, junto com o xokotô.

2) – s.m. conjunto de camisa ou blusa curtas e short de estamparia colorida, vestidura de blocos carnavalescos, que substituiu a tradicional "mortalha", comprida, larga e sem mangas, na Bahia.

3) (º) – s.m. camisolão branco que era usado pelos malês, na Bahia. Cf. *camisu.* Do Hauçá *albada* > Yor. *agbadá* > Fon *agbará.*

4) (º) – s.m. panela de barro, alguidar, na linguagem religiosa. Do Yor. *a*gbada.

ABADÊ – s.m. Ver *abadô.* Do Fon *(à)gbàdé.*

ABADJÁ – s.m. corpo humano, na linguagem religiosa. Do Fon *àgbazà* / Yor. *ìbàjà.*

ABADJÉ 1) – adj. chato, em ketu. Yor. *ìbàjé.*

2) – adj./v. estragada, menstruada; perder a virgindade, na linguagem religiosa; exp. "quebrar o pote". Do Yor. *bàjé* /Fon bàzen.,

3) – s. ou *bajé,* menstruação, na linguagem religiosa. Cf. *boi.* Do Yor. *bàšé.*

ABADÔ 1) – s. ou *abadè,* milho, pipoca, na linguagem religiosa. Cf. guguru, maçango. Do Fon/Yor. *àgbàdo.*

2) – s.m. ou *abadá,* qualquer roupa ou peça de roupa muito larga, principalmente casacos, na linguagem religiosa.

ABAIÁ – s. pessoa que dança bem durante as cerimônias públicas festivas, em mina-jeje. Do Fon/Mina *agbajá*, bailarina do rei do Daomé.

ABANCA(R) (º) – v. fugir, sair em fuga; correr, perseguir, no português do Brasil. Do Kik. *ban(gi)ka*.

ABANTÓ 1) – s.m. gente, povo; os frequentadores do terreiro, mas não iniciados, na linguagem religiosa. Cf. *betó*. Do Kik./Kimb. *abantu*, gente, povo, pl. de *muntu*.

2) – exp. *"por conta do abantó"*, à toa, ao léu, abandonado, na linguagem religiosa.

ABARA – adj. forte, corpulento, na linguagem religiosa. Cf. cuba. Do Yor. *agbára*.

ABARÁ (º) – s.m. ou *abalá*, bolo de feijão fradinho, preparado com azeite de dendê, envolvido em folhas de bananeira e cozido em banho maria, no português do Brasil. Cf. acarajé. Do Fon *ablá*.

ABATÁ – s.m. ou *batá*, tambor cilíndrico de duas faces muito usado nos cultos maranhenses, tocado por homens, os abataze(i)ros. Do Yor. *bàtá*, o mesmo tambor usado para Xangô e Eguns.

ABÊ – s. vodun equivalente a Oxóssi, em mina-jeje. Do Mahi/Fon *Agbeto*, caçador, divindade da caça, de *(n)agbe*, caçar.

ABÉ 1) – s. ou *obé*, faca, navalha, canivete, na linguagem religiosa. Do Yor. *àbɛ*.

2) – s. vodun feminino da família Xevioso, em mina-jeje. Do Fon *Àgbè*, vodun que representa o mar.

ABEBÉ 1) (º) – s.m. ou *obebé*, leque de forma circular em cujo centro se vê recortada a figura de uma sereia; o de latão simboliza Oxum, e o de metal prateado, Yemanjá, na linguagem religiosa. Do Yor. *abɛ̀bɛ̀*.

2) – s. qualquer abano de palha, na Bahia. Cf. *afafá*.

ABERÉ – s. agulha, na linguagem religiosa. Cf. bambo. Do Fon *ablɛ*/ Yor. *abɛ́rɛ́*.

ABEXI – s.m. ou *obexi*, guisado de folhas temperado com egusi, comida de Oxalá e Obaluaê, na linguagem religiosa. Do Yor. *ɔbɛ̀ ɛgúsí*, sopa de egusi.

ABI – exp. ouviu, entendeu? na linguagem religiosa. Do Kik./Kimb./Yor. *àbí*.

ABIÁ – s. axila, em congo-angola. Do Kimb. *hábia*/Yor. *abíyá*.

ABIÃ (º) – s. pré-noviça ou noviço, pessoa designada pelas divindades para ser iniciada, na linguagem religiosa. Do Fon *avinon*/Yor. *abiyamon*, mulher que tem um bebê para nutrir, aleitar.

ABIÉ – s. pedido de perdão, em mina-jeje. Do Fon *bɔ'bɛ*.

ABIKU – s. espírito de criança morta; o natimorto, na linguagem religiosa. Do Yor. *àbíkú*.

ABILOLA(R) – v. amalucar, ficar doido, aparvalhado, desnorteado, no Nordeste do Brasil. Cf. bilau. Do Kik. ku bilola.

ABÔ 1) – s. carneiro, animal consagrado a Xangô, na linguagem religiosa. Do Fon *(a)gbò*/Yor. *àgbò*.

2) – s. ou *aboun*, uma antiga nação mina-jeje na Bahia, na linguagem religiosa. Cf. *Abolama*. Do Fon Àgbo, divindade protetora dos Gedevis, fundadores da cidade de Abomé, capital do antigo reino do Daomé.

ABÓ – exp. ou *buó*, silêncio, preste atenção, uça, geralmente dirigido aos noviços, na linguagem religiosa. Cf. arerê, matu. Do Fon *abɔ*/ Yor. *(a)gbɔ*.

ABÓB(O)RA DA GUINÉ – s.f. Ver *abóbora moganga*.

ABÓB(O)RA MORANGA (º) – s.f. ou *abóbora-moganga, abóbora-da-guiné*, espécie de abóbora. Cf. cambalenga. Do Port. *abóbora* + Kik. *manyangwa*, abóbora.

ABOJU – s.vodun feminino jovem, da família de Dambirá, na Casa das Minas. Fon *agboju*.

ABOLAMA – s. ou *bualama*, nome de uma nação mina-jeje na Bahia, na linguagem religiosa. Do Fon *Agbo Làmà*, nome antigo de uma região central do Benin.

ABOLAXÉ – s. ou *abô, abalaxé*, banho de folhas, banho ritual com infusão de ervas medicinais, praticado durante a iniciação, na linguagem religiosa. Ver *ariaxé*. Do Yor. *àgbo aláše*.

ABOMÉ (º) – s. capital do antigo reino do Daomé. Do Fon *Agbomè*.

ABONÃ 1) – s./adj. ou *bonã*, febre, calor, quentura, na linguagem religiosa. Cf. tubiá, uzô. Do Yor. *igbɔ'nan*.

2) – s. ou *bonã*, varíola, nome de Omulu, deus da varíola, em ketu. Do Yor. *ilègbónán*, terra de calor.

ABORÉ – s.m. grau hierárquico, o sacerdote mais antigo ou graduado no culto de egun, na linguagem religiosa. Cf. babalorixá. Do Yor. *abɔ`rè*.

ABORÔ – s.m. bolo de comida que o chefe do terreiro tira do seu prato e dá na boca dos iniciados, na linguagem religiosa. Do Yor. *abɔ'lù*, ato de comer junto + Port. *bolo*.

ABOTÔ – s. nome de Aziri, em mina-jeje. Do Fon *Agbotó, Agbotɔ'*, divindade associada à água.

ABOUM – s. Ver *Abô*. Do Fon *àgbòmènù*, habitante de Abomé.

ABRI(R) AJIRA – v. iniciar as cerimônias na umbanda, com invocação das divindades. Cf. puxarrum. Do Port. abrir + (Kimb) *ajira*, a cerimônia, o caminho.

ABRI(R) CAMINHO – v. ou *abri(r) ajira*, proceder a rituais propiciatórios para alguém que deles necessite para livrar-se de males ou facilitar benefícios, na linguagem religiosa. Ver. Do Port. abrir caminho, livrá-lo de empecilhos.

ABROZÔ – s.m. ou *abrazô, ambrazô, ambrozô*, pequenos bolos feitos de farinha de milho ou mandioca, azeite de dendê, pimenta e outros temperos, fritos no mesmo azeite, na linguagem religiosa. Cf. abarém. Do Fon *ablòzò*, espécie frito de acaçá quente.

ABUDJÉ – v. morder, em ketu. Do Yor. *bùjɛ*.

ABUKÊ – s. ou *akê*, corcunda, na linguagem religiosa. Do Yor. *abuké*.

ABUKÓ – s. cabra, bode, na linguagem religiosa. Ver *abukó odá*. Do Yor. *obukɔ*.

ABUKÓ ODÁ – s. bode castrado, animal consagrado a Logum Edé, na linguagem religiosa. Do Yor. *obukɔ`ɔda*.

ABULÉ – v. estar deitado, deitar, na linguagem religiosa. Cf. adubulé. Do Yor. *àbúlé*.

ABURIKÁ – adj./v. ruim, mau/fazer mal, destruir completamente, apanhar doença incurável provocada por feitiço/feder, deteriorar/profanar, na linguagem religiosa. Do Kik. *tabika*, destruir completamente, deteriorar + Yor. *(ì)búra èké*, perjúrio, perjurar, fazer mal.

ABURO – s.m. ou *aburô*, irmão de santo mais jovem, em ketu. Do Yor. *àbúrò*, irmão caçula.

ACA 1) – s.f. aborrecimento, insulto, indaca/má sorte, macaca, no Nordeste do Brasil.

2) (°) – s.f. ou *iaca, inhaca, uca,* cachaça ruim que deixa morrinha, mau cheiro de corpo, de axila, no Nordeste do Brasil. Cf. catinga, budum. Do Kik. *mwàka* /Kimb. *nùuka,* odor violento, penetrante, morrinha, mau cheiro de corpo.

AÇA (°) – adj. ou *aço,* albino, pessoa ou animal, no português do Brasil. Cf. afim. Do Kik. *nkasa* /Kimb. (*h*)*asa*/Umb. *hasa.*

AÇABÁ – s.f. ou *Asabá, Asobá,* título deYemanjá, na linguagem religiosa Do Fon àsɔ'ba, (*sɔ'ba*), elegante, "coquete"/Yor. *asabá,* a protetora.

AÇAÇÁ 1) (°) – s.m. bolo de milho branco ou amarelo, cozido até se tornar gelatinoso e envolvido, ainda quente, em folha de bananeira; refresco de fubá de milho ou de arroz, fermentado em água açucarada; (p. ext.) coisa apetitosa, refrescante, no português do Brasil. Cf. ekó. Do Fon *akasá, akasã.*

2) – s.m. nome de caboclo, na linguagem religiosa. Do Kik. *bakasa,* tabaqueira.

AÇAÇÁ DE LEITE – s.m. açaçá de milho branco com leite de coco ou de vaca, na Bahia

AÇAÇÁ DE MILHO BRANCO – s.m. açaçá de milho branco, sem leite, na Bahia.

AÇAÇÁ VEMELHO – s.m. açaçá de milho amarelo, na Bahia.

ACAPANGA(R) (°) – v. contratar capanga, proteger-se, no português do Brasil.

ACARAJÉ 1) (°) – s.m. bolo de feijão fradinho, temperado com sal, cebola, alho e gengibre, frito em azeite de dendê; serve-se quente, com molho de nagô e vatapá, no português do Brasil. Cf. acará. Do Fon *àklà-jɛ,* acará vermelho, frito no dendê em lugar do óleo de amendoim e que se oferece às divindades/Yor. *àkàràjɛ,* na região ijexá.

2) – s.m. (p. ext.) diz-se de uma pessoa sardenta e cabelo de dendê, na Bahia.

ACARAJÉ COM PIMENTA – exp. referente à criança travessa, na Bahia. Ver *acarajé.*

AÇO – s.m. marido, amásio, na linguagem religiosa. Ver *ocó.* Do Fon *àsú.*

ACUCA – s.f. ou *acoca,* velha, na linguagem religiosa. Ver *cuca.* Do Kimb. (*a*)*kuka*/Kik. *wakuka* /Umb. *wakuka.*

ACUCÓ – s.m. ou *akikó*, galo, na linguagem religiosa. Cf. caramborô. Do Yor. *àkùkɔ*, galo/Fon *akɔkìkò ɔ*, canto do galo.

ADALU 1) – v. misturar, em ketu. Do Yor. *àdalú*.

2) – s.m. comida de Ogum feita de feijão fradinho e milho, em ketu. Do Yor. *àdàlú*.

ADAMACHÔ – s. palavra inicial do cântico, ao término da ladainha dos voduns, ordenando o início dos toques de atabaque, na Casa das Minas. Do Fon *a da ma xò*, que toquem os atabaques.

ADANJI – s. nome de Xangô, na linguagem religiosa. Cf. adê. Do Yor. *Adénjí*, o dono da coroa.

ADARRUM (°) – s.m. toque muito rápido de tambor para acelerar o transe de possessão durante as cerimônias rituais, na linguagem religiosa. Do Fon *àdāhun*.

ADÊ – s. coroa, na linguagem religiosa, usada por Oxum e Nanã nas cerimônias rituais festivas. Do Yor. *adé*, coroa/Fon *àzè*, barrete, gorro de mulher.

ADÉ – s. homossexual, na linguagem religiosa. Cf. adofuró. Do Yor. *adè*, mole, indolente.

ADELAIÊ – s. título de Xangô, em ketu. Cf. *adê*. Do Yor. *Adélayé*, a coroa do mundo.

ADIDÊ – exp. ordem de levantar–se, ficar de pé, na linguagem religiosa. Do Yor. *adide*.

ADIÉ – s. galinha, na linguagem religiosa. Cf. unsuça. Do Yor. *adiè*.

ADIN – s.m. azeite grosso extraído do dendê, usado para lamparinas e fins rituais, na linguagem religiosa. Cf. bambá. Do Yor. *àdìn*.

ADIRI – s. termo de tratamento usado para as gonjais, as iniciadas, na Casa das Minas. Fon *aɖivi*, filha verdadeira.

ADJÁ 1) (°) – s.m. ou *ajá, adijá, adixá*, idiofone, campainha de metal ou campa usada durante as celebrações litúrgicas afro-brasileiras. Cf. ingunga. Do Yor. *ààjà*.

2) – s. Ver *ajá*.

ADJAMIN – s. Ver *adjá*. Do Yor. *Ààjàmin*.

ADO 1) – s.m. ou *uado*, milho moído, temperado com dendê, mel de abelha ou açúcar, comida de Obaluaê, Nanã, Bessein, Yemanjá, na linguagem religiosa. Do Yor. *ààdun*.

2) (°) – s.m. (arcaico) a mesma iguaria temperada sem dendê, na Bahia.

ADÔ 1) – s. cabaça pequena, em ketu, na linguagem religiosa. Do Yor. *àdó*.

2) – s.m. entranhas, intestino, em mina–jeje. Cf. mondongo. Do Fon *àdò*.

ADÔ KEKERÊ – s. pequenos potes de cerâmica ou cabaças que são guardados no peji, em ketu. Do Yor. *àdó kékéré*.

ADOFONA – s.f. ou *dofona*, a primeira confirmada em cada barco, na linguagem religiosa. Ver *barco*. Do Fon *dòfònun* + Port.–a/o.

ADOFONITI(NHA) – s.f. a segunda confirmada em cada grupo de iniciação, na linguagem religiosa. Ver *barco*. Do Fon *dòfònùntín*.

ADOFURÓ – s.m. efeminado, homossexual, na linguagem religiosa. Ver *adé*. Cf. adualó. Do Yor. (termo vulgar) *àdófùrɔ'*, que tem relações sexuais pelo ânus.

ADOKÓ – s.f. prostituta, na linguagem religiosa. Do Yor. *ailɔ'kɔ'*, mulher sem marido.

ADOSU 1) – s. ou *adoxo, adoxum*, parte da cerimônia de iniciação na qual é posta, no corte feito na cabeça raspada da noviça, uma espécie de massa de ervas sagradas e sangue de animais sacrificados cerimonialmente, na linguagem religiosa. Do Fon *dosù*, impor um preceito religioso por toda a vida.

2) – s. ou *adoxo*, nome iniciático de um devoto de Xangô, em ketu. Do Yor. *adósù*, sacerdote de Xangô.

ADU – s.m. dente, na linguagem religiosa. Cf. *invice*. Do Fon/Yor. *àdú*.

ADUALÓ – s.m. ou a*duló, dualó*, lésbica, na linguagem religiosa. Do Fon/Yor. *àdɔ'alɔ'*, que faz sexo apalpando com a mão, ralando, roçando; que coabita com uma mulher.

ADUBULÊ – exp. *adobalé*, durma bem, na linguagem religiosa. Cf. edomohaendô. Do Fon *dɔbèlé* /Yor. *adáàbú ilé, adúùbi ilé*.

ADUN – s./adj. ou *ado, dundun*, doçura; doce, saboroso, na linguagem religiosa. Cf. uiki. Do Yor. *adùn*.

ADUNSU – s. ou *adunsum, adunxo*, nome iniciático de um devoto de Azoano, em mina-jeje. Ver *adunsi*. Do Fon *Àzonsú*.

ADUNOBLE – s. nome de Averekete, na Casa das Minas.

ADUNSI – s. ou *Adunce, Adunsu, Adunxo,* nome iniciático de uma devota de Azoano em mina-jeje. Do Fon *Àzonsì.*

ADUPÉ – exp. ou *dupé, opé,* obrigado, por favor, com licença, na linguagem religiosa. Do Fon *dokpé* /Yor. *adúkpé.*

AFAFÁ 1) – s.m. ventarola de palha com que se percutem pequenas talhas de barro, usada à guisa de instrumentos musicais durante as cerimônias rituais fúnebres, na linguagem religiosa. Ver *axexê.* Do Fon *afafà.*

2) – s.m. ou *abebé* qualquer abano de palha, na Bahia.

AFIDÃ – s. pessoa insincera, que não merece confiança, traidor, falador, na linguagem religiosa. Cf. indaca. Do Yor. *afinihàn.*

AFIN 1) – s. palácio, na linguagem religiosa. Do Yor. *ààfin.*

2) – s./adj. 2 gen. ou *aço,* albino, na linguagem religiosa. Do Fon *afin*/Yor. *afín.*

AFINDIJÁ – s. sineta consagrada a Yansã, na linguagcm religiosa. Do Yor. *afinààjà.*

AFITIM – s.m. cheiro peculiar de carne seca quando estragada ou em princípio de putrefação; qualquer carne com um cheiro ácido, na Bahia. Cf. tocada. Do Ewe/Fon *afitin,* condimento, espécie de mostarda de cheiro nauseabundo, preparada com grãos demimosácea Parkie d'Afrique ou *"àhuàtin".*

AFÓ 1) – s. pé, pernas, patas, na linguagem religiosa. Cf. inama. Do Fon *afɔ.*

2) – s.m. funeral, vigília para o morto, em ketu. Ver *intambe.* Do Yor. *ɔ'fɔ'.*

AFÓ DE BOI – s.m. *mocotó,* na linguagem religiosa. Ver *afó* + Port. de boi.

AFOFI – s./adj. coisa suja; sujeira, sujo, na linguagem religiosa. Cf. oriri. Do Yor. *àfɔ'ni,* enlameado, emporcalhado.

AFOFIÊ (°) – s.f. flauta de bambu, em contos folclóricos do Recôncavo Baiano, no Nordeste do Brasil. Do Fon *afunfunele* /Yor. *afunfèrè.*

AFOGÃ – s.m. guizos de metal que as iniciadas trazem no tornozelo, na linguagem religiosa. Do Fon *afɔgàn, afɔgã.*

AFOJU – s. cego, na linguagem religiosa. Do Yor. *àfɔ'ju.*

AFOMÃ 1) – s. qualidade de folhas consagradas a Omolu, na linguagem religiosa. Do Yor. *àfɔ'man*, árvore da família das lorantáceas.

2) – s.m. nome de Omolu, na linguagem religiosa. Do Yor. *àfoman*, contagioso (ref. à varíola).

AFONÃ – s.m. nome de Xangô, na linguagem religiosa. Do Yor. *Àfònan*.

AFONJÁ – s.m. título de Xangô, na linguagem religiosa. Do Yor. *Àfònjá*.

AFOPÁ – s. sapato, sandália, na linguagem religiosa. Cf. *batá*. Do Fon *afɔkpà/afūkà*.

AFOXÉ 1) – s. praga, maldição, na linguagem religiosa. Do Yor. *àfɔšɛ*.

2) – s.m. (depreciativo) festa ritual pública considerada de qualidade inferior, na linguagem religiosa.

3) (°) – s.m. cortejo real, na representação de um grupo de caçadores nobres originários da África, que carregavam, como símbolo, um boneco preto (babalotim); cortejo carnavalesco da Bahia, no qual predomina a característica africana nas roupas, cânticos e instrumentos musicais, no português do Brasil. Cf. Filhos-de-Gandhi. Do Yor. a*fɔlɛsɛ*, cortejo a pé.

AFU – exp. dita após pronunciar o nome de uma pessoa morta, equivalente à expressão popular "lá-ele", que é acompanhada pelo gesto de bater com os nós dos dedos em algum objeto de madeira, a fim de isolar a possibilidade de uma corrente negativa que atraia a morte, na linguagem religiosa. Do Kik./Kimb. *afwa*, exorcizar /Fon *(a)fún, afú*, bater sobre um objeto duro para isolar azares.

AFURÁ – s. bebida refrigerante feita de arroz ou de milho fermentado e moído, dissolvido em água açucarada, na linguagem religiosa. Cf. fubá. Do Hauçá *fúrá* > Yor. *afúrá*, na linguagem religiosa.

AGA – s. cadeira. Cf. cazumba. Do Yor. *àga*.

AGÃ – s. mulher estéril, na linguagem religiosa. Do Yor. *àgan*.

AGABI – s. toque para Sobô, em mina–jeje. Do Fon *akpavi*.

AGALETÓ – s.f. prostituta, na linguagem religiosa. Ver *indumba*. Do Fon *agalètɔ'*.

AGAMÃ – s. camaleão, na linguagem religiosa. Do Fon *àgamã* /Yor. ag*ɛmã*.

AGAMAVI – s. tobosi de Lisa, na Casa da Minas. Do Fon *àgamãví*.

AGAMUM – s. lagartixa, em ketu. Cf. calango. Do Yor. *alaàmùm*.

288

AGANJU (º) – s. nome de Xangô, filho de Obatalá, o céu, e Ododwa, a terra, irmão e esposo de Yemanjá, na linguagem religiosa. Do Yor. *Aganju*.

AGLUZA – s. ou *agruza, gruza*, porco, toucinho, na linguagem religiosa. Cf. canguru, elede. Do Fon *àglúzà*, porco.

AGÔ – exp. ou *agoê, agoiê*, pedido de licença, permissão, atenção. Resposta: *agoê*, na linguagem religiosa. Cf. motumbá. Ver *cantiga de agô*. Do Fon *àgo* /Yor. *àgò*.

AGOGÔ 1) – v. "ir no mato", "ir defecar", na linguagem religiosa. Ver nena. Do Yor. *àgò lɔigbo*, pedir licença para ir ao mato defecar.
2) (º) – s.m. idiofone constituído por duas campânulas de ferro que se percutem com um pedaço de ferro, produzindo dois sons, um de cada campânula. Nos candomblés, ele acompanha os três tambores da orquestra cerimonial (Cf. run) e serve não só para marcar o ritmo e sua mudança de acordo com o toque peculiar a cada nação, bem como anunciar o início da cerimônia. Do Kik./Kimb. *(a)ngongo*/Yor. *agogo*.

AGON – s. tobosi de Dako na Casa das Minas. Do Fon *agbõ*.

AGONGLO – s.m. divindade mina–jeje. Do Fon *Agɔngló*, rei do Daomé (1789 a 1797).

AGONGONO – s. vodun velho, chefe da família de Savaluno, na Casa daa Minas. Do Fon *Agɔgonon*.

AGONSU – s. ou *Azonsi*. Do Fon *Agonsú*, seguidor de Agon.

AGONTIMÉ – s. mulher do rei Agonglo e mãe de Gezo, tida como fundadora da Casa das Minas. Do Fon *Agɔntímè*.

AGRADO – s.m. oferenda simples, com poucos elementos ou em pequena quantidade, para agradar a uma divindade, comumente para Exu, na linguagem religiosa. Do Port. agrado, presente para contentar alguém.

AGRALÁ – s. tipo de farofa ritual, farinha seca e dendê, em mina-jeje.

ÁGUA DE CHEIRO (º) – s.f. perfume, colônia, água perfumada usada para banhos votivos, na Bahia. Do Port. água de cheiro, perfumada.

ÁGUA DE OXALÁ (º) – s.f. cerimônia que inicia o ciclo das festas públicas de cada terreiro, por meio da qual a água dos potes e das quartinhas sagradas é trocada pela água que as iniciadas vão buscar, de madrugada, à fonte próxima, em longa procissão. Cf. mayanga, maza malemba. Cf. Port. água de + Oxalá.

ÁGUA DOS ABÔ – s.f. Ver abô.

ÁGUA DOS AXÉ (°) – s.f. líquido com um pouco de sangue de todos os animais sacrificados, em todos os tempos, em cada terreiro, o axé, na linguagem religiosa.

AGUARDENTE DE CACHAÇA – s.f. a destilada com a borra do melaço, na Paraíba.

AGUDÁ – s.m. afrodescendente que retornou da Bahia para a zona yorubá e fon da Nigéria e do Benin, ao final do século XIX.

AGUÊ – s.m. ou *abê, aguê*, idiofone formado por uma cabaça vazia com pequenos seixos no interior e coberta com uma rede de fios em cujos nós estão presos pequenos búzios, na linguagem religiosa. Cf. cabaça, piano de cuia. Do Fon *(as)ɔge*, o mesmo instrumento /Yor. *agbè*, tipo de cabaça.

AGUÉ – s. vodun equivalente a Ossain, em mina-jeje. Do Fon *Ágé*, dono das folhas.

AGUESI – s. nome iniciático de um devoto de Agué. Do Fon *Àgésì*.

AGUERÉ – s.m. ou *ogeré*, toque especial de tambor para Oxóssi, na linguagem religiosa. Do Yor. *àgèrè*.

AGUIDI – s. ou *aguiri, agri, grigri, oguiri*, amuleto que preserva de todos os perigos a quem o traz junto ao corpo, de preferência sob a axila, na linguagem religiosa. Do Yor. *ìgbàdí*.

AGUIDIBÔ (°) – s.m. ou *guidibô*, espécie de tambor. Do Yor. *ògìdìgbò*.

AGUTÃ – s. carneiro, animal consagrado a Xangô, em ketu. Do Yor. *àgùtan*.

AGUXÓ 1) – s.m. ou *abuxó, oguxó,* torcida de palha de dendê usada para acender fogo, na Bahia. Do Yor. *ògusɔ̀*.
2) – s.m. (p.ext. arcaico) tipo de penteado de mulher com um coque em forma de aguxó, na Bahia.

AHOLO BESSEIN DOKUMI – s. vodun real, na Casa das Minas. Do Fon *Aholu Gbɛsɛ Dokumi*.

AHOSO – s. Ver *Agongono*. Do Fon *axɔ'sú*, rei.

AIA – s.f. (precedido de "minha") tratamento afetivo dado a mulheres aparentadas e solteironas, na Bahia. Cf. iaiá.

AIAIÁ 1) – s. alegria, contentamento, no Nordeste do Brasil. Do Yor. *ayàyà*.

2) – s. ou *aia*, moça solteira, na linguagem religiosa. Do Yor. *àìláya*, solteiro.

AIDÔHUEDÔ – exp. saudação para Bessein, na linguagem religiosa. Ver *arroboboi*. Do Fon *àìdohuɛdó*, arco-íris.

AINÃ 1) – s. nome de Ibeji, na linguagem religiosa. Do Yor. *Àínã*.

2) – s.m. título de Xapatá, em mina-jeje. Do Fon *Àìnon, Áínõ*.

AINHUM (º) – s.m. (arcaico) doença oriunda da África que era caracterizada pelo espessamento da pele e pela consequente formação, à volta da raiz de um ou mais dedos do pé, de um anel fibroso, terminando por decepá-los. Do Yor. *àyún*.

AIRÁ – s. nome de Xangô, o velho, que é identificado com São Pedro e usa contas azuis (*segui*), na linguagem religiosa. Do Yor. *àrá*, tempestade.

AIROSU – s. ou *Adosu*, rei da terra, título de Xapatá, na linguagem religiosa. Do Fon *Àìhósú, Àixɔsu*.

AIO (º) – s.m. (arcaico) jogo africano de tabuleiro com 12 cavidades onde os dois parceiros colocam e retiram pequenas sementes redondas, cor de chumbo, da árvore *Heloptelea Grandis*. Do Fon *àìhun* /Yor. *ayò*.

AISUM – s. vigília que segue ao enterro, em ketu. Do Yor. *àìsùn*.

AJÁ – s. cão, animal consagrado a Ogum. Cf. *imbuá*. Do Fon *àglà*/Yor. *ajá*.

AJABÔ – s. quiabo cortado em pedacinhos e misturado com mel de abelha ou preparado com folhas de mandioca e azeite doce, comida de Oxalá, na linguagem religiosa. Cf. caruru. Do Fon *ajagbe*/Yor. *ajagbo*, prato preparado com folhas de feijão, mandioca ou quiabo e azeite doce.

AJAGUNÃ 1) – s. ou *Jagunã*, nome de Ogum, na linguagem religiosa. Do Yor. *Àjàgunàn*, guerreiro.

2) – s. terreiro nagô-caboclo nos arredores da cidade de Salvador, cujo chefe se chamava Flexa Negra, na linguagem religiosa.

AJAIPAPÔ – s. nome de Oxóssi, em ketu. Do Yor. *Àyàdíòkpó*.

AJAKÁ – s. rato, na linguagem religiosa. Ver *calunga*. Do Fon *ajaka*.

AJANUTÓI – s. vodun da família de Xevioso, na Casa das Minas. Fon *ajanutoi*, membro da comunidade Ajá de Aladá.

AJAPÁ (º) – s.m. cágado, animal consagrado a Xangô, na linguagem religiosa. Cf. logozô. Do Fon *àjàkpá*.

AJASI – s. ou *ajace*, nome iniciático de um devoto de Ogum, em mina-jeje. Do Fon *Àglàsi*.

AJÁ TEDÔ – s./adj. nação-de-candomblé cuja língua litúrgica é de base fon e yorubá, na linguagem religiosa. Do Fon *Aja Tado*, localidade à margem esquerda do rio Mono, no Togo atual, de onde partiu o ramo do povo Ajá, ancestrais da família real do Daomé, para conquistar Aladá, depois Abomé, no séc. XVII.

AJAUTÓ DE ALADÁ – s. ou *aladanu*, vodun, pai de Avrejó, na Casa das Minas. Do fon *ajànuto*, pai da etnia Ajá de Aladá.

AJÉ 1) – s. espírito maléfico, bruxa, na linguagem religiosa. Do Yor. *àjé* / Fon *àzé*.

2) – s. Ver *azé*.

AJETÓ – s.m. (pejorativo) líder religioso tido como feiticeiro, bruxo, em mina–jeje. Ver *ajé*. Do Fon *àzétɔ'*, feiticeiro.

AJEUN 1) – s/v. ou *ajeum, jeum, onjé*, comida/comer, na linguagem religiosa. Cf. Do Yor. *ajéun*.

2) – exp. ou *ajemano*, convite para comer, na linguagem religiosa. Do Yor. *wajéun*, venha comer > (resp.) *àjémánún*, coma em paz.

AJÉ XALUGÁ (º) – s. ou *Agué xalugá, Agué xalucá, Ajé xalugá*, título de Yemanjá, na linguagem religiosa. Do Yor. *Ajéshalúgà*.

AJIBONÃ – s.f.ou *jibonã*, auxiliar da sacerdotisa nas casas mina-jeje ou nagô-ketu, tratada por mãezinha, é quem acompanha as noviças ao longo da iniciação religiosa, na linguagem religiosa. Cf. *yá kekerê*. Do Yor./Fon *ajígbónán*.

AJIKONIN – s. pequena pedra usada no jogo d'Ifá. Do Fon *àjikwín*.

AJIMUDÁ – s. nome de Yansã, em ketu. Do Yor. *Ajímúdà*.

AJIRI – s. ou *azili, aziri*, vodun mina-jeje feminino das águas doces, equivalente a Oxum, na linguagem religiosa. Cf. Abotô, Aziri Tobosi. Nome iniciático Iundunce. Do Fon *Àzrì*, lago sagrado, perto de Ketu.

AJIRI TOBOSI – s. ou *Ajiri Tobosi, Tobosi*, vodun equivalente a Yemanjá, a velha do fundo do mar, em mina-jeje. Do Fon *Àzrì Tɔbosi*, Aziri das águas profundas.

AJÓ 1) – s. reunião, na linguagem religiosa. Do Yor. *àjɔ*.

 2) – s. prece recitada durante a preparação do ebó, na linguagem religiosa. Do Fon *àjɔ, ajɔ*, espécie de oferenda que se leva para fora da casa.

AJOPOME – s. bengala, em mina-jeje. Do Fon *jɔkpómɛ*, bengala da mensagem, do recado.

AJUNTÓ – s.m. ou *ajotó*, junto, espécie de anjo da guarda, vem junto ao dono da cabeça, mas se manifesta em seus iniciados, na linguagem religiosa. Do Fon *àjɔtɔ'*, ancestral protetor de uma determinada pessoa + Port. (a)junto, unido, agregado.

AKALÔ – s. velho contador de histórias ou lendas, principalmente em torno das divindades, na linguagem religiosa. Do Yor. *akpòló*, contador de histórias.

AKANGA – s.f. galinha d'angola, na linguagem religiosa. Do Kik. *nkanga* /Kimb. (o) hanga.

AKANIN – s. Ver *ekodidé*. Do Fon *akpenin*.

AKARÁ 1) – s./v. fogo, carvão/tocar fogo, incendiar, na linguagem religiosa. Do Kik./Kimb./Umb. *(m)akala*.

 2) – s.m. ou *mindacará*, "torcida que o santo come", ou seja, mecha de algodão embebido em dendê que se incendeia e faz com que os indivíduos possuídos pelas divindades ingiram para confirmar sua presença, rito de confirmação dos devotos de Yansã, na linguagem religiosa.

 3) – s.m. Ver *acarajé*.

AKABA – s. um dos títulos de Kpó, na Casa das Minas. Do Fon *Akábà*, rei do Daomé (1680-1708), deificado após a morte e adorado como vodun.

AKÊ 1) – s.m. ou *abukê*, corcova, na linguagem religiosa. Cf. *cacunda*. Do Yor. *iké*.

 2) – s. machado ritual, na linguagem religiosa. Do Yor. *áàké*.

AKESÃ – s. nome de Exu, na linguagem religiosa. Do Yor. *Àkèsán*.

AKEKÉ – s.m. o preferido, o mais mimado entre todos, na linguagem religiosa. Cf. candonga. Ver *kekerê*. Do Fon *kiké* /Yor. *aduké*

AKIKOIÉ – s. galinha d'angola, na linguagem religiosa. Do Yor. *akukɔdié*.

AKIDIDIORO – exp. saudação para Oxumarê, na linguagem religiosa. Ver *arroboboi*. Do Yor. *akiliwóòró* + Port. arco de ouro, ref. arco-íris.

AKIRIJEBÓ – s.m. ou *coruja de ebó, corujebó,* pessoa encarregada de ar-
ria(r) o ebó, geralmente em encruzilhada; é o posto mais ínfimo,
tido como o mais humilhante entre os terreiros, sendo uma ofensa
atribuí-lo a quem não tem essa função, na linguagem religiosa. Do
Yor. *akirijɛbo.*

AKÓSI – s. Ver *azonsi.* Do Fon *akposi.*

AKOVILÉ – s. companheiros, tratamento entre voduns, na linguagem religiosa. Do Fon *akɔvilɛ,* filhos da mesma tribo.

AKU – s./v. morto, morte; morrer, na linguagem religiosa. Cf. *kufá.* Do
Fon/Yor. *(a)kú.*

AKUABÔ – exp. ou *ucuabô, mukuabô,* bem-vindo, saudação de chegada,
de recepção, na linguagem religiosa. Do Yor. *ɛkúábɔ'*/Fon *kúabɔ'.*

AKUÉ – s. dinheiro, moeda; búzio que servia de moeda e ainda é usado
no jogo d'Ifa.
1) – na linguagem religiosa. Cf. *jimbo, owô.* Do Fon *àkuɛ́.*

AKUÊ Ô – exp. saudação de boas–vindas à casa, voltando de uma cerimônia externa, na linguagem religiosa. Cf. *mukuabô.*

AKUERÁ – v. esposar, amancebar, na linguagem religiosa. Do Kik./Kimb.
kwela.

AKUERÃ – s. nome de Oxóssi, em ketu. Do Yor. *Akɛran.*

AKUETO – s. ou *akuê ô, makulê ô,* camarada; saudação equivalente a
"meus camaradas", na linguagem religiosa. Ver *maculelê.* Do Kik.
akweto/Kimb. *mu–kweto*/Umb. *ukweto.*

AKUEVI – s. vodun feminino, toquém, filha de Dosu, da família Davisi, na
Casa das Minas. Do Fon *Akpeví.*

AKUXÉ – exp. ou *ekuaxé,* "bom trabalho", saudação a quem se acha traba-
lhando, na linguagem religiosa. Do Yor. *ékúashé.*

AKUXILÉ – exp. cantiga de recepção à chegada das divindades em transe,
na linguagem religiosa. Cf. *ilê.* Do Yor. *ékúšílé,* bem-vindo à casa.

ALÁ 1) (°) – s.m. ou *ualá,* tecido branco que encobre e protege Oxalá,
especialmente em aparições públicas rituais, na linguagem religiosa.
Do Fon/Yor. *àlà.*
2) – s. sonho, na linguagem religiosa. Do Yor. *àlá.*

ALABÁ 1) (°) – s. tratamento respeitoso dado aos eguns mais velhos, na
linguagem religiosa. Do Yor. *alàgba.*

2) (º) – s. chefe supremo dos babalaôs no culto de egun, na linguagem religiosa. Cf. *alibá*. Do Yor. *Aláàgbaà*.

3) (º) – s. o segundo irmão nascido após os gêmeos, tido como peralta, que forma um par com Doú, a na linguagem religiosa e regional da Bahia, festejado também com um caruru, no dia 25 de outubro, dedicado aos santos católicos Crispim e Crispiniano. Ver *Ibêji*. Do Yor. *àlàbá*, nome dado a quem nasce após Doú.

ALABÊ (º) – s. m. ogã de alabê, ogã de coro, ogã de faca, ogã ilu, chefe de tocadores de atabaque e sacrificador de animais nas cerimônias religiosas do terreiro; é sempre o tocador do run e ocupa o posto de ogã na hierarquia sociorreligiosa do terreiro. Cf. *runtó, xicarangoma*. Do Yor. *alàgbé*, tocador de tambor + *alaɔbé (ké)*, sacrificador ritual.

ALACÁ – s.m. Ver *pano da costa*. Fon *alaká*, pano de festa.

ALADÁ – s. capital do antigo reino do mesmo nome, também conhecido por Ardra, na região costeira de língua ewe-fon do atual Benin. Do Fon *Alada*.

ALADANU – s. nome de Ajautó, na linguagem religiosa. Do Fon *aladanu*, de Aladá.

ALADÊ – s. nome inciático de um devoto de Xangô. Do Yor. *Aládé*, o dono da coroa.

ALAFIA – exp. saudação votiva, igual a saúde, paz, felicidade; resposta afirmativa do jogo d'Ifá, na linguagem religiosa. Do Hauçá > Fon/Yor. *àláfíà*, paz.

ALAFIN 1) – s. nome de Ibêji, na linguagem religiosa.

2) – s.m. título de Xangô, na linguagem religiosa. Do Yor. *alàáfin*, dono do palácio.

ALAFIN OYÊ – s.m. título hierárquico em ketu. Do Yor. *alàáfin ɔ`ye*.

ALAFREKETE – s. ou *Alafrequete*. Ver *Averekete*.

ALAFREKETIANA – s. ou *Alafrequetiana*, devota de Alafrekete, na linguagem religiosa. Do Fon *Ávleketianòn*.

ALAKETU 1) (º) – s. nome de terreiro no bairro de Brotas, em Salvador, fundado provavelmente em fins do século XIX, cuja quarta sacerdotisa a chefiá-lo foi Olga de Alaketu; denominação oficial do logradouro onde se encontra. Do Yor. *Alakétú*, do reino Ketu, no Benin atual.

2) (°) – s. nome de um Exu, na linguagem religiosa. Do Yor. *Èšu Alakétú*.

ALAPORIÓ – s. nome de um egun, na linguagem religiosa. Do Yor. *Alá-poiyɔ'*, um tiro atravessado.

ALAYÊ – s. nome de Olorum, na linguagem religiosa. Do Yor. *Aláiyé*, dono do mundo.

ALÉ – s. noite, tarde, na linguagem religiosa. Ver *lalé*. Do Yor. *alé*.

ALIABÁ – s. chefe do culto de egun, na linguagem religiosa. Cf. *alabá*. Do Yor. *Àlib*.

ALIAXÉ – s. ou *ariaxé*, banho ritual de folhas e ervas pela madrugada, durante o noviciado, na linguagem religiosa. Ver axé. Cf. *mayanga*. Do Yor. *aráluashé*.

ALIJENO – s. espírito diabólico, na linguagem religiosa. Do Hauçá *àljànu*, *àlùjànún*.

ALÓ 1) – v. ir, sair, na linguagem religiosa. Cf. *unló*. Do Yor. *alɔ*, sair.

2) – s. dedo, na linguagem religiosa. Cf. *icá*, *mulembo*. Do Fon *alon*.

3) – s.f. pedra de moer, ralar, na linguagem religiosa. Cf. *adualó*. Do Yor. *ɔlɔ'*.

ALODÊ (°) – s.m. negro faceiro, retinto, de pele lustrosa, na expressão bo-neco–de–alodê, na Bahia. Do Yor. *alóge*, janota, dândi.

ALOGUE – s. vodun da família de Dambirá, na Casa das Minas. Do Fon *alogwè*, acrobacia, acrobata.

ALOJÉ – s. bracelete de buzo da costa usado por Xapatá e Obaluaê, na linguagem religiosa. Do Fon *alɔjé*.

ALOJI 1) – s./adj. virgem, intacto, na linguagem religiosa. Do Fon *alɔjí*.

2) – s. o pênis, na linguagem religiosa. Ver *bimba, manjuba*. Do Fon *alɔji*.

ALOMBE – s. ou *alumbe, alume, indombe*, homem, pessoa negra, na linguagem religiosa. Do Kik./Kimb. (arcaico) *alombe*/Umb. *ulume*.

ALOPÉ – exp. ou *aloké*, pedido de bênção ao vodun, batendo palmas, na linguagem religiosa. Do Fon *alɔkpɛ*.

ALTO DO ANDU – s.m. topônimo em Salvador, Bahia. Ver *andu*.

ALTO DA CANJIRA – s.m. topônimo em Salvador, Bahia. Ver *canjira*.

ALUÁ 1) (°) – s.m. ou *aruá, ualuá*, bebida refrescante, preferida de cabo-clo, feita de cascas de abacaxi fermentadas por três dias em um pote de barro com água, caroços de milho, raiz de gengibre e rapadu-ra. Cf. garapa, ungwala. Do Kik./Kimb./Umb. *wala, walwa*/ Hauçá *àlewà, ruwa*, suco, sumo, refresco.

2) – s. a mesma bebida tomada como refresco, na Bahia, e em grande voga durante as festas da padroeira, em todo o Nordeste do Brasil.

ALUBAÇA – s. ou *alobosa, lubaça, orubaça*, cebola, na linguagem religiosa. Do Yor. *àlùbósà* > Port. cebola.

ALUFÁ (º) – s.m. sacerdote mulçumano entre os antigos malês na Bahia. Do Yor. *àlúfá* /Fon *alufa*.

ALUJÁ (º) – s.m. nome de toque e dança cerimonial de Xangô, na linguagem religiosa Do Yor. *àlujá*.

ALUMÃ (º) – s.f. planta medicinal amarga (*Vernonia bahienses Toledo*), cujo chá é indicado como tônico e diurético, na Bahia. Do Fon *aluman*.

ALUPAIDÁ 1) – s. ou *Aluvaiá*, um dos nomes de Exu, na linguagem religiosa. Do Yor. *àlúkpàídà*, trapaceiro, conjurador.

2) – s.f. – s. erva usada para fins ritualísticos e medicinais, na linguagem religiosa. Do Yor. *àlúpaydà*, erva das papilionáceas, cujas folhas pulverizadas são usadas contra gonorreia.

AMÃ – s. folha, remédio, na linguagem religiosas. Ver ewê. Do Fon *amà, amàn*.

AMALÁ (º) – s.m. comida de Xangô e Yansã, espécie de caruru, preparado com quiabos, farinha de inhame, dendê e camarão seco. Do Yor. *àmàlá*.

AMAZI – s. ou *maza, mazi*, rio, fonte, regato, na linguagem religiosa. Do Kik. *mazi*.

AMAZI AMUNGO – s. ou *amazi unzonzi*, água salgada, na linguagem religiosa. Ver *maza mazenza*. Cf. *mungo*. Do Kik. *mazi amungu*.

AMAZIN – s. ou *amasi, amazim*, infusão de ervas e folhas sagradas usada nos banhos propiciatórios e nos ritos fúnebres (cf. axexé), quando ela é posta em uma cabaça, à porta da entrada do terreiro, para que seus participantes possam molhar os pulsos e as mãos, após o que o restante é atirado à rua, na crença de livrá-los de qualquer contato com a morte, na linguagem religiosa. Cf. *amazi*. Do Fon *amasin* / Yor. *òminsin*.

AMAZI UNZONZI – s. Ver *amazi amungo*. Cf. *unzonze*. Do Kik. *mazi anzonzi*, água de peixe, salgada.

AMBUNDO (º) – s.m. uma das etnias majoritárias de Angola, de língua kimbundo, prevalecendo em Luanda. Do Kimb. *ambundu*.

AMBURUCEMA – s. nome de Matamba, na linguagem religiosa. Cf. *Bamburucema*. Do Kik. *ampunguluseema*, o poderoso trovão.

AMELÊ – s.m. ou *amalê*, nome do único tambor tocado com varetas de paus, na casa de egun, na linguagem religiosa. Do Yor. *émélé*, espécie de tambor.

AMIN – s. ou *amin dundun*, azeite doce, azeite de oliva, na linguagem religiosa Cf. *amin vermelho*. Do Fon *amì*, azeite.

AMIN BRANCO – s.m. ou *amim dundun*, azeite doce, na linguagem religiosa. Do Fon *ami* + Port. branco, em contraste com o azeite de cor vermelha do dendê.

AMIN DUNDUN – s. azeite doce, na linguagem religiosa. Do Fon *amì dudu*, azeite comestível, doce.

AMIN VERMELHO – s.m. azeite de dendê, na linguagem religiosa. Cf. *amijó*. Do Fon *ami* + Port. vermelho.

AMINJÁ – s. farofa de dendê guardada numa cabaça, dentro do peji, para ser oferecida às divindades; comida consagrada a Exu e Lebá, na linguagem religiosa. Cf. *bambá*. Do Fon *amijá*, resíduo de azeite de dendê, muito apreciado como condimento e com o qual se faz o mesmo tipo de farofa para ser oferecida às divindades.

AMINJÓ – s. azeite de dendê, na linguagem religiosa. Do Fon *amivↄ*.

AMINUÓ – s. ou *amió*, pasta de farinha e dendê, comida de Lebá, na linguagem religiosa. Ver *aminjá*. Do Fon *amiwↄ*.

AMOCA(R) – v. Ver *amocambar*. Do Kik. *mooka*, esconder.

AMOCAMBAMENTO (º) – s.m. ocultação; ato ou efeito de *amocambar* + Port. –mento, no português do Brasil.

AMOCAMBADO (º) – adj. refugiado, escondido; que vive em mocambo + Port. –ado, no português do Brasil. Ver *amocambar*.

AMOCAMBA(R) (º) – v. *amocar*, reunir em mocambo; ocultar, esconder no mato, no português do Brasil. Cf. *aquilombar*.

AMOFUMBADO (º) – adj. que vive refugiado em mofumbos, no Nordeste do Brasil.

AMOINXÃ – s. Ver *amunxã*.

AMOLECADAMENTE – adj. à maneira de moleque + Port. –mente.

AMOLECADO (º) – adj. feito moleque + Port. –ado, no português do Brasil.

AMOLECA(R) (º) – v. tratar indecorosamente, ridicularizar, rebaixar; tornar-se moleque.

AMOQUECAR – v. enfraquecer, acovardar-se, pôr-se a cômodo, ficar encolhido no seu canto, na Bahia e na Paraíba.

AMO(R) SEM TRABALHO – s.m. Ver *lelê*.

AMUEN – adj. ou *amen*, alegre, satisfeito, em congo-angola. Do Kimb. *muémue*.

AMULU – s. o diabo, na linguagem religiosa. Cf. Cariapemba. Do Kik. (a) *Muulu*.

AMUNXÃ – s. ou *amoinxã, anixã, anuxã*, personagem do culto de egun, em cuja guarda fica o açoite sagrado ou ixã, na linguagem religiosa. Do Yor. *amúnšán*.

ANÃ 1) – s.f. Exu, criada de Nanã, tida como pequenina, irrequieta, sempre à beira da estrada tentando quem passa, na linguagem religiosa. Do Yor. ɔ'*nan*, estrada + Port. anã, pequenina.

2) – s./v. seio, mama; mamar, em mina-jeje.Ver *uaná*. Do Fon *ànon*, seio.

3) – s.f. mãe, sacerdotisa jeje, na linguagem religiosa. Cf. *hunã*. Do Fon *ànon*, mãe.

ANADOPÉ – s. despedida ou arremate após o término de uma festa, em mina-jeje. Do Fon *a na do kpè*.

ANAITÉ – vodun da família de Xevioso, na Casa das Minas. Do Fon *anɔntè*.

ANAJELÁ – v. menstruar, na linguagem religiosa. Cf. abadjé, menguenzá, taburicá. Do Fon *anajèla*.

ANALEIÚ – s./v. lavagem, banho ritual e medicinal; tomar banho, ir para o banho, na linguagem religiosa. Cf. *mayanga*. Do Fon an*alɛu*, banhar, ir banhar-se.

ANANGAIÚ – s./exp. tarde; boa tarde, na linguagem religiosa. Do Fon *nagbada*.

ANDÊ 1) – s. Ver *macundê*.

2) – s. ou *anderê*, comida de Cavungo e Omulu, feijão-fradinho temperado com dendê em consistência de purê, cozido por quatro ayabás do lado de fora do terreiro, na linguagem religiosa. Cf. quitandê. Do Kik./Kimb. *kitande*, purê de feijão.

ANDERÊ – s. Ver *andê*. Do Kik./Kimb. *kitandete*.

ANDU (º) – s.m. ou *ervilha de angola, ervilha do congo, guandu*, fruto do anduzeiro (*Cajanus Indicus Lin.*), leguminosa, espécie de lentilha, no português do Brasil. Cf. macundê. Do Kik./Kimb./Umb. *wandu*, g*wandu*.

ANDUZEIRO (º) – s.m. ou guanduzeiro. Ver andu + Port. –zeiro.

ANGANA 1) – s.m. (pejorativo) patrão, na linguagem religiosa. Ver ganga. Cf. Angananzambi. Do Kik./Kimb. *(a)ngana*.

2) (º) – s.f. (arcaico) senhora, mulher do senhor, tratamento que era usado pelos escravizados, no português do Brasil. Do Kik./Kimb. *ngana (muhatu)*.

ANDURO – s. fogo. Ver *tubiá*. Do Umb. *ondulo*.

ANGANA MUSSAMBÊ – s.f. Nossa Senhora do Rosário, em congo-angola. Do Kik./Kimb. *angana musambi*, senhora rezadeira.

ANGANANZAMBI – s. Deus, em congo-angola. Ver *Gangazambi*. Do Kik./Kimb. *Ngana Nzambi*, Senhor Deus.

ANGANANZAMBI OPUNGU – s. Senhor Deus Supremo, em congo-angola. Ver *Zambiapungo*. Do Kimb. *Ngana Nzambi Mpungu*, Senhor Deus Poderoso.

ANGICO (º) – s./adj. forma dicionarizada do etnônimo anjico, no português do Brasil.

ANGOIA – s. balainho de taquara com sementes, instrumento musical do candomblé e do jongo. Do Umb. *onguaya*, chocalho de mão.

ANGOLA 1) (º) – s. país do Sudoeste da África, na costa do Atlântico, de povos de grupo linguístico banto, entre os quais se destacaram no Brasil os de fala kimbundo, kikongo e umbundo. Sua capital, Luanda, aparece frequentemente invocada em cânticos litúrgicos e folclóricos sob a forma de Aruanda. Cf. capim de angola, capoeira angola, ervilha de angola, galinha d'angola. Ver *angolano, angolense, angoleiro*. Do Kimb. *Ngoola, Angola*, título honorífico do soberano dos territórios que os portugueses conquistaram no século XVI e denominaram de Angola.

2) (º) – s.f. ou *congo-angola*, nação de candomblé de tradição e terminologia religiosa de base banto, na linguagem religiosa.

3) (º) – s.m. ritmo para Dandalunda e Oxum; toque de berimbau, na linguagem religiosa.

ANGOLANO (º) – s./adj. *angolense*, natural de Angola + Port. –ano, –ense, na língua portuguesa em geral. Ver*angoleiro*.

ANGOLÃO (º) – s.m. ou *angolaço*. Ver *capim de angola*.

ANGOLÊ – s.m. ou *Cosme de Angolê*, nome de gêmeos, na linguagem religiosa. Cf. *vunje*. Do Kik./Kimb. *(a)ngore*, gêmeo.

ANGOLE(I)RA – s. nome de Dandalunda, em congo-angola. Cf. Oxum Angolera. Do Kik./Kimb. *ngolela*, manifestação de alegria, júbilo e graça, o que causa essa manifestação.

ANGOLE(I)RO 1) – s.m. membro de terreiro congo-angola; (pejorativo), o mesmo que macumbeiro, dito por membros do ketu, na linguagem religiosa.

2) (º) – s.m. lutador de capoeira angola, na Bahia.

ANGOLINHA (º) – s.f. Ver *galinha d'angola*.

ANGORÔ (º) – s. arco–íris; inkisi que preside o arco-íris, na linguagem religiosa. Ver *Bessein, Oxumarê*. Nomes: Angoromeia, Anvula, Anvulá. Simbolismo: monjolo. Do Kik. *(n)kongolo*/Kimb. *angolo, hongolo*/Umb. *angolo*.

ANGOROMEIA – s. nome de Angorô, em congo-angola. Do Kik./Kimb. *(n)Kongolo Meya*, grande arco-íris, tratamento respeitoso.

ANGOROSI – s./exp. noite, ao escurecer; boa noite, na linguagem religiosa. Cf. anangaiú. Ver *ingorosi*. Do Kik./Kimb./Umb. *(o)ngolosi*.

ANGU 1) (º) – s.m. pirão de farinha de mandioca, de milho ou de arroz temperado com sal e cozido para ser comido com carne, peixe, camarão, no português do Brasil. Ver *anguzô, ebá*. Cf. barriga de angu. Do Fon *àgu*, pirão de inhame ou de mandioca, sem tempero.

2) (º) – s.m. (p. ext.) – mistura, coisa confusa, mal-feita, complicada; barulho, confusão, desordem, intriga, mexerico, no português do Brasil.

3) – exp. "*de baixo desse angu tem caroço ou carne*", a coisa não é tão limpa como parece, há maracutaia oculta; "*entornar o angu*", ter malogro, contratempo, plano desmanchado; "*barriga-de-angu*", barrigudo, em alusão ao fato de que a farinha, de preparo do angu, incha com a água, na linguagem regional do Nordeste. Ver *caruru*.

4) – s.m. (acalanto) "*João crutu /comei este menino /com bolo de angu. Ah!ah!ah! menino que chora merece apanhá/Uh!uh!uh! menino que não chora merece angu*", na Bahia. Ver *caruru*.

ANGU DE CAROÇO (º) – s.m Ver *angu* + Port. –de caroço, pequena porção compacta de farinha não dissolvida que se forma em mingaus, cremes etc., quando não mexidos adequadamente ao cozinhar, no português do Brasil.

ANGU DE NEGA MINA – s.m. Ver *angu* + Port. de negra mina.

ANGU GROSSO (º) – s.m. Ver *angu* + Port. grosso, espesso.

ANGUÀ – s. Ver *cambuá*.

ANGUÊ – s. onça, em congo–angola. Do Umb. *ongue*.

ANGURO – s. porco. Do Kik./Kimb. *ngulo*/Umb. *ongulo*.

ANGUZADA (º) – s.f. embrulhada, confusão, mistura de muitas coisas; grande quantidade de angu + Port. –zada, na linguagem regional.

ANGUZÔ (º) – s.m. (arcaico) angu acompanhado de folhas e de carne, comida de escravizados, no português do Brasil. Do Fon *àgunzó*, angu quente, cozido.

ANIXÃ – s.m. Ver *amunxã*.

ANJICO – s./adj. antiga nação africana no Brasil. Cf. Kik. (*A)Nziku* /Kimb. (*A)Njiku*, grupo teke-yan do Congo-Brazzaville.

ANKEEPUTU – s. pólvora, na linguagem religiosa. Cf. fundanga. Do Kik. *nkele mputu*, arma de fogo dos portugueses (*mputu*).

ANUÃ – s. comida de Yansã, preparada como acarajé e assada no forno, na linguagem religiosa. Do Fon *añàn*, purê de inhame, temperado com dendê.

ANUIN – s. boca, embocadura, em congo-angola. Ver *indaca*. Do Kik.(*a*) *nwinu*.

ANUN – adj./v. limpo; limpar, em ketu. Do Yor. (*a)nù*.

ANUNXÃ – s.m. ou *amoinxã, anixã, anuxã*, personagem do culto de egun que guarda o Ixã. Do Yor. *amúnsan*.

ANVULA – s. chuva; nome de Angorô, em congo-angola. Cf.ojô. Do Kik./ Kimb. *mvula,* chuva.

APÁ – s. braço, asa, na linguagem religiosa. Cf. *maco*. Do Yor. *àkpá*.

APANAIÁ – v. causar distúrbio, perturbar, termo que aparece em cântico para Exu, a exemplo de: "*Sai-te daqui, Aluvaiá/que aqui não é o teu lugá/ Não te quero vê aqui/que num é lugá de apanaiá*", na linguagem religiosa. Do Yor. *akpània*, assassino, destruidor.

APAOKÁ 1) (°) – s. Senhor da Jaqueira, árvore da família das moráceas que pertence a Oxumarê, às vezes tida como Loco, na linguagem religiosa. Cf. *Yamim Xorongá*. Do Yor. *akpáka* /Fon *akpáka*, baobá.

2) – s. nome de Oxumarê, em ketu. Do Yor. *Apáòkáa*, o invencível.

APARÁ – s.m. nome de Xangô, na linguagem religiosa. Do Yor. *apáàrá*, trovão.

APEJÁ – s.m. pescador, em ketu. Cf. Yor. *akpéja*.

APETEBI – s.f. sacerdotisa auxiliar do bacanão, em mina-jejea. Do Fon *akpetevi*.

APLICÁ MILONGA – exp. mentir, conversar, no jargão prisional. Ver *milonga*.

APÔ 1) – s. bolsa, sacola, na linguagem religiosa. Do Fon *akpò*.

2) – s. pequena medida de qualquer coisa, como sal, amendoim etc., na linguagem religiosa. Cf. apokã. Do Fon/Yor. *akpó*.

APOAXÓ – s. bolso de roupa, em ketu. Do Yor. *akpolàshɔ*.

APOKÃ – s. ou *cão, cão da costa, sal apokã, sal da costa*, potassa, sal nativo africano, utilizado em rituais e tido como afrodisíaco, na linguagem religiosa. Cf. *apô*. Do Fon *akpo kamun*/Yor. *akpokãún*, medida de sal nativo.

APOJI – s. vodun da família Davisi, em mina-jeje. Do Fon *Akpɔji*, descendente de Kpo.

APONÃ – s.m. doce feito de cravo, rapadura ou açúcar, gengibre misturado com farinha de mandioca ou trigo, a que se pode acrescentar coco verde em pequenos pedaços, na linguagem religiosa. Do Fon/Mina *kpónan*, pão, biscoito à base de farinha.

APOTI – s. banco, na linguagem religiosa. Ver *zimpô*. Do Fon/Yor. *àkpótí*.

APOVEJÓ – s. toquém da família de Davisi, na linguagem religiosa. Do Fon *Akpɔvojo*.

AQUILÃO GRILO (°) – s.m. entidade fantástica do folclore no Nordeste. Do Kik./Kimb. *akilangidilu*, alguém que induz outro a fazer qualquer coisa de mal e depois o denuncia + Port. o grilo, durante a noite, encanta com seu canto.

AQUILOMBADO (°) – adj. ou *amocambado*, dizia-se do escravo refugiado em quilombo ou mocambo + Port. –ado, no português do Brasil.

303

AQUILOMBA(R (º) – v. ou *amocambar*, reunir-se em quilombo, no português do Brasil.

ARÁ 1) – s. corpo, em ketu. Cf. uporo. Do Yor. *ara*.

2) – s. parente por laços religiosos; habitante, morador, na linguagem religiosa. Cf. *Araketu*. Do Yor. *ará*, gente, povo.

ARAKÁ – s. Ver *Ayoká*.

ARAKETU – s.m. Ver *afoxé*. Ver *Alaqueto*. Do Yor. *aráketu*, povo de Ketu.

ARAOKÔ 1) – s. ou *araocô*, que ignora tudo sobre candomblé, na linguagem religiosa. Cf. betó. Do Yor. *aráoko*, matuto.

2) – s. ou *araolé*, matuto, caipira, bicho do mato, na linguagem religiosa Cf. *brucutu, capicongo, matumbi*. Do Yor. *aráoko*, matuto.

ARAOLÉ – s. matuto, caipira, na linguagem religiosa. Do Yor. *ará kɔ'ilé*, que não mora na cidade.

ARAORUN – s. ou *ararun*, alma de assassino ou de quem teve morte violenta, na linguagem religiosa. Cf. *egun*. Do *arak'ɔ'run*, quem não está no céu.

ARCO DE OURO – exp. ou *arco do boi*. Ver *aquididioro* + Port. arco de ouro, ref. ao arco-íris.

ARCO DO BOI – exp. Ver *arroboboi* + Port. arco-íris.

ARCO-ÍRIS – s.m. símbolo de Angorô, Bessein e Oxumarê, na linguagem religiosa. Cf. arco de ouro, arco do boi.

ARDRA (º) – s. Ver Aladá.

ARÊ 1) – s. jogo de qualquer sorte, na linguagem religiosa. Cf. *atete*. Do Yor. *aré*.

2) – s. título de Oxóssi, em ketu. Do Yor. *Ààrɛ*, título oficial, chefe.

3) – s. silêncio, quietude, na linguagem religiosa. Ver *arerê*.

ARENGA (º) – s.f. discussão, briga de boca, no Nordeste do Brasil.

ARENGA(R) 1) (º) – v. murmurar, resmungar, na Bahia.

2) (º) – s. intriga, fuxico, na linguagem regional do Baixo São Francisco.

ARENGUE(I)RO 1) – s.m. intrigante, na Bahia.

2) – s.m. nome dado a certa espécie de papel quebradiço, crepitante, como folhas de flandres, usado para enfeites, na Bahia.

ARERÊ 1) (º) – exp. silêncio, atenção, escutai!, na linguagem religiosa. Do Yor. *arére*.

2) (º) s.m. ou *auê*, barulho, confusão, divertimento, no português do Brasil. Cf. *muvuca*. Do Yor. *aré(a)ré*.

ARIDÃ – s. fruto da árvore *Tetrapleura Tetraptera* (mimosácea), de uso medicinal e religioso, originária do Oeste Africano, na linguagem religiosa. Do Yor. *àridan*.

ARINGA – s. agrupamento, senzala, na linguagem religiosa. Do Kik. / Kimb. *njinga*.

ARIPÁ – s. veneno mortal, na linguagem religiosa. Do Fon *aríkpà*.

ARIRÊ – s/v. canto; cantar, na linguagem religiosa. Cf. zuelar. Do Yor. *orire*.

ARKIBAN – s. arrumação de louça, após o arrambã, em mina-jeje. Do Fon *akigb*.

ARÔ – s.m. índigo, anil proveniente da Nigéria e do Benin, usado para fins ritualísticos, na linguagem religiosa. Ver *waji*. Do Fon *aho* /Yor. *aró*.

ARÓ – s. espécie de peixe usado em rituais, na linguagem religiosa. Do Yor. *àrɔ'*.

ARRAMBÃ – s. cerimônia de fechamento anual do terreiro, em mina-jeje. Do Fon *ahõgbã*, fechar a porta.

ARRANHA – s. ou *arranya*, toque para Bessein, na linguagem religiosa. Do Fon *hãye*.

ARREBATE – s. ou *rebate*, toque para chamada de santo de outra nação, na linguagem religiosa. Ver *adarrum*. Do Port. (ar)rebate, chamamento.

ARRIA(R) EBÓ – v. colocar as oferendas em um determinado lugar, na linguagem religiosa. Ver *akirijebó*. Cf. Port. arriar, pôr no chão + Yor. *ebó*.

ARROBOBOI (º) – exp. ou *aôboboi*, *arromoboi*, grito de saudação para Bessein e Oxumarê, batendo com as pontas dos dedos sobre os lábios, na linguagem religiosa. Cf. avivansu. Do Fon *awòbóbó*.

ARRONOVISAVÁ – s. vodun da família de Davisi, irmão de Naedona, na Casa das Minas. Do Fon *Axɔnõvisala*, irmão caçula do rei.

ARROZ DE HAUÇÁ (º) – s. prato típico da cozinha baiana, feito com arroz e pedaços fritos de carne. Cf. Port. arroz de + *hauçá*.

ARUÁ 1) (º) – s.m. Ver *aluá*.

2) – s. molusco de água doce que sobe à vegetação nos terrenos pantanosos. O povo lhe dá o nome de lolô, e diz de uma pessoa tola: *"Besta como lolô"*, na Paraíba.

ARUANDA (°) – s. a África mítica, termo que aparece frequentemente em cânticos rituais e do folclore afro-brasileiro no Nordeste do Brasil, como nos versos da capoeira e do maculelê.: "*Quando eu vim de Aruanda*" ou "*Eu sou negro de Aruanda*". Ver *Banza Congo, Ilu Aiê*. Do Kimb. (A)Luanda, capital de Angola.

ARUARU – s. nome de Xapanã, em ketu. Do Yor. *Wariwarùn*, deus da varíola.

ARUBÁ (°) – s.m. o carregador de cabaças nas procissões cerimoniais, posto dentro da hierarquia ketu, na linguagem religiosa. Do Yor. *arugbá*, carregador de cabaças.

ASÁ – s. perna, em mina-jeje. Cf. mocotó. Do Fon *àsá*.

ASANHABEBE – s. ou *Asobebe*, Tobosi de Poliboji, na Casa das Minas. Do Fon *Azanga ègbe*, nascido na quarta-feira.

ASIKI – s. talismã da boa fortuna; escapulário que era usado pelos malês, na linguagem religiosa. Do Yor. *àásíkí* > Hauçá *azzikii*.

ASISI – s. irmão ou irmã, em mina-jeje. Do Fon *àsìsì*, coesposa.

ASOABEBE – s. Ver *Asanhabebe*.

ASOBÁ 1) – s.f. Cf. *asabá*.

2) – s.m. ou açobá, artesão, indivíduo que prepara, remenda cabaças de oferendas na hierarquia ketu, título de Aziri. na linguagem religiosa. Do Fon/Yor. *asɔgbá*.

ASODOVU – s. tobosi, na Casa das Minas. Do Fon *Ahodovu*.

ASOIVODUN – s. todos os voduns juntos, na Casa das Minas. Do Fon *akɔivodun*, família vodun.

ASONLIVIƆ – s. tobosi de Agongono, na Casa das Minas. Do Fon *Ahɔ suvive*.

ASONVODUNKE – s. um dos nomes de Zomadonu, na Casa das Minas. Do Fon *Ahɔ vodunsɛ*.

ASSÉM (°) – s.m. objeto consagrado a uma divindade e colocado no seu *assento*, na linguagem religiosa. Cf. *axé*. Do Fon *àsensen*, objeto em metal, ornado de figuras simbólicas representando os mortos de uma família, espécie de altar portátil onde se oferecem comida, sangue sacrificial e bebidas alcoólicas ao morto.

ASSENTAMENTO – s.m. ato ou lugar de assentar, na linguagem religiosa.

ASSENTA(R) (°) – v. assentar o santo, instalar os objetos rituais no assento; preparar o corpo da iniciada para receber a divinade, na linguagem religiosa. Ver *assentamento*. Do Fon *àsentɔ*', o lugar do *asén* + Port. assentar, por os fundamentos, fundamentar.

ASSENTO (º) – s.m. ou *assentó*, altar das divindades, dentro ou fora do terreiro. Nome dado a certas pedras (otá) que se acham colocadas no peji ou em pequenas construções localizadas no quintal do terreiro, sendo cada uma delas identificada com uma determinada entidade que se acredita estar "sentada" ou "assentada" nela, na linguagem religiosa. Cf. *pepelê*. Do Fon *àsentɔ*', local onde se coloca o *assém* + Port. assento, local onde alguma coisa está assente, fixada.

ASSENZALADO (º) – adj. semelhante à *senzala* + Port. – ado, no português do Brasil.

ASSENZALA(R) (º) – v. dar aparência de senzala, no português do Brasil.

ASUM – s./v. ou *osum*, a cabeça raspada dos noviços ou lugar sobre o qual se tenha colocado, durante a iniciação, um preparo de folhas e cera da terra; na linguagem religiosa. Do Fon *(a)sun*, raspar.

ATÁ – s.f. pimenta, na linguagem religiosa. Ver *aterê*. Cf. jindungo, taquim. Do Yor. *ata*.

ATÃ – s. barba. Do Fon *atán*.

ATAKÃ (º) – s.f. faixa ritual usada pelos iniciados ou amarrada em torno do atabaque, na linguagem religiosa. Do Fon *ataká*.

ATARÊ – s.f. ou *ataré*, *atakun*, fruto africano conhecido por pimenta da costa, cujas sementes são usadas na culinária ritual, na linguagem religiosa. Cf. *taquim*. Do Yor. *ataare*, *atayé*, pimenta malagueta ou pimenta da Guiné.

ATAXÔ – s. nome de Lebá, em mina-jeje. Do Fon/Gun *Atasho*, semeador de problemas.

ATETÉ – s. jogo de azar, em ketu. Do Yor. *(a)tété*, jogador, jogo de azar.

ATIN 1) (º) – s. árvore, vegetação, mato; (seguido pelo nome da divindade) ervas, ou folhas consagradas à divindade, usadas para banhos rituais e práticas exorcizantes; pó medicinal, de uso ritual, feito de folhas secas maceradas ou torradas, na linguagem religiosa. Do Fon *àtín* /Kik. *(a)nti*.
2) – s.m. pl. (precedido do art. os) quintal onde se encontram os santuários e as árvores sagradas do terreiro; (p. ext.) estrada, rua, qualquer lugar fora desses limites, na linguagem religisa. Ver *loco*. Cf. atimbakisi.

3) – exp. *ir para os atin*, ir defecar ou urinar no mato ou em latrinas improvisadas do lado de fora do terreiro, onde não existe sanitário, na linguagem religiosa. Ver *agogô*.

ATIMBAKISI – s.m. santuário congo–angola ao ar livre, na linguagem religiosa. Ver *atin*. Cf. bakisi. Do Kik. *(a)ntibakisi*.

ATINLOKÔ – s. gameleira branca ou *pé de loco*, árvore consagrada a Loko, ao pé da qual se fazem sacrifícios e oferendas, na linguagem religiosa. Do Fon *àtínlòkó*.

ATINGÃ – s.m. ou *ogã de pasto*, ogã encarregado do atin, na linguagem religiosa. Do Fon *àtíngán*.

ATINSÁ 1) – s. o conjunto de árvores sagradas, na linguagem religiosa. Do Fon *àtínsá*.

2) – s.m. matagal, terreno coberto de vegetação, árvore consagrada a um vodun, na linguagem religiosa. Do Fon *àtínsá*, sob as árvores.

ATINSEN – nome de Loko, em mina-jeje. Do Fon *àtínsén*, espírito da árvore.

ATINXI – s. vassoura, em mina-jeje. Cf. ibalé. Do Fon *àtínshi*.

ATO – s. faixa, em mina-jeje. Do Fon *àchɔ*, ornamento, enfeite.

ATORI – s.f. vareta utilizada pelos erês para fustigar pessoas nas cerimônia de água de Oxalá, na linguagem religiosa. Do Yor. *àtorí*, vara, vareta.

ATOTÔ – exp. grito de saudação para Omulu, Obaluaê sempre acompanhado pelo gesto de tocar na testa e no chão com a ponta dos dedos, na linguagem religiosa. Ver *ojuberô*. Do Yor. *atótó* /Fon *tótó*.

AUÊ 1) – exp. saudação em ketu equivalente a "meu camarada", na linguagem religiosa. Cf. macuero. Do Yor. *àwé*, saudação a um desconhecido.

2) – exp. saudação precedida de "com licença", muito frequente nas cantigas de caboclo, na capoeira e no maculelê, uma espécie de refrão, a exemplo de "*Cum licença auê, cum licença de Zambiapungo, cum licença auê*".

3) (º) – s.m. confusão, tumulto, na Bahia. Ver *arerê*. Do Fon *awè* / Yor. *awé*.

AVAMUNA – s. ritmo que acompanha a entrada e a saída das iniciadas em transe durante as festas públicas, em mina-jeje. Ver *savalu*. Do Fon avalu, avalunon, prestar homenagem antes de sacrifícios, com danças rituais.

AVELE – s. leite. Umb. *avele.*

AVEREKETE – s. *Averekê, Aurekete, (A)Lafrekete, Anafrekete, Inafrekete,-* Verekê, *Verekete,* nome de um antigo vodun, divindade do mar, em mina-jeje. Do Fon *Àvlekétè.*

AVIVANSU – exp. ou avivanço. Ver *arroboboi.* Do Fon *ajiwansi.*

AVUN – s.m. cão, cachorro, em mina-jeje. Cf.*ajá, imbuá.* Do Fon *àvún/ àvũ.*

AVURO – adv. muito, demasiado, em congo-angola. Do Kik./Kimb. *kiavulu.*

AWÉ 1) – s. jejum, em ketu. Do Yor. *àáwè.*

2) – s. sombrinha, guarda-sol, na linguagem religiosa. Do Fon *awɛ.*

AWÔ 1) – s. prato, na linguagem religiosa. Do Yor. *àwo.*

2) – s.m. segredo, fundamento, na linguagem religiosa. Do Yor. *awo.*

AXÁ (º) 1) – s. fumo, tabaco, na linguagem religiosa. Do Yor. *aásáá.*

2) – s.m. Ver *azokã.*

AXANTE (º) – s./adj. povo de Gana, antiga Costa do Ouro, na África Ocidental.

AXÉ 1) (º) – s.m. todo objeto sagrado da divindade; o fundamento, o alicerce mágico do terreiro, em geral situado em espaço aberto, do lado de fora do barracão. São jarros e potes contendo infusão de água e folhas consagradas às divindades, um pouco de sangue de animais sacrificados, tudo colocado junto a um montículo, sob o qual estão enterrados objetos definitivos que asseguram ao terreiro a proteção esperada, na linguagem religiosa. Do Fon *àsen/* Yor. *àshɛ.*

2) (º) – s.m. força divina, o objeto que sustenta essa força entre os candomblés. Ver *axetã.* Do Fon *achɛ/* Yor. *àshɛ.*

3) (º) – exp. saudação votiva afro-brasileira, equivalente a "força, energia", ou amém, no português do Brasil. Do Fon *(na)aché/* Yor. *àshɛ.*

AXÉ DE FOLHA – s.m. banho ritual preparado com folhas e água do axé, na linguagem religiosa. Ver *ariaxé.*

AXÉ DE SANGUE – s.m. ato de derramar sangue dos animais sacrificados sobre a cabeça raspada dos noviços, na linguagem religiosa.

AXÉ OPÔ AFONJÁ – s. nome de um conhecido terreiro ketu na cidade de Salvador. Do Yor. *Àshɛ Òkpò Áfonjá.*

AXEGÃ – s.m. ogã zelador do axé, na linguagem religiosa. Cf. *ialaxé*. Do Fon *àshɛgán*.

AXETÃ – s. o dono do axé, o bacanão, na linguagem religiosa. Do Fon *achɛtɔn*, o dono do poder.

AXEXÊ (º) – s.m. candomblé funerário, preliminar à missa de sétimo dia, na linguagem religiosa. Ver *sirrun, zarrin*. Cf. intambe, xorrum. Do Yor. *ìjeje*, cerimônia fúnebre do sexto dia.

AXIXÊ – s. peneira, na linguagem religiosa. Do Yor. *asheshe*.

AXÓ – s. roupa, vestimenta, pano, tecido, na linguagem religiosa. Do Fon *àchɔ'* / Yor. *àshɔ*.

AXOGÃ (º) – s.m. *ogã* encarregado de cuidar das vestes e dos ornamentos rituais, na linguagem religiosa. Do Fon *àshɔ'gàn/áchɔ'gã'*.

AXOGUM (º) – s.m. ou *ogã de faca*, sacrificador de animais, na linguagem religiosa. Cf. merruntó. Do Yor. *ashògún*.

AXOKÉ – s. Deus, em mina-jeje. Cf. Olorum. Do Fon *Axɔké*, Rei do universo.

AXOXÓ (º) – s.m. comida de Ogum, Oxóssi e Ossain, feita com inhame ou milho vermelho cozido em água e sal, coberta por fatias de coco, na linguagem religiosa. Do Yor. *ɔjɔ'jɔ'*, comida à base de inhame.

AYABÁ 1) (º) – s.f. ou *aiabá, yabá*, designação genérica das divindades femininas e das iniciadas que cultuam essas divindades, as principais encarregadas da cozinha ritual do terreiro, na linguagem religiosa. Do Fon/Yor.*ayaba*, divindade doméstica encarregada do fogo e que ajuda na preparação da comida; rainha.
2) s.f. nome de Oxum, a velha, identificada com Nossa Senhora das Graças, na linguagem religiosa. Ver *Dadá*. Do Yor. *ìyáàgbà*, mulher idosa.

AYAKÓ – s. nome de Yemanjá, na linguagem religiosa. Do Yor. *Ayakɔ'*, antropônimo.

AYÊ – s.m. o mundo, em ketu. Cf. Ilê Aiyê. Do Yor. *aiyé*.

AYOKÁ – s. ou *ayuká, ayocá*, a mãe d'água nas expressões Mesa do, Princesa do, Rainha do Ayoká, na linguagem religiosa. Do Kimb. *Kialoka* / Yor. *àyɔ'ká*, a encantadora.

AZAKÁ – s. vodun da família de Savaluno, na Casa das Minas. Do Fon *Zaka*.

AZÁIA – s.f. bandeira de pano branco que se coloca, no alto, presa a um mastro de madeira, em frente ao terreiro, e que se acredita afastar males, doenças, sob a proteção de Xapanã ou Xapatá, na linguagem religiosa. Do Fon /Yor. *àsiá*, bandeira.

AZAMBRIÓ – s. nome de Xapatá, em mina-jeje. Do Fon *Azonblótɔ'*, o causador de varíola.

AZANAODÔ – s. nome iniciático de um devoto de Azono, em mina-jeje. Do Fon *Azonwànòndó*, a varíola acometeu.

AZANIEBÉ – s. nome iniciático de Dako, na Casa das Minas. Do Fon *azon ogblé*, a varíola que mata.

AZÉ – s. ou *ajé*, capuz de palha da costa usado pelos devotos de Obaluaê e Omulu nas cerimônias festivas, na linguagem religiosa. Cf. *filá*. Do Fon *àzè*, capuz.

AZE(I)TE DE CHEIRO (°) – s.m. Ver *azeite de dendê*, na Bahia. Do Port. <u>azeite de cheiro</u>, ref. ao forte aroma que desprende quando em cozimento.

AZE(I)TE DE DENDÊ (°) – s.m. Ver *dendê*.

AZIM – s. feijão, em mina-jeje. Do Fon *aziín*.

AZIRI TOBOSI – s. ou *Aziri Toboce*. Ver *Ajiri Tobosi*.

AZÓ 1) – s. ou *anzó*, fumo, tabaco, na linguagem religiosa. Ver *azokã*. Do Fon *àzɔ'*.

2) – s. trabalho, serviço, na linguagem religiosa. Do Fon *àzɔ*.

AZOANO – s. ou *Azoane*, nome de Xapatá, na linguagem religiosa. Nome iniciático: Azanaodo. Do Fon *Azonwànòn, Azõwànõ*.

AZOGRI(N) – s. farinha feita com milho torrado, servida no arrambã, em mina-jeje. Do Fon *azolĩfi*.

AZOKÃ – s. fumo de corda ou *fumo de rolo*, folhas de tabaco embebidas em melaço de cana, prensadas como corda e enroladas em uma haste de madeira; vendido para mascar, em pedaços cortados em tamanhos ao gosto do cliente, na linguagem religiosa. Cf. *azó*. Do Fon *àzɔ'kàn*, tabaco em corda.

AZOKÉ – s. cachimbo, na linguagem religiosa. Cf. *azokã*. Do Fon *àzɔ'kuè*.

AZON – s. doença, em mina-jeje. Do Fon *azòn*, doença, especialmente a varíola.

AZONSI – s. vodun da família de Dambirá, irmão de Akosi, na Casa das Minas. Do Fon *azɔnsì*, esposa da doença, pessoa consagrada a Xapatá.

AZONSI SAPATÁ (XAPATÁ) – s. Ver *azonsi*.

AKÓSI – s. vodun velho, chefe da família Dambirá, na Casa das Minas. Do Fon *Azõsi*.

AZUASI SAKOREBABOI – s. nome iniciático de Zomadonu, na Casa das Minas. Do Fon *Azõwàsí sakpatátɔ'e*.

AZUELA(R) – v. ou *zuela(r)*, exp. ordem de bater palmas e cantar nas cerimônias em congo-angola, na linguagem religiosa.

AZULÊ – s. cama, lugar de dormir, na linguagem religiosa. Do Yor *asùnlé*.

AZUMEUN – s. nome de Xapatá, na linguagem religiosa. Do Fon *Àzonmɛnon, Àzõmɛnõ*.

AZUNSI – s. pessoa consagrada a Xapatá, em mina-jejena. Do Fon *Àzonsì*.

AZUNSUN – s. nome de Xapatá, em mina-jeje. Do Fon *Àzonsúo*.

B

BABA 1) (°) – s.m. (geralmente precedido de bater um) partida de futebol jogada na rua ou na praia, na Bahia. Do Kik./Kimb. *bàba*, jogar, arremessar + Port. bater.

2) (°) – s. pai, na linguagem religiosa. Ver *babá*.

BABÁ 1) (°) – s.f. ou *bá*, criadeira, cuidadora de criança, no português do Brasil, tratamento que era dado às amas pretas e velhas, na condição de ama-seca, ama de leite. Do Kik./Kimb. v. *kubaba*, ninar, acalentar, afagar; *(ki)bàaba*, a criadeira, a que nina e acalma bebês com tapinhas na bunda.

2) (°) – s.m. ou *baba*, pai, antepassado, chefe, palavra que precede o nome do egun, na linguagem religiosa. Do Fon/Yor. *bàbá*.

3) – s.m. dinheiro, no jargão prisional.

BABÁ ABAOLÁ – s. nome de egun, se a pessoa morta pertencia a Xangô, na linguagem religiosa. Do Yor. *Bàbáagbola*.

BABÁ BACABACA – s.m. nome de egun, se a pessoa morta pertencia a Omulu, na linguagem religiosa. Do Yor. *Bàbá Àgbàlágbà*.

BABABI (°) – s.m. sova, surra; conflito, briga, no Nordeste do Brasil. Do Kik. *ba(m)badi*.

BABACA 1) (°) – s.f. a vulva, parte pudenda da mulher, no Nordeste do Brasil. Ver *tabaco*. Do Kik./Kimb. *mubaki, mabaka*.

2) – s.m. bobo, abestalhado, no Nordeste do Brasil. Kik. *babakala*.

BABAÇA 1) – s.f. coisa sem valor, na linguagem religiosa. Do Kik. *babasa*.

2) – s./adj. Ver *mabaça*.

BAFUNGA – s. desafio, (exp.) *"Fazer uma bafunga"*, em Pernambuco.

BABÁ-IFÁ – s.m. aquele que joga Ifá, na linguagem religiosa. Do Yor. *baba ifá*.

BABAKERÊ – s.m. o pai pequeno, na linguagem religiosa. Yor. *babakeré*.

BABALAÔ (º) – s.m. ou *babá ifá, babaloalô*, vidente, olhador, sacerdote de Ifá, no português do Brasil. Ver *babalorixá*. Do Yor. *babaláwo*.

BABALORIXÁ (º) – s.m. ou *babaloxá, babanlá*, zelador, sacerdote ketu, na língua de santo. Ver *pai de santo*. Do Yor. *babalórìsà*.

BABALOSAIN – s.m. curador, aquele que trabalha com folhas e ervas, zelador da casa (ilê) de Ossain, na linguagem religiosa. Do Yor. *Babalɔ'sanyin*.

BABALOTIM (º) – s.m. beberrão, na linguagem religiosa; boneca negra que é carregada no desfile do afoxé. Do Yor. *babaɔlɔ'tì*, o pai, o dono da bebida.

BABALOXÁ (º) – s.m. Ver *babalorixá*. Do Yor. *babalòóšà*.

BABANATÔ – nome iniciático de Zomadonu, na Casa das Minas. Do Fon *Bàbáwátɔ'*.

BABANLÁ – s.m. ou *babalorixá*, na linguagem religiosa. Do Yor. *babanlá*, o grande pai.

BABAOJÉ – s.m. sacerdote do culto de egun, em ketu. Do Yor. *Babaójè*.

BABAOKIN – s. nome de egun, se a pessoa morta pertencia a Oxóssi, em ketu, Do Yor. *Baba Akin*.

BABAOLÁ – s. nome iniciático no culto de egun, em ketu. Do Yor. *Babaɔlá*.

BABÁ OLUKOTUN – s.m. nome de egun, em ketu. Do Yor. *Baba Olúkòtún*.

BABÁ ORUMILÁ – s. nome de egun, se a pessoa morta pertencia a Ifá, em ketu. Do Yor. *Baba Òrúnmìlà*.

BABAQUARA 1) (º) – adj. velho, decrépito, na Bahia. Do Kimb. babakala.

2) – s. indivíduo grandalhão, arganaz, na Paraíba.

3) (º) – s. influente, poderoso, no português do Brasil.

BABATA(R) (º) – v. tatear, apalpar, no português do Brasil. Do Kik./Kimb. *ku-babata*.

BABÁU (1) (º) – int. foi-se, acabou-se! no português do Brasil. Do Kik./ Kimb. *babau*.

(2) (º) – s.m. personagem do bumba-meu-boi, no Nordeste do Brasil.

BACONDÊ (º) – s.m. *ma(ria)condé, esconde esconde*, jogo infantil, no Nordeste do Brasil. Do Kik. *(ba)nkondi*, que vai à caça furtivamente/ Fon *gbakpòde*, procurar em vão + Port. esconde.

BADA – s. nome de uma devota de Oxalá, em ketu. Do Yor. *Badà*, antropônimo.

BADÉ 1) – s. título de Sobô, em mina-jeje. Cf. Balê. Do Fon *Gbadé*.

2) – s. vodun da família de Xevioso, em mina-jeje. Do Fon *Gbadé*.

BAFAFAFÁ (º) – s.m. ou *bafa, bafabafa*, tumulto, confusão, briga, discussão, bate boca, vozerio, conflito, gritaria, no Nordeste do Brasil. Yor. *báfábáfà*.

BAGANA (º) – s. ponta de cigarro atirada ao chão, no Nordeste do Brasil.

BAGUNÇA (º) – s.f. ou *bagunçada, brugunça*, desordem, baderna; pândega ruidosa, bagunceira, no português do Brasil. Do Kik. *bulugusa, bulungunza*.

BAGUNÇA(R) (º) – v. fazer bagunça, bagunçada, no português do Brasil.

BAGUNÇADO (º) – adj. desordenado, confuso, no português do Brasil.

BAGUNCEIRO (º) – s.m. o que faz bagunça, desordeiro, no português do Brasil.

BAIANA (º) – s.f. mulher vestida em traje típico do candomblé da Bahia, constituído de saia rodada, muitas anáguas, balangandãs, bata de renda, sandália, torso e pano da costa, no português do Brasil. Do Port. baiana, natural da Bahia.

BAIANA DO ACARAJÉ (º) – s.f. vendedora de acarajé em tabuleiros postos em rua e esquinas da cidade, vestida em trajes típicos na Bahia, pertencente ao candomblé,

BAIANIN (º) – s.m. coroa de búzios em nome de Xangô, na linguagem religiosa Do Yor. *Baàyannìn*.

BAIXA(R) O SANTO (º) – v. incorporarar a entidade, entrar em transe de possessão; (p ext.) ficar agitado, nervoso, na linguagem religiosa. Do Port. baixar o santo, descer, incorporando a entidade.

BAJÉ 1) – s. menstruação, na linguagem religiosa. Cf. *boi*. Ver *abajé*.

2) – s./adj. ou *abajé, bazé*, fumo de má qualidade, no Nordeste do Brasil.

BAJÉKOSI – s.f. mulher velha, idosa, na linguagem religiosa. Ver abadjé, *kakurucajo*. Do Yor. *bàjékosí*, sem menstruação.

BAKALA – s. o pênis, o macho, na linguagem religiosa. Do Kik. *bakala*.

BAKANÃO – s.m. ou *bacanão*, sacerdote mina-jeje. Do Fon *bokɔnòn/ bokɔnõ*.

BAKELO – s. caixa, na linguagem religiosa. Do Kimb. *kibakelu*.

BAKISI – s. ou *baquice, barquice, barquiço*, o santuário congo-angola. Do Kik./Kimb. *bandadyankisi*.

BAKÓ – s. colher, em ketu. Do Yor. *igbakó*.

BAKÓ IGUI – s. colher de pau, em ketu. Cf. *gutó*. Do Yor. *igbakɔigi*.

BAKU – s. nome de Omulu, em ketu. Do Yor. *ɔbakú*, rei da morte.

BAKULO – s.m. velhos, anciões, os mais velhos do culto, na linguagem religiosa. Do Kik./Kimb. *bakulu*.

BALANGANDÃ 1) (°) – s.m. ou *balagandã, barangandã*, coleção de ornamentos ou amuletos, em metal ou prata, em forma de figa, medalhas, chaves, peixes, meia lua, etc., usada pelas baianas em dias de festa, no português do Brasil. Do Kik./Kimb. *bulanganga*, balouçar > *mbalanganga*, penduricalhos.

2) (°) – s.m. pl. penduricalhos; testículos, no Nordeste do Brasil. Cf. *balangue*.

BALANGUANJE – s. Ver *Imbalanganze*.

BALANGUE – s.m. pl. testículos, na linguagem religiosa. Ver *balangandã*. Do Kik. *mbalange* /Kimb. *malanga*.

BALÉ 1) (°) – s.m. quarto retirado, fora do barracão, destinado a guardar as cerâmicas que contêm a "alma" dos defuntos; lugar onde são reunidos os objetos e vestimentas consagradas a um iniciado já morto e onde lhe são feitas as últimas oferendas, na linguagem religiosa. Do Yor. *ìgbàlé*, túmulo.

2) (°) – s. nome de Yansã, na linguagem religiosa.

3) – s./v. vassoura; varrer, em ketu. Do Yor. *(i)gbalé*.

BALÊ – s.m. nome de Xangô, em ketu. Cf. *obá*. Do Yor. *Obaálè*.

BAMBA 1) – s. ou *lamba*, vara, chicote, na linguagem religiosa. Do Kik./ Kimb. *mbamba*.

2) (°) – s./adj. valentão, desordeiro, desabusado, no português do Brasil. Cf. bambaré. Do Kik./Kimb. *mbangui*.

3) (º) – s./adj. ou *bambambã*, autoridade em qualquer assunto, influente; exímio, mestre, perito, digno de admiração, afamado, valoroso, no português do Brasil. Ver *moleque-bamba*. Do Kik./Kimb. *kibamba*, campeão, herói, corajoso.

BAMBÁ 1) (º) – s.m. resíduo do azeite de dendê, no português do Brasil. Do Kik. *bamba* /Kimb. *mazi mamba*.

2) (º) – s.m. toda dança que termina em desordem, no Nordeste do Brasil. Cf. bamba, banguelé. Do Kik./Kimb. *mbanga*, confusão.

BAMBÃO 1) (º) – s.m. o pedúnculo interno do fruto da bananeira, manguxo, na Bahia. Kik. *mboobo*, pedúnculo de bananeira + Port. ão.

2) – exp. *a bambão*, em quantidade, em abundância, a exemplo de "*Choveu a bambão*", na Paraíba.

BAMBARÉ– s.m. Ver *banguelé*.

BAMBÊ (º) – s.m. cerca de mato que forma limite, divisa de campo, no português do Brasil. Do Kik./Kimb. *mbambe*.

BAMBI 1) (º) – s.m. veado, gazela, na linguagem religiosa. Ver *imbambi*. Do Kik./Kimb. *mbambi* /Umb. *ombambi*.

2) – s. frio, em congo-angola. Cf. jinje. Do Kik./Kimb./Umb. *(o) mbambi*.

BAMBO 1) – s. Ver *bombakombi*.

2) – s./adj. ponto feito no jogo de bilhar com uma tacada incerta; mole, sem energia, na Paraíba.

BAMBOJIRA (º) – s. ou *Bombojira*, *Pombajira*, entidade congo-angola equivalente a Exu, na linguagem religiosa. Nomes: Canjira Mungongo, Ganga Impambo, Intoto, Jiramavambo, Macambila, Malulu, Maromba, Mavambo, Mulambinho, Quirizã, Unjira, Unjiramavambo. Ver *Cariapemba, Homem da rua, Maria Padilha*. Do Kik./Kimb. *Mpámbúyánjila*, a encruzilhada, caminho bifurcado.

BAMBOXÊ – s.m. "tio" africano, originário da Nigéria, que morou na cidade de Salvador ao final do século XIX, na linguagem religiosa. Do Yor. *Bángbóśé*.

BAMBURUCEMA – s. nome de Matamba, na linguagem religiosa. Cf. *Amburusema, Nunvurucema*. Do Kik. *mbamuluseema*, o rugir do trovão.

BANANA (º) – s. fraco, apalermado, pessoa sem vontade; mímica obscena, no português do Brasil.

BANCULUTEMO – s.f. lésbica, na linguagem religiosa. Ver *adualó*. Do Kik. *mbangulutema*, que possui as qualidades de um homem; mulher não casada.

BANDAMAZA – s. ou *maza*, água sagrada, remédio, na linguagem religiosa.Ver *uanamazi*. Do Kik. *mbandamazi*.

BANDAMINICONGO – s. nome de Roxomukumbe, em congo-angola. Do Kik./Kimb. *banda munikongo*, a coroa do povo congolês.

BANDOLA (º) – s.m. preá, espécie de rato do campo, comestível, na Bahia. Cf. *bengo*. Do Kik. *bangala*.

BA(N)GALAFUMENGA (º) – s.m. coisa ou pessoa sem valor; indivíduo sem importância, mequetrefe, pobretão, joão ninguém, pé rapado, no Nordeste do Brasil. Do Kik. *bangulafwema,* morto de fome.

BANGALELÊ – int. palavra de desdém ou motejo, como em: "*Ela deu o fora nele, bangalelê!*", na Paraíba.

BANGO – s.m. dinheiro, em congo-angola. Ver *zimbo*. Do Kik./Kimb. *(m) bongo.*

BANGOLA – s. esperto, gabola, na linguagem religiosa. Do Kik. *bangula.*

BANGOLA(R) 1) – v. ou *bangular, mangolar,* remanchar, executar um trabalho com muita preguiça, na Bahia. Do Kik. *bangula* /Kimb. *bangulula* /Umb. pangulula.

2) (º) – v. vaguear, andar sem sentido, vagabundear, no português do Brasil. Cf. *banzar*. Do Kik./Kimb. *bangula.*

BANGUÊ 1) (º) – s.m. padiola feita de cipós entrelaçados, que era usada para transportar cadáveres de escravos; espécie de liteira usada no campo, para transportar crianças, enfermos e mortos; serve também para carregar a bagaceira da moenda e materiais de construção para o canteiro de obra, o próprio engenho, no português do Brasil. Do Kik. *banga* > *bangi*, padiola de cipós entrelaçados.

2) (º) – s.m. canal ladrilhado por onde escorrem as espumas das tachas de açúcar, no português do Brasil. Do Kik. *mwanzai* > *mwanze*, canal, rego.

3) (º) – s.m. engenho de açúcar primitivo, no português do Brasil. Do Kik. *(nzo)mwange* /Kimb. *(nzo)muenge*, casa de cana de açúcar. Cf. unzó.

4) – s. topônimo muito comum na zona açucareira do Nordeste do Brasil.

BANGUE(I)RO (°) – s.m. o encarregado do preparo da garapa de cana no fabrico da rapadura, no português do Brasil. Ver *banguê* + Port. –eiro.

BANGUELA 1) (°) – adj. 2 gen. ou *banguelo*, desdentado ou quem tem a arcada dentária falha na frente, no português do Brasil. Cf. *boboca*. Do Kik *(ki)bangala*, fenda (nos dentes).

2) (°) – s. f. ato de escangalhar cachos de coco do engaço, na linguagem regional do Nordeste. Do Kik. *bangala*, fender, rachar.

3) (°) – exp. "na banguela", rodar veículo em ponto morto, no português do Brasil.

4) – s.f. língua, falar afro-brasileiro dos *vissungos* em Minas Gerais. Kik./Kimb. *benguela*.

BANGUELÉ (°) – s.m. ou *bambaré, bangulê, banzé,* briga, arruaça, confusão, no Nordeste do Brasil. Ver *quelelê*. Cf. bangueleiro. Do Kik./Kimb. *mbangile* /Fon *(ba)jɛlɛ*, (procurar) briga.

BANGUELE(I)RO – adj. ocioso, vagabundo, no Nordeste do Brasil.

BANGUELO (°) – adj. desdentado, diz-se por igual da espiga de milho que granou mal, no Nordeste do Brasil.

BANGULA (°) – s.m. ou *mangula*, embarcação de pesca, na Bahia. Cf. Kik. *mbangula*.

BANHO DE ABÔ – s.m. Ver *abô*. Cf. Port. banho de.

BANHO DE CHEIRO (°) – s.m. banho com água em que se cozinharam ou puseram de molho ervas, folhas, cascas, resinas e flores aromáticas, com o fito de conservar ou readquirir a felicidade, afastar o azar etc, na linguagem religiosa. Ver *água de cheiro*. Cf. Port. banho de cheiro, perfumado.

BANHO DE DESCARREGO – s.m rito purificatório de limpeza de corpo, geralmente feito com banho de cheiro, na linguagem religiosa. Ver *descarrego, mayanga*.

BANHO DE FOLHA (°) – s.m. Ver *abô*.

BANHO DE PIPOCA (°) – s.m. rito propiciatório contra doenças de pele feito com flor de Omulu despejada sobre a cabeça e o corpo dos fiéis, na linguagem religiosa. Cf. Port. banho de pipoca, limpeza feita com pipocas.

BANTÉ (°) – s.m. avental de couro, vestimenta de Baru ou peça da vestimenta de Xangô, na linguagem religiosa. Do Fon *vanté*/ Yor. *ìbàntɛ*, avental.

BANTO (°) – s./adj. denominação da grande família linguística africana, e, por extensão, dos seus falantes, que compreendem mais de cem milhões de indivíduos concentrados em territórios ao longo de toda a extensão sul da linha do Equador, entre eles, Congo, Angola, Moçambique, Quênia, Zimbábue, Zâmbia, África do Sul. De *muntu*, pl. *bantu*, povo, gente.

BANZA CONGO (°) – s. a África mítica, na linguagem religiosa. Cf. *Aruanda*. Do Kik. *Mbanza Nkoongo*, cidade, capital, reino do Kongo.

BANZA(R) 1) (°) – s v. ficar pensativo, triste, pasmado de mágoas, sentir banzo, no português do Brasil. Cf. Do Kik./Kimb. *ku-banza*, pensar, refletir.

2) – v. andar à toa, errar, na Bahia. Cf. *bangolar*. Do Kik./Kimb. *ku-banza*, andar nervoso, agitado, sem rumo.

BANZÉ (°) – s.m. confusão, barulho, discussão, algazarra, festa ruidosa, tumulto, no Nordeste do Brasil. Do Kik./Kimb. *mwanze*.

BANZÉ DE CUIA (°) – s.m. grande e grave confusão, briga, desavença, no Nordeste do Brasil. Ver *banzé, cacuia*. Do Kik. *mwanze dia nkuya*, briga de morte.

BANZE(I)RO 1) (°) – s./adj. ou *banzo*, triste, pensativo, abatido, no português do Brasil.

2) – adj. que anda cambaleando como bêbado, no Nordeste do Brasil.

BANZO (°) – s.m. nostalgia mortal dos africanos em cativeiro; saudade, no português do Brasil. Ver *banzar, banzeiro*. Do Kik./Kimb. *mbanzu*, lembrança, saudade.

BARÁ 1) (°) – s. ou *Baranlá*, nome de Exu, criado de Xangô, na linguagem religiosa. Do Yor. *Bara*.

2) – s. divinização com búzios, na linguagem religiosa. Do Yor./Fon *baêabàrà*.

BARABADÁ (°) – s.m. ou *barabará*, tumulto, confusão, bate boca, na Bahia. Do Yor. *baràbarà, bájàbájà* /Fon *barabara*.

BARABÔ – s. ou *Imbarabô*, nome de Exu, na linguagem religiosa. Do Yor. *Baragbó*.

BARAJÁ (°) – s.m. fio de búzios usado a tiracolo por algumas das entidades, na linguagem religiosa . Do Yor. gbàrajá.

BARANGA (°) – s.f. mulher feia, desajeitada; tribufu, no Nordeste do Brasil.

BARANGÃ – s.m. bracelete de metal, na linguagem religiosa. Do Fon *agbaragã*.

BARANLÁ – s. o grande Bará, em ketu. Do Yor. *Baranlá*.

BARÃO DE GUARÉ – s. título de entidades e de chefes religiosos do tambor da mata, no Maranhão. Do Fon *Barano˜Gbalè* ou *Gbádé,* o senhor Bará. Ver *Bita de Barão.*

BARARÁ – exp. ou *Bará,* saia! vá-se embora! dita durante a divinização, para evitar que Exu tome parte nela, perturbando-a, em ketu. Do Yor. *bárárɛdà* + Port. vá prá lá.

BARBA SOEIRA – s. ou *Barba Soeiro,* entidade do tambor da mata, na linguagem religiosa. Do Fon *Baɖabaɖá sɔɛyiro'*, gênio estrondoso dos céus.

BARCO – s.m. grupo de iniciação que chegava a contar com quinze noviços de ambos os sexos. De acordo com a ordem de precedência de possessão e transe, recebe cada qual um título específico, de origem Fon/Gun, que indica o grau hierárquico dentro do grupo e como que passará a ser conhecido, independentemente de seu nome iniciático, e, em muitos casos, aposto ao nome próprio como um apelido, na linguagem religiosa.

1º adofona	6º gamutinha	11º vito
2º adofonitinha	7º vimo	12º vitutinha
3º fomo	8º vimutinha	13º nitinha
4º fomitinha	9º gremo	14º resnitinha
5º gamu	10º gremutinha	15º trenitinha

Como no Brasil, as mulheres estão sempre em maioria no grupo, sob a interferência da língua portuguesa, as terminações em "a" são as mais comuns. Por sua vez, o mais moço de cada grupo, ou seja, o último a ser manifestado, é conhecido por caçula, e o mais velho, por ebome. Todos se tratam como irmãos de criação, companheiros ou malungos. Ver *botar um barco.* Cf. irmão de esteira, runcó. Var. barco das yaôs. Do Fon/Gun *agbãku* / Yor. *ibákú, ábákú,* os que morrem para renascer juntos + Port. barco, transporte.

BARCO DAS YAÔS – s.m. Ver *barco*.

BARKISI (°) – s.m. Ver *bakisi, barkiso*.

BARRACÃO (°) – s.m. recinto para a celebração das cerimônias públicas religiosas afro-brasileiras. Cf. *abaçá*. Port. barracão, abrigo.

BARRACÃO DE EGUN – s.m. recinto das cerimônias festivas para Egun, na linguagem religiosa. Cf. *barracão*.

BARRAVENTO (°) 1) – s.m. atarantamento que precede o transe de possessão. Port. barlavento, direção de onde sopra o vento ou, na Bahia, manobra que o condutor de uma embarcação faz para atravessar o barco de um lado a outro do rio quando o vento não é favorável.

2) – s.m. toque para Bessein, na linguagem religiosa.

BARRIGA DE ANGU – s.f. barrigão, no Nordeste do Brasil.

BARU 1) – s.m. nome de Exu, escravo de Xangô, ou uma das doze qualidades de Xangô, que veste couro, em ketu. Cf. banté. Do Yor. *ɔba(ɛ)rù*.

2) – s.m. nome de Omulu, em ketu. Cf. *Bacu*. Do Yor. *ɔba(bɛ)rù*, rei do medo.

BA(BA)RUBÔ – s. nome de Oxalá, em ketu. Do Yor. *(ɔbá)Barúgbó*.

BATA – s.f. o ato de bater com cacetes o cereal colhido (feijão ou milho), a fim de debulhar os seus grãos, compassado por cantigas, a exemplo da que se segue, onde está definida a divisão do trabalho entre homens e mulheres: "*Bata do feijão/mandou me chamá,/ os homens prá batê,/ as mulé pra biatá*", na Bahia. Cf. cubata. Do Kik. /Kimb. *bata*, bater até rachar, estalar, debulhar + Port. bater.

BATÁ 1) – s. ou *bató, ubatá*, sapato, chinelo, sandália, na linguagem religiosa. Do Fon/Yor. *bàtà* < Port. sapato.

2) (°) – s. toque de atabaque para Xangô e Oxalá, a. Do Yor. *bàtá*.

3) (°) – s.m. tambor de madeira, a tiracolo, de duas faces, que era usado pelos nagôs nas cerimônias públicas, na Bahia. Do Yor. *bàtá*.

BATACOTÔ (°) – s.m. um batá grande, usado pelos malês nas insurreições que promoveram na Bahia, entre 1807 e 1835, no português do Brasil. Cf. *bata*. Do Yor. *bàtákoto*.

BATA DE FEIJÃO – s.f. Ver *bata*.

BATA DE MILHO – s.f. Ver *bata*.

BATATA DA TERRA (°) – s.f. batata doce, na Bahia. Ver *dokuim*. Cf. batata do reino.

BATATA DO REINO – s.f. ou *batata inglesa*, na Bahia. Ver *queijo do reino*. Cf. Port. batata trazida de Portugal.

BATE(R) – v. realizar cerimônias públicas no terreiro, na linguagem religiosa. Cf. Port. <u>bater</u>, tocar tambor, atabaque.

BATE(R) A CANGALHA – exp. diz-se quando se quer aliviar o cansaço do animal, então se afrouxa a cilha e levanta a sela ou a cangalha, várias vezes, do lombo, na linguagem do Nordeste. Ver *cangalha*.

BATE(R) A CAÇULETA – exp. morrer, na Bahia.

BATE(R). BEMBÉ (°) – exp. realizar uma festa pública de candomblé, no Recôncavo da Bahia. Cf. Port. <u>bater</u> + *bembé*.

BATE(R) BINGA 1) – exp. morrer, no Nordeste do Brasil. Port. <u>bater</u> + *binga*. 2) – exp. "*bate binga, mas não tira pó*", diz-se de alguém que não vai poder tirar proveito de uma situação, no Nordeste do Brasil.

BATE(R) CAÇULA – exp. teimar, bater boca, na Paraíba.

BATE(R) CORO 1) – exp. Ver *bater bembé*. Cf. Port. <u>bater couro</u>, tocar.

BATER PAÓ – exp. aplaudir, bater palmas ritualmente, na linguagem religiosa. Ver *paó*. Do Fon *kpàó* /Yor. *kpatɛwɔ'* + Port. <u>bater palma</u>.

BATERRUN – v. ou *puxarrum*. Cf. Port. <u>bater</u> + Fon *rum*, tambor.

BATE(R) SABÃO (°) – exp. praticar lesbianismo, na linguagem religiosa. Var. plantar roça, ralar coco. Ver *roçadeira*. Cf. Port. <u>bater sabão</u>, em alusão ao ato da lavadeira de bater a peça de roupa ensaboada, antes de enxaguá-la.

BATICUM (°) – s.m. barulho ou batimento continuados; sucessão de marteladas; palpitação, pulsação forte do coração e das artérias, no Nordeste do Brasil. Do Kik./Kimb. *vatitu(titu)*, pulsante, palpitante, batido continuado.

BATÓ – s.m. chinelo, tamanco, na linguagem religiosa. Ver *batá*.

BATUCADA (°) – s.f. ato ou efeito de batucar; ritmo ou canção do batuque; reunião popular; geralmente nas ruas, onde se toca o samba em instrumentos de percussão, com acompanhamento vocal ou sem ele; conjunto de instrumentos de percussão que toca samba, no português do Brasil. Cf. *batucar*.

BATUCA(R) 1) – v. repetir a mesma coisa insistentemente; procurar com insistência, na Bahia. Do Kik. *vutuka* > *vutikila*.

2) (º) – v. dançar batuque, tocar tambores e bumbos; fazer barulho ritmado com pancadas; bater com força, repetidamente, no português do Brasil. Cf. baticum. Do Kik. *vutuka,* bater forte no tambor.

BATUCAJÉ (º) – s.m. o som agudo e forte produzido pelos atabaques; dança profana e barulhenta ao som de atabaques, no Nordeste do Brasil. Ver *batucar.* Do Kik. *vutukilawe,* bater estridentemente, para espantar o mal.

BATUQUE (º) – s.m. ruído, som muito forte; ação de fazer ruído com batimentos rítmicos, no português do Brasil. Cf. *baticum.* Do Kik. *vutuki(la)* + Port. bater.

BATUQUE DE NAGÔ (º) – s.m. (jocoso) candomblé, na Bahia.

BATUQUE(I)RO (º) – s.m. frequentador de batuque, aquele que dança batuque, no português do Brasil.

BAXORUM (º) – s.m. cargo na diretoria do afoxé, na Bahia. Do Yor. *bašàrún.*

BEDIGÁ – s. vodun da família Davisi, na Casa das Minas. Fon *bédiga.*

BEENIN – exp. sim, certo, consentido, na linguagem religiosa. Do Yor. *béὲnin.*

BE(I)JADA – s.f. festa em homenagem a Ibêji, na linguagem religiosa.

BE(I)RU – s. nome de terreiro jeje e do bairro onde ele se encontra nas redondezas de Salvador, na Bahia, também chamado de Mata Escura. Do Fon *gbédudu* / Yor. *ìggbgdú,* mata escura, cerrada.

BEJIORÓ – exp. saudação para Ibêji, na linguagem religiosa. Do Yor. *ibéjìɔrɔ* + Port. ouro, riqueza, fortuna.

BEKÉ – s. nome de erê, na linguagem religiosa. Do Yor. *ìgbékɔyí.*

BEKÓ – adv./exp. não; cale a boca, em ketu. Cf. *beenin.* Do Yor. *béέkɔ’.*

BELAFOICE – s.m. idealizado como um ser feito em tocha luminosa que, à noite, surge das águas do rio para "enrabar" (perseguir) quem passa pelas suas margens, na Bahia. Ver *joão galafoice.* Do Kik. *mbelafwese,* o clarão que se levanta à margem do rio.

BELELÉU (º) – s.m. ir para o beleleu, morrer, sumir, desaparecer; (exp.) frustrar–se, malograr-se, fracassar, no Nordeste do Brasil. Do Kik. *mbelele,* morte.

BEMBÉ (º) – s.m. Ver *bater-bembé.* Do Fon/ Yor. *bèmbé,* espécie de tambor.

BENÇA – s.f. bênção; (p. ext.) saudação das crianças às pessoas mais velhas, em sinal de respeito; alguns adultos fazem essa saudação, no
Nordeste do Brasil.

BENÉ – adv. Ver *beenin*. Do Kik./Kimb. *beene*.

BENGO 1) (°) – s.m. ou *capim de angola*, na Bahia. Do Kik. *mbengu*.

2) (°) – s.m. preá, espécie comestível, no português do Brasil. Cf.
bandola. Do Kik. *mbengi* /Kimb. *dibengu*.

3) (°) – s.m. viela; designação depreciativa de ruas estreitas e tor-
tuosas, caminhos escuros, quase intransitáveis; vendola, lugar ou
estabelecimento mal frequentado, no Nordeste do Brasil. Do Kik./
Kimb. *mbengo, mbungu*.

BENGUELA (°) – s. denominação dada aos ovimbundos provenientes da
região de Novo, situada no golfo da Guiné, África Ocidental. Suas
línguas principais: fon ou daomeano, gun, mina, mahi, pertencentes
ao grupo ewe-fon (mina-jeje), e o nagô, dialeto do yorubá, falado no
reino de Ketu, no Nordeste do país. Ver *Daomé*.

BENINENSE (°) – s. natural do Benin + Port. –ense, na língua portuguesa.

BERÊ – v. ou *buerê*, perguntar, autorizar, na linguagem religiosa. Do Fon
gbèle /Yor. *bèèrè*.

BEREBEDÉ (°) – s.m. ou *bererê*, barulho, confusão, briga, revolta, no Nordeste do Brasil. Cf. *bangulê*. Do Fon *bajelɛ*/*bajelɛ jɛlɛ*.

BERIMBAU 1) (°) – s.m. arco musical, instrumento indispensável na capoeira, constituído de um arco de madeira retesado por um fio de
arame, com uma cabaça presa ao dorso da extremidade inferior e
cuja caixa de percussão é a barriga, no português do Brasil. Var. berimbau de barriga, – de boca, – viola, urucungo. Do Kik./Kimb./
Umb. *(o)madimbaw*.

2) – s.m. pessoa alta, magra e bem esguia, na Bahia.

3) – exp. "*pensa(r) que berimbau é gaita*", enganar-se, iludir-se com
as coisas, na Bahia. Cf. *berimbau de boca*.

BERIMBAU DE BARRIGA (°) – s.m. Ver *berimbau*.

BERIMBAU DE BOCA (°) – s.m. arco musical, sem cabaça, cuja caixa de
percussão é boca, na Bahia. Ver *berimbau*.

BERIMBAU VIOLA (°) – s.m. o maior no trio dos berimbaus, quando
acompanhado pelo gunga e o contra gunga. Ver *berimbau*.

BERU – v. ou *bueru*, ter medo, em ketu. Do Yor. *gbèrù*.

BERULÉ – exp. para exorcizar a casa, em ketu. Do Yor. *gbéérùnílè*.

BERULÓ – exp. vá embora, saia, muito usada em exorcismo, em ketu. Do Yor. *gbérùlɔ*.

BESSEIN (°) – s. vodun representado pela cobra (dã), habita o espaço onde aparece sob a forma de arco íris (aidô ruedô) sendo identificada com São Bartolomeu, na linguagem religiosa. Dia da semana: terça-feira. Cores: estampado-escuro, preto, amarelo e verde. Comida: ado, banana-da-terra frita ou cozida em dendê, ebô, lelê. Sacrifícios: cágado, bode, pato, capote. Saudação: aidô-ruedô, aquididioro, arroboboi, avivanço. Toques: arraha, barravento, brarrun, cabula, dasa, quebrado, saró. Nome: Dã. Nomes iniciáticos: Ijeoí, Ijeonim, Jumbelê. Insígnia: ebile, tacará. Simbolismo: idã, brajá, monjolo. Ver *Angorô, Oxumarê*. Do Fon *Gbèsén,Gbèse˘*.

BETA – s. terreiro da mata, na Casa das Minas. Do Fon *gbetá* ou *gleta*, plantação, mata.

BETÓ – s. *kosi*, o não iniciado, o leigo; (p.ext.) pessoa estúpida, ignorante, na linguagem religiosa. Do Fon *aigbɛtɔ'*.

BIATÁ – v. joeirar, passar em peneira, limpar milho, feijão, etc. após colheita, na Bahia. Do Kik./Kimb. *ku-byata* /Umb. *oku-piata*, joeirar, peneirar.

BIBIANO (°) – s.m. pequeno candeeiro de folhas de flandres, provido de uma torcida de algodão, embebida em querosene, que alimenta a luz; em alguns locais, o querosene também é chamado de "gás"; também chamado fifó e alcoviteiro, na Bahia. Do Fon *miog̃banu*, lampião.

BIBOCA (°) – s.f. casa, lugar sujo; (p. ext.) bodega, pequena venda, no Nordeste do Brasil. Cf. peji. Do Kik. *lomboka, biboka*, lugar, casa suja, escura.

BICHO DE PENA – s.m. ave em geral usada em ebó e matança, na linguagem religiosa. Ver *bicho de quatro pé(s)*. Cf. Port. bicho de pena, aves.

BICHO DE QUATRO PÉ(S) – s.m. quadrúpede usado em matança, na linguagem religiosa. Ver *bicho de pena*.

BICHO DO CHÃO – s.m. (euf.) usado em lugar de cobra, a fim de evitar que ela seja atraída para quem pronunciar essa palavra, tida como tabu, no Nordeste do Brasil. Ver *macota*. Cf. Port. bicho, animal qualquer + de chão, que se arrasta.

BICHO DO PÉ (º) – s.m. ou *tunga*, que dá no pé, no português do Brasil.

BICHO PONGUÊ (º) – s.m. Ver *kibungo*, em Minas Gerais.

BICHO TUTU (º) – s.m. papão, no português do Brasil.

BIDU – s.m. Ver *tutu*.

BILOLA – s.f. ou *bilonga*, pênis, em Penambuco.

BIMBA 1) (º) – s.f. termo injurioso equivalente a ânus, traseiro, e empregado geralmente na expressão "tomar na bimba", no Nordeste do Brasil. Do Kik. *mbimba*, termo injurioso com o mesmo sentido.

2) – s. vulva, no jargão prisional.

3) (º) – s. nome por que ficou conhecido Manoel dos Reis Machado (1900–1974), famoso mestre de capoeira regional da Bahia e criador dessa modalidade no Brasil. Segundo contam, esse apelido lhe foi dado pelo pai, que teria apostado com amigos que o filho nasceria homem, logo, com bimba, na Bahia.

4) (º) – s.f. ou *bimbinha, binga, biringa*, pênis de criança, pênis pouco desenvolvido, na Bahia. Do Kik. *vimba* /Kimb. *jimba*, inchaço, pênis, cacete.

BIMBADA (º) – s.f. ato de *bimbar* + Port. –ada, no Nordeste do Brasil.

BIMBA(R) (º) – v. copular, no Nordeste do Brasil. Cf. funfar. Ver *bimba*.

BINGA 1) (º) – s.f. chifre; ponta de chifre de boi torneada, própria para guardar tabaco em pó ou pólvora para espingarda de caça; (p. ext.) corno, chifrudo, marido traído; homem sem importância; espécie de cascalho em forma de chifre; tipo de colibri, no Nordeste do Brasil. Var. binga de pó. Ver *tampa de binga*. Do Kik. *mvimba* /Kimb. *mbinga*, chifre.

2) (º) – s.f. isqueiro tosco usado no interior; isqueiro de chifre, também chamado artifício de fogo, fuzil e papa fogo que se compõe de uma ponta de chifre cheia de algodão, uma pedra fuzil e uma lâmina de aço (pedaço de lima) com que se tira a faísca pelo atrito com a pedra, no Nordeste do Brasil. Cf. bibiano. Kik. *mwinga*, isqueiro, lampião.

3) (º) – s.f. ou *biringa*, pênis, na Bahia. Ver bimba.

4) – s.f. excremento, "*binga de galinha*", na Paraíba.

BINGA DE GENTE – exp. cocô, excremento, na Paraíba.

BINGA DE PÓ (º) – s.f. Ver *binga* + de pó, de rapé.

BINGADA (º) – s.f. quantidade de tabaco em pó contido numa ponta de chifre torneada, no Nordeste do Brasil. Cf. *binga* + Port. –ada.

BIRAIA 1) (º) – s.f. prostituta de baixa classe, no Nordeste do Brasil. Cf. *agaletó*. Do Kik. *biwaia* /Kimb. *kiwáia*.

2) – s.f. ou *baranga*, mulher feia, no jargão prisional.

BIRIBA (º) – s.f. égua, em Minas Gerais.

BIRIBANO – s.m. moleque de rua, vadio, na Bahia.

BIRINGA – s.f. pênis de criança, no Nordeste do Brasil. Ver *binga*.

BIRITA (º) – s.f. cachaça, no Nordeste do Brasil.

BITA DE BARÃO – s. Ver *Barão de Guaré*. Cf. Cota do Barão.

BITELO (º) – s.m. ou *butelo*, diz–se de uma coisa exagerada em tamanho ou quantidade, grande, robusto; saudável, na Bahia. Do Kik.*(bi)nteelo*.

BITELO DE GENTE (º) – s.m. diz–se de uma mulher bem-feita de corpo ou de um homem muito bonito, no Nordeste do Brasil. Cf. *bitelo* + Port. de gente, pessoa.

BITU (º) – s.m. Ver *tutu*.

BLOCO AFRO (º) – s.m. associação carnavalesca voltada para a valorização da herança cultural negro africana no Brasil, na Bahia. Cf. Port. bloco, associação + afro, africano.

BOALAMA – s. uma nação mina–jeje, na linguagem religiosa. Ver *bogum*. Do Fon *agbolama*.

BOBÓ 1) (º) – s.m. comida feita de uma variedade de feijão, inhame ou banana da terra com camarão e azeite de dendê, na Bahia. Do Fon *abɔbɔ*.

2) (º) – s.m. começo da gravidez, no Nordeste do Brasil. Do Kik. *mbobo*, inchação.

3) – s.m. pessoa indesejável, no Nordeste do Brasil. Cf. *mandu*. Do Kik. *mbombo*.

4) (º) – s.m. mandioca seca para farinha, no Nordeste do Brasil. Do Kik./Kimb. *mbombo*.

5) – s./adj. capim agreste e aquático; pequena rã; bobo, pateta, no São Francisco.

BOBÔ 1) – s. tudo, todo mundo, na linguagem religiosa. Cf. abantó. Do Yor. *gbogbo*.

2) – s./adj. largo, amplo, na linguagem religiosa. Do Fon *gbògblò*.

BOBOCA (º) – adj. desdentado, no Nordeste do Brasil. Cf. banguela. Do Kik. *momoka* /Kimb. *maboboka*.

BOBO LELÉ (DO PÉ DE SERRA) – s.m. Ver *lelé*.

BOBOLOJÔ (º) – s.m. coisa de grande dimensão, no Nordeste do Brasil. Cf. bitelo. Do Kik./Kimb. *mbondongolo* /Fon *gbgbolólɔ'jɔ'* /Yor. *gbogbolojò*.

BOCA DE AFOFÔ – s.f. pessoa que fala desbragadamente, no Nordeste do Brasil. Ver *boca de axá*. Cf. Port. boca de + Yor. *(a)fofo*, falar desbragadamente.

BOCA DE AXÁ (º) – s.f. pessoa que costuma dizer impropérios, que tem boca suja, no Nordeste do Brasil. Cf. Port. boca de + axá.

BOCA DE MUCAMBO (º) – s.f. topônimo, na Bahia.

BOCAPIU – s. sacola tecida com palhas do ouricuri, cesto retangular de palha, trançado e com alças, que serve para carregar provisões, na Bahia. Cf. pocanvi. Do Fon *akpokanví, akpokāvi*.

BOCA SUJA (º) – s.f. pessoa que diz impropérios, na Bahia. Ver *boca de axá*. Cf. boca suja, por dizer palavras que não são consideradas "limpas", de boas maneiras.

BODE 1) (º) – s.m. ou *boi*, menstruação, no Nordeste do Brasil. Do Kik. *mbodi* / /Kimb. *mboji*.

2) – exp. "Dar bode", confusão, no Nordeste.

3) – exp. "Botar um bode", vomitar, em Pernambuco.

BOGA (º) – s.m. ânus, traseiro, no Nordeste do Brasil. Ver *bunda*. Do Kik./Kimb. *mboga*, ânus, traseiro, geralmente de mulher.

BOGÓ (º) – s.m. ou bogue, vaso de couro com que se tira água de cacimba; saco de couro para carregar água em viagem; copo de couro usado no jogo de dados, no Nordeste do Brasil. Cf. bongar. Do Kik./Kimb. *(ki)bongu*.

BOGUM – s.m. nome popular do Zoogodô Bogum Malê Rundó, tradicional terreiro jeje na cidade de Salvador (BA). Cf. Boalama. Do Fon *agbɔ`gún*, descendentes de Agbo, divindade protetora dos Gedevi, da cidade de Abomé.

BOI (º) – s.m. Ver *bode*.

BOIADE(I)RO – s.m. nome de caboclo, na linguagem religiosa. Do Port. boiadeiro.

BOI BUMBÁ (º) – s.m. ou bumba meu boi, folguedo natalino no Nordeste do Brasil.

BOI D'OXALÁ – s.m. grande caracol consagrado a Oxalá, na linguagem religiosa. Cf. ibim. Do Yor. *igbó* (caracol), *igbošálá* + Port. boi de.

BOITÁ – s. procissão cerimonial em torno dos atinçás, na linguagem religiosa.

BOKETE – s. cachimbo com cabo de taquara, longo, fumado pelos voduns, na linguagem religiosa. Do Fon *gbògblo kuèt*̃.

BOKEBOKE – exp. usada em exorcismos, em mina-jeje. Do Fon *bogbe bogbe*, palavra de encantamento.

BOLA(R) (º) – v. entrar em transe, incorporar a entidade, na linguagem religiosa. Do Kik./Kimb. *mbo(ko)la*, entrar em transe + Port. (em) bolar, cair rolando como uma bola, em alusão aos movimentos contorcidos no momento do transe.

BOLOLÔ (º). s.m. confusão, barulho, gritaria, arruaça, no Nordeste do Brasil. Do Kik. *bololo* /Kimb. *ngololo* /Fon *gbolɔló* /Yor. *bórobòro*.

BOMBAKOMBI – s. agulha de costura, em congo-angola. Var. bambo. Cf. *aberé*. Do Kik. *(mu)bambukombi*, costurador, cavador.

BOMBO – s.m. florescência da bananeira, na Bahia. Do Kik./Kimb. *mbombo*.

BOMBOM – s. bala, confeito (termo genérico), na linguagem regional do Nordeste do Brasil.

BONECO DE ALODÊ – s.m. Ver *alodê*.

BONGA 1) – s. a colheita quando a roça tem poucos frutos, na Bahia.

2) – s. sem pagar, de carona, no baixo São Francisco.

BONGA(R) 1) (º) – v. buscar, procurar, apanhar de grão em grão, no Nordeste do Brasil. Ver *bongo*. Do Kik./Kimb. *ku-bonga*, apanhar, segurar.

2) – v. Ver *pongar*.

BONGO – s.m. apanhador de papel, no Nordeste do Brasil. Do Kik./Kimb. *kibongu*.

BONOCÔ – s. nome de uma avenida em Salvador, Bahia, que atravessava uma mata. Do Yor. *igboloko*, mata, morada do orixá Okô.

BONSEGANO – s. Ver *bonzega, bonzenga*.

BONZÃO – adj. Ver *gonzon*.

BONZEGA – s. ou *bonzenga*, sapo, na linguagem religiosa. Cf. caçote, opoló. Do Fon *(adin) gbèséga*, uma rã grande.

BONZENGA – s.f. diz–se de uma mulher feia, de baixo astral, no Nordeste do Brasil. Cf. *bonzega*, sapo.

BONZO – s.m. termo injurioso, na linguagem religiosa. Do Kik. *mbonzo, mbunzu.*

BONZUNGA – s.f. tratamento jocoso dirigido a crianças, no Nordeste do Brasil. Do Kik. *bonzunga*, velho, caduco.

BORI (º) – s.m. cerimônia propiciatória da purificação e renovação das forças espirituais em que se sacrificam animais para "dar de comer à cabeça", o dono da cabeça, considerada o centro normativo da vida em todos os seus aspectos, na linguagem religiosa. Ver *ori*. Do Yor. *bɔrí*, oferenda à cabeça.

BOROKÔ – s. ou *Buruku*, nome de Nanã, a velha, na linguagem religiosa. Cf. borocoxô. Do Fon *gbóhukún* /Yor. *ogbókùjɔ'*, a velha.

B(O)ROCOTÓ (º) – s.m. terreno escabroso, com muitos altos e baixos, esburacado, escavado ou obstruído de pedras; sulco irregular aberto por águas pluviais em ruas sem calçamento, no Nordeste do Brasil. Do Kik./Kimb. *mbulukutu.*

BOROCOXÔ 1) (º) – s./adj. ou *broco*, pessoa envelhecida, fraca, sem coragem, no português do Brasil. Do Kik. *bulukulolo* /Yor. *ogbókùjɔkùjɔ.* 2) adj. triste, cabisbaixo, no Nordeste do Brasil.

BORUTÓI – s. vodun velho da família de Dambirá, na Casa das Minas. Fon *Agbogbotɔ'e,* meu pai grande.

BOTA(R) v. (seguido de santo, caboclo ou do nome respectivo) fazer os preparativos rituais para festejar a entidade, na linguagem religiosa. Ver *botar a mão na cabeça*. Cf. Port. botar, preparar, arranjar.

BOTA(R) MACACO – v. dançar sem deixar o parceiro pinar (se encostar), no Ceará.

BOTA(R) A MÃO NA CABEÇA – v. preparar a noviça para receber o santo, na linguagem religiosa. Port. botar a mão na cabeça, em alusão ao gesto de abençoar.

BOTA(R) CAFANGA – exp. pôr defeito no que mais deseja, na Paraíba.

BOTA(R) MESA – v. predizer e resolver, por adivinhação, os problemas do consulente, através do jogo de buzo, na linguagem religiosa.

Cf. Port. <u>botar a mesa</u>, preparar, dispor a mesa para adivinhação + Kik. *meeso*, olhar.

BOTA(R) UM BARCO – v. Ver *recolher um barco*.

BOZÓ 1) – s.m. oferenda propiciatória, na linguagem religiosa. Cf. ebó. Do Kik. *mbóozo/* Fon *boctcho,* encantamento.

2) – s. boceta de rapé, em Minas Gerais.

3) – s. dados para jogar, jogo de dados, na Paraíba.

4) – s. nádegas, dados, em Pernambuco.

5) (°) – s.m. feitiço, malefício, na Bahia.

BRAJÁ – s.m. colares de búzios enfiados de forma a parecerem escamas de serpente, uma técnica conhecida por espinha de peixe, símbolo de Bessein e Oxumarê. Do Fon *blaja* /Yor. *gbaja*.

BRANCO DA BAHIA (°) – s.m. mulato, pardo, mas de aparência branca, na Bahia.

BRANQUICELO (°) – s.m. diz-se com desdém ou ironia de alguém metido a branco.

BRARRUN – s. toque violento de tambor para Bessein; (p. ext.) qualquer dança violenta, na linguagem religiosa. Do Fon *gbahun,* gbahũ.

BRIQUITA(R) – v. labutar, na bacia do São Francisco.

BROCO 1) (°) – adj. amalucado, abobalhado em razão da idade ou de doença, no português do Brasil. Cf. borokô. Do Kik./Kimb. *buluku*.

2) – s. homem rústico, matuto, na Bahia.

BROCOIÓ – adj. abestalhado, no Ceará.

BROCOTÓ – s. de mau humor, no Alto do São Francisco.

BROMA(R) – v. não corresponder ao prometido, degenerar, como em: *"Este menino, se não bromar, vai ser um sucesso",* na Paraíba.

BRONGO (°) – s.m. gruta profunda de encosta afunilada; lugar atrasado, distante do centro da cidade; bairro de gente pobre, na Bahia. Do Kik. *mbulungu*.

BROGÚNCIAS (°) – s. f. Ver *burungunza*.

BRUACA (°) – s. f. mulher ordinária, difamadora; apodo insultuoso, no jargão prisional.

BRUCUTA(R) – v. procurar remexendo, fazendo barulho; futucar, no Nordeste do Brasil. Do Kik. *bulukuta*.

BRUCUTU (º) – s.m. homem forte e rude; nome de personagem de revista em quadrinhos; veículo policial usado para dispersar manifestantes de rua, no português do Brasil. Do Kik. *bulukutu* + Port. <u>bruto</u>.

B(R)UGUELO (º) – s.m. criança pequena, recém-nascido, pessoa ou animal, na Bahia.

BRUGUNÇAS – s. *burugunza,* objetos desarrumados, sem valor, teréns de casa, na Bahia.

B(R)UNGUNZA(R) – v. remexer, procurar, no Nordeste do Brasil. Cf. *brucutar*. Do Kik./Kimb. *bulugunza*.

BUDUM (º) – s.m. *buzum,* mau cheiro, na Bahia. Kimb *kibu*.

BUFUNFA (º) – s.f. ou *mufunfa,* dinheiro, no português do Brasil.

BUGANÇO – s. coisa ruim; canário de bando, que não canta, na Bahia.

BUGIGANGA (º) – s.f. quinquilharia, coisa sem valor, no português do Brasil.

BUMBA (º) – s.f. pancada, surra; tambor, no português do Brasil. Cf. zabumba. Ver *bumbar*.

BUMBA MEU BOI (º) – s.m. bailado popular, organizado em cortejo com personagens humanas e animais, cujas peripécias giram em torno da morte e da ressurreição do boi, no português do Brasil. Também chamado Boi-Ceará, é um drama pastoril de origem luso-ibérica, tradicionalmente apresentado no período natalino, representando o culto do boi que se fazia em homenagem ao nascimento de Cristo. No Ceará, ele conta com a figura do vaqueiro (vestido a caráter, com gibão e chapéu de couro), do coronel (dono do boi), do próprio boi e de outras figuras típicas, na linguagem regional do Ceará. Na Paraíba, é um divertimento popular representado no período das festas de Natal e de Reis, certamente o mais rico em coreografias. Cf. *bumbar* + Port. –<u>meu boi</u>.

BUMBA(R) (º) – v. surrar, espancar, bater; tocar, bater o bombo, no português do Brasil. Cf. bumba. Do Kik. *buumba*, bater.

BUMBUM (º) – s.f. Ver *bunda*. Do Kik./Kimb. *mbumbu*.

BUNDA 1) (º) – s.f. ou *bumbum,* nádegas, traseiro, no português do Brasil. Do Kik./Kimb. *mbunda*, nádegas, ânus.

2) (º) – exp. "*nascer com a bunda pra lua*", ter muita sorte, nascer empelicado, no português do Brasil.

3) – exp. "*ganhar fogo na bunda*", não ser recompensado como esperava; "*quem nasceu pra quebrar licuri morre com a bunda na pedra*", não progredir na vida, na Bahia.

4) – adj. reles, sem importância, sem graça, no jargão prisional.

BUNDÁ (°) – s.m. trastes velhos, cacarecos, no Nordeste do Brasil. Ver *pano de bunda*. Cf. mucumbagem. Do Kik. *buuna*, sem valor + *bunda*, velho.

BUNDA CANAST(R)A – s.f. cambalhota que se dá apoiando a cabeça no chão e virando o corpo para o lado contrário; exp. "*virar bunda canastra*", no Nordeste do Brasil.

BUNDA CHOCHA – exp. murcha, mirrada, fanada, no Nordeste do Brasil.

BUNDADA (°) – s.f. golpe dado com a *bunda* + Port. –<u>ada</u>, no português do Brasil.

BUNDA DE GOGÔ – s.f. Ver *bunda de tanajura*. Cf. gogó. Do Kik./Kimb. bunda *dingongo*, pesada, protuberante.

BUNDA DE NEGA JÊ – s.f. Ver *bunda de nega mina*.

BUNDA DE NEGA MINA – s.f. traseiro largo e proeminente, no Nordeste do Brasil. Var. bunda de nega jê. Cf. bundaça. Ver *bunda* + <u>de negra</u> + mina ou jeje.

BUNDA DE TANAJURA (°) – s.f. nádegas protuberantes e rebaixadas, à semelhança da tanajura, no Nordeste do Brasil. Ver. *bunda de gogô*. De *bunda* + Ind. <u>tanajura</u>, fêmea da formiga saúva, quando fecundada, cheia de ovos.

BUNDA MOLE (°) – s. 2 gen. bundão, pessoa moleirona, sem coragem, pusilânime, no português do Brasil.

BUNDA(R) (°) – v. dar um golpe com a *bunda*, no português do Brasil. Cf. desbundar.

BUNDA SUJA (°) – s.m. indivíduo ordinário, reles, no Nordeste do Brasil.

BUNDE(I)RA – s.f. mulher que pratica sexo anal; bandoleira, em Pernambuco.

BUNDUDO (°) – s.f. ancudo, de *bunda* + Port. –<u>udo</u>, grande, no português do Brasil.

BUÓ – v. ou *abó*, ouvir, entender, em ketu. Do Yor. *gbɔ*.

BURUCU 1) – s./adj. doença; doente, ruim, na linguagem religiosa. Do Yor. *burúkú*.

2) – s. nome de Nanã, na linguagem religiosa. Ver *Borokô*. Do Kik./ Kimb. *buluku* + Fon *gbóhukú*, a linhagem dos ancestrais.

BURUNDANGA – s. Ver *burungunza*.

BURUNGUNZA – s.f. ou *brogúncias*, trastes velhos, coisa sem valor, na linguagem religiosa. Ver *mucumbagem, quenga*. Do Kik. *bologonza*.

B(U)RUNGUNZO – s. nome de Kongombira, em congo-angola. Do Kik. *mbolongonzo*, o estampido.

BUZANDO – v. botando seios, peito; bananeira começando a soltar o cacho; aparecendo, na expressão "*o galo está buzando esporão*", na Bahia.

BUZO 1) (°) – s.m. concha do mar, que servia de moeda na África, é muito usada em adornos rituais e no jogo de Ifá, na linguagem religiosa. Do Port. <u>búzio</u>.

2) – s. buzina feita de chifre do boi que os tangerinos (tangedores) de gado fazem soar ao se aproximarem da fazenda onde têm que reconhecê–lo. Port. *búzio*, no Médio São Francisco.

BUZO DA COSTA – s.m. Ver *buzo*.

BUZO FÊMEA (°) – s.m. molusco gastrópode, da família dos cipreídeos (*Pustularia spurca L.*), da costa brasileira, utilizado em práticas divinatórias afro-brasileiras, na linguagem religiosa.

BUZO MACHO – s.m. molusco gastrópode, da família dos cipreídeos (*Pustularia cinerea*), da costa brasileira, utilizado em práticas divinatórias afro-brasileiras, na linguagem religiosa.

BUZUM – s.m. mau cheiro do corpo, no Nordeste do Brasil. Cf. catinga. Var. bodum. Do Kik./Kimb. *(ki)buzu*.

C

CABAÇA 1) – s. saco, alforje, mochila, na linguagem religiosa. Do Kik./ Kimb. *(ka)basa*.

2) (°) – s. fruto do cabaceiro de que se fazem cuia e cumbuca, no Nordeste do Brasil.

3) (°) – s. gêmeo que nasce em segundo lugar, na linguagem religiosa. Cf. mabaça. Do Kik./Kimb. *kabasa*.

CABAÇO 1) (°) – s.m. o hímen, a virgindade da mulher, virgindade, no Nordeste do Brasil. Do Kik./Kimb. *kabasu*, hímen.

2) (°) exp. – "*tirar o cabaço*", desvirginar, descabaçar, no Nordeste do Brasil.

CABAÇUDA (°) – s.f. mulher virgem, moça donzela, no Nordeste do Brasil.

CABAÇUDO 1) (°) – s.m. jovem ingênuo, virgem, no Nordeste do Brasil.

2) – adj. bisonho, inexperiente, não capacitado para o serviço, na Paraíba.

CABALA – s. punição, castigo, na linguagem religiosa. Do Kik./Kimb. *mbala*.

CABEÇA DE CAPUCO – s.m. albino de cabelo ruivo, alourado, na Bahia.

CABEÇA DE MINHOCA – exp. idiota, imbecil, no Nordeste do Brasil. Ver *minhoca*.

CABEÇA DE NEG(R)O (°) – s.f. tipo de pedra negra, de formato irregular, que era usada antigamente na pavimentação de vias públicas, na Bahia. Cf. Port. cabeça de negro, em alusão à cor da pedra.

CABEÇA FEITA 1) – s.f. o iniciado já submetido aos processos rituais para o transe de possessão, na linguagem religiosa. Cf. Port. cabeça feita, pronta, formada.

2) – s.f. diz-se de alguém de opinião previamente formada, no português do Brasil.

CABEÇOTE DE CANGALHA – exp. parte superior e saliente do pau da cangalha, onde se põem as aselhas dos cambitos e caçuás, na Paraíba.

CABEÇUDO (°) – s. alho usado para afastar maus espíritos, na linguagem religiosa. Cf. Port. cabeçudo, em referência ao feitio do dente de alho.

CABELO DE DENDÊ – s.m. cabelo vermelho, na Bahia.

CABILANGÃO – s.m. magro, raquítico, no Nordeste do Brasil. Do Kimb. *kubelanga*.

CABELO DE FUÁ – exp. enroscadinho, na Paraíba.

CABINDA 1) (°) – s.f. espécie de dança popular, no português do Brasil.

2) (°) – s. antiga nação africana no Brasil, palavra frequente em cânticos folclóricos, a exemplo dos versos "*Cambinda velha chegou/ e rei do Congo falou*". Ver *Vovó Cambinda*. Cf. *Cabinda*, região ao noroeste de Angola de língua fiote.

CABOCLO 1) (º) – s.m. ou *encantado*, designação genérica dada à personificação de espíritos indígenas brasileiros, também cultuados pelos iniciados ao lado das entidades negro-africanas, mas tidos na categoria de "nobres" e não de "santos". Tomam, por isso, nomes das mais conhecidas tribos brasileiras (Tupiniquim, Tupinambá, Cariri etc.) precedidos por títulos de nobreza (Dom, Sultão, Rei, Príncipe etc.). Em seus rituais, a linguagem e os cânticos são em português rudimentar misturados com palavras e expressões de línguas ameríndias e africanas, entre as últimas, uma maior frequência de termos de base congo–angola. Comem carne crua, infundi; bebem infusão de folhas ou casca de jurema, gostam de mel, marafo e macaia, mas de nada temperado com dendê, na linguagem religiosa. Nomes: Acaçá, Boiadeiro, Estrela-d'Alva, Flexa Negra, Juremera, Jundiara, Penaverde, Sultão das Matas. Ver *candomblé de caboclo*. Do Tupi *caaboca*, casa, habitante do mato.

2) exp. *"chorar no pé do caboclo"*, lamentar em vão, na linguagem regional da Bahia, alusiva ao monumento em bronze, encimado por um índio, simbolizando a vitoriosa batalha do Dois de Julho de 1823, quando ficou consolidada a independência do Brasil, com expulsão de tropas portuguesas da Bahia, no Nordeste do Brasil. Cf. *"Agora ouça um conselho. Você tem mágoas e queixas?, Se quer encontrar consolo, ponha de parte o orgulho, não dê tratos ao miolo, nem espere o dois de julho. Creia, não faça pouco. Qualquer dia, qualquer hora, vá correndo sem demora, chorar no pé do caboclo."*

3) (º) – s. folguedo que costuma sair à rua, em Juazeiro, no norte da Bahia, durante o Carnaval. É um pequeno momo ou auto mesclado de situações inspiradas no bumba meu boi. Ver *carindé*.

CABOCLO D'ÁGUA (º) – s.m. ou *moleque d'água*, *nego d'água*, ente fantástico que, à noite, vira as canoas e assombra barranqueiros no rio São Francisco, no Nordeste do Brasil.

CABOJE 1) (º) – s. parte de nós extremos da cana de açúcar, no português do Brasil. Do Kik. *nkononji* /Kimb. *kamuenji*, nós da cana de açúcar.

2) – s. azar, a exemplo: *"Mauro anda com um caboje de dar pena"*, no Ceará.

CABOMBO – adj. ruim, inútil, na linguagem religiosa. Do Kik. *kipombo* / Kimb. *(ka)mbombo*.

CABORÉ 1) (º) – s./adj. homem feio; lúgubre, no Ceará.

2) – s. tipo de coruja, na exp. "*Só o oco e os caboré cantando dentro*", lugar estranho, fúnebre, no Ceará.

CABORJE 1) (º) – s. feitiço, feitiçaria, na linguagem religiosa. Ver *caborzeiro, caborjudo*. Do Kik. *kinloji* /Kimb. *kaloji*.

2) (º) – s. bentinho, amuleto; (p. ext.) azar; força sobrenatural, valentia, no Nordeste do Brasil. Do Kimb. *kambanje*.

CABORJUDO (º) – s.m. que tem o corpo fechado por caborje, no Nordeste do Brasil.

CABORONGO – s. vasilha de boca mais apertada que a panela, na Bahia.

CABOTO – s.m. Ver *quimboto*.

CABO VERDE (º) – s./adj. Ver *cafuzo*. Cf. *Cabo Verde* (procedente de) arquipélago no Atlântico, 500 km a oeste do Senegal, hoje República independente de Portugal desde 1975, capital Praia, de grande população mestiça que fala português e o cabo verdiano.

CABULA 1) – s. toque para Obaluaê e Bessein na linguagem religiosa. Do Kik. *kimbula*.

2) – s. topônimo, bairro antigo nos arredores de Salvador, Bahia.

CABULETÊ – s. sujeito encabulado, insignificante, na Paraíba.

CABULETÉ (º) – s.m. ou *cabuletê*, vagabundo, homem da ralé, no Nordeste do Brasil. Do Kimb. *ka-mabulete, mululete*.

CABULOSO (º) – s.m./adj. indivíduo que tem ou dá azar, que é confuso; embrulhão, inoportuno, fastidioso, no português do Brasil.

CABUMBO (º) – s.m. Ver *cabungo*.

CABUNDÁ (º) – s.m. salteador, ladrão; (arcaico) escravo fujão e ladrão, no Nordeste do Brasil. Do Kik./Kimb. *kabunda*, salteador.

CABUNGO 1) (º) – s.m. urinol, latrina; (p.ext.) pessoa pouco limpa, desprezível, sem valor; chapéu ordinário, alusivo ao fato de que se carregava o cabungo na cabeça até o local de jogar os dejetos fora, no Nordeste do Brasil. Cf. *ilê kekerê*. Do Kik./Kimb. *kibungu*, latrina.

2) – s.m. vasilha grande para líquidos, no Nordeste do Brasil. Cf. camburão. Do Kik. *kibungwa*.

CABUNGUE(I)RA 1) (º) – s.f. (arcaico) mulher que despejava ou lavava cabungo.

2) (º) – s.f. (p. ext.) quenga, prostituta de baixa categoria; mulher suja, desprezível, no Nordeste do Brasil.

CABUNGUE(I)RO 1) (º) – s.m. aquele que só serve para o ofício conside-rado de baixa categoria, no Nordeste do Brasil.

2) – s.m. (p. ext.) cafetão; homem sujo, desprezível, no Nordeste do Brasil.

CACAMBU – s. resto de enxada, ferramenta velha, na Paraíba.

CAÇAMBA 1) (º) – s.f. balde preso numa corda para tirar água de poços; qualquer balde; (p. ext.) tipo de veículo usado para a remoção de terra, no português do Brasil. Ver *cacimba*. Do kik. *kasambu*, cesto pequeno.

2) (º) exp. "*como corda e caçamba*", inseparável, no português do Brasil.

CAÇAMBADA 1) (º) – s.f. conteúdo, capacidade da caçamba, no portu-guês do Brasil.

2) – s. bordoada, lamborada, na Paraíba.

3) – s. trombada, em Pernambuco.

CAÇAMBA DE GELO – s. cuba de gelo, no Ceará.

CAÇAMBE(I)RO (º) – s.m. condutor de caçamba, (p.ext.) companheiro de viagem, no português do Brasil.

CAÇANJE 1) (º) – s./adj. nome de antiga nação africana no Brasil prove-niente de Angola; (p.ext.) português mal falado ou escrito, na língua portuguesa em geral. Ver *nagô*. Cf. o topônimo *Caçanje*.

2) – s. topônimo, localidade nos arredores de Salvador, Bahia.

3) – s. nome de Kisimbi, na linguagem religiosa. Do Kik. *(Ka)Nsan-si*, gênio protetor de crianças, nome de mulher, mulher sábia.

4) – s. linguagem plebeia, português mal falado, na Paraíba.

CAÇARAMBA (º) – s. ou *pixixica*, formiguinha vermelha, comum nas ro-ças de cacau, cuja picada provoca forte ardência na pele, nos olhos, e o ardor é intenso, na Bahia.

CAÇARANGONGO – s.m. personagem de conto popular, tido como fei-ticeiro, que sacrificava crianças; nome de engenho, hoje vilarejo no Recôncavo, onde se acredita que ele viveu. Do Kik. *Kasalanangom-be*, temeroso inkisi.

CACHAÇA 1) (º) – s.f. aguardente que se obtém mediante a fermentação e a destilação do mel ou borras do melaço; qualquer bebida alcoólica, no português do Brasil. É conhecida por vários nomes no Nordeste do Brasil, entre eles, abrideira, água que passarinho não bebe, branquinha etc. Do Kik. *(kunua) kisasa*, lit. água ardente, que fermenta, excitante. Não pode ser do espanhol, pois não ocorre em Cuba, que seria outro produtor.

2) (º) – s.f. paixão, amor ardente, inclinação por alguém ou por alguma coisa, no português do Brasil. Do Kik. *kisasa*, qualquer coisa excitante, estimulante.

CACHAÇADA (º) – s.f. bebedeira, cachaceira; festa ruidosa, com muita bebida ou cachaça, na Bahia.

CACHAÇARIA (º) – s.f. lugar de fabrico e venda de cachaça.

CACHACE(I)RA (º) – s.f. lugar onde se apara e junta a cachaça tirada das caldeiras de açúcar; bebedeira, cachaçada, no português do Brasil.

CACHACE(I)RO (º) – s.m. o que é dado ao exagero de bebidas alcoólicas ou a beber cachaça, no português do Brasil. Ver *kiambutê*.

CACHIMBA(R) 1) (º) – v. fumar cachimbo, na língua portuguesa em geral. Ver *descachimbar*. Do Kik./Kimb. *kushimpa, kushimba*, fumar.

2) (º) v. meditar, ponderar, no português do Brasil. Do Kik. *kushima*.

CACHIMBO 1) (º) – s.m. pipo de fumar, na língua portuguesa em geral. Do Kik. *(ka)nzingu*, Kimb. *(ka)nzimu*, lit. pequeno tição fumegante.

2) – exp. "*o costume do cachimbo põe a boca torta*", teimar; "*não negar fogo pro cachimbo*", estar pronto para tudo, no português do Brasil.

3) – s. vulva, na Bahia.

4) (º) – s.m. bebida feita com aguardente e mel de abelha para festejar o nascimento de um filho, no Nordeste do Brasil.

5) – s.m. órgão reprodutor das fêmeas, em Pernambuco.

CACHORRO COTÓ – exp. sem rabo, "*Cachorro cotó não passa em pinguela*", na Paraíba.

CACIMBA (º) – s.f. poço de água potável; fonte, vasilha, no português do Brasil. Cf. caçamba. Do Kik./Kimb. *kisima, kisimbu*, vasilha.

CACIMBADO (º) – adj. terreno onde se forma cacimba, no português do Brasil.

CACIMBÃO 1) (º) – s. buraco em despenhadeiro, no português do Brasil.

2) – s. poço profundo, na linguagem regional da Paraíba.

CACIMBA(R) (º) – v. encher de cacimba (um terreno), no português do Brasil.

CACIMBE(I)RO 1) – s.m. tarifeiro nas barcas do rio São Francisco, na Bahia.

2) (°) – s.m. aquele que abre cacimba, no português do Brasil.

CACIMBO (°) – s.m. nevoeiro, garoa, no português do Brasil. Do Kimb. *kisimbu*.

CACONDE – s.m. ou *cacondé*; enxurrada que cai de lugar elevado, no Nordeste do Brasil. Do Kik./Kimb. *kakundi < kunda*.

CAÇOTE (°) – s.m. pequena rã ou sapo, no português do Brasil. Do Kik./ Kimb. *kazote*.

CAÇUÁ (°) – s.m. cesto de palha ou vime que serve de cangalha para transportar mantimentos, na Bahia. Do Kik. *(ka)nswá*.

CACUIA (°) – s. ou *cucuia*, na exp. "*ir pras cucuia*", morrer, desaparecer; nome de cemitério no Rio de Janeiro, situado na Ilha do Governador; (p. ext.) sofrimento, azar, frustração, no português do Brasil. Ver *beleléu, cuia*. Do Kik. *ka(n)kuya*, cemitério.

CAÇULA 1) (°) – s. ou *caçulê, caçulo*, o mais novo dos filhos ou dos irmãos, no português do Brasil. Cf. caçulo. Do Kik. *kasuka* /Kimb. *kasule* /Umb. *okwasula*.

2) – s. o último a se manifestar no barco, na linguagem religiosa.

3) – exp. "*o caçula é o dengo da família*", o filho mais mimado, o filho mais novo de um casal, no português do Brasil.

4) – s. ato de socar no pilão, quando duas pessoas fazem o jogo do caçula, batendo alternadamente com mãos de pilão, na Paraíba.

CAÇULA(R) (°) – v. pilar, socar o milho no pilão, no Nordeste do Brasil. Do Kik./Kimb./Umb. *kusuka*, socar.

CAÇUMBA (°) – s.f. precipício, despenhadeiro, no Nordeste do Brasil. Do Kik. *kinsumba*.

CAÇUMBE(N)CÁ – s. o deus supremo, protetor dos albins, em congo-angola. Cf. Lemba. Do Kik. *Nkasimpembela*, senhor da brancura.

CACUMBU 1) (°) – s.m. ou *cucumbu*, faca ou machado velho, já gasto pelo uso, no português do Brasil. Do Kik. *mukubu* / Kimb. *(ka)mumbumbu*.

2) – s.m. diz–se de uma pessoa velha, caduca e de pequena estatura, no Nordeste do Brasil. Cf. *kakurukaji*. Do Kimb. *ka(di)kumbu*.

CACUMONGA – adj. velha, estragada (faca etc.), na linguagem religiosa. Ver *cacumbu*. Do Kik. *kakulumonga*.

CACUNDA 1) (º) – s.f. ou *cadicunda, cocunda, caricunda,* corcunda, costas, lombo, dorso, corcova, giba, no português do Brasil. Do Kik./ Kimb. *ka(di)kunda*.

2) – s.f. elevação, *"A madeira tem uma cacunda que impede um bom aproveitamento"*, na Bahia.

CACUNDA DE YAYÁ – s. nome de terreiro jeje-angola em Salvador, na Bahia. Do Kik. *kakunda dya yaaya*, colina dos antepassados.

CACUNDE(I)RO (º) – s.m. carregador que leva a carga na cacunda, no português do Brasil.

CADE(I)RA DE OGÃ – s.f. cadeira, geralmente de espaldar, reservada para cada ogã no barracão de festa, e por ele mesmo comprada, na linguagem religiosa.

CAFANGA (º) – s.f. melindre; recusa falsa ou simulada, no Nordeste do Brasil.

CAFANGAGEM – s.f. o fato de resmungar, cafangar, no Nordeste do Brasil.

CAFANGA(R) 1) (º) – v. resmungar com raiva, na Bahia. Do Kik. *nkafunga*.

2) (º) – v. maldizer, blasfemar, no Nordeste do Brasil. Do Kik./Kimb. *kafuna < kafa*.

3) (º) – v. ameaçar, gabando-se da proeza; zombar, no Nordeste do Brasil. Do Kik./Kimb. *kuvánga*.

CAFI(N)FA 1) (º) – s.f. doença mal definida que provoca fraqueza; malestar, no Nordeste do Brasil. Do Kik. *khufufa*, doença indefinida em crianças.

2) (º) – s.f. ou *cafife*, infelicidade no jogo, má sorte, azar, no Nordeste do Brasil. Ver *encafifar*. Do Kik./Kimb. *kafufwa*, que provoca má sorte, morte.

3) – s.m. cáften, rufião, no jargão prisional.

CAFIFE 1) (º) – s.m. cafinfa, má sorte, urucubaca, na Bahia.Ver *cafifa*.

2) – s.f. piolho de galinha, na Paraíba. Ver *cafinfim*.

CAFIFENTO (º) – adj. encafifado, o que encafifa, que dá azar ou morrinha, sem sorte, no Nordeste do Brasil. Cf. *cafife* + Port. –ento.

CAFIFISMO (º) – s.m. cafifice, estado de quem sofre de cafife, no Nordeste do Brasil.

CAFINFIM 1) – s.m. piolho de galinha, no Nordeste do Brasil. Do Kik./ Kimb. *kafinfin*, mosquitinho, piolhinho.

2) – s.m. pessoa impertinente, ranzinza, no Nordeste do Brasil. Do Kik./Kimb. *kafifi*, *kiamfiti*.

CAFOFA – s. *farofa* d'água; farofa branca feita com água quente, farinha e cheiro verde, no Ceará. Ver *farofa*.

CAFOFO 1) (º) – s.m. quarto, recanto privado, lugar reservado com coisas velhas e usadas, no português do Brasil. Do Kik./Kimb. *kafwofo*.

2) (º) – s.m. sepultura, no Nordeste do Brasil. Ver caju. Do Kik./ Kimb. *kafwofo*, lugar de coisas mortas.

3) (º) – s.m. terreno pantanoso onde a decomposição de matérias orgânicas ocasiona exalações características das águas apodrecidas em charcos, no Nordeste do Brasil. Do Kik. *muufu > ka(mu)fufu*, lugar que exala mau cheiro.

4) – s.m. esconderijo, no jargão prisional.

5) – s.m. chute fraco; coisa sem consistência, fofa, em Pernambuco.

CAFOTO (º) – s.m. latrina, sentina, no Nordeste do Brasil. Cf. *cabungo*. Do Kik. *kufutu*.

CAFUA (º) – s.f. antro, cova, esconderijo; habitação miserável, casebre, cubículo; (arcaico) quarto escuro em que se prendiam alunos castigados (antigamente), no português do Brasil. Ver *encafuar*, *mafuá*. Do Kik. *kafwala(la)*, lugar sombrio.

CAFUBÁ (º) – adj. certa cor de gado *vacum* (cinza-escuro), na linguagem do Nordeste do Brasil. Cf. fubá. Do Kik. *kiafuba/fufuba*, confuso, obscuro (as cores).

CAFUCA (º) – s.f. cova onde se queima a lenha para o carvão, no Nordeste do Brasil. Do Kik. *kafukia* /Kimb. *kafufu*.

CAFUÇU 1) (º) – adj. negro retinto, feio, na Bahia. Cf. *tribufu*.

2) (º) – s. indivíduo grosseiro, disforme; o diabo, pessoa perversa, no Nordeste do Brasil. Do Kik. *kiafunzu < funza*, grosseiro, disforme.

3) – s.m. gente pobre, cafona, no Ceará.

CAFUINHA – s. ou *fuinha*, pessoa avarenta, no Nordeste do Brasil. Cf. *canjinja*. Do Kik. *lufuilu > kiafuila*.

CAFUMANGO (°) – s.m. ou *cafungo*, vagabundo, tabaréu, no Nordeste do Brasil. Do Kik. *lufumambu > kiafumambu.*

CAFUNA(R) (°) – v. impelir (a castanha do caju) por meio de um pipa-rote no jogo infantil chamado "capitão", no Nordeste do Brasil. Ver *cafuné.*

CAFUNDÓ (°) – s.m. ou *cafundó de judas, cafundório*, lugar ermo, remo-to, distante e atrasado, *"onde Judas perdeu as botas"*, no Nordeste do Brasil. Cf. jebejebe. Do Kik/Kimb. *(ka)mfundu,* lugar distante.

CAFUNDÓ DE JUDAS (°) – s.m. Ver *cafundó* + Port. de Judas.

CAFUNÉ 1) (°) – s.m. ato de coçar, de leve, a cabeça de alguém, dando estalinhos com as unhas para provocar sono, no português do Bra-sil. Cf. cafunar. Do Kik. *kafunile < kafa*, ação de bater, estalar com os dedos.

2) (°) – s.m. pequeno caroço de dendê intercalado aos grandes, na Bahia. Do Kik. *kafuni*, restos da noz do dendê.

CAFUNGA 1) – adj. triste, calado; colérico, no Nordeste do Brasil. Do Kik. *kafunga.*

2) – adj. desanimado, triste, no jargão prisional.

CAFUNGAGE(M) (°) – s.f. ou *cafunagem*, modo de vida dos salteadores que se ocultam no mato e atacam fazendas e povoados de surpresa, no Nordeste do Brasil.

CAFUNGA(R) 1) (°) – v. procurar, catar, meter o nariz onde não é chama-do, no Nordeste do Brasil. Do Kik. *kufunga /kavuka.*

2) – v. ou *fungar*, resmungar pelos cantos, na Bahia. Do Kik./Kimb. *nkafunga.*

CAFUNGO 1) – s.m. brigão; colérico, no Nordeste do Brasil. Do Kik. *kia-fungu < kafunga.*

2) – s.m. matuto, no Nordeste do Brasil. Ver *cafumango*. Do Kik. *kafunga.*

CAFUNJE (°) – s.m. ou *camafunje*, moleque travesso, gatuno, larápio, no Nordeste do Brasil. Do Kik. *nkwavundi.*

CAFURINGA 1) (°) – s.m. menino negro, de estatura reduzida; apelido de criança dos dois aos dez anos, na Bahia. Do Kik./Kimb. *kafuninga.*

2) – s. boi pintado, sirigado, na Bahia.

3) – s. automóvel velho, calhambeque, na Paraíba.

CAFUTE (º) – s.m. o diabo, no Nordeste do Brasil. Cf. cafioto. Do Kik. *kafute*.

CAFUZO (º) – s.m. mestiço de negro e índio; mestiço de cor preta, embaciada, cabelo corrido e grosso, no português do Brasil. Do Kimb. *nkaalafunzu*, de cor embaciada; misturado, mestiço.

CAIONGO 1) – s. inkisi equivalente a Oxalá, o velho, na linguagem religiosa. Do Kik. *Nkaya Koongo*, lit. o avô congo.
2) (º) – adj. avelhantado, enfraquecido, no Nordeste do Brasil. Cf. cacuruquê. Do Kik. *kiakongo* < *konga*, ficar muito velho.

CAI(R) NO SANTO (º) – v. *bolar*, entrar em transe, na linguagem religiosa. Do Port. cair no santo, em alusão ao ato de tombar no momento do transe.

CAJADO DE OXALÁ (º) – s.m. Ver *paxorô*.

CAJU – s.f. túmulo, cemitério. Cf. Cemitério do Caju, no Rio de Janeiro. Ver cafofo. Do   Kimb. *kanjo*, casinha.

CAJUEÓLE – exp. "no tempo do...", tempos antigos, antepassados, no Nordeste do Brasil. Cf. *culaílai*. Do Kik. *kashukalondole*, outrora, há muito tempo.

CALABA(R) – s. topônimo, localidade na cidade de Salvador, Bahia. De *Calabari*, povo do Sudeste da África.

CALANGA(R) – v. balançar com a cabeça em sinal de aprovação, no Ceará.

CALANG(R)O (º) – s.m. lagarto maior que a lagartixa; (p. ext.) bíceps, muque do braço, no português do Brasil. Do Kik. *nkalanda* /Kimb. *dikalanga*.

CALIFOM (º) – s.m. porta-seios, sutiã, no Nordeste do Brasil. Ver. *santiagó*. Do Fr. à *la califourchon*, escanchado, escarranchado.

CALOJI (º) – s.m. cortiço, poleiro, habitação coletiva para gente pobre, no Nordeste do Brasil. Var. cajitó, caluje. Do Kik. *kaludi*, pequeno poleiro.

CALOMBÉ – s.m. Ver *candomblé*.

CALOMBO (º) – s.m. inchaço, montículo, protuberância, no português do Brasil. Ver *encalombar*. Do Kik.*(ka)mongo* / Kimb. *kadongo*.

CALUJE (º) – s.m. ou *caloji*, casebre, cabana, no Nordeste do Brasil.

CALULU (º) – s.m. Ver *caruru*.

CALUMBÁ (º) – s.f. caldo de cana; o cocho por onde o caldo de cana escorre, no Nordeste do Brasil. Ver *garapa*. Do Kik. *(ka)mwamba* / Kimb. *kalumba*.

CALUMBÉ (º) – s.m. vasilha ou gamela cônica, de pau, na qual se conduz o cascalho que vai ser lavado nas catas de ouro ou diamante, em Minas Gerais. Do Kik. *nkulumbi* /Kimb. *kulumbi*.

CALUNDU 1) (º) – s. a mais antiga denominação de culto afro-baiano, registrada no séc. XVII na poesia de Gregório de Matos, e, em 1710, seguida por uma descrição de Nuno Marques Pereira, em *Peregrino da América*, no português do Brasil. Do Kik./Kimb. *kalundu*, obedecer a um mandamento, realizar um culto, invocando os espíritos, com música e dança.

2) (º) – s.m. mau humor, amuo, no português do Brasil. Do Kik. *kilunda* / Kimb. *kialundu*, o que recebe o espírito, referência ao aspecto carrancudo do rosto e em comportamento dos possuídos em transe pela divindade.

3) – exp. "*nos calundus*" ou "*de calundu*", zangado, agressivo, de mau humor, no Nordeste do Brasil.

CALUNGA 1) (º) – s. ou *kalunga*, o mar; o fundo da terra, o abismo; divindade poderosa; seus símbolos, na linguagem religiosa. Do Kik./ Kimb./Umb. *kalunga*, mar, morte.

2) – int. Salve! Viva! na linguagem religiosa. Do Kik./Kimb. *kalunga*!

3) (º) – s.f. bibelô, qualquer imagem pequena, estatueta, boneco, fetiche, no Nordeste do Brasil. Cf. *calunga de botica*. Do Kik. *kolunga*.

4) (º) – s.f. cada uma das duas bonecas eminentes do maracatu, no português do Brasil. Do Kik./Kimb. *kalúnga*, eminente, insigne, pessoa de alta hierarquia.

5) (º) – s.m. ou *calungo, canunga*, rato pequeno, doméstico; (p.ext.) vadio, sabido; gatuno, na Bahia. Do Kik./Kimb. *kalúnga*.

6) (º) – s.m. ajudante, carregador de caminhão, no português do Brasil. Do Kik./Kimb./Umb. *kalonga* < *kalongela*, carregar.

CALUNGA DE BOTICA – s.m. indivíduo que se enfeita muito, no Nordeste do Brasil. Ver *calunga, bibelô* + Port. <u>de botica</u>, de farmácia, referente ao mostruário com exposição de frasquinhos para fórmulas de remédios.

CALUNGAGEM – s.f. macaquice, trejeito, vadiagem, ratonice, no Nordeste do Brasil.

CALUNGUE(I)RA (°) – s.f. embarcação de pesca, bangula, no Nordeste do Brasil. Do Kik./Kimb. *kalungu*, barco + Port. –eira.

CALUNGUE(I)RO (°) – s. o dono da calungueira, no Nordeste do Brasil.

CAMAFONJE (°) – adj. ou *camafunje*. Do Kik. *kamavundi* /Kimb. *kamunvundi*.

CAMARÁ – s.m. *camarada*, termo muito empregado em cânticos folclóricos, no português do Brasil. Do Kik./Kimb. *kambada*, companheiro + Port. camarada.

CAMARINHA – s.f. Ver *runcó*. Cf. Port. camarinha, quarto de dormir.

CAMBÁ 1) (°) – s. (arcaico) designação dada, no Brasil, aos negros brasileiros durante a Guerra do Paraguai, no séc. XIX. Cf. *cambada*. Do Kimb. *kamba*, companheiro, grupo, coisa posta em pares, enfiadas.

2) (°) – s.f. Ver mucama. Do Kimb. *kamba*, companheiro.

CAMBADA (°) – s.f. corja, agrupamento de pessoas, súcia, mangote de desocupados; penca, enfiado de coisas penduradas no mesmo gancho, cordel etc., no português do Brasil. Do Kimb. *kamba* + Port. –ada.

CAMBADO (°) – adj. indivíduo que tem bichos de pé, tunga, na Paraíba.

CAMBALENGA (°). – s.f. ou *camolenga*, variedade de abóbora, no português do Brasil. Cf. moranga. Do Kik. *kambalenge*.

CAMBÃO 1) – s.m. ônibus de bairro, velho e desconfortável; carro de boi, no Ceará.

2) – s.m. triângulo de madeira que se põe ao pescoço da rês bravia para não correr, na Paraíba.

CAMBÃO DE MILHO – exp. haste do pé de milho, depois de colhida a espiga, na Paraíba.

CAMBA(R) 1) – v. descambar, virar para o outro lado, na Paraíba.

2) – v. fugir, escafeder-se, no Médio São Francisco.

CAMBEMBE 1) (°) – adj. desajeitado; sem importância, no Nordeste do Brasil. Cf. *mambembe*. Ver *camumbembe*. Do Kik. *kambombe* (depreciativo).

2) – s.f. (pejorativo) gentelha, gentinha, pé de poeira, na Paraíba.

CAMBETA – adj. ou *cambaio*, indivíduo de pernas tortas, na Paraíba. Kik. *nkuabeta*.

CAMBINDA – s. dança popular de origem africana, na Paraíba.

CAMBITA – v. carregar cana ou lenha em cambitos, às costas do animal encangalhado, na Paraíba.

CAMBITE(I)RO (°) – adj. carregador de cambitos nos engenhos de rapadura, na Paraíba.

CAMBITO 1) (°) – s. forquilha de madeira que se prende ao cabeçote da cangalha para transporte de cana ou lenha; aparelho rústico, de madeira, empregado para torcer rédeas e cabrestos de sedém ou de couro, na Paraíba.

2) (°) – s. m. perna fina de honem ou mulher, no Nordeste do Brasil.

CAMBOCE(I)RA – s.f. ralé, em Pernambuco.

CAMBONA (°) – s.f. concubina, no Nordeste do Brasil. Ver *cambondo*. Do Kik. *kambana*.

CAMBONDO (°) – s.m. ou *cambono*, tocador dos ritmos sagrados no atabaque. Do Kimb. *kambondo*.

CAMBOTA – s. peça de madeira cravada ao pé das almanjarras, na qual se atrelam os bois ou as bestas para mover a entrosa da moenda, nos engenhos de tração animal. Diz-se ainda de uma peça de automóvel denominada virabrequim, na Paraíba.

CAMBRAIA (°) – s.f. Ver *kumulaia*.

CAMBRECHO – s. comida muito apreciada nas fazendas, mingau morno e meio ralo, feito com farinha-de-mandioca, açúcar e leite tirado diretamente do úbere da vaca, na Bahia.

CAMBURÃO (°) 1) – s.m. tonel, vasilha para líquidos, na Bahia. Cf. *cabungo* + Port. –ão.

2) (°) –s.m. (arcaico) vaso onde os presos, na faxina, transportavam matérias fecais.

3) (°) – s.m. carro para transportar presos, no Brasil. Cf. *cabungo* + Port. –ão.

CAMBURI – s.m. banana roxa, na Bahia. Do Kik./Kimb. *kamburi*.

CAMBUTA 1) (°) – s./adj. raquítico, franzino, baixinho, no Nordeste do Brasil. Do Kik./Kimb./Umb. *(o)kambuta*, pequeno.

2) – exp. "*chuva da cambuta, ninguém disputa*", verdade incontestável, na Bahia.

3) – exp. "*ir pras cambuta*", morrer, no Nordeste do Brasil. Cf. cacuia. Do Kik./Kimb. *kambula*, morte, lugar dos mortos.

347

CAMISU (º) – s.m. camisa sem fralda e sem colarinho, usada por pescadores; camisa sem gola e de manga curta, parte da indumentária
feminina no candomblé, na Bahia. Port. camisão –< camisa.

CAMONDONGO DO MATO (º) – s.m. rato do mato, no português do
Brasil. Cf. *camundongo*.

CAMONHA (º) – s.f. bebedeira, no Nordeste do Brasil. Do Kik. *kala nua
menya*.

CAMUÍ – s. feio, na linguagem religiosa. Do Kik./Kimb. *(k)amui*.

CAMULAIA – s.f. bebedeira, no Nordeste do Brasil. Do Kik./Kimb. *kinua
yaaya*, lit. o bebedor de água ardente.

CAMUMBEMBE 1) (º) – s./adj. vagabundo, ordinário, reles, cafajeste;
indivíduo pobre, no Nordeste do Brasil. Cf. mambembe. Do Kik./
Kimb. *(ka)munkenge*.
2) – s.f. (p. ext.) prostituta, vagabunda, na linguagem religiosa. Cf.
quenga.

CAMUNDONGO (º) – s.m. ou *camondongo*, o ratinho caseiro, no português do Brasil. Cf. calunga, catito. Do Kik./Kimb. *kamingondo*.

CAMUNHECA(º) – s.f. ou *camoeca*, bebedeira, no Nordeste do Brasil. Cf.
camonha, camulaia. Do Kik./Kimb./Umb. *ka-mweka*.

CANDANGO 1) (º) – s.m. pessoa mal vestida, de mau gosto, no português do Brasil. Designação pejorativa que era dada pelos negros aos
portugueses. Cf. mondrongo. Do Kimb. *kandundu*, branquicelo,
kindangi, pessoa de mau gosto.
2) (º) – s.m. designação dada aos primeiros habitantes e aos operários das grandes obras de construção de Brasília, de ordinário vin-
dos do Nordeste; qualquer dos primeiros habitantes de Brasília, no
português do Brasil. Do Kimb. *kandonga*, pioneiro, iniciante.

CANDENGUE – s. (pejorativo) o imigrante pobre que vai para o Sul do
país, na bacia do São Francisco.

CANDIMBA (º) – s.m. coelho do mato, no Nordeste do Brasil. Do Kik.
kandimba.

CANDOBÁ – s. vegetação raquítica que serve para acender fogo e dá nó-
doa avermelhada, na Bahia.

CANDOMBE 1) (º) – s.m. rede de pescar camarões, no Nordeste do Brasil.
Do Kik. *(ka)nombe*.

2) (º) – s.m. manifestação de religiosidade afro-brasileira de origem banto em Minas Gerais, com vocabulário predominantemente umbundo, onde se observam práticas católicas e uma comunidade liderada pelo rei Congo, no português do Brasil. Cf. candomblé. Do Kik./Kimb. *candombe*, reza, louvação.

CANDOMBÉ – s.m. Ver *candomblé*.

CANDOMBE(I)RO (º) – s.m. membro da comunidade *candombe*; pescador que usa *candombe* + Port. –eiro, no Nordeste do Brasil.

CANDOMBELÊ – exp. muito usada em refrão de cânticos folclóricos de base banto, incentivando a participação no jogo, na prédica etc., no Nordeste do Brasil. Ver *calombé*. Do Kik./Kimb. *kandombe lele*, vamos à louvação.

CANDOMBLÉ 1) (º) – s. local de adoração, terreiro, e de práticas religiosas afro-brasileiras muito difundidas na Bahia; culto ao conjunto de crenças religiosas dedicadas a entidades negroafricanas (santos); cerimônia pública festiva; (pejorativo) cerimônia de magia negra, de feitiçaria, macumba, no português do Brasil. Do Kik./Kimb./Umb. *kandombele < kulombela < kulomba,* rezar, invocar, pedir pela intercessão dos deuses e local onde se realiza o culto.

2) – s.m. associações religiosas afro-brasileiras, espécie de igreja independentes cada qual dirigida por uma personalidade sacerdotal (pai ou mãe de santo), submetida apenas à autoridade suprema dos inkisis, voduns ou orixás, e organizadas por linhas hierárquicas bem definidas entre homens (Cf. *ogã*) e mulheres, mas privilegiando as mulheres, sempre a maioria no grupo; local e conjunto de suas cerimônias públicas, geralmente na casa de residência do líder religioso, na linguagem religiosa. Ver *bembé*.

CANDOMBLECISTA – s. adepto do candomblé. Ver *candomblezeira*.

CANDOMBLÉ DE CABOCLO (º) – s. local de adoração e práticas religiosas dedicadas ao caboclo, as mais antigas manifestações brasileiras de origem afro-indígena.

CANDOMBLEZE(I)RA (º) – s.f. (pejorativo) qualquer seguidora de culto afro-brasileiro; feiticeira; macumbeira, no português do Brasil.

CANDONGA 1) (º) – s.f. fuxico; falsidade, manha, lisonja enganosa, no Nordeste do Brasil. Do Kik. *kandonga* /Kimb. *kabonga*.

2) (º) – s.f. *dengue*, bem-querer, benzinho, amor, a pessoa querida, tratamento dado a mulheres jovens, no Nordeste do Brasil. Do Kik. *kindenge* /Kimb. *kandonge*.

CANDONGA(R) (º) – v. mexericar, lisonjear, adular; importunar, sonegar imposto, contrabandear, no Nordeste do Brasil. Ver *candonga*.

CANDONGUEA(R) (º) – v. implicar, tornar-se inquieto, impaciente, no Nordeste do Brasil. Ver candonga + Port. –ear.

CANDONGUE(I)RO (º) – s. mexeriqueiro, intrigante; enganador, impostor; sonegador de impostos, contrabandista, no Nordeste do Brasil.

CANDONGUICE (º) – s.f. candongagem, fazer candonga.

CANGA 1) (º) – s.f. tecido usado como saída de praia, no português do Brasil. Ver tanga. Do Kik. *nkanga* < *kanga*, amarrar; tecido com que as mulheres sustentam a criança amarrada em volta do corpo.

2) (º) – s. brincadeira de meninos e rapazes ("mulher não, que é feio") feita dentro da perna direita fora da água, tentando bater no companheiro (adversário), que vai respondendo com o mesmo golpe. Uma espécie de capoeira aquática, na Bahia.

3) (º) – s. jugo com que se prende pelo pescoço uma junta de bois, no Nordeste do Brasil.

4) – quartzo ferruginoso usado para calçamento das ruas, em Minas Gerais.

CANGÁ (º) – s.f. espécie de alforje, fechado nas duas extremidades e com abertura no meio, no Nordeste do Brasil. Do Kik. *kanga*.

CANGACE(I)RADA (º) – s.f. bando de *cangaceiros*, no português do Brasil.

CANGACE(I)RO (º) – s.m. bandido do sertão nordestino que vive fortemente armado, em bandos, no *cangaço*, no português do Brasil.

CANGAÇO 1) (º) – s.m. o gênero de vida do cangaceiro, quadrilha de malfeitores, traste sem valor, no português do Brasil. Cf. jagunço. Do Kik./Kimb. *kongaso, nkangunsu*, bando, grupo de bandoleiros.

2) (º) – s.m. ou *canganho, cango, enguço*, pedúnculo e espátulas do coqueiro ou do dendê, que se desprendem da árvore quando secos, no Nordeste do Brasil. Do Kimb. *(ka)mvasu/* Kik. *ngashi*.

3) – s.m. esqueleto ou carcaça de animal devorado pelos urubus, na Paraíba.

4) – s.m. pessoa muito magra, em Pernambuco.

CANGALHA 1) (º) – s.f. cesto, posto em lombo de burro, para transportar galinhas, mantimentos etc., na Bahia. Do Kik. *kangala*.

2) – s. óculos, na exp. *"Bota a cangalha no nariz"*, na Paraíba, e em Porto Alegre.

CANGONHA (º) 1) – s.f. diz–se das bananas geminadas, no Nordeste do Brasil. Ver mabaça. Do Kik. *kanganya*.

2) – s.f. maconha, no jargão prisional.

CANGOTE (º) – s.m. a parte posterior da cabeça, toitiço, cachaço, no Nordeste do Brasil.

CANGUE(I)RO – adj. indivíduo que remancha no trabalho, indolente, moroso; que anda encurvado, na Paraíba.

CANGUINHA 1) (º) – s.m. pessoa pequena, atarracada, no Nordeste do Brasil. Cf. cambuta. Do Kik. *nkangonya, kaninga*.

2) (º) – s.m. *canjinja*, avarento, sovina, mesquinho, no Nordeste do Brasil.Do Kik. *(ka)ninga*.

CANGUINHEZ (º) – s.f. avareza, no Nordeste do Brasil. Ver canguinha.

CANGUINJA – s.f. orgulho, ousadia, no Nordeste do Brasil. Do Kik./ Kimb. *kanganji*.

CANGULO 1) (º) – s. ou *canguro*, porco, toucinho, na linguagem religiosa. Do Kik./Kimb. *(ka)ngulu*.

2) – s. que tem dentuça saliente, à semelhança do peixe *cangulo*, na Paraíba.

3) – s. deformação da arcada dentária que afasta os dentes, em Pernambuco.

CANGURU – s.m. pessoa alta, magra, esquelética, na Bahia. Do Kik. *kangolo* + Port. canguru.

CANHENGUE (º) – s.m. avarento, no Nordeste do Brasil. Ver canjinja. Do Kik. *kaninge*, Kimb. *kinjenje*.

CANHO – Ver *cangaço*.

CANJERÊ (º) – s. ou *canjira, canjirê*, sessão de feitiçaria, feitiçaria, macumba; feitiço, como nos seguintes versos de uma modinha popular: *"Sai azá, eu vô me benzê, vô na casa do feiticeiro, fazê o canjerê"*, no português do Brasil. Cf. jarê. Do Kik./Kimb. *kanjila > kanjile*, abrir a *jira*, ação de abençoar, abrir caminhos, passagem por meio da magia.

CANJICA 1) (°) – papa de milho verde ralado a que se junta leite de coco, açúcar, cra e canela, na Bahia. Cf. mungunzá. Do Kik./Kimb. *kanjika*.

2) (°) – exp. *"socar canjica"*, ficar muito tempo em pé, no Nordeste do Brasil.

3) – int. *"tocar fogo na canjica"*, insuflar alguém; *"fogo na canjica!"*, avante, pra frente, vamos trabalhar!, no Nordeste do Brasil.

CANJINJA (°) – s.m. ou *canhengue*, avarento, mesquinho, no Nordeste do Brasil. Cf. canguinha. Do Kik./Kimb. *kanjenji, kanjanja*.

CANTIGA (°) – s.f. denominação genérica dos cânticos sagrados afro-brasileiros, na linguagem religiosa. Ver curimba. Do Port. cantiga, cântico.

CANTIGA DE NAGÔ (°) – s.f. designação genérica aplicada aos cânticos de base africana, invocando a permissão para reiniciar uma cerimônia, quando os iniciados, já possuídos pelo santo, retornam ao salão, em procissão, encabeçada pela sacerdotisa, vestidos com seus respectivos trajes rituais festivos, na linguagem religiosa.

CANTIGA DE CABOCLO – s.f. cânticos de caboclo, geralmente em português rudimentar, a exemplo de *"Somo caboclo que viemo d'aldea, nosso sustento é mé di abeia"*, na linguagem religiosa.

CANTIGA DE EGUN – s.f. cânticos para egun, na linguagem religiosa.

CANTIGA DE ENTRADA – s.f. Ver *cantiga de nagô*.

CANTIGA DE LICENÇA – s.f. Ver *cantiga de nagô*.

CANTIGA DE MAIANGA – s.f. cânticos da *maianga*, na linguagem religiosa.

CANTIGA DE PEMBA – s.f. cânticos da *pemba*, na linguagem religiosa.

CANTIGA DE SACUDIMENTO – s.f. cânticos propiciatórios do *sacudimento*, na linguagem religiosa.

CANTIGA DE SANTO – s.f. cânticos sagrados, na linguagem religiosa. Cf. orimorixá.

CANTIGA DE SOTAQUE – s.f. cântico ironizando alguém presente à cerimônia religiosa, na linguagem religiosa. Do Port. sotaque, motejo, dito picante.

CANTIGA DE UNLÓ – s.f. Ver *unló*.

CANZÁ 1) – adj. muito magro e fraco, na linguagem religiosa. Cf. granganzá. Do Kik. *kansa* /Kimb.*dikanza*.

2) (°) – s.m. ou *caracaxá, ganzá, querequexé, reco-reco*, idiofone feito de cortes transversais em taquara de bambu no qual são feitos regos transversais por onde se esfrega uma vareta para ressoar, no português do Brasil. Do Kik. *nsanza, nkwanza* /Kimb. *dikanza*.

CANZUÁ (°) – s.m. ou *ganzuá*, casa do candomblé; (pejorativo) casa suja e estragada, na Bahia. Do Kik./Kimb. *kanswa*, local de rezas, de bênçãos.

CÃO 1) – s.m. ou cão da costa, sal apokã, sal de origem africana usado para fins rituais, na linguagem religiosa. Do Fon *kámùm*, Yor. *kãún*.

2) (°) – s.m. o diabo, no Nordeste do Brasil. Ver Cariapemba. Do Port. cão, infame, vil.

CÃO DA COSTA – s.m. Ver cão + Pot. da costa, procedente da África, na linguagem religiosa.

CAPANGA 1) (°) – s.m. guarda-costas, jagunço, valentão que se põe à serviço de um chefe, no português do Brasil. Do Kik./Kimb. *kimpunga, kampanga*, lutador.

2) (°) – s.f. ou *burrama, bruaca*, pequena bolsa de couro que se usa a tiracolo para carregar munição e objetos de uso, em viagem, no português do Brasil. Do Kimb. *kimanga*, sacola.

3) (°) – s.f. partida de diamantes comprada por capangueiro, na Bahia e Minas Gerais.

CAPANGADA (°) – s.f. grupo de capangas, no português do Brasil. Var. capangagem.

CAPANGA(R) (°) – v. comprar com capangueiro; comprar diamantes a quem o extrair, na Bahia.

CAPANGAGEM (°) – s.f. Ver capanga + Port. –agem.

CAPANGA DE OXÓSSI (°) – s.f. capanga com as insígnias de Oxóssi, na linguagem religiosa.

CAPANGUE(I)RO 1) (°) – s.m. compradores de diamantes, no português do Brasil. Cf. capanga + Port. –eiro.

2) – s. vagabundo, errante, capanga + Port. –eiro, no Nordeste do Brasil.

CAPEBA(º) – s. planta medicinal, vulgarmente denominada *cipó de cobra*, na Paraíba.

CAPENGA 1) (º) – adj. ou *pengo*, manco, coxo, no português do Brasil. Cf. capengante, capengar, capenguear. Do Kik. *kiapenga* /Kimb. *kimpenga* /Umb. *okupenga*, torto, desajeitado, andar manquejando.

2) – adj. (p.ext.) diz-se de um serviço mal feito ou mal acabado, na Bahia.

3) – s. homem mole para o trabalho, na Paraíba.

CAPENGA(R) (º) – v. mancar, coxear, capenguear, no português do Brasil.

CAPIÁ – v. tirar, subtrair, furtar nota por nota, no jargão prisional.

CAPIANGADA (º) – s.f. ação própria, grupo de *capiongo*, no Nordeste do Brasil.

CAPIANGAGEM (º) – s.f. ato de capiangar, no Nordeste do Brasil.

CAPIANGA(R) 1) (º) – v. furtar com destreza, surrupiar, no Nordeste do Brasil. Ver capiongo. Do Kik./Kimb. *ku* –, *ka-mpyunga*.

2) (º) – v. bater estrada; procurar o que não está perdido, no Nordeste do Brasil. Cf. capangueiro. Kik. *kapyangula*.

CAPIANGO 1) – adj. oui *capiongo*, triste, sisudo, macambúzio, no Nordeste do Brasil. Do Kik. *kiangangu*, *kiampangu*.

2) (º) – s.m. ladrão, no Nordeste do Brasil. Cf. capiangar. Do Kik./ Kimb. *kapyangu*.

CAPICONGO (º) – s.m. roceiro que não conhece a cidade, na Bahia. Cf. araocô. D Kik. *nkadiakongo*, rude, matuto.

CAPIM CHE(I)ROSO (º) – s.m. ou capim cidreira, variedade de *dandá*, no português do Brasil. Do Port. capim + cheiroso, alusivo ao perfume da erva.

CAPIM DE ANGOLA (º) – s.m. Ver *bengo*.

CAPIM CIDRE(I)RA (º) – s.m. Ver capim cheiroso.

CAPIM GUINÉ (º) – s.m. Ver *murumbu*.

CAPIM SANTO (º) – s.m. variedade de *dandá*, no português do Brasil. Do Port. capim + santo, alusivo às propriedades medicinais da erva, tida como antiespasmódica e antiflatulenta.

CAPIROTO – s. diabo, na Paraíba.

CAPOE(I)RA 1) (º) – s.f. ou *capuera*, jogo atlético de origem banto, constituído por um sistema de ataque e defesa, de caráter individual, acompanhado pelo toque de berimbau, e que, apesar de intensamente perseguido até as primeiras décdas do séc. XX, sobreviveu à repressão e hoje se amplia e se institucionaliza como prática desportiva regulamentada. Consta de duas modalidades: capoeira angola e capoeira regional, no português do Brasil. Ver jogo de capoeira, roda de capoeira. Do Kik./Kimb. *kambulila* > *kambulela*, ação de repelir, esquivar–se, aparar, rechaçar mutuamente, aos pares, com rasteiras e golpes de pé.

2) (º) – s.m. indivíduo ou grupo que pratica capoeira, no português do Brasil. Cf. capoeirar. capoeirada, capoeiragem, capoeirista.

3) (º) s.f. – vegetação que se desenvolve em terrenos onde houve lavoura, no português do Brasil.

CAPOE(I)RA ANGOLA (º) – s.f. modalidade que teve como expoente maior Mestre Pastinha, no português do Brasil. Cf. capoeira oriunda de Angola.

CAPOE(I)RADA (º) – s.f. capoeiragem, conjunto de jogadores de capoeira, no português do Brasil.

CAPOE(I)RA(R) – v. ter jogo de cintura, habilidade para sair de situações difíceis, na Bahia. Cf. capoeira.

CAPOE(I)RA REGIONAL (º) – s.f. modalidade recriada e divulgada por Mestre Bimba, no português do Brasil. Cf. capoeira + Port. regional, local.

CAPOE(I)RISTA (º) – s. que pratica capoeira + Port. –ista, no português do Brasil.

CAPOE(I)RO(º) – s.m. espécie de veado de cor avermelhada, na linguagem regional da Paraíba.

CAPOTE 1) (º) – s.f. galinha d'angola, em alusão à forma das asas, também conhecida por guiné, tô fraco e cocá, no português do Brasil.

2) – s. cobertura da cumeeira dos telhados, na Paraíba.

CAPUCO(º) – s.m. sabugo de milho, na Bahia. Cf. quibaca. Do Kik./Kimb. *kapupu*, sabugo, envelope, cálice floral + Port. capucho, invólucro de flor.

CAQUENDE – s. topônimo, na Bahia. Do Kik./Kimb. *kiakende*.

CARACAXÁ (º) – s.m. Ver canzá. Do Kik. *kansakansa*.

CARACRAXÁ 1) – s. *crachá*, insígnia que se traz ao peito.

2) – s.m. instrumento misical também chamado *ganzá*, na Paraíba.

CARAMORO – s.m. ou *karamboro, kandomboro, kangoro*, galo. Ver *akikó*. Kik. *kolombolo.*

CARAMUJI – s.m. Ver *caranguji.*

CARANGONÇO – s. escorpião, na linguagem religiosa. Do Kik./Kimb. *mbalanganzu.*

CARANGUJI (º) – s.m. centopeia, na Bahia. Ver gongoji. Do Kik. *nkalangonzi.*

CARICUNDA – s.m. Ver *cacunda.*

CARIMBADA (º) – s.f. *carimbagem*, ato ou efeito de carimbar, na língua portuguesa.

CARIMBADO(R) (º) – s.m. aquele que *carimb*a.

CARIMBAMBA 1) – s. coruja, na linguagem religiosa. Do Kik. *kannganga*, corvo pequeno.

2) – s.m. curandeiro, feiticeiro, bruxo, na linguagem religiosa. Cf. nganga. Do Kik./Kimb. *nkadinganga.*

3) – s. localidade da praia de Armação, na cidade de Salvador, Bahia, que era conhecida pela pesca de xaréu.

4) (º) – s. designação dada ao peixe xaréu quando magro, na Bahia. Do Kik. *kadintamba*, caçonete.

CARIMBA(R)(º) – v. colocar *carimbo*, na língua portuguesa em geral.

CARIMBO (º) – s.m. selo, sinete, sinal público com que se autenticam documentos, na língua portuguesa em geral. Do Kik./Kimb. *kandimbu* /Umb. *kandimbu*, sinete, marca pequena.

CARINDÉ – s. toada rouca e com energia que marca o ritmo da marcha dos caboclos durante o Carnaval juazeirense na Bahia, na representação do *momo* (auto) inspirado no bumba meu boi. Esta toada é acompanhada do toque de maracá de folha de flandres. *"Ai, carindé, ai carindé, Inderê calindé, inderê calindé, ai carindé, Inderê calindé. Hi,hi,hi,hi,hi!"*, no Médio São Francisco.

CARITÓ(º) 1) – s. prateleira ou nicho escavado nas paredes dos quartos ou salas das casas do sertão, onde se guardam certos objetos miúdos, no Ceará.

2) – exp. local fictício para onde vão as moças que não casam, *"ficar no caritó"*, ficar para titia, solteirona, no Nordeste do Brasil.

3) – s. local de engorda de caranguejos, no Nordeste do Brasil.

CARNE VERDE (°) – s.f. carne de boi para consumo. Port. carne verde, tenra, macia.

CARREGADO – adj. estar em dificuldade, com problema, causado por feitiço, mau-olhado, na linguagem religiosa. Do Port. carregado, que recebeu a carga, de problemas, doenças etc.

CARREGO (°) – s.m. obrigação religiosa; herança de obrigação religiosa de outra pessoa; despojos iniciáticos, tudo o que já foi usado no rito purificatório, na linguagem religiosa. Port. carrego, ato de carregar ou encarregar.

CARREGO DE SANTO – s.m. ditame que impõe a iniciação no candomblé; aflição de neófito, na linguagem religiosa. Do Port. carrego de santo, alusivo a ter de arcar com as obrigações religiosas.

CARREGO DE OMOLU – s.m. Ver *tabuleiro de Omolu*.

CARURU 1) (°) – s.m. ou *calulu, cariru*, iguaria feita à base de quiabo cortado, temperado com camarões secos, dendê, cebola, pimenta, prato típico da cozinha baiana, no português do Brasil. Cf. caruru de folha. Do Kik./Kimb. *kalulu, kalalu*, prato típico à base de folhas, tipo bredo (*nlulu*) ou quiabo, dendê, camarões e peixe.

2) (°) – s. nome genérico de várias espécies de folhas da família das amarantáceas, no português do Brasil. Cf. caruru amargo, caruru azedo, caruru da guiné. Do Kik. *(ka)nlulu* /Kimb. *kalulu*, folha comestível amarga, bredo.

3) – s.m. (p.ext.) ou *caruru de cosme*, festa votiva, em homenagem a Cosme e Damião e aos Ibêji, geralmente para pagar promessa ou por quem tem filhos gêmeos, durante a qual o caruru é acompanhado de vatapá, arroz, feijão preto, milho branco cozido, farofa de dendê, pipoca, rolete de cana, rapadura, coco, acarajé, galinha de xinxim, acaçá, ovo cozido, dodô, inhame, tudo colocado em pratos de nagé aos pés da imagem dos santos, sendo servido, antes de todo mundo, sem talheres, numa gamela comum (ou individualmente em pratos de nagé), a sete crianças, na Bahia.

4) – s.m. (p. ext.) denominação aplicada não só especificamente ao caruru, como iguaria, mas a tudo o que o acompanha; qualquer festa (aniversário, batizado etc.) em que for servido o caruru, seja ou não, por promessa, na Bahia.

5) – exp. *"quem não tem quiabo, não oferece caruru"*, quem não pode, não faz; *"café, caruru e casamento, só quente"*, não perder oportunidades inadiáveis; *"panela que muitos mexem ou fica insossa ou derrama o caruru"*, não dar ouvidos a opiniões alheias; *"cadê o angu pra comer com caruru?"*, diz–se de alguém que conta bravatas, na Bahia.

6) – s.m. (no acalanto) *"Su, su, su, menino mandu, quem te pariu, que te dê caruru"*, ou seja, *"quem pariu Mateus, que embale"*, na Bahia.

CARURU AMARGO – s.f. Ver *caruru azedo*.

CARURU AZEDO (º) – s.m. bredo, vinagreira, azedinha, arbusto herbáceo, da família das malváceas (*Hibiscus sabdariffa*), cujas flores, róseas ou purpúreas, com máculas escuras e cálice muito carnoso, são usdas no preparo de geleias, doces e xaropes, no português do Brasil. Ver caruru amargo, caruru da guiné, quiabo de angola. Do Kik./Kimb. kalulu + Port. <u>azedo</u>.

CARURU COM ARROZ(º) – s.m. diz-se de uma pessoa banal, hipócrita; que come de tudo, com voracidade, nas festas em casa alheia, especialmente no kalulu + Port. <u>com arroz</u>, no Nordeste do Brasil.

CARURU DA GUINÉ – s.m. Ver *caruru azedo*.

CARURU DE FOLHA(º) – s.m. caruru preparado com folhas de bredo em lugar de quiabo, espécie de efó, na Bahia.

CARURU DE COSME (DAMIÃO) (º) – s.m. Ver caruru + Port. <u>São Cosme e São Damião</u>, santos católicos celebrados como gêmeos, muito populares no Brasil.

CARURU DE PRECEITO – s.m. Ver *caruru* + Port. – <u>de preceito</u>, de obrigação religiosa, na Bahia.

CARURU DE QUIABO – s.m. Ver *caruru*, na Bahia. Cf. *obé inlá.*, na Bahia.

CARURU SEM ARROZ – s.m. afeminado, na Bahia, de kalulu + Port. <u>sem arroz</u>, sem consistência dada pelo arroz, acompanhamento obrigatório, no Nordeste do Brasil.

CASA BRANCA – s.f. terreiro de tradição ketu, fundado na segunda metade do séc. XIX, em Salvador, o primeiro, em seu gênero, tombado como Patrimônio Histórico-Cultural Brasileiro (1984), na Bahia.

CASA DA MINA(º) – s.f. terreiro de base mina-jeje em São Luís do Maranhão, equivalente ao candomblé na Bahia, no português do Brasil.

CASA DE NAGÔ (º) – s.f. terreiro de base ketu em São Luís do Maranhão, no português do Brasil. Ver Casa da Mina. Cf. Port. casa de + nagô.

CASA DE SANTO (º) – s.f. templo afro-brasileiro, o terreiro, na linguagem religiosa.

CASA GRANDE 1) (º) – s.f. no tempo da Colônia ou do Império, casa senhorial brasileira, de engenho de açúcar ou de fazenda; (p.ext) casa de proprietário de engenho ou de fazenda, no português do Brasil. Do Port. casa grande, pelo tamanho e importância como centro de todo poder e atividade social da Colônia.

2) – exp. *"vá comer assim na casa grande"* (que pode ser complementado) *"que na pequena não tem não"*, diz-se de ou a alguém que exagera em alguma coisa que faz, principalmente por comer em demasia, na Bahia.

CATANGA – s.f. termo que aparece frequentemente em cânticos folclóricos, seguido de Aruanda, a exemplo deste refrão do maculelê: "Somos negros da catanga de Aruanda ", no Nordeste do Brasil. Do Kik./Kimb. *kantonga*, força, poder, nobreza. (Obs.) *Kantanga*, atual Xaba, antiga província do Congo-Kinshasa, rica em minérios e diamantes.

CATATANA – v. ir para longe, como na exp. *" Estava das catatanas pra lá"*, na Bahia.

CATEMBA 1) – s.f. prostituta, no Ceará. Ver *quenga*.

2) – s. restos da palha seca, restante da limpa do coqueiro, em Pernambuco.

CATEMBA DE COCO – exp. palma ou bainha que nasce como envoltório do cacho do coco, o próprio cacho do coco depois de colhidos os frutos, na Paraíba.

CATENDÊ 1) – s. o inkisi das folhas, na linguagem religiosa. Cf. Agué, Ossain. Do Kik. *katendi*, árvore da floresta ou *Katendi*, título de nobreza.

2) – s.f. ou *catende, catonga, catenga*, lagartixa, na Bahia. Kik./Kimb./ Umb. *o-katende*.

CATENDE – s.m. topônimo, na cidade de Salvador, Bahia.

CATENGA (º) – s.f. Ver *catonga*.

CATERETÊ – s. dança ruidosa ao som do batuque ou viola, na Paraíba.

CATETE(º) – s. espécie de gavião, no Nordeste do Brasil. Do Kik. *kateeta* /Kimb.*katete*.

CATIMBA 1) (°) – s.f. manha, astúcia, engodo, no jogo de futebol, no português do Brasil. Cf. catimbar. Do Kik. *nkwatima* /Kimb. *kashimba*.

2) – s. discussão, teimosia, opor obstáculos, no jargão prisional.

CATIMBA(R) (°) – v. usar de ca*timba*, no português do Brasil. Do Kik. *kutima* /Kimb. *kushimba*.

CATIMBÓ 1) – s.m. atabaque, na linguagem religiosa. Ver *timbau*.

2) (°) – s. prática de feitiçaria, feitiço, coisa feita, na Paraíba.

CATINGA 1) (°) – s.f. ou *caxinga*, hircismo, cheiro fétido e desagradável do corpo humano, de certos animais e de comidas deterioradas, no português do Brasil. Cf. buzum, inhaca. Do Kik. *kaninga* /Kimb. *katinga*.

2) (°) – s.f. avareza; azar, má sorte, no Nordeste do Brasil. Cf. canguinha. Do Kik./Kimb. *(ka)ninga*.

CATINGA DA MULATA (°) – s.f. *(Tanacetum vulgare)*, planta medicinal conhecida na Europa e na América do Sul, em abundância.

CATINGA DE XEXÉU – exp. mau cheiro que exala de certas pessoas, pituim, bodum, na Paraíba.

CATINGA(R) (°) – v. ter *catinga*, exalar mau cheiro, no português do Brasil.

CATINGUE(I)RO (°) – s. habitante das caatingas, na Paraíba, no português do Brasil.

CATINGUENTO (°) – adj. catingoso, catingudo, que exala catinga + Port. –oso, –ento.

CATITA 1) (°) – s.f. uma dança dramática folclórica, no português do Brasil. Do Kik./Kimb. *ma-katita*.

2) – s. pequeno rato doméstico; pessoa elegante, faceira, na Paraíba.

3) – s. mulher de baixa estatura e franzina, em Pernambuco.

CATITO (°) – s.m. Ver *camundongo*. Do Kik. *katutu*, ratinho.

CATOLÉ 1) – s. pau catolé, fruto de uma palmeira abundante na região do Ceará, conhecida como coco babão, coco da quaresma e ouricuri, no Ceará.

2) – v. falhar, bater o catolé, diz-se de uma arma de fogo que não funcionou na hora necessária; morrer, no São Francisco.

CATOMBO 1) (°) – s.m. Ver *calombo*.

2) – s. parte elevada (exp.) *"estrada cheia de catombo"*, em Pernambuco.

CATONGA (º) – s. ou catenga, lagartixa grande, de cauda amarelo aver-melhada, no Nordeste do Brasil. Ver catendê. Do Kik./Kimb. *(ka) tonga*, um grande rato d'água, de cauda vermelha.

CATOTA (º) – s.f. meleca, muco nasal que se tira com o dedo, cataraca, meleca do nariz, no Nordeste do Brasil. Do Kik. *kato(n)ta*.

CATRAIA (º) – s.f. Ver *biraia*.

CATUCA – s. casa de baile para o cabrual, na Paraíba.

CATUCA(R) – v. Ver *cutucar*.

CATUCA(R) O CAVALO NA VEIA DA TRIPA – exp. chegar-lhe as espo-ras nos vazios, na barriga, em Perbanbuco.

CATUCA(R) O DIABO COM VARA CURTA – exp. expor-se a sérios pe-rigos, no Nordeste do Brasil.

CATUTA (º) – s.f. cachaça, no Nordeste do Brasil. Ver camulaia. Do Kik./ Kimb. *katuta*, (euf.) fanfarrona.

CATUXA – s.f. Ver *caxuxa*.

CAUÍLA (º) – s./adj. ou *cauira*, avaro, mesquinho, somítico, tacanho, for-reta, no Nordeste do Brasil. Do Kik. *kayila*.

CAVALO – o médium, qualqur pessoa em estado de transe na umbanda. Do Latim médium > médio, <u>intermediário.</u>

CAUÍZA – exp. saudação usada em cânticos folclóricos, como no macule-lê, no Nordeste do Brasil. Exemplo: *"Maculelê, auê, cauíza! Maculelê é sangue real, eu sou filho, eu sou neto de Aruanda, tindolelê, auê, cauíza."* (Companheiros, vamos à luta com ânimo, sejam bem-vin-dos, vamos saudar). Do Kik. *ku-kayisa*, gritar para honrar, dar boas-vindas, saudar.

CAWÉ – s. lavagem, em *ketu*. Do Yor. *iwè*.

CAXAMBU 1) (º) – s.m. espécie de membrafone, atabaque, no português do Brasil. Do Kik./Kimb. *kizungu, kazangu*.

2) – s. topônimo, no português do Brasil.

CAXANGA – s.f. indisposição súbita, na linguagem religiosa. Cf. zanga. Do Kik. *kizangu*/ Kimb. *kazungu < kuzanga*.

CAXANGÁ 1) – s. casa, morada, no jargão prisional.

2) – s. jogo de tabuleiro. Ver *escravos de Jó*.

CAXANGO 1) (º) – s.m. boi de corte, na Bahia. Do Kik./Kimb. *(kia)ma-sangu*.

2) – s. topônimo, na Bahia.

CAXEXA (º) – adj. muito pequeno, raquítico, enfezado, no Nordeste do Brasil. Cf. catito, caxixi. Do Kik./Kimb. *(ka)sisi* > *a*, qualquer coisa muito pequena.

CAXINGA 1) (º) – s.f. Ver *catinga*.

2) – s. topônimo, na Bahia.

CAXINGA(R) – v. retardar, fazer lentamente; mancar, coxear, capengar, arrastar a penar, no Nordeste do Brasil. Do Kik. *kuzinga*.

CAXINGÓ (º) – adj. ou *caxingue, xangó,* magro, esquelético (animal ou pessoa), no Nordeste do Brasil. Do Kik./Kimb. *kasingu*.

CAXINGO – s.m. pinguela, ponte prquena, no Nordeste do Brasil. Do Kik./Kimb. *(ka)masingu*.

CAXINGUELÊ 1) (º) – s.m. ou *caxinxe,* serelepe, mamífero roedor da família dos esquilos, no português do Brasil. Do Kik. *kinsengele*.

2) (º) – s. indivíduo magro, feio e de pequena estatura; mau caráter, no Nordeste do Brasil. Do Kik. *(ka)nsengele, yengele*.

3) (º) – s.m. porco-espinho, no português do Brasil. Do Kik. *kizangelu*.

CAXINGUENTO (º) – adj. que tem caxinxa + Port. –ento, no Nordeste do Brasil.

CAXINXA (º) – s. Ver banguela. Do Kik. *masinza*.

CAXIRENGUE (º) – s.m. ou caxiri(m). Ver *kaxirenguengue*.

CAXIXE 1) (º) – s.m. Ver *caxinguelê*.

2) (º) – s.m. logro, barganha, negociata em torno de terras de cacau, na Bahia. Do Kik. *kasiki* < *kusika*, lograr, barganhar.

CAXIXE(I)RO (º) – adj. que pratica caxixe + Port. –eiro, na Bahia.

CAXIXI 1) (º) – s.m. ou mucaxixi, saquinho de palha, provido de alça, que o tocador de berimbau segura juntamente com a vareta com que tange o instrumento musical, no português do Brasil. Do Kik. *kasisi* /Kimb. *kisasi*.

2) (º) – s.m. miniatura de cerâmica (potes, panelas, etc.) que serve de brinquedo para crianças e onde se coloca o caruru oferecido a Cosme e Damião, na Bahia. Cf. feira do caxixi. Do Kik./Kimb.*(mu) kasisi*, miniatura.

3) (°) – s. aguardente fraca, a que escorre por último do alambique, um dos nomes por que é conhecida a cachaça, no Nordeste do Brasil.

CAXUMBA(°) – s.f. parotidite, inflamação da parótida, papeira, no português do Brasil. Do Kik. *kavumba* /Kimb. *kulukumba*.

CAXUMBENTO – adj. que tem *caxumba*, no português do Brasil.

CAXUNDÉ – s. topônimo, localidade antes só habitada por pescadores na praia de Armação, em Salvador, na Bahia.

CAXUXA – s.f. ou *catuxa*, termo afetuoso dirigido a meninas, geralmente precedido de "minha", na Bahia. Cf. cotoco de gente. Do Kik. *kasusa*.

CAZUMBA – s.m. cadeira, termo que aparece em contos folclóricos, na linguagem religiosa. Cf. apoti. Do Kik. *kadumba*, tora de madeira para sentar, espécie de banco nativo.

CAZUMBÁ – s. sobrenome de família e nome de fazenda e engenho do Recôncavo, na Bahia.

CAZUMBI (°) – s.m. Ver *zumbi*.

CEMITÉRIO DO CAJU(°) – s.m. topônimo cemitério no Rio de Janeiro. Port. cemitério do + Kimb. *kanjo*, pequeno abrigo, casinha.

CEMITÉRIO DOS AFRICANOS(°) – s.m. topônimo. Ver *cemitério dos nagôs*, no Rio de Janeiro.

CEMITÉRIO DOS NAGÔS (°) – s.m. topônimo, nome de cemitério na cidade de Cachoeira, zona fumageira do Recôncavo Baiano. Cf. Port. cemitério + nagô, designação genérica para africanos.

CERA DA TERRA (°) – s.f. cera de abelha, ao natural, que pode ser misturada com parafina e cera de carnaúba, muito usada para polimento na marcenaria e em embarcações; produto utilizado em certos rituais afro-brasileiros, no Nordeste do Brasil. Ver asum. Do Port. cera da terra, natural, nativa.

CHAMADA DE SANTO – s.f. Ver *chamar o santo*.

CHAMA(R) O SANTO – v. provocar o transe de possessão por meio de cânticos e toques de atabaque, na linguagem religiosa. Cf. puxar rum. Do Port. chamar o santo, invocar a divindade.

CHE(I)A DE MENGA – exp. diz-se de uma mulher grávida e solteira, na linguagem religiosa. Ver divuna cheia. Do Port. cheia + menga.

CHIBÁ – v. alegrar, brincar; perturbar; saltar, pular; fingir, no jargão prisional.

CHIBUTE – s. *facão velho*, na Bahia.

CHIMPANZÉ (°) – s.m. espécie muito conhecida de macaco, na língua portuguesa em geral. Do Kik. *kimpeensi, chimpenze.*

CHOSUN – s. alimento preparado com carne de bode chibarro, na linguagem religiosa.

CHUCHU – s./ adv. Ver *xuxu.*

CHUETA(R) (°) – v. mofar-se de uma pessoa, não dar importância, desdenhar, pôr em ridículo, no Nordeste do Brasil; exp. fazer *chuetagem.* Do kik. *tyetela.*

COBÉ – adj. (precedido de feiticeiro) ou *coubé*, feiticeiro temível, implacável, na Bahia. Do Kik. *kòbi*, feiticeiro /Fon *kɔvɛ*, cidade daomeana, centro da encantaria.

COBÓ – s. pedaço de facão usado nas roças; faquinha, na Bahia.

COCA (°) – s. espécie de sabiá cor de barro, de canto longo e mavioso, repetindo: *"Que tem vovó? Pelanca só!"*, na Bahia.

COCHICHÓ (°) – s.m. Ver *cochicholo.*

COCHICHOLO (°) – s.m. casinhola, aposento apertado, sem luz e ar, no português do Brasil. Do Kik. *kanjolojolo*, casinhola.

COCHILADA (°) – s.f. Ver *cochilar.*

COCHILA(R) 1) (°) – v. (a ortografia correta deveria ser coxilar) dormitar, dormir levemente; (p.ext.) descuidar–se, no português do Brasil. Do /Kimb. *kukoshila.*

2) – v. ficar demoradamente na mira da arma para fazer melhor a pontaria; o cavalo quando se aquieta sobre a égua, no instante do orgasmo, na Bahia.

COCHILO(°) – s.m. ato de cochilar; cochilada; (p.ext.) descuido, no português do Brasil.

COCÓ 1) (°) – s. nome de um grande parque ecológico de Fortaleza, no Ceará.

2) (°) – s. ou coque, penteado feminino que consiste em enrodilhar os cabelos no alto da cabeça, no Nordeste do Brasil.

COCOROCA (°) – adj. Ver *coroca.* Do Kik./Kimb. *kolokota.*

COCOROTE(°) – s. golpe na cabeça com o nó do dedo médio, casacudo, croque, no Nordeste do Brasil.

CODÓ(º) – s. cidade do Maranhão, centro da encantaria de Barba Soeira. Fon *Kɔvɛtɔ*.

COIÓ – s. solteirão, ridículo, homem tolo, na Paraíba.

COISA FEITA (º) – s.f. feitiço, bruxaria, feitiçaria, macumba, no português do Brasil. Ver kindoquê. Do Port. coisa feita, trabalho ritual contra alguém.

COISA RUIM(º) – s.f. Ver *coisa runhe*.

COISA RUNHE – s.f. diabo, coisa ruim, pessoa ordinária, no Nordeste do Brasil. Do Port. coisa ruim.

COLI MANEIRO – s. um dos voduns mais antigos da cidade maranhense de Codó, na linguagem religiosa.

COMIDA DE SANGUE – s.f. comida de santo preparada com carne vermelha, na linguagem religiosa. Ver *comida seca*.

COMIDA DE SANTO – s.f. alimento votivo destinado às divindades, na linguagem religiosa. Ver comida de sangue, comida seca. Do Port. comida de santo, alimento consagrado e ofertado à divindade.

COMIDA SECA – s.f. comida de santo feita de carne branca; doces; guloseimas. Ver comida de sangue. Do Port. comida seca, que não foi "molhada" por sangue.

COMPADRE (º) – s.m. o Exu que guarda o terreiro, na linguagem religiosa. Do Port. compadre, amigo, companheiro.

CONFIRMADO – adj. ogã e ekede iniciados, na linguagem religiosa.

CONFIRMA(R) – v. consagrar alguém no santo ou como ogã ou ekede, na linguagem religiosa. Do Port. confirmar, crismar, conferir o sacramento que assegura a graça do batismo.

CONFORTO DE BUNDA – s. pisada macia e agradável do animal de sela, na Bahia.

CONGA 1) – s.m. sapato tênis, no Ceará.

2) – s. prêmio que o dono da casa de farinha recebe pela produção em sua fábrica, à razão de um por dez, ou seja, um litro por uma cuia, na Paraíba.

CONGÁ – s.f. ou gongá, cesta ou caixa para guardar roupa e outros objetos, no Nordeste do Brasil. Cf. cangá, gongá. Do kik./Kimb. *nkonga* /Umb. *ukonga*.

CONGA(R) – v. "amarrar" os maus espíritos, na linguagem religiosa. Do Kik. *nkanga*, aprisionar, amarrar.

CONGADA (º) – s.f. ou *congado*, congos, auto popular durante o qual se celebra a coroação do rei do Kongo, o Manikongo, e da rainha Jinga, no Brasil. Do Kik./Kimb. *(mu)kongo*, povo do Congo + Port. –ada.

CONGÔ – s. alcunha com que se conhece o peixe denominado caboz, no Médio São Francisco.

CONGOLÔ – s. chocalho grande, no Médio São Francisco.

CONGO MUNJOLO – s. Ver *monjolo*.

CONGOS 1) – s.m. Ver *congada*.

2) – s.m. marujos, auto popular, no Médio São Francisco.

CONHÉM – s. sem uma orelha, na Bahia.

CONQUÉM – s.f. Ver galinha d'angola. Port. forma onomatopaica.

CONTA D'OMULU – s.f. Ver *runjebe*.

CONTRACOSTA (º) – s.f. denominação por que era conhecida a costa da África do lado do Pacífico, destacando-se Moçambique.

CONTRAGUNGA(º) – s.m. o menor do trio de berimbaus, na Bahia. Cf. gunga.

CONTRARRUN(º) – s. toque de rum, na linguagem religiosa. Cf. Port. contra, em apoio ao rum.

CONTREGUN(º) – s.m. espécie de bracelete trançado de tirinhas de palha da costa que se coloca na parte superior do braço para afastar os eguns da pessoa que está em obrigação recente; nas cerimônias de axexê é usada pelos participantes com a mesma finalidade, na linguagem religiosa. Ver mocã. Cf. Port. contra + egun.

COQUE 1) (º) – s. pancada na cabeça com o nó dos dedos, no português do Brasil. Do Kik. *ko(k)fi*.

2) – s. ou cocó, cabelo enrodilhado acima da nuca, na Paraíba

CORDA BAMBA 1) – exp. apertura de vida, vida difícil. Ver *bamba*.

2) – s.f. chuva de corda, a que cai à vista do espectador e toma rumo diferente, na Paraíba.

CORDA E CAÇAMBA – exp. diz-se de duas pessoas inseparáveis, na linguagem regional do Nordeste do Brasil. Ver *caçamba*.

CORINGA 1) – s. indivíduo enfezado e feio, na Paraíba.

2) – s.m. carteira de dinheiro, no jargão prisional.

3) – s. baralho de cartas, no jargão prisional.

4) – s.m. o maioral na roda de malandragem, mandão, chefe, pessoa muito ativa, no jargão prisional.

CORINGA(R) – v. peruar, ficar à espreita de alguém, no Rio Grande do Sul.

CORO – s.m. atabaque em geral, na linguagem religiosa. Ver *bater coro*, Port. couro, em alusão à pele curtida do atabaque.

COROCA (º) 1) – adj. ou *cocoroca, curuca, cururu*, velho, caduco, decrépito, adoentado, pela idade avançada, geralmente precedido de velho/a, na Bahia. Ver babaquara. Do Kik./Kimb. *nkuluka*.

2) – s.f. mulher velha e feia, como no chiste: "*Moça coroca, quando cai no barracão, conversa dia e noite com o cão*", está sujeita a todo tipo de tentação, na Bahia.

CORRIMBOQUE(º) – s. ou *corimboque*, tabaqueria de ponta de chifre, na Paraíba.

CORUJA DE EBÓ – s.m. ou *corujebó*, o carregador do ebó, na linguagem religiosa. Cf. galo de ebó. Port. coruja, alusivo ao fato de ser levado à noite para as ruas.

CORUMBA 1) – s. Ver *curumba*.

2) (º) – s. sertanejo que emigra para os brejos acossados pela seca, na Paraíba.

COSCOBEU – s. tratamento pejorativo a quem aparece e ainda é desconhecido, como na exp. "*Aquele coscobeu chegou de próximo*", na Bahia.

COSMINHO – s.m. Ver *Ibêji*. Do Port. São Cosme + inho.

COSME e DAMIÃO – s.m. santos católicos, muito populares no Brasil, reverenciados como protetores de crianças e gêmeos, aos quais seus devotos, na Bahia, costumam oferecer um caruru e uma missa pedida, na Bahia. Var. São Cosme. Ver *Ibêji*. Do Port. São Cosme e São Damião.

COSME DE ANGOLÊ – s.m. Ver *Angolê*.

COSTA (º) – s.f. litoral africano, especialmente da África Ocidental, correspondendo à antiga Costa do Ouro, da Mina e dos Escravos, no golfo do Benin, onde, hoje, estão Gana, Nigéria, Benim e Togo, com a qual o Brasil manteve um tráfico intenso por três séculos, no português do Brasil.

COSTA DOS ESCRAVOS (º) – s.f. denominação dada pelo tráfico à região Oeste-Africana hoje compreendida pelo Togo, Benin e Nigéria, de onde foram trazidos grandes contingentes de povos de fala ewe-fon e nagô-yorubá.

COSTA DA MINA (º) – s.f. Ver *mina*.

COSTA DO OURO (º) – s.f. atual Gana, na África Ocidental, de povo fante, axante, twi, gã, território rico em minas de ouro e onde foi construído, no séc. XVII, o forte de São Jorge da Mina pelos portugueses, uma das razões para a denominação dada pelo tráfico àquela região.

COTA DO BARÃO – s. Ver *Barão de Guaré*.

COTÓ (º) – adj. quem tem o braço, perna ou mão mutiladas; galinha sem rabo, no português do Brasil. Ver *cotoco*.

COTOCO 1) (º) – s.m. faca pequena e ordinária, no português do Brasil. Do Kik. *kotooto*, facão ordinário, pedaço que resta do facão.

2) (º) – s.m. ou *catoco*, pitoco, qualquer pedaço pequeno de alguma coisa, no Nordeste do Brasil. Ver cotoco de gente. Do Kik. *kototo*, pl. *bitoto* + Port. toco, pedaço de alguma coisa.

COTOCO DE GENTE(º) 1) – s.m. tratamento carinhoso para criancinhas, equivalente a "pingo de gente", na Bahia. Cf. cotoco, pequeno pedaço + Port. de gente.

COTOCORÉ – s. ou *cocoré*, galinha sem rabo, na Bahia. Do Fon *klokodɛ*, sem rabo.

COVE – s. fome, na linguagem religiosa. Do Fon *gɔvɛ*.

CRECA 1) (º) – s.f. coceira, doença da pele que causa essa coceira, na Bahia. Var. jajá, xaxá. Do Fon *klaklá*.

2) – s.f. casca de ferida, no Nordeste do Brasil.

CRICA – s.f. clitóris, na Paraíba. Ver *quirica*.

CRUMARRUEM – s. nome de uma antiga nação mina-jeje no Brasil. Cf. Mahi.

CUBA 1) (º) – s.m. poderoso, forte, valente, no Nordeste do Brasil. Do Kik. *kuba*, força, poder.

2) (º) – s.m. *cubaqueiro*, *cobé*, curandeiro, feiticeiro temível, no Nordeste do Brasil. Ver urucubaca. Do Kik. *kuba*.

CUBANGO – s. topônimo, no português do Brasil.

CUBA(R) 1) – v. observar um lugar com a intenção de roubar, no Ceará.

2) – v. espreitar, observar, vigiar, atocaiar, no Nordeste do Brasil.

CUBATA (º) – s.f. ou libata, choupana, casebre. Do Kik./Kimb. *kibata*.

CUBATA(R) – v. bater, tocar *batá*. Do Kik./Kimb. *kubata*.

CUCA 1) (º) – s.f. negra velha, coroca, bruxa, bicho papão, no português do Brasil. Var. akuka, makuka, mumuca. Do Kik./Kimb. *mukuka*, pessoa muito velha + Port. coca, bicho–papão.

2) – s.f. bicho papão do universo dos contos e acalantos brasileiros, ser fantástico que aterroriza as crianças, imaginado como uma mulher muito velha e feia com uma coruja, geralmente associada à figura do negro e tida como devoradora de criancinhas desobedientes: *"Sai, cuca,/ sai de cima do telhado,/ deixa esse menino dormir/ seu sono sossegado"*, no português do Brasil. Cf. quibungo, sussu, tutu.

CUCUMBI (º) – s.m. ou *cacumbi*. antigo folguedo de negros, que, vestidos de peles e penas, figuravam um cortejo para a celebração do rito da puberdade e no meio do qual se representavam a morte e a ressureição do filho do chefe, no português do Brasil. Do Kik./Kimb. *kukumbi*, rito de passagem.

CUCUMBU (º) – s.m. enxada, no português do Brasil. Do Kik. *kikombo*, cavador.

CUCURUTO – s. topo da cabeça, no Nordeste do Brasil.

CUDIMBA – s. pombo, na linguagem religiosa. Cf. guelê. Kik. *ndinga*.

CUFADO – v. morto, no jargão prisional.

CUFA(R) (º) – v. morrer, no Nordeste do Brasil. Do Kik./Kimb./Umb. *kufa*.

CUFÔ – exp. modo de dizer que alguém morreu ou maneira de se referir ao morto, ao finado, na linguagem religiosa. Var. afô. Cf. cufá + Port. –ou > ô.

CUÍCA (º) – s.f. instrumento feito com um pequeno barril que tem numa das bocas um pele bem estirada e em cujo centro está presa uma pequena vara , a qual ao ser atritada com a palma da mão, faz vibrar o tambor, produzindo ronco, no português do Brasil. Ver vu. Do Kik./ Kimb. m*pwita* /Umb. *opwita*.

CULAÍLAI – s.m. velhos tempos; tempos passa/dos, no Nordeste do Brasil. Do Kik. *tilailai* /Kimb. *kangulukaikai* /Yor. *kúláyéláyé*.

CUMBA – adj. Ver *cuba*. Do Kik. *kumbwa*, forte.

CUMBÁ 1) (º) – s. saco improvisado, prendendo-se ao cós a barra da saia, para colheita do algodão ou favas, daí o nome de *cuba* para as mulheres da roça, na Paraíba.

2) s. criança muito gorda, o designativo vem do peixe do mesmo nome, que, em certas épocas do ano, engorda extraordinariamente, no Baixo São Francisco.

CUMBUCA(º) – s. vasilha feita com uma cabaça grande para guardar sementes e miudezas, prendendo–se ao cós, a barra da saia.

CUMBUCO 1) – s.m. animal sem cauda, no Nordeste do Brasil. Cf. cotó. Do Kik. *kimbuku.*

2) (º) – s.m. diz–se do bovino de chifres recurvados, na Paraíba.

3) – s.m. recipiente em forma de pote, em Pernambuco.

CURA – s. corte que é dado na cabeça do noviço como parte do processo de iniciação, na linguagem religiosa. Ver adoço. Do Fon *kùndá*, fazer um corte na cabeça + Port. <u>cura</u>, tratamento, remédio.

CURIANGO (º) – s.m. ou *curiangu*, espécie de ave, no Brasil. Do Kik. *kidyangu.*

CURINGA (º) – s. ou *coringa*, pessoa esperta; certa figura do jogo de cartas com valor indeterminado, no português do Brasil. Do Kik./Kimb. *kúdínga*, enganar.

CURUCA 1) (º) – s.f. Ver coroca. Do Kik./Kimb. *kukuka, kuluka.*

2) – s. espécie de camarão de rios, de cor escura, na Bahia.

CURUMBA 1) – s.f. adj. ou corumba, mulher velha, no Nordeste do Brasil. Cf. coroca. Do Kik./Kmb. *kulumba.*

2) – s. título que era dado aos retirantes sertanejos, corridos pela seca, na Paraíba.

CURUNDU (º) – s.m. feitiço, no Nordeste do Brasil. Cf. calundu.

CUTUBA (º) – adj. excelente, ótimo, bonito; forte, valente, supimpa, de primeira ordem, no Nordeste do Brasil. Do Kik. *kukuba, kiakuba*, tornar–se forte; valente, poderoso.

CUTUCA(R) (º) – v. ou *catucar*, tocar em alguém com os dedos, com o pé ou cotovelo, disfarçadamente, para lhe despertar a atenção, sem que os demais percebam, no Nordeste do Brasil.

D

DÃ 1) – s. cobra, na linguagem religiosa. Cf. nyoca. Do Fon *dã*.

    2) (°) – s. vodun, da família de Dambirá, representado por uma cobra píton, não venenosa, consagrada no Daomé, em mina-jeje. Nomes: Dambê, Dambira, Dambuê, Soboadã. Nomes iniciáticos: Dambi, Danvisi. Ver Bessein. Do Fon *Dã*.

DABU – s. tratamento para os mais antigos no culto, termo honorífico, na Casa das Minas. Do Fon *daagbo* grande senhor.

DADÁ 1) – s.f. título do vodun Aziri, equivalente a Oxum, a velha, em mina-jeje Do Fon *Dadá*, a grande irmã.

    2) (°) – s. divindade ketu, protetora dos vegetais. Ver Ossain. Do Yor. *Dadá*.

DADARRÔ – vodun velho da família de Davisi, na Casa das Minas. Do Fon *Dadaxo,* o velho respeitável.

DADÊ – v. chegar, vir até aqui, em ketu. Do Yor. waé, dídé.

DAFUN – v. dar, pedir, na linguagem religiosa. Do Yor. *dafún*.

DAGÃ (°) – s.f. ou adagã, a principal responsável pela cozinha ritual, auxiliada pela *sidagã*; é a mais velha das duas encarregadas de preparar a comida de Exu no *padê*, em mina-jeje. Do Fon *dà*, preparar a comida + gã, chefe.

DAGOMEIA 1) – s. ou *darromeia,* antiga nação mina-jeje na Bahia. Ver Daomé.

    2) – s. Joãozinho Dagomeia, nome de um famoso sacerdote jeje-angola da cidade de Salvador, Bahia, depois radicado no Rio de Janeiro.

DAGU – s. nome iniciático de um devoto de Ogum, em ketu. Do Fon *Dagu*, o senhor da guerra.

DAKADEKÊ – s.m. ou *dekadekê*, mentira, intriga, traição, na linguagem religiosa. Do Yor. *àdàkàdàkè*.

DAKO – s. ou *Dako Donu*, vodun masculino da família de Davisi, na Casa das Minas. Do Fon *Dakodonu*, rei daomeano (1625–1640/50).

DALSA – s. pulseira de búzios ou de coral, em mina-jeje.

DAMATÁ – s. arco e flecha de ferro, em miniatura, símbolo de Oxóssi e Roxomukumbe, na linguagem religiosa. Cf. ofá. Do Kik./Kimb. *kitata, kamata* + Port. da mata, ref. ao atributo de caçador da divindade.

DAMB(U)Ê – s. nome de Dã, em mina-jeje. Do Fon *dāgbe*, a píton real.

DAMBI – s. nome iniciático de um devoto de Dã, em mina-jeje Cf. danvisi. Do Fon *Danvi, Dāvi*.

DAMBIRA (º) – s. nome de Dã, em mina-jeje. Do Fon *Dāviva*.

DAMBIRÁ – s. famílha de voduns que constitui o panteão da Terra, em mina-jeje. Do Fon *Dāviva*.

DANÇA(R) NA CORDA BAMBA – exp. ser indeciso, não ter firmeza, não ter malabarismo para livrar-se de compromissos, na Paraíba.

DANDÁ (º) 1) – s.m. ou *dandá da costa*, planta ciperácea e aromática, semelhante à gramínea,que serve para perfumar roupas lavadas e tem propriedades medicinais, na Bahia. Var capim cheiroso, capim santo, capim cidreira. Do Kik./Kimb. *ndanda*.

2) – s. nome de Dandalunda, na linguagem religiosa. Do Kik./Kimb. *Ndanda*, título de nobreza.

DANDALUNDA (º) – s. inkisi das águas, equivalente a Oxum e Yemanjá, patrona das mulheres grávidas e dos recém-nascidos, na linguagem religiosa. Nomes: Angole(i)ra, Dandá, Dandazumba, Gongombera, Lembakalunga, Malemba, Mameto Calunga, Micáia, Mãe Dalunda, Kianda, Kisimbi, Kiamaza, Remakalunga, Sereia Mucunã, Yadalunda, Yamazi. Saudação : mesacalunga, terenacalunga. Toques: angola, congo. Nomes iniciáticos: Diamazi, Londadialango, Mesacalunga, Samba Diamongo. Ver mãe d'água. Do Kik./Kimb. *Ndandalunda*.

DANDAZUMBA – s. Dandalunda, na linguagem religiosa. Do Kik./Kimb. Ndanda Nzumba, inkisi protetor contra abortos.

DANJIBÉ – s. cântico para despachar Leba, em mina-jeje. Do Fon *do ji gbe*, saudar.

DANVISI – s. ou Danvice, nome iniciático de um devoto de Dã, na linguagem religiosa. Do Fon *Danvisi*, o iniciado de Dã.

DAOMÉ (º) – s.m. reino fon, capital de Abomé, que deu seu nome à República do Daomé, atual Benin. Ver Dagomeia. Cf. Abô. Do Fon *Dāhɔ'mὲ*.

DAOMEANO (º) – s./adj. o mesmo que fon, nome do povo e da língua majoritária da República Popular do Benin, antigo Daomé, conhecidos no Brasil por jeje ou mina. Do Fon *dāhomɛnú*.

DA(R) A BUNDA POR RESPOSTA – exp. (chulo) sair sem dar atenção, na Bahia.

DARAKUSUSA – v. ir urinar, na linguagem religiosa. Do Kik./Kimb. *ndakususa*. Ver *kususa*.

DARAKUNENA – v. ir defecar, na linguagem religiosa. Do Kik./Kimb. *ndakunena*. Ver *kunena*.

DAR A MACACA – exp. pegar caiporismo, ter má sorte, na Paraíba.

DA(R) DE COMER À CABEÇA (º) – v. dar comida à cabeça, em alusão aos animais sacrificados na cerimônia, cujo sangue é derramado sobre a cabeça do iniciado como rito propiciatório, na linguagem religiosa. Ver *bori*.

DA(R) DE COMER A CALANGO – v. defecar, os calangos se alimentam também de fezes deixadas no mato, na Bahia.

DA(R) DOBALÉ – v. render homenagem aos chefes do culto; p.ext. irônico, render homenagem a quem não merece, humilhar-se, na linguagem religiosa. Ver deitar debalé. Cf. Port. dar + Yor. dobalé.

DA(R) O BACULEJO (º) – s. revista e abordagem pessoal, feita por um policial, no português do Brasil.

DA(R) O FIOTO – exp. praticar inversão sexual, na Paraíba. Ver *fiofó*.

DA(R) PREGO – v. faltar luz elétrica, na Bahia. Ver *prego*. Do Port. dar o prego, empacar, emperrar, interromper qualquer tarefa por cansaço.

DARROMEIA – s. Ver *dagomeia*.

DARRUN – s./v. ou *darrumo*, tocar atabaque para chamar a divindade, provocando o transe de possessão; o nome do toque, na linguagem religiosa. Ver puxarrun. Do Fon *da/ do hun/ do hũ*, bater tambor, invocar a divindade, render homenagem.

DARUKÓ – s. dar o nome, batizar, em ketu.Cf. orucó. Do Yor. *dárúkɔ'*.

DASA – s. toque e dança para Bessein, Nanã e Oxum, essa última com movimento dos braços para a frente e para trás e a palma das mãos para cima, num gesto de oferecimento ou pedido, em mina-jeje. Do Fon *dasa*.

DAVISI – ou davice, família dos reis do Daomé, na Casa das Minas. Do Fon *daàvisi*, da linhagem real. Cf. *daà* ou *dàdá*, mestre, título dos reis de Abomé.

DERÓ – s. ou *deron*, tratamento dado aos voduns velhos, na Casa das Minas. Do Fon *mexó*, velho, idoso, grande pessoa.

DECIZA – s. Ver *dijisa*.

DEITA(R) DEBALÉ – exp. deitar aos pés do pai de santo em sinal de reverência, na linguagem religiosa. Ver dar dobalé. Cf. Port. <u>deitar</u> + dobalé.

DEKÁ 1) (°) – s. m. insígnias e apetrechos dos iniciados; transmissão de obrigações nos terreiros, ou seja, concessão de autoridade religiosa àqueles plenamente iniciados nos segredos do culto para atuarem como mestres e que consiste no ato de devolver, em uma cabaça, certos objetos sacralizados que lhes permitirão a cada um individualmente e sob sua responsabilidade, cultuar as divindades a que foram consagrados, bem como abrir seu próprio terreiro, na linguagem religiosa. Ver tirada do deká. Do Fon de ká, livrar dos grilhões, retirar a cabaça, cerimōnia religiosa.

DENDÊ 1) (°) – s.m. palmeira (*Elaesis guineensi*) ou o fruto da palmeira, no português do Brasil. Do Kik/Kimb./Umb. *(o)ndende*.

2) (°) – s.m. azeite de cheiro, azeite de dendê, óleo vermelho obtido da palmeira dendê, de grande uso na culinária religiosa afro-brasileira e baiana; óleo de palma, no português de Portugal. Cf. aminjá, epô. Do Kik./Kimb. *ndenden*.

3) – s.m. (p.ext.) bruxaria, magia negra, coisa feita (ref. ao uso do dendê na culinária religiosa afro-brasileira), na Bahia.

4) – s.m. diz–se de uma moça assanhada, espevitada, na Bahia.

5) – exp.*"vadiar na tina do dendê"*, esbofar-se, esfalfar-se, na Bahia.

6) – s.topônimo muito comum para ruas e ladeiras, na Bahia.

DENDÉM – s.m.confusão, barulho, na linguagem religiosa. Ver lelê. Do Fon *dendèn*.

DENDEZE((I)RO – s.m. Ver dendê + Port. –<u>zeiro</u>.

DENDENZE(I)(R)OS – s. localidade e nome de rua na cidade de Salvador, Bahia.

DENDEMBURO – s. Ver *endemburo*.

DENGA(R) (°) – v. fazer *dengo*, na Bahia.

DENGO 1) (°) – s.m. Ver *dengue*.

2) – exp. *"o caçula é o dengo da família"*, o filho mais mimado, no português do Brasil.

DENGOSA (°) – s.f. nome para cachaça, no Nordeste do Brasil.

DENGOSO (º) – adj. cheio de *dengo*, no português do Brasil,.

DENGUE 1) (º) – s.m. ou *dengo*, choradeira, birra de criança; manha, treta, no português do Brasil. Kimb. *ndenge*, manha, criancice, cólera pueril.

2) (º) – s.m. ou *mandengue, xendengue*, melindre feminino, faceirice; melindre, afetação; (p.ext.) afeminação, trejeitos afetados, no português do Brasil. Kimb. *(mu)ndenge*, mulher jovem, faceira; susceptibilidade feminina.

DENGUÉ (º) – s.m. milho branco cozido com um pouco de açúcar, espécie de pudim ou mingau de milho, na Bahia. Do Kik./Kimb. *dilenge*, mingau, papa para criança; Yor. *dèngɛ*.

DENGUE DE MANÉ – s.m. nome de uma flor silvestre, na Bahia.

DENGUICE (º) – s.f. porte requebrado e maneiras afetadas na persuasão de agradar, no português do Brasil.

DERÉ (º) – s. mãe pequena, sacerdotisa auxiliar, em congo-angola.Do Kik. *ndeele*, ajudante.

DERÉ MUMBIDI – s. nome iniciático de um devoto de Lemba, na linguagem religiosa. Do Kik./Kimb. *Ndele mumbi (gidi)*, o mensageiro branco.

DESÉ – s. ou Decé; vodun feminino da família de Davisi, na Casa das Minas. Do Fon *Daasi*.

DESBUNDA(R) 1) (º) – v. perder o autodomínio, causar espanto, admiração, no Nordeste do Brasil.

2) (º) – v. afeminar–se, no portguês do Brasil.

DESBUNDE (º) – s.m. loucura, desvario, farra, no Nordeste do Brasil.

DESCABAÇA(R) (º) – v. desvirginar, tirar o *cabaço*, no Nordeste do Brasil.

DESCACHIMBADO 1) (º) – adj. mal amanhado, no Nordeste do Brasil. Kik./Kimb. *kashimbula*, vestuário, enfeite, roupa ridícula.

2) – adj. atrapalhado, desorientado, fazendo mau negócio, na Bahia.

DESCARREGO(º) – s.m. rito purificatório, na linguagem religiosa. Var. banho de descarrego. Do Port. descarrego, ato de livrar-se do que pesa.

DESMANCHA SAMBA (º) – s.m. valentão; nome para cachaça, no Nordeste do Brasil. Do Port. desmancha + samba.

DESPACHO 1) (º) – s.m. rito propiciatório, na linguagem religiosa. Do Port. despacho, envio.

2) (º) – s.m. bruxaria, no português do Brasil.

DESPACHO DE EXU – s.m. Ver *despacho*.

DESPONGA(R) (º) – v. saltar de um veículo em movimento, na Bahia. Ver *pongar*.

DEVÓ – s. espécie de xale conhecido por pano da costa, na linguagem religiosa. Do Fon *dɛvo´,* pano de fabricação nativa.

DIA DE BRANCO (º) – s.m. dia útil, de trabalho, referente à segunda–feira ou ao dia seguinte a um feriado ou folga no trabalho, no português do Brasil. Ver dia de negro. Do Port. dia de branco, em alusão à volta ao eito da escravaria, depois de um domingo ou dia santificado de folga, em cumprimento aos ditames do catolicismo.

DIA DE DAR O NOME (º) – s.m. dia da apresentação em público do santo de cada iniciado em transe, quando ele diz o nome por que deve ser reconhecido, uma das últimas cerimônias do processo de iniciação, na linguagem religiosa. Cf. darucó. Ver *festa da dijina*. Do Port. dia de dar o nome, do batismo.

DIA DE GUARDA(º) – s.m. de sentinela, dia dedicado ao cumprimento de uma obrigação religiosa e de obediência a um preceito, no Nordeste do Brasil.

DIA DE NEGRO (º) – s.m. domingo, dia de descanso, no português do Brasil. Ver dia de branco.

DIALONDIRÊ – s. ou *Dialonguirei*, nome iniciáico de um devoto de Imbalanganzi, em congo-angola. Do Kik. *dya londa lupele,* senhor da febre.

DIALONGUIREI – s. Ver *Dialondirê*. Do Kik. *dya londa ngelele,* senhor dos inchaços sobre a pele.

DIAMBA (º) – s.f. *liamba, riamba,* maconha. Do Kik./Kimb. *(ma)dyamba* /Umb. *elyamba.*

DIAMAZI – s. nome iniciático do devoto de Dandalunda, em congo–angola. Cf. mazi. Do Kik. *dya mazi,* das águas.

DIASANJI – s. ovos; testículos, na linguagem religiosa. Cf. kokornezin, ezi. Do Kik./Kimb. *dya sanji,* ovos de galinha; o saco dos ovos.

DIBUNGO – s. caneca, copo, na linguagem religiosa. Do Kik./Kimb. *dimbungu.*

DICUMÊ – s. comida, refeição: *"mulhé, traga o dicumê"*, no Nordeste do Brasil.

DIDÊ – v. ou *odidê*, chegar, esperar, levantar, ficar de pé, em ketu. Yor. *dìde*.

DIDÁ – s./v. criação, criar, em ketu. Do Yor. *didá*.

DIEDIÉ – exp. lentamente, devagar, com cuidado, em ketu. Do Yor. *dièdiè*.

DIJÁ – s.m. Ver *adjá*.

DIJISA – s. ou *deciza*, esteira, na linguagem religiosa. Kik./Kimb./Umb. *(e)dishisa*.

DIJINA (º) – s.f. denominação corrente para o nome de santo, geralmente referente à origem ou a uma qualidade da divindade, na linguagem religiosa. Cf. orucó. Do Kim./Kimb. *dijina*, nome.

DIKONDO –s. banana, na linguagem religiosa. Cf.oguedé. Do Kik./Kimb. *dikonde*.

DILÁ – adj. Ver *inlá*.

DILOGÓ – s. ou *dileuô*, *dilogo*, cetro de cabo ornamentado de búzios, ferramenta de Nanã, na linguagem religiosa. Do Yor. *ìdílɔ`*.

DILOGUN – s. Ver *edilogun*.

DILONGA – s. Ver *dibungo*. Do Kik./Kimb./Umb. *(e)dilonga*.

DINDIM 1) – s.m. clitóris, no Nordeste do Brasil. Cf. languenza. Do Kik. *ndidi*. 2) (º) – s.m. dinheiro.

DITEKE – s.m. açafroa (*Bixa Orellana*, Lin.) usada em tinturaria, dando cor alaranjada e vermelha, na linguagem religiosa. Do Kik./Kimb. *diteke*.

DIVUNA – s. ou *divina*, *nivuna*, barriga, em congo-angola. Do Kik./Kimb. *divunu*.

DIVUNA CHEIA – s. grávida, na linguagem religiosa. Ver divuna + Port. cheia.

DO AXÉ – exp. (geralmente precedido do verbo ser) o iniciado, feito no candomblé, que pertence a um terreiro. Cf. axé.

DOBALÉ (º) – s.m. ou adubalé, adubulé, dobale, dobalê, saudação dos consagrados a divindades femininas; consiste em se deitar ao comprido, encostando a testa no chão, apoiando-se nos quadris e nos antebraços, uma vez do lado direito, outra vez do lado esquerdo, na linguagem religiosa. Cf. dar debalé. Do Yor. *ìdɔs`gbále*, prostrar-se ao chão, prestar homenagem.

DOBÊ – s. que nasce depois dos Ibêjis, em ketu. Do Yor. *idògbè*.

DOBURU(º) – s. Ver guguru.

DODÔ 1) – s.m.banana da terra cortada em rodas e fritas no dendê; comida de Ibêji, na linguagem religiosa. Do Yor. *dòdò*.

    2) – s.m. fatias de banana da terra fritas em qualquer óleo de cozinha e pulverizadas com canela e açúcar, na Bahia. Cf. oguedé.

    3) – s. nádegas grandes, no Nordeste do Brasil. Var. gogó. Do Fon *dòdò*.

DOIS-DOIS (º) – s.m. ou *dois petiti*, os gêmeos, no Nordeste do Brasil. Ver Ibêji. Do Port. dois + dois, o duplo, em pares.

DOIS PETITI – s. os gêmeos, na Bahia. Ver Ibêji. Cf. Port. dois + Fon *kpɛvitití*, pequenininhos, criancinhas.

DOKUIN – s. ou *dokun*, batata doce, na linguagem religiosa. Do Fon/Yor. *(e)dokun, dukũ*.

DOKUNDOKUN – s. Ver *dokun*. Do Yor. *kukundùnkùn*.

DONÉ – s. sacerdotisa mina-jeje. Do Gun *doumè*, iniciadora das noviças.

DONVARIÊ – s. Ver *novariê*.

DONO DA CABEÇA (º) – s.m. a divindade principal de uma pessoa, na linguagem religiosa. Ver bori. Cf. ajuntó, orixá de frente. Do Port. dono da cabeça, o guardião do raciocínio, da sensatez e inteligência.

DONO DAS FOLHAS – s.m. Ver *Ossain*.

DORRUN – s. bebida alcoólica; beberrão, bêbado, em mina-jeje. Cf. babalotin. Do Fon *dòhum, dòhũ*.

DOSU AGAJÀ – s. vodun masculino da família da Dambira, na Casa das Minas. Do Fon *Dosú Agajá,* rei de Abomé (1708-1732).

DOSUPÉ – s. filho de Dosu, na Casa das Minas. Do Fon *Dosú kpɛví*.

DOTÉ – s. sacerdote mina-jeje. Do Gun, doutè, o superior de um vodun. Cf. doné.

DOÚ(M) (º) – s. ou *Doum, Idoú*, filho nascido após os gêmeos, representado na imagem de São Cosme e Damião em tamanho menor, formando uma espécie de trindade; junto com *Alabá*, corresponde aos santos católicos São Crispim e São Crispiniano, no Nordeste do Brasil. Fon *Dosú* Yor. *Ìdowú*.

DOZEN – s. pote, panela de barro, em ketu. Do Fon *dozê*.

DUBURU – s. Ver *guguru*.

DUKUNON – s. nome iniciático de um devoto de Xapatá, em mina–jeje. Do Fon/Mahi *dokunòn*, alguém que é rico, ref. à varíola.

DUDU 1) – adj. ou *odudu*, negro, preto, na linguagem religiosa. Fon/Yor. *dúdú*.

2) – Adé Dudu, grupo LBGT, na Bahia. V. *adé*.

DUN – v. doce, em ketu. Do Yor. *dùn*.

DUNDUN 1) – s. espécie de tambor, na linguagem religiosa. Do Yor. *dùndùn*.

2) – adj. doce, agradável, na linguagem religiosa. Do Yor. *dùndùn*.

DUNGA 1) (º) – s.m. homem valente, corajoso; chefe, maioral; o dois de paus em um jogo de cartas, no Nordeste do Brasil. Cf. curinga. Do Kik./Kimb. *(ki)ndunge*, hábil, esperto, inteligente.

2) – s. um dos sete anões do conto de Branca de Neve, o mais esperto e travesso, no português do Brasil.

DUNGUINHA(º) – s.m. criançola; (p.ext.) pessoa insignificante, de quem se faz pouco caso, no Nordeste do Brasil. Do Kik./Kimb. *dengue* , *dunga* + Port. inha.

DURÔ – v. levantar, ficar de pé, em ketu. Do Yor. *duró*.

DURODÊ – v. esperar, em ketu. Do Yor. *dúrodè*.

E

EBÁ 1) (º) – s.m. papa, pirão de água e sal, na linguagem religiosa. Do Fon *bà*, Yor. *èbà*.

2) (º) – s. ou *egbá*, *eubá*, nome de uma antiga nação africana na Bahia, no português do Brasil. Do Yor. *ègbá*, povo nigeriano de língua yoruba, da região de Abeokutá.

EBAMIN (º) – s. Ver *ebome*.

EBÉ – s. inhame, na linguagem religiosa. Cf. ixu. Do Yor. *èbɛ*.

EBIN – s. fome, em ketu. Cf. inzala. Do Yor. *ebi*.

EBIMPÁ – v. ter fome, lit. morrer de fome, em ketu. Do Yor. *ebinkpa*.

EBIRE – s. ou *ebile*, *ibiri*, vassoura feita das nervuras de folhas de palmeira, a palha da costa, insígnia de Nanã e Bessein, parecido ao *xaxará*, embora maior, na linguagem religiosa. Do Yor. *igbile*.

EBÓ 1) (º) – s. despacho, oferenda propriciatória a Exu e às divindades, que em geral é deixada em alguma encruzilhada, dentro de um prato de barro onde se colocam, entre outras coisas, uma garrafa de cachaça, farofa de dendê, charutos, velas, dinheiro, fitas vermelhas ao lado de um galo preto, vivo ou não. Quando feito com bicho de quatro pés cantam-se sete cantigas, com galo (*akikó*), apenas quatro, na linguagem religiosa. Cf. akirijebó, elebó. Do Fon *vɔ'* /Yor. *ɛbɔ*.

2) (º) – s.m. bruxaria, feitiçaria, no portuuês do Brasil. Cf. bozó. Ver *ebozeiro*.

3) – s.m. (p.ext.) pessoa, coisa indesejável, no Nordeste do Brasil. Cf. mandu.

EBÔ 1) – s.m. milho branco, na linguagem religiosa. Do Yor. *ègbo*.

2) (º) – s. comida de Yemanjá e Oxalá, com milho branco pilado e azeite doce;   para Bessein é preparado com dendê, na linguagem religiosa. Do Yor. *ègbo*.

EBOME (º) – s. ou *ebame, ebamim, ebomim, evame, evamim*, filha de santo com sete anos de iniciação e que tenha se submetido às obrigações rituais de costume, na linguagem religiosa. Ver macota. Do Fon *egbomn, ègbõmi,* meu parente mais velho /Yor. *ègbómi,* meu (parente) mais velho.

EBOZEIRA – s.f. ebozeiro, feiticeiro, curandeiro, fazedor de ebó, no Nordeste do Brasil.

EBUN – s. presente, dádiva, em ketu. Do Yor. *ɛbun*.

EDÊ – s. ou *idê*, camarão, em ketu. Do Yor. *edé, idé*.

EDIFÁ – v. consultar Ifá, na linguagem religiosa. Do Yor. *dífá*.

EDILOGUN – s. ou *dilogum, dologum, endilogum, fadilogum*, consulta de Ifá com jogo de seis a dezesseis búzios, na linguagem religiosa Do Yor. *èrindilogum*.

EDIPÁ – s. feitiço mortal, na linguagem religiosa. Do Yor. *dikpá*.

EDOHOENDÔ – exp. até logo, adeus em mina–jeje. Cf. odabo. Do Fon *edohuedenu*.

EDOMOHAENDÔ – exp. "durma bem", em ketu. Do Fon *e do ma hõdo*.

EFÃ (º) – s. nome de uma antiga nação africana na Bahia, referente aos efans da Nigéria ou aos fons do Daomé, na linguagem religiosa. Var. efon.

EFÔ – exp. usada para exorcizar males, maus espíritos e almas de outro mundo; também dita em qualquer conversa casual, imediatamente após pronunciado o nome de uma pessoa já falecida, correspondendo ao port. "lá ele", na linguagem religiosa. Cf. sacá. Ver afu, beruló, mambê. Do Fon/Yor. (arcaico) àfò.

EFÓ(º) – s.m. ou caruru de folha, guisado de folhas de língua de vaca ou taioba, temperado com camarão seco, pimenta, sal e azeite de dendê, prato típico da cozinha baiana, na Bahia. Do Yor. èfɔ'.

EFUN 1) – s. farinha, na linguagem religiosa. Cf. macaia, orifim. Do Yor. iyè fun.

2) (º) – s. giz, na linguagem religiosa. Ver pemba. Do Yor. ɛfun.

EFUN OGUEDÉ – s.m. farinha de banana pilada, passada na peneira depois de seca ao sol em fatias, na linguagem religiosa. Ver efun + Yor. ɔgɛdɛ, banana.

EGBÁ(º) – s. Ver ebá.

EGUSI – s.m. ou pevide de abóbora usada como condimento, na linguagem religiosa. Cf. lisi. Do Fon gùsí /Yor. ɛgusí.

EGUN 1) – s. ou eguigun, osso, na linguagem religiosa. Do Yor. eegum, egigum.

2) (º) – s.m. ou egungun, espírito do morto, a alma humana; o espírito desencarnado dos antepassados no culto nagô-keto, sempre tratado por babá; o mascarado na evocação ou aparição dos mortos, cujo terreiro principal se encontra na localidade de Amoreiras, na ilha de Itaparica, em frente à cidade de Salvador, na Bahia, na linguagem religiosa. Nomes: Babá Abaolá, Babaolá, Babaokim, Babá olukotum, Babá orumilá, Egun emaim, Egun lidã. Símbolo: ixã. Santuário: ilessainhe. Sacerdote babá-ojé. Comida: iri. Cf. ilê iboicu. Ver cuntutó, vumbe. Do Yor. égun, égúngún.

EGUN EMAIM – s. nome de egun, na linguagem religiosa. Do Yor. eegun yamin.

EGUN LIDÃ – s. nome de egun, em ketu. Do Yor. eegun onídã.

EIN – s. dente, em ketu. Cf. invice. Do Yor. ehin.

EIRU(º) – s. rabo de cavalo, símbolo de Oxóssi, em ketu . Do Yor. èrù.

EJÁ (º) – s. ou ijá, peixe, em ketu. Cf. heim, inzonze. Do Yor. eja.

EJAIÓ – s. peixe salgado, em ketu. Cf. unzonze amungo. Do Yor. ejá + ió, sal.

EJATUTU – s. peixe fresco, em ketu. Ver ejá + tutu, fresco.

EJÉ – s. ou izé, sangue, na linguagem religiosa. Cf. menga. Do Yor. èjè.

EJINRIN – s. melão de são caetano, cucurbitácea de uso medicinal e ritualístico, na linguagem religiosa. Do Yor. *ejìnrìn*.

EJÔ – s. cobra, na linguagem religiosa. Cf. dã, kinioca. Do Yor. *ejò*.

EJÓ – s. Ver fuxico. Do Yor. *ɛjɔ'*.

EKANÃ – s. ou ikanã, unha, em ketu. Do Yor. *èékánnan*.

EKEDE (º) – s.f. ou *equede*, a encarregada de zelar pelas divindades que descem sem seus iniciados durante as cerimônias rituais, sendo a mais importante das assistentes do sacerdote ou sacerdotisa, porque, embora ela própria seja uma iniciada nos segredos do culto, não é possuída pela divindade a que foi consagrada, na linguagem religiosa. Do Yor. *àkéèjìle*, a segunda.

EKÓ – s.m. Ver *acaçá*. Do Yor. *èkɔ'*.

EKODIDÉ (º) – s.m. ou *akodidê, ikodidé akodidena*, pena de papagaio da costa, pena vermelha de uma espécie de papagaio cinzento africano, usada pelos iniciados no culto, na linguagem religiosa. Ver acamim. Do Yor. *ìkódídɛ*.

EKOIBI – v. morrer, na linguagem religiosa. Ver ecu. Cf. cufar. Do Yor. *kó(i)bí*.

EKU1 1) – s. espírito, alma, na linguagem religiosa. Ver egun. Do Fon *mɛkú*/ Yor. *akú*.

2) – v. morrer, na linguagem religiosa. Cf. cufá. Do Fon/Yor. *kú*.

3) – s. dança dos mortos; nome de vestimenta de egun, em ketu. Do Yor. *èkú*.

EKUN – s. joelho, em ketu. Do Yor. *eekún*.

EKURU (º) – s. ou kuduru, massa de feijão-fradinho enrolado em folhas de bananeira e cozida em banho–maria, em seguida é diluída no mel de abelha ou no azeite de dendê; comida de Yansã, na linguagem religiosa Do Yor. *èkuru*.

EKUTÊ – s. ou *okutê*, rato, na linguagem religiosa. Ver calunga. Do Yor. *ekuté*.

ELEBÁ(º) – s. ou *Elegba, Eleguá, Lebá, Légua*, divindade mensageira, dono das encruzilhadas, equivalente a Exu, em mina-jeje. Do Fon *Lɛgbà*.

ELEBARA (º) – s. ou *Elegbara, Eleguara, Elepadá*, nome de Exu, criado de Xangô, na linguagem religiosa. Ver Elebá. Do Yor. *ɛlɛgbéra*.

ELEBÓ – s. mulher responsável pelo ebó, na linguagem religiosa. Do Yor. *ɛlɛbɔ.*

ELEDÁ (°) – s. Deus, criador do Universo, na linguagem religiosa. Ver Olorum. Do Yor. *ɛlédàá.*

ELEDÊ (°) – s. ou *elade, eledé,* porco, carne de porco, toucinho, na linguagem religiosa. Cf. agluza, canguro. Do Yor. *ɛlɛde,* porco.

ELEKÊ – s. mentiroso, na linguagem religiosa. Cf. macuteiro. Do Yor. *eléke.*

ELÔ – num./adv. quatro; quanto? em ketu. Do Yor. *èló.*

ELUWÔ (°) – s.m. ou *eluô, oluô, oluô Ifá,* o vidente, o grau supremo na ordem dos babalaôs, na linguagem religiosa. Do Yor. *olúwo.*

EMANJAKÔ – exp. forma polida de convidar alguém para sentar ou continuar sentado, em ketu. Cf. mukuabô. Do Yor. *ɛmáajókó.*

EMANJÔROA – exp. pouco me importa, não quero saber, em mina-jeje. Do Fon *e ma n'joló a.*

EMBÁ – s. mel de abelha, na linguagem religiosa. Do Kimb. *wemba.*

EMBAMBA – s. Ver carrego. Do Kik./Kimb. *kimbamba, muamba.*

EMIN 1) – exp. resposta de um orixá feminino quando chamado, na linguagem religiosa. Do Fon *emin* / Yor. *èmin,* eu, nós.

2) – s. a alma, o outro, em ketu. Do Fon *yèmín,* minha alma /Yor. *èmí,* alma.

EMINHOCA(R) – v. ficar pensando em algo obstinadamente, ficar com minhocas na cabeça, no Rio Grande do Sul.

EMPOMBA(R) (°) – v. estar, ficar de mau humor, não ter bom senso, no português do Brasil. Do Kik. *mpombo,* mau humor, insensatez + Port. empombar, ficar de peito estufado como uma pomba, num gesto de mau humor

ENCABULADO (°) – adj. acanhado, envergonhado, no português do Brasil.

ENCABULAMENTO (°) – s.f. *encabulação,* ato ou efeito de encabular + Port. –mento no português do Brasil.

ENCABULA(R) 1) (°) – v. envergonhar, acanhar-se, encalistrar, encafifar; aborrecer, amuar, no português do Brasil. Do Kik. *(n)kivula* /Kimb. *kulebula,* envergonhar, *kuluvula,* amuar.

2) (°) – v. dar, trazer má sorte, mal feito, no português do Brasil. Do Kik. *nkabunga.*

ENCAFIFADO (º) – adj. sem sorte, no Nordeste do Brasil. Ver *cafifa*.

ENCAFIFA(R) 1) (º) – v. amuar, calar-se de repente; envergonhar-se; mortificar, desagradar, no português do Brasil. Cf. encabular. Do Kik. *nkafuka, nkuviva*.

2) – v. motejar, fazer mangação, encabular, na Paraíba.

ENCAFUA(R)(º) – v. meter, esconder em cafua, ocultar, no português do Brasil.

ENCALOMBADO (º) – adj. cheio de *calombo*.

ENCALOMBA(R) (º) – v. encher de *calombo*, no português do Brasil.

ENCALUNGA(R) – v. enfeitiçar, na linguagem religiosa. Port. en + calunga.

ENCANGADO (º) – adj. estar junto, unido pela *canga*, como na exp. "Aqueles dois só vivem encangados", no Nordeste do Brasil.

ENCANTADO (º) – s.m. designação genérica para *caboclo*, na linguagem religiosa.

ENCOSTO (º) – s.m. espírito que está ao lado ou se junta a uma pessoa viva, conscientemente ou não, prejudicando-a com suas vibrações negativas, na Bahia. Cf. Port. encosto < encostar, ficar junto, apoiar-se.

ENCRUZA (º) – s. ou *encruzo*, ritual em que o chefe do terreiro, antes do início das sessões de umbanda, traça cruzes nas mãos, na testa e na nuca dos médiuns, na linguagem religiosa. Ver sakurupemba. Do Port. encruzar, dispor em forma de cruzes.

ENDEMBURO – s. ou dendemburo, bode, cabra, qualquer quadrúpede, animal de grande porte, na linguagem religiosa. Cf. kyama. Do Kik. *ndembulu*.

ENGABELA(R) (º) – v. enganar, iludir, no Nordeste do Brasil.

ENGAÇO (º) – s.m. ou cangaço, canganho, cango, conjunto do pedúnculo e das ramificações do cacho de uvas ou do dendê que suportam os bagos, no Nordeste do Brasil. Kik. *ngashi*, fruto do dendê.

ENGANJENTO (º) – adj. ou *ganjento, inganjento*, rabugento, malcriado (criança), cheio de si, atrevido, na Bahia. Ver ganja. Cf. Kik./Kimb. *nganji* + Port. –ento.

ENGOMA(º) – s.f. Ver *zingoma*.

ENGOMADE(I)RA – s. bairro em Salvador, Bahia. Do Kik./Kimb. *ngomadele* < engoma.

ENGONGADO – adj. corcunda, com defeitos físicos, na Bahia.

ENGUNDADA(°) – adj. ou *ingungada*, diz–se da saia arregaçada a meia anca, no Nordeste do Brasil.

ENIN – s. esteira, na linguagem religiosa. Cf. dijisa. Do Yor. *enín*.

ENJIA(R) – v. Ver *enjicar*.

ENJIADO – adj. com muito frio, na Bahia.

ENJICADO – adj. diz-se de uma pessoa magra, com aparência doentia, no Nordeste do Brasil. Ver caxinguelê. Do Kik. *nsika*, pessoa pequena e magra.

ENJICA(R) 1) (°) – v. implicar com alguém, embirrar, no Nordeste do Brasil. Cf. enquizilar. Do Kik. *ndisa* /Kimb. *kujila*.

2) – v. ou enjiar, injicar, estar com frio, no Nordeste do Brasil.

ENQUIZILADO (°) – adj. mofino, magro, cheio de quizila, na Bahia. Ver *quizila*.

ENQUIZILA(R) (°) – v. causar aborrecimento, antipatia; irritar-se, embirrar, implicar, no português do Brasil.

ENTAME – s. Ver *intambe*.

ENTIDADE (°) – s.f. denominação genérica dada a preto velho, caboclo, erê, que não estão na categoria de santo, na linguagem religiosa. Do Port. entidade, ente, ser, tudo o que existe ou pode existir.

ENVILAKÃ – s. conta usada em rosários de Dambirá, na Casa das Minas.

ENXODOZADO(°) – adj. apaixonado, enrabichado, no português do Brasil.

ENXODOZA(R) (°) – v. ter *xodó*.

EOFUMPÁ – s. purê de inhame cozido, preparado com azeite de dendê, na linguagem religiosa. Cf. eofunfum. Ver pupá. Do Yor. *ìyèfun kpukpa*.

EOFUNFUN – s. purê de inhame cozido, na linguagem religiosa. Cf. eofumpá. Ver funfun. Do Yor. *ìyèfunfun*.

EPÁ – s. amendoim, na linguagem religiosa. Cf. jinguba. Do Yor. *èkpà*.

EPABABÁ – exp. saudação a Oxalufã, na linguagem religiosa. Do Yor. *eèkpààbàbà*.

EPARIPÁ – exp. saudação a Oxalá, na linguagem religiosa. Do Yor. *eèkpààarikpàà*.

EPARREI – exp. saudação a Yansã, na linguagem religiosa. Do Yor. *eèkpààyé*.

EPETÊ – s. Ver *ipetê*.

EPÔ – s. Ver azeite de dendê. Do Yor. *ekpo*.

ERAN – s. carne de boi, na linguagem religiosa. Cf. xito. Do Fon *lã* /Yor. *ɛran*.

ERAMPATERÊ – s. ou *arampaterê, paterê*, carne cortada em pedaços fritos no dendê, na linguagem religiosa. Yor. *eran kparerèé*, pedaços de carne destinados à venda.

ERÊ (°) – s. um estado de transe, espíritos infantis, cultuados ao lado das entidades a que o iniciado foi consagrado, tidos como seus assistrentes; falam com uma linguagem infantil, como crianças traquinas, um português truncado, misturando palavras e expressões africanas, com impropérios e obscenidades (gará, misacre, xibungo) e portam um *atori*. Nomes: Bequé, Imbambi, Munjé, Periquitium, Sambangola, Taum, Toquium. Saudação: ezin. Do Yor. *elèèrè, egbéré*.

EREPADÁ – s.m. Ver *Elebara*.

ERI IÊIÊ Ô – exp. Ver *orerê ô*.

EROCAJIBÉ – exp. primeira palavra do cântico para afastar Leba, na Casa das Minas. Do Fon *e do na igbe*, pedir permissão.

ERO DANJIBÉ – s. Ver *danjibé*.

EROKÔ – s. ou Eroco, nome de Exu, na linguagem religiosa. Do Fon *élóko* /Yor. *ìrókó*.

ERU 1) – s.m. caboclo muito bravo que gosta de agarrar crianças, na linguagem religiosa. Do Yor. *eléèru*, criador de confusão.
2) – s.m. carrego com os objetos rituais do morto que é despachado no último dia de axexê para um local determinado pelo orixá, na linguagem religiosa. Ver carrego. Do Yor. *ɛru*, carga, pacote.

ERUIN – adj. ou eruim, doce, na linguagem religiosa. Cf. wíki, dun. Do Fon *wiin/wiĩ*, abelha, mel.

ERUYÁMIN – exp. ou *odoyá*, saudação para Yemanjá, na linguagem religiosa. Do Yor. *èrúyà* min.

ERVILHA DE ANGOLA – s.f. Ver *andu*.

ERVILHA DO CONGO – s.f. Ver *andu*.

ESCOLA DE SAMBA (°) – s.f. sociedade musical e recreativa que promove desfiles durante o Carnaval, especialmente no Rio de Janeiro, apresentando temas folclóricos, históricos ou sociais de acordo com o samba enredo, no português do Brasil.

ESCRAVOS DE JÓ – escravos domésticos, da casa, que na cantiga jogavam *caxangá* (jogo de tabuleiro) e deixavam o *zambelê* jogar (o escravo de um senhor). Cf. Port. escravos de + Kimb. *njó*, casa, domésticos.

ESCUTA FUXICO (º) – s.m. chinelo de rosto trançado e de solado macio, silencioso, no Nordeste do Brasil. Ver *fuxico*.

ESÉ – s. perna, em ketu. Ver *inama*. Do Yor. ɛsɛ̀.

ESMOLAMBADO (º) – s./adj. com roupa em *molambos*, farrapos, no português do Brasil.

ESMOLAMBADO(R) (º) – s./adj. que esmolamba + Port. –dor, no português do Brasil.

ESMOLAMBA(R) (º) – v. andar esfarrapado, maltrapilho; (p.ext.) achincalhar, acanalhar, no português do Brasil.

ESPADA DE OGUM (º) – s.f. Ver *gumbasa*.

ESPADA DE SANTA BÁRBARA (º) – sf. ou *espada de Yansã*, lilácea de folhas grossas, longas, fibrosas, de cor avermelhada, dedicada a Yansã, na Bahia. Cf. Port. pela forma semelhante a de uma espada.

ESPADA DE SÃO JORGE (º) – s.f. ou *espada de Ogum*, lilácea de folhas grossas, longas, fibrosas, de cor verde e estriações amarelas, dedicada a Ogum, na Bahia. Cf. Port. pela forma semelante a de uma espada.

ESPINHA DE PEIXE – s. Ver *brajá*.

ESPÍRITO DE CUIA – adj./s. espírito de porco; destruídor, pessoa que tem prazer em estragar coisas e bons ambientes, a exemplo dos pichadores, na linguagem regional do Ceará. Kimb. *kuya*, morte.

ESTADO DE SANTO – s. em processo de possessão, na linguagem religiosa. Do Port. estado, condição, de santo, de possessão pela divindade.

ESTA(R) DE BOI – exp. mulher menstruada, no Nordeste do Brasil.

ESTICA(R) O MULAMBO – v. morrer, no Nordeste do Brasil.

ETÉ – s. praga, maldição, em ketu. Do Fon *tšékpé, cékpé* /Yor. èkpè, ɛté.

ETI – s. orelha, ouvido, em ketu. Cf. matu. Do Yor. *eti*.

ETU 1) – s. pintada, em ketu. Cf. acanga. Do Yor. ɛtù.

2) – s. espécie de feitiço que se obtém com um punhado de terra de cemitério, na linguagem religiosa. Do Yor. ètù, pólvora, pó medicinal.

3) – s. veado, em ketu. Do Yor. ɛtu.

ETUTU – s.m. oração que é entoada durante o preparo de certo amuleto contra tempestade, na linguagem religiosa. Do Yor. *ètùtù*, sacrifício.

EVÊ(º) – s. Ver *ewe*.

EVIVI – exp. bom, agradável, doce, em ketu. Cf. dundun. Do Fon *εvivi*.

EVÓ – exp. acabou, fim, na Casa das Minas.Cf. patapatá.Do Fon *εvɔ, evɔ*.

EVONO – s. tratamento dos tobosis para os voduns, na Casa das Minas. Do Fon *evodunõ*.

EOWA – s. ou Eova; vodun feminino da família de Davisi, na Casa da MInas. Do Fon *Yewa*.

EWÁ 1) (º) – s.f. orixá feminino do arco–íris, protetora de tudo o que é inexplorado, matas, rios, lagos, moças virgens, equivalente a Yansã, na linguagem religiosa. Dia: sábado. Cor: vermelha, amarela. Comida: milho pilado, preparado com coco cortado e azeite de dendê. Saudação: rirô. Simbolismo: espada, cobra e arpão. Sacrifício: cobra, galinha e pato. Do Yor. *Yεwá*.

2) – s. feijão, na linguagem religiosa. Cf. macundê. Do Yor. *èwà*.

EWE(º) – s. ou *evê*, denominação dada ao grupo de línguas da família kwa que ficaram conhecidas no Brasil como mina ou jeje, faladas no Togo e Benin, destacando-se ewe, fon, gun, mahi.

EWÊ(º) 1) – s. folha; designação genérica de plantas, ervas e folhas, na linguagem religiosa. Cf. atim, mafu. Do Yor. *ewé*.

2) – num. dois, em ketu. Do Yor. *wè, wèwè*.

EWÊ Ô – exp. saudação a Ossain, na linguagem religiosa. Do Yor. *ewé ó*.

EWÓ – s. tabu, interdição, segredo, na linguagem religiosa. Ver quizila. Do Yor. *éwɔ*.

EXIM – s. cavalo, em ketu. Do Yor. *εšin*.

EXU 1) (º) – s.m. entidade ketu, a mando é capaz de fazer tanto o bem quanto o mal, tido como mensageiro dos orixás, preside a fecundidade, as encruzilhadas, os caminhos perigosos e escuros. Antes de qualquer cerimônia, sacrifício de animais e oferendas lhe são feitas. Cada divindade dispõe de um Exu, ora masculino, ora feminino, que toma nomes diferentes, mas sempre representado por figuras de barro ou em ferro. Seu ilê fica do lado de fora do barracão e está sempre cuidadosamente trancado, na linguagem religiosa. Dia: segunda-feira. Cores: vermelho e preto. Comida: axoxô, farofa de dendê,

aminjá, aminuó, pipoca, feijão preto, qualquer tipo de quadrúpede, mel, cachaça, sempre preparada pela dagã. Sacrifícios: bode e galo pretos. Simbolismo: ogó, tridente e lança de ferro. Saudação: laroiê. Outros nomes: Alaketo, Anã, Akesã, Bará, Baranlá, Baru, Compadre, Elebara, Eroco, Homem da Rua, Homem das Encruzilhadas, Jeguedê, Jiguidi, Jiramavambo, Lebá, Lonã, Mavambo, Mavumbo, Odara, Olodé Tibiriri, Tiririlonã, Tranca-rua, Trancajira, Tronqueira, Umbô, Xekerê. Ver Maria Padilha, Ogum de Ronda. Do Yor. *Éšù*.
2) (º) – s.m. espírito maligno, o diabo, no português do Brasil.
3) exp. *"virar Exu"*, ser tomado de cólera, enfurecer-se; *"não ser Exu pra gostar de farofa"*, para deixar–se enganar por mentiras ou lisonjas, ser tapeado, no Nordeste do Brasil.

EYÊYÊ Ô – exp. ou eiêiê ô, saudação a Oxum, na linguagem religiosa. Cf. orêrê ô. Do Yor. *eyéyé ó*.

EZI – s. ovo, ovos, na linguagem religiosa. Cf. kokornezin. Do Yor. *ɛyin*.

EZIN – num./s. ou ejin; dois; gêmeos; saudação para Ibêji, na linguagem religiosa. Do Fon èji, àjì /Yor. *eji*, dois.

EZÔ – s. fogo, na linguagem religiosa. Cf. uzô. Ver inã, tubiá. Do Fon *zò*.

EZON – num. três, em mina-jeje. Do Fon *atón/atō`*.

F

FÁ (º) – s. Ver *Ifá*.

FABOUN – s. o sacerdote maior no culto de egun, na linguagem religiosa. Do Fon *Fágbohùn*.

FABUMIN – s. sacerdote de Ifá, na linguagem religiosa. Do Yor. *Fábùnmín*.

FADEGUN – s. vidente, um dos noems de Ifá, na linguagem religiosa. Ver taramesó. Do Fon *Fáaidegun*, o jogo de Ifá / Yor. *Fadegun*, antropônimo.

FADILOGUN – s. nome de Ifá, na linguagem religiosa. Do Yor. *Ifáɛdílogún*.

FADUN – s. jogo de divinização ou Ifá,na linguagem religiosa.Do Fon *fadu*, Yor. *fadun*.

FALA(R) LÍNGUA – v. ou falar por lingua, falar e cantar em língua de santo, na linguagem religiosa. Ver liso. Do Port. falar (em) língua (sagrada, africana).

FANTE – s./adj. povo de Gana. Ver *axante*.

FARINHA DE GUERRA (º) – s.f. farinha seca, de grãos grossos e amarelos, no português do Brasil. Do Port. farinha de guerra, a que era levada em incursões e batalhas.

FARINHA DE MANDIOCA(º) – s.f. farinha branca, refinada, da mandioca, na linguagem regional do Nordeste do Brasil. Ver *maiaca*.

FARINHA DO REINO (º) – s.f. farinha de trigo, no português do Brasil. Ver queijo do reino. Cf. farinha do reino, proveniente de Portugal.

FAROFA DE DENDÊ – s.f. ou farofa amarela, farinha escaldada ou frita no dendê, também usada para fins ritualísticos e preferida de Exu, na Bahia. Cf. aminjá.

FAROFA AMARELA – s.f. Ver farofa de dendê. Cf. Port. farofa amarela, da cor do dendê.

FARRAMBAMBA – s. bravata, fanfarronice, na Paraíba.

FATOLÁ – s.m. feiticeiro, bruxo, na linguagem religiosa. Cf. kindoki. Do Yor. *fáto'lá*.

FATUMBI – s. nome de Ifá, na linguagem religiosa. Do Yor. *Fátumbi*.

FAZE(R) A CABEÇA (º) – iniciar-se nos segredos do culto, em que a cabeça (ori) é o centro da feitura de todos os rituais; (p. ext.) convencer, induzir alguém a fazer alguma coisa, alternando procedimentos ou convicções, na linguagem religiosa. Ver cabeça-feita, catular. Do Port. fazer a cabeça, convencer.

FAZE(R) MUTAMBA – exp. empregar força para levantar um peso, para aguentar o rojão do trabalho, na Paraíba.

FAZE(R) NENA – v. ir defecar, na linguagem religiosa. Ver *nena*.

FAZE(R) O SANTO (º) – v. submeter-se ao processo de iniciação, na linguagem religiosa. Ver fazer a cabeça.

FÉ – v. gostar de, querer, em ketu. Do Yor. *fɛ*.

FECHA(R) O CORPO – v. proteger contra os males através de uma cerimônia especial, na linguagem religiosa. Do Port. fechar o corpo, proteger-se.

FE(I)JÃO DE CORDA (º) – s.m. Ver *macaça*.

FE(I)JÃO DE MACAÇA (º) – s.m. Ver *macaça*.

FE(I)JÃO DE PORCO (º) – s.m. Ver *mangalô*.

FE(I)JÃO DE GUANDU (º) – s.m. Ver *andu*.

FE(I)JOADA DE OGUM (º) – s.f. repasto comunal em homenagem à divindade e que encerrava as festas anuais no terreiro de Procópio do Ogunjá, em Salvador, na linguagem religiosa.

FE(I)RA DO CAXIXI – s.f. tradicional feira de venda de caxixis, realizada na cidade de Nazaré das Farinhas, no Recôncavo da Bahia, durante a Semana Santa.

FE(I)TA/O – s. o iniciado nos segredos do culto, na linguagem religiosa. Ver fazer a cabeça, nascer feito.

FEITURA DE SANTO(º) – s.f. processo de iniciação religiosa, na linguagem religiosa. Ver fazer a cabeça. Cf. Port. feitura, ato, modo de fazer.

FERRAMENTA – s.f. insígnia da divindade, na linguagem religiosa. Port. ferramenta, utensílio de trabalho.

FERRAMENTA DE OGUM (º) – s.f. penca de instrumentos de lavoura em miniatura, símbolo de Ogum + Port. ferramenta de, na linguagem religiosa.

FERRIUM – s.m. triângulo e ferro, percutido com uma vareta do mesmo metal, na linguagem religiosa. Ver guntó. Cf. Port. ferrinho, referente ao pequeno triângulo de ferro usado para percussão.

FESTA DA DIJINA – s.f. cerimônia festiva do dia de dar o nome, na linguagem religiosa. Cf. festa da + dijina.

FICA(R) DE TANGA (º) – v. ficar na miséria, sem nada de seu, perder o que tem, arruinar-se, no português do Brasil. Port. ficar de + tanga.

FICA(R) NO CARITÓ (º) – exp. moça que fica solteirona, na linguagem do Nordeste do Brasil. De Port. ficar + caritó, prateleira, casinhola. Do Kik/Kimb. kanzoto.

FIFÓ (º) – s.m. pequeno candeeiro de folha de flandres, a querosene, no Nordeste do Brasil. Cf. bibiano. Do Fon fiɔfiɔ.

FILÁ (º) – s. espécie de gorro; espécie de capuz usado por Oxalá e Obaluaê, esse último feito de palha da costa, na linguagem religiosa. Cf. pungo. Do Yor. filà.

FILHA/O/ DE SANTO (º) – s.f. Ver yaô, a/o iniciada/o, no português do Brasil.

FINADO 1) – s.m. termo que substitui o nome do morto ou, então, antepõe-se a ele, pois, se mencionar apenas seu nome, acredita-se que atrai o espírito ou a morte, na Bahia. Ver acu. Do Port. finado, morto.

2) – exp. *"o finado era maior"*, diz-se de alguém vestido em uma roupa folgada, muito grande, insinuando que ela tenha pertencido a uma outra pessoa, na Bahia.

FIO DE CONTA – s.m. Ver *guia*. Do Port. fio de contas, colares de contas.

FIO DE QUENGA – exp. "Filho da puta!", de quenga, prostituta, no Ceará.

FIOFÓ 1) (°) – s.m. ânus, no Nordeste do Brasil. Do Kik. *nfyókolo, mvyovo.*

2) – s. partes pudendas da mulher, na Paraíba.

FIOTO – s. ânus, na Paraíba. Ver *fiofó*.

FIRMA – s.f. a conta maior que é colocada na guia, intercalada entre as menores, mas geralmente como fecho, na linguagem religiosa. Do Port. firma > ponto de apoio.

FLEXA NEGRA – s.m. Ver *Ajagunã*.

FLO(R) DE OMULU – s.f. pipoca que é consagrada à divindade protetora da varíola e outras doenças da pele, usada no banho, ou seja, despejada em quantidade sobre a cabeça e o corpo dos fiéis, um rito purificatório de princípio homeopático como na vacina, em razão da semelhança no aspecto entre o espoucar da ferida da varíola e do grão de milho em flor de pipoca, na linguagem religiosa.

FOFA(R) (°) – v. copular, no Nordeste do Brasil. Cf. funfar + Port. fofar, ir para o fofo, colchão.

FOFA TOBA – s. incha pé, cachaça ordinária feita com álcool desdobrado, na Bahia. Ver *toba*.

FOLHA DA COSTA (°) – s.f. nome de uma herbácea, de folhas grossas e suculentas, usada para fazer xarope contra catarro e aplicada, diretamente, à testa, contra dores de cabeça, no português do Brasil.

FOMO – s. o terceiro de cada barco, na linguagem religiosa. Do Fon *yomo.*

FOMUTIN(HA) – s. o quarto de cada barco, na linguagem religiosa. Fon *yomotin.*

FON – s. Ver *daomeano*.

FORRÓ 1) (°) – s.m. arrastapé, farra, folia. Ver forrobodó, no português do Brasil. Do Kimb. *fwofwo*, confusão, folia, dança com requebros.

2) (°) – s.m. ritmos ou festas sertanejas onde predominam baião, xote, xaxado. Etimologia fantasiosa: Do Ing. *for all*, para todos; durante a Segunda Guerra Mundial, os americanos promoviam festas de confraternização abertas a todos os moradores da cidade.

FORROBODANÇA – s.f. Ver forrobodó. Do Kimb. *fwo(fwo)vwanza*, grande balbúrdia, fanfarronada + Port. dança, no Nordeste do Brasil.

FORROBODÓ 1) (°) – s.m. arrasta pé, algazarra, confusão, folia, festa, baile de gente da plebe, no português do Brasil. Do Kimb. *fwo (fwo) bodo*, grande forró.

2) (°) – s.m. nome de peça teatral e música da autoria de Chiquinha Gonzaga, em 1912, no português do Brasil.

FORROZE(I)RO(°) – s.m. dançador ou tocador de *forró*.

FOVOCO – s.m. Ver *forrobodó*. Do Kimb. *fwobooko*.

FROGODÔ – s.m. algazarra, briga, no Nordeste do Brasil. Ver *forrobodó*. Do Kimb. *fwo ngolo*, forte confusão.

FUÁ 1) (°) – s.m. folia, algazarra, no Nordeste do Brasil. Cf. *mafuá, mufufa, muvuca*. Do Kimb. *mfwa(nza), mufufwa*.

2) (°) – s.m. Ver *fubá*.

3) (°) – s. briga, confusão, conflito, rolo, bagunça, perturbação do ambiente, no português do Brasil. Ver *fuzuê*.

4) – exp. morrer de fome no português do Brasil Do kimb. *fuá nzala*. Ver nzala.

FUBÁ 1) (°) – s.m. farinha de milho ou arroz, no português do Brasil. Do Kik./Kimb. *mfuba*.

2) (°) – s.m. espécie de doce de amendoim, farinha e açúcar pulverizado, na Bahia.

3) (°) – s.m. ou *fuá*, pó, película finíssima, esbranquiçada, que se desprende da pele ao se coçar ou quando arranham, no Nordeste do Brasil. Ver fubazento. Do Kik./Kimb. *mfuba < mfumfu*, pó, poeira; qualquer coisa pulverizada.

4) (°) – adj. diz-se do gado de pelo ruço, no português do Brasil. Cf. cafubá. Do Kimb. *mfumbu*, pelo, cabelo ruço.

FUBADO – adj. pobre, em má situação, em Pernambuco.

FUBAMBA(°) – s.m. resíduos de cana de açúcar, no Nordeste do Brasil. Do Kimb. *fwa mbamba*.

FUBAZENTO(°) – adj. *fubento*, envelhecido, embolo rado, desbotado; cheio ou coberto de pó, foveiro, fubento, no Nordeste do Brasil. De fubá + Port. –ento.

FUÇA(R) – v. cansar, fatigar–se, envelhecer, no Nordeste do Brasil. Do Kik. *fuisa.*

FUFU(º) – s.m. farinha de milho peneirada e misturada com açúcar e pedaços de coco, na linguagem religiosa. Do Fon *fùfú* /Yor. *flúflú.*

FUGANGA (º) – s. ou *fundanga,* pólvora, na linguagem religiosa. Cf. ankeeputo. Do Kik. *funda nganga* /Kimb. *fundanga.*

FUJICAR (º) – v. Ver *fuxicar.*

FULA (º) –s./adj. antiga nação africana no Brasil, também conhecida por *fulani, fulbe e peul,* que se encontra espalhada por uma vasta área da África Ocidental, do Senegal à Mauritânia, cuja língua pertence à família oeste–atlântica.

FULAFULA – s.m. pressa, rapidez, na linguagem religiosa. Do Kik. *nvula-vula* /Fon *fura–furafulafula,* rapidez.

FULANI (º) – s./adj. Ver *fula.*

FULE(I)RO 1) (º) – s./adj. sem valor, vagabundo, cafona, no Nordeste do Brasil.

2) – s./adj. gozador, no Ceará.

FULENGO – s.m. pessoa miúda e raquítica, figurinha chinfrim, no Baixo São Francisco.

FULO 1) (º) – adj. ou fulo de raiva, colérico, furioso, no português do Brasil. Do Kik./Kimb. *fululu, kifulu.*

2) (º) – s.m. mestiço de negro com mulato, na Paraiba.

FULÔ – s.f. apelido muito comum no Nordeste do Brasil. Do Port. flor.

FULO DE RAIVA (º) – adj. extremamente enraivecido, exasperado, no português do Brasil. Ver fulo + Port. de raiva.

FUN – v. dar, trazer, levar, em ketu. Do Yor. *fún.*

FUMAN(D)O NUMA QUENGA – adj. puto da vida, enraivecido, no Ceará. Ver *quenga.*

FUMO DE ANGOLA (º) – s.m. Ver *maconha.*

FUMO DE CORDA (º) – s.m. Ver azokã. Ver. *fumo de rolo.*

FUMO DE ROLO 1) (º) – s.m. fumo que é enrolado numa haste de madeira e empacado para conservar–se puro, na Paraíba. Ver *azokã.*

2) (º) – s.m. (pejorativo) negro retinto, na Bahia.

FUNDAMENTO – s.m. Ver axé. Cf. Kik. *mfundu,* segredo, coisa secreta + Port. fundamento, base, alicerce.

FUNDANGA (°) – s.f. Ver *fuganga*.

FUNDÃO – s.m. Ver *cafundá* + Port. –ão.

FUNDO (°) – s.m. Ver *cafundó*.

FUNFA(R) 1) – v. bater, na linguagem religiosa. Cf. bata. Do Kik./Kimb. *funfa*.
2) – v. (obsceno) ou fofar, furunfar, fazer sexo (o homem), no Nordeste do Brasil. Cf. bimbar, naborodô. Do Kik. *fufa*, *vuva*, cobrir a fêmea.

FUNFUN (°) – adj. branco, na linguagem religiosa. Cf. mundulê. Do Fon/Yor. *fúnfún*.

FUNGAÇÃO (°) – s.f. ato de fungar + Port. –ção, no português do Brasil.

FUNGADA (°) – s.f. cheirar rapé, fungar.

FUNGADE(I)RA (°) – s.f. ato de fungar com frequência; (p.ext.) caixa de rapé.

FUNGA(R) (°) – v. aspirar fortemente com ruído; respirar com dificuldade; absorver ou respirar pelo nariz; cheirar rapé; resmungar; ficar zangado; farejar, no português do Brasil. Cf. cafungar. Do Kik./Kimb. *funga*, *funka*.

FUNGADO(R) (°) – s.m. viciado em rapé, no português do Brasil.

FURÁ(°) – s.m. ou efurá, bebida feita de milho ou arroz misturada com mel, na linguagem religiosa. Do Yor. *fúrá*.

FURA INGOMA – s.m. Ver *kafuringoma*.

FURA RUNCÓ – s. Ver *sete runcó*. Port. fura + *runcó*.

FURDUNCE(I)RO – s.m. dado a *furdunço* + Port. –eiro, no Nordeste do Brasil.

FURDUNÇO(°) – s.m. festança popular, barulho, desordem, bagunça, baderna, no Nordeste do Brasil. Ver *forrobodó*. Do Kimb. *vumvunzu*.

FURICO (°) – s.m. ou furó, órgãos genitais femininos, no Nordeste do Brasil. Cf. fiofó, obô. Do Yor. *furɔ*'+ Port. furo, orifício.

FURUNFA(R) – v. Ver *funfar*.

FURUNGA(R) (°) – v. remexer, misturar, no Nordeste do Brasil. Do Kik. *fumpuka* Kimb. *kufunga*.

FUTE – s. diabo, na linguagem regional do Baixo São Francisco.

FUTRICA (°) – s.f. Ver *fuxico*.

FUTRICADA (°) – s.f. Ver *fuxicada, futricagem*.

FUTRICA(R) (°) – s.f. Ver *fuxicar*.

FUTUCA(R) (°) – v. procurar remexendo, babatando, no Nordeste do Brasil. Cf. furungar. Do Kik. *fulukuta*, Kimb. *kufuka*.

FUXICADA (°) – s.f. fuxicagem, fuxicaria, série de fuxicos, no português do Brasil.

FUXICA(R) 1) (°) – v. ou *futricar*, mexericar, segredar, fazer fuxico, candonga, encrencar, no português do Brasil. Do Kik. *fuuzya* /Kimb. *kuseka*.

2) (°) – v. ou fujicar, remendar, alinhavar, no português do Brasil. Do Kik.*futika* /Kimb. *fujika*.

FUXICO 1) (°) – s.m. remendo, alinhavo com agulha e linha, no português do Brasil. Kik. *fujiko*.

2) (°) – s. mexerico, intriga; segredo, candonga, no português do Brasil. Cf. fuxico de santo. Ver *fuxicar*.

FUXICO DO SANTO (°) – s.m. os segredos e particularidades de cada divindade, na linguagem religiosa. Cf. fuxico + Port. do santo, da divindade.

FUXIQUE(I)RO (°) – s.m. *fuxiquento*, intrigante, mexeriqueiro, aquele que faz fuxico, no português do Brasil. Ver moleque de recado. De fuxico + Port. –eiro, –ento.

FUZARCA (°) – s.m. *fuá*, farra, folia, pândega, estardalhaço, bagunça, baderna, patuscada, no Nordeste do Brasil. Cf *fuzarquear*. Do Kimb. *funzanza*.

FUZARQUEA(R) (°) – v. fazer *fuzarca*, no português do Brasil.

FUZERÊ – s. confusão, em Pernambuco. Ver fuzuê.

FUZO (°) – s.m. *fuá*, festa, barulho, no Nordeste do Brasil. Do Kik. *mvunzu* /Kimb. *divunzu*.

FUZUÊ (°) – s.m. *fruzuê*, *fuá*, algazarra, barulho, confusão, no Nordeste do Brasil. Do Kimb. *funzanzile*.

G

GÃ(°) – s.m. instrumento musical de uma só campânula de ferro,usado especialmente nas cerimônias do *peji*, na linguagem religiosa. Cf. agogô. Ver gantó. Do Fon *gã*.

GALALAU (º) – s.m. ou *galapau, garajau, garapau*, homem magro, grandalhão, muito alto, no português do Brasil.Do Kimb. *ngalala o/ Yor. gàgára ó*.

GALAPAU – s. ou *garapau*. Do Yor. *agbarakpá ó* + Port. pau (vara).

GALINHA D'ANGOLA (º) – s.f. ave galinácea oriunda da África, no português do Brasil. Cf. *acanga, capote*, galinha da guiné.

GALINHA DA GUINÉ (º) – s.f. Ver *galinha d'angola*.

GALO DE EBÓ – s.m. Ver akirijebó. Port. galo de ebó, alusivo ao fato de a oferenda no ebó conter um galo, na linguagem religiosa.

GAMELE(I)RA BRANCA (º) – s.f. ou *pé de Loco*. Ver *Iroco*.

GAMBÁ – s.m./adj. alcoólatra, bêbado; fedorento, mal cheiroso, no jargão prisional.

GAMU – s.f. ou gamo, a sexta do barco, na linguagem religiosa. Do Fon *nogamu*.

GAMUTIN(HA) – s.f. a sétima do barco, na linguagem religiosa. Do Fon *noganutin* + Port. –a.

GANA (º) – s. país da África Ocidental, antiga Costa do Ouro, capital Acra.

GANDU – s. jacaré, na linguagem religiosa. Cf. Kik./Kimb. *ngandu*.

GANGA 1) (º) – s.m. chefe; ocultista, vidente, sacerdote, na linguagem religiosa. Cf. *babalaô*. Do Kik./Kimb. *nganaga*, Umb. *oganga*.
2) – nome de Bombojira, na linguagem religiosa. Do Kik. *Nganga*, o visitante.

GANGANA (º) – s.f. (arcaico) mulher idosa (expressão carinhosa e familiar); mulher respeitável, no portugês do Brasil. Cf. macota. Do Kik./Kimb. *ngangana*.

GANGANÃO – s.m. valentão, chefe, maioral, no Nordeste do Brasil. Cf. gangana. Do Kik./KImb. *nganga* + Port. –ão.

GANGASAMBA – s. nome iniciático de devoto de Dandalunda, na linguagem religiosa. Cf. ganga. Do Kik./Kimb. *Ngana Nsamba*, a grande sacerdotisa.

GANGAZAMBI(º) – s. ou *Anganazambi, Inganazambi*, Deus, Ser Supremo, na linguagem religiosa. Ver Anganazambi opungo. Do Kik./Kimb. *Ngana Nzambi*.

GANGAZUMBA(º) – s. líder da República de Palmares, o mais famoso quilombo do Brasil, fundado em Alagoas no séc. XVII, no português do Brasil. Cf. Gangazumbi. Do Kik./Kimb. *Nganga Zumba*, o grande comandante da jornada de construir um assentamento em terreno alheio; aquele que partiu para o estrangeiro com esse compromisso.

GANGAZUMBÁ – s. nome de Lemba, em congo-angola. Do Kik./Kimb. *Nganga Nzumba*, o grande criador.

GANGAZUMBI(°) – s. sucessor de Gangazumba. Ver Zumbi. Do Kik. *Nganga Nzumbi*, o comandante auxiliar.

GANGORRA(°) 1) – s.f. balanço de crianças, formado por uma tábua pendurada em duas cordas, no Nordeste do Brasil. Ver. joão galamarte. Do Kik. *kangala, kangula.*

2) (°) – s.f. aparelho para diversão infantil, uma tábua apoiada num espigão sobre o qual oscila, ocorrendo que as crianças montam as extremidades que sobem e descem alternadamente, no português do Brasil.

GANGO – s. inteligência, esperteza, na linguagem religiosa. Do Kik./Kimb. *ngangu, ngongu.*

GANJA (°) – s.f. vaidade, presunção, no Nordeste do Brasil. Cf. ganjento, gogó. Do Kimb. *nganja, ganza.*

GANJENTO – adj. ou enganjento, cheio de ganja + Port.–ento, vaidoso, cheio de si, petulante, no Nordeste do Brasil.

GANLETÓ – s.m. ou ogã de levá pru tó, o encarregado de levar os iniciados para o banho ritual na fonte ou no riacho próximos ao terreiro, durante o período de reclusão, na linguagem religiosa. Cf. tó. Do Fon *ganletɔ', gãletɔ'*, lit. responsável pelo banho de rio.

GANTATA – s. o grande tata. Cf. ganga. Do Kik./Kimb. *nganga tata.*

GANTÓ – s.m. o tocador de *gã*, que ocupa o posto de ogã, um dos principais assistentes do culto, na linguagem religiosa. Do Fon *gantɔ, gãtɔ'.*

GANU – s. Ver ogã. Do Fon *gãnu.*

GANZÁ (°) – s.m. chocalho de bambu, no português do Brasil. Ver canzá. Cf. xekerê. Do Kik. *nkwanza* /Kimb.*dikanza.*

GANZUÁ (°) – s.m. Ver *canzuá.*

GARÁ l) – s. ladrão, usado pelos *erês*, na linguagem religiosa. Do Yor.*igárá.*

2) – s.m. (p. ext.) caloteiro, na linguagem religiosa.

GARAJAU – s.m. Ver galalau. Do Fon/Yor. *gàlajà ó.*

GARAPA (º) – s.f. o caldo da cana, quando destinado à destilação; qualquer líquido que se põe a fermentar para depois ser destilado; bebida refrigerante de mel ou de açúcar com água, a que algumas vezes se adicionam gotas de limão; refresco de qualquer fruta; (fig.) coisa fácil de conseguir, no português do Brasil. Do Kik./Kimb.*ngwalavua*, caldo espumante, refresco.

GARARUBE – s. pente, em congo-angola. Do Kik.*ngalakumbi*.

GARINGONGÁ – s. prato, em congo-angola. Do Kik./Kimb.*(ka)dilonga*.

GARRAFADA (º) – s.f. beberagem de ervas, frutos, folhas, geralmente de infusão em água ou cachaça, que se acredita ter propriedades mágicas e medicinais, no Nordeste do Brasil. Ver. *milongo*. Do Port. garrafada, quantidade contida em uma garrafa.

GAVIONSO – s. nome iniciático de um devoto de *Pó*, em mina-jeje. Do Fon *Gajehosu, Gajexɔsu,* o rei das pérolas, título de Kpɔʼ.

GAYantoAKU – s. Franquelina da Rocha, famosa sacerdotisa Luiza Gayaku, do terreiro jeje-mahi, na cidade baiana de Cachoeira, o Humkpamè Ayonon Huntoloji. Do Fon *Gayàku*.

GENTE DE SANTO – s. ou povo de santo, seguidores das religiões afro-brasileiras.

GINGA (º) – s.f. Ver *jinga* (ortografia correta).

GINGE (º) – s.f. Ver *jinje* (ortografia correta).

GLAXOMA – s. ou galaxoma, faixa usada no braço pelos iniciados na pajelança. Fon *gblanuxomè*.

GODÓ – s.m. refogado com banana verde, na Chapada Diamantina, Bahia. Fon *gɔdɔ*.

GOGÓ 1) – adj. ou *guigó*, cheio, repleto, na linguagem religiosa. Do Fon *gùigo, gigɔʼ*.

2) – adj. orgulhoso, no Nordeste do Brasil. Do Fon *gùgɔ, gigɔʼ*.

3) – s.m. pescoço de garrafa, gargalo, na Bahia; pescoço, no jargão prisional. Do Fon *gokɔʼ*.

4) – (º) s.m. ou gogó, pomo-de-adão, no português do Brasil. Do Kik. *ngongoló*, Fon *kɔʼgɔʼ*, Yor. *gòngò*.

GOGÔ – s.m. ou dodô, nádegas grandes, no Nordeste do Brasil. Do Fon *gogó*.

GOMBÔ 1) (º) – s.m. preparado de carvão usado para fins ritualísticos, na linguagem religiosa. Ver. *pemba*. Do Kik./Kimb. *ngongo*

2) – s. saco, sacola, na linguagem religiosa. Cf. gongá. Do Kik./Kimb. *ngonga,* saco de caçador.

GONGÁ l) (°) – s.m. santuário, templo congo-angola, geralmente ao ar livre, em espaço aberto, na linguagem religiosa. Cf. bakisi. Do Kik./ Kimb. *nkonga.*

2) (°) – s.m. espécie de sabiá, no português do Brasil. Do Kik./Kimb. *nkunga.*

3) (°) – s.m. pequena cesta com tampa, no Nordeste do Brasil. Cf. conga. Do Kik./Kimb. *ngonga.*

GONGANIUMBANDA – s. título de Lemba, em congo-angola. Cf. umbanda. Do Kimb. *Nganga Dibanda, o* senhor das coisas sagradas.

GONGAPEMBA – s. título de Lemba, em congo-angola. Cf. pemba. Do Kimb. *Nganga Mpembe,* o senhor da brancura.

GONGO(°) – s.m. Ver *ingongo.*

GONGOGI – s. topônimo, anteriormente chamado Pedrinhas, um dos municípios do cacau, situado à margem do rio do mesmo nome, na Bahia.

GONGOJI (°) – s. centopeia, na Bahia. Ver ingongo. Cf. caranguji. Do Kimb. *kangonzi/* Yor. *igòngòeyi.*

GONGOLÔ (°) – s.m. Ver ingongo. Do Kik./Kimb. *ngongolo.*

GONGOLO l) – s.m. barulho, confusão, no Nordeste do Brasil. Cf. bololô. Ver muvuca. Do Kimb. *ngolo* /Kimb. *ngololo.*

2) – s.m. chocalho feito de lata, no Nordeste do Brasil. Do Kimb. *ngongolo.*

GONGON – s.m. pequeno tambor feito de lata, na linguagem religiosa. Cf. gongolo. Do Kimb. *ngongolo* /Fon *gángã, gango, gãgã.*

GONGOMBERA – s. nome de Dandalunda, em congo-angola. Do Kimb. *Kongombela,* inkisi que vive às margens do rio.

GONGOMBIRA – s. Ver *Kongombira.*

GONGUÊ (1) (°) – s. Ver *galinha d'angola.* Do Kimb. *konge.*

2) (°) – s.m. Ver gã. Do Kimb. *ngongi.*

3) (°) – s.m. pequeno tambor que produz um som surdo e seco, na linguagem religiosa. Do Fon *gohwe.*

GONGUNHA(R) – v. Ver *gungunar.*

GONJAI – s. Ver *hunjai.*

GONJEVA – s. Ver *runjai*.

GONZÉN – s. panela, caldeirão, vasilha, caçarola de ferro, na linguagem religiosa. Do Fon *gonzen, ganzen, gãzẽ*.

GONZEMO – s.m. Ver *bakisi*. Do Fon *bohuemu*.

GONZIN – s. talha, pote, jarro, em mina-jeje. Do Fon *gonsin, gosĩ*.

GONZON 1) – adj. ou bonzão, bom, grande, excelente, na linguagem religiosa. Ver *tagonzon*. Do Fon *gbozan*.

2) – s./v. ordem, comando, comandar, ordenar, na linguagem religiosa. Fon *zunzon*.

GORÔ l) – s. força, poder, na linguagem religiosa. Ver *guzo*. Do Kik. *ngolo*.

2) – s.m. noz de cola, na linguagem religiosa. Ver *obi*. Do Yor.< Hauçá, *gorò*.

GOROGORO – s. velha, em mina-jeje. Do Fon *xóxóxoxó*.

GRAMA DA GUINÉ (°) – s.m. Ver *murumbu*.

GRANGANZÁ (°) – s.m. ou *grangará, grangazá*, pessoa muito alta e desengonçada, sujeito grandalhão, no Nordeste do Brasil. Ver galalau. Cf. Kik./Kimb. *kanzakanza* + Port. grande.

GRANGARÁ – s. Ver *granganzá*. Do Kik.*kanzakara* /Yor. *gàgarà* + Port. grande.

GRAVATA DO ORIXÁ – s.f. Ver *kelê*.

GREMO – s. nona de cada barco. Do Fon /Gun *glemu*.

GREMUTIN(HÁ) – s. f. a décima de cada barco. Do Gun *glemutin, gremutĩ* + Port.–a.

GRIGRI (°) – s.m. Ver *aguiri*.

GRONGA(°) – s.f. feitiçaria por meio de beberagem; intriga; coisa mal feita, geringonça, no Nordeste do Brasil. Do Kik. *ngulonga* /Kimb. *uanga*.

GRONGA(R) – v. fazer *gronga*.

GRONGARIA – s.f. bebedeira, beberagem, no Nordeste do Brasil. Cf. gronga.

GRONGUE(I)RO – s. embusteiro, o que faz *gronga*, no Nordeste do Brasil.

GRUNSI – s. ou *grunce*, gurunsi, antiga nação africana na Bahia, do grupo de línguas Gur, proveniente da África Ocidental, no português do Brasil. Cf. *G(u)runsi*, nome do povo e da língua.

GRU(N)GUNZA(R) (º) – v. meditar, empregar esforço para decifrar alguma coisa; escarafunchar, remexer, esgravatar, no Nordeste do Brasil.
Cf. gungunar. Do Kik. *ngungunta*.

GUAMBO – s. Ver *quigombô*.

GUANDU – s.m. topônimo, no português do Brasil. Ver *andu*.

GUANGUANA – v. ou *guanuane*, acabar, terminar, encerrar, em congo–
angola. Do Kik. *nguanguana*.

GUANGUANE – v. apagar o fogo, em congo-angola. Do Kik. *nguangua-
mini*.

GUAYÁ – s. chocalho, instrumento consagrado a Ogum, na linguagem
religiosa. Do Fon *guaya*.

GUE – s. presente pedido pelas tobosis, na Casa das Minas. Do Fon *àkuέ*,
dinheiro.

GUEBA (º) – s.f. animal forte e grande, no Nordeste do Brasil. Do Kik.
kiba.

GUEDEMO – s. vodun da caça, equivalente a Oxóssi, em mina-jeje. Do
Fon *Glegbenú*, homem bravo, corajoso, que vive no mato.

GUEDEVIS – s. entidades caboclas, em mina-jeje. Do Fon *gedevi*, filhos
de Guede.

GUELÊ – s. ou uelê, pombo, na linguagem religiosa. Cf. cudimba. Do Fon
*huεlέ, xuelé/*Yor. *εyεlέ*.

GUELEDÉ (º) – s.f. nome de uma sociedade secreta yorubá, sua máscara
cerimonial, no português do Brasil. Do Yor. *gεlεdε*.

GUENZO – adj. magro, enfezado, na Paraíba: trôpego, penso, no Rio
Grande do Sul.

GUGURU (º) – s. ou *doburu, duburu*, pipoca, na linguagem religiosa. Do
Yor. *gúgúrú*.

GUIA 1) – s.m. a divindade protetora de cada um, na linguagem religiosa.
Ver ajuntó. Cf. Port. guia, condutor.
2) (º) – s.f. espécie de rosário, corrente, para o pescoço, formado de
colares de contas rituais nas cores do santo, geralmente tendo uma
conta maior (firma) como fecho, na linguagem religiosa. Cf. lavagem das contas. Port. guia, corrente.

GUIDIBÔ(º) – s.m. ou aguidibô, espécie de tambor, na linguagem religiosa. Do Yor.*ogidigbó*.

GUM – s. Ver *Ogum*. Do Fon *Gu*.

GUMBASA(º) – s.f. espada de Ogum, na linguagem religiosa. Do Fon *gug-bása*.

GUMA – s.f. terreiro, varanda de danças, na linguagem religiosa. Do Fon *hũmètá*.

GUMÉ – s. pátio interno, quintal, em mina-jeje. Do Fon *xuémè,* interior da casa.

GUINÉ (º) – s.f. herbácea tida como diurética e usada para afastar os maus espíritos; Port. Guiné, toda a Costa Ocidental da África no século XVI.

GUNA – s. poste central da sala de festas, na Casa das Minas. Do Fon *xúná*.

GUNGA (º) 1) – s.m. ou *gungo*, berimbau médio, geralmente acompanhado do contragunga; também é instrumento consagrado a Sultão das Matas, usado apenas durante as festas cerimoniais. Cf. urucungo. Do Kik. *ngunga, ngungu*.

2) – s.m. homossexual, na linguagem religiosa; ladrão, pederasta passivo, no jargão prisional. Ver indumba. Do Kik. *ngunga*.

3) – s.m. ladrão, na linguagem religiosa. Cf.gará, olê. Do Kik./Kimb. *ngumba*.

GUNGA MUKIXI – s. mandachuva; chefe, maioral, em congo–angola. Do Kik./Kimb. *Nganga Mukisi,* chefe de inkisi.

GUNGUNA(R) 1) (º) – v. resmungar, murmurar consigo mesmo, no Nordeste do Brasil. Do Kik. *ku- nguna*, Kimb. *kungonga*.

2) – v. ou *gogonhar*, conversar com o santo, na linguagem religiosa.

GUNOKÔ – s.m. divindade da floresta, também personagem de contos folclóricos da região do Recôncavo Baiano, espécie de saci, imaginado como uma figura pitoresca, cuja cabeça é escondida por um chapéu em forma de cone, o rosto encoberto por uma máscara preta e o corpo por uma saia rodada, deixando entrever, do joelho para baixo, duas pernas pretas. Gosta de fumo e cachaça, vive só, pelos matos, é alegre e divertido, no Nordeste do Brasil. Cf. Bonocô, Loco. Do Yor. *egun loko*, egun da floresta, da mata.

GUNTÓ – s.m. ou ogã do ferrium, tocador de ferro, na linguagem religiosa. Do Fon *gúntɔ*.

GURUFIN – s. cantos fúnebres de vigília no cerimonial mina-jeje e congo-angola. Cf. kurimba.Ver *ingorosi*. Do Fon *kú nú fin, kú nú fĩ*.

GURUNGUGUJADO – adj. mal feito, enrugado, mal costurado, termo de costura, na Bahia.

GUTÓ – s. colher de pau, em cogo-angola. Ver lutó. Do Kik./Kimb. *ngutu.*

GUZO 1) – s. força, axé, em congo-sngol. Cf. gorô. Do Kimb. *nguzu.*

2) – adj. forte, corpulento, no jargão prisional.

H (Ver em R)

HACATO – s. nome iniciático de um devoto de Sobô, na Casa das Minas. Do Fon *wànxotɔ', wāxɔtɔ',* o que bate na bigorna.

HAUÇÁ (º) – s. ou *auçá, uçá,* povo islamizado, do grupo afro-asiático, proveniente do Norte da Nigéria, que, na primeira metade do séc. XIX, promoveu uma série de insurreições na cidade de Salvador e arredores, sendo a última e mais importante, de 1836, conhecida como "Revolta dos Malês". Do *Hausa,* nome do povo e da língua.

HEIN – s. peixe, na linguagem religiosa. Cf. ejá, inzonze. Do Fon *huèví.*

HEVIOSO – s. ou *Xebioso.*

HOHO – s. ou Rorô. Ver Ibêji. Do Fon *hoho,* gêmeos.

HOME(M) DA RUA – s.m. Ver homem das encruzilhadas.

HOME(M) DAS ENCRUZILHADAS – s.m. homem da rua. Ver *Exu,* divindade das encruzilhadas.

HUN – s. sangue, em mina-jeje. Cf. ejé, menga. Do Fon *hùn.*

HUNJAI – filha de santo feita, em mina-jeje. Do Fon *hūya,* mulher velha, mãe do vodun. Ver vodunsi gonjai.

HUNTÓ – s. tocador do rum. Do Fon *hūtó.*

I

IABANYÃ – s. *inyã, niã,* faixa de pano que circula os tambores sagrados, em ketu. Do Yor. *igbàjá àyàn.*

IAIÁ (º) – s.f. forma respeitosa de tratamento para mulheres jovens, hoje arcaizante, mas observada na fala de preto velho, no português do Brasil. Ver *iazinha.* Cf. aia, nanã, sinhá. Do Kik./Kimb. *yaaya,* Yor. iya.

IAMAZI – s. Ver *Dandalunda.* Do Kik. *Niamazi,* dona das águas.

IÁ NÃO – exp. não, senhora, no Nordeste do Brasil. Cf. iá sim.Ver *iá* +
    Port. <u>não</u>.

IÁ SIM – exp. sim, senhora, no Nordeste do Brasil. Cf. *iá não*. Cf. *iá* + Port.
    <u>sim</u>.

IAZINHA (º) – s.f. Ver iaiá + Port. –<u>zinha</u>, no Nordeste do Brasil.

IBÁ – s. f. quartinha usada por Ossain; cuia com uma vela acesa, usada
    durante os ritos funerários, na linguagem religiosa. Cf. axexê. Do
    Fon *gbá* / Yor. *igbá*, cuia.

IBALÉ – s. vassoura, na linguagem religiosa. Cf. atinxi. Do Yor. *ìgbálè*.

IBÊJI (º) – s.m. ou *Bêji, Dois Dois, Dois Petiti, Cosme e Damião,* os gême-
    os, os mabaças, identificados com São Cosme e São Damião, repre-
    sentam os espíritos infantis (*erês*) que também são cultuados pelos
    iniciados, ao lado do culto à divindade particular a que cada um
    tenha sido consagrado. Festejados a 27 de setembro com missa e ca-
    ruru, são grandes apreciadores de mel de abelha, doces, ovos, cana
    de açúcar. Os filhos nascidos após gêmeos são chamados de Doú e
    Alabá, equivalentes a São Crispim e São Crispiniano, festejados no
    dia 25 de outubro. Nomes por ordem de nascimento: Cosme, Da-
    mião, Idoú, Alabá, Dobê, Ainã, Alafim, Munjé. Saudação: bejioró,
    ezin. Ver Taum. Cf. *hoho, vunje.* Do Yor. *ibéji*.

IBERESI – v. começar, em ketu. Do Yor. *bèrɛsí*.

IBI 1) – adv. aqui, em ketu. Do Yor. *ibí*.
    2) – s. má sorte, azar, em ketu. Yor. *ibi*.

IBIKEJIOBÁ – s.m. vice rei, cargo no afoxé, em ketu. Do Yor. *ìbikéjiɔba*.

IBIN 1) (º) – s.m. ou *egbin, ebin, ibi,* caracol consagrado a Oxalá, na lin-
    guagem religiosa. Ver boi d'Oxalá. Do Fon *gbin* /Yor. *ìgbin*, grande
    caracol.
    2) – s.m. toque para Xangô, na linguagem religiosa. Do Yor. *ìgbin*,
    tambor.

IBIRI (º) – s. Ver *ebire*.

IBÔ 1) – s. caracol, na linguagem religiosa. Cf.boi d'Oxalá. Do Yor. *igbo*,
    caracol gigante.
    2) (º) – s. Ver *igbo,* povo da Nigéria oriental, no português do Brasil.
    Cf. *igbò, igbo*.

IBOXALÁ – s. Ver *boi de Oxalá*.

IBUALAMA (°) – s. m. ou *Iboalama*, Oxóssi, marido de Oxum, usa arco, flecha, chapéu de couro e é tido como rei de Ketu, na linguagem religiosa. Do Yor. *Ibó ilànàno*, que abre caminho no mato.

IDÁ – s. garfo, espada, em ketu. Do Yor. *idà*.

IDÃ(°) – s. símbolo de Bessein e Oxumarê representado por duas cobras enroscadas em um tronco, na linguagem religiosa. Do Fon *dan, dã*.

IDÊ – 1) – s. ou edê, camarão, em ketu. Do Yor. *edé, idé*.

　　2) – s. chegada, vinda, em ketu. Do Yor. *ìdé*.

IDÉ – s. bronze, metal; bracelete de Oxum, na linguagem religiosa. Do Yor. *ìdɛ*.

IDI – s. nádegas, bunda; partes genitais, em ketu. Do Yor. *ìdí*.

IERODÃ – s. Ver *Dã*.

IFÁ 1) (°) – s.m. Fá, Ufá, o oráculo, divindade que preside a adivinhação com os buzos, o destino do ser humano, na linguagem religiosa. Do Fon *Fá* /Yor. *Ifá*.

　　2) (°) – s.m. a adivinhação com o jogo de buzos, particularmente aquela feita com um rosário de búzios (*opelê ifá*) ou com búzios, giz, um preparado de carvão ou folhas, jogados sobre uma esteira ou bandeja de madeira (*abã*) ou dispostos numa mesa, na linguagem religiosa.

IGÔ – garrafa, em ketu. Do Yor. *ìgo*.

IGO OFO – s. garrafa vazia, em ketu. Do Yor. *ìgo òfo*.

IGUI – s. pau, madeira, vara, na linguagem religiosa. Cf. atim. Do Yor. *igi*.

IJÉ – s. sangue, em ketu. Cf. mungo. Do Yor. *ɛjɛ*.

IJEBU – s. antiga nação yorubana na Bahia. Cf. yorubá. Do Yor. *ìjébú*.

IJEOÍ – ou *Ijeonin*, nome iniciático de um devoto de Bessein, em mina–jeje. Do Fon *Àìjɛdonin*, o que é ancestral, fundamental.

IJEXÁ 1) (°) – s. ou iguexá, guexá, jexá, antiga nação yorubana na Bahia. Do Yor. *iješa*.

　　2) (°) – s. nação de candomblé ketu; seu representante maior na Bahia foi Eduardo Mangabeira, conhecido por Eduardo Ijexá.

　　3) (°) – s.m. ou *jexá*, toque para Oxum.

IKÊ – s. mentira, na linguagem religiosa. Cf. macuta. Do Yor. *èké*.

IKU – s. ou *aku*, morte, mortandade, na linguagem religiosa. Do Fon *kú* / Yor. *ikú*.

ILÁ – s. ou *inla*, quiabo, na linguagem religiosa. Ver obé inlá. Yor. *ilá*.

ILÊ (°) – s.m. casa, terreiro; pequenas construções situadas ao fundo do terreiro, cada uma dedicada à adoração de uma divindade, na linguagem religiosa. Var. ilele. Cf. unzó. Do Yor. *ilé*.

ILÊ AIYÊ 1) (°) – s.m nome de um bloco afro, fundado em 1974, em Salvador, constituído apenas de negros.

2) – s. a África, na linguagem religiosa. Var. ilu aiyê. Cf. Aruanda. Do Yor. *ilé aiye*, a casa do mundo.

ILÊ IBOIKU – s.m. casa reservada para as obrigações e oferendas aos mortos, em ketu. Do Yor. iléibɔ `iku*.

ILEKÉ – s. Ver *guia*. Do Yor. *ìlèkè*.

ILÊ KEKERÊ – s. ou ilê quequerê, a casinha, a latrina, na linguagem religiosa. Cf. cabungo. Do Yor. *ilé kékéré*.

ILEKUN – s. porta, na linguagem religiosa. Do Yor. *ìlèkun*.

ILELE – s. Ver *ilê*. Do Yor. *iléilɛ*, casa da terra.

ILÊ ODJÁ – s. loja, venda, açougue, em ketu. Do Yor. *ilé ɔ`já*.

ILÊ ORIXÁ – s. Ver *casa de santo*. Do Yor. *ilé òrìṣà*.

ILERIGUI – s. cumeeira da casa, em ketu. Do Yor. *iléligi*.

ILESAIN – s. casa destinada a guardar o *ixã* e os objetos consagrados a egun, na linguagem religiosa. Do Yor. *iléṣìan*.

ILU 1) (°) – s. ou *elu*, atabaque, na linguagem religiosa. Cf. rum. Do Yor. *ìlù*.

2) – s. toque para Xangô e Yansã, na linguagem religiosa. Do Yor. *ilù*.

3) – s. chão, terra, cidade, em ketu. Do Yor. *ìlú*.

4) – s. ou *malu*, boi, na linguagem religiosa. Do Yor. *màlú*.

ILU AYÊ – s.f. o mundo, na linguagem religiosa. Do Yor. *ìlú aiyé*, o chão do mundo.

ILU KAMARÔ – s. tipo de atabaque, em ketu. Ver ilu. Do Yor. *ìlù kànàngó*.

IMÃ 1) – s. conhecimento, percepção, na linguagem religiosa. Fon *mòn*, *mõ`* Yor. *imɔ*.

2) – s. (arcaico) chefe malê, na linguagem religiosa. Do Fon /Yor. *Ìmàn* < Hauçá *i mami*.

IMBAKASADI – s. boi, carne de boi, na linguagem religiosa. Do Kik./ Kimb. *mpakasasi*, o que é do boi.

IMBALANGANZA – s. lacrau, escorpião, em congo-angola. Do Kik./ Kimb. *mbalanganza*.

IMBALANGANZE – s. ou *Balanguanje*, *Imbanganje*, inkisi das doenças de pele, equivalente a Omulu, em congo-angola. Nomes: Kavangu, Kavungo, Insumbo, Intoto-Asabá, Mungongo, Kinkongo, Kingongo, Tigongo, Undundo, Unsungo. Nomes iniciáticos: Dialondirê, Dialonguirei, Umbananguane. Ver Jiramavambo. Do Kik./Kimb. *mbalanganzi*, repugnância, ref. à varíola.

IMBAMBI – s. nome de erê, na linguagem religiosa. Ver bambi. Do Kik. *imbambi*, inkisi.

IMBANGANJI – s. Ver *Imbalanganze*. Do Kik. *imbanganzi*, calor, referente à febre da varíola.

IMBEMBO – s. homem branco, em congo-angola. Ver *mundelê*. Do Kik./Kimb. *(lu)mbengo*, vermelho claro, rosado.

IMBONDA(R) – v. enganar, mentir astuciosamente, no Nordeste do Brasil. Do Kimb. *kubonda*.

IMBONDO 1) – s. mentira, na linguagem religiosa. Cf. macuta. Do Kik./Kimb. *mbombo*.
2) – s.m. ou embondo, embaraço, dificuldade, situação difícil, no Nordeste do Brasil. Do Kik. *mbongi* /Kimb. *mbondo*.

IMBOTÊ – exp. ou kiambote, salve, bem–vindo, na linguagem religiosa. Cf. axé. Do Kik./Kimb. *mbote*.

IMBREMA – v. copular, na linguagem religiosa. Do Kik. *mbelama*, deitar-se na cama sobre outro.

IMBUÁ – s. cachorro, na linguagem religiosa. Do Kik./Kimb. *mbwa* / Umb. *ombwa*.

IMBUANÇA – s.f. situação difícil, no Nordeste do Brasil. Cf. imbondo. Do Kik. *Mbwansa* / Kimb. *kiambonso*.

IMBUCHADO – s. colchão, travesseiro, na linguagem religiosa. Do Port. embuchado, entufado, inchado.

IMPAMBO – s. Vcr *Bambojira*. Do Kik./Kimb. *mpambu*, encruzilhada.

IMPANGO – s. nome de Zazi, em congo-angola. Do Kik. *Mpangu*, os ancestrais da criação.

IMPANZO – s. Ver *Umpanzo*.

IMPUKU – s. rato, na linguagem religiosa. Ver *calunga*. Do Kik./Kimb. *mpuku*.

INÃ – s. fogo, na linguagem religiosa. Do Yor. *inán*.

INAÊ(º) – s. nome de Yemanjá, na linguagem religiosa. Cf. Janaína. Do Fon *(i)nõ è*, minha mãe/ *nawé*, título respeitoso.

INAMA 1) – s. ou *iniama, kinama*, perna, patas, na linguagem religiosa. Ver inama de boi. Do Kik./ Kimb. *kinama*, pé, pata de animal.

2) – s.f. (euf.) pernas grossas de mulher, na linguagem religiosa. Cf. mocotó.

INAMA DE BOI – s.f. Ver *mocotó*.

INKOIJAMAMBO – s. ou *Inkoiamambu*, nome de *Zazi*. Do Kik. *Kosi dya Kilamu*, a grande divindade que desenha os raios.

INDACA 1) – s. ou aca, boca, língua; maldição, intriga, na linguagem religiosa. Cf. afidã, ejó. Do Kimb./Kik./Umb. *(o)ndaka*, língua, intriga, obscenidade.

2) – s.f. discussão, bate boca; intriga, mexerico, fuxico; (precedido de ter) diz-se de alguém que gosta de falar da vida alheia, linguarudo, na linguagem religiosa.

INDACA SEM INVICE – exp. lit. "boca sem dente", pessoa de bom coração, honesta, na linguagem religiosa, alusiva ao fato de não poder morder, ofender alguém.

INDIEKÊ – s. sacola usada a tiracolo, na linguagem religiosa. Do Kimb. *dinzeke*.

INDOMBE – s. escuro, escuridão, na linguagem religiosa. Ver *alombe*. Do Kik./Kimb. *kiatombe, kialombe*.

INDUMBA 1) – s. moça; jovem prostituta, na linguagem religiosa. Ver *quenga*. Do Kik. / Kimb. *ndumba*, moça; adultério, impudicícia.

2) – s.m. (euf.) homossexual, na linguagem religiosa. Ver *xendengue*.

INUNDUNSI – s. ou Inundunce, nome iniciático de Aziri, na Casa das Minas. Do Fon *wĩdũsí*, beber de água doce.

INENE – adj. ou *nene*, grande, na linguagem religiosa. Cf. inlá. Do Kik./ Kimb/Umb. *nene*.

INFONA(R) – v. frustrar um compromisso, na Bahia. Do Kik. *(m)vuna*.

INFUCA (º) – s.f. intriga, baderna, complicação, no Nordeste do Brasil. Do Kik. *mfuusa*.

INFUNDI(º) – s. bolo de farinha de mandioca e água usado para fins ritualístlcos e como comida de caboclo, na linguagem religiosa. Cf. ebá. Kik. / Kimb. *mfundi, mfunji*.

INFUNICA(R) (°) – v. desfigurar, mascarar, no Nordeste do Brasil. Do Kik.*mfunika*.

INFUZA(R) – v. não ter seguimento; não ter saída, encalhar, não obter venda; ficar solteirona, na Bahia. Ver enfusar (forma dicionarizada). Do Kik./Kimb. *(m)vunza*.

INGICA(R) – v. implicar, ter aversão, na Paraíba.

INGOMA – s.m. Ver *zingoma*.

INGOMBE – s. ou *kingombe*, gado, na linguagem religiosa. Cf. malu. Do Kik./kimb./ Umb. *(o)ngombe*.

INGONDO – s.m. ou *embondo*, dificuldade, embaraço, no Nordeste do Brasil. Do Kik./ Kimb. *ngongo*.

INGONGO 1) – s.m. ou *gongo, ngongo, ugongo*, centopeia, na Bahia. Ver caranguji, gongoji, gongolô. Do Kimb./Kik. *ngongo* /Yor. *igòngò*.
2) exp. *"enrolado como (in)gongo"*, em situação difícil, na Bahia.

INGOROSI (°) – s.m. ou ingolosi; reza fúnebre do ritual congo-angola, composta de 30 cânticos diferentes, acompanhados pelo batimento compassado das mãos, começando no fim da tarde, na linguagem religiosa. Cf. malembe. Ver angorosi. Do Kik. /Kimb. /Umb. *(o) jngolosi*, fim de tarde.

INGUIDIÁ – s. ou *kudiá*. Do Kik. /Kimb. *kudia*.

INGUNDA(R) – v. franzir, preguear (ref. a tecido); embaraçar, intrincar, Nordeste do Brasil. Do Kik /Kimb. *mbunda,* fazer pregas, vincos, franzir (tecido).

INGUNGA – s. sino, sineta usada para fins ritualísticos, na linguagem religiosa. Cf. adjá. Do Kik./Kimb./Umb.*(o)ngunga*.

INGURUNGA (°) – s.f. ou gurunga, caminho muito acidentado e quase intransponível, no Nordeste do Brasil. Do Kik. *mbunda mbunda,* muito intrincado.

INHACA 1) (°) – s.f. bodum, fedor, no Nordeste do Brasil. Ver *aca*.
2) – s.f. indisposição passageira, em Minas Gerais.

INJIKA(R) – v. ou *injicar*, sentir frio, ficar arrepiado de frio, na Bahia. Ver *jinje*.

INKALÁ – s. caranguejo, aranha, na linguagem religiosa. Do Kik./Kimb. *nkala*.

INKENTA 1) – s. pessoa, gente, na linguagem religiosa.

2) – s. mulher, esposa, na linguagem religiosa. Cf. obirim. Do Kik. *nkento*.

3) – s.f. (ofensivo) amásia, concubina, na linguagem religiosa.

INKENTA NABORODÔ – s. *adualó*, lésbica, na linguagem religiosa. Ver *naborodô*. Do Kik. *nkentu nsangolo,* copular com uma mulher.

INKINZO – s. fogão, fogareiro, em congo-angola. Do Kik. *nkinzu.*

INKISI (°) – s.m. ou inquice, designação genérica das divindades em congo-angola, na linguagem religiosa. Cf. orixá, vodun. Do Kik./Kimb. *nkísi* /Umb. *ekisi.*

INKITA – s.m. cerimônia de provação a que se submetem os iniciados, realizada na roça, ao fundo do barracão, a fim de punir aqueles que tenham cometido uma falta qualquer durante seu recolhimento; o iniciado sob essa condição, em congo-angola. Do Kik. *nkita,* punição.

INKOSI – s. Ver *Roxo.* Do Kik. *Nkosi,* um grande inkisi.

INKOSI MUCUMBE – s.Ver *Roxo Mucumbe.* Do Kik. *Nkosi Mukumbu.*

INKULU – s. ou *unculo,* carvão, em congo–agola. Cf. acará. Kik. *kikulu.*

INLÁ – adj. ou *lilá, nilá,* grande, em ketua. Cf. *nene.* Do Yor. *nlá.*

INLÊ – s.m. nome de Oxóssi, em ketu. Do Yor. *nilé.*

INSUKO – s. ou *insuki*; penacho, cabelo, na linguagem. Do Kik *nsuki/* Kimb. *kisukulu.*

INSUMBO – s. nome de Imbalanganze, em congo-agola.Do Kik. *Nsuumbu.*

INTAMBI – s. funeral, na linguagem religiosa. Cf. axexê, Do Kik./Kimb. *ntambi.*

INTOTO 1) – s. terra, barro, solo, chão, em congo–angola. Do Kik./Kimb. *(mu)ntoto.*

2) – s. colchão, travesseiro, imbuchado, na linguagem religiosa.

3) – s. nome de *Bambojira*, na linguagem religiosa.

INTOTO ASABÁ – s. nome da divindade da varíola, que reside sob a terra e não se manifesta, na linguagem religiosa. Ver Imbalanganze. Do Kik. *Ntoto nsaba, nsooba,* cicatriz ou verme da terra.

INVISI – s. ou invince, dente, na linguagem religiosa.Ver *indaca sem invice.*

INVOKO – s. feitiço, sortilégio, na linguagem religiosa. Do Kik. *mpioko,* Fon *nunvɔkú, nubokó,* objeto de sacrifício.

411

INXERIDO (º) – s./adj. intrometido, na Bahia. Cf. inxeir.

INXERI(R) – v. (forma dicionarizada incorreta "enxerir") tomar parte no que não lhe diz respeito; intrometer–se; procurar namorar; arrastar a asa a alguém, na Bahia. Ver inxerido. Do Port. inserir, intrometer.

INXU – s. Ver *ixu*.

INYÃ – s. ou iniã. Ver *iabanyã*.

INZALA 1) – s. fome, na linguagem religiosa. Do Kik./Kimb./Umb. (o) *nzala*.

2) – v. *fuá nzala*, morrer de fome, no português do Brasil.

INZALÁ 1) – v. ou *inzara*, ter fome, na linguagem religiosa. Do Kik./Kimb. *kala nzala*.

2) – s. repartição, entre os assistentes, das oferendas feitas aos deuses, em congo-angola. Do Kik./Kimb. *nsala*.

INZAMBI 1) – s. Ver *Zambi*.

2) – exp. saudação respeitosa, na linguagem religiosa. Do Kik./Kimb. *nzambi*.

IOBÉ – s. bode, cabra, em ketu. Ver *abucó*. Do Yor. *ikeregbe*.

IPETÊ (º) – s.m. ou *apetê*, comida de Oxum, feita com inhame cortado miúdo, fervido; até perder a consistência e temperado com dendê, cebola, pimenta e camarão, na linguagem religiosa. Do Yor. *ìkpètè*.

IPISSILONE – s.m. a vulva, órgão sexual feminino; coito, no Nordeste do Brasil. Var. pissilodê. Do Port. ipsilone, nome popular da letra grega Y (hip-silon), em razão do seu formato sugestivo.

IRI – s. comida de egun, na linguagem religiosa. Do Fon *lì*, milho / Yor. *èèrí*, farelo de milho, geralmente usado como alimento de gado.

IRMÃO DE DIJISA – s. ou irmão de esteira, o que compartilhou a mesma esteira de outro, no quarto de recolhimento, durante o período de iniciação, na linguagem religiosa.

IRMÃO DE ESTEIRA – s.m. Ver *irmão de dijisa*.

IRMÃO DE SANTO(º) – s.m. que tem o mesmo santo ou iniciou-se junto no mesmo barco, na linguagem religiosa. Do Port. irmão de santo, por laços religiosos.

IRÓ – s. mensagem, na linguagem religiosa. Do Yor. *irɔ'*.

IROKO (º) – s. ou *Irocô, Loko, Roko*, gameleira branca (*Morácea do Ge. Ficus*), árvore sagrada, em cujo tronco são atados *ojás* brancos e, ao seu pé, são colocadas a comida de santo e outras oferendas, na linguagem religiosa. Equivale a São Francisco de Assis ou a São João Batista. Dia: terça-feira. Cor: branca. Comida: ajabô. Sacrifício: galo, carneiro. Saudação: Iroco–içó. Ver Malembá, Tempo. Do Fon *Lòkó* Yor. *Ìrókò*.

IROKOISÓ – exp. saudação para *Iroco*, na linguagem religiosa. Do Yor. *ìrókóso*.

I(R) PARA O BELELÉU – exp. morrer, no Nordeste do Brasil. Ver *beleléu*.

IRU (°) – s. fava (*Parkia Filicoidea, Leguminosa*) procedente da Nigéria, usada como condimento na cozinha ritual, na linguagem religiosa. Do Yor. *irú*.

IRUN– s. cabelo, em ketu. Cf. insuko. Do Yor. *irun*.

IRU(E)XIM(°) – s.m. rabo de cavalo, ferramenta de Yansã e Oxóssi, na linguagem religiosa.Ver *irukerê*. Do Yor. *ìrùɛšin*.

IRUKERÊ (°) – s.m. ou *orukerê*, rabo de boi ou de cavalo, ferramenta de Yansã e Oxóssi, na linguagem religiosa. Ver *iruexim*. Do Yor. *ìrùkè(rè)*.

ITÁ (°) – s.m. ou *otá*, pedra, na linguagem religiosa. Do Ind. *Ita* /Yor. 'ɔku-tá, pedra.

ITAKANENO – s. Ver *itametá*. Do Kik./ Kimb. *(d)itakanenu*.

ITALODÊ – s. nome iniciático de um devoto de Oxóssi, em ketu. Do Yor. *Ìtalode*.

ITAMETÁ – s. encruzilhada, na linguagem religiosa. Do Yor. *ìtaméta*.

ITÉ – adj. insossa, sem gosto, na linguagem religiosa.Ver até. Do Ind. ité / Yor. *àté*.

ITÓ – s. saliva, em ketu. Cf. matê. Do Yor. *itɔ'*.

IUNDUNSI – s. nome iniciático de um devoto de Ajiri, em mina-jeje. Do Fon *win dunsí*, beber da água doce.

IXÃ – s.m. açoite listrado de branco, ferramenta de egun, na linguagem religiosa. Ver *ilesain*. Do Yor. *ìšán*.

IXÉ 1) – s. nome genérico para aves, em mina-jeje. Do Fon xè, Yor. *ɛiyɛ*.

2) – s. ou *oxixé*, trabalho, na linguagem religiosa. Cf. azó, curimá. Do Yor. *ìšé*.

3) – s.ou *inxé, ejé*, sangue dos animais sacrificados, usado para fins ritualísticos, na linguagem religiosa. Do Yor. *éjé*, sangue.

IXU – s. ou *inxu*, inhame, na linguagem religiosa. DoYor. *išu*,

IZÉ – s. Ver *ejé*.

J

JABÁ 1) (°) – s.m. carne seca, charque, carne do Ceará, no português do Brasil. Do Yor. *jàbàjàbà*.

2) – s. (chiste) "Esses meninos de hoje, todos querem casar, pra sustentar mulher com pelanca de jabá", no Nordeste do Brasil.

3) – s.f. bunda de mulher, região glútea feminina, no jargão prisional.

JABACULÊ (°) – s.m. gorjeta, dinheiro, no português do Brasil. Do Kik./Kimb. *kubakula*, tributar > *bakule*, adj. tributado, dado em tributo.

JÁ COMEÇA (°) – s.m. Ver *jajá* + Port. (exp.) "o comer e o caçar basta começar", no Nordeste do Brasil.

JÃ DE LA FOICE (°) – s.m. Ver *joão galafoice*.

JAGUNÇADA (°) – s.f. *jagunçaria*, grupo de *jagunços*, no português do Brasil.

JAGUNÇO (°) – s.m. valentão; guarda costa de um senhor de engenho ou fazendeiro; capanga, no português do Brasil. Cf. cangaço. Do Kik./Kimb. *(j)hangunso*.

JAJÁ – s.m. ou *xaxá*, coceira, sarna, no Nordeste do Brasil. Ver creca. Do Kik./Kimb./Umb. *(o)njaya*, Yor. *isăká*.

JAKUTÁ(°) – s. ou Jacutá, nome de Xangô, na linguagem religiosa. Do Fon/Yor. *Jàkúta*.

JANAÍNA (°) – s.f. nome de Yemanjá, no português do Brasil. Do Yor. *Ejanidá* > *Ejanina*, a criatura peixe, um oriki.

JARÁ – s. o quarto da casa, na linguagem religiosa. Cf. jará oluá, jará orixá. Do Yor. *yàrá*.

JARA 1) – s. polícia, no jargão prisional.

2) – s. apelido dado aos negros de Codó e filhos de Légua Boji Buá, no Maranhão Do Fon *jagá*, preparar, comer *já*, farofa de dendê.

JARA OLUÁ(°) – s. ou *jará orixá*, o santuário dos orixás, na linguagem religiosa. Ver *peji*. Do Yor. *yàrá olúwa*.

JARÁ ORIXÁ – s. Ver *jará oluá*. Do Yor. *yàrá òrišá*.

JARÊ (º) – s.m. religião afro-brasileira praticada em Lençóis, zona da Chapada Diamantina, na Bahia, que, no século0 XVIII, exigiu grande contingente de escravizados para a exploração de suas minas. Ver canjerê. Cf. Candomblé. Do Kik./Kimb. (ka)njile, ação de abençoar, abrir ajira, iniciar o culto.

JAVALU – s. render homenagem às divindades; realizar uma cerimônia com danças e cânticos, na linguagem religiosa. Ver savalu. Do Fon jɛavalú.

JÉ – s. açúcar, sal, na linguagem religiosa. Cf. jevivi. Do Fon jɛ, sal, açúcar.

JEAVÓ – s. bengala, na linguagem religiosa. Do Fon jeawon.

JEBEJEBE(º) – s.m. lugar longe, isolado, distante, na Bahia. Cf. cafundó. Do Fon jɛbéjé jɛgbé /Yor. ajeji àgbègbè.

JEGA (º) – exp. "lavar a jega", levar muita vantagem em tudo, no Nordeste do Brasil.

JEGUE 1) (º) – s.m. jumento, asno; auxiliar do sertanejo pela mansidão e resistência, mata a fome com os alimentos mais extraordinários: peias velhas, trapos, papel de gazeta, pedaços de velhas esteiras, restos de alpercatas etc., carrega água que será distribuída nas vilas e cidades, no Nordeste do Brasil. Cf. mestre jegue, moral de jegue. Ver jega, jeguito. Do Hauçá jaki < Árabe jarsh /Kik. zengi /Kimb. jengi.

2) (º) – exp. "toco de amarrar jegue", diz-se de alguém baixo e gordo, no Nordeste do Brasil.

3) – s. pessoa mal vestida, em Pernambuco.

JEGUE MANSO – s.m. diz-se de um marido traído, corno, no Nordeste do Brasil. Cf. jegue + Port. manso, domesticado.

JEGUEDÊ 1) – s.m. nome de Exu, criado de Yansã, na linguagem religiosa. Var. Xeketê. Do Yor. jegede, criança traquina.

2) (º) – s.m. Ver xekerê.

JEGUEDÉ – s. dança para Oxalá, na linguagem religiosa. Do Yor. jé gédé.

JEJE 1) (º) – s./adj. designação genérica por que ficaram conhecidos, no Brasil, os africanosdo grupo de línguas ewe-fon, provenientes do reino de Daomé, no Benin. Do Fon gedevé/geví, nome antigo dos habitantes do platô de Abomé (Ver abô) que foram vendidos em massa para o tráfico, depois de sua ocupação pelos aladás, a partir do séc. XVII, ou do Kimb. ngenji, estrangeiro.

2) – s. comunidades religiosas afro-brasileiras que cultuam os vo-duns com uma língua litúrgica de predominante de base fon ou da-omeana, na linguagem religiosa. Ver. jeje marrim, jeje mundubi, jeje nagô. Cf. Abô, Bogum.

2) – s. cor de gado com listas verticais, avermelhadas, na Bahia.

JEJE MARRIM – s. nação de candomblé, variante do jeje + marrim, na linguagem religiosa.

JEJE MUNDUBI – s. nação de candomblé, do jeje + *xɔg*bonuví, filhos de *Xɔbonu*, antigo nome de Porto Novo, capital do Benin, falante de maioria gun, pertencente ao grupo ewe-fon, língua muito próxima do fon. Var. mendobi, mondubi, mundubi.

JEJE NAGÔ – s. comunidade religiosa afro-brasileira, em cuja terminolo-gia predomina um sistema lexical de base fon e nagô, dialeto yorubá falado no Benin, principalmente em Ketu. Cf. nagô-ketu.

JENI – s. partes genitais da mulher, na linguagem religiosa. DVer *zinim*. Do Kik.*njini* / Fon *séli*.

JERÊ – s.m. Ver *ierê*.

JERICO 1) (°) – s.m. *jeguito*, burrico, no português do Brasil.

2) (°) – s. pessoa pouco inteligente; exp. *"ideia de jerico"*, sem nexo, sentido, no Nordeste do Brasil.

JEVIVI – s. açúcar, sal, na linguagem religiosa. Cf. jé. Do Fon *jɛviví*, sal açucarado.

JIBI 1) (°) – s.m. negrinho; meninote preto, no português do Brasil. Cf. moleque. Do Fon *(wì)wíví/wíwíví*.

2) (°) – s.m. nome de revista infanto-juvenil em quadrinhos que ti-nha um meninote negro como personagem; p. ext. qualquer revista em quadrinhos, no português do Brasil.

3) (°) – exp. *"não estar no gibi"*, ser fora do comum, no português do Brasil.

IBIZADA (°) – s.f. molecada, reunião de *jibi*, no português do Brasil.

JIBONGO (°) – s.m. ou *jimbongo*, malfeitor, assassino, no Nordeste do Brasil. Do *Kik. jibangu*.

JIGUIDI – s. nome de Exu, na linguagem religiosa. Do Yor. *šìgìdì*, imagem de barro que se acredita ter o poder de proteger e atacar, quando solicitada.

JIJAU – s. nome iniciático de um devoto de Xapatá, na linguagem religiosa. Do Fon *jijaún*.

JIKÁ – s. toque e dança para Oxóssi, balanceando os ombros; a expressão corporal da manifestação dos Orixás nos devotos, quando em transe de possessão, consistindo em balanço dos ombros acompanhado de curvamento do tronco para a frente, na linguagem religiosa. Do Yor. *èjiká*, ombro.

JILÓ 1) (°) – s.m. fruto do jiloeiro, de sabor amargo, no português do Brasil. Do Kik./Kimb. *njilu*.

2) – s. m. diz–se de um homem magro e cabeçudo, no Nordeste do Brasil.

3) – exp. *"se não existisse mau gosto, não se plantava jiló"*, de referência a alguma coisa considerada extravagante, no Nordeste do Brasil.

JILOE(I)RO (°) – s.m. ou *jilozeiro*, planta da família das Solanáceas, no português do Brasil. Ver jiló + Port. –(z)eiró.

JIMBA – s.f. ou *jiba*, corcunda, inchaço, na Bahia. Do Kik./Kimb. *jimba*, inchaço.

JIMBUDO – s. encorcovado, na Bahia. Ver *jimba*.

JIMBO (°) – s.ou *jimbra*, *zimbo*, búzios da costa, dinheiro, no Nordeste do Brasil. Cf. *akwé*, *owô*. Do Kik./Kimb. *nji(nzi)mbu* /Umb. *onjimbu*.

JIMBUNGO(°) – s.m. ou *jimbongo*, dinheiro, bens, riqueza, na linguagem religiosa. Ver *jimbo*. Do Kik./Kimb. *ji(zi)mbongo*.

JIMBRA (°) – s.m. moeda, propina, no Nordeste do Brasil. Ver jimbo.

JINDUNGO(°) – s. ou *urudungo*, pimenta, na linguagem religiosa. Cf. *atá*, *taquim*. Do Kimb. *jindungu*.

JINGA 1) (°) – s.f. (ginga) tipo de caneco usado nos engenhos para baldear o caldo da cana. Kik. *tšinga*, pequena cabaça usada como caneco nos canaviais no Brasil.

2) (°) – s.f. movimento fundamental do jogo de capoeira, do qual partem todos os golpes defensivos ou ofensivos, no português do Brasil. Do Kik./Kimb./Chokwe *zinga*, *jinga*, enrolar, rodear, serpentear, balancear o corpo.

3) (°) – s./adj. 2 gen. nome do povo e da língua de um grupo banto, falada na parte oriental de Angola, na região do antigo reino de Matamba. Cf. *Njinga*.

4) – s.f. personagem rainha da congada, no português do Brasil. Do Kik./Kimb. *Nzinga* ou *Njinga a Mbandi a Ngola*, nome da lendária rainha guerreira do reino de Matamba, no interior de Angola, entre 1582 e 1663, que se batizou com o nome de dona Ana de Souza.

JINGAÇÃO (º) – s.f. *jingo*, ato de jingar, no português do Brasil.

JINGADO(R) (º) – s.m. quem anda a *jingar*, no português do Brasil.

JINGA(R) (º) – v. andar bamboleando o corpo; curvar-se, dobrar-se num sentido e noutro, no português do Brasil. Ver *jinga*.

JINGO(º) – s.m. tipo de cachimbo, no Nordeste do Brasil. Do Kik. *nzingu*, lit. tição fumegante.

JINGUBA(º) – s.m. amendoim, na linguagem religiosa. Do Kik./Kimb. *z/ jinguba*.

JININ – s. Ver *zinin*.

JINJE – s.m. tremor de frio e arrepio de corpo, na Bahia. Cf. enjicar. Do Kik. *injinji* /Fon *ùjíjí*, Yor. *ojinjì*.

JINJIN – s. formiga, na linguagem religiosa. Do Kik./Kimb. *(lu)injinji*, formiga vermelha; Fon *zinzin, zīzī*.

JIRA (º) – s. ou *enjira*, oração, reza, o ato de louvar as divindades em congo-angola; sessão de umbanda, na linguagem religiosa. Ver *abrir ajira*. Do Kik. *nzila* /Kimb. *njila*, ato de louvar, rezar.

JIRAMAVAMBO (º) – s. *Unjiramavambo*, nome de Bambojira, criado de Imbalanganze, cuja imagem é um bordão terminado em duas faces opostas e juntas que representam o bem e o mal, respectivamente, na linguagem religiosa. Cf. Mavambo. Do Kik./Kimb. *Njila Mavambu*, bifurcação, encruzilhada.

JIRRÃ – v. cantar, louvar, na linguagem religiosa. Do Fon *jihan, jihã*.

JITAMBE – s. velório, funeral, em congo-angola. Ver. matambe. Do Kik./ Kimb. *ji(di)tambi*, pl. *matambi*.

JOANA GUNSA entidade de Codó, no Maranhão, tida como princesa, irmã de Légua, na linguagem religiosa. Do Fon *Axɔñōnu hūsɔ*, princesa, ajudante do vodun.

JOÃO GALALÃO (º) – s.m. personagem de contos e acalantos, uma espécie de papão negro, muito alto e magro, no Nordeste do Brasil. Cf. galalau. Cf. Kik. *yongalala*, alto e magro + Port. João.

JOÃO GALAFOICE (º) – s.m. fogo fátuo, no Nordeste do Brasil. Ver *bela-foice*. Cf.Kik. *janngala fwesse,* que se eleva da água como redemoinho + Port. João.

JOÃO GALAFUZ – s.m. Ver *joão galafoice*.

JOÃO GALAMARTE (º) – s. gangorra, balanço para divertimento infantil, no Nordeste do Brasil.

JOÃO GOMES (º) – s.m. Ver *maria gomes, manjangombe*.

JOKÔ – v. sentar, em ketu. Do Yor. *jókó*.

JOGO DE BUZ(I)O (º) – s.m. Ver *jogo d'Ifá*. Do Port. jogo de búzios.

JOGO DE CAPOE(I)RA (º) – s.m. Ver *capoeira*. Cf. Port. jogo, divertimento, atividade física e mental organizada por um sistema de regras que definem a perda ou o ganho, na Bahia.

JOGO D'IFÁ(º) – s.m. a advinhação pelo jogo de búzios, na linguagem religiosa.

JONGO (º) – s.m. dança rural brasileira de origem congo-angola, também chamada de *caxambu* e *corimá*. Do Umb. *olundongo, ohango,* dança dos circuncisados.

JONU – s. ou *jolu*, agradecimento da festa, cerimônia privada, após a festa, quando repartem alimentos, em mina-jeje. Do Fon *jɔ'nu*, banquete.

JORNAL DE NAGÔ (º) – s.m. passar a notícia de boca em boca, na Bahia. Cf. Port. jornal de + nagô, ref. a não ser escrito.

JUMBELÊ – s. nome de Bessein, na linguagem religiosa. Do Kik./Kimb. *(ji)mbeele*, faca de inkisi.

JUNSA DIORO DIKIGONGO – s. terreiro angola na localidade de Campo Limpo, em Feira de Santana, a 120 km. de Salvador, na Bahia. Do Kik./Kimb. *njunsa ndolo dya kingongo,* terreiro de Kingongo.

JUREMA (º) – s.f. leguminosa arbórea, de cujas cascas e raiz se faz uma bebida do mesmo nome, de propriedade alucinógena, muito apreciada pelos caboclos; festa em homenagem ao caboclo, no português do Brasil. Ver mesa de jurema, juremar. Do Tupi *yurema*.

JUREMA(R) – v. fazer jurema, na linguagem religiosa.

JUREME(I)RO 1) (º) – s.m. nome de caboclo, na linguagem religiosa.

2) (º) – s.m. feiticeiro que utiliza o transe provocado pela jurema, na linguagem religiosa.

K

KAAIÊ – s. nome de Nanã, patrona dos professores, na linguagem religiosa em mina-jeje. Do Yor. *kàwé*, professor.

KA(A)ROKÊ – exp. pedido de licença para falar com as iniciadas, durante a reclusão no terreiro, na linguagem religiosa. Do Yor. *káraóke*.

KAFELEMPANGO – s. nome de Zazi, na linguagem religiosa. Cf. ubele. Do Kik. *kambeelempongo*, o machado poderoso.

KAFIOTE 1) – s. ou cafiote, negro pequeno, magrinho, moleque, na linguagem religiosa. Do Kik. *kafyote*.

2) – s. esconderijo onde se guardam trastes de pouco valor, na Paraíba.

KAFIOTO (º) – s.m. ou cafioto, sacerdote de macumba, feiticeiro temível, na linguagem religiosa. Cf. cafute, cobé. Do Kik. *kafwote*, que provoca a morte por meio de artifícios.

KAFURINGOMA – s.m. ou cafiringoma, fura ingoma, frequentador assíduo de todos os candomblés; (p.ext.) linguarudo, na linguagem religiosa. Cf. fura runcó, sete runcó. Do Kik./Kimb. *kafwanangoma*, o que procura divertir-se (batendo) no ingoma.

KAJITÓ – s.m. casebre, na linguagem religiosa. Cf. caxixolo. Do Kik./ Kimb. *kajinzo*.

KAKARUKAI – s.m. ou cacarucai. Ver *kakurukai*.

KAKULAJE – s.f. ou caculaje; coisas usadas, velhas, na linguagem religiosa. Ver kakurukaji. Do Kik. *kakulunkazi* /Kimb. *kikulakaje*.

KAKULO – s.m. ou caculo; o primeiro nascido dos gêmeos, o mais velho, em congo-angola. Cf. baculo. Ver caçula. Do Kimb. *kakulu*.

KAKURUKAI – s. ancião, tratamento para preto velho, na linguagem religiosa. Cf. kakurukaia, kakurukaio, kakurukaji. Do Kik./Kimb. *kilulukaia* /Umb.*okangu luhailukai*.

KAKURUKAIA 1) – exp. para exorcizar Cariapemba, na linguagem religiosa. Ver *quilulo*. Cf. mabo. Do Kik./Kimb. *kilulukaia*.

2) – s.f. velha, coroca, na linguagem religiosa. Ver *kakurukai*.

KAKURUKAIO (º) – s.m. Ver *kakurukai*.

KAKURUKAJI – s. ou cacurucaje; mulher velha e feia; (pejorativo) pessoa ou coisa muito velha; solteirona, na linguagem religiosa. Cf. cacumbu, canguru, coroca. Do Kik. *kakulunkazi*, Kimb. *kikulukaji*.

420

KAKURUKAJO – s.m. ou cacurucajo; menopausa, na linguagem religiosa. Ver *kakurukaji*.

KAKURUKÊ – s.m.velho, na linguagem religiosa. Ver *kakurukaji*.

KALUMBA TUBIÁ – s. ou calumba tubiá; vagalume, em congo-angola. Ver tubiá. Do Kik./Kimb. *kalumbatubia*.

KALUNGAMBÁ – s. ou calungambá; feiticeira, na linguagem religiosa. Cf. calunga. Do Kik./Kimb. *kalunganga*, a grande chefe feiticeira.

KALUNGANGOMBE – s. ou Calungangombe, Calungazimbe, Kalungan-zambe, deus das profundezas do globo, o além-túmulo, espírito do outro mundo, em congo-angola. Cf. calunga. Ver *Zambi*. Do Kik./Kimb. *Kalungangombe*, dono do segredo.

KALUNGANZAMBE (º) – s. ou Calunganzambe, o deus da morte, na linguagem religiosa. Ver *Caluganzimbe*. Ver *calunga*. Do Kik.Kimb. *Kalungansambi*.

KALUNGANZIMBE – s. ou Calunganzimbe. Ver *Calunganzambe*. Do Kik./Kimb. *Kalungamsimbi*, deus das profundezas e precipícios do mar.

KALUSÓ – s. ou caluçó, arroz, na linguagem religiosa. Do Kik./Kimb. *(ka) luso*< Port. arroz.

KALYAMAZI – s. ou caliamaze; copo, caneco, na linguagem religiosa. Do Kik. *nkalu* (< Port. cálice) *yamazi*, copo para água.

KAMBANJE – s. pênis, em congo-angola. Cf. aloji, ocô. Ver *manjuba*. Do Kimb. *kambanja*.

KAMBARANGWANJI – s. ou Cambaranguanje. Do Kik. *kambalem-bangwanzi*, o pacificador.

KAMBONDO – s.m. ou cambono, cambondo,o tocador de atabaque, dos toques sagrados, na linguagem religiosa. Cf. alabê, runtó. Do Kik./Kimb. *kambondo*.

KAMBUTO – s. ou cambuto; ancião, velho, na linguagem religiosa. Cf. coroca. Do Kik./Kimb. *(ka)mbuta*.

KAMONA – s. filho, menino, na linguagem religiosa. Do Kik./Kimb. *kamona*.

KAMUTWÊ – s. ou camutuê, cabeça, ciso, juízo, na linguagem religiosa. Ver mutuê. Do Kik./Kimb. *kamutwe*, local da cabeça, do juízo.

KANDIAMBI – s. ou cadiambe. Ver *cariapemba*.

KANGONGO 1) – adj. medroso, na linguagem religiosa. Do Kik. *kingongo*. 2) (°) s.m. ou *cangongo* (entre sertanejos), o que habita à beira-mar, no Nordeste do Brasil. Cf. capicongo. Do Kik. *nkalangungu* (termo jocoso), caranguejo grande.

KANGORO – s. Ver *mongolô*. Do Kik. *kangolo*.

KANJIRA MUNGONGO – s. ou canjira mungongo, nome de Bombojira, em congo-angola. Do Kik./Kimb. *Kanjila mungongo*, lit. que abre o caminho das cavernas.

KANZANZA – s. nome de Lemba, em congo-angola. Do Kik. *Kizanza*, grandioso.

KANZÓ – s. ou *canzuá, canzó*, casa, na linguagem religiosa. Cf. ilê. Do Kik. *kinzo*, Kimb. *kanzo*.

KANZUÁ DE KIMBI (°) – s. ou *kanzuá de vumbi*, casa dos mortos, cemitério, na linguagem religiosa. Do Kimb. *Kanzo dia kimbi*.

KANZUÁ DE VUMBI – s.m. Do Kik. *kanzo dia mvumbi*.

KANZUMBI (°) – s. ou *cazumbi*; alma penada, de outro mundo, na linguagem religiosa. Ver zumbi. Do Kimb. *kanzumbi*.

KAÔ KABIESI(LÊ)OBÁ – exp. saudação para Xangô, na linguagem religiosa. Yor. *kà wòóo kábiíyèsí (ile)ɔba*.

KARAMBORO – s. *kandomboro, karamoro, karangoro*, galo, na linguagem religiosa. Do Kik./Kimb./Umb. *kolombolo*.

KARIAMBI – s. Ver *Cariapemba*. Do Kik./Kimb. *nkadiambi*.

KARIAPEMBA(°) – s. ou Cariapemba, o demônio, o cão, entidade maléfica, na linguagem religiosa. Var. *Kandiambe, Kariambe*, Kariapembe. Saudação: kakurukaia. Cf. Amulu, Bombojira, Exu. Do Kik./Kimb. *Nkadiampemba*, lit. o espírito maléfico dos cemitérios.

KARIENGUE – s. gato, em congo-angola. Do Kik./Kimb./Umb. *(o–) kalenge*.

KASANJI DYA MUNGU – s. nome iniciático de um devoto de Kongombira, em congo-angola. Do Kik. *Nsanji dya mpungu*, poderoso caçador.

KASIRENGA (°) – s.f. ou cacerenga. Ver kaxirenguengue.

KASUTÉ – s. nome de Lemba, equivalente a Oxaguiã, em congo-angola. Do Kik./Kimb. *kasuti*, paciente, quieto.

KASUTO 1) – s. inkisi protetor das doenças, na linguagem religiosa. Cf. OSSAIN. Do Kik./Kimb. *(ka)ntutu*.

2) – s. ou kisuto, bode, na linguagem religiosa. Cf. abucó. Do Kimb. *(ka)kisutu.*

KATAMBA – s. nome de Lemba, em congo-angola. Do Kik. *(kia)ntamba*, energia, força.

KATISÁ – v. oferecer em sacrifício, encantar, na linguagem religiosa. Do Kik. *kutiisa*, Kimb. *kukwatisa*.

KATULA(R) – v. ou catular; raspar a cabeça do noviço durante a feitura de santo, na linguagem religiosa. Do Kik. *kutuula*, Kimb. *kulula*, raspar a cabeça, o cabelo.

KAVANGU – s. ou Cavango. Ver *Kavungu*.

KAVUNGU – s. ou *Cavungo, Kavangu, Kaviungu*. Ver Imbalanganze. Do Kik. *Kavungu*, varíola.

KAWÔ-DIKABIESILÊ – exp. Ver *kaô-kabiesi*.

KAXERNGA (º) – s.f. ou caxerenga. Ver *kaxirenguengue*.

KAXILA – v. chegar, na linguagem religiosa. Do Kik. *kwijila*, Kimb. *kubishila*.

KAXIRENGUENGUE (º) – s.m. ou *caxirenguengue*; faca velha, sem cabo, no Nordeste do Brasil. Var. caxerenga, kaxerenguenga, kaxerenguengue, kaxeringuengue, caxirengue. Cf. cacumbu. Do Kim./Kimb. *ki–, ka-nselengenye*.

KAYALA (º) – s. nome de Kisimbi, na linguagem religiosa. Do Kik. *Nkaya Nsala*, lit. a avó da vida.

KAYANGU – s. ou Caiango. Ver *Matamba*. Do Kik. *Nkaya Myangu,* lit. a avó do fogo.

KAYÁYA – s. nome de Kisimbi, a velha. Do Kik./Kimb. *nkaaya*, a avó.

KEKERÊ – adj. pequeno. Cf. petite. Do Kik. *keeke*, Yor. *kékéré*.

KELÊ (º) – s.m. ou gravata de orixá, espécie de colar de contas (miçangas) cuja cor indica o orixá de quem o iniciando é devoto e que representa o próprio orixá. Considerado uma joia pelo povo de santo, durante o período de seu uso o iniciado deve cumprir resguardos que incluem: restrição alimentar, uso de roupas brancas, dormir sobre a esteira etc., na linguagem religiosa. Cf. tirada do kelê, tomada do kelê. Do Yor. *kélé*.

KENDÊKENDÊ 1) – adj. grávida, pejada, prenha, na linguagem religiosa. Cf. divuna cheia. Do Kik. *kyende*, Fon *kpendè*, pejada, (animal).

423

2) – s./adj./adv. pinto, criancinha; pequeno, pouco; pouco a pouco; em pedaços, na linguagem religiosa. Cf. kekerê. Do Kik. *kyele,* Fon *kpɛdékpɛdé,* Yor. *kélekèle.*

KEREKERÊ – s. Ver *kisumbelê.*

KETU (°) 1) – s/adj. ou queto, designação genérica dada no Brasil aos africanos que foram trazidos do reino yorubá de Ketu, no Benin, principalmente a partir dos fins do séc. XVIII. Cf. Alaketu, Araketu. Do Yor. *Ketu.*

2) – s/adj. ou nagô-ketu, nação religiosa afro-brasileira, em cuja linguagem litúrgica predomina o dialeto nagô do yorubá falado em Ketu.

KIAMBO – s.m, curandeiro, em congo-angola. Do Kik. *kiwamba.*

KIAMBOTE – exp. Ver *mbote.*

KIAMBUTÊ – s. beberrão, bêbado, na linguagem religiosa. Cf. babalotim, cachaceiro. Do Kik./Kimb. *(kunua) kiambote,* o que gosta de beber.

KIASUBANGA – s. nome de Zazi, em congo-angola. Do Kik. *kiasubanga,* que traz cólera, fúria.

KIASUBENGANGA – s. nome de Zazi, em congo-angola. Do Kik. *Kiasubenganga,* que traz fogo.

KIBANDÃ – s.m. palmatória, na linguagem religiosa. Do Kik./Kimb.*(ki) mbanda.*

KIBUKO – s. Ver *kiburo.*

KIBUKO KIASUBANGA – s. saudação para Zazie em congo-angola. Cf. tibuco.

KIBURO – s. ou *Kiburo, Tiburo,* nome de Zazi, em congo-angola. Do Kik. *Kiamburu,* o que mete medo.

KIFUBA – s. osso, na linguagem religiosa. Cf. egun. Do Kimb. *kifuba.*

KIFUMBA – s. cozinha, na linguagem religiosa. Do Kik. *kivumba.*

KIFUMBE(I)RO – s.m. Ver *ogã de cozinha.* Cf. quifumba.

KINGONGO DINZAMBE – s. nome iniciático de um devoto de Tempo em congo-angola. Do Kik. *(ki)Ngongo Diansambe,* a grande árvore da fortuna.

KIKETO – s. Ver *kuketo.*

KIKONGO (°) – s. ou quicongo; língua do grupo banto, falada pelo povo bacongo do reino do Kongo, hoje concentrado no norte de Angola e na foz do rio Zaire, Congo-Kinshasa e Congo-Brazzaville. Ver Congo.

KILOMBE – s. urubu, corvo, em congo-angola. Do Kimb. *kilombe.*

KILULO – s. espíritos maus, na linguagem religiosa. Do Kik./Kimb. *kilulu/* Umb. *atilulu.*

KIMBANDA – s.m. ou quimbanda; curandeiro, vidente, oculista, sacerdote de macumba; (pejorativo) feitiço, feiticeiro, na linguagem religiosa. Var. embanda, imbanda, umbanda. Cf. babalaô, nixegun, tata kimbanda. Do Kik./Kimb. *kimbanda/*Umb. *(ovi)mbanda.*

KIMBANDO – s. chicote, açoite, na linguagem religiosa. Do Kimb. *kimbandu.*

KIMBENGUE – s. garrafa, em congo-angola. Do Kik. *(ki)mpengi.*

KIMBUNDO (°) – s. ou quimbundo, uma das seis línguas nacionais de Angola, falada pelo povo ambundo, concentrado na região central do país, entre Luanda e Malanje, compreendendo também Ambriz. Foi, certamente, uma das línguas africanas mais importantes no Brasil e para a língua portuguesa em geral.

KIMBUTA – s. uma grande cobra venenosa, em congo-angola. Do Kik. *kimbuta.*

KIMBUTO – s. nome iniciático de um devoto de Lemba, na linguagem religiosa.Do Kik./Kimb. *Kimbuto,* o nascimento, a descendência.

KIMENGA – s. Ver *matança.* Cf. menga. Kik. *kimenga.*

KINAMA – s. perna grande. Ver *inama.*

KINDÁ – s. espécie de cesto, em congo-angola. Kik. *Nkinda,* Kimb. *kinda.*

KINDÔ – s. Ver *kindoki.*

KINDOKI 1) – s.m. ou kindô, endoki, feitiçaria, bruxaria, na linguagem religiosa. Cf. oxô. Ver coisa feita, dendê. Do Kik./Kimb. *kindoki.*
2) – s.m. feiticeiro, bruxo; pai de santo tido como feiticeiro. Ver mandrake. Do Kik./Kimb. *kindoki*

KINGANJÁ – s. peixe grande, do mar, em congo-angola. Cf. kinganjé. Do Kik. *kimbijia maza.*

KINGANJÉ – s. peixe pequeno, em congo-angola. Do Kik. *kimbijiande maza.*

KINGONGO – s. ou *mungongo, kincongo, tigongo,* em congo-angola. Ver *Imbalanganze.* Do Kik. /Kimb. *kingongo,* varíola.

KINJONGO – s. espada, em congo-angola. Do Kik./Kimb. *kinjangu.*

KINTI – s. ou *kiti,* cacete, pênis, na linguagem religiosa. Ver binga. Do Kik./Kimb. *kinti,* grande pau.

KISAMÃ – s. formiga, térmita, na linguagem religiosa. Do Kik./Kimb. *kinsama.*

KISAMBÔ – s. nome de Kisimbi, em congo-angola. Do Kik./Kimb. *Nkisi Nsambu,* a benevolente.

KISENDE – s. formiga, na linguagem religiosa. Do Kik. *kisendi,* formiga vermelha.

KISIMBI (°) 1) – s.f. inkisi que preside as águas salgadas, equivalente a Yemanjá, Cf. Dandalunda. Nomes: Caçanje, Caiáia, Caiala, Quianda, Mameto-Kisimbi, Kissambô, Sereia-Mucunã. Var. *kiximbe.* Do Kik./ Kimb. *Kisimbi.*

2) – s.f. personagem de contos populares, a sereia, mãe d'água, no Nordeste do Brasil.

KISONGO – s. tesoura, na linguagem religiosa. Do Kik. *kisongo.*

KISUBANGANDA – s. nome iniciático de um devoto de Zazi, em congo–angola. *Nkisi Mbanganda,* o senhor do ronco do trovão.

KISUBANGANGO – s. nome iniciático de um devoto de Zazi, em congo-angola. Do Kik. *Kisubangangu,* o que se irrita com cólera, com raiva.

KISUMUMBELÊ – s. nome de Mameto-Zumbá, em congo–angola. Do Kik. *Kisumbele,* a velha.

KITEKO – s. imagem, ídolo, na linguagem religiosa. Do Kik./Kimb. *kiteke.*

KITEMBE – s. nome de Tempo, na linguagem religiosa. Do Kik. *Kintembe.*

KITEMBU – s. nome iniciático de um devoto de Matamba, deusa da tempestade, em congo-angola. Do Kik./Kimb. *kitembu,* tempestade.

KITOMBE – s. noite, escuridão, em congo–angola. Cf. alombe. Do Kik./ Kimb. *kitombe.*

KITONGA – s./v. coito, cópula; copular, dormir com alguém, na linguagem religiosa. Cf. naborodô. Do Kik./Kimb. *ki–, ku-tonga.*

KITUMBO – s. nome iniciático de um devoto de Tempo, em congo-angola. Do Kik./Kimb. *(ki)Ntombo* , nome próprio, árvore grandiosa.

KITUTU – s. nome de *Kavangu,* na linguagem religiosa. Do Kik. *kithutu,* varicela.

KOBA – adv. muito, bastante, em congo-angola. Do Kik. *khoba.*

KOBU(°) – s. ou cobu; biscoito de fubá, muito duro, assado sobre folhas de bananeira, no Maranhão e em Minas Gerais. Do Fon *kpo(dó)gbà,* lit. *"vara para quebrar"*, biscoito muito duro, feito com farinha de milho.

KODARA – exp. ruim, na linguagem religiosa. Ver odara. Do Yor. *kòdára*, o que não é bom.

KOKÊ(°) – s. nome de Yemanjá, na linguagem religiosa. Do Yor. *kíòkè*, um oriki.

KOKORNEZIN – s. *kokoruezin*; ovos; testículos, na linguagem religiosa. Cf. balangandã, diassanje. Do Fon *koklózim/klokozî͂*, Yor. *akukɔɛyin*.

KOKORO – s. designação genérica para aves e pássaros; galo, galinha, na linguagem religiosa. Do Fon *kloko*.

KOKORÔ – s. designação genérica para insetos, na linguagem religiosa. Do Yor. *kòkòrò*.

KOKORÓ – s. chave, em ketu. Cf. lubito. Do Yor. *kókóró*.

KOKOROVI – s. pinto, em mina-jeje. Do Fon *klokovi*.

KOKOTABÁ – s.f. cachimbo, na linguagem religiosa. Ver. pito, azoquê. Yor. *ikàkò tábà*.

KOKRE – s. ou *kogre, kokre*, colar de miçangas, ajustado pescoço, usado pelas iniciadas, na linguagem religiosa. Do Fon *kokle*.

KOLUNFÉ – exp. saudação de boas-vindas, de bênção, na linguagem religiosa. Cf. kozodiô. Do Fon *ku nu we*, bem-vindo/ *ku lo gbé*, seja feliz.

KONGO) – s.m. ou congo, toque especial para Kongombira, Dandalunda e Roxomukumbe, na linguagem religiosa. Do Kik. *nkongo*.

2) – s. ou congo, nação de candomblé cuja terminologia religiosa é de base essencialmente banto, na linguagem religiosa. Ver *angola*.

3) (°) – s./adj. ou congo, designação dada ao africano bacongo proveniente do reino do Kongo, nas atuais repúblicas do Congo-Kinshasa e do Congo-Brazzavill. Cf. manicongo. Do Kik. *koongo*.

KONGOMBIRA – s. ou *Gongombira*, inkisi protetor dos caçadores e do mundo animal, equivalente a Oxóssi, na linguagem religiosa. Nomes: Burugunzo, Makanã, Mucongô, Mutacuzambô, Mutalombo. Nomes iníciáticos: Caçanje-Diamongo, Sesidamitara, Sesitaquara-Toque: congo. Símbolo: mutaca. Do Kik. *nkongombila*, o grande caçador.

KORI – v. cantar, em ketu. Do Yor. *kɔrin*.

KORUGA – s. chapéu, na linguagem religiosa. Do Yor. *ìkòrìga*.

KOSI 1) – s.m. o leigo, não iniciado, na linguagem religiosa. Ver *betó, vo-dunsi aê*. Do Fon/Yor. *kosi, kòsí,* que não existe, não iniciado.

2) – exp. por fim, terminado, acabado, na linguagem religiosa. Do Yor. *kòsí.*

KOSIKÃ – exp. *"nada de mal"* (usada para exorcizar durante o jogo de búzios), na linguagem religiosa. Do Yor. *kò sí nká.*

KOTA – s. ou cota, cótua, macota, título congo-angola para aqueles com mais de sete anos de iniciado. Cf. ebome. Do Kik./Kimb. *(ma)kota,* o irmão mais velho.

KOZODIÔ – exp. saudação de agradecimento, de boa sorte, bom dia. Ver colunfé. Do Fon *ku(do)dazo.*

KPÓ – s. ou *Pó, Puó, Ipó, Poê,* divindade real, vodun da floresta e das raízes, na linguagem religiosa. Do Fon *Kpɔ,* pantera, representa o rei de Abomé.

UATÁ – v. pegar, tomar, dar, em congo-angola. Do Kik./Kimb./Umb. *kuata.*

KUDIÁ – v. ou kuniá, kuriá, comer, na linguagem religiosa. Ver inguidiá. Cf. ajeum. Do Kik./Kimb. *kudyá.*

KUDURU(º) – s. ou *ekuru,* massa de feijão fradinho enrolada em pequenas porções com folhas de bananeira, cozida em banho-maria e depois diluída em mel de abelha ou dendê, na linguagem religiosa. Do Yor. *kúdùrú.*

KUENDÁ – v. ou *puendá,* andar, partir, viajar, na linguagem religiosa. Do Kik./Kimb. kwenda.

KUKANGALA – s. jovem solteira que perdeu a virgindade e por isso, acedita-se, é mais facilmente acessível a propostas sexuais; prostituta, mulher sem dono, na linguage religiosa. Cf. indumba. Do Kik. *kukangala,* que foi deflorada.

KUKATA – s. doença, doente, em congo-angola. Do Kik./Kimb. *kukata.*

KUKETO – s. ou Cuqueto; nome de Yemanjá, na linguagem religiosa. Var. *Kiketo.* Do Fon *kiètɔ`, (ki) kukɛtɔ`.*

KUKURUKAJI – s. ou kakurukaji.

KULANA – v. lutar, perseguir, em congo-angola. Do Kik. *kulana*/Kimb. *kulaka.*

KULINA – exp. ou *masculina,* saudação laudatória em honra às divindades durante as cerimônias públicas, em congo-angola. Do Kik. *makolila,* boa sorte a todos.

KUMBARA – s. cidade, em congo-angola. Do Kik. *kumbanda*.

KUMULAIA – s.f. cachaça. Do Kik. *kúnua lua yaaya*, lit. bebida de água ardente.

KUNENA – v. defecar, na linguagem religiosa. Do Kik./Kimb. *kunena*.

KUNIÁ – v. *kudiá*, *kúria*, comer, na linguagem religiosa. Cf ajeum. Do Kik./Kimb. *kudia*.

KUNLÉ – v. ajoelhar, na linguagem religiosa. Do Yor. *kúnlè*.

KUNUÁ – v. beber, na linguagem religiosa. Ver *o de bebe(r)*. Do Kik./Kimb. *kunua*.

KUOBÔ – s. anûs, partes genitais da mulher, na linguagem religiosa. Cf. obô. Ver *mucubu, tabaco*. Do Kik. *kobo*, órgão sexual feminino.

KURIÁ – v. Ver *kuniá*.

KURIAKUKA – s.f. cozinheira; a encarregada da comida ritual, em congo-angola. Do Kik./Kimb. *kudiakuka*.

KURIMÁ – v. trabalhar, em congo-angola. Do Kik. *kutima* /Kimb. *kudima* /Umb. o*kulima*, lavrar a terra, explorar mineração.

KURIMBA – v./s. cantar em louvor; cânticos para preto velho, na linguagem religiosa. Cf. korim, jirrã, zuelá. Ver *gurunfim*. Do Kik./Kimb. *kwimb(il)a, kudima*, invocar os espíritos, batendo palmas.

KURUGA – s.m. ou koruga, chapéu, na linguagem religiosa. Do Yor. *ìkòrìga*.

KURUNGO – s./adj. velho, na linguagem religiosa. Do Yor. *kunugbo*, velhice.

KURURU – adj. velho, coroca, na linguagem religiosa. Do Kik./Kimb. *aku-lu(ku)lu*.

KURUTU(º) – s. ou curutu, coruja, termo frequente em acalantos: *"João Curutu, sai de cima do telhado,/ vem cumê esse menino/ com bolo de angu"*, na linguagem religiosa. Cf. carimbamba, cuca. Do Kik./Kimb. *kuluntu*, velhice, feiura.

KUSUSA – v. ou *darakususa*, urinar, em congo-angola. Cf. tó. Do Kik./Kimb. *kususa*.

KUTUTÓ – s. ou *kuntutó*, espírito dos mortos, na linguagem religiosa. Cf. cuia, egun, vumbe. Do Fon *kutitɔ', kutútɔ'*.

KUVALÁ – v. nascer, em congo-angola. Do Kik./Kimb./Umb. *(o)kuvala*.

KUVUNGA – s. embaraço, confusão, atrapalhação, na linguagem religiosa. Cf. bagunça, zungu. Do Kik. *kuvonga* /Kimb. *kuvunza*.

KUYA – s. ou *kicuia, kiruia*, alma, espírito do morto, assombração, fantasma, na linguagem religiosa. Do Kik. *(ki)nkuya.*

KUYABALÉ – s. Ver *Balé*, título de Yansã, na linguagem religiosa. Yor. *Kúìyá ìgbàlè.*

KYALA – s. unha, na linguagem religiosa. Do Kik. *kizala* /Kimb. *kyala.*

KYAMA – s. animal, quadrúpede, na linguagem religiosa. Do Kik./Kimb. *(bulu) kyama, kyainama.*

KYOYÔ (°) – s.m. ou *quioiô*, erva labiada, de folhas moles e aromáticas, serve de condimento e para infusão em banho ritual, na linguagem religiosa. Cf. ariaxé. Do Fon *yoyoe* /Yor. *kiyoye.*

L

LABÁ (°) – s.m. sacola que contém os preceitos de Xangô, na linguagem religiosa. Do Yor. *làbà.*

LABÉ – v. cortar, em ketu. Do Fon *lāgbé* /Yor. *lágbé.*

LADAINHA – s. *lengalenga*, repreensão, no Nordeste do Brasil.

LADANO (°) – s.m. (arcaico) ajudante dos antigos cultos islâmicos na Bahia, na linguagem religiosa. Do Hauçá *ladonì.*

LAEBRI – s. ou *lerogri*, parede, em ketu. Do Yor. *nláloguiri.*

LÁ ELE – exp. Ver *afu*. Do Port. lá ele, do lado dele, do lado de lá, na Bahia.

LAGUIDIBÁ(°) – s.m. ou conta d'Omulu, colar ou pulseira de contas pretas feitas de coquinho ou de chifre de boi, símbolo de Omulu, na linguagem religiosa. Ver *runjebe*. Do Yor. *lagidigba.*

LALÉ – adv. de noite, na linguagem religiosa. Ver *alé*. Do Yor. *lálé.*

LAMBA 1) – s.f. chicote, verga; tala de couro; castigo, sofrimento no Nordeste do Brasil. Cf. muxinga. Kik./Kimb/Chokwe. *mbamba, lambá.*

2) – s.m. (p. ext.) trabalho pesado, penoso, feito à força, no Nordeste do Brasil.

LAMBADA 1) (°) – s.f. golpe de chicote, lapada, vergastada, golpe dado com lamba.

2) – s. gole de bebida tomado de vez, no Nordeste do Brasil.

LAMBA(R) (°) – v. chicotear, bater com *lamba*, no Nordeste do Brasil. Do Chokwe, *ku lamba,* chicotar, castigar.

LANÇATÉ DE VOVÔ – s.m. (arcaico) Igreja de Nosso Senhor do Bonfim, em Salvador, morada de Lisa ou Oxalá, na linguagem religiosa. Do Fon *Lisàhuè xóxóyovo,* a morada de Lisa, o velho, o branco + Port. vovô.

LÁ NELE – exp. ou lá ele, muito empregada como esconjuro, ao narrar a alguém um caso de desgraça sucedida a alguma pessoa, referindo, por exemplo, haver ela recebido um tiro na barriga e, para ilustrar o caso, indicar no próprio corpo o lugar exato do ferimento do outro seguido de " lá nele ". Trata–se de um tabu. O uso da expressão exorciza o risco de sofrer a mesma desgraça, na Bahia. Do Port. lá nele.

LANGUENZA – s. f. clitóris, no Nordeste do Brasil. Do Kik. *lunenza.*

LAROY(Ê) – exp. saudação para Exu, na linguagem religiosa. Do Yor. *làáróyè.*

LATIPÁ (°) – s.m. iguaria feita de folhas de mostardeira fervidas inteiras e temperadas com cebola, sal, camarão e pimenta, depois fritas no dendê; comida de Omulu, na linguagem religiosa. Do Yor. *išákpá.*

LAVAGEM DAS CONTA(S) – s.f. cerimônia para purificação das guias, feita com sabão da costa. Do Port. lavagem das contas, banho dos colares rituais.

LAVA(R) A JEGA – exp. sair-se bem, fartar-se, ganhar muito no jogo, na Bahia. Ver *jega.*

LAVARIÊ – s. Ver *novariê.*

LÉ – s.m. Ver *rum.*

LECIONADA – s./adj. a filha de santo que conhece cantigas e fundamentos, na linguagem religiosa. Do Port. lecionada, doutrinada, instruída.

LÉGUA – s. Ver *Elebá.*

LÉGUA BOJIBUÁ – s. Ver *Elebá.* Do Fon *Lεgbà gbojigla.*

LÉGUA BOJIBUÁ DA TRINDADE – s. Ver *Elebá.* Do Fon *Lεgbà gbojigla* + Port. *da Trindade,* ,gênio do espaço celeste, tocador no trio, na trin(i)dade.

LEGUELÉ – s. indivíduo desprezível, reles, mequetrefe, na linguagem religiosa. Do Fon *lεgεdε,* espião, espião de polícia.

LELÊ 1) (°) – s.m. bolo de xerém de milho e leite de coco, temperado com açúcar, cravo e canela, cozido ao fogo, posto em tabuleiro; comida de Bessein, na Bahia. Var. amor sem trabalho, mungunzá de cortar. Cf. manauê.

2) (°) – s.m. ou kilelê, grande confusão, no Nordeste do Brasil.

3) – adj. ingênuo, bobo. Às vezes, essa palavra entra no refrão dos cocos na Paraiba: *"Eu estava em Tabaiana/ quando a boiada passou/ ô lelê, vira a moenda/ô lelê, moenda virou"*.

LELÉ 1) (°) – s.m. maluco, adoidado; ingênuo, indolente, simplório, no Nordeste do Brasil. Var. bobo lelé, lelé da cuca, leléu. Cf. oribajé. Do Kimb. *dilelé* /Fon/Yor. *lílé*.

2) s.m. gatuno, gatuno e pederasta, no Nordeste do Brasil. Do Yor. *ɔ'lɛlɛ*.

LELÉ DA CUCA (°) – s.m. Ver lelé + Port. – da cuca, cabeça.

LELÉU – s.m. Ver *lelé*. Do Yor. *lílé ó,* muito indolente.

LEMBA (°) – s. ou *Lembá*, divindade da procriação, da paz, pai de todos os inkisis, equivalente a Lisa e Oxalá, na linguagem religiosa. Nomes: Cambaranguanje, Caçumbecá, Caçumbenca, Caçute, Canzanza, Catamba, Gonganiumbanda, Gangazumbá, Lembafurama, Lemba-furanga, Lembarenganga, Zamafurama, Zamafuramo. Nomes inici-áticos: Deremumbidi, Kimbuto. Do Kik./Kimb/Umb. *Lemba*.

LEMBAFURAMA – s. ou *Lembafuranga*, nome de Lemba, em congo-angola. Do Kik. *Lembavulama,* calmo, em paz.

LEMBAKALUNGA – s. ou *Remakalunga*, nome de Dandalunda, em con-go-angola. Do Kik./Kimb. *Lemba Kalunga,* o encantamento do mar.

LEMBARENGANGA (°) – s. nome de Lemba, em congo-angola. Do Kik. *Lembalunganga,* o eterno.

LENGALENGA (°) – s.f. conversa fiada, enganosa, discurso sem fim, longo, enfadonho, narrativa fastidiosa, no português do Brasil. Do Kik./Kimb. *lenga–lenga < ku langa*, enganar alguém.

LENGA(R) – v. fugir, na linguagem religiosa. Do Kik./Kimb. *ku lenga*.

LENUN – s. boca, língua; linguarudo, em ketu. Cf. indaca. Do Yor. *lɛnum*.

LESEIEGUN – s. terreiro de egun, na linguagem religiosa. Do Yor. *ìlé ìsé ègùn*.

LEUÓ – s. Ver *dilogó*.

LEVA(R) NA MANGAÇÃO – exp. fazer deboche, mofar, na Paraíba.

LIAMBA (°) – s.f. Ver *maconha*.

LIBAMBE – s. intriga, fuxico, na linguagem religiosa. Do Kik./Kimb. *lu-bambe*.

LIBAMBO (º) – s.m. (arcaico) corrente de ferro que era usada para prender escravizados e prisioneiros em geral, no português do Brasil. Do *lubambu*.

LIBANGO – s.m. maldade, na linguagem religiosa. Do Kik. *lubaanu*.

LIBATA – s. Ver *senzala*. Do Kik. *lubata* Kimb. *dibata*.

LIBOLO (º) – s. ou *rebolo*, nome de uma antiga nação banto no Brasil, proveniente de Angola.

LISA – s. vodun equivalente a Oxalá, na linguagem religiosa. Cf. Lisasi. Do Fon *Lisà*.

LISI – s. preparado com carne de porco, feijão, quiabos e egusi, comida de Oxumarê, na linguagem religiosa. Cf. obé. Do Yor. (ɔbe) ɔsinsin.

LIKUAKUA – s. aplauso, louvor, na línguagem religiosa. Ver *paó*. Do Fon *likpikpa*.

LIMANO (º) – s.m. (arcaico) sacerdote malê, na linguagem religiosa. Cf. ladano. Do Hauçá *limani*.

LIMO – s.m. ou *limo da costa*, espécie de manteiga nativa originária da Nigéria e do Benin, usada para fins medicinais e rituais, e colocada no corte feito na cabeça da yaô ao deixar a camarinha, na linguagem religiosa. Cf. ouri. Do Fon *límu*.

LIMO DA COSTA (º) – s.m. Ver *limo*.

LIMPEZA DE CORPO – s.f. rito purificatório, na linguagem religiosa. Ver banho de descarrego, mayanga. Do Port. limpeza de corpo, purificação.

LÍNGUA DE SANTO (º) – s.f. língua ritual afro-brasileira, baseada em um sistema lexical de diferentes línguas africanas que foram faladas no Brasil e que se supõe seja aquela falada pelas divindades, na linguagem religiosa. Do Port. língua de santo, sagrada.

LÍNGUA DE VACA (º) – s. f. Ver *mariangombe*.

LINGUSIKOYÁ – s. nome iniciático de um devoto de Xangô, em ketu. Do Yor. *ligunsiɔkɔya*, um oriki.

LISASI – s. nome de um devoto de Lisa, na linguagem religiosa. Do Fon *Lisàsí*.

LOGOZÔ – s. cágado, tartaruga, na linguagem religiosa. Fon *logozò*.

LOGUM – exp. saudação a Logum Edé, na linguagem religiosa. Do Yor. *ologun*.

LOGUM EDÉ (º) – s.m. ou *Logunedé*, divindade ketu, filho de Oxóssi e Oxum, rege os navegantes, é representado pelo cavalo-marinho e equivale a São Expedito. Tem a particularidade de ser homem durante seis meses, então é valente e caçador. Come carne. Nos outros seis meses, vira mulher, passa a viver nas águas, torna-se doce e manso, alimentando-se de peixe, na linguagem religiosa. Dia: quinta-feira. Cor: azul com amarelo, verde-amarelado. Simbolismo: arco com ferramenta de caça e pesca. Sacrifício: abucó-odá. Saudação: logum. Nome iniciático: Odesi. Do Yor. *Ológunɛdɛ*.

LOKO(°) – s. ou Loco; vodun masculino da família de Xevioso, a gameleira branca. Do Fon *Lókó*.

LOKÔ 1) – s. professor, na linguagem religiosa. Do Yor. *olùkó*.

2) – s. Ver Loco.

LOKOIÚ – exp. Ver locoiú kozodiô.

LOKOIÚ KOZODIÔ – exp. fórmula de bênção, em congo-angola. Do Kik. *lukulu kuzodila,* felicitar, desejar boa sorte.

LOLÁ – adv. amanhã, em ketu. Do Yor. *lɔla*.

LOLÔ – s. Ver *aruá*.

LOMBA – s. preguiça, moleza, indisposição; estado de intoxicação pela maconha, no jargão prisional. Kik. Lomba.

LOMBE(I)RA – s. moleza, quebranto, na Paraíba. Ver lomba.

LONÃ – s. nome de Exu. Do Yor. *ɔlɔnan,* o dono dos caminhos.

LONDADIALONGO – s. nome iniciático de devoto de Dandalunda, em congo-angola. Do Kik. *Londadyanlangu,* a que protege mulheres paridas.

LONIN – adv. hoje, na linguagem religiosa. Do Yor. *loni*.

LORÊ – s. favor, bondade, em ketu. Do Yor. *talɔre*.

LOROGUN (°) – s.m. cerimônia privada de fechamento do terreiro ketu antes da Semana Santa, feita, especialmente, para o espírito dos mortos, na linguagem religiosa. Do Yor. *(ɔdùn) dorógún*.

LOROTA (°) – s. gabolice, potoca, no Nordeste do Brasil.

LOROTE(I)RO (°) – adj. gabola, jactancioso, no Nordeste do Brasil.

LORUN – adv. de noite, em ketu. Do Yor. *lóru*.

LOUNTÓ – exp. com certeza, de verdade, em ketu. Do Yor. *lóòótó, lotitó*.

LUANDA (°) – s. topônimo, capital da Angola. Ver *Aruanda*.

LUANGO – s. título de Zazi, identificado como São Pedro e equivalente a Xangô velho, na linguagem religiosa. Do Kik *lunangu,* vento forte, forjador.

LUBAMBO 1) (°) – s.m. barulho, algazarra; intriga, no Nordeste do Brasil. Do Kik./Kimb. *lubongu*.

2) – s. engodo, trapaça, em Minas Gerais.

LUBITO – s. ou nubito, chave, em congo-angola.Ver *tata*. Cf. cocoró. Do Kik. *lubatu*.

LUDU – adv. *lundu*, estado de triteza mantido por saudade, em Pernambuco. Ver *lundu*.

LUILO – s. céu, em congo-angola. Cf. orum, rundonsé. Do Kik./Kimb. *dyulu*.

LUMBAMBO – s. ou *Lumbombo*, nome de Zazi, em congo-angola Do Kik. *lubambu* < *lumba*, cair violentamente como um raio.

LUMBUGURO – s. estrela; nome de vunje, em congo-angola. Do Kik. *lubukulu*, Kimb. *lumbungulu*, estrela, nome de inkisi.

LUNDU(M) 1) (°) – s.m. ou *mulundu*, amuo, no português do Brasil. Ver *calundu*.

2) (°) – dança de par solto, de origem africana, acompanhada de canto, que teve seu esplendor no Brasil em fins do séc. XVIII e começos do séc. XIX. Daí em diante, canção solista, influenciada pelo lirismo da modinha e frequentemente de caráter cômico, no português do Brasil. Do Kik. *(mu)lumbu*, canto, melodia harmoniosa.

LUNDUZE(I)RO (°) – adj. diz-se de quem se zanga com facilidade, principalmente criança, pessoa dada a viver mal humorada, no Nordeste do Brasil. Cf. *calundu*.

LUNFA – s.m. ladrão, em geral principiante, no jargão prisional.

LUNGA – s. guarda-chuva, no jargão prisional.

LUTÓ – s. ou gutó, colher, garfo, na linguagem religiosa. Do Kik./Kimb. *luto*.

M

MABAÇA(°) 1) – adj. diz-se da banana ligada a outra; acredita-se que quem a come terá filhos gêmeos, na Bahia. Do Kik./Kimb. *basa*, pl. *mabasa*, banana geminada.

2) (°) – s. gêmeos, irmão ou irmã, no português do Brasil. Cf. Ibêji. Do Kik./Kimb. *mapasa*.

MABILA – s. nome de Exu, na linguagem religiosa. Do Kik./Kimb. *mubila,* policiador.

MACACA (º) 1) – s.f. ou aca (geralmente precedido de <u>estar com</u>) estar de mal humor; azar, má sorte, no Nordeste do Brasil. Cf. calundu. Do Kik. mankanka.

2) – s. chibata de relho com cabo de madeira; capoeirismo, na Paraíba.

3) – exp. "*dar tiro na macaca*", ficar no barricão, no Nordeste do Brasil.

4) – s. pênis, em Pernambuco.

5) (º) – s.f. feminino de macaco; (p. ext.) mulher velha e feia, no português do Brasil. Do Kimb. *makuka,*

MACAÇA (º) – adj. diz-se de um tipo de feijão também chamado feijão fradinho. Ver Port. feijão + *nkasua,* corda.

MACACADA (º) – s.f. (termo jocoso) o conjunto dos amigos, a família, grupo de pessoas, no Nordeste do Brasil. Cf. macuero. Ver macaco + Port. –<u>ada</u>.

MACACA(R) (º) – v. imitar de maneira ridícula, na língua portuguesa em geral. Var. macaquear. Cf. macaquice. Ver *macaco*.

MACACO 1) (º) – s. símio; (p. ext.) adj. esperto, finório; feio, na língua portuguesa em geral. Ver macaco velho. Do Kik. pl. *makaaku,* espécie de macaco vermelho e cinza, de rabo muito comprido; *makaaka(ta),* chimpanzé.

2) (º) – s.m maquinismo para levantar grandes pesos; casa de penhor; jogo da amarelinha, na Bahia. Do Kik. *(ma)káka,* suspensor.

3) (º) – s.m. soldado de polícia, policial, mata-cachorro, na gíria dos cangaceiros, no Nordeste do Brasil. Do Kik. *(ma)káaka,* bárbaro, matador.

4) (º) – exp. "*macaco velho não mete a mão em cumbuca*", o ladino; "*pentear macaco*", ir às favas; "*cada macaco em seu galho*", cada qual em seu devido lugar, no português do Brasil.

MACACOA(º) – s. na treta, escamoteado; achaque de velhos, mania de doença; (arcaico) doença grave, no Nordeste do Brasil.

MACACO SIMÃO – s.m. personagem de contos populares, no Nordeste do Brasil. Do Kik. *simangu,* macaco + Port. <u>Simão</u>, antropônimo.

VELHO (º) – s.m. astuto, velhaco, no português do Brasil. Cf. macaco + Port. velho, que acumula mais sabedoria.

MACAIA (º) – s.f. ou *macaio, macanha*, folha de tabaco, fumo; fumo de má qualidade, no português do Brasil. Do Kik. *madikaya*, Kimb. *madikanya*, Umb. *makay*.

MACAMÃ (º) – s.m. (arcaico) o escravo fugitivo, quilombola, no português do Brasil. Do Kik. *makama*.

MACAMBA 1) (º) – s.m. camarada, companheiro, no Nordeste do Brasil. Do Kimb. *makamba*.

2) – s. f. espécie de inhame, mandioca, na Bahia. Do Kik. *(ma)kamba*.

MAÇAMBARÁ (º) – s.m. ou maçambala, planta gramínea, sorgo, no português do Brasil. Do Kimb. *masambala*.

MAÇAMBÉ – s.m. espécie de sardinha, na Bahia. Do Kik. *masange*.

MAÇANGO (º) – s. milho, na linguagem religiosa. Do Kik./Kimb. *masangu*.

MACANHO – s. charuto, na linguagem religiosa. Ver *macaia*.

MACAQUEAR (º) – v. Ver *macacar*.

MACAQUICE (º) – s.f. fazer trejeitos e caretas como macaco, na língua portuguesa em geral.

MACONHA (º) – s.f. ou *macaia, macanha*, variedade de cânhamo, cujas folhas e flores são usadas como narcótico, no português do Brasil. Dizem os entendidos que a maconha que "serve" é "fêmea", que foi curtida, enquanto a maconha "macho" não presta, no jargão prisional. Cf. fumo de angola, diamba, liamba, mãe de aruanda, pango, tabaco de cão. Do Kik./Kimb. *makonya, makanya*.

MACONHADO(º) – adj. drogado por *maconha*.

MfACONHE(I)RO (º) – s.m. o fumante de *maconha*.

MACOTA 1) – s. ou makota, mameto, mikota, os mais velhos, mais importantes na hierarquia religiosa congo–angola. Ver baculo. Do Kik./ Kimb. *(ma)kota*, o irmão mais velho, mais idoso; o chefe religioso.

2) – s.f. ou *kota, kotua, macotona*, equivalente a *ebome*, na linguagem religiosa.

3) – s.f. (euf.) ou *macotena, macoteno, mal de cuia*, usada em lugar de lepra, considerada palavra tabu (*quizila*) pelo temor à doença, tida como a mais poderosa de todas, na linguagem religiosa.

4) – exp. *"macota só sai na rua de umbela"* alusivo ao hábito de os chefes tradicionais saírem protegidos por um sombreiro colorido, na linguagem religiosa.

5) (°) – s.m. o mestre do *maculelê*, o puxador dos cânticos, no Nordeste do Brasil.

6) (°) – s.m, chefe, maioral; o maior e mais importante, no Nordeste do Brasil.

MACOTEA(R) (°) – v. ter prestígio como um *macota,* no Nordeste do Brasil.

MACOTENA (°) – s. lepra, no Nordeste do Brasil. Cf. macota.

MACOTENO (°) – s. leproso, no Nordeste do Brasil. Cf. macota.

MACOTONA 1) – s.f. Ver *macota.*

2) – s.f. (pejorativo) mulher velha, mandona, de aspecto masculinizado; lésbica, na linguagem religiosa. Cf. roçadeira.

MACUCO – s.m. topônimo, nome por que era conhecido o atual município de Buerarema, na Bahia.

MACULELÊ (°) – s.m dança do bate-pau, espécie de dança guerreira do folclore baiano, típica da cidade de Santo Amaro, na região do Recôncavo. Do Kik./Kimb. *mankwa leele,* vamos, companheiros, combater com alegria!, grito de guerra, de animação, um refrão frequente em cantigas negro africanas.

MACULÊ Ô – exp. Ver *akwê ô.*

MACULO (°) – s.m. (arcaico) espécie de diarreia com dilatação do ânus, doença dos negro africanos no Brasil. Do Kik./Kimb.*ma-kuulu* / Umb *oma-kuulu.*

MACUMBA 1) (°) – s.f. denominção genérica para as manifestações religiosas afro-brasileiras de base congo-angola, que incorporaram orientações ameríndias, católicas e espíritas, com predominância do culto ao caboclo e ao preto velho. Prevaleciam no Rio de Janeiro e, ainda hoje, nas zonas rurais de várias regiões brasileiras. Cf. candomblé, umbanda. Do Kik./Kimb. *makumba,* reza, invocação.

2) (°) – s.f. (depreciativo) sessão de feitiçaria, de magia negra, despacho, bruxaria, candomblé, no português do Brasil.

MACUMBAGEM – s. petrechos de macumba, na Paraíba.

MACUMBE(I)RA(°) – s.f. feiticeira, no português do Brasil.

MACUNDÊ 1) (º) – s. feijão, na linguagem religiosa. Cf. ewá, macaça. Do Kimb. *makunde.*

2) – s. m. leguminosa comestível, espécie de feijão, na Bahia. Cf. andê, quitandê. Do Kimb. *makunde.*

MACUNGO (º) – s.m. Ver *urucungo.*

MACUTA 1) – s.f. mentira, no Nordeste do Brasil. Cf. Kik./Kimb./Umb. *(o)(ma)kuta.*

2) (º) – s.f. coisa sem valor, no Nordeste do Brasil. Do Kik. *makuta,* antiga moeda de couro, e o atual nome da unidade monetária do Congo-Kinshasa.

MACUTE(I)RO – s.m. mentiroso, no Nordeste do Brasil.

MÃE D'ÁGUA (º) – s.f. ser fantástico, entidade dos rios, lagoas e mares, no português do Brasil. Ver Dandalunda, Yemanjá. Do Port. mãe das águas.

MÃE DALUNDA – s. ou Mãe da Lua, nome de Dandalunda, na linguagem religiosa. Cf. Yadalunda + Port. mãe.

MÃE DE LEBARA – s.f. (euf.) mulher que gosta de atormentar os outros com queixas e resmungos, na linguagem religiosa.

MÃE DE SANTO 1) (º) – s.f. ou *mãe de terreiro,* sacerdotisa afro-brasileira, no português do Brasil. Ver yalorixá, mameto, nêngua, doné, rumbondo. Cf. pai de santo. Do Port. mãe de santo, cuidadora da divindade.

2) (º) – s.f. (depeciativo) feiticeira, macumbeira, no português do Brasil.

MÃE DE TERRE(I)RO – s.f. Ver mãe de santo. Do Port. mãe do terreiro, do templo.

MAENGA (º) – s.m. homem sem importância, pobretão, indolente, na linguagem religiosa. Do Kik. *malenga,* pobre, indolente + Port. molenga, indolente.

MÃE PEQUENA – s.f. Ver *yá kekerê.*

MÃEZINHA – s.f. Ver *ajibonã.*

MAFU – s. folha, na linguagem religiosa. Cf. atim, ewê. Do Kik./Kimb. *mafu.*

MAFUÁ (º) 1) – s.m. conjunto de coisas velhas, fora do uso; lugar onde se guardam essas coisas desordenadamente, no Nordeste do Brasil. Do Kik./Kimb. *mufwa.*

2) (º) – s. casa velha; briga, conflito, desordem, no jargão prisional.

3) (º) – s.m. feira ou parque de diversões, no Nordeste do Brasil. Ver *fuá*.

MAHI – Ver *marrin*.

MAIACA – s. farinha de mandioca, na linguagem religiosa. Cf. efun, ori-fim. Do Kik. mandiaka, do português brasileiro mandioca.

MAIONGA (º) – s.f. ou *maianga, manianga, manionga,* banho ritual dos noviços, tomado pela manhã, em fonte ou riacho próximo ao terrei-ro. Cada qual carrega um pote de cerâmica (*runcó /sanga*), sendo o grupo liderado pelo *ganletó*, na linguagem religiosa. Cf. analeiú. Do Kik./Kimb. *(ma)nyunga,* banho coletivo.

MAIONGÁ(R) (º) – v. tomar banho, ir para a maionga, na linguagem reli-giosa. Cf. analeiú. Do Kik./Kimb. *mayunga,* banho.

MAJOR GOMES – s.m. Ver *manjangombe* + Port. major gomes, antropô-nimo, na Bahia.

MAKAMBILA – s. nome de Bambojira, na linguagem religiosa. Kik. *mkambila,* cerceador.

MAKAMBIRA – s.m. *Roxomukumbe,* na linguagem religiosa. Do Kik. *Ma Nkambila,* nome de inkisi, o que é cercado, arrodeado de gente.

MAKANÃ – s. *Kongombira,* na linguagem religiosa. Do Kik. *Makana,* inkisi da caça.

MAKOZA – s. camarão, em congo-angola. Cf. edê. Do Kik./Kimb. *makosa*.

MAKU – s. braço, mão, na linguagem religiosa. Cf. owó. Do Kik. *moko,* Kimb. *maku*.

MAKUERO 1) – s. nossos amigos, nossos irmãos, nossa família, em con-go-angola. Kik./Kimb. *makweru*.

2) – exp. como vai a família? como vão todos? Resp. *zambiajiá*, na linguagem religiosa. Do Kik./Kimb. *makuetu,* nossa família, sem la-ços consaguíneos.

MAKUERO TUDO – exp. saudação dirigida a todos os presentes, em con-go-angola. Do Kik. *makuru akulu,* saudação extensiva a todos, mes-mo que não sejam da família + Port. tudo, todos.

MAKUKA – s.f. mulher velha, feia, no Nordeste do Brasil. Ver cuca. Do Kik./Kimb. *makuka*.

MAKWÁ – s. nosso companheiro, camarada, amigo, em congo-angola. Do Kik. *(mu)kwa*.

MALACAS (º) – s.f. pl. testículos; (p.ext.) seios flácidos, pendentes, no Nordeste do Brasil. Ver balangue, muxiba. Do Kik. *malanga*, testículos.

MALALA 1) – s. laranja, na linguagem religiosa. Do Kik./Kimb. *malala*, do Port. laranja.

2) (º) – s. doença, mal estar, na linguagem religiosa. Do Kik. *mulala*.

MALALA GONZON – s. laranja grande, espécie conhecida por laranja de umbigo, na linguagem religiosa. Do Kik. *malala gonzon*.

MALALA PETITE – s. laranja comum, na linguagem religiosa. Do Kik. *malala tititi* + Fon *kpɛtiti*.

MALAMBA(º) – s. infelicidade, lamúria, em congo-angola.Do Kik./Kimb. *malamba*.

MAL DE CUIA(º) – s.m. (arcaico) *macota*, lepra, no Nordeste do Brasil. Cf. Port. mal, doença + Kimb. *kuia*, morte.

MAL DE LUANDA(º) – s.m. (arcaico) escorbuto, no português do Brasil.

MALÊ 1) – s. nome de uma antiga nação de culto afro-brasileira na cidade de Cachoeira, zona fumageira do Recôncavo Baiano, onde se registrou, no século XIX, a presença de escravos islamizados.

2) (º) – s.m. muçulmano, islâmico; designação por que eram conhecidos os escravos islamizados que, na primeira metade do séc. XIX, promoveram uma série de revoltas na cidade de Salvador e adjacências, entre os quais se destacaram os de origem hauçá, no português do Brasil. Do Fon *malè*, Yor. *ìmalè*, muçulmano.

MALEMBA – s. nome de Dandalunda, na linguagem religiosa. Do Kik. *Malemba*, doçura, bondade, inkisi da procriação.

MALEMBÁ – s. antigo engenho de Santo Amaro, zona açucareira do Recôncavo Baiano.

MALEMBE (º) – s. ou malembo, cântico fúnebre, de misericórdia, na linguagem religiosa.Ver *malamba*. Do Kik. *(ma)nlembe*, Kimb. *malamba*.

MALINKÊ – s./adj. Ver *mandinga*.

MALÓ – v. (imperativo) pode ir, vá-se embora, em ketu.Yor. *malɔ*.

MALOMBE – s. luto, na linguagem religiosa. Do Kik./Kimb. *malombe*.

MALU – s. boi, na linguagem religiosa. Cf. ingombe. Do Yor. *màlu*.

MALULU – s. *Bambojira*, em congo-angola. Do Kik. *malulu*, que não é gracioso.

441

MALUMBO – s. companheiro, amigo, na linguagem religiosa. Cf. malun-go. Do Kik. *nkwalumbu,* companheiro da moradia onde habitam seu chefe, a corte e o harém.

MALUNGA 1) – s. bracelete de ferro, na linguagem religiosa. Do Kik. *(bi) malunga.*

2) (°) – s.f. aguardente, cachaça, no Nordeste do Brasil. Do Kik. *ma-lungwa,* vinho de dendê ou vinho de palma, que, no Brasil, foi subs-tuído pela cachaça.

MALUNGO 1) – s. (arcaico) companheiro, irmão de barco na travessia, em congo-angola. Do Kik./Kimb. *nkwanlungu,* irmão, companheiro da mesma canoa, embarcação; (p.ext.) irmão de criação ou irmão de leite, no Nordeste do Brasil.

2) – s. animal companheiro, que anda junto, como na exp. *"O burro catravo é malungo do burro preto",* na Bahia.

MAMÃE DE ARUANDA(°) – s.f. Ver *maconha.*

MAMBÊ – s. Ver *efô.* Do Fon *(a)mangbé/mãgbé,* palavra mágica para exorcizar.

MAMBEMBA(R) (°) – v. representar de cidade em cidade,como umcirco; fazer parte de uma companhia *mambembe,* no português do Brasil.

MAMBEMBE 1) (°) – adj. medíocre, de má qualidade; inferior, ínfimo, no português do Brasil. Ver. *camambembe, zambembe.* Do Kik. *(mu) mbembele,* Kimb. *kamundenge,* ninharia, medíocre.

2) (°) – s.m. ou *cambembe,* diz-se do ator ou grupo teatral de má qualidade; lugar afastado, inóspito, desabitado, no português do Brasil. Kik. *mambembele,* qualidade de gente ou de lugar medíocre.

3) – s./adj. indeciso, tolo, no jargão prisional.

4) – s. indivíduo pé rapado, roceiro, na Paraíba.

MAMBÓ – exp. saia! vá-se embora! usada durante o *ebó,* na linguagem religiosa. Cf. maló. Ver beruló. Do Yor. *manbó.*

MAMBÔ s. forma de exorcismo, na linguagem religiosa. Do Fon *mãbó,* palavra de exorcismo, despacho. Ver *mambê, efô.*

MAMETO – s.f. nossa mãe, tratamento para sacerdotisa congo-angola, na linguagem religiosa. Do Kik./Kimb. *mametu,* nossa mãe, sem laços consanguíneos.

MAMETO D(E) INKISI(º) – s. f. mãe de santo em congo-angola, na linguagem religiosa. Cf. yalorixá, doné,rumbondo. Do Kik./Kimb. *mametu dya nkisi.*

MAMETO KISIMBI – s. ou nossa mãe Kisimbi, na linguagem religiosa.

MAMETO ZUMBÁ – s. ou *Zumbá, Kisumbelê, Zumbanganga,* inkisi das fontes e poços, equivalente à Nanã Buruku, na linguagem religiosa. Cf. Maria Zumba. Do Kik. *mametu nsumba,* nossa mãe do pântano, do brejo.

MAMULENGO (º) – s.m. fantoche, boneco que tem a cabeça de massa de papel gessada, geralmente, de feltro, e em cujo corpo, formado pela roupa, o operador esconde a mão que o movimenta; boneco de pano movido por cordões; teatro de *mamulengos,* no Nordeste do Brasil.

MANAUÊ (º) – s.m. ou *manuê,* bolo de fubá de milho ou de aipim, adoçado com mel, no português do Brasil. Cf. lelê. Do Fon/Mina *mawɛ,* pasta de milho.

MANDÊ (º) – s./adj. Ver *mandinga.*

MANDINGA 1) (º) – s.f. bruxaria, ardil, feitiço; (p.ext.) mau olhado, no português do Brasil. Kik./Kimb. *mazinga,* ação de complicar, de impedir por feitiço.

2) (º) – s./adj. denominação de um povo oeste africano, do grupo de língua mandê, que foi trazido para o Brasil durante a escravidão. Cf. Mandinga ou Malinke.

3) – exp.*"Quem não pode com mandinga, não carrega patuá",* fazer ou pretender algo além do que pode, na Bahia.

4) – s. treta, esconder as intenções, escamotear, no Nordeste do Brasil.

MANDINGADO(º) – adj. enfeitiçado, no português do Brasil. Cf. mandinga.

MANDINGA(R) (º) – v. enfeitiçar, fazer feitiço, mandigaria, no português do Brasil. Cf. mandinga.

MANDINGUE(I)RO (º) – s.m, feiticeiro, mandinguento, que faz ou pratica mandinga, no português do Brasil.

MANDIOCA QUE JEGUE NÃO RÓI – s. pessoa difícil de comunicar-se, duro de negócio, sabida, ruim, valente, na linguagem regional do Nordeste do Brasil. Ver *jegue.*

443

MANDRACA (º) – s.f. bruxaria, no Nordeste do Brasil. Ver *mandraqueiro*. Kik. *mandóka*.

MANDRAKE (º) – s.m. ou *mandraque*, feiticeiro, mágico; figura de história em quadrinhos, no português do Brasil. Cf. kindoki. Do Kik. *mandóki*.

MANDRAQUICE (º) – s.f. feitiçaria, no Nordeste do Brasil. Cf. mandraca.

MANDU 1) (º) – s.m. tipo de mascarado que consistia em colocar uma peneira na cabeça, e outra junto ao tronco, escondendo totalmente o corpo e os braços com uma roupa qualquer; espantalho, figura grotesca, situação ou coisa inóspita; trambolho, estorvo; (p.ext.) pessoa vestida com roupa maior do que devia, na Bahia. Do Kik. *mandungu*, máscara ritual da sociedade secreta "mundunga", cujos membros se pintam de branco e se vestem com folhas de bananeira. Kik. *mandunga*, figura grosseira, máscara de *mandoki*.

2) (º) – s.m. cortejo carnavalesco com a figura de um ser enorme, de cabeça gigante, revestido com um lençol branco, muito popular no Recôncavo Baiano e no município de Maraú, cerca de 140 km. de Salvador. Do Kik. *mundundu*, albino.

3) – adj. muito claro, parecendo albino, como no acalanto *"Su, su, su, menino mandu ou açu (aço) /cara de gato, nariz de peru"*, na Bahia. Cf. mondrongo. Do Kik. *(mu)ndundu*, albino, branquicelo, louro, europeu.

4) – s. logro, velhacada, intriga, no Médio São Francisco.

MANDUKÁ – v. começar, em congo-angola. Cf. iberesi. Do Kik./Kimb. *manteka*.

MANEPUTO – s. fósforo, na linguagem religiosa. Do Kik./Kimb. *manimputu (tubiá)*, fogo de branco, ou seja, fogo de português.

MANGAÇÃO (º) – s.f. zombaria, troça, debique, no português do Brasil. Cf. mangar.

MANGALÔ (º) – s.m. leguminosa, também chamada de feijão de porco, no português do Brasil. Do Kik. *mangalo*.

MANGALÔ AMARGO (º) – s.m. leguminosa, no português do Brasil. Cf. Kik. mangalô + Port. amargo.

MANGALÔ DA COSTA(º) – s.m. Ver *mangalô* trazido da Costa da Áfrca no Nordeste do Brasil.

MANGANGÁ 1) (º) – s.m. pessoa importante, o mandachuva, o maioral, no Nordeste do Brasil. Cf. bamba. Do Kik./Kimb. *manganga*.

2) (º) – s.m. *maribondo* preto, maior do que os demais, de picada muito dolorosa, que tem sua casa no chão, no Nordeste do Brasil.

MANGANGA – s. pessoa lenta, lentidão nas ações, em Pernambuco.

MANGANO – s./adj. malandro, no jargão prisional.

MANGÃO 1) (º) – s.m. zombador, zombeteiro, mangador, no português do Brasil.

2) (º) – s.m. preguiçoso, no português do Brasil. Ver *mangona*.

3) – s. chefe, pessoa importante, mandona, no Nordeste do Brasil.

MANGA(R) (º) – v. zombar, troçar, vangloriando-se; caçoar, afetando seriedade, no português do Brasil. Do Kik. *manga*, vangloriar-se de coisas recebidas e injuriar.

MANGONA (º) – s.f. preguiça, indolência, na linguagem religiosa. Do Kik./Kimb. *manonya*.

MANGONHA – s.f. mentira, hipocrisia, malícia, zombaria, trapaça, na linguagem religiosa. Do Kik. *mangunga* /Kimb. *mangonya*.

MANGUXO(º) – s.m. Ver *bambão*. Do Kik. *manguza*.

MANIANGA NULELE – s. nome da cerimônia de lavagem de roupas rituais dos iniciados, na linguagem religiosa. Ver *mayonga*. Do Kik./ Kimb. *manyunga nlele*.

MANICACA – s. palerma, covarde, bobalhão, insignificante, no Nordeste do Brasil. Do Kik./Kimb. *manikaka*, ridículo, risível.

MANIKONGO(º) – s.m. Ver *congada*. Do Kik./Kimb. *Mwene, Manikóongo*, o senhor, o rei do Kongo.

MANIPANÇO (º) – s.m. ídolo, figura, imagem grotesca; (p.ext.) indivíduo obeso, de barriga avolumada, comilão, no português do Brasil. Kik. *maniphanzu* /Umb. *ocisapansu*, figura grotesca, comilão + Port. pança, barriga volumosa.

MANJERICÃO D'ANGOLA (º) – s.m. também chamado de alfavaca, alfavaca cheirosa ou basilicão (*Ocimum basilicum*) é uma planta perene, que mede aproximadamente 60 cm de altura, sendo originária da Ásia e da África.

MANJUBA (º) – s.f. ou *manjuva*, pênis muito grande, de tamanho descomunal, no Nordeste do Brasil. Cf. kinti. Do Kik. *manvumba* Kimb. *manjimbuola*.

445

MANSU BANDA FURAMA – s. terreiro congo-angola próximo a Salvador, na Bahia. Kik. *manzo* (aldeia) *banda* (da família) de Furama, o pacificador, atributo de Lemba.

MANSU BANDUKENKE – s. terreiro congo-angola em Salvador conhecido por Bate Folha, com ramificações no Rio de Janeiro. Kik. aldeia (*manzo*) da família (*banda*) de Turké, nome de Yansã.

MANZANZA (°) – s./adj. ou mazanza, pessoa indolente, mandrião, apalermado; desajeitado, desastrado, no Nordeste do Brasil. Do Kik. *(ma)zonnza*.

MAZANZA(R)(°) – v. demorar na execução de um trabalho, remanchar; ficar atoleimado, fazer mazanza, no Nordeste do Brasil. Cf. bangolar. Do Kik. *zonnza*.

MARACATU(°) – s.m. música e cortejo carnavalesco de origem negroafricana, em Pernambuco, no português do Brasil. Do Kimb. *madiakatu*.

MARACUTAIA (°) – s.f. engodo, trapaça, no português do Brasil. Cf. macuta. Do Kimb. *madiakutola*.

MARAFO(°) – s.m. ou *malafo, marufo*, cachaça, bebida votiva de Exu e caboclo, na linguagem religiosa. Do Kik./Kimb. *malafu, maravu*.

MARBÔ – s. nome de Yemanjá, na linguagem religiosa. Do Yor. *magbo*, quem entende de tudo.

MARIA CONDÉ (°) – s.f. jogo de criança, no Nordeste do Brasil. Ver bacondê. Do Kik. *madiankondi,* os que caçam furtivamente. Do Kik. *konda*, caçar.

MARIA ESCAMBONA (°) – s.f. ou *maria macombê*, pega esconde, jogo de criança, no Nordeste do Brasil. Cf. maria-condé. Kik. *madyakalomba,* os que procuram algo. alguma coisa + Port. esconder.

MARIA GOMES (°) – s.f. Ver *mariangombe*. Cf. joão-gomes.

MARIA MACUMBÉ (°) – s.f. Ver *maria escambona*. Kik. *ma(dia)nkumbi,* os que procuram o esconderijo.

MARIA MUCANGÊ (°) – s.f. Ver *maria escambona*. Do Kik. *madiamukongi,* os que vão à caça.

MARIANGOMBE (°) – s.f. ou *joão gomes, major gomes, maria gomes, mamjangombe,* erva da família das portulacáceas, conhecida por língua-de-vaca, no português do Brasil. Do Kik./Kimb. *(tu)madimiya ngombe,* língua de vaca, erva de vaca.

MARIANGO (º) – s.m. Ver *curiango*.

MARIANJICA (º) – s.m. larva de inseto que broca a cana, no Nordeste do Brasil. Do Kik. *ma(dia)nzika*.

MARIAPADILHA – s.f. entidade muito popular e muito temida, tida como Exu fêmea, ladrona, maledicente e escrava de Oxum, na linguagem religiosa. Ver Bambojira. Do Kik./Kimb. *Madyapandinzila*, o grande (soberbo) inkisi do caminho + Port. Maria, nome próprio feminino muito popular.

MARIAZUMBA – topônimo, logradouro na cidade de Salvador, na Bahia. Ver *Maria Padilha* e *Mameto Zumbá*.

MARIGONGA – s. Ver *maconha*, no jargão prisional.

MARIMBA 1) (º) – s.f. instrumento musical, espécie de xilofone, no português do Brasil. Do Kik./Kimb. *madimba* /Umb. *omalimba*.

2) (º) – s.f. (p.ext.) piano velho e desafinado, no Nordeste do Brasil.

3) – s. jaca mole, de fruto alongado e muito saboroso, na Bahia.

MARIMBONDO (º) – s.m. ou maribondo, vespa, no português do Brasil. Do Kik./Kimb. *madimbondo* /Umb. *alimbondo.*

MARIMBONDO BEJU (º) – s.m. marimbondo chapéu, variedade de marimbondo + Kik. *mbenzu,* chapéu, na Bahia.

MARIMBONDO CABOCLO (º) – s.m. variedade de marimbondo + Port. caboclo, no português do Brasil.

MARIMBONDO CAÇADOR (º) – s.m. variedade de marimbondo + Port. caçador, no português do Brasil.

MARIMBONDO CASADO – s.m. marimbondo que faz a morada parecendo um beiju, dependurando-a por um fio, na Bahia.

MARIMBONDO CAVALO (º) – s.m. variedade de *marimbondo*, no português do Brasil.

MARIMBONDO CHAPÉU (º) – s.m. Ver *marimbondo beju*, no português do Brasil.

MARIMBONDO DE MANGUE (º) – s.m. variedade de *marimbondo* que constrói a casa revestida com argamassa de barro e somente com uma entrada, na Bahia. Muito valente, a sua picada provoca febre, frio e dor de cabeça, e pode matar se muitos insetos atacarem ao mesmo tempo. Se sente qualquer ameaça, sai em perseguição de quem o incomoda. Talvez seja o mais temido entre os trabalhadores.

MARIMBONDO MANGANGÁ (º) – s.m. variedade de *marimbondo*, no português do Brasil. Ver man gangá.

MARIMBONDO PEITO DE MOÇA – s.m. variedade de *marimbondo* pequeno, de picada menos dolorosa. Faz a casa em forma de um pequeno seio, na Bahia.

MARIMBONDO TATU (º) – s.m. variedade de *marimbondo* + Kik. *taatu*, temível; sua morada assemelha-se ao animal que lhe dá o nome, no português do Brasil.

MARIMBU(º) – s.m. brejo, pântano, na Bahia. Do Kik. *madimvu*.

MARIWÔ – s.m. ou *mariô*, palha da costa, franjas de dendezeiro desfiadas, símbolo de Ogum, na linguagem religiosa. Do Yor. *màrìwò*.

MAROMBA(º) – s. nome de Bambojira, na linguagem religiosa; s.f. trapaça, esperteza, no Nordeste do Brasil, Do Kik. *malomba*, trapaça.

MAROMBA(R) (º) – v. disfarçar, tergiversar, atirar alguma coisa em alguém, no jargão prisional.

MAROMBE(I)RO (º) 1) – s.m./adj. trapaceiro, aquele que é moroso no trabalho, que finge trabalhar apenas, no Nordeste do Brasil. Cf. maromba.

MARRIM (º) – s. ou jmahi, africanos procedentes do Norte do Benin, da região de Savalu, no país Mahi, trazidos para o Brasil a partir da última década do séc. XVII; falantes de mahi, língua do grupo ewe, muito próxima do fon.

MARRUIN – s. açúcar, na linguagem religiosa. Cf. wíke. Do Kik. *mahui*.

MARRUNZA – s. Ver *dicondo*. Do Kik./Kimb. *mahunjo*.

MARTELO DE XANGÔ(º) – s.m. Ver *oxê*.

MARUAMBA – s. Ver *maconha*, no jargão prisional.

MARUM – adj. cinco, em ketu. Do Yor. *márún*.

MASANGA – s. amante, concubina, na linguagem religiosa. Do Kik./Kimb. *masanga*.

MASCULINA – v. Ver *culina*. Do Kik. pl. *makolila* > *kolila*.

MASSANGANA – s. topônimo, em Pernambuco. Do Kik./Kimb. *mazangana*, água grande, ou mazanganu, boca de rio.

MASSAPÊ (º) – s.m. ou massapé, terra argilosa, comum no Recôncavo Baiano, formada pela decomposição dos calcários cretáceos, preta quase sempre e ótima para a cultura da cana de açúcar, na Bahia. Do Kik. *musenge* /Kimb. *museke* + Port. massa, substância pastosa.

MATACO(º) – s.m. Ver *bunda*. Do Kik./Kimb. *mataku*.

MATADE – s. pedra, no Nordeste do Brasil. Cf. itá.

MATALUMBÔ – s. nome iniciático de um devoto de Mutacuzambô, na linguagem religiosa. Do Kik. *Matakumbo*, o dono do arco, do fuzil.

MATAMBA(º) 1) – s. inkisi dos raios, trovões e tempestades, equivalente a Yansã, na linguagem religiosa. Cf. Zazi. Nomes: Amburusema, Bamburusema, Caiango, Inkoijamambo, Nunvurucema. Nome iniciático: Kitembo. Do Kik. *Matamba*.

2) (º) – s.f. Ver *mutamba*.

MATAMBE – s. Ver *jitambe*.

MATANÇA – s.f. sacrifício, ato cerimonial de abater as aves (bicho de pena) e quadrúpedes (bicho de quatro pé), na linguagem religiosa. Do Port. matança < ato de matar.

MATANÇA DE OXUMARÊ – s.f. cerimônia de purificação, com sacrifício de animais a Oxumarê, geralmente realizada no Ano Novo, quando os iniciados vão à fonte mais próxima buscar água, de quartinha à cabeça, na linguagem religiosa. Do Port. matança + Oxumarê.

MATATU – s. nome de um bairro de Salvador, na Bahia. Do Kik./Kimb. *matatu,* lugar deserto, isolado.

MATÊ – s. saliva, baba, na linguagem religiosa. Cf. itó. Do Kik./Kimb. *mate.*

MATENDE – s. ou mateme, café, na linguagem religiosa. Do Kik. *(ma) ntende,* bebida em pó.

MATETÊ (º) 1) – s.m. ou batetê, papa de milho pilado, de feijã ou inhame com leite de coco e dendê, no Nordeste do Brasil. Do Kik./Kimb. *(ma)tete,* papa de feijão.

2) (º) – s.m. qualquer tipo de comida amolecida por ter passado do ponto de cozimento; quantidade de coisas sem nenhuma consistência, inclusive fezes, na Bahia. Do Kik./Kimb. *matete,* feijão mal cozido, sem consistência /Kimb. *matote,* fezes.

3) (º) – s.m. caldo engrossado com farinha, no Nordeste do Brasil.

MATINTA – s. Ver *lelé*. Do Fon *matīta*, não tem cabeça.

MATOMBO 1) (º) – s.m. ou *matumbo*, buraco, leirão, cova onde se planta a estaca da mandioca, no Nordeste do Brasil. Do Kik./Kimb./Umb. *matumbu.*

2) (º) – s.m. elevação da terra entre dois sulcos, no português do Brasil.

3) – s. topônimo comum em localidades do interior, no português do Brasil.

MATU 1) – s. ou *mató*, ouvido, orelha, na linguagem religiosa. Do Kik./ Kimb. *matu*/ Fon *(ma)tó*, orelhas.

2) – s. (precedido de Port. <u>ter</u>) capacidade de ouvir e aprender cânticos e toques rituais, referindo-se aos noviços, na linguagem religiosa.

MATUMBI 1) – s. matuto, homem rude, na linguagem religiosa. Cf. araocô, burucutu. Do Kik./Kimb. *matumbi*.

2) – s. antropônimo, na Bahia.

MATUMBO 1) (º) – s.m. Ver *matumbi*.

2) – s. montículo de terra onde se plantam ramos de batata ou maniva de mandioca, na Paraíba.

MATUNGO (º) – adj. sem valor, trouxa, incapaz, vencido, inútil, desalinhado; cavalo velho que corre mal, no Nordeste do Brasil.

MAÚ (º) – s. Deus Supremo, o elemento feminino é Lisa, em mina-jeje. Do Fon *Mawú*.

MAÚ LISA (º) – s. casal de divindades, criador do mundo, em mina-jeje. Do Fon Mawú Lisa.

MAVAMBO – s.m. nome de Bambojira, na linguagem religiosa. Cf. Jiramavambo. Do Kik. *Mavambu*, encruzilhada.

MAVU – s. pó, poeira, em congo-angola. Do Kik. *mavu*.

MAVUMBA – s. Exu, criado de Ogum, na linguagem religiosa. Do Kik./ Kimb. *mvumba*, boca de fuzil, maledicência.

MAXAMBA – s. plantação, roça, em congo-angola. Do Kik. *masamba*.

MAXIXADA (º) – s.f. prato à base de *maxixe* + Port. –<u>ada</u>, no português do Brasil.

MAXIXA(R) (º) – v. dançar *maxixe*, no português do Brasil.

MAXIXE 1) (º) – s.m. fruto do maxixeiro, no português do Brasil. Do Kik./ Kimb. *mansise, masisi*.

2) (º) – s.m. dança urbana, de par unido, originária da cidade do Rio de Janeiro, onde apareceu entre 1870 e 1880, resultado da fusão da *habanera* e da polca com uma adaptação do ritmo sincopado

africano. Era em compasso binário simples, com andamento rápido e requebros de quadris, voltas, quedas e movimentos de rosca (para-fusos), acompanhados de passos convencionados ou improvisados pelos dançarinos. Foi substituída pelo samba, na segunda década do séc. XX, no português do Brasil. Cf. lundu. Do Kik./Kimb. *mansiki* < *sinka,* balancear o corpo de lá para cá, de todos os lados, a exem-plo de um bêbado.

3) – s.m. (chiste) *"Alô,maxixe! quem não gostar de mim que se lixe!",* *"Alô, maxixe! quem não gostar de mim e quiser se vingar, amarre a corda no pescoço e me dê pra puxar",* pouco me importa a opinião alheia, no Nordeste do Brasil.

MAXIXE(I)RO (º) – s.m. cucurbitácea de origem africana, no português do Brasil. Cf. maxixe + Port. -eiro.

MAZA (º) – s. ou mazia, água sagrada, na linguagem religiosa. Cf. amazi, bandamazi. Do Kik.*maza.*

MAZÁ – s. sanguessuga, lesma consagrada a Nanã, na linguagem religiosa. Do Kik. *(ma)nzau* /Kimb. *mazaia.*

MAZACALUNGA – s. nome iniciático de um devoto de Dandalunda, na linguagem religiosa. Do Kik./Kimb. *mazakalunga,* a profundeza da água do mar.

MAZAMALEMBA – s. Ver água de Oxalá. Do Kik. *Maza ma Lemba.*

MAZAMAZENZA – s. água doce, potável, na linguagem religiosa. Do Kik. *maza mazenza.*

MAZENGA – s. doido, maluco, na linguagem religiosa. Do Kik./Kimb. *mazenga.*

MAZI – s. azeite, óleo, na linguagem religiosa. Cf. amazi. Kik. *maasi* / Kimb. *maji.*

MAZI BRANCO – s.m. mel de abelha, na linguagem religiosa. Ver *embá.* Cf. mazi + Port. branco, alusivo à cor, em contraste com mazi vermelho.

MAZI VERMELHO – s.m. Ver *mazi* + Port. vermelho, azeite de dendê, na linguagem religiosa. Cf. mazi branco.

MAZOMBO 1) (º) – s.m. (arcaico) (depreciativo) indivíduo nascido no Brasil de pais europeus, principalmente portugueses, no português do Brasil. Cf. mondrongo, mozambo. Do Kik./Kimb. *masungu,* branquicelo.

2) (º) – s.m. mau humorado, macambúzio, no português do Brasil. Do Kik./Kimb. *masumbu,* mal-educado, rude.

MAZUNGO – s. sapo, em congo-angola. Cf. opoló, quimboto. Do Kik./Kimb. *(ma)zundu.*

MEGANGA(º) – s.m. (arcaico) tratamento respeitoso dos escravizados para os senhores, na linguagem religiosa. Cf. meganha. Do Kik./Kimb. *menganga,* meu nobre senhor.

MEGANHA (º) – s.m. mata cachorro, soldado de polícia, no português do Brasil. Var. menganha. Ver *macaco.* Do Kik./Kimb. *mengana,* o que rosna como um cão.

MEJÊ – s. Ver Ogum Mejejê, na linguagem religiosa. Do Yor. *ajá méje,* sete cães.

MEJI – adj. dois, duplo, um casal, em ketu. Cf. Ibêji. Do Yor. *méjì.*

MEJITÓ – s. sacerdotisa em mina-jeje. Do Fon *mejitɔ',* mãe.

MEKÔ – s.m. brincalhão, pilhérico, em mina-jeje.Do Fon *mɛkiko.*

MELÉ – s. o curinga do baralho, no Nordeste do Brasil.

MENDENGUE – s.m. ou *mendena.* Ver *dengue.*

MENDOBI – s./adj. Ver *jeje mundubi.*

MENEMENÉN – s./adv./exp. dia, manhã; de dia, de manhã; bom dia, na linguagem religiosa. Do Kik./Kimb. *(ki)menemene.*

MENGA 1) (º) – s. sangue, na linguagem religiosa. Cf. ejé, hum, muco. Do Kik. *menga.*

2) – s.f. esperma, *menga branca,* na linguagem religiosa. Cf. cheia de menga.

MENGA(R) 1) – v. copular, ter relações sexuais, na linguagem religiosa. Cf. *naborodô.* Do Kik. *menga,* sangrar.

2) – v. fraquejar, na Paraíba. Essa voz já usavam os trovadores medievais no sentido de minguar.

3) (º) – v. andar, mexer o corpo com movimentos eróticos, na linguagem religiosa. Do Kik. *menguna.*

MENHA – s. água, córrego, na linguagem religiosa. Cf. amazi, omin. Do Kimb. *menya.*

MEGUENZÁ – v. estar menstruada e, por isso, proibida de tomar parte nas cerimônias religiosas, na linguagem religiosa. Ver *abadjé.* Do Kik. *mengisa.*

MENINO FÊMEA – s.f. referente ao recém-nascido do sexo feminino, criança do sexo feminino, no Nordeste do Brasil. Ver menino macho.

MENINO MACHO – s.m. filho menino, referente ao recém-nascido do sexo masculino, no Nordeste do Brasil. Ver *omocorim*.

MERIN – num. quatro, em ketu. Do Yor. *mérin*.

MERUNTÓ – s.m. o sacrificador de animais, em mina-jeje. Cf. ogã de faca. Do Fon *mɛhutɔ'*, matador.

MESA (°) – s.f. denominação de certas sessões rituais, sobretudo na umbanda, na linguagem religiosa. Do Port. mesa, altar de comunhão.

MESA DO AYOKÁ (°) – s.f. ou *mesa de aroká*, o fundo do mar, o nicho, o altar, morada da mãe d'água, na linguagem religiosa. Ver *mezacalunga*. Cf. Kik. *meese dya loka*, palácio de ayoká + Port. mesa, altar.

MESA DE JUREMA (°) – s.f. a cerimônia do jurema, na linguagem religiosa.

MESÓ – v. ou *mesu*, olhos. Ver *taramesó*. Kik./Kimb. *dimeeso*.

MESTRE JEGUE – s.m. pessoa que se finge de estúpida, para entender ou observar alguma coisa, no Nordeste do Brasil.

METAMETÁ – adv. meio a meio, na linguagem religiosa. Do Yor. *métaméta,* por três.

ME(U)RUNTÓ – s.m. companheiro do terreiro, na linguagem religiosa.Cf. *makuero*. Do Fon *mɛhatɔ'*, companheiro, camarada da mesma idade.

MEZAKALUNGA – s. ou *mesa do ayoká*, saudação para Dandalunda, na linguagem religiosa. Do Kik. *meese dya kalunga*, palácio, a grande morada no fundo do mar.

MIAKOTA – s. ou macota, forma de tratamento dos iniciados ao chefe religioso, na linguagem religiosa. Do Kik. *miakota*, meu superior.

MIÃO MIÃO – s. ou *miã*, luz, claridade, fogo; candeeiro, na linguagem religiosa. Cf. *bibiano*. Do Fon *miõ miõ*.

MIÇANGA (°) – s.f. contas de vidros coloridas, próprias para colares, brincos; bijuteria, na língua portuguesa em geral. Do Kik./Kimb. *minsanga*.

MIKÁYA – s. nome de Dandalunda, em congo–angola. Do Kik. *nkaya*, avó.

MILONGA 1) (°) – s.f. ou *mironga*, palavra insultuosa, ofensa, xingamento; mistura, mexerico, lábia; palavra muito utilizada pelos *erês* na linguagem religiosa. Do Kik. *milonga*, palavra, mistério.

2) (°) – s.f. ou *mirongo*, feitiçaria, bruxedo, sortilégio, no Nordeste do Brasil. Do Kik. *milonga,* mistério.

3) – s. conversa, trapaça, mentira, manha, lamentação, "cascata", no jargão prisional.

MILONGA(R) – v. conversar, iludir, no jargão prisional.

MILONGAGEM 1) (°) – s.f. ato de fazer milonga + Port.–<u>agem</u>, no Nordeste do Brasil.

2) (°) – s.f. cantiga popular acompanhada por violão, no português do Brasil.

MILONGO – s. remédio, garrafada, na linguagem religiosa. Do Kik./ Kimb. *mi-nlongo.*

MILONGUE(I)RO (°) – feiticeiro, manhoso, cheio de lábia, conversador, contador de "histórias" para enganar alguém e obter alguma coisa por meios fraudulentos, mentiroso; "cascateiro" no Nordeste do Brasil. Cf. milonga.

MINA (°) – s. denominação dada pelo tráfico aos escravos transportados do litoral da Costa da Mina, entre eles, uma maioria provável de fala ewe-fon (mina-jeje) em relação a axantes, fantes e gãs trazidos da mesma região de Acra (Gana), no português do Brasil. Ver casa da mina. Cf. *Mina.*

MINDÁ – s. Ver mião mião. Do Kik. *mwinda,* tocha.

MINDAKARÁ – s. Ver acará. Do Kik. *mwindakala,* torcida de fogo.

MINDUBA – s. cachaça, na linguagem regional do Médio São Francisco.

MINGOLA – s./adj. vaidade, vaidoso, em congo-angola. Do Kimb. *(mu) ngola.*

MINGONGO – s.m. larva de um inseto que ataca o coco babaçu e costuma-se comê-la, no Nordeste do Brasil. Cf. ingongo.

MINHOCA 1) (°) – s.f. verme anelídeo, na língua portuguesa em geral. Cf. kinioca. Ver bimba. Do Kik./Kimb. *(mi)nyoka,* cobra.

2) – s.f. diz-se de uma pessoa muito magra, no Nordeste do Brasil. Cf. ganzá.

MINHOCÃO (°) – s.m. ser fantástico em forma de serpente, fluvial e subterrânea, de proporções agigantadas e de instintos malévolos que assombra pescadores e viajantes; o mesmo que cobra de duas cabeças, cobra cega, no português do Brasil. Cf. minhoca + Port. –<u>ão</u>.

MINJOLA – s. bezerro novo, em Minas Gerais.

MIRONGADA – s.f. discussão, briga, no Nordeste do Brasil. Cf. mironga + Port.–ada.

MISSA PEDIDA (º) – s.f. missa solicitada em cumprimento de promessa ou de penitência, e que é paga com dinheiro de esmolas; a mais popular é a de São Cosme, cuja imagem é levada às ruas em estampas coloridas ou em vulto, dentro de uma cestinha de piaçava enfeitada de fitas ou em caixinhas de calçados engrinaldadas de rosas, que recolhem as moedas, no português do Brasil. Do Port. missa pedida, solicitada.

MITAWADÊ – s.f. nome iniciático de um devoto de Yansã, em ketu. Do Yor. *emi ti ɛwà dé,* oriki, a que trouxe beleza.

MIWÁ – s.f. nome de Oxum, na linguagem religiosa. Do Yor. *omin wá,* a das águas.

MIXA(R) – s. dar chabu, dar errado, erm Pernambuco.

MIXO – s. pequeno, insignificante, sem valor, no Nordeste do Brasil.

MIZACRÊ – s.m. corno, marido traído, tipo de insulto muito usado pelos erês, na linguagem religiosa. Do Kik. *mazike,* chifres > *myasike,* chifrudo.

MOBICA (º) – s.m. (arcaico) escravo liberto, alforriado, na Bahia. Cf. mubica, escravo.

MOCAMBA)R) (º) – v. viver em mocambo, no português do Brasil.

MOCAMBE(I)RO (º) – s.m. (arcaico) escravo fugido que se escondia no mato; (p. ext.) rês que se esconde no mato; malfeitor refugiado em mocambo; quem mora em *mocambo,* no português do Brasil.

MOCAMBINHO – s. topônimo, nome de localidades em Salvador e no Recôncavo Baiano,

MOÇAMBIQUE (º) – s./adj. nome genérico por que ficaram conhecidos negros do grupo banto de fala majoritária ronga e xagana, que foram trazidos de Moçambique, na Contra Costa, para o Brasil, em número menos significativo para o Nordeste; dança folclórica brasileira, espécie de bailado, nas regiões Centro Oeste e sudeste do Brasil. Cf. *Mozambique,* país do Sudeste africano, banhado pelo oceano Índico, capital Maputo de língua oficial portuguesa.

MOCAMBO (º) – s.m. ou mucambo, (arcaico) esconderijo de escravos na floresta, equivalente a quilombo; choça, palhoça, casebre, cerrado de mato ou moita onde se esconde o gado, no português do Brasil. Do Kik. *mukambu,* refúgio, esconderijo; topônimo muito comum no Brasil. Ver mokambo.

MOCAMBO DO VENTO – s. localidade no Recôncavo Baiano.

MOCÓ 1) (º) – s.m. saco de palha trançado com alças para transporte de mantimentos ou de pequenos embrulhos, na Bahia. Ver bocapiu. Do Kik. *mukolo.*

2) (º) – s.m. amuleto; feitiço, no Nordeste do Brasil. Kik. *mooko,* amuleto.

3) (º) – s.m. lugar em que caem, perdendo-se, os papagaios de papel (pipas); nome muito comum de ruelas e becos, na Bahia. Kik. *mukolo,* alçapão.

4) – s. mochila ou embornal de dar milho aos cavalos, saquinho que se põe na boc dos cabritos para não mamarem durante a noite, na Paraíba.

5) – s. qualquer doença venérea; pequeno roedor semelhante ao coelho, no Baixo São Francisco.

MOCOFAIA – s. coisas velhas, desarrumadas, na Bahia.

MOCOTÓ 1) (º) – s.m. tornozelo, pernas grossas, no português do Brasil. Ver mondongo. Do Kimb. *mukooto,* pernas, patas.

2) (º) – s.m. patas de bovinos, sem casco, usadas como iguaria do mesmo nome; mão de vaca, no português do Brasil. Do Kimb. *mukooto.*

MOFUMBO 1) (º) – s.m. Ver *mufumbo.*

2) – s.m. planta que se enrola como cipó, formando moitas compactas, no Nordeste do Brasil.

MOGANGA l) (º) – s.f. Ver *abóbora moganga.*

2) (º) – s.f. mogango, muganga, mugango, deboche, trejeito, careta, momice. Do Kik. *mungwanu* /Kimb. mangonya.

MOGANGA(R) – v. fazer *moganga,* no Nordeste do Brasil.

MOITO – s. Ver *moitumbá.* Do Kik. *muntó,* margem da floresta onde se colocam oferendas.

MOITUMBÁ l) – s. ou *moito,* mato, floresta, na linguagem religiosa. Do Kimb. *matumbu.*

2) – s. encruzilhada, na linguagem religiosa. Cf. itametá, itakaneno. Do Kik. *munto mpambuka,* encruzilhada para oferendas.

MOJUBÁ (º) – s. ou Mojubara, nome de Exu, na linguagem religiosa. Do Yor. *Mojùbàrà.*

MOKÁ – v. dormir, na linguagem religiosa. Do Kik. *moka,* dormir; conversar à noite, antes de ir dormir.

MOKÃ – s.m. ou *mukã,* colar de palha da costa trançada, enfeitado de búzios, tendo as duas pontas unidas por uma espécie de vassoura feita da mesma palha, na linguagem religiosa. Cf. contregun. Do Fon *muénkán,* bracelete, colar de palha.

MOKAMBO – s. terreiro congo-angola em Salvador, Bahia, intitulado Kik./Kimb. *Onzo nguzo zankisi Dandalunda ye Tempo,* casa da força de Dandalunda e Tempo.

MOKOIÚ – exp. forma de bênção entre os iniciados, na linguagem religiosa. Respostas: mokuiú Zâmbi, mocuiú mozambi. Do Kik./Kimb. *mokulu* Zâmbi, que o abençoe.

MOKOIÚ (MO)ZÂMBI – exp. Ver mokoiú. Kik. *mokulumosi Nzambi,* que Zâmbi o abençoe.

MOLAMBO 1) (º) – s.m. ou *mulambo,* trapo, farrapo, pedaço de pano velho, roto e sujo, no português do Brasil. Ver esmolambar, esmolambado, molambento, molambudo. Ver pano de bunda. Do Kik./ Kimb. *mulamba (mulumbi),* pedaço de pano velho.

2) (º) – s.m.fraco, sem caráter, pessoa em completa decadência moral, no português do Brasil. Do Kik./Kimb. *mulambu,* fraco, débil.

MOLAMBUDO (º) – s.m. mendigo; roto, esfarrapado, no português do Brasil. Cf. Port. coberto de *molambo.*

MOLECA (º) – s.f. *muleca,* menina negra, no português do Brasil; (p.ext.) menina brincalhona, traquina, travessa. Ver *moleque* + Port –a.

MOLECADA (º) – s.f. bando de moleques, no português do Brasil.

MOLECAGEM (º) – s.f. ou *molequeira,* ato de mau gosto, próprio de *moleque,* no português do Brasil.

MOLECÃO(º) – s.m. menino forte, parrudo, no português do Brasil.

MOLECA(R) (º) – v. ato ou atitude de moleque, no português do Brasil.

MOLECÓRIO – s.m. (pejorativo) *molecada;* bando de moleques, no Nordeste do Brasil

MOLECOTE (º) – s.m. meninote, meninote negro, menino encorpado, parrudo, no português do Brasil.

MOLEQUE 1) (º) – s.m. ou muleque, mAenino, garoto, rapaz; meninote negro; (fem.) moleca, na língua portuguesa em geral. Cf. jibi. Do Kik./Kimb./ Umb. *mi–/mu–/ a– nleeke,* jovem, garoto, discípulo, subordinado.

2) (º) – adj. divertido, pilhérico, travesso, no português do Brasil. Do Kik./Kimb. *nleku.*

3) (º) – s.m. (p.ext.) canalha, velhaco, no português do Brasil.

4) (º) – s. peça de casa de farinha, uma pequena tora de madeira bem resistente, com mais ou menos três palmos de comprimento, que se apoia sob a extremidade da verga e comprime a tampa da prensa destinada a enxugar a massa de mandioca depois de ralada. À medida que a viga vai se abaixando, com o parafuso entrando na rosca, o *moleque* força a tampa para baixo, na Bahia.

MOLEQUEA(R) (º) – v. molecar, proceder como garoto, no português do Brasil.

MOLEQUE BAMBA (º) – s.m. valentão, corajoso, no Nordeste do Brasil.

MOLEQUE D'ÁGUA (º) – s.m. Ver *caboclo d'água.*

MOLEQUE DE ASSENTA(R) (º) – s.m. pau grosso e chato com que nos engenhos se bate o açúcar, dentro das caixas, para acamar, no Nordeste do Brasil. Cf. moleque + Port. assentar, acamar.

MOLEQUE DE COLETE (º) – s.m. rapaz vivo, esperto, na Bahia. Ver *moleque de gravata.*

MOLEQUE DE FAMÍLIA (º) – s.m. garotos ou jovens turbulentos, filhos de família ao contrário de moleque de rua, no Nordeste do Brasil.

MOLEQUE DE GRAVATA (º) – s.m. de classe social abastada, no português do Brasil.

MOLEQUE DE RECADO (º) – s.m. fuxiqueiro, no português do Brasil. Cf. moleque + Port. de recado, que leva mensagem.

MOLEQUE DE RUA (º) – s.m. criança vagabunda, menor abandonado, no portugês do Brasil. Ver *moleque de família.*

MOLEQUE DO SURRÃO (º) – s.m. o diabo, figura de conto popular, no Nordeste do Brasil. Cf. moleque + Port. do surrão, sacola de couro.

MOLEQUE(I)RA (º) – s.f. brincadeira, troça, no portuuês do Brasil. Ver. molecagem, molequice.

MOLHO DE NAGÔ (º) – s.m. molho de pimenta, cebola e camarão seco frito no azeite de dendê, na Bahia. Do Port. molho à moda de nagô.

MOMBAÇA – s. topônimo, no português do Brasil. Cf. *Mambasa*, nome do porto e da localidade na Costa Oriental africana, hoje pertencente ao Quênia.

MONA 1) – s. irmão ou irmã na religião, na linguagem religiosa. Cf. monadejé. Do Kik. *mwana* /Kimb. *mona*, irmã, irmão.

2) (º) – s. criança, menino macho, na linguagem religiosa. Do Kik. *mwana* /Kimb. *mona*.

MONA D(E) INKISI – s. filho ou filha de santo. Do Kik./Kimb. *mwana, mona dya nkisi.*

MONADEJÉ – s. irmã ou irmão de leite, na linguagem religiosa. Ver omonquendô. Do Kik./Kimb. *mwana, mona diele.*

MONDIÁ – s.m. mau-olhado, olho-grande, na linguagem religiosa. Do Kik./Kimb. *monadia*, comer com os olhos.

MONDONGO (º) – s.m. intestinos, entranhas de certos animais, na língua portuguesa em geral. Do Kik. *mungungu, mundungu*, veias, tendões, membranas, nervos, fígado e coração de certos animais esses últimos oferecidos em sacrifício a um grande chefe ou a um inkisi.

MONDRONGO 1) (º) – s.m. ou *mundongo, mondongo, mundrongo*, sujeito disforme; pessoa desprezível, suja e desmazelada, no português do Brasil. Do Kik. mundungu, figura grosseira.

2) (º) – s.m. alcunha depreciativa que era dada aos portugueses, no português do Brasil. Kik. *mundungu mundundu*, branquicelo.

3) (º) – s.m. inchaço, tumor; coisa mal-feita, entulho, no Nordeste do Brasil. Do Kik./Kimb.*(mu)dongo.*

4) – s. ou pé de rebolo, mocotó grosso, na Paraíba.

MONDUBI – s. Ver *jeje-mundubi.*

MONGOLÔ – adv. com força, na linguagem religiosa. Cf. golô. Do Kik. *mungolo.*

MONGONGA – s. resto de comida, no jargão prisional.

MONJOLE(I)RO (º) – s.m. o encarregado do monjolo + Port.–eiro, no Nordeste do Brasil.

MONJOLINHO – s. topônimo comum no Nordeste do Brasil.

MONJOLO 1) (º) – s.m. engenho tosco movido por água, empregado para pilar milho e descascar café, no português do Brasil. Do Kik./Kimb.

manjilu > *manzulu,* almofariz primitivo para pilar e descascar milho, feijão, etc.

2) (º) – s./adj. ou *mujola, munjolo,* antigo povo banto no Brasil, da etnia *monjolo* > *munjolo,* indivíduo do grupo de línguas kwaynama do Sudoeste de Angola.

3) – s./adj. ou mujola, munjolo, nação de candomblé, na linguagem religiosa.

4) – s. pedra cilíndrica, de cor marrom, consagrada a Angorô e Bessein. Do Kik. *(mu)silu* > *munsulu*, a amêndoa ou a pedra com a qual se parte a amêndoa da noz das palmeiras, na linguagem religiosa.

5) – s. topônimo, no português do Brasil. Cf. Monjolinho.

MOTIUM – s. altar, pedestal, na linguagem religiosa. Do Fon *matim* + Port. montinho, pequena elevação.

MOQUECA (º) 1) – s.f. Ver *muqueca.*

2) MUQUECA 1) (º) – s.f. Ver *moqueca,* forma dicionarizada, guisado de peixe ou de mariscos, podendo também ser feito de galinha, carne, ovos etc., regado a leite de coco, azeite de dendê e pimenta, no português do Brasil. Do Kik./Kimb. *mukeka* < *kuteleka,* guisar.

2) – s.f. (p.ext.) diz-se de alguma coisa mole, misturada, sem consistência; cataplasma de sumo de ervas, na Bahia.

3) – s.f. enfiada de peixes miúdos, na bacia do São Francisco.

4) – s. espécie de vatapá, no Ceará.

5) – s. cigarro de fumo picado, grosseiro, que se enrola em palha de milho ou papel, na Bahia.

MOQUIÇO (º) – s.m. ou casebre, choupana, lugar sujo, sórdido, no português do Brasil. Do Kik./Kimb. *mukinzo.*

MORAL DE JEGUE – s.f. falsa moral, na Bahia. Ver *jegue.*

MORINGA(º) – s.f. ou *moringue,* muringa, bilha, quartinha, cântaro de barro em forma de garrafa, comprida, para conter e refrescar água, no português do Brasil. Cf. quartinha. Cf. perna de moringa. Do Kik./Kimb. *mudingi.*

MOROTÓ 1) – s.m. pessoa ou animal de baixa estatura, troncuda, com formas arredondadas, na Bahia.

2) (º) – s.m. larva, comestível, comum em frutas, com o nome de bicho de coco.

MOSONGO – s. dor, sofrimento, em congo-angola. Do Kik./Kimb. *nsongo*.

MOTUMBÁ – exp. pedido de licença, saudação, na linguagem religiosa. Do Yor. *motúmbá*, eu me curvo humildemente.

MOVONGO (º) – s.m. baixão fundo entre elevações íngremes, na Bahia. Do Kik./Kimb. *mavongo*.

MOZAMBO (º) – s. ou *mazombo*, tratamento equivalente ao popular "meu branco", muito usado por preto velho.

MUAFA 1) (º) – s.f. bebedeira, embriaguez, no Nordeste do Brasil. Do Kik./Kimb. *mufwa*, estar cheio.
2) (º) s.f. ou muafos, trapos, roupa velha, andrajos, coisas sem valor, trouxa de roupa, no Nordeste do Brasil. Kik./Kimb. *muafwa*.

MUAMBA 1) (º) – s.f. ou *moamba*, feitiço, bruxedo, no português do Brasil. Do Kik. *(m)wamba*.
2) (º) – s.f. ou *moamba*, contrabando, fraude, roubo, furto de mercadoria, escamoteação; velhacaria; preguiça, madraçaria, no português do Brasil. Do Kik./Kimb. *muhamba*.

MUAMBE(I)RO (º) – s.m. quem faz muamba, velhaco, desonesto, no português do Brasil.

MUANA – s. criança, na linguagem religiosa. Cf. mona, omom. Do Kik. *mwana*.

MUANDÔ – v. (exp.) vá, ande!, em congo-angola. Cf. kuendá. Do Kik./Kimb. *muanda> muando*.

MUANGA – sm. veneno, na linguagem religiosa.Do Kik./Kimb. (m)wanga.

MUBANGO (º) – s.m. árvore ornamental de origem africana *(Croton Mubango)*, na linguagem religiosa. Do Kik. *mubangu*.

MUBICA(º) – ou abica, escravo, geralmente um Exu, auxiliar subordinado a uma divindade, na linguagem religiosa. Do Kik./Kimb. *mubica*, escravo.

MUCAMA (º) – s.f. ou *mucamba*, criada, escrava de estimação que ajudava nos serviços domésticos e acompanhava sua senhora à rua, em passeios, no português do Brasil. Cf. cambada. Do Kimb. *mukamba*, companheira.

MUCAMBA – s. amigo, companheiro, na linguagem religiosa. Do Kimb. *mukamba*.

MUCAMBINHO – s. topônimo muito comum no Recôncavo Baiano.

MUCAMBO 1) – s.m. Ver *mocambo*, forma dicionarizada.

2) – s. antigo engenho e topônimo muito comum no Recôncavo Baiano.

MUCANGALA – s. grupo, associação, em congo-angola. Kik. *mukangala*.

MUCICA(º) – s. puxão que se dá no anzol para levantar o peixe fisgado. Puxão que dá o vaqueiro na gadanha, a cauda da rês, para a queda do rabo, na Paraíba.

MUCUFA 1) (º) – adj. covarde, fraco, ordinário, sem importância, no Nordeste do Brasil. Do Kik./Kimb. *mukufa*.

2) (º) – s.f. casa suja ou ordinária, no Nordeste do Brasil. Do Kik./Kimb. *mukufa*.

MUCUM – s.m. mau cheiro, no Nordeste do Brasil. Cf. aca. Kik. *muuku*.

MUCUMBU 1) (º) – s.m. ou *mucubu*, ânus, traseiro, anca, na linguagem religiosa. Cf. bunda. Do Kik. *(mu)nkumbu, mutuku* /Kimb. *mutumbu*.

2) (º) – s.m. anca (de boi), cóccix, osso dos quadris, no Nordeste do Brasil.

3) (º) – s.m. cacarecos, objetos pessoais, no Nordeste do Brasil. Var. mucumbagem. Do Kik./Kimb. *mucumbu*.

MUCUNÃ 1) (º) – s. pelo pubiano, na linguagem religiosa. Cf. muquirana. Do Kik. *mukunda*.

2) – s.f. Ver *Sereia Mucunã*.

MUÇUNUNGA (º) – s.f. terra arenosa, de barro vermelho, úmida e fofa, na Bahia. Ver mussurunga. Cf. massapé. Do Kik./Kimb. *(mu)swenga > musunenga*.

MUÇURUNGA (º) – s.m. *muxurunga*, chicote, no Nordeste do Brasil. Ver muxinga. Do Kik./Kimb. *(mu)swanga > musunanga > musununga*.

MUÇURUNGA(R) – v. ou *muxurundar*, chicotear, bater, no Nordeste do Brasil. Cf. tungar. Ver muçurunga.

MUÇURUMIM 1) (º) – s.m. ou muçulmi, muxurumim. Ver *malê*. Do Hauçá *músúlmi*.

2) – s.m. nome de nação de candomblé, na Bahia.

MUENGUE – s. cana de açúcar, na linguagem religiosa. Do Kik./Kimb. *mwenge*.

MUFUFA(º) – s.f. confusão, no Nordeste do Brasil. Cf. fuá, muvuca. Do Kik./Kimb. *mufufwa*.

MUFUMBA(R) (º) – v. ou amofumbar, esconder, fazer alguma coisa se-creta, ocultar em lugar escuro, no Nordeste do Brasil. Cf. forma di-cionarizada mofumbar. Do Kik. *(mu)fumba* /Kimb. *mafunda,* lugar escuro.

MUFUMBO (º) 1) – s.m. ou *mufumba, mofumbo,* leguminosa das cucur-bitáceas que vegeta nas margens do rio, no Nordeste do Brasil. Kik./ Kik. *mufumu, mufumba.*

2) – s.m. ou *mufumo,* lugar retirado, escuro, misterioso, no Nordeste do Brasil. Cf. cafundó. Do Kik. *mfumbu* /Kimb. *mufundu.*

MUGANGA (º) – s.f. ou moganga, feio, careta, em Pernambuco.

MUINE – s. luz, dia, em congo–angola. Do Kik./Kimb. *mwine.*

MUJÉ – v. beber sangue, parte de cerimônia ritual, em ketu. Do Yor. *mùjè.*

MUJIMBO – coração. Ver *muxima.*

MUKO – s. sangue, na linguagem religiosa. Do Kik. *(kya)muko,* o que coagula.

MUKONDO – s. ritual fúnebre, em congo-angola. Cf. intambe. Do Kik./ Kimb. *mukondo.*

MULA DE SENZALA(º) – s.f. nome que se dava aos escravizados, no Nor-deste do Brasil.Cf. Port. mula, animal de carga + *senzala.*

MULAMBINHO – s. nome de Bambojira, na linguagem religiosa. Cf. *mu-lambo* + Port. –inho.

MULAMBAGE(M) – s.f. cacarecos, na Bahia. Ver *mulambo* + Port. -agem.

MULEMBÁ (º) – s.m. gameleira ou figueira-branca, considerada árvore sagrada, no português do Brasil. Ver Iroco. Do Kik./Kimb. *mu-lemba.*

MULEMBO – s. dedo, em congo-angola. Do Kik./Kimb.*(mu)nlembu.*

MULUNDU (º) – s.m. certa dança africana, no português do Brasil. Ver *calundu.*

MULUNGU (º) – s.m. espécie de zingoma muito grande, comprido e estreito, de som retumbante, no Nordeste do Brasil. Do Kik. *(mu) ndungu.*

MUM – v. beber, em ketu. Do Yor. *mu.*

MUMBICA (º) – s.m. magro, raquítico, sem graça, no Nordeste do Brasil. Ver ximbica. Do Kik. *mumbika.*

MUMUCA (º) – s.f. Ver cuca.

MUNDELÊ – s./adj. homem branco, estrangeiro, gringo, na linguagem religiosa. Cf. funfun. Cf. imbenbo, oimbô, mandu. Do Kik./Kimb. *mundele*.

MUNDRUNGA (º) – s.f. bruxedo, coisa feita, feitiçaria, no Nordeste do Brasil. Ver *mandraca*. Do Kik. *mundunga*.

MUNDRUNGO – s.m. cavalo velho, ordinário, na Paraíba.

MUND(R)UNGUE(I)RO (º) – s.m. feiticeiro, fazedor de *mundrunga*.

MUNDUBI – s./adj.2gen. Ver *jeje-mundubi*.

MUNDURU – s. montículo de terra, na Paraíba.

MUNGANGO – s.m. caretas e trejeitos, no Ceará. Ver *moganga*.

MUNGO – s. sal, na linguagem religiosa. Do Kik./Kimb. *mungu, mungwa*.

MUNGONGO 1) – s. Imbalanganze, em congo-angola. Do Kik./Kimb. *mungongo*, varíola.

2) (º) – s.m. espinhaço, coluna vertebral, no Nordeste do Brasil. Do Kik./Kimb. *mungongo*.

MU(N)GUNZÁ (º) – s.f. *mucunzá*, milho debulhado, cozido em leite de coco, sal e açúcar, no português do Brasil. Var. mungunzá de beber, mungunzá de cortar. Cf. canjica. Do Kik. *mugenza* /Kimb. *mugunza*.

MUNJÉ – s. o último dos gêmeos, o derradeiro da barriga, tido como chorão e considerado erê de Yemanjá; gosta de luxo, só come em vasilha de vidro, gosta de acaçá e mel, na linguagem religiosa. Ver *Ibêji*. Do Yor. *munzɛ*.

MUNZENZA (º) – s.f. ou muzenza, o noviço em congo-angola. Cf. yaô, vodunsi. Do Kik./Kimb. *munzenza*, pagão, recém-chegado.

MUNZUÁ (º) – s.m. espécie de nassa afunilada para pescar, no português do Brasil. Do Kik./Kimb. *(mu)nswa*.

MUQUIFO (º) – s. lugar mal frequentado, espelunca, no português do Brasil.

MUQUILA – s.f. cauda, rabo, no Nordeste do Brasil. Do Kik./Kimb./Umb. *(m)ukila*.

MUQUIRA – cafona, no Ceará.

MUQUIRANA 1) (º) – s.f. piolho pubiano (*Pediculus humanus*), no português do Brasil. Ver *mucunã*. Do Kik.*(mu)nkyama*.

2) (º) – adj. avaro, no Nordeste do Brasil. Do Kik./Kimb. *mukua nvuama*.

3) (°) – s. *pixilinga*, mundiça, pelegana, minúsculo carrapato que se reproduz com grande facilidade no ninho das galinhas chocas, aniquilando-as e até matando os pintos novos. Combate-se com folhas ou capas de fumo de rolo. Quando ataca o homem, provoca comichão desagradável ao andar apressadamente sobre a pele, na Bahia.

4) – s. teréns, móveis e utensílios velhos, em Minas Gerais.

MURUMBU (°) – s.m. planta da família das gramíneas *(Panicum maximum)*, no Nordeste do Brasil. Do Kik./Kimb. *mundumbu.*

MURUMBUDO – adj. triste, em Minas Gerais.

MURUNDU 1) (°) – s.m. ou *murundum, murungu*, montículo de terra, amontoado de coisas, no português do Brasil. Do Kik./Kimb. *(mu) lundu,* monte de barro feito por térmitas, em forma de cone.

2) – s. pessoa velha, no jargão prisional.

MURUNGA(R) – v. remanchar, retardar no trabalho, no Nordeste do Brasil. Ver bangolar. Do Kik./Kimb. *munanga < kunanga*, retardar.

MURUNGUMBE(°) – s.m. casa de cupim, no Nordeste do Brasil. Cf. murrundu. Do Kik./Kimb. *(mu)lundungune,* monte de barro feito por formigas de asa.

MUSSURUNGA – s. topônimo, um bairro popular na cidade de Salvador, na Bahia. Ver *muçununga.*

MUTAKA(°) – s.m. arco e flecha, ferramenta de Mutakuzambê, em congo-angola. Do Kik. *ma-mutaka.*

MUTAKULOMBÔ – s. Mutakalombô, Mutalombô, nome de Kongombira, em congo–angola. Do Kik. *mutaka nlongo,* fuzil sagrado.

MUTAKUZAMBÊ – s. nome de Kongombira, em congo-angola. Do Kik. *mutakanzambi,* arco sagrado.

MUTAKUZAMBÔ – s. Kongombira, em congo-angola. Do Kik *mutakansambu,* arco sagrado.

MUTAMBA(°) – s.f. ou *matamba*, arvoreta *(Tamarindus indica, L.* ou *Guazuma ulmifolia S.H.)* de fruto medicinal e polpa purgativa, fibras usadas em cordoaria; faz-se um cozido da casca para alisar o cabelo crespo, no português do Brasil. Do Kik./Kimb. *mutamba.*

MUTUÊ – s. cabeça, testa, em congo-angola. Do Kik./Kimb./Umb. *(mu) ntwe.*

MUVAMBA – s. bruaca, bolsa de couro que os feirantes usavam a tiracolo, na Paraíba.

MUVUCA(°) – s.f. confusão, agitação, festa familiar de última hora, improvisada, no português do Brasil. Ver assustado. Do Kik. *muvuka, mavuka.*

MUANGA – s. veneno, na linguagem religiosa. Do Kik./Kimb. *(m)wanga.*

MUXIBA 1) (°) – s.f. pelanca; carne de boi cheia de nervos e magra, no português do Brasil. Do Kik. *musiba* Kimb. *musima,* nervoso, magro, descarnado.

2) (°) – s.f. peitos moles e caídos de mulher, no Nordeste do Brasil. Cf. malaca.

MUXIBENTO (°) – adj. *muxiboso,* que tem muxiba, no português do Brasil.

MUXICA(R) – v. fazer com os dedos uma tenaz para torcer a carne do paciente, na Paraíba.

MUXILA l) (°) – s. ou mochila, bolsa pequena de caça, usada a tiracolo, ferramenta de Catendê e Oxóssi, linguagem religiosa. Do Kik./Kimb. *(mu)nzila,* espécie de saco de inkisi, em forma de envelope, levado a tiracolo.

2) (°) – s.f. Ver *pau de nagô.* Do Kik./Kimb. *(mu)nsilua.*

MUXIMA(°) – s. coração, na linguagem religiosa. Do Kik./Kimb./Umb. *(mu)ntima, nzima.*

MUXINGA (°) – s.f. chicote, açoite, no Nordeste do Brasil. Do Kik./Kimb. *musinga.*

MUXOXAMENTO (°) – s.m. ato de muxoxar.

MUXOXA(R) (°) – v. fazer *muxoxo,* no Nordeste do Brasil. Do Kik. ku-*sosa.*

MUXOXEAR(°) – v. dar *muxoxo,* no Nordeste do Brasil.

MUXOXO(°) – s.m. ou *bixoxo,* estalido com a língua e os lábios, semelhante a um beijo, demonstrando enfado ou desdém; o mesmo estalido dando de ombro, na Bahia. Do Kik. *mu-nosso*/Kimb. *músóosó.*

MUZAMBÊ 1) (°) – s.m. espécie de papão do folclore brasileiro, no Nordeste do Brasil. Cf. zumbi. Do Kik./Kimb. *musambi,* o que apavora.

2) – exp. resposta do sacerdote ao filho que lhe pediu a bênção, em congo-angola. Do Kik./Kimb. *munsambile.*

MUZENGA 1) – s. amuleto, tatuagem secreta, ritual, na linguagem religiosa. Do Kik./Kimb. *muzenga*.

2) – s. loucura, raiva, ira, em congo-angola. Do Kik. *muzenga*.

MUZENZA(º) – s.f. nome de um grupo de capoeira na Bahia.

N

NÃ AGOTIMÉ – s. vodun da família de Xevioso, seria a fundadora da Casa das Minas. Do Fon *Ná Agotimε*, esposa do rei Agonglo, vendida como escrava para o Brasil.

NABORODÔ – s./v. ou *sangolô*, coito, cópula; copular, na linguagem religiosa. Cf. mengá, funfar. Do Kik. *(na)sangolo* /Fon *ñonu wayo*.

NAÇÃO DE CANDOMBLÉ (º) – s.f. denominação dada aos grupos étnico-religiosos que, através da língua litúrgica, dos ritos e mitos, distinguem as religiões de matrizes negro africanas em congo-angola, mina-jeje, mahi, nagô-ketu, na linguagem religiosa. Ver *língua-de-santo*.

NADOPÉ – s. Ver *anadopé*. Do Fon *na do kpε*, agradecer, aplaudir.

NAÉ – s. vodun feminino da família de Davisi, ancestral da família Casa da Minas. Do Fon *Naé*, princesa, título dado às mulheres da família real de Abo.

NAGÔ (º) – 1) s./adj. designação dada às comunidades religiosas afro-brasileiras que cultuam os orixás e utilizam uma língua litúrgica de base nagô-ketu, na linguagem religiosa. Ver. jeje-nagô, nagô-ketu, nagô–vodunsi. Do Yor. *ànàgó*, dialeto yorubá do reino de Ketu.

2) – s.m. (sentido generalizado) língua de santo, entendida como aquela que é usada pelas religiões afro-brasileiras, ininteligível para os não iniciados, na Bahia.

3) – s.m. (pejorativo) diz-se do português mal falado, equivalente à "falar caçanje", a exemplo do chiste corrente no Recôncavo da Bahia: *"O padre de Bom Jardim/ é mesmo assim/ só fala nagô/ misturado com latim."*

4) – s.m. (sentido generalizado) diz-se de quem é seguidor ou que conhece os fundamentos das religiões afro-brasileiras, na Bahia.

5) (º) – adj. (enfático) diz-se do negro de pele retinta; certa cor de gado bovino, na Bahia. Cf. alodê.

6) (°) – s./adj. (sentido genérico) qualquer africano ou língua negro-fricana. Cf. jornal de nagô, molho de nagô, pau de nagô, quintal de nagô, trança de nagô, Cemitério dos Nagôs.

7) (°) – s./adj. Ver *yorubá*.

NAGÔ-KETU – s. /adj. ou nagô-queto. Ver *nagô*.

NAGÔ-VODUN (°) – s. nação de candomblé devotada ao culto de Xapatá, divindade do povo jeje-mahi, cujos iniciados e o antigo dialeto que falam são chamados de nagô, na linguagem religiosa. Do Fon/Mahi *anágò–vodun, vodunsi*, culto e devotos de Xapatá.

NAGÔ–VODUNSI – s. ou nagô-vodunce. Ver *nagô-vodun.*

NAITARANDÊ – s. expressão de despedida do vodun para se desincorporar, em mina-jeje. Do Fon *na i trolo de,* estou indo embora, agora.

NAJADÁ – v. defecar, na linguagem religiosa. Cf. kunena. Do Fon *najɛdà, najáda.*

NAKÔ – s. a senhora, tratamento entre vodun masculino e feminino. Do Fon *naxó*, velha senhora; *nakɔ'*, da mesma família materna.

NAMBUÊ – s. pedra, pedra preciosa, em mina-jeje. Cf. itá. Do Fon *(àwì) ñanxɔ'kúɛ.*

NANÃ 1) (°) – s. Ver *Nanã Buruku*. Do Fon *nàná, nōnō*, mãe, avó materna.

2) (°) – s.f. Ver *iaiá.*

NANÃ SOBÔ – s. nome de Nanã, na linguagem religiosa. Do Fon *Nōnōsɛ́gbó, Náná Segbó*, a grande mãe.

NANÃ BURUKU (°) – s.f. ou Anã Buruku, a mais velha, a ancestral de todas as divindades, considerada a divindade das águas paradas, dos lagos e águas lamacentas dos pântanos, equivalente a Mameto Zumbá e a Nossa Senhora Santana, na linguagem religiosa. Dia: segunda–feira. Cores: branco e azul. Sacrifícios: cobra, galinha, conquém. Comida não pega sal e azeite: ado, canjica, mel de uruçu. Animal consagrado: mazá. Simbolismo: adê, dilogó, ebile. Saudação: salubá. Toque: daçá. Nomes: Borokô, Kaaiê, Yabaim, Yanilá, Yasobô, Nanã, Nana Sobô, Kerekerê, Kisumbelê. Nomes iniciáticos: Nanance, Penance. Ver Anã. Do Fon *Nàná Gbóhukún, Nàná Gbohukū*, a mãe, a grande ancestral da linhagem dos deuses.

NANANSI – s.f. ou *Nanance*; nome iniciático de um devoto de Nanã. Fon *Nànásí*, esposa de Nanã, na linguagem religiosa.

NÃO TEM NADA NÃO – exp. *"fica por isso mesmo"*. Os casos em que a negativa aparece duplicada, até mesmo triplicada, são frequentes, no Nordeste do Brasil.

NARRUNÓ – s. matança cerimonial, em mina-jeje. Do Fon *nahunu*.

NASCE(R) FEITO – v. quem não precisa do processo de iniiação, nem catular, por ter passado por esse processo ainda na barriga da mãe, na linguagem religiosa. Do Port. nascer feito, já iniciado.

NAZANZÓ(N) – s./adj. escuro, sombrio, em mina-jeje. Do Fon *nuzànzon*, *nazõzõ*.

NEGO (º) – s.m. amigo, camarada, termo familiar e carinhoso de tratamento informal, geralmente precedido de meu, no Nordeste do Brasil. Fem. *nega*. Do Port. negro, indivíduo de cor preta.

NEG(R)O AÇA – s.m. Ver *preto-aça*.

NEG(R)O–D'ÁGUA(º) – s.m. acredita-se ser um símbolo transplantado do mito hidrolátrico da Mãe-d'Água (Yemanjá), adaptado às condições mesológicas do São Francisco, que vive nas profundezas deste rio e só aparece nas noites tenebrosas para fazer diabruras e maldades. Em forma de vulto temeroso, emerge inesperadamente das águas, na proa das embarcações, virando-as e arrastando o tripulante contra o barranco onde, estraçalhado, é devorado. Ou, às vezes, contenta–se em beliscar ou morder as pernas dos mergulhadores ou dos nadadores, ao longo da bacia do São Francisco. Ver caboclo d'água, moleque d'água. Do Port. negro da água, que vive na água.

NEG(R)O FUGIDO (º) – s.m. auto popular representado no Recôncavo Baiano.

NEGUIUM – s.m.fem. neguinha, termo familiar e carinhoso de tratamento, na Bahia. Ver nigrinha. Do Port. negrinho, negrinha.

NEKA – s.pênis, nariz, na linguagem religiosa. Cf. ocô. Do Fon *nɛkan*, *ne˜kã*.

NENA – s.v. excremento, fezes, defecar, na linguagem religiosa. Do Kik./ Kimb *kunena*.

NENE – adj. grande. Cf. Maria Nenen, Maria Grande, nome da fundadora dos terreiros de tradição congo-angola em Salvador.

NENONKEVIOSO – nome de Badé na Casa das Minas. Do Fon *Ñõé Xɛbiosò,* a Sabedoria.

NÊNGUA – s.f. Ver *mameto*. Do Kik. *nengua,* mãe.

NENHA – s. esperma, no Nordeste do Brasil. Cf. cheia de nenha. Ver *menga*.

NHACHÊ – s. meu irmão, tratamento entre voduns, em mina-jeje. Do Fon *Ñace.*

NIÃ – s.m. Ver *iabanyã*.

NIANCÓ – s. os tios; a tia materna, em mina-jeje. Cf. tiana. Do Fon *nilòn akɔ',* da família dos tios maternos.

NIGÉRIA (º) – s.f. país da África Ocidental, situado no golfo da Guiné, onde se concentram o povo yorubá ao oeste, hauçá, ao norte, e ibô, ao leste. Sua antiga capital, hoje Abujá, era a cidade de Lagos, que manteve um tráfico intenso com a Bahia até fins do século XIX. Cf. *Nigéria*, do latim niger, negro.

NIGRINHA (º) – s.f. mulher desavergonhada, sirigaita, alguém de baixo nível, de mau comportamento, na Bahia. Ver *nigrinhagem*. Do Port. negrinha.

NIGRINHAGEM(º) – s.f. safadeza, atitude de nigrinha + Port. –agem, na Bahia.

NIKOKÔ – s. panela, em ketu. Cf. dozen. Do Yor. *nikòkò*.

NINXINXIN – adv. agora, em ketu . Do Yor. *ninsisiyi*.

NITIN(HÁ) – s. Ver barco. Do Fon *notin* + Port. –a.

NIXEGUN – s. ou onixegun, médico, curandeiro, em ketu. Do Yor. *onišègùn*.

NOCHÊ – s. Ver *inaê*. Do Fon *nõce*, minha mãe.

NOME DE SANTO – s.m. Ver *dijina*.

NOVARIÊ – exp. ou *donvariê, lavariê*, termo inicial do cântico de abertura do tambor da mata, na linguagem religiosa. Do Fon *nǎvalú wè*, apresento meus respeitos, ofereço minha homenagem.

NOVICHE – s. minha irmã, tratamento entre filhas de santo, em mina–jeje. Do Fon *nõvice*.

NOVO NO SANTO – s.m. diz-se de um iniciante, noviço, na linguagem religiosa. Ver *yaô*. Do Port. novo, recente, no santo, nos segredos do culto.

NU – v. beber, fumar, em ketu. Ver *kunuá*, mum. Do Fon *nù*.

NUKUN – s. olho, olhos, na linguagem religiosa. Cf. oju. Do Fon *nukū*.

NUNVURUCEMA – s. nome de Matamba, em congo-angola. Cf. Bamburucema. Do Kik. *Nvundi luseema,* o grandioso trovão.

NUPE (°) – s. povo oeste–africano, da família de línguas nigero-congolesa, que vive às margens do rio Níger, no norte da Nigéria, onde
são chamados de tapa pelos yorubás, denominação por que ficaram
conhecidos no Brasil. Cf. *Nupe*.

NYAMA – s. carne, na linguagem religiosa. Cf. xito. Do Kik./Kimb. *nyama*.

O

OBÁ 1) (°) – s. rei, chefe, na linguagem religiosa. Cf. soba. Do Yor. *ɔba*.
2) (°) – s.f. orixá do rio Obá, a terceira esposa de Xangô, yabá que,
junto com Xangô; criou o culto aos ancestrais (cf.egun). Acredita-se
ser o nome de Yansã velha, equivalente a Joana D'Arc ou Madalena.
Induzida por Oxum, cortou a orelh a para reconquistar Xangô, que
a repudiou. Por isso dança com a mão ou com o seu leque tapando
a orelha mutilada, na linguagem religiosa. Dia: quarta-feira. Cores:
vermelho e amarelo. Simbolismo: abebé, espada de cobre. Comida:
abará, acarajé, amalá. Sacrifício: cabra, galinha, conquém. Saudação: obáxirê. Ver Oyá. Cf. egun. Do Yor. *ɔbà*.

OBÁ DE XANGÔ (°) – s.m. título hierárquico de doze "ministros" de
Xangô, entronizados em 1937, no terreiro do Axé Opô Afonjá, em
Salvador, Bahia, seis que se sentam à esquerda (obá otum) e seis à
direita (obá ossi) da yalorixá, durante as cerimônias públicas religiosas, em ketu.

OBAKOSÔ – s. título de Xangô, na linguagem religiosa. Do Yor. *ɔbakòso*.

OBALADÊ – s. nome iniciático de um devoto de Xangô; a iniciada que
goza de maior prestígio junto à yalorixá, na linguagem religiosa. Cl.
Taum. Do Yor. *ɔbaládé*.

OBALAIÊ – s. nome de Xangô, na linguagem religiosa. Do Yor. *ɔbalàyè*.

OBALODÊ – s. nome de Xangô, na linguagem religiosa. Do Yor. *ɔbalòde*.

OBALODÔ – s. nome de Xangô, na linguagem religiosa. DoYor. *ɔbalódò*.

OBALOGUM – s. nome de Ogum, na linguagem religiosa. Do Yor. *ɔba-
lóògún*.

OBALUAÊ (°) – s.m. ou *Abaluaê, Abaluê, Babaluaê*, orixá da varíola, tido
como Omulu jovem, forte, equivalente a São Roque, na linguagem
religiosa. Ver Obaluaxé. Do Yor. *ɔbalúayé*.

OBALUAXÉ – s. ou *Abaluaxé*, nome de Obaluaê, na linguagem religiosa. Do Yor. *ɔbaláàʃɛ*.

OBALUFÃ(°) – s.m. nome de Oxalufã, na linguagem religiosa. Do Yor. *ɔbalùfàn*.

OBANIJÉ – s. difamador, fuxiqueiro, em ketu. Do Yor. *ɔbanijɛ̀*.

OBAORUM – s.m. Olorum, na linguagem religiosa. Do Yor. *ɔbaòrun*, rei do céu.

OBÁOSÍ – s.m. Ver *obá de Xangô*. Do Yor. *ɔbaòsi*.

OBÁOTUM – s.m. Ver obá de Xangô. Yor. *ɔbaɔ'tún*.

OBARAEJI – s. nome iniciático de devoto de Xangô, em ketu. Do Yor. *ɔbaràeyí*.

OBARAJI – s. ou *Obaraí* nome iniciático de um devoto de Xangô, em ketu. Do Yor. *ɔbarày*.

OBATALÁ (°) – s.m. Ver *Oxalá*. Do Yor. *ɔbatálá*.

OBAXIRÊ (°) – exp. saudação para *Obá*. Do Yor. *ɔbàʃiré*.

OBÉ 1) (°) – s. ou abé, faca, punhal, na linguagem religiosa. Cf. pocó, ube-le. Do Yor. *ɔbɛ́*.

2) – s. sopa, caldo; guisado de folhas e carne de carneiro, comida de Xangô, na linguagem religiosa. Cf. obé inlá. Yor. *ɔ'bɛ́*.

OBÉ INLÁ – s. Ver caruru de quiabo. Cf. omintorô inlá. Do Yor. *ɔ'bɛ́inlá*.

OBI (°) – s.m. noz de cola, fruto muito usado em oferendas e ritos religio-sos, na linguagem religiosa. Cf. goro, orobô. Do Fon *vì* Yor. *obì*.

OBIRIN – s. mulher, esposa, em ketu. Do Yor. *ɔbìnrin*.

OBIRIN ECOIBI – s. Ver *obirin eku*. Do Yor. *ɔbìnrinɛkoibi*, a mulher não está aqui.

OBIRIN ECU – s. ou *obirin ecoibi*, viúvo, em ketu Do Yor. *ɔbìnrinɛku*, mu-lher morta.

OBÔ – s. ou *cuobô, ânus, vagina,* em ketu. Do Yor. *òbó, ɔ'bɔ'*.

OBÓ – s. nádegas, bunda, na linguagem. Cf. idi. Ver *obô*.

OBONSU – s. vodun cultuado no terreiro jeje do Bogum, tido como de origem Savalu (mahi) na linguagem religiosa. Ver Abô. Do Fon *Àgbósú, Agbósu*.

OBRIGAÇÃO – s.f. herança ritual; oferendas rituais e obediência aos pre-ceitos da feitura de santo, na linguagem religiosa. Do Port. obriga-ção, dever.

472

ODÁ – s.m. Ver *abuká*. Do Yor. *ɔ'dá*, castrado.

ODABÓ – exp. até logo, adeus, em ketu. Cf. edomohaendô. Do Yor. *ódàbɔ*.

ODARA – s./adj. bom, bonito, esplêndido, muito bem; nome de Exu, na linguagem religiosa. Cf. oriodá. Do Yor. *ɔ'dará*.

O DE BEBE(R) – s.m. bebida qualquer que seja (água, vinho, etc.), no Nordeste do Brasil. Kik./Kimb. *kinua*/ Fon *nuon*, coisa para beber.

O DE COME(R) – s.m. qualquer comida, seja uma refeição completa ou uma merenda, no Nordeste do Brasil. Kik./Kimb. *kudia*/ Fon *nudidu*, coisa para comer.

ODÉ (°) – s. nome de Oxóssi, na linguagem religiosa. Do Yor. *ɔdɛ*, caçador.

ODÊ 1) – s. nome de Yemanjá,e//m ketu. Do Yor. *òdé*, o mundo.

2) – s. rua, o lado de fora, em ketu. Cf. jira. Do Yor. *òde*.

ODEDÉ – s. varanda, corredor de uma casa, em ketu. Do Yor. *ɔ'dɛdɛ*.

ODESI – s. nome iniciático de devoto de Logum Edé, em ketu. Do Yor. *Odesi*, o que existe.

ODÔ 1) – s. rio, riacho, na linguagem religiosa. Cf. amazi, tó. Do Yor. *odò*.

2) – s. pilão, na linguagem religiosa. Do Yor. *odó*.

ODOLÁ – exp. até amanhã, em ketu. Do Yor. *ódɔ'la*.

ODOYÁ (°) – exp. saudação a Yemanjá, na linguagem religiosa. Ver oduyamin. Do Yor. *Odòyá*, a deusa do rio Niger, na Nigéria, esposa de Xangô.

ODU (°) – s.m. no jogo do Ifá, o valor de cada uma das sementes ou dos buzos, conforme a sua disposição, na linguagem religiosa. Do Yor. *odù*.

ODUDUA (°) – s. ou *Odudwa*, Oxalá que não se manifesta, o criador do mundo, na linguagem religiosa. Do Yor. *Odùdúwà*.

ODUIAMIN – exp. ou *odoyá, odumiá, oduminhá* saudação a Yemanjá, na linguagem religiosa. Do Yor. *odòɔyamí*.

ODUN (°) – s. ou nascimento, aniversário, ano; resposta do Ifá que indica sob qual signo o consultante nasceu, na linguagem religiosa. Do Yor. *ɔdún*.

ODUMI(NH)Á – exp. saudação para *Yemanjá*, em ketu. Do Yor. *odumiyá*.

ODUNDUN – s. planta medicinal consagrada à "cabeça", em ketu. Do Yor. *ɔdúndún*.

O(E)YEYÔ – exp. saudação a Oxum, na linguagem religiosa. Var. *oeyeyô miafiderema, orereô*. Do Yor. *oyéyé o!* minha mãe.

OEYEYÔ MIAFIDEREMA – exp. *oyeyeyô*. Do Yor. *oyéyéo minafiderɛ mɔn,* um oriki.

OFÁ – s. arco e flecha, insígnia de Oxóssi, na linguagem religiosa. Cf. damatá. Do Yor. *ɔfà,* arco.

OFÔ – adj. vazio, em ketu. Do Yor. *òfo.*

OFOLÓ – v. voar, ir embora, desaparecer, em ketu. Cf. oló. Do Yor. *fòlɔ.*

OGÃ (°) – s.m. ou *ogano, ougá,* título jeje-mina-ketu, dado aos membros masculinos do terreiro que são escolhidos pelos orixás para exercer uma função civil, podendo desempenhar papéis especificamente religiosos no contexto sagrado; zelador, protetor; pertencem a duas categorias: *ogã suspenso* ou *confirmado,* na linguagem religiosa. Do Fon *gan, gã* + Yor. *ɔ'gá,* chefe + Nagô *ɔgan.*

OGÃ CONFIRMADO – s.m. *ogã suspenso* que já cumpriu as obrigações religiosas postuladas para o posto que lhe foi atribuído. O iniciado nos ritos do candomblé que não incorpora a divindade e auxilia a sacerdotisa ou sacerdote nos rituais e no cuidado com o templo e com os demais iniciados, na linguagem religiosa. Cf. Port. confirmado < confirmar, sancionar, aprovar, legitimar.

OGÃ DE ABAÇÁ – s.m. o encarregado do *abaçá,* na linguagem religiosa. Ver. *ogã de sala.*

OGÃ DE AGOGÔ – s.m. o tocador de *agogô* nas cerimônias do culto, na linguagem religiosa. Cf. *gantó.*

OGÃ DE ALABÊ – s.m. o tocador dos atabaques, na linguagem religiosa. Ver *alabê.*

OGÃ DE CORO – s.m. o alabê, tocador de atabaque, na linguagem religiosa. Ver xicarongoma. Cf. ogã + Port. de couro, tambor, atabaque.

OGÃ DE COZINHA – s.m. o encarregado de supervisionar a cozinha do terreiro, na linguagem religiosa.

OGÃ DE DESPENSA – s.m. o encarregado de supervisionar os mantimentos do terreiro, na linguagem religiosa.

OGÃ DE FACA (°) – s.m. o encarregado da matança, na linguagem religiosa. Ver *alabê, axogum, tata-pokó, tata-kivonda, merruntó.*

OGÃ DE LEVÁ PRU TÓ – s.m. o mesmo que *ganletó,* na linguagem religiosa. Cf. ogã + Port. de levar para o + tó, banho.

OGÃ DE PASTO – s.m. Ver *atingã*. Cf. ogã + Port. de pasto, do mato, do quintal.

OGÃ DE QUARTO – s.m. Ver *pejigã*. Cf. ogã + Port. de quarto de santo.

OGÃ DE RUA – s.m. o encarregado das oferendas que são feitas fora do terreiro, na maioria das vezes para Exu, na linguagem religiosa.

OGÃ DE SALA – s.m. Ver *ogã de abaçá*.

OGÃ DO FERRIUM – s.m. Ver *ferrium*.

OGÃ DOS ATIM – s.m. Ver *atingã*.

OGÃ ILU (°) – s.m. o tocador-chefe dos atabaques (*ilu*), na linguagem religiosa. Ver *alabê*. Do Yor. *ɔ'gá ilù*.

OGANGO – s. nome e título de Ogum e Roxomukumbe, em congo-angola. Do Kik./Kimb. *ngangu* /Fon *gangu, gãgu* /Yor. *ɔ'gágun*, o general.

OGANO – s.m. Ver *ogã*. Do Fon *gánnu*.

(O)GANRUNTÓ(°) – s.m. o chefe tocador dos atabaques em mina-jeje. Ver runtó. Do Fon *gãhùntɔ'*.

OGÃ SUSPENSO – s.m. ogã que ainda não realizou as obrigações religiosas de confirmação, na linguagem religiosa. Cf. *ogã confirmado*.

OGÓ – s.m. ou *ogó de Exu*, macete com o cabo em forma de cabeça humana, símbolo de Exu, na linguagem religiosa. Yor. *ɔ'gɔ*, bastão, cacete

OGODÔ – s. nome de Xangô, o velho, em ketu. Do Yor. *ogbogbo*, ancião.

OGRI – s. parede, em ketu. Do Yor. *ogiri*.

OGUEDÉ(°) – s. banana, na linguagem religiosa. Cf. dodô. Do Yor. *ɔ'gèdè*.

OGUIDAVI(°) – s.m. ou *aguidavi*, baqueta de percussão dos tambores sagrados, na linguagem religiosa. Do Fon *àgìdàvi*.

OGUM 1) (°) – s.m. divindade do ferro e da guerra, equivalente a Santo Antônio, Oxóssi, no Rio de Janeiro. Tem Exu como criado, e seu animal sagrado é o cachorro (*ajá*), na linguagem religiosa. Dia: terça-feira. Cores: azul escuro. Nomes: Ajasi, Ajagunã, Mejê, Obalogum, Ogango, Ogum Beira Mar, Ogum da Pedra Branca, Ogum da Pedra Preta, Ogum de Ronda, Ogum do Cariri, Ogum Luimim, Ogun delê, Ogundilei, Ogum Marinho, Ogum Mejejê, Ogum Menino, Ogum Onirê, Ogum Sete Caminho, Ogum Sete Encruzilhada, Ogum Sete Espada. Nomes iniciáticos: Dagu, Ogumbumim, Ogun deji, Ogunjá, Ogunjobi, Ogumolá. Sacrifícios: galo, bode. Comida:

adalu, feijoada, inhame assado com azeite de dendê. Insígnia: espada de Ogum ou gumbasa. Simbolismo: guaiá, mariô. Saudação: ogunhê, ogunhê jesijesi, oguniê. Ver *Mavumbo*. Roxomukumbe. Do Fon *Gu* /Yor. *Ògún*.

2) – s.m. (p. ext.) diz-se de uma pessoa aguerrida, na linguagem religiosa.

3) – s. remédio, na linguagem religiosa. Cf. milongo. Do Yor. *oògún*.

OGUM BE(I)RA MAR – s. nome de caboclo, na linguagem religiosa.

OGUM DA PEDRA BRANCA – s. nome de caboclo, na linguagem religiosa.

OGUM DA PEDRA PRETA – s. nome de caboclo, na linguagem religiosa.

OGUM DE RONDA(°) – s. qualidade de Ogum e de Exu, na linguagem religiosa. Do Yor. *Ògúndílɔnàn*, o que atrapalha, que obstrui o caminho + Port. ronda, virgília, grumete.

OGUM DO CARIRI – s.m. nome de caboclo, na linguagem religiosa. Cf. Yor. *Ògún Akìrí / Àjàyí*, nome próprio masculino + Ind. *cariri*. da caatinga.

OGUM LUIMI – s. nome de Ogum, em ketu Do Yor. *Ògúnluímín,* nome próprio masculino.

OGUM MARINHO – s.m. nome de caboclo, na linguagem religiosa. Cf. Ogum + Port. marinho, do mar.

OGUM MEJEJÊ – s. nome de Ogum, na linguagem religiosa. Do Yor. *Ògúnméjeje*, de sete cachorros, animal que lhe é consagrado.

OGUM MENINO(°) – s.m. nome de Ogum.

OGUMOLÁ – s. nome iniciático de um devoto de Ogum, em ketu. Do Yor. *Ògunmɔ'lá*, o honorável, um orukó.

OGUM ONIRÊ – s. nome de Ogum, em ketu. Do Yor. *Ògúnnonírè.*

OGUM SETE CAMINHO – s. nome de caboclo, na linguagem religiosa.

OGUM SETE ENCRUZILHADA – s. nome de caboclo, na linguagem religiosa.

OGUM SETE ESPADA – s. nome de caboclo, na linguagem religiosa.

OGUMBUMIN – s. nome iniciático de um devoto de Ogum, em ketu. Do Yor. *Ògunbumim,* que me deu de presente.

OGUNDÊ – s. nome de Ogum, em ketu. Do Yor. *Ògundé.*

AGUNDEJI – s. nome iniciático de um devoto de Ogum, em ketu. Do Yor. *Ògundèjì.*

OGUNDELÊ(º) – s. ou *Ogundilê,* nome de Ogum, na linguagem religiosa. Do Yor. *Ògundílé.*

OGUNDELEI – s. ou *Ogun de lei.* Ver *Ogundilei* + Port. –de lei.

OGUNDEMENÊ – s. nome de Ogum, em ketu. Do Yor. *Ògúndemonlé.*

OGUNDILEI – s. nome de Ogum, na linguagem religiosa.Ver *Ogundelê.* Do Yor. *Ògúndéléyí,* o que voltou para casa.

OGUNHÊ(º) – exp. ou *Oguniê,* saudação para Ogum. Do Yor. *ògúnye.*

OGUNHÊ JESIJESI – exp. ou *Ogunhê jecijece.* Ver *ogunhê.* Do Yor. *ògúnye jàsíjàsí.*

OGUNJÁ 1) – s. espécie de Ogum que recebe um cão (*ajá*) como oferenda; nome de um antigo sacerdote nagô-ketu na cidade de Salvador, conhecido como Procópio d'Ogunjá, na linguagem religiosa. Do Yor. *Ògúnajá.*

2) – s.m. nome de avenida em Salvador onde se localizava o terreiro do mesmo nome, na Bahia.

OGUNJOBI – s. nome iniciático de um devoto de *Ogum,* em ketu. Do Yor. *Ògúnjɔbi.*

OGUNLEDÊ – s. Ver *Logum Edé.*

OGUN XOROKÊ (º) – s.m. ou *Ogum* que possui estreita relação com Exu; um dos nomes de Exu, na linguagem religiosa. Do Yor. *Ògunšóróké.*

OGWANEJI – exp. ou *oguaneji;* muitíssimo obrigado!, em congo-angola. Do Kik. *ogwani ntondi.*

OIAIÁ – exp. demonstra alegria, contentamento, na Bahia. Ver *olalá.* Do Yor. *òyàyà.*

OIN – s. ou mel de abelha, na linguagem religiosa. Ver *embá, wíke.* Do Yor. *oyin.*

OIMBÔ – s. branco, europeu, na linguagem religiosa. Cf. mundele. Do Yor. *òyinbó.*

OINFUNKÉ – s. nome iniciático de um devoto de Oxum, na linguagem religiosa. Do Yor. *Ominfuniké.*

OJÁ – s.m. ou *abajá,* faixa de pano que as iniciadas usam como torço e também em torno da cintura e do busto, na linguagem religiosa. Cf. canga. Do Yor. *ɔjá.*

OJÉ – s.m. auxiliar do culto de egun, na linguagem religiosa. Do Yor. *ɔ'jὲ.*

OJEKU – s. resposta desfavorável no jogo de ifá, em ketu. Do Yor. *ɔ'jὲkú.*

OJIJI – s. feitiço mortífero, feito na sombra de alguém, na linguagem religiosa. Do Yor. *òjiji*, sombra.

OJINÃ – s. cozido, cozinhado, em ketu. Do Yor. *ójinán*.

OJÔ 1) – s. chuva, em ketu. Cf. *anvula*. Do Yor. *òjo*.

2) – s. oração, reza, em ketu. Do Yor. *àjó*.

OJÓ – s. ou *ijó*, dia, em ketu. Cf. menemeném. Do Yor. *ɔjɔ,'ijɔ'*.

OJOYÊ – s.m. Ver *oloyê*.

OJU – s. olho, em ketu. Do Yor. *ojú*.

OJUBERÔ – exp. saudação para Omulu/Obaluaê, na linguagem religiosa Do Yor. *ojúgboororo*

OJU KEKERÊ – s.m. inveja, cobiça, olho grande, na linguagem religiosa. Do Yor. *ojú kékéré*, olho pequeno.

OJUOBÁ (º) – s. cargo sacerdotal que dá direito ao titular de agitar o *xerê*, na linguagem religiosa. Do Yor. *ojúɔba*, os olhos do rei.

OKÁ – s.m. mingau de farinha ou de milho, na linguagem religiosa. Do Yor. *ɔkà*.

OKÁIA 1) – s.f. *concubina*, na linguagem religiosa. Do Kik./Kimb. *kiuaya*.

2) – s. amigo, companheiro em quem se pode confiar, no jargão prisional.

OKARA – s. resposta favorável do jogo de divinização feito com noz de cola, na linguagem religiosa. Do Yor. *ɔ'kànràn*.

OKÊ ARÔ – exp. saudação para Oxóssi, na linguagem religiosa. Do Yor. *oke àró*.

OKÔ – s. pênis, na linguagem religiosa. Cf. binga, pitoco. Do Yor. *okó*.

OKÓ – s. homem, marido, na linguagem religiosa. Do Yor. *ɔkɔ*.

OKÓ SUPÓ – s. casada, tem marido, na linguagem religiosa. Do Yor. *ɔkɔ sukpo*, mulher casada com irmão do marido morto; segundo a tradição yorubá, as viúvas são herdadas pelos cunhados.

OKOBÔ – s. homem impotente, em ketu. Do Yor. *òkóbó*.

OKU – s. cadáver; defunto, na linguagem religiosa. Do Yor. *òkú*.

OKUASÃ – exp. boa tarde, em ketu. Do Yor. *o kú àsán*.

OKUARÔ – exp. bom dia, em ketu. Do Yor. *o kú arò*.

OKULÉ – exp. boa noite, em ketu. Do Yor. *o kú alɛ*.

OKUTÊ – s. Ver *ecutê*.

OKUN 1) – s. mar, em ketu. Cf. calunga. Do Yor. *òkun*.

2) – s. corda. Do Yor. *okùn*.

OKUMUNLÉ – s. minhoca, em ketu. Do Yor. *ɔ'kùn munlé*.

OKUTÁ – s. Ver *itá*. Do Yor. *òkúta*.

OLÊ – s. ladrão, na linguagem religiosa. Cf. gará. Do Yor. *olè*.

OLELÉ (°) – s.m. feijão fradinho guisado e enrolado na folha seca de banana, espécie de abará, comida de Xangô, na linguagem religiosa. Do
Fon, Yor . *ɔ 'lèlè*.

OLELÊ, OLALÁ (°) – exp. refrão muito comum na música popular brasileira, a exemplo de "*Olelê, olalá, pega no ganzê, pega no ganzá*", no
português do Brasil. Do Kik./Kimb./Umb. *wee lelelee, (o)lee*, inter-
jeição de alegria, animação.

OLHADO(R) (°) – s.m. vidente através de cartas, de búzio ou de outro
meio material de "olhar" o futuro, no Nordeste do Brasil. Ver babalaô. Do Port. olhador, o que olha, prevê.

OLHO GRANDE(°) – s.m. Ver *oju kekerê*. Do Port. olho grande, olhar de
cobiça.

OLÓ – v. ido, partido; morto, em ketu. Cf. cufô, ofoló. Do Fon *huhɔ* /Yor.
(à)l ɔ.

OLODÉ(°) – s. nome de Exu, na linguagem religiosa. Do Yor. *olódɛ,* dono
da rua, do lado de fora.

OLODUMARÊ (°) – s. Ver *Olorum*. Do Yor. *Olódùmarè*.

OLOFIN – s. Ver *Olorum*. Do Yor. *ɔlɔ'fin*.

OLOKOTUN – s. divindade invisível, Deus maior da casa de egun, em
ketu. Do Yor. *Olóòkotun*.

OLOKUN – s. Ver *Yemanjá*. Do Yor. *Olóòkun,* dona do mar.

OLORUM (°) – s.m. Deus Supremo, na linguagem religiosa. Nomes: Alayê,
Eledá, Obá Orum, Olodumarê, Olofin, Olua. Cf. Axoké, Maú, Zambi. Do Yor. *ɔlɔ'run*.

OLOSSAIN – s. nome iniciático de um devoto de *Ossain*, na linguagem
religiosa. Do Yor. *ɔlɔ'sanyìn*.

OLOXÁ – s. nome de Yemanjá, em ketu. Do Yor. *ɔlɔ 'ɔ'sà*.

OLOXUM – s. nome iniciático de um devoto de Oxum, em ketu. Do Yor.
ɔlɔšun.

OLOYÊ – s.m ou *ojoyê*, o portador de um *oyê*, em ketu. Do Yor. *oloyé*.

OLUA – s. Ver *Olorun*. Do Yor. *Olúwa*, o senhor, o mestre.

OLUARÉ – s. pessoa, em ketu. Do Yor. *ɔluwaré*.

OLUBAJÉ (°) – s.m. ou *alubajé*, repasto comunal em louvor a Omulu, Obaluaê, durante o qual as oferendas são distribuídas aos assistentes, por acreditar–se propiciar longa vida e saúde aos participantes, na linguagem religiosa. Do Yor. *ɔlúgbàjɛ*.

OLUBUMIN – s. nome iniciático de um devoto de Oxum, em ketu. Do Yor. *Olubumi*, Deus me deu (a água) de presente.

OLUBÓ – s. raiz de mandioca, seca ao sol, triturada em farinha ou feita em pasta, na linguagem religiosa. Do Fon *libɔ'* /Yor. *èlùbɔ'*.

OLUÔ – s.m. ou *oluô ifá, babalaô*, na linguagem religiosa. Do Yor. *olúwo*.

OMÃ – s./v. maldição; lançar maldição, em mina-jeje. Do Fon *màn*.

OMILÊ – s. nome iniciático de um devoto de Oxalá, em ketu Do Yor. *Omonilé*.

OMIN – s. água, em ketu. Cf. amazi. Do Yor. *omin*.

OMIMÔ – exp. saudação para Yemanjá e Oxum, em ketu. Do Yor. *omin ó!*

OMIN DUDU – s. café, na linguagem religiosa. Do Yor. *omin dúdú, água preta*.

OMINERO – s. *garapa*, infusão de água e folhas que se usa para afastar egun, em ketu. Do Yor. *omin èrè*.

OMINFUNFUN – s. Ver *cachaça*. Cf. omindudu. Do Yor. *omin funfun, água branca*.

(O)MINTORÔ – s. sopa, caldo, em ketu. Cf. obé. Do Yor. *omintoro*.

(O)MINTORÔ INLÁ – s. Ver *caruru de quiabo*. Do Yor. *omintoro ilá*.

OMON KENDÔ 1) – s. criança de peito, em mina-jeje. Do Fon *nonkpodóɛ*, criança de peito.

2) – s. irmã(o) de leite, em mina-jeje. Cf. monadejé. Do Fon *nonkpodo*, mamar junto.

OMOLUKU(N) – s.m. ou *umuluku*, comida para Oxum e Yansã, podendo ser preparada com feijão fradinho, gengibre, ovos, enrolado e cozido em folha de banana; ou com feijão fradinho cozido, refogado com cebola ralada, pó de camarão, sal, azeite de dendê ou azeite doce, enfeitado com camarões e ovos cozidos inteiros sem casca, geralmente são colocados cinco ovos. Do Fon/Yor. *mɔlikún*.

OMON(DÊ) – s. criança, filho, em ketu. Do Yor. *ɔmɔn, ɔmɔndé*.

OMONKANFÔ – s. Ver *cachimbo*. Do Fon *mionkãfô*.

OMONKORIN – s. menino macho, em ketu. Do Yor. *ɔmɔnkùnrin*, filho menino.

OMULU (º) – s. ou *Omolu, Omunulu*, orixá da varíola, das doenças da pele, equivalente a São Lázaro. O jovem e forte é chamado *Obaluaê*. Manifesta-se como um velho decrépito, mal podendo caminhar, com o rosto coberto por um capuz de palha da costa (azé), na linguagem religiosa. Dia: segunda-feira. Cores: vermelho e preto ou preto e branco. Comida: aberém, andê, latipá, flor de Omulu, carne de porco. Sacrifícios: bode, galo, conquém. Insígnia: xaxará. Simbolismo: laguidibá, runjebe. Saudação: atotô, ojuberô. Nomes: Afomã, Ajibonã, Aruaru, Baru, Jibonã, Xapanã, Xapatá. Ver Babá Bacabaca. Do Yor. *mɔlú*.

OMUNULU – s. Ver *Omulu*. Do Yor. *ɔmɔonílùú*.

ONÃ – s. mãe, em mina-jeje. Cf. yá, nêngua. Do Fon *anan*.

ONIÃ – s. gente, em ketu. Cf. abantó. Do Yor. *enian*.

ONJÉ – s. ou *ajeun*, comida, na linguagem religiosa. Cf. inguidiá. Do Yor. *onjè*.

OPÁ – s. ou *opô*, vara, vareta, bastão, mastro, em ketu. Do Yor. *ɔ'kpá*.

OPANIJÉ 1) (º) – s.m. toque para *Omulu*, na linguagem religiosa. Do Yor. *ɔ'kpáninjé*.

2) – s.m. (precedido de Port. dançar–) diz-se de uma pessoa falsa, hipócrita.

OPAXORÔ – s.m. Ver *paxorô*.

OPÉ – s. agradecimento, em mina-jeje. Do Fon *kpɛ* /Yor. *ɔkpé*.

OPELÊ(º) – s.m. ou *opelé, opelé ifá, paneifá, paneumbele*, rosário de búzios usado no jogo de Ifá, na linguagem religiosa. Do Yor. *ɔkpèlè*.

OPELÉ IFÁ – s.m. Ver opelé. Do Yor. *ɔkpèlèifa*.

OPOLÓ – s. sapo, em ketu. Do Yor. *ɔ'kpɔ'lɔ'*.

ORAMIÃ(º) – s.m. orixá da guerra, na linguagem religiosa. Do Yor. *ɔrànmíyàn*.

ORÁ YEYEÔ (º) – exp. saudação para Oxum, na linguagem religiosa. Do Yor. *ora yèyé o!*

ORÉ – s. amigo, companheiro, em ketu. Cf. kamba. Do Yor. *ɔ'ré*.

OREMIN – s. meu amigo, em keu. Do Yor. *ɔ'rémin*.

ORERÊ Ô (º) – exp. ou *ererê ô, eriiê iê ô, yairê*, saudação para Oxum, na linguagem religiosa. Do Yor. *oreàre o!*, sua bondade.

ORI (º) – s. cabeça, na linguagem religiosa. Cf. mutuê, utá. Ver *bori*. Do Yor. *orí*.

ORIBAJÉ – s. doido, maluco, na linguagem religiosa. Do Yor. *oríbàjé'*, cabeça estragada.

ORIODÁ – s. Ver *oríbàjé'*. Do Yor. *orí ko dára*, cabeça ruim, maluco.

ORIFIN – s. farinha, na linguagem religiosa. Do Fon *linfín*.

ORIKI (º) – s.m. cânticos especiais de louvor aos feitos de cada orixá ou referente a seus atributos, na linguagem religiosa. Cf. Janaína. Do Yor.*oríkí*, o nome votivo atribuído à criança, relativo a heroísmo, quando menino, à elegância e ao encantamento, quando menina.

ORIN – v. andar, em ketu. Cf. kuendá. Do Yor. *rìn*.

ORINORIXÁ – s. cantiga para o *orixá*, em ketu. Do Yor. *orin òrìsà*.

ORIRI – adj. sujo, na linguagem religiosa. Do Yor. *riri*.

ORIXÁ 1) (º) – s.m. designação genérica das divindades do panteão ketu, na linguagem religiosa. Cf. inkisi, vodun. Do Yor. *òrìsà*.

2) (º) – s.m. designação genérica das divindades negro africanas cultuadas no Brasil, mais conhecidas do que outras através dos inúmeros estudos sobre o candomblé ketu da cidade de Salvador, no português do Brasil.

ORIXÁ BABÁ (º) – s.m. nome de *Oxalá*, em ketu. Do Yor. *Òrìsá Baba*, o pai dos orixás.

ORIXÁ DE FRENTE – s.m. o orixá principal, o anjo da guarda, na linguagem religiosa. Cf. Port. de frente, que vem antes, na cabeça.

ORIXÁ FUNFUN – s.m. todas as divindades da famflia de Oxalá, aqueles que utilizam o efun para enfeita o corpo, comem alimentos brancos e as pessoas que lhe são consagradas devem sempre usar roupas brancas, na linguagem religiosa. Do Yor. *Òrìsá funfun*, branco.

ORIXAGUIÃ (º) – s.m. (ortografado orixaguinhã) Ver *Oxaguiã*.

ORIXALÁ (º) – s. nome de Oxalá, na linguagem religiosa. Do Yor. *òrìsánlá*, o grande orixá.

ORIXÁ OKÔ – s. orixá da agricultura, usa chibata de ouro, cajado de madeira e flauta de osso; veste branco, na linguagem religiosa. Do Yor. *òrìsá òkò*.

ORÓ 1) – s. homem rico, riqueza, em ketu. Do Yor. *ɔ'rɔ*.

2) – s. conversa, em ketu. Do Yor. *ɔrɔ'*.

ORÔ – s. cantiga para Exu; conjunto, sequência de músicas rituais em ketu. Do Yor. *oro,* incitamento, estímulo.

OROBÔ (°) – s.m. noz de cola, fruto africano *(Gracinia Gnetoides),* usado nos sacrifícios religiosos, tem poderes afrodisíacos e é comida predileta de Xangô, na linguagem religiosa. Cf. obi. Yor. *orógbó.*

ORÔ EJÉ – s. ritual no qual são ofertados aos orixás animais sacrificados, em ketu. Do Yor. *oro* èjè, o segredo do sangue animal,

ORU – s. sono, noite, em ketu. Do Yor. *òru.*

ORUK(E)RÊ (°) – s. Ver *irukerê.*

ORU(N)KÓ – s. nome, nome iniciático, em ketu. Ver. *dijina.* Do Yor. *orúkɔ.*

ORUMBÔ – s. limão, em ketu. Do Yor. *òròmbó.*

ORUMILÁ (°) – s.m. um dos títulos de Ifá, na linguagem religiosa. Cf. Babá Orumilá. Do Yor. ɔ*runmìlà.*

ORUN – s. o céu; o sol, em ketu. Cf. luilo, rundonsé. Do Yor. *òrùn.*

ORUNGÃ 1) (°) – s.m. deus do ar, filho de Yemanjá, na linguagem religiosa. Do Yor. *Orungan.*

2) (°) – s. nome de um esquadrão da Força Aérea Brasileira.

OSSAIN (°) – s. ou *Ossanha, Ossanhe,* divindade da medicina, conhecedor das folhas (Ver *peregun)* e ervas litúrgicas que prepara e guarda numa quartinha *(ibá),* na linguagem religiosa. Identificado com São Benedito. Dia da semana: segunda–feira. Cores: vermelho ou azul. Nomes: Dono das Folhas. Nome iniciático: Olossayn. Comida: farofa de dendê, galo assado, feijão preto. Simbolismo: ferro de sete pontas, tendo um pássaro no meio, muxila. Sacrifícios: bode, galo, pombo. Saudação: ewê ô. Ver Ague, Catendê, Kasuto, Dadá. Cf. Pó. Do Yor. ɔ*sanyìn.*

OSSANHA – s.f. ou *Ossanhe,* o mesmo que Ossain, mas sob essa forma é identificado com a Caipora, entidade maliciosa do folclore brasileiro de origem indígena, que conhece folhas e ervas, não tem uma perna, fuma cachimbo e bebe cachaça, na linguagem religiosa. Do Yor. ɔ*sanyìn* + Port. -a̱.

OSÉ(M) – s. oferecimento de alimentos ao orixá no dia da semana que lhe é consagrado; dia de guarda, no qual também se procede ao arranjo do quarto de santo, na linguagem religiosa. Do Fon *sɛ,* preceito Yor. ɔ*'sè,* dia santo.

OSI – s. o lado esquerdo, em ketu. Ver obá. Do Yor. *òsì*.

OSUN 1) – s.m. misturado de ervas, em ketu. Do Yor. *ɔ'sùn*.

    2) – s.m. pó vermelho proveniente da casca da árvore *Pterocarpus Ermaceus* (Leguminosa), na linguagem religiosa. Ver. *pemba vermelha*. Do Yor. *asùn*.

OTÁ – s. ou itá, pedras sobre as quais se assentou o *axé* no peji, na linguagem religiosa. Ver assento. Do Yor. *ɔta*.

OTIN 1) – s. ou *otin kodara*. Cf. babalotim. Do Yor. *ɔtí*.

    2) – s. nome de Oxóssi, em mina-jeje. Do Fon *àtín, àvore*.

OTIN KODARA – s. Ver *otin*. Do Yor. *otíkò dára,* bebida não é bom.

OTÔ – exp. chega, basta! em ketu. Do Fon *too,* Yor. *ótó*.

OTUN – s. o lado direito, em ketu. Ver *obá*. Do Yor. *ɔtún*.

OURI – s. Ver *limo*. Yor. *ori*.

OVIMBUNDO – s.m. povo umbundo da região de Benguela, Angola.

OWÔ – s. dinheiro, búzios, na linguagem religiosa. Ver akwé, jimbo Yor. *owó*.

OWÓ – s. *mão,* em ketu. Cf. maco. Do Yor. *ɔwɔ'*.

OXAGUIÃ (°) – s. ou *Orixaguiã, Oxagriã,* Oxalá jovem, na linguagem religiosa. Ver Kasute. Do Yor. *Òrišà ògìnyán*.

OXALÁ – s. o orixá-funfun, a divindade suprema da criação, o pai de todos os orixás, identificado com Nosso Senhor do Bonfim. Ver Lancaté de Vovô. É protetor dos albinos e cultuado com o nome de Obatalá. O velho é Oxalufã, e o jovem, Oxaguiã, na linguagem religiosa. Outros nomes: Babaribô, Babarubô, Barubô, Obalufã, Odudua, Orixá–babá, Orixalá, Orixaguiã, Orixaguá, Oxalufã. Dia: sexta-feira. Cor: branca. Comida, não pega dendê e sal: ajabô, ebô, ovo, pinha, maça. Animal: ibin. Sacrifício: galinha branca, pombo, cabra. Saudação: epá babá, epá ripá, papadumira. Símbolo: paxorô. Toque: batá, jeguedé. Cerimônias: água de Oxalá, pilão de Oxalá. Nome iniciático: Bada. Ver *ualá*, atori. Cf. Lemba, Lisa, Vovô. Do Yor. *Òšálá*.

OXALUFÃ (°) – s. Ver *Oxalá*. Do Yor. *Òšàlùfàn*.

OXÉ – s.m. sabão, na linguagem religiosa. Cf. oxé dudu. Do Yor. *ɔsɛ*.

OXÊ (°) – s.m. ou martelo de Xangô, símbolo de Xangô, um machado esculpido com duas faces. Yor. *ošé*.

OXÉ DUDU (°) – s. sabão preto usado para fins medicinais e ritualísticos, mais conhecido por sabão da costa, na linguagem religiosa. Do Yor. *ɔšɛdúdú,* sabão preto.

OXIXÉ – s. trabalho, em ketu. Cf. azó. Do Yor.*o 'ši 'šè.*

OXÔ – s. feitiçaria, na linguagem religiosa. Cf. kindoki. Do Yor. *ošó.*

OXOBÔ – s.f. a cidade de Oxum que fica às margens do rio sagrado do mesmo nome, na Nigéria. Do Yor. *Ošogbó.*

OXÓSSI (º) – s.m. orixá da caça, protetor dos caçadores, equivalente a São Jorge, na linguagem religiosa. Dia: quinta feira. Cores: verde e azul. Insígnias: arco e flecha, damatá, ofá.Simbolismo: capanga, eruexim, eiru, lamba. Toques; agueré, jicá. Comida: axoxô. Sacrifícios: bode, porco, galo, conquém. Saudação: okê, okê arô. Nomes: Akuerã, Arê, Ibualama, Inlê, Odé, Otim, Tauamim. Nomes iniciáticos: Ajaipapô, Italodê. Cf. Kongombira, Guedemo. Ver Babá Okin, Oxum, Logunedé. Do Yor. *ɔ 'š ɔ'si.*

OXUBU – s./v. queda, cair, em ketu. Do Yor. *(i) šúbu.*

OXUM (º) – s.f. orixá que comanda os rios e todas as águas doces, sem a qual a vida na terra seria impossível. Identificada com Nossa Senhora das Candeias ou Nossa Senhora das Graças, é a segunda mulher, a predileta de Xangô, depois de ser casada com Oxóssi (Cf. Ibualama). Os seus axés são constituídos por pedras do fundo dos rios, de joias de cobre e de um pente de tartaruga, na linguagem religiosa. Dia: sábado. Cores: amarelo ouro. Simbolismo: abebé, idé. Sacrifícios: pomba, cabra, galinha, pato. Toque: ijexá. Comidas: ado, ipetê, omoluku, xinxin de camarão. Nomes: Yalodô, Miwá, Oxum Ayabá, Oxum Angolera, Oxum Apará, Oxum do Povo, Oxum Menina, Oxumpandá. Nomes iniciáticos: Yalodê, Oinfunké, Oloxum, Olubumim, Oxumbumim, Oxunsi, Oxunkeí, Oxuntokiun. Saudações: yairê, miafiderema, oyeye ô, omin-ô, orá yeyô, orerê-ô. Cf. Aziri, Dandalunda. Do Yor. *ɔ' šun.*

OXUM ANGOLERA – s.f. nome de Oxum, na linguagem religiosa. Ver Angolera.

OXUM APARÁ (º) – s.f. Oxum jovem, guerreira, na linguagem religiosa. Do Yor. *àpàrá,* raio, trovão.

OXUMARÊ (º) – s. o orixá da riqueza, identificado com o arco-íris, equivalente a São Bartolomeu e simbolizado pela serpente. Acredita-se ser criado de Xangô, na linguagem religiosa. Dia: terça-feira. Cores: verde e amarelo. Comidas: aberém, lisi. Sacrifícios: carneiro, cabra, galo, pintada. Simbolismo: brajá, idã. Insígnia: ebile. Saudação: ar-roboboi. Ver Angorô, Bessein. Cf. Apaocá. Do Yor. *Óšùmàrè.*

OXUM AYABÁ – s.f. Ver *ayabá.*

OXUMBUMIN – s. nome iniciático de um devoto de Oxum, em ketu. Do Yor. *ɔ' šun bùnmi,* Oxum que me deu as águas de presente.

OXUM DO POVO – s.f. Ver Oxum. Do Yor. *ɔ' šun òpópó,* a das ruas e es-tradas + Port. –do povo.

OXUM MENINA(º) – s.f. Oxum criança, chorona, na linguagem religiosa.

OXUMETÁ – s. a última das três cerimônias de iniciação em ketu. Do Yor. *ošun mɛta,* a terceira cerimônia.

OXUMPANDÁ (º) – s.f. nome de Oxum guerreira, em ketu. Do Yor. *ɔ' šun(i)pandá.*

OXUNKEÍ – s. nome iniciático de um devoto de Oxum, em ketu. Do Yor. *ɔ' šunkɛyn,* a mimada.

OXUNTOKIUN – s. nome iniciático de um devoto de Oxum, em ketu. Do Yor. *ɔ' šúntóókín.*

OXUNSI – s.f. nome iniciático de um devoto de Oxum, em ketu. Do Yor. *ɔ' šúnsì,* ela existe.

OXUPÁ – s. a lua; lua cheia, em ketu. Do Yor. *ɔ' šúkpá.*

OYÁ (º) – s.f. nome de Yansã menina, uma das três mulheres de Xangô, na linguagem religiosa. Ver Obá. Do Yor. *ɔya,* deusa do rio Níger, na Nigéria.

OYÊ 1) – v. compreender, na linguagem religiosa. Do Yor. *yè.*
2) – s.m. título honorífico, posto, cargo, em ketu. Ver oloyê. Do Yor. *oyé.*

OYEYE Ô – exp. Ver oeyeyô.

OYÓ – s. a cidade do rei Xangô, na Nigéria. Do Yor. *ɔ'yɔ'.*

P

PACAÇA (º) – s. boi, em congo-angola. Do Kik. *mpakasa,* espécie de antí-lope, chamado de boi africano pelos portugueses.

PACAIA 1) – s. sovaco, axila, em congo-angola. Do Kik./Kimb. *mpakanya.*
2) – adj. fumo de má qualidade, fumo boró, na Paraíba.

PADÊ (º) – s.m. rito propiciatório para Exu que precede todas as cerimônias jeje e nagô-ketu, na linguagem religiosa. Do Fon *kpadénu*, Yor.
íkpàdè.

PAGODÔ – s.m. o terreiro, em mina-jeje. Cf. canzuá. Do Fon *kpáhɔtó*.

PAI DE SANTO (º) – s.m. sacerdote nas religiões afro-brasileiras, no português do Brasil. Ver babalorixá, bacanão, tata, zelador. Cf. mãe de
santo.

PAI PEQUENO – s.m. o padrinho do iniciado, na linguagem religiosa. Ver
babakerê, tata camunkuenje, tatareji. Do Port. pai pequeno, secun-
dário, honorífico.

PALANGA – s.m. ou *paranga*, leigo, não iniciado; (p.ext.) homem fraco,
covarde, sem autoridade, na linguagem religiosa. Do Kik. *mpolunga*.

PALAQUERA – s. Ver *Exu*.

PALHA DA COSTA – s.f. ráfia do dendezeiro, usada na confecção de adornos rituais de Nanã e em vestes de Omulu.

PAMBA – exp. à toa, sem motivo, em vão, na linguagem religiosa. Do Kik.
mpamba.

PAMÓ – v. cobrir, guardar, em ketu. DoYor. *pamɔ'*.

PANÃ(º) – s.m. cerimônia final de iniciação jeje ou nagô-ketu, na linguagem religiosa. Cf. quitanda das yaô. Do Fon *àkpánón/ àkpánō*.

PANDÁ – s. nome de Dandalunda, em congo-angola. Do Kik. *Mpanda*,
nome de inkisi.

PANDORÔ – s.m. feiticeiro, cobé, em congo-angola. Do Kik. *mpandulu*.

PANEIFÁ – s. Ver *opelé-Ifá*. Do Yor. *ɔkpɔ'nifâ*.

PANEUMBELE – s. jogo de Ifá feito com o uso de uma navalha, em ketu.
Ver opelé Ifá. Do Yor. *ɔkpɔ'mbɛlɛ*.

PANGO – s.m. Ver *maconha*. Do Kik./Kimb./Umb. *(m)pangu, epangwe*.

PANO DA COSTA (º) – s.m. ou *alaka*, tecido de algodão em cores e listrado, originário da África; pano de algodão, colorido, usado como
xale pelas baianas, na Bahia.

PANO DE BUNDA (º) 1) – s.m. trapos, roupa suja, velha, na Bahia. Ver
mulambo. Cf. Port. pano de + bundá ou bunda, sujo, velho.
2) – s. roupas, na exp. *"Pare de butar buneco senão eu cato meus pano
de bunda e vou mimbora"*, pare de fazer confusão ou eu pego minhas
roupas e vou embora, no Ceará.

3) – exp. fralda de criança, na Paraíba.

PANZUA(R) – v. preguiçar, mandriar, na Paraíba.

PAÓ – s. ou *paô*, bater palmas para saudar divindades e pessoas importantes, na linguagem religiosa. Do Fon *kpà ó* /Yor. *kpàtèwɔ'*.

PAPALUMIRA – exp.saudação a Oxalá, em ketu. Do Yor. *bábà òdúminlá*.

PAPANGU (°) 1) – s.m. personagem mascarado que saía pelas ruas a espantar crianças, no Carnaval do Nordeste do Brasil.

2) – adj. indivíduo muito feio e lerdo (estúpido), no Ceará.

3) – s. indivíduo mal-enjorcado, na linguagem regional da Paraíba.

PARENTESCO DE SANTO – s.m. vínculos sociorreligiosos e hierárquicos na família de santo, na linguagem religiosa. Do Port. parentesco, vínculo de família, de santo, da divindade.

PASTINHA – s. nome por que ficou conhecido José Antonio Ferreira Pastinha ou Mestre Pastinha (Salvador, 5/4/1889–13/11/1981), introdutor e divulgador da capoeira angola.

PATAPATA – v. acabado, terminado, na linguagem religiosa. Cf. evó. Do Yor. *pátápátá*.

PATERÊ – s.m. Ver *erampaterê*.

PAU DE CANGALHA – exp. armação de madeira para fazer a cangalha, na Paraíba.

PAU DE NAGÔ (°) – s.m. pedaço de galho de laranjeira utilizado para escovar os dentes, ainda comum no interior do Nordeste do Brasil. Do Port. pau de + nagô.

PAVENÂ – s. nome de Exu, em mina-jeje. Do Fon *kpavinon / kpavinõ*.

PA(U)XORÔ (°) – s.m. ou *maxorô, opaxorô*, cajado prateado, insígnia de Oxalá, na linguagem religiosa. Cf. cajado de Oxalá. Do Yor. *ɔkpáišorò*.

PÉ DE LOCO – s.m. Ver *atinlokô*. Cf. Port. pé de árvore + Loco.

PÉ DE MOLEQUE 1) (°) – s.m. doce à base de farinha, açúcar e amendoim, no Brasil.

2) – s. m. bolo de massa de mandioca com leite e ovos, adoçado com rapadura ou açúcar e cozido na chapa do fogão, na Paraíba.

PÉ DE PAU – exp. árvore, qualquer árvore, no Nordeste do Brasil.

PÉ DE QUENGA – exp. quem pisa de banda, na Paraíba. Ver *capenga*.

PEDRO ANGAÇO – s. entidade tida como pai de Légua, na Casa das Minas. Do Fon /Gun *Àgasú*, ancestral das famílias reais de Aladá, Abomé e Porto Novo, representado por uma pantera.

PEGA(R) 1) – v. ser bem-aceito pelo santo (uma comida, uma reza, uma cor de roupa etc.), na linguagem religiosa. Cf. Port. pegar bem, ser aceito (ato, dito etc.); antônimo, pegar mal.

2) – v.entrar em transe, ser possuída pelo santo, na linguagem religiosa.Cf. Port. pegar, apanhar.

PEGA(R) NO RABO DA MACACA – exp. cair na esparrela, na Paraíba.

PEJEREKUN (°) – s. ou *bejerecum, pijiricum*, fava de uma planta africana da família das Amanáceas, empregada como condimento e para fins ritualísticos, na linguagem religiosa. Do Fon/Yor. *kpejerekun/ kpejerekũ*.

PEJI 1) – (°) s.m. o altar do terreiro, localizado num quarto privado, à maneira de uma plataforma baixa, sobre a qual se encontram várias pedras (otá), cada uma identificada com uma divindade particular que se acredita esteja nelas "assentadas". Junto a cada "altar" (assento) estão jarros contendo água, flores e pratos de suas comidas sagradas, na linguagem religiosa. Cf. baquiço, jará, pepelê. Ver quarto de santo. Do Fon *kpɛjí*, sobre o altar.

2) – s.m. (p.ext.) quarto sujo, desarrumado, na linguagem religiosa.

PEJIGÃ – s.m. ou ogã de quarto, ogã zelador do peji, na linguagem religiosa. Do Fon *kpɛjígán, kpɛjígã*.

PEMBA 1) (°) – s.f. ou pemba branca, pó de pemba, caulim reduzido a pó, de largo uso ritualístico, na linguagem religiosa. Ver efun. Cf. pemba vermelha. Do Kik./Kimb. *mpemba*.

2) – s.f. (p. ext.) ou pó de pemba, qualquer substância branca, reduzida a pó que se acredita ter poderes mágicos, na linguagem religiosa.

PEMBA BRANCA – s.f. pemba de cor branca, na linguagem religiosa.

PEMBA VERMELHA – s.f. pemba de cor vermelha, na linguagem religiosa. Cf. osun.

PEMBEIÊ – s. Ver *sakurupemba*. Do Kik./Kimb. *pembele*.

PENA DE PAPAGAIO DA COSTA – s.m. Ver *ekodidé*.

PENANSI – s. ou Penance, nome iniciático de um devoto de Nanã, na linguagem religiosa. Do Fon *Kpɛnonsi/Kpɛnasí*.

PENAVERDE – s. nome de caboclo, na linguagem religiosa.

PENGÓ (°) – s.m. coxo, no Nordeste do Brasil. Ver *capenga*.

PENTEADO DE NAGÔ – s.m. Ver *trança de nagô*.

PEPELÊ – s. altar, plataforma de barro, santuário ketu. Cf. assento, peji. Do Yor. *kpèkpélé*.

PEPEYÉ – s. pato, em ketu. Yor. *kpɛkpɛyɛ*.

PEQUENININHO – adj. diminuitivo, duplo de pequeno, no Nordeste do Brasil.

PEREGUN (°) – s.m. planta *(Dracaena Fraganea)* originária da Nigéria e do Benin e consagrada a Ossain. Do Yor. *kpèrègún*.

PERNA DE MORINGA – s.f. mulher de perna grossa, de batata torneada, no Nordeste do Brasil. Ver mocotó. Cf. Port. perna de + moringa.

PERRENGUE 1) (°) – s.m. refere–se a uma situação de dificuldade, de aperto. De aperrear.
2) – adj. diz-se de pessoa alta e magra com aparência doentia, na linguagem religiosa. Do Yor. *kpɛlɛngɛ*.

PETITE 1) – s. criança, na linguagem religiosa. Cf. *omon*. Do Fon *kpɛtiti*.
2) – adj. pequeno, pouco, na linguagem religiosa. Cf. *kekerê*. Do Fon *kpɛtiti*.

PIANO DE CUIA (°) – s.m. Ver *aguê*. Cf. Port. piano + Ind. *cuia*, fruto da árvore cureira.

PICHILINGA – s. candeia de folha de fladres, fifó, bibiano, no Alto São Francisco.

PILÃO DE OXALÁ (°) – s.m. cerimônia do ciclo de celebração para Oxalá, na linguagem religiosa. Cf. Port. pilão de + Oxalá.

PILÃO DE SENZALA – exp. moça gorda, atarracada e mal feita, no Nordeste do Brasil.

PIMBA – s. pinto de menino, pênis de criança, na Paraíba.

PIMENTA DA COSTA (°) – s.f. Ver *atarê*.

PINDUNGO – s. garrote magro, raquítico, no Nordeste do Brasil.

PININ(PININ) – adj. diz-se dos olhos pela manhã, ao acordar, quando as pálpebras estão apegadas, na linguagem religiosa. Do Yor. *ikpinín*.

PINTADA (°) – s.f. Ver *galinha d'angola*. Do Port. pintada, em alusão às pintas brancas em suas penas.

PIQUÁ (º) – s.m. pequeno estojo feito da ponta de chifre do boi, usado pelos faiscadores, nas lavras, para guardar as predras preciosas que acharem. em Minas Gerais.

PIRIQUITIUM – s. nome de erê, na linguagem religiosa afro-brasileira.

PIROCA – s. pênis, na Paraíba.

PIRUNGA – s. cacete, porrete, no Médio São Francisco.

PISQUILA (º) – s.f. pessoa franzina e de pequena estatura, na Bahia. Do Kik. (bi)sikila.

PISSILODÊ – s.m. Ver *ipisilone*.

PITA(R) MACAIA (º) – v. morrer, no Nordeste do Brasil. Ver *macaia*.

PITA(R) MACANHO – v. Ver *pitar macaia*.

PITOCO (º) – s.m. Ver *cotoco*.

PITOMBO (º) – s.m. tumefação cutânea, caroço especialmente formado na testa, resultado de pancada. Do Kik. *(bi)nongo, bitungu*.

PITUIM – s. inhaca, mau cheiro do corpo na Paraíba. Ver *bodum*.

PIXAIM – s. cabelo enroscado, carapinha de negro, no Nordeste do Brasil.

PIXILINGA – s. diabo; piolho de galinha, calife, na Paraíba.

PIXIXICA (º) – s. pequena formiga avermelhada, muito encontrada nas roças de cacau. Seu contato com a pele provoca ardor e, segundo alguns, só passa com urina, na Bahia. Ver *caçaramba*.

PLANTA(R) – v. praticar lesbianismo, na linguagem religiosa. Ver bater sabão. Do Port. plantar roça, alusivo ao ato de roçar a terra, para o plantio.

PÓ – s. Ver *Puó*.

POKANVI – s. Ver *pocã*. Do Fon *akpokanvi*.

POSU BETA – s. terreiro mina-jeje na região do Recôncavo Baiano. Do Fon *Kpɔsu Xuègetá*.

PÓ DE PEMBA – s.m. Ver *pemba*.

AKUÉPOÊ – s. vodun da floresta, em mina-jeje. Do Fon *Kpòé*.

POKÃ – s. *bocapiu* em tamanho pequeno que é usado pelos *erês*, na linguagem religiosa. Var. *pocanvi*. Do Fon/Yor. *akpò kaum*.

POKÔ – s. panela, em ketu. Do Yor. *ìkokò*.

POKÓ 1) – s. faca, em congo-angola. Do Kimb. *mpoko*.
    2) – s. concha de sopa, colherão, em ketu. Do Yor. *kp' ɔkɔ'*.

POKÓ IBI – s. faca afiada, peixeira, na linguagem religiosa. Do Kimb. *poko mbiji*, faca de peixe.

POLIBOJI – s. nome de Xapatá; vodun masculino da família de Dambirá, em mina-jeje. Do Fon *Kpoliboji, Kpɔligboji.*

POMBAJIRA – s.f. Exu fêmea, variante de Bambojira, reparte com ele o controle das encruzilhadas e caminhos, e exerce influência sobre os namoros, noivados e casamentos desfeitos. É representada na figura de uma mulher sedutora, branca, de cabelos longos e louros, tida como protetora das prostitutas, na linguagem religiosa. Do Kik./ Kimb. *Mpemba Njila,* nome de inkisi, a (cruel) alvura do caminho + *mpembu mpambu ia njila,* o enviado do caminho.

POMBEA(R) (°) – v. espreitar, espionar, no Nordeste do Brasil.

POMBE(I)RO (°) 1) (°) – s.m. mascate, comerciante que anda pelo interior do país; negociante ou emissário que atravessava a África Meridional comerciando por escravos, na língua portuguesa em geral. Cf. Port. pombeiro, espião, caçador < pombear, espreitar, andar ao encalço de um bom negócio, de uma vítima.Do Kimb. *pumbelu,* mercador de bugigangas pelo interior.

2) (°) – s.m. (p.ext.) espião da polícia, no português do Brasil.

3) – s.m. vendedor ambulante de peixe, o que vende peixe pelas ruas da cidade, na Paraíba.

PONGA (°) – exp. *"pegar a ponga",* ir de carona; levar pequena vantagem ou aproveitar-se da oportunidade em alguma coisa de outra pessoa, na Bahia. Do Kik. *pongula.*

PONGA(R) (°) – v. subir ou saltar do veículo em movimento, na Bahia. Ver ponga, despongar. Do Kik. *pongula.*

PONGÓ 1) – s./adj. tolo, idiota, aloucado, no jargão prisional.

2) – s. cavalo velho de pisada dura, ordinário, com defeito, no Médio São Francisco.

PONGUÊ 1) – s. bengala, cacete, na linguagem religiosa. Do Fon *kpògè.*

2) – s. Ver *kibungo.*

PONTO (°) – s.m. Ver *ponto cantado.*

PONTO CANTADO (°) – s.m. cantos rituais para propiciar a descida das divindades na umbanda.

POPA DE BUNDA (°) – exp. nádegas, no Nordeste do Brasil.

PORRÃO DAS YAÔ(S) (°) – s.m. Ver *runcó.* Cf. Port. porrão das + *yaôs.*

PORSUSI – s. nome iniciático de um devoto de Kpó. Do Fon *Kpɔsusi.*

POVO DE SANTO – s.m. a comunidade religiosa afro-brasileira, na Bahia. Var. gente do axé.

PRECEITO – s.m. tabu, interdição de qualquer ordem para ser cumprida pelos fiéis, na linguagem religiosa. Ver dia de guarda. Do Port. preceito, norma, ensinamento.

PREGO (º) – s.m. apagão, falta de energia elétrica, no Nordeste do Brasil.

PRETA VELHA – s.f. Ver *vovó*.

PRETO AÇA (º) – s.m. ou nego aça, negro albino, no português do Brasil.

PRETO MONDRONGO – s.m. negro retinto, disforme, figura grosseira, na Bahia. Cf. boneco de alodê.Ver *mondrongo*.

PRETO VELHO – s.m. entidade cultuada como um escravo ancestral africano no Brasil, fuma cachimbo, bebe marafo e fala uma linguagem carregada do prefixo *zi– (zifio, zirimão, ziminino*, etc.), muito popular na umbanda que lhe consagra o dia 13 de maio, data oficial da abolição da escravatura no Brasil, no português do Brasil.

PRINCESA DO AYOKÁ – s. Ver *Mãe-d'água*.

PRINCESA DO MAR – s. Ver *Mãe-d'água*.

PUÁ – v. matar, em ketu. Do Yor. *kpa*.

PUADÁ– v. *kuadá*, voltar, retornar, vir. Cf. tuizá. Do Fon *kpantà, kpãtà* / Yor. *kpadà*.

PUENDÁ – v. Ver *kuendá*.

PUÍTA – s.f. Ver *cuíca*.

PUNGA (º) – v. furto de carteiras, joias, relógios, sem que a vítima o perceba; furto com destreza, no jargão policial. Kik. *mpyanga* /Kimb. *mponga*, furto.

PUNGUISTA (º) – s. quem pratica a punga.

PUNGO – s.m. chapéu, gorro, na linguagem religiosa. Cf. filá. Do Kik. *mpongu*.

PUÓ – s. ou *Ipó, Pó*, divindade real do Daomé, vodun a quem são consagradas as raízesna linguagem religiosa. Nomes iniciáticos: Gavionso, Porsusi. Cf. Ossain. Do Fon *pɔ*, pantera, leopardo, divindade da família real do Abomé.

PUP(U)Á – adj. vermelho, na linguagem religiosa. Do Yor. *kpukpa*.

PUXARRUM(O) – v. tocar atabaque (rum), realizar cerimônia pública festiva, invocando as divindades, na linguagem religiosa. Cf. abrir ajira. Do Fon *kpàxɔhùn* + Port. (decalque) puxar rumo, abrir caminho.

493

QUADÁ – v. Ver *puadá.*

QUALIDADE (º) – s.f. atributo da divindade, na linguagem religiosa. Do Port. qualidade, aquilo que é próprio de um ser.

QUARTINHA (º) – s.f. pequeno vaso votivo, em barro, na linguagem religiosa. Ver *moringa, vasilha de barro.*

QUARTO DE SANTO – s. cômodo reservado a guardar o santuário em casas de família. Ver *peji.*

QUEBRA BUNDA 1) (º) – s.m. mal das ancas, epizootia dos equinos, no português do Brasil.
2) – s. topônimo muito popular, especialmente para ladeiras íngremes, na Bahia.

QUEBRADO – s.m. toque para Besseim, na linguagem religiosa. Do Fon *kegbàdo* + Port. quebrado, ref. à maneira do toque em repiques.

QUEBRA(R) CATOLÉ – exp. falhar o tiro, mentir fogo, não disparar a arma, na Paraíba.

QUEBRA(R) O CABAÇO – exp. deflorar, na Paraíba. Ver *cabaço.*

QUEIJO DE CUIA – s.m. Ver *queijo do reino.*

QUE(I)JO DO REINO (º) – s.m. queijo de casca vermelha, em forma de bola, que vinha de Portugal dentro de uma cuia de metal, no português do Brasil. Var queijo de cuia. Ver farinha do reino. Do Port. queijo do reino, de Portugal.

QUEINGUENGUE 1) – s. nome iniciático de um devoto de Zazi, na linguagem religiosa. Do Kik. *kiangenge, o* que brilha com fogo.
2) – s. topônimo, município na Bahia.

QUELELÊ (º) – s.m. mexerico, intriga, bate-boca, discussão sem importância, no Nordeste do Brasil. Do Kik./Kimb.*(ma)kelele* /Fon *kilélé, lélélé.*

QUEMBEMBE – s. indivíduo rústico, cafajeste, na Paraíba. Ver *quibamba.*

QUEMÔ – s. bruxaria, praga para matar, provocar doença incurável ou destruir a -quindô + Port. queimou < queimar, destruir ou desgastar a reputação ou as pretensões de alguém por meio de intrigas, fuxicos ou expediente semelhante.

QUENDÔ 1) – v. saiu, foi-se embora, na linguagem religiosa. Cf. tuizô, cufô. Ver kuendá + Port. –ou.

2) – s./v. criança de peito; dar de mamar, na linguagem religiosa. Ver *omonquendô*.

QUENGA 1) (°) – s.f. guisado de galinha e quiabo ou de ave com molho encorpado com fubá de milho, na Bahia. Do Kik. *penga*.

2) (°) – s.f. cuia, vasilha feita da metade da casca de um coco, usada para beber água ou como torrador de farinha; o conteúdo da vasilha, no Nordeste do Brasil. Cf. quengo. Do Kik. *kienga*, metade da noz do coco.

3) (°) – s.f. prostituta, prostituta de baixa classe, no Nordeste do Brasil. Cf. adocó, agaletó, biraia, camumbembe, cucangala, cabungueira, indumba, zunga. Do Kik. *nkemba* /Kimb. *mpenga*.

4) – s.f. coisa imprestável, sem valor, no Nordeste do Brasil. Cf. burungunza. Do Kik./Kimb. *nkanga*.

5) – exp. *"chupar na quenga"*, aborrecer–se, vexar–se, no Nordeste do Brasil.

QUENGADA 1) (°) – s.f. grupo de prostitutas, no Nordeste do Brasil. Cf. *quenga*.

2) (°) – s.f. esperteza, estradeirice, trapaça, no Nordeste do Brasil. Cf. quengo.

3) – s. cabeçada, agilidade, tolice, erro, no jargão prisional.

QUENGA DE COCO – exp. casco ou endocárpio do coco, engastado num cabo de madeira para tirar água do pote ou feijão da panela. Tanto se usa no masculino, quanto no feminino, na Paraíba.

QUENGO 1) (°) – s.m. cabeça, crânio; inteligência, talento; indivíduo esperto, trapaceiro, que sabe fazer *quengada*, no Nordeste do Brasil. Ver gango. Do Kik. *kyenga*.

2) (°) – s.m. o endocarpo do coco. Kik. *kenga*.

QUENGUE(I)RO – s. homem mulherengo, que vive enrabichado por *quenga*, no Nordeste do Brasil.

QUENTE – adj. bicado, meio alcoolizado, na Paraíba.

QUEREBETÃ – s. terreiro, *compound*, constituído de várias habitações. Do Fon *Xwègbetá*.

QUEREBETÃ SOGBOATÃ – s. terreiro situado nos arredores de Salvador, Bahia. Do Fon *Xwègbetá Sogboatá*.

QUEREBETÃ DE ZOMADONU – s. Casa das Minas no Maranhão. Do Fon *Xwègbetá Zomadónu*.

QUERECA – s. creca, ferimento, doença na pele, em Pernambuco.

QUEVIOSO (º) – s. ou Xevioso; nome de Sobô, voduns chefiados por Sobô e Badé. Do Fon *Xèbiosò, Xèbiosò, Xɛbiosò*, nome genérico de toda uma família de voduns associados à tempestade. Ver *Sobô*.

QUIABADA (º) – s.f. guisado de *quiabo*.

QUIABE(I)RO (º) – s.m. nome de diversas plantas da família das Malváceas, no português do Brasil. Cf. quiabo.

QUIABENTO – adj. escorregadio como *quiabo*.

QUIABO 1) (º) – s.m. muito usado na cozinha cerimonial afro-brasileira, no português do Brasil. Ver *quigombô*. Cf. caruru. Do Kik./Kimb. *kingombo> kingambo > kyambo*.

2) – exp. *"levar na cuia dos quiabos"*, ser punido pelo que não deve; *"tomar na cuia dos quiabos"*, ser logrado; *"escorregar no quiabo"*, desmascarar-se; *"escorregar como baba de quiabo"*, diz-se de alguém pouco confiável, cheio de artifícios, um pilantra, no Nordeste do Brasil. Ver *caruru*.

3) – s.m. chiste ref. à mulher grávida, na Bahia:*"Lá vem quiabo, lá vem pepino, lá vem a massa, de fazer menino"*.

QUIABO BRAVO (º) – s.m. variedade de *quiabo*.

QUIABO CHE(I)ROSO (º) – s.m. variedade de *quiabo*.

QUIABO CHIFRE DE VEADO – s.m. variedade de *quiabo* + Port. chifre de veado, pelo formato, na Bahia.

QUIABO DA GUINÉ – s.m. Ver *caruru azedo*.

QUIABO DE ANGOLA – s.m. Ver *caruru azedo*.

QUIABO DEDO DE MOÇA (º) – s.m. variedade de *quiabo* + Port. dedo de moça, pelo formato pequeno e roliço.

QUIABO DURO (º) – s.m. (p.ext.) diz-se de uma pessoa magra, empertigada, feito um quiabo.

QUIANDA(º) – s. a sereia, na linguagem religiosa. Ver *Kisimbi*. Do Kik./Kimb. *kianda*.

QUIANZI – s.f. ou *kiansi*, caranguejo; aranha; personagem de conto popular, no Nordeste do Brasil. Cf. incalá, zagaça.Var. Do Kik. *kwenzi*, caranguejo.

QUIBA 1) (º) – adj. forte, corpulento (falando-se de animais), no Nordeste do Brasil. Do Kik. *koba*.

2) (º) – s.m. pl. (vulgar) testículos, no Nordeste do Brasil. Cf. balangue. Var. *quimba, quimbra*. Do Kik. *kibalanga, kibata*.

QUIBABÁ (º) – s.m. milho triturado, cozido com feijão verde e temperado com torresmo, sal, cebola etc., acompanha linguiça e farinha, na Bahia. Do Kik. *kibaba* /Kimb. *kababa*, guisado de milho.

QUIBACA 1) (º) – s.f. ou tibaca, bráctea da inflorescência das palmeiras, cangaço, capuco, na Bahia. Do Kik./Kimb. *kimpaka*.

2) – s. topônimo, engenho do Recôncavo, na Bahia.

QUIBAMBA 1) – s. borboleta, na linguagem religiosa. Kimb. *kibyambya*.

2) (º) – s.m. personagem de conto popular, no Nordeste do Brasil. Cf.bamba. Do Kik. *kibamba*, campeão, herói.

QUIBANDA(R) (º) – v. usar o quibando, no Nordeste do Brasil.

QUIBANDE(I)RO (º) – s.m. fabricante, agitador do quibando + Port. – eiro, no Nordeste do Brasil.

QUIBANDO (º) – s.m. peneira grossa, em forma de disco, para sengar o arroz, o café etc., no Nordeste do Brasil. Cf. axixé. Do Kimb. *kibandu*.

QUIBATA – s. o pênis, na linguagem religiosa. Cf. aloji. Do Kik./Kimb. *kibata < bakala* + Port. chibata.

QUIBANTE – s. cesto tecido com fibras muito duras no formato de orelha de burro; sua forma dá lugar a anexins como este: *"Quem tem seu quibante grande não morre cedo"*, quem é burro vive mais, na linguagem regional do Médio São Francisco.

QUIBEBE 1) (º) – s.m. purê de abóbora, leite de coco e sal na Bahia. Do Kimb.*kibebe*.

2) – s. caldo com farinha e rapadura, na linguagem regional da Paraíba.

QUIBOMBÔ – s.m. Ver *quigombô*.

QUIBUCO (º) – s. ou quiburo.

QUIBUCO QUIASUBANGA – exp. saudação para Zazi. Cf. tibuco.

QUIBUNGO 1) (º) – s.m. lobo, figura de contos populares, espécie de bicho papão, meio homem, meio animal, com um enorme buraco nas costas por onde costuma comer criancinhas acordadas durante suas andanças noturnas, no Nordeste do Brasil. Cf. xibungo. Ver *ponguê*. Do Kik./Kimb. *kimbungu* /Umb. *embu*, lobo, cão selvagem.

QUIÇAÇA (º) – s.f. terra árida de escassa vegetação, no português do Brasil. Do Kik./Kimb. *kisasa.*

QUIÇAMÃ (º) – s.m. mingau de polvilho ou goma de mandioca; varaiiedade de cana de açúcar, no Nordeste do Brasil. Do Kik. *kisama.*

QUIÇANGA 1) – s.f. ou kisanga; cabaça, uma ferramenta de OSSAIN, na linguagem religiosa. Do Kik./Kimb. *(di)sanga,* pequena cabaça, ornada de sementes de frutas, que serve para medicamentos.

2) – s.f. ou kisanga; cabaça com cabo e cheia de sementes de frutas, usada como instrumento musical, na linguagem religiosa. Do Kik./Kimb. *kisanzi, kisanja.*

3) (º) – s. topônimo, no interior da Bahia.

QUICÉ (º) – s.f. ou quicê, faca pequena e velha, geralmente partida ou sem ponta, gasta pelo uso, no português do Brasil. Cf. kaxirenguengue. Do Kik./Kimb. *kisele, kiselenge.*

QUICENDE – s. formiga vermelha. Cf. jinje. Kik. *kisendi.*

QUICONGO (º) – Ver *kikongo.*

QUICHIM – s. correia com que se amarra fortemente o beiço inferior do animal bravo para amansá-lo, uma espécie de brida extra, na Bahia.

QUIÇUTO – Ver *caçuto.*

QUICUIA – s. ou quiruia, assombração, no Nordeste do Brasil. Ver *cuia.*

QUIGOMBÔ (º) – s.m. o mesmo que quiabo, no Nordeste do Brasil. Ver. gambô, gombo, gombô, guambo, quibombô, quigombó, quingombó. Cf. ilá. Do Kik./Kimb. *kingombo, ngambo.*

QUINGOMBO DE CHE(I)RO – s.m. Ver quiabo de cheiro.

QUIJILA 1) – s. ânus, na linguagem religiosa. Cf. toba. Do Kik. *njiila.*

2) (º) – s.f. Ver *quizila.*

QUIJILA(R) – v. Ver *quizilar.*

QUIJILENTO – adj. Ver *quizilento.*

QUIJINGUE(º) – s. topônimo, município na Bahia.

QUILANGRILO – s.m. Ver *aquilão grilo.*

QUILELÊ – s.m. Ver *quelelê.*

QUILODÊ – s.m. ou quilofé, confusão, barulho, no Nordeste do Brasil. Do Yor. *kílófɛ,* o que é que há, o que queres? Do Yor. *kílódé, kilofé.*

QUILOMBE(I)RO (º) – s.m. habitante de quilombo + Port.–eiro, no português do Brasil.

QUILOMBO 1) (º) – s.m. povoação de escravos fugidos; o mais famoso foi Palmares, construído em Alagoas, no séc. XVII, sob a chefia de Ganga Zumba e Zumbi, no português do Brasil. Do Kik./Kimb. *kilombo,* aldeamento.

2) (º) – s.m. auto popular figurando escravos fugidos que lutam pela posse da rainha, mas terminam derrotados e vencidos como escravos, no português do Brasil.

QUILOMBOLA (º) – s.m. escravo refugiado, no português do Brasil. Do Kik./Kimb. *kilomboli.*

QUIMANGA 1) – s. panela de barro, na linguagem religiosa. Cf. donzem, nicocô, pocó. Do Kik./Kimb. *kimanga.*

2) (º) – s.f. cabaça ou vasilha feita de quengo de coco, na qual pescadores e jangadeiros levam comida para o mar, no Nordeste do Brasil. Do Kik./Kimb. *kimanga.*

QUIMBANDE(I)RO (º) – s.m. feiticeiro, no Nordeste do Brasil. Ver *kimbanda.*

QUIMBEMBE 1) (º) – s.m. cabana, habitação pobre, no Nordeste do Brasil. Cf. canzó. Do Kimb. *kimbembe.*

2) (º) – adj. ou mambembe, medíocre, de má qualidade; vestido pobremente, no Nordeste do Brasil. Do Kik. *(ki)mbebele,* de pouco valor.

3) – s. cacareco, traste de uso pessoal, na Paraíba.

QUIMBEMBES (º) – s.m.pl. trastes, pequenos objetos, penduricalhos, no Nordeste do Brasil. Ver. *quimbembeques.* Cf. camumbembe. Do Kik. *(ka)mbembe.*

QUIMBEMBEQUES (º) – s.m. pl . Ver *quimbembes.*

QUIMBOA – s.f. ou quimboa-brava, quimboa-mansa, planta de folhas comestíveis, da família das Escrofulariáceas, no Nordeste do Brasil. Do Kik. *(ki)mbowa,* bredo.

QUIMBOA BRAVA – s.f. Ver quimboa + Port. –brava.

QUIMBOA MANSA – s.f. . Ver quimboa + Port –mansa.

QUIMBOMBÔ (º) – s.m. Ver quiabo. Do Kik. *kimbombo* /Kimb. *kingombo.*

QUIBOMBÓ – s.m. espécie de purê de quiabo com farinha, no Nordeste do Brasil. Cf. bobó. Ver *quimbombô.*

QUIMBOTO 1) – s.m. ou caboto, feiticeiro, na linguagem religiosa. Do Kik./Kimb. *kimboto.*

2) – s.m. sapo, também personagem de conto popular, no Nordeste do Brasil. Var. quipongo. Kik. *(ki)boto,* sapo muito grande.

3) – s. topônimo na zona rural.

QUIMBRAS – s.m. pl. Ver *quiba.*

QUINCA – s. ânus, na Paraíba.

QUINDIM 1) – s.m. dificuldade, particularidades, minúcias, no Nordeste do Brasil. Do Kik. *(ki)ntinti,* escrupuloso, difícil.

2) (°) – s.m graça, meiguice, dengue, no português do Brasil. Do Kik. *(ki)ntinti,* delicadeza.

3) (°) – s.m. (p.ext.) doce feito de gema de ovo, coco e açúcar, de aspecto delicado e gelatinoso.

4) – s.m. benzinho, amorzinho, tratamento carinhoso no português do Brasil.

QUINGANDO 1) – s. lagarto, lagartixa, na linguagem religiosa. Cf. gandu. Do Kik. *kingandu.*

2) – s.m. personagem de conto popular, no Nordeste do Brasil.

QUINGOMBE 1) – s. Ver *ingombe.* Do Kik./Kimb./Umb. *kingombe,* boi grande.

2) – s.m. ente fantástico, personagem de conto popular, no Nordeste do Brasil.

QUINGUINGU – s. pequeno roçado ao redor da casa, espojeiro, na Paraíba.

QUINIOCA – s.f. cobra, serpente; personagem de conto popular, no Nordeste do Brasil. Ver. nioca. Cf. minhoca. Ver dã, ejó. Do Kik./Kimb. *(ki)nyoka.*

QUINTAL DE NAGÔ – s.m. casa suja, desarrumada, no Nordeste do Brasl. Ver peji. Cf. Port. quintal de + nagô.

QUIPONGO 1) – s. Ver *quimboto.* Cf. mazungo. Do Kik. *(ki)mpangu,* sapo.

2) (°) – s.m. personagem de conto popular, no Nordeste do Brasil.

QUIPONGUÊ – s.m. iguaria de feijão, comida de Tempo, na linguagem religiosa. Ver quipoquê. Do Kik. *tipoke* /Kimb. *kipoke,* feijão.

QUIPOQUÊ – s. feijão, na linguagem religiosa. Cf. ande, macundê. Ver *quiponguê.*

QUIQUECE 1) – s. cigarra, caracol, em congo-angola. Do Kik./Kimb. *(ki) nsese,* cigarra.

2) (º) – s.m. herói de conto popular, no Nordeste do Brasil.

QUIRI 1) – s. cacete, porrete de briga, toma o nome da madeira de que é feito, na Paraíba. Kik. *kinti,* pau grande.

2) – s. pênis, em Pernambuco.

QUIRICA (º) – s.f. a vulva, xoxota, no Nordeste do Brasil. Do Kimb. *kijika, hímen.*

QUIROTO – s.m. vulva, clitóris, no Nordeste do Brasil. Ver cabaço, quirica, xoxota. Do Kik. *kilooto* /Fon *akíriboto.*

QUIRUIA – s. Ver cuia.

QUITANDA 1) (º) – s.f. pequeno estabelecimento onde se vendem verduras e frutas.

2) – s.f. tabuleiro em que os vendedores ambulantes expõem a sua mercadoria.

3) – s.f. conjunto de doces e salgados feito com massa de farinha; pastelaria, no português do Brasil. Do Kik./Kimb. *kitanda.*

4) – s. nome de um antigo engenho no Recôncavo na Bahia.

QUITANDA DAS YAÔ(S) (º) – s.f. cerimônia pública, semanas antes de completar a iniciação, da venda pelas noviças de frutas e alimentos preparados por elas mesmas, geralmente em estado de erê, que costuma furtar as mercadorias de seus principais compradores, os ogãs. Cf. panã. Ver quitanda + Port. das +*yaô.*

QUITANDAS – s. guloseimas semelhantes aos sequilhos, doces secos, em Minas Gerais.

QUITANDÊ (º) – s.m. feijão miúdo e verde que serve para sopas e outras iguarias, no português do Brasil. Var. quitundê. Cf. ande, andu. Do Kimb. *kitande.*

QUITANDE(I)RA (º) – s.f. (pejorativo) mulher sem educação; dona ou vendedora de quitanda + Port. –eira, no português do Brasil.

QUITANDE(I)RO (º) – s.m. vendedor ambulante, dono da quitanda + Port. –eiro, no português do Brasil.

QUITANDINHA – s. nome de um bairro antigo e rua de Salvador. Cf. quitanda + Port. –inha.

QUITI (º) – s.m. Ver *kinti.*

QUITOCO (°) – s.m. erva ruderal de propriedade medicinal e efeito abortivo, no português do Brasil. Do Kik./Kimb. *kitoko.*

QUITUNDÊ – s.m. Ver *quitandê.*

QUITUNGO 1) (°) – s.m. espécie de cesta com tampa, no Nordeste do Brasil. Do Kimb. *kitungu.*

2) – s.m. a morte, em contos populares, no Nordeste do Brasil. Do Kik./Kimb. *kinunu, kinungu,* alma, espectro, parte do ser humano que erra pela floresta após a morte.

3) – s.m. casebre, choupana no meio do mato, no Nordeste do Brasil. Do Kik. *kitumbu* /Kimb. *kitungu.*

QUITUTE (°) – s.m. petisco, iguaria de apurado sabor, no português do Brasil. Do Kik. *kilute.*

QUITUTE(I)RO (°) – s.m. o que prepara e vende quitute + Port. –eiro, no português do Brasil.

QUIXAXA – s. Ver *cachaça.*

QUIXILENGUE (°) – s.m. inseto da ordem dos Malófogos, parasitário dos galináceos, no Nordeste do Brasil. Cf. quizeze. Do Kik. *kinzinzenzi,* mosca pequena.

QUIXILINGANGUE – s.m. insignificância, ninharia, miudezas, no Nordeste do Brasil. Do Kik. *(ki)nselengenge.*

QUIXIMBE – s. f. Ver *Ki. simbi.*

QUIXE – s. minúsculos espinhos existentes nas folhas de capim e da cana que, em contato com a pele, provocam ardência e comichão, na Bahia.

QUIXÓ 1) – s.m. cabana, palhoça, habitação humilde, casebre em ruínas, no Nordeste do Brasil. Ver moquiço. Do Kik./Kimb. *kinjo*/Fon *kíhɔ'.*

2) – s. armadilha de pegar preá, na Paraíba.

QUIZAMBA 1) – s. elefante, na linguagem religiosa. Do Kik./Kimb. *(ki) nzamba.*

2) – s.m. personagem de conto popular, no Nordeste do Brasil.

QUIZEZE 1) – s.f. mosca, na linguagem religiosa. Cf. quixilengue. Do Kik./Kimb. *(ki)nzenze.*

2) – s.f. personagem de conto popular, no Nordeste do Brail.

QUIZILA 1) (°) – s.f. ou kizila, tabu, interdição religiosa, a exemplo de não poder comer abóbora para quem é de Yansã, ou amendoim, para quem é de Oxóssi, na linguagem religiosa. Cf. euó. Var. quijila. Do Kik. *kizila*/Kimb. *kijila*.

2) – s. a linguagem regional do especulador mercantil, negociante ambulante que mercadeja de porto em porto, ao longo do rio; forma pejorativa para caixeiro viajante, no Médio São Francisco.

3) (°) – s.f. (p.ext.) repugnância, antipatia, no português do Brasil. Ver. *quijila*.

4) – s.f. (p.ext.) que provoca irritação; pessoa agourenta, em Pernambuco.

QUIZILA(R) 1) (°) – v. causar quizila, zangar, importunar, no português do Brasil. Var. enquizilar.

2) – v. especular, negociar clandestinamente sem pagar impostos, sem se estabelecer, no Baixo São Francisco.

QUIZILENTO (°) – adj. propenso a ou que causa quizila + Port. –ento, no português do Brasil.

QUIZOMBA (°) – s.f. festa, celebração, na linguagem religiosa. Do Kik./ Kimb. *kizomba*.

QUIZUMBA – s.f. rolo, briga, confusão, no Nordeste do Brasil. Cf. auê, banzé, runduvu.

R (veja H)

RACATO – s. nome iniciático de um devoto de Sobô, na linguagem religiosa. Do Fon *Lankantɔ'*, o senhor das pérolas vermelhas.

RAINHA DO AYOKÁ – s.f. Ver *Mãe d'água*.

RAINHA DO MAR – s.f. Ver *Mãe d'água*.

RAINHA ROSA – s. entidade recebida por Bita do Barão, no Maranhão, tida por mãe de Légua. Do Fon *axɔsi*, rainha.

RALA(R) COCO – v. praticar lesbianismo, na linguagem religiosa. Cf. adualó. Ver bater sabão, plantar roça. Do Port. ralar coco, alusivo ao gesto de raspar o coco contra o ralo.

RANGA(R) – v. comer o *rango*, fazer o *rango*.

RANGO – s.m. alimento servido em uma refeição, comida, no português do Brasil. Kimb. *mangu*, principal refeição do dia, comida, alimento.

RANTI – v. lembrar, na linguagem religiosa. Do Yor. *ránti*.

RASPA(R) – v. Ver *catular.*

RASPADO E CATULADO – exp. diz-se de alguém que passou por todo o processo de iniciação, na linguagem religiosa. Cf. Port. raspado + catular.

RATO BADOLA – s. roedor menor que sariguê, também marsupial, pegado no laço de bater, com o qual se prepara um delicioso ensopado, na Bahia.

RAUN – v. costurar, na linguagem religiosa. Do Yor. *rànwú.*

REBATE – s.m. Ver *arrebate.*

REBOLO – s./adj. Ver *libolo.*

RECEBER – v. ter a entidade em si, baixar o santo, na linguagem religiosa. Do Port. receber, entrar na posse de.

RECOLHE(R) – v. abrigar no terreiro um grupo de noviços para iniciação, na linguagem religiosa. Cf. Port. recolher + barco.

REGÔ – s. torço, na linguagem religiosa. Do Fon *héno he˜go.*

REGO DE BUNDA – exp. sulco entre as nádegas, no Nordeste do Brasil.

REGUINGA(R) – v. regatear, não se conformar, no Médio São Francisco.

REI CONGO – s.m. um importante personagem da congada, o Manicongo, no português do Brasil. Cf. Port. rei + Congo.

REMAKALUNGA – s. Ver *Lembakalunga.*

RENDECHÊ – s. ala do altar católico, na linguagem religiosa. Do Fon *húdexue/hũdexue.*

REQUENGUELA – adj. pretensioso, fingido, na linguagem religiosa. Do Kik. nkengele, *nyangela.*

RERIN – v. rir, na linguagem religiosa. Do Yor. *rɛrin.*

RESANU – s. alimento ritual, na linguagem religiosa. Do Fon *nusanu.*

RESNITIN(HÁ) – s.f. a 14ª do barco. Do Fon/ Gun *hunsenotin, hũsenotĩ* + Port. –a.

REVIVE – s. tobosi de Dosupé. Fon *hwevivi,* pequenos.

REZINGA(R) – v. provocar de modo impertinente e continuadamente por meio de palavras dissimuladas, ditas em voz baixa, no Baixo São Francisco.

RI – v. olhar, ver, na linguagem religiosa. Cf. taramesó. Do Yor. *rí.*

RIAMBA (º) – s.f. Ver *maconha.*

RIBA – s. voz africana, mais usada nas formas adverbiais: *em riba,* em cima/ *pra riba,* pra cima/*de riba,* de cima, no Nordeste do Brasil.

RIBIMBA – exp. de ribimba, de quebra, de lambuja, em Minas Gerais.

RIRÔ – exp. ordem de levantar-se; saudação para Ewá, na linguagem religiosa. Do Yor. *ríró*.

ROÇA 1) – s.f. local onde se encontra o terreiro, na linguagem religiosa. Do Port. roça, terreno coberto de mato ou de pequena lavoura, afastado do centro urbano.

2) – exp. *"fazer roça"*, explorar, remanchar; *"fazer-se da roça"*, manter-se ingênuo para adquirir um benefício, explorar uma situação, na Bahia.

ROÇADEIRA – s.f. lésbica, na linguagem religiosa. Ver *adualó*. Cf. bater sabão, plantar roça. Do Port. roçadeira < roçar, tocar de leve, esfregar.

ROCÉ – s. céu, na linguagem religiosa. Var. rundocé. Do Fon/Gun *hɔsɛ*.

RONCÓ (°) – s.m. Ver *runcó*.

RODA DE CAPOEIRA – s.f. a formação em cículo para realizar o jogo, na Bahia. Cf. Port. roda de capoeira.

ROÉJU – s. vodun masculino da família de Dambirá.

ROINSAMA – s. nome iniciático de Mãe Andresa de Poliboji, na linguagem religiosa. Fon *huisónõ*, senhora da espada.

RONCOLHO – s.m. boi mal castrado; indivíduo que só tem um testículo, na Paraíba.

RONDEME – s. ou rondemo, rundeme, o altar ou peji, santuário; o terreiro, referente ao tempo de reclusão, na linguagem religiosa.Cf. gonzemo. Do Fon *hunkpèmè*.

RONDOPÉ – s. base de cimento em torno de algumas plantas sagradas onde se colocam oferendas, na linguagem religiosa. Do Fon *hũdokpɛ*.

RONJEVA – s. Ver *runjebe*.

RONJEVI – s. Ver *runjebe*.

RO(U)PA DE SANTO – s.f. vestes cerimoniais, na linguagem religiosa. Do Port. roupa de santo, da divindade.

RORÔ – s. Ver *hoho*.

ROTOPAMERASULEME – s. nome iniciático de Mãe Andresa após a feitoria, em mina-jeje.

ROXO – s. Ver Roxomukumbe. Var. Incoce. Do Kik/Kimb. *Nkosi*, grande inkisi.

ROXUMBORÉ – s. Ver *Roxomukumbe*. Do Kik. *Nkosimbònde, o* grande cão, animal que lhe é consagrado.

ROXOMUKUMBE – s. ou Roxomucumbe, inkisi equivalente a Ogum, na linguagem religiosa. Ver Roxo. Var. Incoce Mucumbe, Roxomacumbe, Roxumboré. Nomes: Bandaminicongo, Macambira, Ogango, Sumbo. Nomes iniciáticos: Tabalandê, Tabalansame. Toque: congo. Do Kik. *Nkosi Makumbu, Mukumbu,* nome de inkisi, o que dá um grito de guerra.

RUNDUVU – s. ou vuvu, barulho, briga, confusão, no Nordeste do Brasil. Ver fuá, quizumba. Do Kik./Kimb. *luvovu/ mufufu.*

RUEGÃ – s. termo respeitoso para designar os mais velhos nos segredos do culto, na linguagem religiosa. Cf. macotona. Ver *rugã.* Do Fon *huégán.*

RUGÃ – s.m. tratamento respeitoso dos iniciados para os mais idosos, entre os que exercem a função de ogã, na linguagem religiosa. Do Fon *hugã.*

RUINSÃ – s. nome iniciático de Apojevó, em mina-jeje.

RUMAKO – s. cerimônia de limpeza ritual do terreiro, em mina-jeje. Do Fon *hũ ma ko.*

RUMBONO – s.m. primeiro iniciado de um terreiro, na linguagem religiosa.

RUMPI (º) – s.m. Ver rum. Var. rumpri. Do Fon *hunkpivi, hũkpi.*

RUMPILÉ – s. nome de um grupo carnavalesco da cidade de Salvador, hoje desaparecido. Do Fon *hũkpilε,* os tambores.

RUN (º) – s.m. o maior e mais importante dos três atabaques sagrados que compõem a orquestra cerimonial do candomblé; o médio é o rumpi ou rumpri, e o menor, runlé ou lé. São vibra fones cilíndricos de madeira e de uma só face, tendo a pele de quadrúpede esticada por três cunhas de madeira presas por cordas ao corpo do instrumento e percutida com as mãos ou com varetas (oguidaví), na linguagem religiosa. Do Fon *hun, hũ.*

RUNBONDO – s.f. ou rumbono, sacerdotisa mina-jeje, na linguagem religiosa. Cf. yalorixá, mameto. Do Fon *hùngbónòn, hũgbonô.*

RUMBONA – s.f. Ver rumbono + Port. –a.

RUNÃ – s. f. Ver *rumbondo.* Do Fon *hùnòn, hũnõ.*

RUNCÓ 1) – s. pote ou talha de barro, em tamanho médio, que os noviços carregam para o local da mayonga. Cf. sanga, porrão das yaôs. Ver analeiú. Do Fon *hunkò*.

2) – s.m. a clausura ou camarinha, quarto especial do terreiro onde os noviços são alojados e passam a dormir no chão, sobre esteiras, durante o período de reclusão. Do Fon *hunkɔ', hũko*.

RUNDEMO – s.m. Ver *rondeme*.

RUNDONSÉ – s. ou rundocé, o céu, em mina-jeje. Ver. rocé. Cf. luilo, orum. Do Fon/Gun *hunhonsὲ, hũ hɔnsὲ, hũdosε*.

RUNDUNGA – adj. diz-se do que não tem a extremidade afinada, como na exp. *"A cobra mais perigosa que existe é a pico de jaca, que tem a cauda rundunga"*, na Bahia.

RUNGÃ – s.m. os mais velhos, em mina-jeje. Ver inhacó. Do Fon *hùngã*.

RUNHÃ – v. abrir a porta, em mina-jeje. Do Fon *hunhon*.

RUNHÓ – s. nome iniciático de um devoto de Sobô, a conhecida humbondo do terreiro do Bogum em Salvador. Do Fon *Hunyɔ /Hũyɔ'*.

RUNJEBE – s.m. colar, pulseira ou rosário feito de contas pretas ou marrons, símbolo da nação mina-jeje. Cf. Gonjeva, Ronjeva, Ronjevi. Ver laguidibá. Do Fon *hunje've', hũjεbε*, conta vermelha consagrada a um vodun.

RUNLÉ – s.m. ou lé. Ver *rum*. Do Fon *hunlε, hũlε*.

RUNRÃ – v. abrir a porta, em mina-jeje. Do Fon *hun hon/hũhõ*.

RUNTÓ 1) – s.m. tambor gigante, não mais usado durante as cerimônias do culto em virtude das dificuldades acarretadas pelo seu tamanho. Do Fon *huntɔ*.

2) – s.m. o tocador de rum que exerce o posto de ogã, em mina-jeje. Fon *hùntɔ', hũtɔ'*.

S

SABAJI 1) – s. nome iniciático de um devoto de Yemanjá, na linguagem religiosa. Cf. Asobá. Do Fon *Sɔbaji, Sabaji*, que promove elegância.

2) s. antessala do runcó, na linguagem religiosa.

SABANGAGE – s.Ver *sarapatel*, em Minas Gerais.

SABÃO DA COSTA – s.m. Ver oxé dudu. Do Port. sabão da África.

SACANA 1) (º) – interj. canalha, patife, no Nordeste do Brasil. Do Kik./ Kimb./Umb. sa*kanina,* motejar*!*

2) (º) – s. indivíduo desprezível, sem vergonha; pessoa zombeteira, trocista, libertina, no Nordeste do Brasil. Cf. sacanagem, sacanear. Do Kik./Kimb./Umb. *sakanina,* zombar, não levar a sério.

3) – s. homossexual, na Paraíba.

SACANAGEM (º) – s.f. ação de *sacana,* no português do Brasil.

SACANEA(R)(º) – v. fazer sacanagem, empulhar, fazer troça de mau gosto, no português do Brasil.

SACRIFÍCIO – s.m. matança ritual de animais conforme a preferência da divindade, na linguagem religiosa. Do Port. sacrifício, ato de sacrificar.

SACUDIMENTO – s.m. prática exorcizante, seguida de liturgias, durante as quais folhas, vegetais e bichos de pena são passados pelo corpo do interessado, sendo, depois, jogados no mato, rio, mar ou na encruzilhada (moitumbá). Também a mesma cerimônia é feita na casa, após a saída do funeral, na linguagem religiosa. Ver cantiga de sacudimento, sakurupemba. Do Port. sacudimento > sacudir, livrar–se, jogar fora + Kik./Kimb. *sakudi < sakula.*

SACUDI(R) – v. descarregar ou purificar o corpo ou a casa de males através de rezas e folhas, que são depois jogadas na rua, na linguagem religiosa. Cf. saca. Ver sacudimento. Do Kik./Kimb. *sakudi(la)* + Port. sacudir.

SAFANTÓ – s.m. homossexual, na linguagem religiosa. Do Fon *saxonton/ saxõtõ,* amigo íntimo + Port. safado.

SAGANGU – s. desordem, briga, na Paraíba.

SAGONHO – adj. arisco, desconfiado, na Paraíba.

SAÍDA DE YAÔ – s.f. cerimônia de saída da reclusão ou camarinha. Ver *barco.*

SAKA – v. ou *sakuro,* exorcizar, usando também folhas, em congo-angola. Do Kik./ Kimb. *kusaka.*

SAKAMENEN – exp. usada para exorcizar, na linguagem religiosa. Do Kik/Kimb. *kusaka, sakulamene,* exorcizar.

SAKURO – v. Ver *saka.* Do Kik./Kimb. *sakula.*

SAKURUPEMBA – v. realizar a *pemba,* rito propiciatório que consiste em "cruzar" o recinto onde se vai fazer a cerimônia religiosa, salpicando o chão, no centro e nos quatro cantos da sala, com pó de pemba, a fim de afastar os espíritos que possam causar distúrbios durante danças e cânticos, em congo-angola. Do Kik. *sakalupemba* /Kimb. *saka dia pemba* /Umb. *sakula lopemba.*

SAL APOKÃ – s.m. Ver *cão da costa.*

SALUBÁ (º) – exp. saudação para Nanã, a dona dos pântanos, na linguagem religiosa. Do Fon *s'avalúgbà*, saudar, homenagear o pântano.

SAMANGA(R) (º) – v. estar ocioso, no Nordeste do Brasil. Ver *samango.*

SAMANGO 1) (º) – s.m. ou *sambanga, sambango*, homem preguiçoso, indolente, no Nordeste do Brasil. Do Kik./Kimb./Umb. *samongu,* indolência.

2) – p.ext. homossexual passivo, na linguagem religiosa. Cf. *sendente.*

3) – s. Ver *meganha.*

SAMANGUICE – s.f. indolência, preguiça, no Nordeste do Brasil Cf. *samango.*

SAMBA 1) – s.f. título de *mameto*, em congo-angola.Ver *Samba Diamongo.* Do Kik./Kimb. *nsamba.*

2) (º) – s.m. dança e música popular brasileira de compasso binário, com acompanhamento sincopado; a música que acompanha essa dança, no português do Brasil. Do Kik./Kimb. *samba*, rezar, orar, com festividade.

3) – s.m. baile da plebe, também chamado arrasta–pé, forrobodó, na Paraíba.

4) (º) – s.m. (p.ext.) festividade barulhenta, acompanhada de música e dança com confusão, briga, no português do Brasil.

SAMBACAÇOTE (º) – s.m. girino, no Nordeste do Brasil. Cf. *caçote.* Do Kik./Kimb. *swamba kasote.*

SAMBA CANÇÃO 1) (º) – s.m. samba de caráter melódico e letra sempre muito sentimental, no português do Brasil. Cf.samba + Port. canção.

2) (º) – s.m. cueca de tecido, bem folgada, cujas pernas cobrem parte das coxas, e a braguilha se fecha na cintura por botões ou pressão, no português do Brasil. Cf. sambar + Port. "canção"< calção.

SAMBA DE BREQUE (º) – s.m. tipo de *samba* criado na cidade do Rio de Janeiro, no início da década de 1930, e no qual o cantor dá uma ou mais paradas súbitas (breques), a fim de encaixar frases faladas, de caráter humorístico, no português do Brasil. Cf. samba + Port. de breque < Ing. "brake", freio, parada súbita.

SAMBA DE PARTIDO ALTO (º) – s.m. samba cultivado por grupo de negros na cidade do Rio de Janeiro, desde o fim do séc. XIX, com ritmo marcado por palmas, prato de cozinha raspado com faca, chocalho e outros instrumentos de percussão, e, às vezes, acompanhado pelo violão e pelo cavaquinho, no português do Brasil.

SAMBA DE RODA (º) – s.f. samba em círculo, em rodas, com sapateado e semba, umbigada e requebro das ancas, na Bahia. Var. samba duro.

SAMBA DE UMBIGADA (º) – s.f. *samba* em círculo, onde ocorre o *semba*, a umbigada, como um convite para quem a receber entrar na roda dançando, no português do Brasil. Cf. samba + Port. de umbigada, pancada com o umbigo.

SAMBADO (º) – adj. envelhecido, gasto pelo uso, surrado, sem valor, no Nordeste do Brasil. Cf. Kik. *nzanga* + Port. –ado.

SAMBADE(I)RA (º) – s.m. *sambista* tradicional.

SAMBA DURO (º) – s.f. modalidade de samba de roda, na Bahia. Cf.*samba* + Port. duro, compassado, com sapateado forte.

SAMBA DIAMONGO – s. dijina de Edite Apolinária de Santana, mameto de inkisi do Terreiro Kinasaba, em Salvador, falecida em 1979, durante uma enchente. Do Kik./Kimb. *Samba dya Mongo,* a grande sacerdotisa, senhora das águas.

SAMBA EM BERLIM (º) – s.m. bebida com cachaça e Coca-Cola, no Nordeste do Brasil.

SAMBA ENREDO (º) – s.m. *samba* composto especialmente para ser cantado durante os desfiles de escolas de samba e cuja letra traz um tema em comum, quase sempre de fundo histórico-patriótico, no português do Brasil. Cf. samba + Port. enredo, conjunto de acontecimentos que constituem uma obra de ficção.

SAMBALAJI – s. doido, na linguagem religiosa. Do Kik. *sambanji* /Kimb. *sambalaji.*

SAMBA LELÊ 1) – s.m. refrão muito usado em qualquer modalidade de *samba* no Brasil. Cf. olelê, olalá. Do Kik./Kimb. *samba (o)lelê.*

2) – s.m. cantiga infantil muito popular no Brasil: "Samba lelê tá doente, tá com a cabeça quebrada, sambalelê precisava, é de umas boas lambadas ". Cf. lelê.

SAMBALOLÔ – s.m. confusão, agitação, no Nordeste do Brasil. Cf. *bololô*. Do Kik. *songololo*.

SAMBA MIÚDO – s.m. *samba* com sapateado ligeiro, miúdo, na Bahia.

SAMBANGA – s.m. ou sambango.Ver *samango*.

SAMBANGOLA – s. nome de erê, na linguagem religiosa. Do Kik./Kimb. *Nsambangola,* divindade dos caçadores.

SAMBÃO (º) – s.m. festança popular com muito *samba*, na Bahia.

SAMBA(R) 1) (º) – v. dançar o *samba*, no português do Brasil. Do Kik./ Kimb. *samba*.

2) (º) – v. sair-se mal, ser preso, no português do Brasil. Do Kik./ Kimb. *samba*, prisão.

3) – v. diz-se de uma peça de roupa ou de outro objeto de uso pessoal quando está ou fica folgado, dançando no corpo, na Bahia Cf. *samba-canção*.

4) – v. agredir dando rasteiras, no jargão prisional.

SAMBISTA (º) – s. quem dança o *samba*, frequentador de samba, no português do Brasil.

SAMBOJÔ – adj. diz-se de pessoa gorda, barriguda e de pernas curtas, no Nordeste do Brasil. Cf. sambudo. Do Kik./Kimb *nsampandojo*.

SAMBOQUE – s. naco de carne arrancado com os dentes, na Paraíba.

SAMBUDO – adj. barrigudo, de barriga inchada, pançudo, no Nordeste do Brasil. Ver barriga de angu. Cf. Kik . /Kimb. *nsampavumu* + Port. –udo.

SANGA (º) – s. pote de barro, bilha, na linguagem religiosa. Do Kik./ Kimb. *sanga*.

SANGANGU – s. desordem, rolo, conflito, na Paraíba.

SANGOLÔ – v. Ver *naborodô*. Do Kik. *sangolo,* ter relações sexuais.

SANGUIGU (º) – s.m./v. serão, vigília, fazer serão, vigília, em mina-jeje. Do Fon *zàngùgú*.

SANJEBE – s. ato de saudar os *atinçás*, em mina-jeje. Do Fon *sajegbe*.

SANLEVIVI – s. tobosi de Bosá, na Casa das Minas. Fon *sonlevivi*.

SANTÉ – s.m. cerimônia pública, feita à noite, depois da iniciação, na linguagem religiosa mina-jeje. Do Fon *zante*.

SANTIAGÓ – s.m. Ver califom. Do Fr. *soutien gorges*.

SANTO (º) – s.m. nome genérico dado às divindades africanas no Brasil, seja inkisi, orixá ou vodun, no português do Brasil. Do Port. santo, divindade.

SÃO COSME – s.m. diz-se em referência aos santos católicos Cosme e Damião ou à festa votiva que seus devotos oferecem com caruru e missa pedida, na Bahia.

SARABANTÃ – s. Ver *guma*. Do Fon *salagbetã*.

SARAVÁ (º) – exp. saudação às divindades, pedido e permissão para participar de uma cerimônia, na linguagem religiosa. Ver. *Savalu*. Do Port. salvar, saudar.

SARARÁ DENDÊ – s. mestiço ruivo, albino, na Bahia.

SARÊ – v. correr, em ketu. Do Yor. *sáré*.

SATÓ – s. ritmo e dança consagrados a Besseim, na linguagem religiosa. Do Fon *satɔ*.

SAVALU – v. ou *savaru*, prestar homenagem, saudar as divindades, na linguagem religiosa. Do Fon *savalu*.

SAVALUNO – s. família de divindades de origem mahi, na Casa das Minas. Do Fon *Savalunu*, de origem Savalu, região mahi ao norte de Benin.

SAVÔ – s. sacrifício de animais para salvar epidemias, em mina-jeje. Do Fon *sávɛ*, oferecer um sacrifício.

SECIDAMITARA – s. nome de Kongombira, em congo-angola. Do Kik. *Nsedya muntala*, o senhor que se arrasta pela terra atrás da caça.

SECITAKARA – s. ou *Secitaquara*; nome de Kongombira, em congo-angola. Do Kik. *Nsedyan senkala*, o senhor das matas.

SEGUI (º) – s.m. ou *aigui*, *aigri*, conta tubular, de cor azul, consagrada a Airá e Oxaguiã, na linguagem religiosa. Do Yor. *sɛgi*.

SEMBA – s.f. *umbigada*. Ver *samba*.

SENDENGUE – s. m. ou *sendengo*. Ver xendengue.

SENGA (º) – s.f. restos, migalhas, no Nordeste do Brasil. Ver *sengar*.

SENGA(R) (º) – v. separar por meio de peneiras, no Nordeste do Brasil. Cf. sessar. Do Kik. *senga*.

SENGUE – s. areia, na linguagem religiosa. Do Kik./Kimb. *senge*.

SENHO(R) DA JAQUE(I)RA (º) – s.m. Ver Apaocá, divindade fitomorfa.

SENZALA 1) (º) – s.f. ou *sanzala*, alojamentos que eram destinados aos escravizados no Brasil. Do Kimb. *senzala*, Kik. *sanzala*.

2) – s.f. a morada mítica dos "escravos" dos inkisis, na linguagem religiosa.

3) – s.f. pequenas construções em espaço aberto no terreiro, nas quais se encontram trancados os "escravos" de cada caboclo, na linguagem religiosa.

SEREIA MUKUNÃ – s.f. ou Sereia Mucunã; um dos nomes de Dandalunda, na linguagem religiosa. Port. sereia + Kik. *mukuna, a* que semeia.

SESSADO(R) (°) – s.m. peneira, no português do Brasil. Cf. sessar.

SESSA(R) (°) – v. peneirar, passar na peneira, no português do Brasil. Do /Kimb. ku*sesa*.

SETE-RUNCÓ – s.m. ou *fura-runtó, sete-roncó*. Ver *kafuringoma*. Port. sete + *runcó*.

SIBILU – s. final, fim, em congo-angola. Do Kik./Kimb./Umb. *zuhilu*.

SIDAGÃ (°) – s.f. ou *ossidagã*, a mais jovem das duas encarregadas do cozimento das oferendas do padê, na linguagem religiosa. Ver dagã. Do Fon *asídàgã/asídagã*.

SIMIN – v. descansar, em ketu. Do Yor. *isimi*.

SINHÁ (°) – s.f. ou *iaiá*, tratamento que era dado pelos escravizados à sua senhora e ainda hoje usado, de forma respeitosa, para mulheres e patroas, como no samba de roda: "*Batuque na cozinha, Sinhá não qué, por causa do batuque, quemei o pé.*" no Nordeste do Brasil. Cf. sinhá-moça. Cf. Port. Senhora!

SINHÁ MOÇA (°) – s.f. tratamento que era dado pelos escravizados às filhas dos senhores ou às donzelas, ainda hoje corrente na zona rural no Nordeste brasileiro. Cf. Port. senhora moça, donzela, virgem.

SINHAZINHA (°) – s.f. tratamento respeitoso para mulheres jovens; apelido muito comum na zona rural, no português do Brasil. Cf. Port. senhorazinha.

SIRRUN (°) – s.m. cerimônia funerária pública, realizada seis meses e um ano após o falecimento de um iniciado, durante a qual os cânticos também são acompanhados do ritmo do soar de potes de barro (*zenlim*) com a ajuda de abanos de palha (*afafá*). Dentro dos potes, os participantes costumam jogar dinheiro, que servirá para cobrir as despesas feitas com comidas e bebidas distribuídas na ocasião. Logo terminada a cerimônia, todos os potes são quebrados na crença de assim poder evitar-se qualquer contato posterior com o espírito do morto, em mina-jeje. Cf. xorrum. Ver axexê, zarrin. Do Fon *sinhun, sihũ*.

SOBA(º) – s. rei, chefe, chefe de aldeia, homem absoluto; violento, no Nordeste do Brasil. Cf. obá. Do Kik./Kimb./Umb. *soba*.

SOBÔ – s. vodun do trovão e tempestades, da família de Xevioso, equivalente a Xangô e Zazi, emmina-jeje. Nomes: Hevioso, Badé. Nome iniciático: Racato. Toque: agabi. Do Fon *Sogbó*.

SOBOADÃ – s. nome de Dã, em mina-jeje. Do Fon *Sogbóadã*.

SOBRADO (º) – s.m. casa de dois ou mais pavimentos, vista como referencial de poder econômico e prestígio social de seus moradores, como a casa grande. Antigamente, o térreo servia de depósito de escravizados, ou, também como hoje, de loja de comércio, no Nordeste do Brasil. Cf. Port. sobrado, andar de um edifício acima do térreo.

SOHÔ – s. segredo dos voduns, em mina-jeje. Do Fon *súxó,* palavra tabu.

SONGAMONGA (º) – s.m. desajeitado, sem-graça; (exp.) *"roupa-de-",* desajeitada, grande demais, no Nordeste do Brasil. Do Kik. *sungumuka*.

SORÓ – v. falar, em ketu. Cf. zuelá. Do Yor. *sɔ'rɔ*.

SOSIMETON – s. nome iniciático de Sobo, na Casa das Minas.

SOTAQUE – s.m. Ver *cantiga de sotaque*.

SUBISA – v. procurar, buscar, suplicar alguma coisa, em congo-angola. Do Kik. *sumbisa*.

SUDANÊS (º) – s./adj. denominação dos povos e línguas oeste africanas, na região compreendida entre o Senegal e a Nigéria.

SULTÃO DAS MATAS (º) – s.m. Ver *caboclo*.

SUN – v. dormir, em ketu. Do Yor. *sùn*.

SUMBO – s. Ver *Roxomukumbe*. Do Kik. *(N)Sumbu,* deus da guerra e do ferro.

SUNDIDÉ (º) – s.m. banho de sangue, parte do ritual de iniciação, em mina-jeje. Cf. *munjé*. Do Fon *sundidɛ, sũdidɛ*.

SUNDO (º) – s.m. ânus, partes genitais da mulher, em congo-angola. Kik. *nsúndu*.

SUNGA (º) – s.f. calção de criança, calções de banho de mar para homens; cuecas, calcinha de menino, fofa, com elástico nas pernas, no português do Brasil. Ver sunga neném. Cf. tanga. Kik. *sunga*.

SUNGA NENÉM 1) – s.f. calção de criança, tipo macacão curto, no Nordeste do Brasil.

2) – s. nome dado à *pererera* no Nordeste do Brasil, e rã, na Paraíba.

SUNGA(R) 1) (°) – v. puxar para cima, suspender o cós de calças ou saias; subir, trepar, erguer qualquer coisa, no português do Brasil. Do Kik./ Kimb. *sunga,* puxar para cima, levantar.

2) (°) – v. fungar com dificuldade o muco do nariz, deixando de assoar-se, no português do Brasil. Do Kik./Kimb. *sunga.*

SUNGUILÁ – v. venerar, consagrar, em congo-angola. Do Kik. *sungwila.*

SUPÓ 1) – s. Ver *dorrum.* Do Fon *sùkpɔ',* Yor. *sùbò.*

2) – s.m. (p.ext.) homem dado a bebidas e mulheres, na linguagem religiosa. Do Fon *sukpɔ.*

SUPÔ – adv. muito, bastante, na linguagem religiosa. Do Fon *sukpo,* Yor. *múpò.*

SURRÃ – v. fechar a porta, cerimônia consecutiva à morte da yaô, na linguagem religiosa. Cf. *sirrun.* Do Fon *suhõ.*

SURU (°) – s. qualquer animal de rabo muito curto ou cotó, na Bahia.

SUSPENDE(R) OGÃ – v. Ver *suspenso.*

SUSPENSO – adj. diz-se do candidato à iniciação como *ogã* que é aclamado numa festa pública do candomblé quando é carregado pelos participantes da cerimônia; quando um não iniciado é convidado pelo orixá regente do terreiro a ser seu ogã, sendo tomando pelo braço e levado a tomar assento na cadeira do mesmo orixá. Port. suspenso <suspender, elevar.

SUSSU(°) – s.m. ser terrificante, que atemoriza, frequente em versos de acalantos, a exemplo de *"Sussu, sossegue, vá dormir seus ono, tá com medo diga, quer comida, tome",* na maioria das vezes transcrito *"su, su",* no Nordeste do Brasil. Cf. mandu. Ver tutu. Do Kik./Kimb. *súsu.*

T

TÁ – s. cabeça, em mina-jeje. Ver ori, utá. Do Fon *tá.*

TABACA (°) – s.f. Ver *tabaco.*

TABACADA 1) – s.f. o ato sexual, geralmente precedido do verbo levar, na Bahia. Cf. tabaco + Port. –ada.

2) – s. pancada, lapada, no Nordeste do Brasil.

TABACO 1)(°) – s.m ou *babaca, tabaca,* a vulva; partes genitais da mulher, no Nordeste do Brasil. Cf. boceta, xoxota. Ver bacala, tabacada. Do Kik./Kimb. *mubaki > tibáki, tibaku.*

2) (º) – s.m. fumo, fumo torrado e reduzido a pó, rapé, no Nordeste do Brasil.

TABACO DE CÃO – s.m. Ver *maconha*. Cf. Port. tabaco + Kimb. *dikanya*, pl. *makanya* + Port. cão, diabo, alusivo aos seus efeitos alucinógenos, na linguagem religiosa.

TABACUDA – adj. mulher virgem, na Paraíba.

TABACUDO – adj. tabaréu, caipira, na Paraíba.

TABALANDÊ – s. nome iniciático de um devoto de *Roxomukumbe*, em congo-angola. Do Kik. *Tambalande*, o guerreiro que segue o chefe, título honorífico.

TABALANSAME – s. nome iniciático de um devoto de *Roxomukumbe*, em congo-angola. Do Kik. Ta*mbalakani*, o guerreiro, título honorífico.

TABITIBI – s. dúvida, incerteza, em ketu. Do Yor. *tàbítàbí*.

TABU – s. banho, lavagem, em ketu. Cf. *mayanga*. Yor. *tàbú*.

TABULE(I)RO DE OMULU (º) – s.m. obrigação feita no mês de agosto, como parte da iniciação, que consiste em os iniciados dessa divindade saírem às ruas, em pares, descalços e com roupas brancas rituais, carregando à cabeça um tabuleiro com a imagem de São Lázaro ou de São Roque em meio a pipocas sem sal (*guguru*), que são distribuídas aos transeuntes, na linguagem religiosa. Ver missa-pedida.

TABURIKÁ – v. ou *tuburicá*; deteriorar, estragar, menstruar, na linguagem religiosa. Do Kik. *tabikila* < *tabika*, destruir completamente.

TACA 1) – s.f. ânus, traseiro, no Nordeste do Brasil. Do Kik. *kaaka* (sentido grosseiro).

2) – exp. (grosseiro) *"tomar na taca"*, meter no cu.

TACARÁ – s.m faca em forma de espada, símbolo de Angorô, Bessein e Ewá, na linguagem religiosa. Kik. *tikita*, faca de mesa com cabo de osso.

TACUN – s. ou *atacun*, *taki*. Do Fon *àtákún*, *àtákū*, pimenta malagueta usada apenas em amuletos e na medicina.

TAGONZON – v. sentir–se bem, mostrar arrogância, na linguagem religiosa. Cf. Port. "tá" < estar + gonzon.

TÁ–ITAMETÁ – s. viúva ou largada do marido, na linguagem religiosa. Cf. Port. "tá" < estar + *itametá*.

TAKIN – s. pimenta, na linguagem religiosa. Cf. atá, jindungo. Do Fon *takín*.

TAMBA(R) – v. pescar em riacho com cesto, no Nordeste do Brasil.

516

TAMBO(R) DE CHORO (º) – s.m. ou *xorrum*, cerimônia fúnebre, em mina-jeje. Cf. axexê, intambe, zarrin. Do Fon *tšohun, ciohũ*, tambor da morte + Port. de choro.

TAMPA DE BINGA 1) – s.f. Ver *xibimba*. Port. tampa de + binga.

2) – s. pessoa pequena, muito baixa, na Bahia.

TANGA 1) (º) – s.f. tapa-sexo, qualquer pano para tapar as partes genitais, peça de pano para encobrir o baixo ventre; calção de banho; parte inferior do biquíni formada por dois triângulos de tecido ou de outro material, presos por uma tirinha, e que deixa o corpo, e às vezes as nádegas, quase completamente nuas. Cf. sunga. Do Kik./ Kimb. *tanga*, tapa-sexo.

2) (º) – exp. *"de tanga"*, em péssima situação financeira, na miséria, no Nordeste do Brasil.

TAPETE DE OXALÁ (º) – s.m. labiada herbácea e inculta, de flores brancas aromáticas, usada como antinevrálgico e digestivo. Cf. Port. tapete de + Oxalá, pela cor branca das folhas.

TANQUE DE SENZALA (º) – s. topônimo, localidade no município de Feira de Santana, Bahia, onde se diz ter vivido o famoso facínora Lucas de Feira.

TAPA (º) – s.m. Ver *nupe*. Do Yor. *tákpà*.

TARAMESÓ 1) – v. ver, olhar, predizer, em congo-angola. Do Kik./Kimb. *talameso*.

2) – s. vidente, olhador, na linguagem religiosa. Cf. fadegun.

3) – s. (p. ext.) bisbilhoteiro, abelhudo, na linguagem religiosa.

TATA (º) – s.m. ou tatá, pai, tratamento respeitoso, título equivalente a ogã em congo-angola. Ver tateto. Do Kim./Kimb. *taata*, pai, título honorífico.

TATA CAMUNQUENJE – s.m. Ver pai pequeno, em congo-angola. Kik./ Kimb. *taata camungenji*.

TATA DE INKISI – s.m. ou tata de inquice; sacerdote congo-angola, na linguagem religiosa. Ver *babalorixá*. Do Kik./Kimb. *taata dya inkisi*.

TATA KIMBANDA – s.m. ou tata quimbanda; sacerdote de umbanda, na linguagem religiosa. Cf. kimbanda. Do Kik./Kimb. *tata kimbanda*.

TATA KINSABA – s.m. o encarregado das folhas, da plantação, em congo-angola. Kik./Kimb. *tata (kin)saba*, folhas, pequena plantação.

TATA KIVONDA – s.m. Ver tata pokó. Do Kik./Kimb. *taata kivonda*, o abatedor de animais.

TATA LUBITO – s.m. o encarregado das chaves do terreiro, em congo-angola. Cf. lubito. Do Kik. *taata lubato*.

TATA MUÍLO – s. Ver *Zazi*. Cf. luílo. Do Kik./Kimb. *taatamuilu*, rei dos céus.

TATA POKÓ – s.m. o encarregado da matança, do abate de animais, em congo-angola. Var. tata kivonda. Do Kimb. *taata mpoko*.

TATAREJI – s.m. ou *tatireji*, o pai pequeno, o padrinho, em congo-angola. Ver baba-kerê. Dio Kik./Kimb. *tatalezi*.

TATETO – s. nosso pai, tratamento ao *tata*, em congo-angola. CL tateto de inkisi. Do Kik./Kimb. *tatetu*, nosso pai, não consanguíneo.

TATETO DE INKISI – s.m. ou *tateto de inquice*. Ver tata de inkisi. Cf. tateto. Do Kik./Kimb. *tatetu dya nkisi*.

TAUAMIN – s. nome de Oxóssi, em ketu. Do Yor. *Itaàmi*.

TAUN – s. nome do erê de Obaladê, que só bebe ovos, em ketu. Do Yor. *Táywò*, nome dado ao primeiro gêmeo nascido.

TAWÁ – pr. nosso, nossos em ketu. Do Yor. *tàwa*.

TETÉ – s. espinafre, na linguagem religiosa. Fon *tete*.

TEMPO (°) – s. inkisi que reside numa árvore sagrada, tem o domínio do vento, da tempestade, equivalente a Iroco e identificado com São Lourenço, na linguagem religiosa. Var. Kitembe, Tempo Diabanganga. Tempo Kiamwílo. Saudação: zaratempo. Simbolismo: uma grelha onde se assa o galo que lhe *é sacrificado*. Nome iniciático: Kigongo, Dinzambe, Kitumbo. Do Kik./Kimb. *Tembu*, divindade do vento, da tempestade.

TEMPO DIABANGANGA – s. ver *Tempo*. Do Kik. *Tembu dya bangu nganga*, divindade da grande árvore.

TEMPO KIAMUÍLO – s. divindade ligada a *Tempo*, reside também numa árvore sagrada que guarda as almas dos mortos, em congo-angola. Do Kik. *Tembo kya mwilu*, árvore das almas dos antepassados.

TE(R) CRIME NA COCUNDA – exp. ser criminoso, na Paraíba.

TERÉRÉ – s. conversa fiada, bate boca, na Paraíba.

TER QUENGO – exp. ser inteligente, astucioso, na Paraíba.

TERRE(I)RO 1) (°) s.m. local onde se celebram os cultos afro-brasileiros, no português do Brasil. Ver mãe de terreiro, roça. Cf. ilê, pagodó, unzó. Port. terreiro, espaço aberto, de chão batido.

2) – exp. "baixar ou bater noutro terreiro", procurar ajuda em outro lugar, no Nordeste do Brasil.

TERRENAKALUNGA – exp. saudação para Dandalunda. Cf. calunga. Do Kik./Kimb. *ntekila kalunga*, o primeiro nascido do mar.

TERRENUCALUNGA – exp. Ver *terrenacalunga*. Do Kik./Kimb. *nteke lukalunga*, o ídolo do mar.

TE(R) SANTO FORTE – exp. ser imune a feitiços, resistir a adversidades. Cf. Port. ter santo forte, ser bem protegido.

TIA – s.f. Ver *tia da costa*.

TIA DA COSTA – s.f. (arcaico) negra velha, africana, na Bahia. Ver tiana. Cf. Port. tia da + costa, da África.

TIANA – s.f. ou *tiana-jeje*, forma de referir-se às mais proeminentes mulheres do culto mina-jeje no passado, na linguagem religiosa. Cf. tia da costa. Do Fon *tšianɔn*, *tšianacianà*, grande mãe + Port. tia.

TIANA JEJE – s.f. Ver *tiana*.

TIARREKERÊ – exp. usada durante o sacudimento, em congo-angola. Do Kik. *tihyakele* < *hyaka*, fazer desaparecer, exorcizar.

TIBIRIRI – s. ou *Tiriri*, *Tiririlonã*, nome de Exu, criado de Oxumaré, em ketu. Do Yor. *Èšubíiyií*.

TIBUCO l) – int. ou *kibuco*, salva, saudação para o santo, alusiva ao pipocar dos foguetes em sua homenagem, na linguagem religiosa. Ver saravá. Do Kik./Kimb. *tibuku*, ação de estourar, (p.ex.) foguetes.

2) int. que evoca o som de uma queda na água, de um mergulho, na Bahia. Ver tibum. Do Kik. *tibu(ku)*, onomatopeia referente à mesma ação de cair na água, de mergulhar.

TIBUM (°) – int. ou *tibuco*, *tibungo*, onomatopeia referente ao mergulho, a uma queda n'água, no Nordeste do Brasil. Ver tibungar. Do Kik. *tibu*.

TIBUNGA(R) (°) – v. mergulhar, cair de mergulho na água, no Nordeste do Brasil. Ver tibungo. Do *Kik. tibuka*.

TIBUNGO (°) – s.m. mergulho, ruído de um corpo que cai na água (onomatopeia), no Nordeste do Brasil. Ver *tibum*. Cf. tibungar. Do Kik. *tibuku*.

TIBURO – s. Ver *kiburo*.

TIMBAU (º) – s.m. espécie de tambor, na Bahia. Cf. catimbó. Do Kik. *tibau, zibau*.

TINTINHA(R) – v. apalpar, pegar de leve, na Bahia.

TIPOIA 1) (º) – s.f. suporte de rede; rede pequena para criança. Do Kik./ Kimb. *kitipoyi*, rede.

2) (º) – s.f. lenço ou tira de pano que se prende ao pescoço para descansar o braço fraturado ou mão doente, no português do Brasil.

TIRADA DO DEKÁ – s.f. nome da cerimônia festiva de liberação ou tirada do deká, na linguagem religiosa.

TIRADA DO KELÊ – s.f. nome da cerimônia festiva de liberação ou tirada do *kelê*, na linguagem religiosa.

TIRA(R) O CABAÇO (º) – exp. desvirginar, no Nordeste do Brasil.

TIRA(R) UM BARCO – v. completar o curso da iniciação de um grupo de noviços ou o *barco*, na linguagem religiosa.

TIRIRILONÃ – s. Ver *Tibiriri* lonã.

TIRITA(R) (º) – v. treme e/ou bater os dentes com frio e/ou medo; badalejar, no português do Brasil. Do *Kik./Kimb. tiitila*.

TISCHE – s. ânus, no Mato Grosso; vagina, na Chapada Diamantina, Bahia. Fon *tchie*.

TITICA 1) (º) – s. merda, coisa sem valor, excremento de aves, no Nordeste do Brasil. Do Kik./Kimb. *tiitika/matika*.

2) – exp. *"titica de galinha"*, dito com desprezo sobre alguém ou alguma coisa, no Nordeste do Brasil.

TÓ – s. água, rio, fonte, em mina-jeje. Ver ganletó. Do Kik./Kimb. *nto/* Fon *tɔ'*.

TOBA – s.m. ou *tobiu, tubi*, ânus, no Nordeste do Brasil. Do Kik./Kimb. *(mu)tumba*.

TOBIU – s.m. Ver *xibiu*.

TOBÓ(R)JI 1) – s.m. diamante grande, em Minas Gerais.

2) – s.m. ou toboroji, encrizilhads, topônimo, bairro nos arredores da cidade de Salvador, Bahia. Do Fon *tobotoboji*.

TOBOSI 1) – s. Ver *Ajiri Tobosi*.

2) – s. espíritos infantis de crianças anormais, renascidos das águas, onde eram jogadas para morrer, emmina-jeje. Do Fon *tɔxɔ'sú*, entidades, masculina e feminina.

TOBUÊ – v. cochilar, em ketu. Do Yor. *togbé*.

TOCA(R) FOGO NA CANJICA – exp. precipitar os acontecimentos, na linguagem regional do Nordeste do Brasil. Ver *canjica*.

TÔ FRACA – s.f. Ver pintada. Port. estou fraca, onomatopeia, imitando o som produzido pela ave.

TOGO (º) – s.m. um pequeno país localizado entre Gana e Benin, na África Ocidental, cuja capital, a cidade de Lomé, concentra a sua etnia majoritária de língua ewe. Foi protetorado alemão e ex-colônia francesa.

TOGOLÊS(º) – s./adj. relativo ou procedente do Togo.

TOI – Ver *toxê*.

TOLOTOLÔ – s. ou tulutulu, peru, na linguagem religiosa. Fon *trotro*/ Yor. *tòlótòló*.

TOMADA DO DEKÁ – s.f. cerimônia de recebimento do deká, na linguagem religiosa.

TOMADA DO KELÊ – s.f. cerimônia de recebimento do kelê, na linguagem religiosa.

TOMARRUN – v. cair em transe de possessão durante as festas rituais, ao ritmo consagrado à divindade que cada filho de santo cultua, espécie de rito de confirmação, na linguagem religiosa. Ver *puxarrun*. Cf. Port. tomar, receber + Fon *hun*, divindade.

TOMBA – s. topônimo, nome de uma localidade em Feira de Santana, Bahia.

TOMBENSI – Ver *Tumbansi*.

TONGA – s.adj. força, poder; forte, robusto, na linguagem religiosa. Do Kik. *tonga*.

TOPA – s. vodun masculino da família de Savaluno, na Casa das Minas.

TOQUE – s.m. ritmo de louvação para o santo, na linguagem religiosa. Cf. Port. toque, som produzido por atrito ou percussão.

TOQUÉM – s. ou toquene, toqueno, vodun jovem, mensageiro, na linguagem religiosa mina-jeje. Do Fon *tɔwè*.

TOQUIUM – s.m. nome de Erê, na linguagem religiosa. Do Yor. *tokí*, em pequena quantidade + Port. toquinho, pedacinho.

TORÇO (º) – s.m. xale ou manta que se enrola na cabeça à guisa de turbante, usado ritualmente pelo povo de santo e indispensável no traje da baiana. Ver ojá. Cf. Port. torcido < torcer.

TORÓ 1) – s. discussão azeda; indivíduo com um membro ou um dedo da mão amputado, na Paraíba.

2) (°) – s.m. chuva forte, de precipitação inesperada, causadora de deslizamento de terra em áreas íngremes e consequente desabamento de casas localizadas nestas áreas, na Bahia.

TORORÓ (°)– s. falatório cansativo, na Paraíba.

TOTÉ – exp. aparece em cânticos de louvor aos inkisis, na cantiga de licença, como no refrão: *"Toté, toté do maiongá, maianguelê"*. Do Kik. *tote dimayangele*, colocar o grupo em ordem, com alegria, para louvar. Do Kk. ku tota.

TOTÔ – exp. calma, com licença, na linguagem religiosa. Do Fon *totó* Yor. *atótó*.

TOXÊ – exp. ou tochê; meu pai, em mina-jeje. Do Fon tɔce, tɔe.

TRABALHO 1) – s.m. fazer ou submeter-se a um rito propiciatório, na linguagem religiosa. Ver despacho. Cf. Port. trabalho, aplicação das forças e faculdades humanas, no presente caso, das divindades, para alcançar um determinado fim.

2) (°) – s.m. bruxaria, no português do Brasil.

TRANÇA DE NAGÔ (°) – s.f. espécie de penteado que consiste em trançar os cabelos em pequenas mechas, deixando entrever o couro cabeludo, antes muito comum em crianças negras, mas, atualmente, popularizado como um estilo trançado de penteado afro, na Bahia.

TRANCA JIRA – s. Exu que paira nos cemitérios, na linguagem religiosa. Ver Tronqueira. Cf. Port. tranca, travanca + jira, rua.

TRANCA RUA – s. Ver *Tranca Jira*. Cf. Port. tranca rua, ato de fechar os caminhos.

TRENITIN(HÁ). s. Ver *barco*. Do Fon trɛnotin + Port. –a.

TRIBUFU 1) (°) – adj. ou tribuçu, negro feio, mal encarado, maltrapilho, em linguagem regional do Nordeste do Brasil. Cf. cafuçu. Kik. *tibufu*, feiura.

2) – adj. ou tibufu, pessoa feia, matrona gorda e feia, na Bahia.

TRIBUZANA – s. arrelia, desordem, confusão, barulho, conflito grosso, na Paraíba.

TROQUE(I)RA – s. local na entrada do terreiro onde se colocam oferendas para Exu; nome de Exu, na linguagem religiosa. Ver *Tranca Rua*.

Cf. Port. tronqueira, porção de paus fortes cravados no leito do rio, em suas margens ou nas porteiras, para dificultar o acesso.

TUBI – s. ou *toba*, ânus, na Bahia.

TUBIÁ – s./adj./v. fogo; candeeiro, fogão; quente, claro, aceso; queimar, acender o fogo, em congo-agola. Do Kik. *tuya* /Kimb. *tubya*.

TUBIÁ GUANGUANA – v. ou *tubiá guanguane*, apagar o fogo, em congo-angola. Do Kik./Kimb. *tubyayangana*.

TUMBA JUNSARA (º) – s. nome de um antigo terreiro congo-angola de Santo Amaro, naregião do Recôncavo Baiano, hoje, localizado em Salvador, na linguagem religiosa. Do Kik./Kimb. *Tumba nzo nsala*, a casa, o templo de consagração da herança e da iniciação nos mistérios do culto.

TUMBANSI – s. terreiro congo-angola em Salvador, fundado por Maria Nenen. Cf. nenê. Kik. Tumbansi, o templo matriz.

TUNDA – s. surra, pancadaria, na Paraíba.

TUNGA 1) (º) – s.f. bicho de pé, parasita que ataca a pele dos pés, no Nordeste do Brasil. Var. *zunga*. Do Kik./Kimb. *ntunga*.

2) – v. ato ou efeito de tungar, no jargão prisional.

TUNGADA (º) – v. pancada, no português do Brasil. Ver *tungar*.

TUNGÃO 1) (º) – s./adj. teimoso, no Nordeste do Brasil. Cf. Kik. *tunga*.

2) – s. lerdo, ronceiro, na Paraíba.

TUNGA(R) (º) – v. teimar, renitir; bater, dar pancada; enganar, iludir, dar prejuízo, no Nordeste do Brasil. Do Kik./Kimb. *tunga*.

TURKÉ – s. ou Turqué; nome iniciático de um devoto de Yansã, em ketu. Do Yor. *Itukɛ*, soar como um fuzil.

TURUMBAMBA – s. barulho, desordem, na Paraíba.

TUTU 1) (º) – s.m. papão, ente imaginário que amedronta crianças, frequente em acalantos e contos populares, no português do Brasil. Do Kik./Kimb. *bi–, ki–tutu*.

2) (º) – s.m. feijão cozido, engrossado com farinha, toucinho de porco, carnes salgadas, no português do Brasil. Var. *tutu de feijão*. Do Kik./Kimb. *(ki)tutu*.

3) (º) – s.m. mandachuva, fanfarrão, gabola, no português do Brasil. Do Kik. *(ki)ntutu*.

4) (°) – s.m. dinheiro. Do Kik. *tuntu*, abundância de qualquer coisa>*tuntu kya mbongo*, muito dinheiro, riqueza.

5) – adj. frio, fresco, na linguagem religiosa. Cf. bambi. Do Yor. *tùtú*.

TUTU CONGO – s.m. papão, na Bahia. Do Kik. *tutu kongo*, o grande, o velho papão.

TUTU DE FE(I)JÃO (°) – s.m. Cf. tutu + Port. –de feijão.

TUTU DO MATO (°) – s.m. bicho-papão, na Bahia. Cf. tutu + Port. –do mato.

TUTU MARAMBÁ (°) – s.m. bicho-papão, no acalanto *"Tutu marambá, não venha cá, que o pai da criança, te manda matá"*, no Nordeste do Brasil. Do Kik./Kimb. *tutu malamba*, errante, sem família.

TUTU MARAMBAIA (°) – s.m. bicho-papão, na Bahia. Do Kik./Kimb. *tutu mangambala*, perverso.

TUTU MORINGA (°) – s.m. bicho-papão, na linguagem regional do Nordeste do Brasil. Cf. moringa. Do Kik/Kimb. *tutu mudingi*.

TUTU MUMBICA (°) – personagem fantástica de conto popular, na Bahia. Do Kik./Kimb. *tutu mumbika*, pássaro que se acredita ser agourento.

TUTU ZAMBETA(°) – s.m. bicho-papão, na Bahia. Ver *zambeto*. Do Kik./ Kimb. *tutu zembete*, grande e besta.

TUTUZINHO 1) (°) – s.m. dinheirinho. Ver tutu + Port. –zinho.

2) – s.m. mulher muto bonita e atraente, chuchuzinho.

TWIZÁ – v. venha cá, volte, em congo-angola. Cf. puedá. Do Kik. *kwiza* / Kimb. *twiza*.

TWIZÔ – v. voltou, voltamos, em congo-angola. Ver tuizá + Port. –ou.

U

UADILÁ – s./v. choro, chorar, em congo-angola. Do Kik./Kimb. *(ku)dila*.

UALUÁ – s.m. Ver *aluá*.

UANÁ MATEME – v. beber café, em congo-angola. Ver *matende*. Do Kik./ Kimb. *kunua mateme*.

UANAMAZI – v. beber água, tomar remédio, em congo-angola. Ver *bamaza*. Do Kik. *kunuamazi*.

UBELE – s. faca, navalha, em congo-angola. Cf. obé. Do Kik./Kimb. *mebele*.

UCA (º) – s.f. Ver *cachaça*.

UGANGA – s.m. Deus, na linguagem religiosa. Cf. ganga. Kik./Kimb./ Umb. *(o)nganga*.

ULELE – s. ou *ilele*, roupa, tecido, pano, em congo-angola. Do Kik./Kimb. *nlele*.

UMBANDA (º) – s.f. religião afro-brasileira, que surgiu no século XX, com assimilação de elementos do espiritismo kardecista e do catolicismo, em que seus cultos não costumam usar azeite-de-dendê para fins ritualísticos, nem catular seus iniciados; (p.ext.) bruxedo, magia branca, no português do Brasil. Ver abrir jira. Cf. candomblé, macumba, kimbanda. Do Kik./Kimb./Umb. *(m)banda*, tabu, coisa sagrada, bruxedo < *bandala*, invocar os espíritos, suplicar.

UMBANDISTA (º) – s. adepto da umbanda + Port. –ista, no português do Brasil.

UMBANGUANJE – s. nome iniciático de um devoto de *Zazi*, em congo-angola. Do Kik. *mbanganzi*, calor, fogo.

UMBANANGUANE – s. nome iniciático de um devoto de *Imbalamganze*, em congo-angola. Do Kik. *mbandankani*, tenebroso.

UMBÓ – s.m. nome de Exu, criado de Oxalá, em ketu. Do Yor. *òyinbó*, homem branco.

UMBUNDO (º) – s. uma das línguas nacionais de Angola, falada pelo povo ovibundo, concentrado na região de Benguela.

UMPANZO – s. ou *impanzo*, espírito maléfico que habita as árvores, em congo-angola. Cf. Zakazi. Do Kik. *Mpanzu*, inkisi que causa úlceras.

UMULUKU – s.m. Ver *omolokun*.

UNCÊ – pr. forma de tratamento usada pelas entidades, na linguagem religiosa. Ver *mifio*. Cf. Port. você.

UNCULO – s. Ver *incúio*.

UNDARO – s. fogo, em congo-angola. Ver *tubiá*. Do Kik. *ndalu*.

UNDUNDO – s. nome de *Imbalanganze*, em congo-angola. Do Kik. *ndundu*, doença.

UNGUALA – s. Ver *marafo*. Do Kik. *ungwala*, bebida alcoólica, aguardente.

UNJIRA – s. estrada, caminho, rua; nome de *Bambojira*, em congo-angola. Ver *jira*. Do Kik./Kimb./Umb. *(o)njila*, caminho.

UNJIRAMAVAMBO – s. Ver *Jiramavambo*.

UNLÓ – s.m. designação genérica dada aos cantos rituais do despacho; cânticos de encerramento de cerimônias, quando as divindades se retiram, em ketu. Var. cantiga de unló. Ver *aló*. Do Yor. *n' lɔ < lɔ*, sair.

UNSONGO – s. Ver *Imbalanganje*. Do Kik. *nsongo*, epidemia.

UNSUSA – s. galinha, em congo-angola. Cf. adié. Do Kik. *nsusu*.

UNZÓ – s. ou *injó*, casa, terreiro, na linguagem religiosa. Cf. canzuá, ilê, runcó. Kik. *nzó*/ Kimb. *njó*/Umb. *onzo*. Ver *escravos de jó*.

UNZONZE – s. ou *inzonze*, peixe, em congo-angola. Do Kik. *(o)nzonzi*.

UNZONZE AMAZI – s. peixe de água doce; peixe fresco, na linguagem religiosa. Ver *mazi*. Cf. ejatutu. Do Kik. *nzonziamazi*.

UNZONZE AMUNGO – s. peixe de sal preso, de água salgada, em congo-angola. Ver *mungo*. Cf. ejaió. Do Kik. *nzonzi a mungo*.

UPORO – s. corpo, aparência, em congo-angola. Do Kik./Kimb./Umb. *mpolo, opolo*.

UPUNFO – s. pescoço, em congo-angola. Do Kik. mpufu.

URU(CU)BACA (°) – s. falta de sorte, azar, caiporismo, má sorte, caruara, no português do Brasil. Do Kik. *lukubuka*.

URUCUNGO (°) – s.m. ou *uricungo*, arco musical, no português do Brasil. Ver berimbau. Do Kik. *lungungu*.

URUNDUNGO – s. pimenta, na linguagem religiosa. Ver *jindungo*. Do Kik. *lundungu*/ Umb. *olundungu*.

URUPÁ – s. má sorte, em congo-angola. Ver *urucubaca*. Do Kik. *lumpa*.

URUPIN – s. recipiente contendo os restos das oferendas feitas às divindades, em congo-angola. Do Kik. *lupin*.

UTÁ 1) – s. arma de fogo, em congo-angola. Do Kik./Kimb./Umb. *(w)uta*, fuzil.

2) – s. cabeça, na linguagem religiosa mina-jeje. Cf. mutue, ori. Do Fon *ta*.

UTEMA – s. espécie de machado, símbolo de Zazi, em congo-angola. Do Kik. *(lu)temba*, lâmina cortante + *teema*, raios, brilhar como um raio.

UZÔ – adj./v. quente; claro; esquentar, clarear, em mina-jeje. Do Fon *ùzò, hunzo*.

VADIA(R) NO CANZUÁ – v. realizar uma cerimônia pública em homenagem ao caboclo, na linguagem religiosa. Ver *candomblé de caboclo*. Do Port. vadiar, dançar, vaguear + canzuá.

VASILHA DE BARRO (º) – s.f. qualquer recipiente de cerâmica para guardar ou conter alimentos e líquidos, na Bahia. Do Port. vasilha de barro, recipiente de cerâmica.

VASILHA DE VIDRO (º) – s.f. frasco, na Bahia. Ver *vasilha de barro*. Do Port. vasilha de vidro, recipiente feito de vidro.

VATAPÁ (º) – s.m. prato típico da cozinha baiana, espécie de purê de farinha de mandioca ou pão de véspera, ou farinha de trigo, leite de coco, azeite de dendê, amendoim, gengibre e castanha de caju, ralados ou moídos, tradicionalmente feito para acompanhar o caruru, no português do Brasil. Do Kik. *kintampa,* papa ou vasilha de papas, geralmente de milho, que acompanha o prato "yuuma" (bolos de banana amassada ou de feijão temperado com dendê e pimenta)/ Kimb. *kitaba,* papas/ Fon *vɛtɛba,* papas (preparadas com dendê).

VAVAVU – s. pressa, azáfama, na Paraíba.

VEVEU – s. infusão de ervas para banho, na linguagem religiosa. Ver *amanzi*.

VAVUCA(R) – v. remexer, misturar, no Nordeste do Brasil. Do Kik./ Kimb. *kuvuka*.

VAVUCO – s.m. ato de vavucar, no Nordeste do Brasil.

VIMO – s. Ver *barco*. Do Fon *vimun*.

VIMUTIN(HA) – s. Ver *barco*. Do Fon *vimuntin* + Port. –a.

VIRAMUNDO 1) – s. nome de Exu, na linguagem religiosa. Do Kik. *njilam(b)ondo,* o grilhão do caminho.

2) (º) – s.m. (arcaico) grilhão de ferro, pesado, com que se mantinham presos os escravizados, no português do Brasil. Do Kik. *jilambondo,* corrente de ferro.

VIRA(R) BUNDA CANASTRA (º) – exp. Ver *bunda-canastra*.

VITCHE – exp. meu filho, em mina-jeje. Do Fon *vitche*.

VITO – s. Ver *barco*. Do Fon *vitu*.

VITUTIN(HÁ) – s. Ver *barco*. Do Fon *vitutin, vitutĩ* + Port. –a.

VIVE(R) NA CACUNDA DOS OUTROS – exp. ser parasita, na Paraíba.

VODUN (º) – s.m. designação genérica das divindades em mina-jeje, equivalente a inkisi e orixá; divindade ewe-fon, na linguagem religiosa. Do Fon *vodun,vódū*.

VODUNSIPONSILÊ – s. cozinheira do vodun, na Casa das Minas.

VODUNON – s.m. sacerdotisa mina-jeje. Do Fon *vódunòn, vodunō*.

VODUNSI (º) – s. ou *vodunce*; a noviço, em mina-jeje. Cf. yaô, muzenza. Do Fon *vódunsì, vódūsí*.

VODUNSI AÊ – s. pagão, ainda não iniciado, em mina-jeje. Cf. betó, cossi. Do Fon *vódunsì ahe, vódūsì ahe*.

VODUNSI GONJAI – s. Ver *vodunsi*. Do Fon *vódūsí hūya*.

VODUNSI GUNKAI – s. Ver *hunjai*. Do Fon *vodusí húja*, mãe do vodun.

VOLTA 1) – s.f. colar, cada fio de conta do colar ritual da divindade, na linguagem religiosa. Do Port. volta, colar.

2) (º) – s.f. colar (adorno).

VOVÔ – s.m. o velho, um dos títulos de Oxalá, na linguagem religiosa. Cf. Lançaté de Vovô. Do Fon *yovo* + Port. vovô.

VOVÓ – s.f. termo designativo de preta velha, na linguagem religiosa. Cf. Vovó *Kambinda*, Vovó *Conga*.

VOVÓ KAMBINDA (º) – s.f. ou vovó cambinda; entidade de candomblé de caboclo e da umbanda, na linguagem religiosa. Cf. Port. vovó + Kik./Kimb. *Kambinda*, nome de inkisi, o que pertence a uma ordem secreta.

VOVÓ KONGA (º) – s.f ou vovó conga; entidade de candomblé de caboclo e da umbanda, na linguagem religiosa. Cf. Port. vovó + Kik./Kimb. *nkonga*, muito velha.

VU (º) – s.m. Ver *cuíca*. Do Kik./Kimb. *kivu*, pequeno barril usado como instrumento musical.

VUMBE – s.m. ou *invumbe*, o espírito dos mortos, ancestrais, na linguagem religiosa. Do Kik. *mvumbe*, cadáver de uma pessoa, morta recentemente.

VUNJE 1) – s. ou *invunje*, inkisi protetor das crianças, equivalente a Ibêji, em congo-angola. Nomes: Angolê, Lumbuguro. Do Kik. *mvunji*, criança.

2) (º) – adj. muito esperto, sabido, atilado (crianças), no Nordeste do Brasil. Ver *cafunje*. Do Kik. *(ki)vundi*.

VUNZA(R) (º) – v. *vavucar,* remexer (malas, gavetas), na Bahia. Do Kik./ Kimb. *vunza.*

VUVU (º) – s.m. barulho, briga, confusão, no Nordeste do Brasil. Kik. *kivuvu.*

VUVUVU– s.m. pressa em fazer alguma coisa, no Nordeste do Brasil. Do Kik./Kimb. *vuvuvu.*

W

WADOZEN – s. ou *uadozen;* urinol, em mina-jeje. Cf. dozen. Do Fon *wã-dozen,* recipiente para depósito de vermes.

WAJI – s. índigo, na linguagem religiosa. Ver *arô.* Do Yor. *wájì.*

WANÁ 1) – v. beber, em congo-angola. Ver *kunuá.*

  2) – v. mamar, aleitar, em mina-jeje. Ver *anã.* Do Fon *wanon.*

WÉ – v. lavar, em ketu. Do Yor. *wè.*

WÍKI – s. mel, açúcar, doce, na linguagem religiosa. Do Kik./Kimb./Umb. *wiki.*

WIWÍ – s. coruja, em ketu. Do Yor. *owiwi.*

X

XACOCO (º) – adj.ou *enxacoco,* sem graça, sem arte (no falar, no andar), no Nordeste do Brasil. Do Kik. *n'sakuko,* que não tem graça.

XAMBÁ (º) – s.m. variedade de culto afro-brasileiro em Recife, na linguagem religiosa. Ver *xangô.* Do Kik./Kimb. *samba,* reza, oração.

XANÃ – s. ou xanani, fósforo, em ketu. Do Yor *ìánán(nín).*

XANANXANÃ – s. unha, em ketu. Cf. kyala. Do Yor. *enkanna.*

XANGÓ (º) – s.m. espécie de peixe miúdo do mar, petitinga; (p.ext.) diz–se da pessoa muito magra, esquelética, na Bahia. Do Kik. *nsangu.*

XANGÔ 1) (º) – s.m. orixá dos raios e do trovão, rei-herói do povo yorubá, geralmente corresponde a São Jerônimo, é venerado nos meteoritos e machados de pedra, que são colocados em um pilão de madei-ra esculpida (odô), a ele consagrado. Suas três mulheres são Obá, Oyá e Oxum, e seu criado é Oxumarê. O velho, identificado com São Pedro, é cultuado como Aganju, Airá, Jacutá, Ogodô (Cf. Sobô,

Zazi). O jovem, equivalente a São João, é chamado de Obakosô, Obaladê, Obalaiê, Obalodê, Obalodô, Xangô de Oro, Xangô Menino, na linguagem religiosa. Outros nomes e títulos: Adanji, Adelaiê, Alafim, Apará, Badê, Baianim, Balê, Xangô Leí. Dia: quarta-feira. Cores: branca e vermelha. Comida: amalá, obé. Sacrifícios: agutã, cágado, galo. Insígnias: oxê, xerê. Simbolismo: banté, labá. Toques: alujá, batá, ibim, ilu. Saudação: kaô kabieci obá. Nomes iniciáticos: Lingucicoyá, Obaraeji, Obaraí, Obaraji. Ver Babá Abaolá. Cf. Sobô, Zazi. Yor. *šàngó.*

2) – s.m. diz-se de uma pessoa turbulenta, agressiva, na linguagem religiosa.

3) (º) – s.m. nome genérico das religiões afro-brasileiras em Pernambuco e Alagoas, e onde elas se realizam. Cf. bembé, xambá. Do Kik. *nšangu,* toque para festejar as divindades + Yor. Xangô.

XANGÔ DIORO – s. outro nome para Xangô Menino, forma jovem do orixá e protetor das crianças, na linguagem religiosa. Do Yor. *šàngó (a)déòrún,* o dono da coroa do céu.

XANGÔ LEÍ – s. nome de Xangô, na linguagem religiosa. Do Yor. *šàngólɛyn,* dono do carvão de fogo.

XANGÔ MENINO – s. Ver *Xangô Dioro.* Cf. Xangô + Port. menino.

XAORÔ (º) – s.m. guizos presos em torno do tornozelo das(os) iniciadas (os), símbolo de sujeição, indicador de localização para a mãe criadeira (yá kekerê) e espécie de amuleto para afastar más energias e espíritos negativos. Quando amarrado na perna direita, indica que o orixá de frente é masculino (aboró), quando na direita, orixá feminino (yabá); guizos de metal amarelo que se prendem às roupas ritualísticas de Omolu, na linguagem religiosa. Do Fon *tšaolo, čaolo* /Yor. *šaworo.*

XAPANÃ (º) – s.m. ou Saponã, Xaponã. Ver *Xapatá.* Do Yor. *šànkpànàn.*

XAPATÁ (º) – s.m. vodun da varíola, equivalente a Xapanã, cujo culto se acredita ter sido trazido para o Daomé pelo povo Mahi, na linguagem religiosa. Nomes: Adoço, Ainã, Airosu, Azambrió, Azoane, Azoano, Azunsum, Azumeum, Poliboji. Nomes iniciáticos: Azoanodô, Azunsi, Ducunom, Jijau. CL Imbalangaje. Simbolismo: alojé. Do Fon *Sakpatá.*

XAXADO (º) – s.m. dança masculina, arrastando os pés, originária do Alto Sertão de Pernambuco e divulgada por cangaceiros até o interior da Bahia. Ver *xaxaxá*. Cf. Kik. *tšatša* + Port. –ado.

XAXARÁ(º) – s.m. insígnia de Omolu, espécie de vassoura feita de palha de palmeira, enfeitada de búzios e contas coloridas com a cor do orixá. Cf. ebile. Yor. *šašara*.

XAXAXÁ (º) – s.m. tipo de dança latino-americana. Do Kik. *tšatatša* + onomtopeia *tša, tšatšula,* dançar, balanceando o corpo, arrastar os pés.

XAXIADO – s. dança popular semelhante ao baião, na Paraíba. Ver *xaxado*.

XAXIA(R) – v. dançar miudinho, na Paraíba.

XEKERÊ (º) – s.m. ou xequerê, instrumento feito de uma cabaça enrolada de conchas ou fios de búzios ou de sementes brancas consagrado a Oxalá, na linguagem religiosa. Cf. ganzá. Var. jeguedê, xequeié, xequeré, xeketê. Do Fon *tšekèlè* /Yor. *šèkè*.

XENDENGUE 1) – s.m. homossexual afeminado, na linguagem religiosa. Var. sendengo, sendengue, xendengo. Cf. indumba, gunga, xibungo. Ver dengue. Do Kik./Kimb. *sindenge,* cheio de trejeitos (pejorativo). 2)(º) – adj. magro, franzino, ordinário, reles, imprestável. Cf. camumbembe, caxinguelê, zambembe.

XENHENHÉM – s. relação sexual, no Nordeste do Brasil.

XERÊ (º) – s.m. ou *xererê, xereré,* chocalho metálico ou feito em cabaça contendo pequenos grãos, instrumento consagrado a Xangô. Do Yor. *shééré.*

XERECA(º) – s.f. a vulva, no nordeste do Brasil. Do Kik. *shileka,* vulva grande.

XERENGUE(º) – s.m. Ver *kaxirenguengue*.

XERERÉ (º) – s.m. Ver *xeré*.

XETRUÁ – exp. saudação para Exu, na linguagem religiosa. Do Yor. *shetarà, shewara.*

XEXÉU – s.m. catinga, mau cheiro, no jargão prisional. Cf. bodum, inhaca.

XIBA(R) – v. fumar, na linguagem religiosa. Cf. cachimbo. Do Kik./Kimb. *shiba.*

XIBAMBA (º) – s.m. ou quibamba, ente fantástico, espécie de porco roncador que amedronta as crianças, no Nordeste do Brasil. Do Kik./Kimb. *tshimbamba.*

XIBIMBA (°) – s. pessoa gorda, pequena e atarracada; pessoa sem importância, no Nordeste do Brasil. Ver *tampa de binga*. Do Kik. *tshen-
vinga*.

XIBIU 1) (°) – s.m. ou tobiu, tabaco, vulva, partes genitais da mulher. Do
Kik. *tshubilu*.

2) (°) – s.m. diamante pequenino.

XIBUNGO (°) – s.m. homossexual, pederasta, forma injuriosa também
empregada em tom de pilhéria, no Nordeste do Brasil. Do Kik./
Kimb. *tshimbungo*, ente fantástico, lobo que come crianças por um
buraco que tem nas costas.

XIBUTE – s.m. arma de fogo, no Nordeste do Brasil. Do Kik. *tshibuta*.

XICARANGOMA(°) – Ver *ogã de coro*. Do Kik./Kimb. *sika(a)ngoma*, que
toca ingoma.

XIKAMÃ – v. sentar, em congo-angola. Cf. jocô. Do Kik./Kimb. *sikama*.

XIMBA – s. agouro, praga, na linguagem religiosa. Kik. *shiba*.

XIMBAU – s. vagina, no Ceará. Ver *xibiu*.

XIMBEKE – s. casebre, na linguagem religiosa. Do Kik./ Kimb. *tshimbaki*.

XIMBICA(°) – s. ou *mumbica*, diz-se da pessoa de pequeno porte, raquítico, magro, no Nordeste do Brasil. Do Kik. *tshimbika*.

XINGADO(R) (°) – s.m. o que costuma xingar + Port. –<u>dor</u>, no português
do Brasil.

XINGAMENTO (°) – s.m. *xingação*, insulto, ofensa, no português do Brasil. Ver *xingar*.

XINGA(R) *(°)* – v. insultar, ofender com palavras, injuriar, no português
do Brasil. Do *Kik./Kimb. kukoshinga*.

XINGO – s. insulto, xingamento, no jargão prisional. Ver *xingar*.

XINGUILA – v. rogar praga, na linguagem religiosa. Cf. xingar. Do Kik./
Kimb. *kusingila*.

XINIM – s. Ver *ximbica*.

XINXIM (°) – s.m. *oxixim*, guisado de galinha ou de outra carne com camarões secos e azeite de dendê a que se podem acrescentar amendoim moído e castanha de caju. Antigamente também se usava egusi, pevides de abóbora ou melancia passados na pedra, na Bahia.
Yor. ʼɔshinshin.

XIRÊ (°) – s.m. ordem de precedências na qual são cantados os cânticos em louvor às divindades afro-brasileiras, que se inicia por Exu e termina com Oxalá; festividade, em ketu. Cf. zandró. Do Yor. *shiré.*

XITO – s. carne, em congo-angola. Cf. eram, niama. Do Kik./Kimb./Umb. *(o)shitu.*

XIXILA(R) (°) – v. ser ou ficar *xixilado*, na Bahia. Do Kik. *zizila.*

XIXILADO (°) – adj. sem vergonha, descarado, na Bahia. Cf. Kik. *zizila.*

XIXIXI – s. chuva fina, continuada, na Paraíba.

XODÓ (°) – s.m. namoro, namorado, paixão, apego, chamego, amor, caso. Cf. enxodozar. Fon/Ewe *xõtõ,* amante, amigo.

XOKOTÔ 1) (°) – s.m. calças, parte das vestes rituais, na linguagem religiosa. Do Fon *ishokoto* /Yor. sh*ò̱kò̱tò̱,* calças largas e estreitas nos tornozelos, parte da roupa tradicional yorubana, junto com o abadá. 2) – s.m. (p.ext.) calças mal feitas, grandes e largas, na Bahia. Cf. abadô.

XOKUM – v. chorar, em ketu. Cf. uadilá. Do Yor. *shɔkún.*

XORÁ – s.m. amuleto contra maus olhados, em ketu. Do Yor. *ìshɔra.*

XOROKÊ – s.m. nome de Ogum, na linguagem religiosa. DoYor *šokoke.*

XORRAM – s. canto fúnebre, em mina-jeje. Do Fon *tšiohan, čiohã.*

XORRUM – s. Ver *tambor de choro.* Do Fon *tšohun,* tambor da morte.

XOVI – s. órfão, em mina-jejea. Do Fon *tšoví.*

XOXÔ – s.m. ou *axoxô, oxoxô,* bambá, comida de Bambojira, Exu e Lebá, prato à base de dendê, feito com feijão-fradinho cozido e servido com carne seca desfiada, na linguagem religiosa. Cf. aminjá. Do Fon *tšɔtšɔ',* óleo negro, espesso, extraído do dendê, comida de *Legba.*

XÔXO – adj. murcho, fraco, sem graça, no Ceará.

XOXOTA(°) – s.f. ou *xota,* vulva, no Nordeste do Brasil. Do Kik. *kisota,* clitóris, vulva.

XUXU 1) (°) – s.m. ou chuchu, chuchuzinho, mulher bela, dama vistosa, na linguagem regional. 2) adv. abundância na exp. *"Pra xuxu",* na lingagem regional. Do Fon *tchutchu.*

Y

YÁ – s.f. ou iá, mãe, senhora, tratamento respeitoso dado à mãe de santo, na linguagem religiosa. Do Kik. *yaaya* /Yor. *ìyá.*

YABÁ – s.f. Ver *ayabá.* Do Yor. *ìyá àgbà,* a mãe velha, a rainha.

YABAI – s. ou yabain, um dos nomes de *Nanã,* em ketu. Yor. *iyá àgbàyin,* a mãe mais velha de todas.

YABÁ OMIN – s. ou Iabá Omim, nome de Oxum, a velha, em ketu. Cf. omim.

YABASÊ (°) – s.f. ou iabacê; cozinheira das divindades, encarregada da cozinha ritual, na linguagem religiosa. Do Yor. *ìyá àgbàlásè.*

YADALUNDA – s. nome de Dandalunda, na linguagem religiosa. Cf. Mãe da Lunda. Do Kik. *Yaadyalonda,* mãe *(yaa)* protetora dos partos.

YADEMIN – s. ou Iademim, nome iniciático de um devoto de Yemanjá, em ketu. Do Yor. *Ìyádemin,* antropônimo.

YADETÁ (°) – s. Ver *Iacalá.* Do Yor. *Ìyádɛta,* antropônimo, no português do Brasil.

YAIRÊ – exp. saudação para Oxum, na linguagem religiosa. Ver *orerê ô.* Do Yor. *ìyá(or)ere,* mãe da bondade.

YAKALÁ – s. uma das três fundadoras da Casa Branca, na cidade de Salvador, na linguagem religiosa. Cf. Yadetá, Yanasô. Ver *Ìyákɔla,* antropônimo.

YÁ-KEKERÊ (°) – s.f. ou mãe pequena. Do Yor. *iyá kekere,* mãe pequena.

YALAXÉ (°) – s.f. título da zeladora do axé, em ketu. Cf. axegã. Do Yor. *íyáše.*

YALÊ – s.f. termo respeitoso para a mais velha e favorita da casa, na linguagem religiosa. Do Yor. *ìyá(ni)lé,* senhora da casa, esposa mais velha.

YALODÊ – s. nome de um devoto de Oxum, na linguagem religiosa. Do Yor. *Ìyálóde,* antropônimo.

YALODÔ – s. nome de Oxum. Do Yor. *Íyálódò,* senhora dos rios.

YALORIXÁ (°). s. f. sacerdotisa ketu, no português do Brasil. Cf. mãe de santo. Do Yor. *ìyálòrišá.*

YAMANLÊ – s. nome iniciático de uma antiga sacerdotisa ketu na cidade de Salvador, na linguagem religiosa. Do Yor. *Ìyámanle,* antropônimo.

YAMANSÃ – s. mãe de Xangô, em ketu. Cf. Yansã. Do Yor. *Ìyáɔmànsan*, mãe do filho do fogo.

YA(O)MIN 1) – s. título para Yemanjá e Oxum, em ketu. Do Yor. *ìyáomin*, mãe d'água.

2) – s. forma de tratamento dirigida às sacerdotisas, na linguagem religiosa. Cf. iaiá. Do Yor. *ìyá min*, minha mãe.

YAMIN XORONGÁ – s. divindade que mora em uma jaqueira (Cf. apaocá), muito respeitada e tratada com muito cuidado, pois é a mãe das bruxas (ajé). Ela própria é uma bruxa e pássaro; muito ciumenta e temível, seu símbolo é a coruja (wiwí). Quando saudada, faz-se, com o dedo indicador, uma cruz no chão, e quem estiver sentado, deve se levantar, na linguagem religiosa. Do Yor. *Ìyámín òšòròngà*.

YAMORÔ (°) – s.f. iniciada, que ocupa o cargo importante de auxiliar da yalorixá, em ketu. Do Yor. ìyá *mòró*.

YANASÔ – s. Do Yor. *Ìyánasó*, antropônimo.

YAN(I)LÁ – s. a grande mãe, em referência a Nanã, considerada a mãe de todos os orixás, na linguagem religiosa. Do Yor. *ìyánilã*, a grande mãe.

YANSÃ (°) – s.f. orixá do fogo, trovão e tempestade, uma das três esposas de Xangô, mulher corajosa e destemida, a única ayabá a quem é permitido dançar qualquer toque consagrado às outras divindades, na linguagem religiosa. Cores: vermelha e rosa. Dia da semana: quarta-feira. Comida: amalá, anuã, ecuru, omolukum. Insígnia: afindijá, espada, irukerê, iruxim. Saudação: eparrei! Nomes: Ajimudá, Balé, Cuiabalé, Ewá, Obá, Oyá. Nomes iniciáticos: Mitawadê, Turké. Cf. Matamba. Do Yor. *Ìyásan*, lit. mãe do fogo.

YAÔ (°) – s. ou iaô, designação genérica dada aos noviços de ambos os sexos, postos em reclusão por três ou sete semanas, sozinhos ou em grupos, período em que se submetem a certos ritos secretos, que completam a sua iniciação religiosa. Também são treinados em cantos e danças rituais e proibidos de falar com quem quer que seja, nem mesmo uns com os outros, a não ser com permissão do pai ou da mãe de santo. Terminada a reclusão, continuam a ser chamados do mesmo modo por mais sete anos, na linguagem religiosa. Ver barco, ebame. Var. filha/filho de santo. Cf. muzenza, vodunsi. Do Yor *ìyàwó*, esposa.

YASOBÔ – s. Ver *Nanã Sobô*. Do Fon *yasɛgbó*, a grande mãe.

YATEBEXÊ (°) – s.f. ou yatebexê, solista, aquela que assegura o solo dos cânticos rituais com o adjá, em ketu. Yor. *íyá atégbɛšéše*

YEMANJÁ (°) – s.f. ou *Emanjá*, *Iemanjá*, orixá do mar, equivalente a Nossa Senhora. da Conceição, do Carmo ou das Candeias. Dia da semana: sábado. Cor: azul-claro. Indumentária: coroa, abebé, alfanje, braceletes. Simbolismo: pedras marinhas e conchas. Comida: ado, ebô, mel de uruçu, azeite doce, manjar de arroz. Sacrifício: carneiro, galo, galinha. Nomes: Açabá, Agué Xalugá, Cokê, Kuketo, Yamim, Iemanjá Açabá, Inaê, Janaína, Marbô, Okunjimum, Odê, Oloxá. Nomes iniciáticos: Yademi, Yalodê, Sabaji. Saudações: eruiá, eruiamim, odoyá, odoyamin, odumia, omin ô. Do Yor. *Yɛmanjá*.

YEMANJÁ ASABÁ – s. nome de Yemanjá, na linguagem religiosa. Ver. *Asabá*.

YERÊ – s.m. ou jerê, semente semelhante à do coentro, usada como tempero na cozinha ritual, na linguagem religiosa. Do Yor. *iyèré*.

YIKA 1) (°) – s. saudação ritual dos iniciados que possuem santo feminino, que consiste em se atirar completamente de bruços no chão, em ketu. Do Yor. *yìnká*.

2) – s. dedo, em ketu. Do Yor. *ìka*.

3) – s. coisa que tem o dedo do diabo, crueldade, maldade, na linguagem religiosa. Do Yor. *ìkà*.

YÓ – s. ou ió; sal, em ketu. Cf. ijé. Do Yor. *iy'ɔ*.

YORUBÁ (°) – s. ou iorubá; língua nígero-congolesa, falada pelo povo do mesmo nome, concentrado na Nigéria Ocidental e no reino de Ketu, no Benin, onde são chamados de "anagot". Ver nagô. Cf. *yorùbá*.

YORUBANO (°) – s./adj. ou iorubano; relativo ao povo ou à língua Yorubá, na língua portuguesa em geral.

Z

ZA(M)BUMBA 1) (°) – s.m. bombo, no português do Brasil. Kik.*(zu)nza mbuma,* tambor de madeira, muito grande e comprido.

2) (°) – s.m. conjunto instrumental popular, no Nordeste do Brasil, constituído de pífanos, caixa de rufo e bombo, no português do

Brasil. No Baixo São Francisco chama-se *esquenta-mulher*. Do Kik. *zunza mbuma,* fazer música com muito ruído, com tambor.

3) – s. bunda grande, no Ceará.

ZABUMBADA (°) – s.f. barulho, zoadeira; ato ou efeito de tocar *zabumba,* no Nordeste do Brasil.

ZABUMBE(I)RO (°) – s.m. tocador de zabumba, no português do Brasil.

ZAGAZA – s. caranguejo, aranha, em ketu. Yor. *álàkàšà.*

ZAIRE (°) – s.m. ex-Congo Belga, atual República Democrática do Congo, capital Kinshasa. Do Kik. *Nzadi,* o grande rio, o rio Congo.

ZAKAZI – s. espírito temido que habita numa árvore, em congo-angola. Kik. *sakasi,* o destruidor, cruel.

ZALA – s. fome, em congo-angola. Ver *inzala.*

ZAMAFURAMA – s. ou *Zamafuramo,* nome de Lemba, em congo-angola. Do Kik. /Kimb. *sambafwana,* o senhor da paz.

ZAMBÊ (°) – s.m. espécie de atabaque pequeno e de dança popular do Nordeste do Brasil. Ver *samba.* Do Kik. *nsambi/nsambele,* louvação.

ZAMBEBE (°) – adj. medíocre, no Nordeste do Brasil. Do Kik. *zimbembe.*

ZAMBELÊ – s.m. Ver *jambelê.*

ZAMBETA – adj. ou cambeta, cambota, pessoa que tem pernas tortas, no Nordeste do Brasil.

ZAMBETO (°) – s.m. fantasma; diabo, na linguagem religiosa. Do Fon *zāgbétɔ',* mascarado vestido de ráfia, que passa por fantasma, membro de uma sociedade secreta daomeana.

ZAMBI 1) (°) – s.m. Ver *zumbi.*

2) (°) – s. ou Inzambi, Deus Supremo, em congo-angola. Ver *Zambiapungo.* Do Kik./Kimb. *Nzambi.*

ZAMBIAJIÁ – exp. resposta às saudações "Inzambi, makuero", em congo-angola. Cf. zambiazokê, zambinakwatesala. Do Kik. *Nzambi, azayu(a),* Deus vos salve, Deus sabe tudo.

ZAMBIAPUNGA(°) – s.f. Ver *Zambiapungo.* Do Kik./Kimb. *Nzambi ampunga,* Deus Todo-Poderoso.

ZAMBIAPUNGO 1) – s.m. Zambi, em congo-angola. Var. Zambiampungo Zambiapombo, Zambiapongo, Zambiapunga, Zamiapombo, Zamunipongo, Zamuripongo. Do Kik./Kimb. *Nzambi ampungu,* o grande Deus.

ZAMBIAZOKÊ – exp. ou zambiazoquê; "Deus me/vos salve, acuda!", em congo-angola. Cf. zambiajiá. Do Kik. *Nzambi azokelele.*

ZAMBINAKWATESSALA – exp. saudação, que "Zambi lhe faça o bem, que o abençoe", em congo-angola. Cf. zambiazokê. Do Kik. *Nzambi wa kwatwsala.*

ZAMIAPUNGA (º) – s.m. ou *zambiapungo*, grupo de mascarados (homens e mulheres) que se apresentam, pela madrugada, em diferentes datas, nas ruas das cidades baianas de Cairu, Taperoá, Valença e Nilo Peçanha, com trajes e chapéus festivos, percutindo enxadas e fazendo soar búzios de pesca. Ver zambiapungo. Do Kik. *saami ampunga*, os grandes ancestrais, Kik./Kimb. *nzambi ampumgu,* o grande espírito.

ZANDRÓ – s. invocação dos voduns, cerimônia privada, cerimônia noturna, em mina-jeje. Ver *xirê*. Do Fon *zàndrɔ', zã' drɔ,* cerimônia religiosa noturna.

ZANGA (º) – s.f. irritação, briga, no português do Brasil. Do Kik./Kimb. *nzannga.*

ZANGADO(R) (º) – s.m. aquele que costuma se zangar, no português do Brasil.

ZANGANGO – s. aranha caranguejeira, em congo-angola. Ver *zagaça*. Do Kik. *sangangu.*

ZANGA(R) 1) (º) – v. irritar-se, provocar mau humor, aborrecer-se, ter zanga, na língua portuguesa em geral.

2) – v. morrer, "*Intonce não soube qui seu Tião zangô hoje de menhãzinha?*", em Minas Gerais.

ZANGUIZAMA – s.f. Ver *zanga*. Do Kik. *zangazana.*

ZANGAMENTO – s.m. ato de *zangar*, no português do Brasil.

ZANZA(R) (º) – v. vaguear, andar ao acaso, andar à toa, distraído, no português do Brasil. Ver zonzar. Do Kik. *zannza* /Kimb. *nzana,* andar em estado de êxtase.

ZANZO (º) – adj. abobalhado, abestalhado, no português do Brasil. Cf. zanzar. Do Kik./Kimb. *(ki)nzanzu.*

ZARATEMPO (º) – exp. saudação para Tempo, na linguagem religiosa. Do Kik./Kimb. *sala–, zara Tembu.*

ZARRIN – s. cerimônia fúnebre depois do sirrun, em mina-jeje. Do Fon *zahin.*

ZAZI (º) – s. ou *Inzazi*, inkisi dos raios, equivalente a Sobô e Xangô, na linguagem religiosa. Nomes: Cafelempango, Impango, Luango, Lumbambo, Lumbombo, Kiasubanga, Kiasubenganga, Kibuco, Kiburo,
Zazikelempongo, Tata muílo, Tibuto. Nomes iniciáticos: Keinguen-
gue, Kisubanganga, Kisubangango, Umbanguanje. Símbolo: utema.
Saudação: kibuco kiasubanga. Do Kik./Kimb. – s.f. Ver *mameto*. Do
Port. zeladeira, a que toma conta.

ZELADO(R) (º) – s.m. sacerdote de umbanda, na linguagem religiosa. Ver
pai de santo. Do Port. zelador, o que toma conta.

ZELIN – s.m. nome dos potes de barro usados à guisa de tambores nas
cerimônias fúnebres, na linguagem religiosa. Ver *sirrun*. Do Fon/
Mina *zènlé*.

ZIFIO – exp. tratamento dado por preto velho, na linguagem religiosa. Ver
mifio. Cf. Kik. prefixo arcaico –*zi* + Port. filho.

ZIGUIZIRA (º) – s.f. Ver *ziquizila*.

ZIMBO – s.m. ou *zimbi*, buzo da costa, na linguagem religiosa. Ver *jimbo*.

ZIMPÔ – s. cadeira, banco, cama, em mina-jeje. Cf. apoti, cazumba. Do
Fon *azinkpò, zīkpo*.

ZINGA (º) – s.f. vara comprida usada pelos canoeiros, no Nordeste do
Brasil. Do Kik./Kimb. *nsinga*.

ZINGOMA (º) – s.m. ou *engoma, ingoma*, tambor cilíndrico, de uma face,
feito de um toro oco–, usado nas cerimônias congo-angola; designação genérica para os tambores do culto, na linguagem religiosa. Cf.
xicarangoma. Do Kik./Kimb. (*zi*)*ngoma*.

ZININ – s. ou *jinin*, partes genitais da mulher, na linguagem religiosa. Cf.
tabaca. Do Kik. *nzini, njini*, vagina.

ZIQUIZILA – s.f. ou *ziguizira, ziquizira*. impaciência, mal-estar, desmaio;
qualquer doença que não se quer nomear, no Nordeste do Brasil. Do
Kik. *ziquizila*.

ZOMADONU – s. vodun masculino da família de Davisi, na Casa das
Minas. Do Fon *Zomadónu*, filho do rei Akaba.

ZONZA(R) (º) – v. ficar zonzo, sentir zonzeira, no português do Brasil. Ver
zanzar. Do Kik./Kimb. nzannza, *nzana*, andar em estado de êxtase.

ZONZE(I)RA (º) – s.f. vertigem, no português do Brasil. Ver *zonzo*.

ZONZO (º) – adj. atordoado, tonto, distraído, no português do Brasil. Cf. zonzar, zonzeira. Do Kik./Kimb. *(ki)nzanzu.*

ZOOGODÔ BOGUM MALÊ RUNDÓ – s. terreiro mina-jeje de Salvador, na linguagem religiosa. Do Fon *xogbodo nu agbogun mlé hundo,* lit. os fundamentos dos descendentes de Agba, do panteão das divindades do raio /Só/, do fogo /Zó/, postos no portal da casa.

ZORÓ 1) – adj. ávido por alguma coisa, esgalopado, no Nordeste do Brasil, como em: *"Está zoró de fome".*

2) (º) – s. guisado de camarão com quiabo, prato da culinária africana, no português do Brasil.

ZUELA(R) (º) 1) – v. cantar, falar, rezar, na linguagem religiosa. Ver *azuela.* Cf. arirê, jihã, korin. Do Kik./Kimb. *zuela.*

2) – v. falar muito, dizer bobagens, tagarelar, na Bahia. Do Kik./Kimb. *zuela.*

ZUMBÁ – s. Ver *Mameto Zumbá.*

ZUMBANGANGA – s. Ver *Mameto Zumbá.* Do Kik. *nsumbanganga,* o grande, misterioso pântano.

ZUMBI 1) (º) – s.m. líder da República de Palmares, o Gangazumbi, sucessor de Gangazumba, no português do Brasil. Do Kik. *nzumbi,* auxiliar, ajudante.

2) (º) – s.m. alma errante, alma dos bichos, espectro, fantasma que vagueia em casa altas horas da noite; pessoa de hábitos noturnos. Cf. muzambê, sussu, tutu. Do Kik. *mvumbi.*

3) – s.m. ou *cazumbi,* pessoa muito magra e pálida, no Nordeste do Brasil. Do Kik. *(ka)mvumbi.*

ZUNGA 1) – s.f. prostituta, na linguagem religiosa. Cf. indumba. Do Kik./Kimb. *nzunga.*

2) – s.f. Ver *tunga.*

ZUNGU 1) (º) – s.m. barulho, confusão, no Nordeste do Brasil. Cf. zunzum. Do Kik. *zungu* /Kimb. *nzangu.*

2) (º) – s.m. casa dividida em pequenos compartimentos que se aluga por baixos preços, cortiço, no português do Brasil. Ver *caloji.* Do Kik. *zungu,* canto, espaço pequeno do quarto.

ZUNIDE(I)RA(º) – s. zoeira, zunido nos ouvidos, na Paraíba.

ZUNZA(R) – v. fazer barulho, confusão, intriga irritantemente, no Nordeste do Brasil. Cf. zunzum. Do Kik. *zunza*.

ZUNZI – s. ou *Inzunzi*, gêmeo, entidade dos gêmeos, em congo-angola. Ver *Vunje*. Cf. mabaça. Do Kik. *nzuzi*, o primeiro do par de gêmeos.

ZUNZUM (º) – s.m. ou zumzumzum, barulheira, boato, no português do Brasil. Ver *zunzar*. Cf. zungu. Do Kik. (ki)zunzu + Port. onomatopeia.

REFERÊNCIAS BIBLIOGRÁFICAS

ABRAHAM, R.C.(1958). *Dictionary of modern Yoruba*. University of London Press.

AKINDÉLÉ, A.et AGUESSY,C. (1953). *Contribuition a l'étude de l'histoire de l'áncien royaumme de Porto-Novo*. Dakar: IFAN (Mémoires 25).

AKINJOGBIN, I. A. (1967). *Dahomey and its neighbours (1708-1818)*. Cambridge: The University Press.

ALAPINI, Julien (195). *Le petit Dahoméen*. Paris: Presses Universelles.

ALBUQUERQUE, A.Tenório de (1954). Cubanismos e americanismos. In: *Kriterion 7*, p. 320-340.

ALENCAR, Francisco de; CARPI, Lúcia; RIBEIRO, Marcus Vinícius (1985). *História da sociedade brasileira*. Rio de Janeiro: Ao Livro Técnico.

ALENCASTRO, Luiz Felipe de (1997). Vida privada e ordem no Império. In: *História da vida no Brasil*. v. 2, São Paulo: Companhia da Letras. p. 565-687.

_____ (2000). *O trato dos viventes*. São Paulo: Companhia das Letras.

ALI, M. Said (1966). *Gramática histórica da língua portuguesa*. Ed. Melhoramentos.

ALKMIN, Tania (2001). A variedade linguística de negros e escravos: um tópico da história do português no Brasil. In: MATTOS E SILVA, Rosa Virgínia (ed.): *Para a história do português brasileiro*, vol. 2, São Paulo: USP/FFLCH-FAPESP, p. 317-335.

ALTUNA, Pe. Raul Ruiz de Asúa (2006). *Cultura tradicional banta*. Inst. Miss. Pia Soc. Filhas de São Paulo. Angola: Luanda.

ALVARENGA, Oneyda (1966). *Música popular brasileira*. Rio de Janeiro: Editora Globo.

ALVAREZ, Alexandra (1987). Léxico afroamericano en el Castellano de Venezuela. In: *Malabí Maticulambí. Estudios afrocaribeños*. Montevideo: Monte Sexto.

ALVES, Albino (1951). *Dicionário etimológico bundo-português*, 2 vol. Lisboa: Silvas.

ALVES, Ieda Maria (1981). O vocabulário da cana-de-açúcar nas obras de José Lins do Rego. In: *Alfa* 25, 5-14.

ALVES, Ieda Maria (1990). *Neologismo. Criação lexical*. São Paulo: Ática.

AMARAL, Braz do (1927). Os grandes mercados de escravos africanos: as tribos importadas e sua distribuição regional. In: *Revista do Instituto Histórico e Geográfico Brasileiro* V, p. 435-496.

AMOS, Alcione Meira (2007). *Os que voltaram*. Belo Horizonte: Tradição Planalto.

ANCHIETA, Joseph de (1595/1874). *Arte da gramática da língua mais usada na costa do Brasil,* Editada por Julio Platzmann, Lipsio. Off. Typ. de B.G. Teubner.

_____ (1933). *Cartas Jesuíticas III*. Cartas, informações, fragmentos históricos e sermões do Pe. Joseph de Anchieta (1551-1594). Rio de Janeiro: Publicações da Academia Brasileira de Letras.

ANDRADE FILHO, Sílvio Vieira de (1995). O léxico africano do Cafundó. In: *BEC* 2, p. 14.

_____ (2000). *Um estudo sociolinguístico da comunidade negra do Cafundó*. Sorocaba: SEC.

ANDRADE, Maria José de Souza (1988). *A mão-de-obra escrava em Salvador de 1811 a 1860, um estudo de história quantitativa*. São Paulo: Corrupio.

ANDRADE, Mário de (1959). *Danças dramáticas do Brasil,* 3 tomos. São Paulo: Livraria Martins Editora.

ANDRADE, Nair de (1988[2]). Musicalidade do escravo negro no Brasil. In: *Novos estudos afro-brasileiros* II, p. 192-200. Recife: Editora Massangana.

ANGENOT, Jean-Pierre; JACQUEMIN, Jean-Pierre; VINCKE, Jacques L. (1974). *Répertoire des vocables brésiliens d'origine africaine*, Lubumbashi: Université du Zaire.

ANTONIL, A.J. (1962). *Cultura e opulência do Brasil*. Salvador: Livraria Progresso.

ARAGÃO, Maria do Socorro Silva de (1989). *A linguagem regional popular na obra de José Lins do Rego*. João Pessoa: FUNESC.

_____ (1996). A presença africana nos falares nordestinos. In: *Confluência* 12, p. 87-100.

_____ (1997). A situação da geografia linguística no Brasil. In: GÄRTNER, Eberhard (ed.). *Pesquisas linguísticas em Portugal e no Brasil*. Frankfurt am Main: Vervuert/Madrid: Iberoamericana, p. 79-97.

ARAGÃO, Maria do Socorro Silva de; MENEZES, Cleusa P. Bezerra de (1984). *Atlas linguístico da Paraíba*, 2 vols., Brasília: CNPq/UFPB.

ARAUJO, G. C. (2008). *(Re)encontrando o Diálogo de Bonecas: o bajubá em uma perspectiva antropológica* – Universidade Federal de Uberlândia, Programa de Pós-Graduação em Ciências Sociais.

ARGYLE, W.J. (1966). *The Fon of Dahomey*. Oxford: Claredon Press.

ASSIS JUNIOR, António de (s/d). *Dicionário Kimbundu-Português. Linguístico, botânico, histórico e corográfico*. Luanda: Edição Argente, Santos & Comp. Ltda.

ASSIS, Machado de (1960). *Memórias póstumas de Brás Cubas*. Rio de Janeiro: MEC/INL.

AULETE, Caldas (1948[3]). *Dicionário contemporâneo da língua portuguesa*. Lisboa: Imprensa Nacional

AZEVEDO, Ramiro Corrêa (1983). *Etnografia de uma fala negra rural: Itapecuru*. São Luís: UFMA.

AZEVEDO, Thales de (1949). *Povoamento da cidade de Salvador*. Salvador: Prefeitura Municipal de Salvador.

BAIÃO, Domingos Vieira (1946). *O Kimbundu sem mestre*. Porto: Imprensa Moderna.

BAIOCCHI, Mari de Nasaré (1990). *Kalunga, Povo da Terra*. Brasília: Ministério da Justiça, SEDH.

BAL, Willy (1974-75). Portuguese Loan-Words In: Africa and the Orient. In: *Aufsätze zur portugiesischen Kulturgeschichte. Portugiesische Forschungen der Görresgesellschaft* 13, p. 280-300.

_____ (1975). A propos de mots d'origine portugaise en Afrique Noire. In: *Miscelânea Luso-africana*. Lisboa: Junta de Investigação do Ultramar, p.119-132.

_____ (1979). *Afro-Românica studia*. Albufeira: Edições Poseidon.

BALANDIER, Georges (1965). *La vie quotidienne au royaume du Kongo*. Paris: Hachette.

BAMBOSE Ayo (1967). *A Short Yorubá Grammar*. Ibadan/London: Heinmann Educational Books LTD.

BARNARD, Alan (1992). *Hunters and Herders of Southern Africa. A comparative ethnography of the Khoisan peoples*. Athens / Ohio: Ohio University Press.

BARROS, Maria Candida D. Mendes (1986). Um caso de política linguística: A questão do intérprete e o discurso religioso no Brasil colonial. In: *Ameríndia* 11, p. 69-76.

BASTIDE, Roger (1941). *Psicanálise do cafuné*. Curitiba/São Paulo/Rio de Janeiro: Editora Guaíra.

_____ (1961). *O Candomblé da Bahia (rito nagô)*. São Paulo: Editora Nacional,

_____ (1971). *As religiões africanas no Brasil*, 2 vol. São Paulo: Livraria Pioneira/EDUSP.

BATALHA, Ladislau (1891). *A língua de Angola*. Lisboa/Porto: Companhia Nacional Editora.

BATIBO, Herman (2000). The sounds of Africa: their phonetic characteristics. In: HEINE, Bernd and NURSE, Derek (ed.), *African Languages, an introduction*. U.K.: Cambridge University Press, p 133-199.

BAUMANN, H. e WESTERMANN (1962). *Les peuples et les civilisations de l'Áfrique*. Paris: Payot,

BAXTER, Alan N. (1992). A contribuição das comunidades afro-brasileiras isoladas para o debate sobre a crioulização prévia: um exemplo do estado da Bahia. In: ANDRADE, Ernesto; KIHM, Alain (eds.). *Actas do Colóquio sobre Crioulos de base lexical portuguesa*. Lisboa: Colibri, p. 7-35.

BAXTER, Alan N. (1995). Transmissão geracional irregular na história do português brasileiro – divergências nas vertentes afro-brasileiras. In: *Revista Internacional de Língua Portuguesa* 14, p. 72-90.

_____ (1999). Un paso más hacia la definición del pasado criollo del dialecto afro-brasileño de Helvécia (Bahia). In: ZIMMERMANN, Klaus (ed.): *Lenguas criollas de base lexical española y portuguesa*, Frankfurt am Main: Vervuert/Madrid: Iberoamericana, p. 119-141.

BAXTER, Alan N.; LUCHESI, Dante (1993). Processos de descriuolização no sistema de um dialeto rural brasileiro. In: *Papia* (2) 2, p. 59-71.

BEAUREPAIRE-Rohan (1956[2]). *Dicionário de vocábulos brasileiros.* Salvador: Progresso Editora.

BECHARA, Evanildo (2005). *Gramática da Língua Portuguesa,* 38ª ed. Rio de Janeiro: Nova Fronteira.

BELL, Roger T. (1976). *Sociolinguistics.* Londres: B. T. Batsford Ltd.

BENTLEY, William Holman (1887, Reprinted 1967). *Dictionary and grammar of the Kongo language as poken at San Salvador, the ancient capital of the Kongo Empire, West Africa.* London: Baptist Missionary Society, Farnborough: Gregg.

BESSA-FREIRE, José Ribamar (2004). *Rio Babel:*a história das línguas na Amazônia. Rio de Janeiro: Eduerj.

BIANCARDI, Emília (2000). *Raízes musicais da Bahia. The musical roots of Bahia.* Salvador: Omar G.

BIOBAKU, Shaburi (1957). *The Egba and their neighbours: 1842-1872.* Oxford: Claredon Press.

BISOL, Leda (2010). A simetria do sistema vocálico do português brasileiro. In: *Linguìstica.* Revista de Estudos Linguísticos da Universidade do Porto, Vol.5, p. 41-52.

BLEEK, Wilhelm (1862: Part I; 1869: Part II). *Comparative Grammar of South African Language.* London: Trübner & Co.

BLUTEAU, Raphael (1712-1728). *Vocabulário portuguez e latino,* 10 vols. Coimbra: Collegio das Artes da Companhia de Jesus.

BONVINI, E.; NUNES, J. H.; PETTER, M. (2002). Palavras de origem africana no português do Brasil: do empréstimo à integração [Mots d'origine africaine dans le portugais du Brésil: de l'emprunt à l'intégration].

In: *História do saber lexical e constituição de um léxico brasileiro.* São Paulo: Humanitas, p. 147-162.

BORTONI, Stella Maris (1978). A língua portuguesa no Brasil. In: *Letras de Hoje* 34, p. 71-78.

BOXER, Charles R. (1963). *A idade do ouro no Brasil.* São Paulo: Editora Nacional.

BRAGA, Júlio Santana (1969). Contribuição ao estudo da língua portuguesa no Daomé. In: *Afro-Ásia* 8-9, p. 21-28.

BRANDÃO, Adelino (1968). Contribuições afro-negras ao léxico popular brasileiro. In: *Revista Brasileira de folclore* 21, p. 119-128.

BRANDÃO, Silvia Figueiredo (1991). *A geografia linguística no Brasil,* São Paulo: Ática.

BRASILEIRO, Jeremias (2001). *Congadas de Minas Gerais.* Brasília: Fundação Cultural Palmares.

BUENO, Silveira Bueno (1968). *Grande Dicionário etimológico-prosódico da língua portuguesa.* 2ª tiragem, 6 vol. São Paulo: Edição Saraiva.

_____ (1964). El sustrato indígena y el superestrato africano en el portugués del Brasil. In: *Actas de la primera reunion latinoamericana de Linguistica y Filologia* 1, p. 396-409.

BUTT-THOMPSON, W. (1929). *West African Secret Societies.* London: H.F. and G. Whirthley.

CABRAL, Tomé (1982). *Dicionário de termos e expressões populares.* Fortaleza: Edições UFC.

CABRERA, Lydia (1954). El Monte. La Habana: Ed. CR.

CACCIATORE, Olga Gudolle (1977). *Dicionário de cultos afro-brasileiros,* 3ª ed. revista. Rio de Janeiro: Forense Universitária.

CALVET, Louis-Jean (1974). *Linguistique et colonialisme.* Paris: Payot.

_____ (1993). *La Sociolinguistique.* Paris: Presses Universitaire de France.

CÂMARA JR., Joaquim Mattoso (1967). *Princípios de Linguística geral.* Rio de Janeiro: Liv. Acadêmica.

_____ (1953). *Para o estudo da fonêmica portuguesa.* Rio de Janeiro: Organização Simões.

CANNECATIM, Fr. Bernardo Maria de (1804). *Diccionário da língua bunda ou angolense,* Lisboa: Impressão Régia.

CAPELLO, H.; IVENS, R. (s/d.). *De Angola à Contracosta*, Lisboa: Publicações Europa-América.

CARDIM, Fernão (1939[3]). *Tratados da terra e gente do Brasil*, São Paulo: Companhia Editora Nacional.

CARDOSO, Boaventura (1980). *O fogo da fala*, Lisboa: Edições 70.

CARENO, Mary Francisca do (1997). *Vale do Ribeira: a voz e a vez das comunidades negras*. São Paulo: Arte e Ciências/UNIP.

CARENO, Mary Francisca do (1999). Traços sintáticos do português popular brasileiro usado em comunidades negras rurais. In: ZIMMERMANN, Klaus. (ed.): *Lenguas criollas de base lexical española y portuguesa*, Frankfurt am Main: Vervuert/Madrid: Iberoamericana, p. 503-523.

CARNEIRO, A. J. Souza (1937). *Mitos africanos no Brasil*. Rio de Janeiro: Cia. Ed. Nacional.

CARNEIRO, Edison (1936). A influência africana no português do Brasil. In: *Boletim de Ariel* 5 (6), p. 152-153.

_____ (1944). Vocabulários negros da Bahia. In: *Revista do Arquivo Municipal* XCIX, p.45-62.

_____ (1981[2]). *Religiões negras e negros bantos*. Rio de Janeiro: Editora Civilização Brasileira.

_____ (1951). *A linguagem popular da Bahia*. Rio de Janeiro, s/ed.

_____ (1958). *Candomblés da Bahia*. Salvador: Museu do Estado da Bahia.

_____ (1964). *Ladinos e crioulos; estudos sobre o negro no Brasil*. Rio de Janeiro: Civilização Brasileira (Retratos do Brasil, 28).

CARNEIRO, Souza (1937). *Mitos Africanos no Brasil*. São Paulo: Companhia Editora Nacional (Brasiliana, 103).

CARREIRA, António (1983[2]). *As companhias pombalinas*. Lisboa: Presença.

CARVALHO, José Jorge de Carvalho (1993). *Cantos sagrados do Xangô do Recife*. Brasília: Fundação Palmares.

CARVALHO, Nelly de (1989). *Empréstimos linguísticos*. São Paulo: Ática.

CASCUDO, Luís da Câmara (1965). *Made In: Africa*. Rio de Janeiro. Editora Civilização Brasileira.

_____ (1978 [1951]). *Meleagro: pesquisa do catimbó e notas da magia branca no Brasil,* 2ª ed. Rio de Janeiro: Agir.

_____ (1978). *Dicionário do folclore brasileiro*. Rio de Janeiro: Editora Tecnoprint.

_____ (1984[3]). *Literatura oral no Brasil*. São Paulo: Editora da Universidade de São Paulo.

CASTILHO, Ataliba T. de (2010). *Nova Gramática da língua portuguesa*. São Paulo: Contexto.

CASTRO, Eugênio de (1941). *Ensaios de geografia linguística*, São Paulo: Editora Nacional.

CASTRO, José Ariel de (1981). Fundamentos da história externa do português do Brasil. In: *Zeitschrift für Romanische Philologie* 97, 3/4, p. 383-402.

CASTRO, Yeda Pessoa de (1964). Notícia de uma pesquisa em África. In: *Afro-Ásia* 1, p.25-35.

_____ (1976). *De l'intégration des apports africains dans les parlers de Bahia au Brésil*, 2 vols. Lubumbashi: Université National du Zaire.

_____ (1976). Antropologia e linguística nos estudos afro-brasileiros. In: *Afro-Ásia* 12, p. 211-227.

_____ (1978). *Contos populares da Bahia: aspectos da obra de Silva Campos*.DAC/ Prefeitura Municipal de Salvador

_____ (1980). *Os falares africanos na interação social do Brasil Colônia*. Salvador: Centro de Estudos Baianos, nº 8,

_____ (1981). Língua e nação de candomblé. In: *África* 4, p. 57-77.

_____ (1981). A presença cultural negro-africana no Brasil: mito e realidade. In: CEAO: *Serie Ensaios/ Pesquisas,* nº 10.

_____ (1994). Necessidade de uma linguística afro-brasileira: aspectos metodológicos da investigação. In: *Revista de Universidad de Alcalá de Henares*, España.

_____ (1995). Também mulher, imagem de Deus. In: *Atas do IV Congresso afro-brasileiro* 1, Recife: Editora Massangana, p. 85-89.

_____ (1996). Os aportes africanos no Brasil, vistos de novo. In: GALANO, Ana (ed.): *Linguamar*, Rio de Janeiro: MEC, Funarte, p. 57-65.

_____ (1997). Línguas africanas como objeto de estudo e ensino no Brasil. In: *Lusorama* 34, p. 52-60.

_____ (1998). Línguas africanas: factor de resistencia em la ruta del esclavo. Santiago de Cuba: Del Caribe, 28, p. 71-75.

_____ (2007). E por falar em samba. Rio de Janeiro: *Irohin*, v. 17, p. 32-33.

_____ (2000). A dignidade restaurada de Exu ou o encanto do contador das histórias. In: *Um grapiúna no país do Carnaval*, Salvador: Casa de Jorge Amado/EDFUBA, p. 311-315.

_____ (2002). *A língua mina-jeje no Brasil: um falar africano em Ouro Preto do século XVIII*. Belo Horizonte: Fundação João Pinheiro (Coleção Mineiriana).

_____ (2001/2005). *Falares africanos na Bahia: um vocabulário afro-brasileiro*. 3ª ed. Rio de Janeiro: Academia Brasileira de Letras/ Topbooks Editora.

_____ (2002). A propósito do que dizem os vissungos. In: *Vissungos, cantos afrodescendentes em Minas Gerais*. Belo Horizonte: UFMG.

_____ (2008). Toward a comparative approach of Bantuisms In: Iberoamerica. In: PHAF-REINBERGER, Ineke; PINTO, Tiago de Oliveira (eds.), *Africa Americas. Itineraries;Dialogues and Sounds*. Iberoamericana, Vervuert.

_____ (2015). O protesto no conto do canto do acalanto. In: *Revista da Academia de Letras da Bahia*, nº 53, p. 53-70.

_____ (2017). A invisibilidade das linguas negroafricana no português brasileiro. Revista *Kulambela*, nº 12, Universidade de Moçambique.

_____ *(2019).* A língua banguela, território de identidade negroafricana em Minas Gerais. In: *Alpha* 20, nº 1, p. 121-130.

CAT, Cecil de; DELMUT, Kathrine (2008). *The Bantu Romance Connection. John Benjamins Publishing Company.*

CHIEF DELANO, I.O. (1969). *A Dictionary of Yoruba Monossyllabic Verbs*, 2 vol. University of Ife: Institute of African Studies.

CHATELAIN, Héli (1888-1889). Grammatica *Elementar do Kimbundu ou Lingua de Angola*. Typ. de Charles Schuchardt.

CLEROT, L. F. R. (1959). *Vocabulário de termos populares e gíria da Paraíba* (Estudo de glotologia e semântica paraibana). Rio de Janeiro: Liv. Teixeira.

COBE, Francisco Narciso (2010). *Novo dicionário português kikongo*. Luanda: Mayamba.

COELHO, Virgilio (2010). *Em busca da Kábàsá!, Estudos e reflexões sobre o "Reino" do Ndongo.* Luanda: Kilombelombe.

CONTI, L (1979). A Igreja Católica e o tráfico negreiro. In: *O tráfico de escravos negros sécs. XV-XIX.* Lisboa: Edições 70, p. 335-339.

CORDALLO, Alfredo(19830- *Selected Works by Holly Gayadine.* Trinidad, pb. By the author.

CORNEVIN, Robert (1962). *La République populaire du Bénin: Des origines dahoméennes à nos jours* (French Edition). Paris: Editions Berger-Lebrault. In: Col. Mondes d'Outre-Mer, Série Histoire.

CORREIA LOPES, Edmundo (1945). Os trabalhos de Costa Peixoto e a língua ewe no Brasil. Lisboa: Agência Geral das Colônias, p. 41-67.

COSTA, Francisco Augusto Pereira da (1976[2]). *Vocabulário pernambucano,* Recife: Secretaria de Educação e Cultura.

COSTA, J. Almeida; MELO, A. Sampaio e (1996[7]). *Dicionário da língua portuguesa.* Porto: Porto Editora.

COUTINHO, Afrânio; FARIA, Eduardo de (1986[3]). Formação e desenvolvimento da língua nacional brasileira. In: *A literatura no Brasil*, vol. I. Rio de Janeiro/Niterói: José Olympio Editora e UFF, p. 258-385.

COUTO, Hildo Honório do (1992). Anticrioulo: notas sobre as comunidades de descendentes de escravos. In: *Estudos* 13, p, 91-101.

_____ (1996). *Introdução ao estudo das línguas crioulas e pidgins.* Brasília: Editora UNB.

_____ (1998). Falar Capelinense, um dialeto conservador do interior de Minas Gerias. In: EBERHARD; SCONBERGER (eds.), *Estudos sobre o português brasileiro.* Valentia: Frankfurt am Main, p. 371-392.

CROWTHER, Samuel Ajayi (1852). *A vocabulary of the Yoruba Language.* London: Scheeleyis.

CRYSTAL, David (1997). *Cambridge Encyclopeadia of Language.* Cambridge University Press.

CUNHA, Antônio Geraldo da (1955). A cronologia dos empréstimos. In: *Letras* 4, Curitiba, p. 90-94.

_____ (1987[2]). *Dicionário Etimológico Nova Fronteira da língua portuguesa.* Rio de Janeiro: Nova Fronteira.

CUNHA, Celso (1977[7]). *Língua portuguesa e realidade brasileira.* Rio de Janeiro: Tempo Brasileiro.

_____ (1979). Linguagem e condição social no Brasil. In: *Revista de Letras* 3, Universidade Federal do Ceará, p. 55-78.

_____ (1981). *Língua, nação, alienação*, Rio de Janeiro: Editora Nova Fronteira.

CUNHA, Celso; CINTRA, Luís Filipe Lindley (1985). *Nova gramática do português contemporâneo*. Rio de Janeiro: Nova Fronteira.

D'ALBECA, A.L. (1889). Essai sur les langues jeji et mina parleés au Dahomey et dans les étlablissement. In: *Les étlablissement français dans le Golfe de Bénin*. Paris: Librairie Militaire de L. Baudoin et Cie., Part. II, p. 129-137.

DAELEMAN, Jan (1982). African Origins of Brazilian Black Slaves: Linguistic Criteria. In: *The Mankind Quartely* 23, p. 89-118.

DAELEMAN, Jan (1991-1993). Remarques sur les vestiges de langues africaines dans le portugais du Brésil. In: *Orbis* XXXVI, p. 119-135.

DALGADO, Sebastião Rodolfo (1915-1916). Gonçalves Viana e a lexicologia portuguesa de origem asiática-africana. In: *Boletim da segunda classe da Academia das Ciências de Lisboa* 10, p. 649-811.

DANIEL, V. H. Etaung (2010). *Dicionário português umbundu*. Luanda: Mayamba.

DANTAS, Beatriz Gois (1988). *Vovó Nagô-Papai Branco:*Usos e abusos da África do Brasil. Editora Graal.

DELAFOSSE, Maurice (1894). *Manuel Dahoméen*. Paris: Ernest Leroux Editeur.

DEREAU, Léon (1955). *Cours de kikongo*. Nanur (Belgique):Maison d`´Editions AD. Wesmael Charlier S.A.

DE WOLF, Paul Polydoor (1971) – *The noun class system of Proto-Benue-Congo*. The Hague: Mouton.

DIAS, Jorge (1974). *Os Macondes de Moçambique,* 3 vol. Lisboa: Junta de Investigação do Ultramar.

DIAS, Pedro (1697). *A arte da língua de Angola, oferecida a Virgen Senhora N. do Rosário, Mây e Senhora dos mesmos Pretos.* Lisboa, na Oficina de Miguel Deslandes, Impressor de Sua Magestade. Com todas as licenças necessárias..

DORNAS FILHO, João (1938). Vocabulário quimbundo. In: *Revista do Arquivo Municipal de São Paulo* V, XLIX, p. 143-150.

DUFFY, James (1961). *Portuguese Africa.* Massachussets: Harvard University Press.

EDELWEISS, Frederico G. (1969). *Estudos tupis e tupi-guaranis.* Rio de Janeiro: Livraria Brasiliana Editora.

EDUARDO, Octávio da Costa (1948). *The Negro In: Northern Brazil: a study In: acculturation.* New York: J. Augustin Publisher.

ELIA, Sílvio (1979). *A unidade linguística do Brasil.* Rio de Janeiro: Padrão Livraria Editora.

ELIS, Cel.Alfred Burton (1890). *The Ewe-speaking Peoples of the Slave Coast of West Africa.* London, Kessinger Publishing.

EXPILLY, Charles (1865). *La traite, l'imigration et la colonisation au Brésil.* Paris: A. Lacroix, Verboeckhovenet Cie Editeurs.

FEERNANDES, João; NTONDO, Zavoni (2002). *Angola: povos e línguas.* Luanda: Nzila.

FERREIRA, Américo (1960). A presença do afro-negro na língua portuguesa. In: *Portugal em África,* n. especial 100-105, p. 168-178.

FERREIRA, Aurélio Buarque de Holanda (1999). *Novo Aurélio. Século XXI. O dicionário da língua portuguesa,* Rio de Janeiro: Editora Nova Fronteira.

FERREIRA, Carlota da Silveira (1987). *Atlas linguístico de Sergipe.* Salvador, UFBA: Instituto de Letras/Fundação Estadual de Cultura de Sergipe.

FERREIRA, Carlota da Silveira et alii. (1985). Remanescente de um falar crioulo brasileiro (Helvécia-Bahia). In: *Revista lusitana* n.5, p. 21-34. Reeditado em 1988 em Diversidade do português do Brasil. In: *Estudos de dialectologia rural e outros,* Salvador: Centro Editorial e Didático da UFBA, p. 21-32.

FERREIRA, Luis (1997). *Los Tambores del Candombe.* Montevideo: Ediciones Colihue-Sepé.

FERREIRA, Marlenisio (s/d). *Kalunga, a língua secreta dos escravos.*São Paulo: Prefeitura de Patrocínio.

FERRETTI, Mundicarmo (2001). *Encantaria de "Barba Soeira".* Codó, capital da magia negra? São Paulo: Editora Siciliano.

_____ (1994). *Terra de caboclo.* São Luís: SECMA.

_____ (1993). *Desceu na guma.* São Luís: SIOGE.

FERRETTI, Sérgio Figueiredo (1996). *Querebetã de Zomadônu; etnografia da Casa das Minas do Maranhão.* São Luís: EDUFMA,

554

FIGUEIRA, Luis (1687). *Gramática da língua brasílica*, Lisboa: Officina de Miguel Deslandes.

FISCHER, Luís Augusto (2010). *Dicionário de Porto-Alegrês*, 14ª ed. revista e aumentada. Porto Alegre, RS; L&PM Editores.

FONSECA JUNIOR, Eduardo (1995). *Dicionário antológico da cultura afro-brasileira*. São Paulo: Maltese.

FREITAS, Henrique. (2016). *O arco e a arkhé: ensaios sobre literatura e cultura*. Salvador: Ogum's Toques Negros.

FREYRE, Gilberto (1962). Acontece que são baianos. In: *Problemas Brasileiros de Antropologia*, 3ª ed. Rio de Janeiro: José Olympio Ed., p. 263-313.

_____ (1984[33]). *Casa Grande e Senzala*, Rio de Janeiro: Livraria José Olympio Editora.

_____ (1936/ 2003). *Sobrados e mucambos*. Rio de Janeiro: Liv Global.

GADELHA, Marcus (2007). *Dicionário de cearês*, 5ª ed. Fortaleza: RDS Editora.

GALLAND, Henri (1914). *Lexique Français-Kikongo*. Bordeaux.

GARCIA, Rodolfo (1934). Vocabulario nagô. In: *Estudos afro-brasileiros* 1, Rio de Janeiro: Ariel, p. 21-27.

GÄRTNER, Eberhard (1996). Particularidades morfossintáticas do português de Angola e Moçambique. In: *Confluência,* nº 12, p. 27-59.

GÄRTNER, Eberhard (1998). Elementos do *substandard* na linguagem falada culta. In: GROSSE, Sybille / ZIMMERMANN, Klaus (eds.), *Substandard e mudança no Brasil*. Frankfurt am Main: TFM, p. 431- 462.

GIESE, Wilhelm (1932). Notas sobre a fala dos negros em Lisboa no princípio do século XVI. In: *Revista lusitana* 30, p.251-257.

GNERRE, Maurizio (1981). O corpus dos Vissungos de São João da Chapada (MG). In: *Anais do 5° ENL*, Rio de Janeiro: Pontifícia Universidade Católica do Rio de Janeiro, p.155-171.

GONÇALVES, Eugênia Dias (1995). *Vocabulário dos Tata n'Ganga Mukice da Irmandade de N.S. do Rosário do bairro Jatobá, Belo Horizonte, Minas Gerais*. Belo Horizonte: FAFI/FUNDAC-BH.

GONÇALVES, Pepétua (1985). Situação actual da língua portuguesa em Moçambique. In: *Congresso sobre a situação actual da língua portuguesa no mundo*. Actas, Vol.I, Lisboa, ICLP, p. 243-251.

_____ (1987). Papel das línguas bantu na génese do português de Moçambique: o comportamento sintáctico de constituintes locativos e direcionais (em colaboração com Feliciano Chimbutane). *Papia*, 14: p. 7-30.

GÖRER, Geoffrey.(1949). *African dances, a book about West African negros.* London: John Lehmann.

GOSSWEILER, John (1953). *Nomes indígenas de plantas de Angola,* Separata de *Agronomia Lusitana* 7, Luanda.

GOULART, Alípio (1971). *Da palmatória ao patíbulo: castigos de escravos no Brasil.* Rio de Janeiro: Conquistas / INL.

_____ (1972). *Da fuga ao suicídio: aspectos de rebeldia de escravos no Brasil.* Rio de Janeiro: Conquistas / INL.

GOULART, Maurício (1949). *Escravidão africana no Brasil. das origens à extinção do tráfico.* São Paulo: Livraria Martins Editora.

GOULART, Maurício (1975[3]). *A Idade do Ouro no Brasil.* São Paulo: Editora Alfa-Omega.

GREEN, Lisa J. (2002). *African American English: a linguistic introduction).* The Press Syndicate of The University of Cambridge.

GREENBERG, Joseph (1966). *The languages of Africa.* Bloomington: Indiana University.

GRIMES, Barbara F. (1996). *Ethnologue-Languages of the World.* Dallas (Texas): Summer Institute of Linguistics.

GUENNEC, Grégoire Le; VALENTE, José Francisco (1972). *Dicionário português – umbundo.* Angola: Instituto de Investigação Científica de Angola.

COUTO, Jorge (1997[2]). *A construção do Brasil.* Lisboa: Cosmos.

GURAN, Milton (1999). *Agudás: Os brasileiros do Benim.* Rio de Janeiro: Nova Fronteira.

GURGEL, J. B. Serra e (1996[4]). *Dicionário de gíria. Modismo linguístico. O equipamento falado no Brasil.* Brasília: GV Gráfica Valci Editora Ltda.

GÜTHRIE, Malcom (1948). *The classification of the Bantu Languages.*London: Oxford University Press.

_____ (1953). *The Bantu Language of Western Equatorial Africa.* London: Oxford University Press.

GUY, Gregory (1981). *Linguistic Variation In: Brazilian Portuguese. Aspect of the Phonology, Syntax and Language History.* Universidade da Pensilvânia, Tese de Doutorado.

_____ (1989). On the Nature and Origins of Popular Brazilian Portuguese. In: *Estudios sobre el español de América y Lingüística afroamericana.* Santafé de Bogotá: Instituto Cara y Cuervo, p. 227-245.

HAENSCH, Günter; WERNER, Reinhold (2000). *Diccionario del español de Argentina.* Madrid: Gredos.

_____ (2000). *Diccionario del español de Cuba*, Madrid: Gredos.

HAUGEN, Einar (1950. Reprint,1964). The analysis of linguistic borrowing. In: *Language* 26, p. 210-232.

HAZOUMÉ, Paul (1956) - *Le pacte de sang au Dahomey.* Paris: Institut D´Etnologie/ Université de Paris.

HEINE, Bernd e NURSE, Derek (Ed.) (2000). *African Languages, an introduction.* U.K.: Cambridge University Press.

HENCKEL, Rosa Cunha (2005). *Tráfego de palavras:* africanismos de origem banto na obra de José Lins do Rego. Recife: Massangana.

HERSKOVITS, J. Melville e Frances (1958). *Dahomean Narrative.* U.S.A: Norhtwestern University Press.

HERSKOVITS, M. (1937). *Life In: a Haitian Valley.* New York: A.A. Knopf.

_____ (1938). *Dahomey, an ancient West-African Kingdom*, 2 vol. New York: J.J. Augustin.

HOLM, John (1987). Creole Influence on Popular Brazilian Portuguese. In: GILBERT, Glenn C. (ed.): *Pidgin and Creole Languages.* Essays In: Memory of John E. Reinecke, Honolulu: University of Hawaii Press, p. 406-429.

_____ (1991). Popular Brazilian Portuguese; a Semi-creole. In: D'ANDRADE, Ernesto / KIHM, Alain (eds.): *Atas do Colóquio sobre crioulos de base lexical portuguesa*, Lisboa: Colibri, p. 37-66.

_____ (1994). A semi-crioulização do português vernáculo do Brasil: evidência de contacto nas expressões idiomáticas. In: *Papia* nº 3 (2), p. 51-61.

HOUAISS, Antônio (1985). *O português no Brasil.* Rio de Janeiro: UNIBRADE.

_____ (2001). *Dicionário Houaiss da língua portuguesa.* Rio de Janeiro: Objetiva.

IDOWU, Gideon Babalola (1990). *Uma abordagem moderna ao yorubá (nagô).* Porto Alegre: Palmarinca.

I.LA.LOK (2008). *Dictionnaire Vili-Français.* Paris: L"Harmatan.

INALD (1980). *Histórico sobre a criação dos alfabetos em línguas nacionais.* Luanda: INSTITUIRO NACIONAL DO LIVRO E DO DISCO.

JAKOBSON, Roman (1946). *Linguística e comunicação,* 2ª ed. revista. São Paulo: Cultrix Ltda.

JOHNSON, S. A. (1969). *The History of the Yorubas.* Lagos, Nigéria: C.M.S. Bookshops.

KI-ZERBO, J. (1972). *História geral da África I.* Metodologia e pré-história. São Paulo: Ática.

KUBIK, Gerhard (1981). Extensionen afrikanischer Kulturen In: Brasilien. In: *Wiener ethnohistorische Blätter* nº 21. Wien: Institut für Völkerkunde der Universität Wien, p. 3-75.

_____ (s/d). *Angola In: the Black Cultural Expressions of Brazil.* Diasporic African Press.

KUKANDA, Vatomene (1983). *L'Emprunt français en lingála de Kinshasa.* TBL 204, Tübingen: Günter Narr Verlag.

KUNZIKA, Emanuel (2008). *Dicionário de provérbios Kikongo: traduzidos e explicados em português, francês e inglês.* Luanda, Angola: Editorial Nzila.

KRÖGER, Oliver (2006). *Algumas notas gramaticais sobre a língua Emakhuwa.* Mampula: SIL.

LABOV, William (1975). *Sociolinguistic pattern.* Philladelphia: Pensylvania University Press.

LAMAN, Karl (1936). *Dictionnaire Kikongo-Français,* 2 vol. Bruxelas: Libraire Van Campembe.

LARI, Nivaldo (1992). *Dicionário de baianês,* 2ª ed. Revista e Aumentada. Salvador: Empresa Gráfica da Bahia.

LAW, Robin (1997). *The Kingdom of Allada.* Leiden: School of Asian, Afican and Ameridian Studies.

LAYTANO, Dante de (1936). *Os africanismos no dialeto gaúcho,* Porto Alegre: Oficina livraria do Globo. [Também no mesmo ano em: *Revista do Instituto Histórico e Geográfico do Rio Grande do Sul* XVI, p. 167-226.]

LEÃO, Ângela Vaz (1980). Formação da língua literária brasileira: séc. XIX. In: *Revista do Instituto de Estudos Brasileiros* nº 22, p. 77-95.

LEITE, Serafim (1947). Padre Dias, autor da 'Arte da língua de Angola', apóstolo dos negros no Brasil. In: *África* IV, nº 2, p. 9-11.

LEMLE, M; NARO, A. J. (1977). *Competências básicas do português*. Rio de-Janriro: MOBRAL/ Fundação Ford.

LESSA, L.C. (1976). *O modernismo brasileiro e a língua portuguesa*.Rio de Janeiro: Grifo.

LIMA, Ivana Stolze (2014). Práticas e fronteiras: africanos, descendentes e língua nacional no Rio de Janeiro. In: LIMA, Ivana Stolze e CARMO, Laura do, *História Social da Língua Nacional*, 2. Rio de Janeiro: NAU Editora.

LIMA, Mesquitela (1988). *Os Kyaka de Angola*. Lisboa: Edições Távola Redonda.

LIMA, Vivaldo da Costa (1966). O conceito de nação nos candomblés da Bahia. In Afiro-Ásia nº 12. Salvador: Centro de Estudos Afro-Orientais/UFBA, p. 65-90.

_____ (2003). *A família de santo nos candomblés jeje-nagôs da Bahia: um estudo de relações intragrupais*. Salvador: Editora. Corrupio.

LOPES, Helena Theodoro / NASCIMENTO, Maria Beatriz / SIQUEIRA, José Jorge (1987). *Negro e cultura no Brasil*. Rio de Janeiro: Pequena enciclopédia da cultura brasileira/ UNIBRADE.

LOPES, Ilídio da Silva (1940). Das modificações morfológicas dos vocábulos angolanos na sua adaptação à fonética e grafias portuguesas. In: *Congresso do Mundo Português* XIV, Lisboa, p. 381-412.

LOPES, Nei (1993-1995). *Dicionário banto do Brasil*, Rio de Janeiro: Prefeitura do Rio de Janeiro.

LÓPEZ, Laura Àlvarez (2004). *A língua de Camões com Iemanjá. Forma e funções da linguagem do candomblé*. Stockolms Universitet.

LUCAS, Ven. J. Olumide (1964). *Yoruba Language*. Printed by Ori ki GBe Press: Lagos,Nigéria

LUCCHESI, Dante (1999). A variação na concordância de gênero em dialetos despidginizantes e descrioulizantes no português do Brasil. In: ZIMMERMANN, Klaus (ed.): *Lenguas criollas de base lexical española y portuguesa*, Frankfurt am Main: Vervuert/Madrid: Iberoamericana, p. 477-502.

LUCCHESI, Dante; Baxter, Alan; RIBEIRO, Ilza (2009). *O Português Afrobrasileiro*. Salvador: EDUFBA.

MACÊDO, Tania (1992). O preto e a literatura de José Luandino Vieira. In: *Alfa* n° 36, p. 171-176.

MACHADO Filho, Aires da Mata (1964[2]). *O negro e o garimpo em Minas Gerais*. Rio de Janeiro: Editora Civilização Brasileira.

MACHADO, João Batista (1999). *Codó, histórias do fundo do baú*. São Luís, FACT / UEMA.

MACHADO, Ubiratan (org.) (2010). *Aluisio Azevedo, melhores contos*. Ed. Global.

MAESTRI FILHO, Mário José (1984). *O escravo gaúcho*. Porto Alegre: Editora da Universidade

MAIOR, Mário Souto (1992[6]). *Dicionário do palavrão e de termos afins*. Rio de Janeiro: Editora Record.

MALINOWISKI, Bronislaw (1946). The Problem of Meaning In: Primitive Languages. In: OGDEN, C. K.; RICHARDS, I. A. *The Meaning of Meaning*: A Study of the influence of Language upon Thought and of the Science of Symbolism. Eighth edition. New York: Harcourt, Brace & World, Inc., p. 296-336.

MARQUES, Irene Guerra (1985). Algumas considerações sobre a problemática linguística em Angola. In: *Congresso sobre a situação actual da língua portuguesa no mundo. Actas*. Vol.1, Lisboa, ICLP, p. 205-223.

MARROQUIM, Mario (1934). *A língua do Nordeste (Alagoas e Pernambuco)*. São Paulo: Editora Nacional.

MARTINET, A. (1965). *Éléments de Linguistique Générale*. Paris: Librairie Armand Colin.

MARTINS, Leda Maria (1997). *Afrografias da memória. O Reinado do Rosário no Jatobá*. São Paulo/Belo Horizonte: Editora Perspectiva e Mazza Edições.

MARTINS, Roberto (1963). Les langues au Brésil pendant le seizième siécle. In: *Orbis* n. 12, p. 221-225.

MARTINS, Tarcísio José (2008). *Quilombo do Campo Grande: a História de Minas que se devolve ao povo*. Contagem: Santa Clara Editora.

MATHIEU, Nicolás del (1982). Esclavos negros en Cartagena y sus aportes léxicos. In: *Publicaciones del Instituto Cara e Cuervo*, Bogotá, p. 220-224.

MATORY, J. Lorand (1999). Jeje: repensando nações e transnacionalismo. In: MANA n.5 (1), p. 57-80. Rio de Janeiro: PPGAS/ Museu Nacional/ UFRJ.

MATOS, Pe. Alexande Valente de (1974). *Dicionário português-macua*. Linboa: Junta de Investigação de Ultramar.

MATTOS E SILVA, Rosa Virginia (1991) - *O português arcaico: fonologia*. São Paulo/Bahia: Contexto/ EDUFBA.

_____ (1993). *O português arcaico:morfologia e sintaxe*. São Paulo: Contexto.

_____ (1988). Um leitura da carta 99 do Atlas Prévio dos Falares Baianos. In: FERREIRA, Carlota (et alii) *Diversidade do português do Brasil: estudos de dialectologia*. Salvador: PROED/ UFBA, p. 53-66.

MATTOSO, Kátia (1990- *Ser escravo no Brasil,* 3ª ed. São Paulo: Brasiliense.

MAURO, Frédéric (1960). *Le Portugal et l'Atlantique au XVII sècle* (1570-1670). Paris: Sevpen.

MAY, Carlyle (l964). A survey of glossolalia and related phenomena In: non-christian religions. In: *American Anthropologist* nº 58, p. 75-96.

M'BOKOLO, Elikia (2009). *África Negra:* história e civilizações, 2 Tomos. Salvador: EDUFBA; São Paulo: Casa das África.

MCEVEDY, Colin, (1980)– *The Penguin Atlas of African History*. England: Penguin Books.

MEEUSSEN, A.E. (1967). *Bantu grammatical reconstructions*. Africana Linguistica, Tervuren, v. 61, n. 3, p. 79-121.

MEGENNEY, William W. (1978). *A Bahian Heritage. An Ethnolinguistic Study of African Influences on Bahian Portuguese*. Chapel Hill: Department of Romance Languages, University of North Carolina.

MEGENNEY, William W.; MELLO, Heliana R. de; BAXTER, Alan N.; HOLM, John (1998). O português vernáculo no Brasil. In: PERL, Matthias; SCHWEGLER, Armin (eds.): *América negra: panorámica actual de los estudios lingüísticos sobre variedades hispanas, portuguesas y criollas.* Frankfurt am Main: Vervuert/Madrid: Iberoamericana, p. 75-92.

MEILLET, A. (1948). *Linguistique historique*. Paris: Honoré Champion.

MEINHOF, Karl (1932). *Introduction to the phonology of the Bantu Languages*. Berlin: Reimer.

MEIRELES, Mário Martins (1983). *Os negros do Maranhão*. São Luís: UFMA.

MELLO E SOUZA, Laura (1982). *Desclassificados do Ouro*. A Probeza Mineira no Séc. XVIII. Rio de Janeiro: Edições Graal.

MELLO, Heliana Ribeiro de (1999). Contato linguístico na formação do português vernáculo do Brasil. In: ZIMMERMANN, Klaus (ed.), *Lenguas criollas de base lexical española y portuguesa*. Frankfurt am Main: Vervuert/Madrid: Iberoamericana, p. 525-538.

MELO, Gladstone Chaves de (1946). *A língua do Brasil*. São Paulo: Agir Editora.

MENDES, Beatriz Correia (1985). *Contributo para o estudo da língua portuguesa em Angola*. Lisboa: Publicações do Instituto de Linguística da Faculdade de Letras de Lisboa.

MENDONÇA, Renato (1935). *A influência africana no português do Brasil*. 2a ed. São Paulo, Editora Nacional.

_____ (1935). O negro no folklore e na literatura do Brasil. In: *Estudos afro-brasileiros* 1, Rio de Janeiro: Ariel, p. 16-32.

_____ (1936). *O português do Brasil*. Origens, evolução, tendências. Rio de Janeiro: Civilização Brasileira, (Brasiliana, Série 5ª, nº 46).

_____ (1973[4]). *A influência africana no português do Brasil*, Rio de Janeiro: Civ. Brasileira.

MENENDEZ, Ivonne y MILLET, José (1996). Glosario mínimo del VODÚ. In: Signos nº 43. Cuba:Vila Clara, p. 69-89.

MENESES, Inácio de (1949). *Flora da Bahia*. Rio de Janeiro: Editora. Nacional, (Brasiliana, Série 5ª, nº 264.

MESSNER, Dieter (1990). *História do léxico português*. Heidelberg: Universitätsverlag Carl Winter.

METRAUX, Alfred (1957). *Haiti, la terre, les hommes et les dieux*. Neuchâtel,- Suisse: Éditions de la Baconnière.

NGUNGA, Armindo (2004). *Introdução à Linguística Bantu*. Imprensa Universitária: Universidade Eduardo Mondlane.

METRAUX, Alfred (1958). *Le voudou haïtien*. Paris: Librairie Gallimard.

MICHAELIS (1998). *Moderno dicionário da língua portuguesa*, São Paulo: Companhia Melhoramentos.

MINGAS, Amélia (1998). O Português em Angola, Reflexões. In: *VIII Encontro da Associação das Universidades de Língua Portuguesa*. Vol. 1, Macau, Centro Cultural da Universidade de Macau, p. 109-126.

_____ (2000). *Interferência do kimbundu no português falado em Lwanda*, Porto: Campo das Letras.

_____ (2010). A Língua como Factor de Identidade e de Identização.In COSTA, Edil Silva; LOPES, Norma Silva; CASTRO, Yeda Pessoa de (org.). II SIALA. Salvador: UNEB.

MOLLICA, Maria Cecília (1994). Rediscutindo a base crioula do português do Brasil. In: *Papia* 0 (3) 2, p. 110-115.

MONTEIRO, Antonio (1987). *Notas sobre negros malês na Bahia*. Salvador: Ianamá.

MORAIS SILVA, Antônio de (1949-59[10]). *Diccionário da língua portuguesa*. Lisboa: Confluência.

MOTT, Luiz. (1993). *Rosa egpicíaca. Uma santa africana no Brasil*. Rio de Janeiro: Bertrand Brasil.

MOURA, Clóvis (1977). *O Negro, de bom escravo a mau cidadão?* Rio de Janeiro: Conquista.

_____ (1981). *Rebeliões da senzala*. São Paulo, Ciências Humanas.

_____ (1989[2]). *História do negro brasileiro*. São Paulo: Ática.

_____ (2004). *Dicionário da escravidão negra no Brasil*. São Paulo; EDUSP.

MUKUNA, Kazadi wa (2000). *Contribuição bantu à música popular brasileira*. São Paulo: USP/CESA.

MUSSA, Alberto Baeta Neves (1991): *O papel das línguas africanas na história do português do Brasil*, Dissertação de Mestrado/UFRJ/Rio de Janeiro.

NARO, Anthony Julius / SCHERRE, Maria Marta (2007). A*s origens do português brasileiro*. São Paulo: Parábola Editorial.

NASCENTES, Antenor (1959). *O linguajar carioca*. Rio de Janeiro: Organizações Simões.

_____ (1966). *Dicionário etimológico resumido*. Rio de Janeiro: Instituto Nacional do Livro/ MEC.

NEIVA, Arthur (1940). *Estudos da língua nacional*. São Paulo: Editora Nacional (Brasiliana, Série 5, 178).

NOBRE, Eduardo (2000). *Dicionário de calão*, 2ª ed. Lisboa: Publicações Dom Quixote.

NOGUEIRA, Rodrigo de Sá (I960). *Dicionário ronga-português*. Lisboa: Junta de Investigação de Ultramar.

NGUNGA, Armindo (2004). *Introdução à Linguística Bantu*. Maputo: Imprensa Universitária: Universidade Eduardo Mondlaine.

NOLL,Volker (2004). A formação do português do Brasil. In: *O português do Brasil. Perspectivas da pesquisa atual*. Iberoamericana, Vervuert, p. 11-26.

NTONDO, Zavoni (2002). *Fonologia e morfologia do Shikwanyama*. Luanda: Mayamba Editora.

NUNES, A.J. (2002). *Memórias da Bahia*. Salvador: Museu EugênioTeixeira Leal.

OBENGA, M. (1985). *Les Bantu. Langues, Peuples et Civilisation*. Paris: Présence Africaine.

OBESO, Rutsely Simarra; REYES, Regina Miranda; TEJEDOR, Juana Pérez (2008). *Lengua ri Palenge*. Cartagena,Colombia: Casa Editorial.

OBRAS DE GIL VICENTE (1965). Porto: Lello & Irmãos, 1965.

O ROSÁRIO DO PRETO VELHO (Preces, pontos e orações) (1967). Rio de Janeiro: Editora ECO.

OLIVEIRA, Mário António Fernandes de (1987). Quimbundismos no português literário do século XVIII nas áreas angolanas e brasileiras. In: *Actas do congresso sobre a situação actual da língua portuguesa no mundo* II, Lisboa, p. 273-291.

OTT, Carlos (1955). *Formação e evolução étnica da cidade do Salvador*, 2 vol. Salvador: Prefeitura Municipal de Salvador.

PARRINDER, E.G. (1956). *The Story of Ketu, na Ancient Yoruba Kingdom*. Ibadan University Press.

PEIXOTO. Afrânio (1930). Obras de Gregório de Matos. Rio de Janeiro: Academia Brasileira de Letras

PEIXOTO, Antônio da Costa (1945 [1771]). *Obra nova da língua geral de Mina*. Lisboa: Agência Geral das Colônias.

PIERSON, Donald (1971). *Brancos e pretos na Bahia* (estudo de contacto racial). São Paulo: Companhia Editora Nacional.

PEREIRA, Eduardo Carlos (1993). *Gramática histórica*, 8ª ed. São Paulo. Editora Nacional, p. 192-194

PEREIRA, Edmilson de Almeida (2007). *Malungos na escola*. São Pulo: Paulinas.

PEREIRA, Ianá Souza (2010). *Axé-axé: o megafenômeno baiano*. In: *Revista África e Africanidades*. Rio de Janeiro, ano 2, nº 8, fev. p. 3.

PÉRET, Benjamim (2002) - *O quilombo dos Palmares*. PONGE, Robert e MAESTRI, Mario (Org.). Porto Alegre: Editora UFGRS.

PESSOA, Marlos de Barros (1995). Atitudes e estereótipos linguísticos de senhores em relação à fala de escravos em jornais brasileiros do século XIX. In: *Actas do 4° Congresso da Associação Internacional de Lusitanistas*, Hamburgo, p. 215-220.

PETTER, Margarida Taddoni (1999). A linguagem do cafundó: crioulo ou anticrioulo. In: ZIMMERMANN, Klaus (ed.). *Lenguas criollas de base lexical española y portuguesa*. Frankfurt am Main: Vervuert/ Madrid: Iberoamericana, p. 101-117.

PIKE, Kenneth (1966). *Tone Languages*. Michigan: University of Michigan Press.

PINTO, Altair (1971). *Dicionário da umbanda,* Contendo o maior número de palavras usadas na umbanda, no candomblé e nos cultos afro-brasileiros. Anexo: pequeno vocabulário da língua yoruba. Rio de Janeiro: Ed. Eco.

PINTO-BULL, Benjamin (1974). Les apports linguistiques du Kimbundu au Brésilien. In: *Colloque Négritude et Amérique Latine*, Dakar, p. 7-12.

PORTUGAL, F. (1985). *Yoruba. A língua dos orixás*. Rio de Janeiro: Pallas.

PÓVOAS, Ruy do Carmo (1989). *A linguagem do candomblé: níveis sociolinguísticos de integração afro-portuguesa*. Dissertação de Mestrado em Letras, UFRJ/Rio de Janeiro.

PRANDI, Reginaldo (2001). *Mitologia dos orixás*. São Paulo: Companhia das Letras.

PRETI, Dino (1982[4]- *Sociolinguística*. Os níveis de fala. São Paulo: Companhia Editora Nacional.

QUEIROZ, Sônia Maria de (1985). *A língua do negro da costa*. Um remanescente africano em Bom Despacho (MG). Belo Horizonte: Faculdade de Letras da UFMG. Dissertação de Mestrado.

_____ (1998). *Pé preto no barro branco*. A língua dos negros de Tabatinga, Belo Horizonte: EDUFMG.

QUINTÃO, José Luiz (1934). *Gramática do kimbundo*, Lisboa: Edições Descobrimentos.

RAIMUNDO, Jacques (1933). *O elemento afro-negro na língua portuguesa*, Rio de Janeiro: Renascença Editora.

RAMOS, Arthur (1951). *O negro brasileiro – Etnografia religiosa*. São Paulo: Cia. Editora Nacional.

_____ (1934). *O negro brasileiro*. Rio de Janeiro: Civilização Brasileira.

_____ (1954[2]). *O Folclore negro no Brasil*. Rio de Janeiro: Livraria Editora Casa do Estudante do Brasil.

_____ (1979[3]). *As culturas negras no Novo Mundo*. São Paulo: Companhia Editora Nacional /INL/MEC.

RAPOSO DE MEDEIROS, Beatriz (2007). Vogais nasais do português brasileiro: reflexões preliminares. *Revista de Letras:* v. 72, p. 165-188.

RASSINOUX, Jean (2000). *Dictionnaire Fon-Français*. Madrid: Societé des Missions Africaines.

RAYMUNDO, Jacques (1933). *O elemento afro-negro na língua portuguesa*. Rio de Janeiro: Renascença Editora.

_____ (1936). *O negro brasileiro e outros estudos*. Rio de Janeiro: Record.

REDINHA, José. (1975). *Etnias e Culturas de Angola*. Luanda: Instituto de Investigação Científica de Angola.

REIS, João (1988). *Rebelião escrava no Brasil: a história do levante dos malês (1835)*. São Paulo: Editora Brasiliense.

REINECKE, John Ernest (1972). *Marginal Language: a sociological survey of trade jargons and creoles dialects.*Michigan: Ann Arbor Editor

RÉVAH, Israel Salvador(1963). La question des substrats et superstrats dans le domaine linguistique brésilien. In: *Romania* n° 4, p. 433-450.

RIBAS, Oscar (1964). Influência do quimbundo sobre o português falado no Brasil. In: *Boletim Cultural da Câmara Municipal de Luanda* n° 2, p. 9-12.

_____ (2009). *Dicionário de regionalismos angolanos*. Luanda: Ministério da Cultura.

RIBEIRO, João (1979). Antiguidade dos brasileirismos. In: *A língua nacional e outros estudos linguísticos*. Petrópolis: Vozes.

_____ (1906[3]). *Diccionário gramatical*. Rio de Janeiro: Publicação da Biblioteca Nacional.

RIBEIRO, José et alii. (1977). *Esboço de um atlas linguístico de Minas Gerais 1*. Rio de Janeiro: MEC/Fundação Casa de Ruy Barbosa/Universidade Federal de Juiz de Fora.

RIBEIRO, René (1948-1949)p- O negro em Pernambuco. In: *Revista do Instituto Arqueológico, Histórico e Geográfico Pernambucano* n.42, p.7-25.

RISÉRIO, Antonio (2014). *Uma história da cidade de Salvador.* Rio de Janeiro: Varsal.

RIVIERE, Claude (1981). *Ahthropologie religieuse des Évés du Togo.* Lomé: Les Nouvelles Éditions Africaines.

ROCHA, Jofre (1989). *Estórias do Musseque.* São Paulo: Ática.

RODRIGUES, Aryon Dall'Igna (1996). As línguas gerais sulamericanas. In: PAPIA nº 4-2, p. 6-18.

RODRIGUES, José Honório (1983). A vitória da língua portuguesa no Brasil Colonial. In: *Humanidades* nº 1-4, p. 21-41.

RODRIGUES, Nina (1945). *Os africanos no Brasil,* 3ª ed. Rio de Janeiro: Editora. Nacional (Brasiliana, Série nº 5).

ROMERO, Sílvio (1977[2]). *Estudos sobre a poesia popular do Brasil.* Petrópolis: Editora Vozes.

RONGIER, Jacques (1995). *Dictionnaire français-évé.* Paris: ACCT et Karthala.

ROSSI, Nelson (1964). *Atlas prévio dos falares baianos.* Rio de Janeiro: MEC/ INL.

_____ (1980). Um mal disfarçado traço de continuidade linguístico-cultural. In: *Romanica Europaea et Americana.* Festschrift für Harri Meier. BORK, H. D.; GREIVE, A.; WOLL, D. (Ed.). Bonn: Bouvier Verlag Herbert Grundmann, p. 485-492.

RUGENDAS, João Mauricio (1982). *Viagem pitoresca através do Brasil.* 2ª ed. São Paulo: Livraria Martins.

SALLES, Vicente (1971). *O negro no Pará.* Rio de Janeiro: Fundação Getúlio Vargas/ Universidade Federal do Pará.

SAMARIN, W. (1971). Survey of bantu ideophones. In: *African Language Srudies* 12, p. 25-37.

SAMPAIO, Theodoro (1901). *O tupi na geografia nacional,* São Paulo: Nacional.

SANDMANN, Antônio (1992). *Morfologia lexical.* São Paulo: Contexto.

SANTOS, João de Almeida (1966). *Contribuição para a bibliografia das línguas "bantu" de Angola,* Separata do Boletim Internacional de Bibliografia Luso-Brasileira nº 7-3. Lisboa: Fundação Calouste Gulbenkian.

SANTOS, Jocélio Teles dos (1995). *O dono da terra: o caboclo nos candomblés da Bahia.* Salvador: Sarah Letras.

SANTOS, Stella Azevedo (2007). *OWE Provérbios*. Salvador: Ed. da Autora.

SÃO PAULO, Fernando (1936). *Linguagem Médica popular no Brasil*, 2 vol. Rio de Janeiro: Barreto e Cia.

SEGUROLA, R.P.B.(1964). *Dictionnaire fon-français*, 2 vol. Cotonou: Procure de l'Archidiocèse,

SETAS, Antonio (2007). *História do Reino do Kongo*. Luanda: Mayamba Editora.

SHAPERA, Isaac (1930). *The Khoisan Peoples of South Africa: Bushmen and Hottentots*. London: Routledge & Kegan Paul.

SCISÍNIO, Alaor Eduardo (1997). *Dicionário da Escravidão*. Rio de Janeiro: Léo Christiano Editorial Ltda.

SCOTT, D. C.; HETHERWICK, A. (1929). *Dictionary of the Nyanja Language*, London: The Religious Tract Society.

SEGUROLA, R.P.B. (1963). *Dictionnaire fon-français*, 2 vols. Cotonou: Procure de l'Archidiocèse.

SELJAM, Zora (1978). *No Brasil ainda tem gente da minha cor?* Salvador: DAC/ Prefeitura Municipal.

SENNA, Nelson de (1921). Africanismos no Brasil. In: *Revista de língua portuguesa* nº 12, p. 159-163.

_____ (1938). *Africanos no Brasil*. Belo Horizonte: Officinas Graphicas Queiroz Breyner Limitada.

SENNA, Ronaldo de Salles (1988). *Jarê: uma face dos candomblés: manifestação religiosa na Chapada Diamantina*. Feira de Santana: UEFS.

SERRÃO, Joel (1963). *Dicionário da História de Portugal*. Rio de Janeiro: Iniciativas Editoriais.

SILVA, Alberto da Costa (1999). *A enxada e a lança. A África antes dos portugueses*. Rio de Janeiro/ São Paulo: Editora Nova Fronteira / EDUSP.

_____ (2002). *A manilha e o libambo: a África e a escravidão de 1500 a 1700*. Rio de Janeiro: Nova Fronteira / Fundação Biblioteca Nacional.

_____ (2004). *Francisco Felix de Souza, o mercador de escravos*. Rio de Janeiro: Nova Fronteira.

SILVA Maia, António da (s.d.). *Manual prático de conversação em português e mussele, dialeto do umbundu*. Cucujães, Angola: Tipografia das Missões.

_____ (1957). *Lições de gramática de quimbundo*, 2ª Edição. Cucujães, Angola: Tipografia das Missões.

_____ (1964a). *Dicionário complementar português – kimbundu – kikongo*, Cucujães, Angola: Tipografia das Missões.

SILVA Maia, António da (1964b). *Dicionário rudimentar Português – Kimbundu: Língua nativa falada mais ou menos de Luanda a Malange*. Angola: Editorial Missões.

SILVA Neto, Serafim da (1963). *Introdução ao estudo da língua portuguesa no Brasil*. Rio de Janeiro: INL/MEC.

_____ (1988[5]). *História da língua portuguesa*. Rio de Janeiro: Presença.

SILVÉRIO, Valter Roberto (2013). *Síntese da Coleção História Geral da África, do século XVI ao século XX*. Editora Unesco.

SIMON, Maria Lúcia Mexias (1996). *O falar da escravidão*. Rio de Janeiro: Tempo Brasileiro.

SOARES, Antonio Joaquim de Macedo (1889). *Diccionário Brazileiro da Língua Portuguesa*. Rio de Janeiro: Publicação da Biblioteca Nacional.

SOARES, Macedo (1943). Obras completas do conselheiro Macedo Soares. In: *Estudos lexicográficos do dialeto brasileiro* nº 2. Rio de Janeiro: Imprensa Nacional.

SOARES, Mariza de Carvalho (2000). *Devotos da cor. Identidade étnica, religiosidade e escravidão no Rio de Janeiro,século XVIII*. Rio de Janeiro: Civilização Brasileira.

SOGBOSSI, Hippolyte Brice (1998). *La tradición ewé-fon en Cuba*. Alcalá de Henares: Universidade de Alcalá/ Havana: Fundação Fernando Ortiz.

SOUINDOULA, Simão (2013). *Os planaltos centrais de Angola: a gênese da humanidade*. Luanda: FARA.

SOUZA, Bernardino José de (1961). *Dicionário da terra e da gente do Brasil*, 5ª ed. São Paulo: Cia. Editora Nacional (Brasiliana, Série Grande Formato, 19).

SOUZA, José Ribeiro (1972[2]). *Dicionário africano de umbanda*. Rio de Janeiro: Editora Espiritualista Ltda.

SOUZA, Marina de Mello (2001). *Reis negros no Brasil escravista: história da festa de coroação de rei congo*. Ed. UFMG.

SPERA, Jeane Marie Sant'Ana; RIBEIRO, João Roberto Inácio (1989). O falar da comunidade negra de João Ramalho. *Alfa* nº 33, p. 147-154.

SPINA, Segismundo (1980). A língua literária no período colonial: o padrão português. In: *Revista do Instituto de Estudos Brasileiros* nº 22, USP/São Paulo, p. 61-75.

TACLA, Ariel (s/d). *Dicionário dos marginais.* Rio de Janeiro: Gráfica Record Editora.

TARALLO, Fernando (1988). Discussing the Alleged Creole Origin of Brazilian Portuguese: Targeted vs. Untargeted Syntactic Changes. *Estudos linguísticos* nº 15, p. 137-161.

_____ (1993a). Diagnosticando uma gramática brasileira: o português d'aquém e d'além-mar. In: ROBERTS, Ian; KATO, Mary A. (eds.): *Português Brasileiro, uma viagem diacrônica.* Campinas: Editora da Unicamp, p. 35-68.

_____ (1993b). Sobre a alegada origem crioula do português brasileiro: mudanças sintáticas aleatórias. In: ROBERTS, Ian; KATO, Mary A. (eds.): *Português brasileiro, uma viagem diacrônica.* Campinas: Editora da Unicamp, p. 69-105.

TARALLO, Fernando & ALKIMIM, Tânia. (1987). *Falares crioulos.* São Paulo: Ática.

TAVARES, Lourenço (1934). *Gramática da língua do Congo (kikongo),* 2ª ed. Luanda: Imprensa Nacional da Colônia de Angola.

TAVARES, Luís Henrique Dias (1974). *História da Bahia.* Salvador: Centro Editorial e Didático da UFBA.

TELLES, Celia Marques (2008). Fernão de Oliveira entre os gramáticos quinhentistas: o estudo das vogais (com tradução em inglês). In: *Estudos Linguísticos e Literários,* Programa de Pós-Graduação em Letras e Linguística. UFBA, jan.-dez., p. 11-52.

TESCHAUER, Carlos (1928[2]). *Novo dicionário nacional.* Porto Alegre: Ed. da Livraria do Globo.

TRESSMANN, Ismael(2007). O uso da língua no cotidiano e o bilinguismo entre pomeranos. V Congresso Internacional da Associação Brasileira de Linguística Belo Horizonte 2007.

TEYSSIER, Paul (1959). *La langue de Gil Vicente.* Paris: Klincksieck.

_____ (1984[2]). *História da língua portuguesa,* Lisboa: Liv. Sá da Costa Editora.

TIDJANI, A. Serpos (1951). Notes sur le mariage au Dahomey. In: *Études Dahoméennes n.6*, p. 27-107.

TINHORÃO, José Ramos (1988). *Os negros em Portugal*. Lisboa: Editorial Caminho.

THOMSON, Sara G.; KAUFMAN, Terence (1988). *Language Contact, Crioulization and Genetic Linguistics*. Berkeley: University of California Press.

UEM. *História de Moçambique* (1982). Departamento de História da Universidade Eduardo Mondlane, vol. I., p. 82.

VAINFAS, Ronaldo (2000). *Dicionário do Brasil Colonial*. Rio de Janeiro: Objetiva.

_____ (2000). *Dicionário do Brasil Imperial*. Rio de Janeiro: Objetiva.

VALDES, G. Acosta (2002). *Los remanentes de las langues bantues en Cuba.*La Habana: Fundación Fernando Ortiz.

VALENTE, Valdemar (1952). *Survivances dahoméennes dans les groupes-de-culte africains du Nord-Est du Brésil*. Úniversité de Dakar: Centre des Hautes Etudes Afro-ibero-Américaines.

VALKOFF, Marius F. (1966). *Studies In: Portuguese and Creole, with Special Reference to South Africa*. Johannesburg: Witwatersrand University Press.

VENDRYES, J. (1950). *Le Langage: Introduction linguistique à l'histoire*. Paris: Albin Michel.

VERGER, Pierre (1953). Le Culte Vodoun d'Abomey aurait-il été apporté à Saint-Louis de Maranhon pour la mère du roi Ghezo? In: *Les Afro-Américains*. Dakar: IFAN, p. 157-162 (Mémoirs 27).

_____ (1968). *Flux et Reflux de la Traite des nègres entre le Golfe de Bénin et Baía de Todos os Santos, du XVII au XX Siècle*. Paris, La Haye: Mouton.

VIANNA FILHO, Luis (1946). *O negro na Bahia*. São Paulo: José Olympio Editora.

VIDAL, Adhemar (1935). Três séculos de escravidão na Parahyba. In: *Estudos afro-brasileiros n.I*, p. 105-152.

VIEIRA, Frei Domingos (1871-1874). *Grande Diccionário portuguez ou Thesouro da língua portugueza* 5 vol. Porto: Ernesto Chardron e Bartholomeu H. de Moraes

VILLALTA, Luiz Carlos (1997). O que se fala e o que se lê: língua, instrução e leitura. In: SOUZA, Laura de Mello e (ed.): *História da vida privada no Brasil*, São Paulo: Companhia das Letras, 331-385.

VIOTTI, Manuel (1956[3]- *Novo dicionário da gíria brasileira*. Rio de Janeiro/ São Paulo: Livraria Tupã Editora.

_____ (1957). *Novo dicionário da gíria brasileira* (Vocabulário quimbundo). São Paulo: Civilização Brasileira.

VOGT, Carlos; FRY, Peter; GNERRE, Maurízio (1975). Cafundó: uma comunidade negra no Brasil que fala até hoje uma língua de origem africana. In: *Revista de Estudos Linguísticos* 2, FAFIL/GEL, p. 26-32.

VOGT, Carlos; FRY, Peter (1996). *Cafundó, a África no Brasil – língua e sociedade*. São Paulo: Cia. das Letras; Campinas: Editora Unicamp.

WATTERS, John R. (2000). Syntax. In: HEINE, Bernd and NURSE, Derek (ed.) *African Languages: An Introduction*. Cambridge University Press, p. 194-230.

WEBB, Vic and KEMBO-SURE (2000). *African Voices*. Cape Town: Oxford University Press: Southern Africa.

WEINREICH, Uriel (1953). *Languages In: contact*. New York: Linguistic Circle.

WESTERMANN, Dietrich (1930). *A Study of the Ewé Language*. London: Oxford University Press.

WESTERMANN, Dietrich e BRYAN, M.A. (1952). *Languages of West Africa*. London: Oxford University Press for International African Institute.

WILLIAMSON, Kay e BLENCH, Roger (2000). Niger-Congo. In: HEINE, Bernd e NURSE, Derek (ed.) *African Languages: An Introduction*. Cambridge University Press, p. 11-42.

WILSON, Ralph (1934). *Dicionário português umbundo*. Angola: Tipografia do Dondi.

WOLFF, Hans (1959). Intelligibility and Inter-Ethnic Attitudes. *Anthropological* Linguistics, v.1:3, p. 34-41.

XITU, Uanhenga (1980). *Vozes da sanzala*, Lisboa: Edições 70.

YAI, Olabiyi Babalola (1997). Identifying Enslaved Africans In: Fon and Yoruba Vocabularies In: Brazil (18th-19th centuries). In: *Identifying enslaved Africans In: the Nigerian hinterland*. Toronto: Unesco Conference, p. 544-553.

ZÁGARI, M. R. L. (1998). *Os falares mineiros: esboço de um Atlas Linguístico de Minas Gerais*. A geolinguística no Brasil. Londrina, p. 31-55.

ZAMPARONI, V. D. (2009). Colonialismo, jornalismo, militância e a apropriação da Língua portuguesa em Moçambique nas décadas inciais do século XX. In: GALVES, Charlotte(Org.), *África-Brasil: caminhos da Língua Portuguesa*. Campinas: Unicamp, p. 27-42.

ZAU, Filipe (2013). *Educação em Angola: Novos trilhos para o desenvolvimento*. Luanda: Movilivros, 2013.

ZESPO, Emanuel (1951). *Pontos cantados e riscados da umbanda*. 9ª ed. Rio de Janeiro: Editora Espiritualista Ltda.

ZIMMERMANN, Klaus (1999). O português não padrão falado no Brasil: a tese da variedade pós-crioula. In: ZIMMERMANN, Klaus (ed.): *Lenguas criollas de base lexical española y portuguesa*, Frankfurt am Main: Vervuert/Madrid: Iberoamericana, p. 441-475.

ZUMTHOR, Paul (1993). *A letra e a voz*. Tradução de Análio Pinheiro e Jerusa Pires Ferreira. São Paulo: Companhia das Letras.

Para saber mais sobre os títulos e autores
da Editora Topbooks, acesse o Qr code.

topbooks.com.br

Estamos também nas redes sociais